Sue & Larry Richards

Alle Frauen der Bibel

Ihre Geschichte. Ihre Fragen.
Ihre Nöte. Ihre Stärke.

Mit Impulsen von Antje Balters
Mit Bedeutung der Namen von A–Z von Andreas Brosch

BRUNNEN
Verlag GmbH · Giessen

Die Originalausgabe erschien im Verlag
Thomas Nelson Inc., Nashville, Tennessee
unter dem Titel „Every Woman in the Bible“

Übersetzung und Impuls-Texte: Antje Balters
Bedeutung der Namen: Andreas Brosch
Redaktion und Lektorat: Petra Hahn-Lütjen

FSC
www.fsc.org
MIX
Papier | Fördert gute Waldnutzung
FSC® C014496

14. Auflage 2025
6. Taschenbuchausgabe

Gottlieb-Daimler-Str. 22, 35398 Gießen
www.brunnen-verlag.de; info@brunnen-verlag.de
Umschlagmotiv: Shutterstock
Umschlaggestaltung: Celia Friedland
Satz: Die Feder GmbH, Wetzlar
Herstellung: CPI Books GmbH, Leck
ISBN 978-3-7655-4273-2

Inhalt

Abkürzungen

aram.: aramäisch
griech.: griechisch
hebr.: hebräisch
pers.: persisch

Frauen und Männer damals – Frauen und Männer heute

Sue und Larry Richards

Frauen haben eine spannende Rolle gespielt im Laufe der Geschichte Gottes mit den Menschen und der Heilsgeschichte, aber aus verschiedenen Gründen ist die Rolle der Männer meist viel bekannter. Im vorliegenden Buch soll es um das Leben und die Rolle der Frauen gehen, die Gott eingesetzt hat, um seinen Heilsplan voranzutreiben.

Es gibt mehrere Gründe, weshalb dieses Buch unter den Büchern über biblische Frauengestalten etwas Besonderes ist.

Erstens sind die Ausführungen über die einzelnen Frauengestalten in Abschnitte untergliedert. In jedem dieser Abschnitte geht es um Frauen, die in einer bestimmten, klar umrissenen Epoche der biblischen Geschichte gelebt haben. Dabei beginnt jeder dieser Abschnitte mit einem einführenden Kapitel, in dem die allgemeine Bedeutung von Frauen während dieser Epoche beleuchtet wird, und zwar sowohl im säkularen (weltlichen) Bereich als auch im biblischen Zusammenhang. Die Hintergrundinformationen aus diesen Einführungs-Kapiteln sollen Hilfestellung dabei geben, die Bedeutung der einzelnen biblische Frauengestalten im Bezugsrahmen ihrer Epoche zu erkennen.

Im Judentum des ersten Jahrhunderts beispielsweise war die Rolle von Frauen erheblich eingeschränkt. Die Rabbinen lehrten eine strenge Geschlechtertrennung, und sie betrachteten es bereits als ernsthafte Bedrohung für das geistliche Leben eines Mannes, wenn er mit einer Frau auch nur redete. Jesus dagegen sprach mit Frauen und brachte ihnen eine Wertschätzung entgegen, die für die damalige Zeit wahrhaft revolutionär war. Die Bedeutung der Geschichten von Frauen, die wir in den Evangelien kennen lernen – der Schwestern Maria und Martha beispielsweise oder der Samariterin am Brunnen – sind noch sehr viel aussagekräftiger, wenn man weiß, welche Stellung Frauen in der Welt des ersten Jahrhunderts unserer Zeitrechnung hatten.

Die einführenden Kapitel zu jeder Epoche der biblischen Geschichte bilden somit einen Hintergrund, auf dem wir Frauen der Bibel kennen und verstehen lernen können.

Der Einführung in das Kapitel folgt dann die genauere Betrachtung der einzelnen Frauengestalten einer bestimmten biblischen Epoche – der namentlich Genannten und derer, die anonym bleiben. Dabei wird auch die Rolle der Frau als Individuum, als Persönlichkeit beschrieben. Ein Abschnitt beschäftigt sich jeweils mit den unterschiedlichen Beziehungen, in denen die Frauen lebten, außerdem gilt das Interesse ihren Eigenschaften und Wesensmerkmalen. Abschließend folgt dann noch ein Abschnitt, in dem das Leben der jeweiligen Frauengestalt unter dem Aspekt einer möglichen Identifizierung für Frauen von heute betrachtet wird.

Außerdem gibt es spezielle Abschnitte über Frauen der Bibel allgemein: So geht es in einem Kapitel beispielsweise um Frauen, die stellvertretend für bestimmte Eigenschaften oder Verhaltensweisen stehen, oder auch um Frauengestalten mit symbolischer Bedeutung.

Das letzte Kapitel enthält dann ein Register der Frauen, die in der Bibel namentlich erwähnt werden.

In dieser Zusammenstellung der verschiedenen Elemente ist das vorliegende Buch eine gute Quelle für jeden, der an den biblischen Frauengestalten interessiert ist. Und es wird hoffentlich immer wieder dazu dienen, daran zu erinnern, dass Frauen im Plan Gottes und in seinen Zielen durchaus zählen und eine Rolle spielen. Darüber hinaus bietet es Frauen Orientierung, die mehr über ihre eigene Bedeutung im Zusammenhang mit dem Plan und den Zielen Gottes wissen und erleben möchten.

Die Frau in der Schöpfung und der Sündenfall

1. Mose 1-11

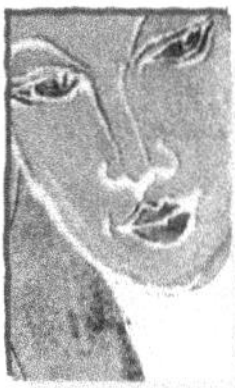

- **Mensch, Mann und Frau (1. Mose 1,26)**
- **Frauen sind „ganz anders“**
- **Gehilfin, nicht Dienerin (1. Mose 2,18)**
- **Folge, nicht Fluch (1. Mose 3,16)**
- **Psychologische Folgen von Evas (Sünden-) Fall**

Was von Frauen heute erwartet wird

Irgendetwas ist geschehen mit Evas Töchtern. Wir nehmen es wahr im Umgang der Teenager untereinander, in der heftigen Feindseligkeit radikaler Feministinnen und selbst in unseren Gemeinden, wo – teilweise – als Reaktion auf die Forderungen nach Frauen-Ordination einfach beharrt wird auf Unterordnung und Schweigen der Frauen in der Gemeinde.

Mancher mag vielleicht argumentieren, dass Frauen heute besser akzeptiert und verstanden werden als früher, aber neueste Untersuchungen deuten eher darauf hin, dass die Erwartungen von Lehrern an Jungen immer noch höher sind als an Mädchen. Viele intelligente Mädchen spielen immer noch die eigenen guten Noten herunter, erwähnen sie gar nicht oder lügen in diesem Zusammenhang sogar, aus „Rüksicht“ auf das Ego ihrer weniger begabten Freunde. In der heutigen Zeit nimmt – oft unbewusst – der Druck auf Mädchen eher zu als ab, der von der *Gesellschaft definierten* Rolle der Frau zu entsprechen. Und gleichzeitig wird es für viele Frauen immer schwieriger, diese Rolle zu übernehmen.

Nehmen wir als Beispiel dafür nur einmal das Schönheitsideal für Frauen. In den Fünfzigerjahren waren Schönheitsköniginnen ungefähr einssechzig bis einssiebzig groß und wogen zwischen 65 und 75 Kilo. Die heutigen Gewinnerinnen bei Schönheitswettbewerben sind 10–20 Zentimeter größer und im Allgemeinen 15–20 Kilogramm leichter! In den Vereinigten Staaten sind aber dennoch die Frauen heute im Durchschnitt eher schwerer als in den Fünfzigerjahren und dabei nicht größer.

Genau so wie die Kluft zwischen der Wirklichkeit und dem Ideal weiblicher Schönheit größer wird, vergrößert sich auch die Kluft zwischen der Realität und den anderen Erwartungen, die von der Gesellschaft und sogar von den christlichen Gemeinden an Frauen gestellt werden.

Christen brauchen ein klares Verständnis davon, als was und wie Gott die Frau geschaffen hat. Wir müssen lernen, die

Frauen so zu sehen, wie Gott sie sieht. Mit einem klaren Verständnis vom Frauenideal Gottes bekommen Frauen einen Maßstab an die Hand, an dem sie ihre Ambitionen und sich selbst messen können. Frauen so zu sehen, wie Gott sie sieht, kann auch bei Männern dazu führen, dass sie eine wunderbare Wahrheit wieder neu entdecken, nämlich dass Männer und Frauen im großen Abenteuer des Lebens eigentlich als Partner gedacht sind.

Glücklicherweise haben wir das Wort Gottes, um etwas über Stellung und Rolle von Männern und Frauen zu erfahren. Dort kommen eine ganze Reihe von Frauen vor, die über genau die Eigenschaften und Fähigkeiten verfügen, die für Partnerschaft wesentlich sind – und die wir unbedingt stärken und bestätigen müssen.

Das vorliegende Buch soll dabei helfen herauszufinden, was die Bibel über Frauen lehrt, und es soll einen Beitrag dazu leisten, Verzerrungen und falsche Vorstellungen in dieser Richtung zu korrigieren. Sich die Frauengestalten der Bibel etwas genauer anzusehen, trägt sicher dazu bei, die weibliche Hälfte der Menschheit und das Zusammenspiel von Männern und Frauen besser zu verstehen.

Die Frau in der Schöpfung
(1. Mose 1,2)

Antworten auf unsere grundlegenden Fragen sind im ersten Buch Mose zu finden. Wie ist die Welt entstanden? Was ist das Besondere am Menschen? Was macht eigentlich männliche oder weibliche Identität aus?

Diese Fragen und viele andere mehr werden in den ersten Kapiteln des ersten Buches Mose maßgebend beantwortet. Dort wird bestätigt, dass das Universum eine Schöpfung des Gottes ist, der sich selbst als Person offenbart hat. Gott gab der stofflichen Welt und allem Lebendigen eine ganz bestimmte Struktur und Ordnung. Bereits in 1. Mose 1 wird definiert, was das Besondere am Menschen ist, und in 1. Mose 1 und 2 wird die gemeinsame Identität von Frauen und Männern bestätigt. Was lehren diese Kapitel?

Mann und Frau sind nach dem Bild Gottes geschaffen
(1. Mose 1,26.27)

Dann sagte Gott: „Jetzt wollen wir den Menschen machen, unser Ebenbild, das uns ähnlich ist. Er soll über die ganze Erde verfügen: über die Tiere im Meer, am Himmel und auf der Erde." So schuf Gott den Menschen als sein Ebenbild, als Mann und Frau schuf er sie.

Es gibt mehrere Dinge, die an der ersten biblischen Aussage über den Menschen auffallen.

„Mensch" steht hier als Begriff für die Menschheit insgesamt *(1. Mose 1,26)*
Das hebräische Wort, das hier als „Mensch" übersetzt wird, lautet *'adam.* Es kommt uns vertraut vor, denn es ist auch der Name des ersten Mannes, Adam. In den meisten Fällen ist *'adam* als „Menschheit" oder „Menschen" zu verstehen, es sind also damit Frauen und Männer insgesamt gemeint. Wenn im biblischen Text eine Unterscheidung der Geschlechter deutlich werden soll, steht im Original meist *'ish* für männliche Menschen und *'issah* für weibliche.

Es werden darüber hinaus auch noch andere hebräische Wörter verwendet, um den Geschlechtsunterschied hervorzuheben. Im Alten Testament wird beispielsweise 83-mal das Wort *Zakar* verwendet, um Männlichkeit zu betonen, und 22-mal kommt *neqebah* vor, durch das das Weibliche hervorgehoben werden soll.

Als Gott also sagte: „Lasset uns Menschen machen", meinte er damit Männer und Frauen.

Alle Menschen sind nach dem Bild Gottes geschaffen *(1. Mose 1,27)*

Der biblische Text stellt die grundsätzliche Gleichwertigkeit der Geschlechter klar fest. Beachten Sie die Aussagen in 1. Mose 1,27:

- Gott schuf den Menschen (*'adam*) als sein Ebenbild (Luther: „Zu seinem Bilde")
- Als Mann und als Frau
- Er schuf *sie (= beide Geschlechter, beide als sein Ebenbild)*

Gott schuf den Mann und die Frau (*'adam*: den Menschen) als sein Ebenbild. Es wird ein Begriff gewählt, der alle Menschen einschließt. In dieser Hinsicht gibt es demnach keinen Unterschied zwischen den Geschlechtern. Betont wird die Gleichwertigkeit durch die nachgeschobene Information: „als Mann und Frau" schuf er sie. Durch die ausdrückliche Nennung beider Geschlechter und den Plural „sie" wird unmissverständlich deutlich, dass beide, Mann und Frau, Gottes Ebenbild sind.

Es wird im biblischen Schöpfungsbericht klargestellt, dass Männer und Frauen *vor Gott dieselbe, gemeinsame Identität haben.* Es gibt zwar Unterschiede zwischen Männern und Frauen, aber diese Unterschiede beziehen sich nicht auf das grundlegende menschliche Wesen. Das Wesentliche des Menschseins – das, was Menschen von allen anderen lebenden Geschöpfen unterscheidet – ist die Tatsache, dass nur sie nach dem Ebenbild Gottes geschaffen sind.

BIBLISCHER HINTERGRUND

Rabbinische Sichtweise

Die Aussagen der Rabbinen, die zur Zeit Christi und danach lebten, hoben die „Andersartigkeit" der Frau stark hervor. Man ging davon aus, dass Frauen grundsätzlich anders waren als Männer. Rabbinische Gelehrte gaben sogar noch eine andere Erklärung für Evas hebräischen Namen, indem sie einen Zusammenhang mit dem aramäischen Wort für „Schlange" herstellten. Die Folge war, dass viele Geschichten der Midraschim, das waren rabbinische Schriftausleger, Eva entweder als gefährliches, bösartiges Wesen darstellen oder als dumme, kindische Frau, die die Schlange an sich heranließ, weil sie leichtfertig war und der List des Tieres nicht gewachsen. – Welch ein Unterschied zwischen der Eva der Rabbinen und der Eva, wie sie in der Bibel dargestellt wird! Die biblische Eva nämlich ließ sich zwar täuschen, aber sie war weder käuflich noch dumm.

Auffällig ist, dass viele Klischees dazu neigen, wirkliche oder auch nur in der Vorstellung existierende Unterschiede zwischen Männern und Frauen hervorzuheben, während das Wort Gottes im 1. Buch Mose die grundsätzliche Gleichheit besonders betont.

Zum Bild Gottes *(1. Mose 1,26)*
In 1. Mose 1,26 werden zwei hebräische Wörter benutzt, um die Einzigartigkeit des Menschen zu vermitteln. Im Urtext werden die Worte *'selem* (Bild) und *'demut* (Ähnlichkeit) miteinander verbunden. Zusammen bilden sie eine großartige theologische Aussage: Menschen haben eine Bild-Ähnlichkeit mit Gott.

Nur der Mensch verfügt über dieses erstaunliche Merkmal, das ihm von Gott geschenkt wurde. Theologen diskutieren zwar darüber, welche Folgen sich aus dieser Aussage ergeben, aber die Gottesebenbildlichkeit ist am besten auf eine ganz einfache Weise zu verstehen: Gott hat sich selbst als Person offenbart, mit allen Eigenschaften einer Person. Er denkt, plant, erinnert sich, weiß Schönheit zu schätzen, setzt Prioritäten, kann richtig und falsch unterscheiden, trifft Entscheidungen und setzt sie um und so weiter. Als Gott die Menschen nach seinem Bild schuf, beschenkte er sie mit derselben wundervollen Bandbreite von Fähigkeiten und Möglichkeiten. Diese Fähigkeiten Gottes, die sich im Menschen widerspiegeln, machen auch uns zu *Personen* und machen unsere Gottesebenbildlichkeit aus.

1. Mose 1, 27 und 28 besagen, dass alle Menschen, *Männer und Frauen* gleichermaßen, diese Fähigkeiten und Möglichkeiten haben, auch wenn manche Menschen anderen vielleicht in ihrem ästhetischen Empfinden überlegen sind oder manche Menschen intelligenter sind als andere. Es ist jedoch die Existenz dieser und anderer menschlicher Fähigkeiten und Eigenschaften und nicht ihr Ausmaß beim einzelnen Menschen, die das Menschsein des Einzelnen ausmacht und damit ein Stück der Herrlichkeit Gottes widerspiegelt, bei dem alle diese Fähigkeiten in absoluter Vollkommenheit vorhanden sind.

Wenn man genauer hinschaut, was die Bibel über Frauen lehrt, muss man im Blick behalten, dass Frauen genau wie die Männer von Gott mit dieser Ebenbildlichkeit beschenkt sind. Bei den Frauen der Bibel sind diese Gaben genauso eindeutig und zweifelsfrei vorhanden wie bei den männlichen Glaubenshelden.

Vom menschlichen Wesen (= von der Gottesebenbildlichkeit) her sind Männer und Frauen gleich.

Die Erschaffung Evas
(1. Mose 2,18-23)

Einer der wirklich faszinierenden Abschnitte der Bibel ist ein Bericht in 1. Mose 2 über die Erschaffung Evas. Zuerst schuf Gott Adam und setzte ihn in den Garten Eden. Adam erkundete dort die Wunder der Schöpfung Gottes, aber was er sich auch anschaute und wohin er auch blickte, wurde er daran erinnert, dass etwas fehlte. Er konnte kein anderes Geschöpf ausmachen, das so war wie er.

Gott, der Herr, dachte sich: „Es ist nicht gut, dass der Mensch allein lebt. Er soll eine Gefährtin bekommen, die zu ihm passt!" Er formte aus dem Erdboden die Landtiere und die Vögel und brachte sie zu dem Menschen, um zu sehen, wie er sie nennen würde. Genau so sollten sie dann heißen. Der Mensch betrachtete die Tiere und benannte sie. Für sich selbst aber fand er niemanden, mit dem er leben konnte und der zu ihm passte. Da ließ Gott, der Herr, einen tiefen Schlaf über ihn kommen, entnahm ihm eine Rippe und verschloss die Stelle wieder mit Fleisch. Aus der Rippe formte er eine Frau und brachte sie zu dem Menschen. Da rief dieser: „Endlich gibt es jemanden wie mich! Sie wurde aus einem Teil von mir gemacht – wir gehören zusammen!" (Übersetzung Hoffnung für alle)

In der Luther-Übersetzung:
Und Gott der Herr sprach: Es ist nicht gut, dass der Mensch allein sei; ich will ihm eine ***Gehilfin*** *machen, die um ihn sei (wörtlich: Ich will ihm eine Hilfe schaffen als sein Gegenüber). Und Gott der Herr machte aus der Erde alle Tiere auf dem Feld und alle Vögel unter dem Himmel und brachte sie zu dem Menschen, dass er sähe, wie er sie nennte; denn wie der Mensch jedes Tier nennen würde, so sollte es heißen.*

Und der Mensch gab einem jeden Vieh und Vogel unter dem Himmel seinen Namen; aber für den Menschen ward keine Gehilfin gefunden, die um ihn wäre.

Da ließ Gott der Herr einen tiefen Schlaf fallen auf den Menschen, und er schlief ein. Und er nahm eine seiner Rippen und schloss die Stelle mit Fleisch. Und Gott der Herr baute ein Weib aus der Rippe, die er von dem Menschen nahm, und brachte sie zu ihm.

Da sprach der Mensch: Das ist doch Bein von meinem Bein und Fleisch von meinem Fleisch; man wird sie Männin nennen, weil sie vom Manne genommen ist. (Luther versucht, durch *Mann* und *Männin* ein hebräisches Wortspiel wiederzugeben).

„Eine Hilfe als sein Gegenüber“ *(1. Mose 2,18)*

Eine der – recht gewagten – Vorstellungen, auf denen die Sicht mancher Christen beruht, besagt, dass Frauen als untergeordnete Wesen geschaffen worden seien. Die Luther-Übersetzung mit dem Begriff „Gehilfin“ ließ manche zu dem Schluss kommen, die Frau habe sich dem Mann unterzuordnen und seine Bedürfnisse zu erfüllen; das allgemeine Verständnis des Wortes „Gehilfin“ stützt diese Sicht scheinbar. In dieser Interpretation kommt die Überzeugung zum Ausdruck, dass eigentlich die Männer zählten und dass die Anliegen der Frauen denen der Männer ebenfalls untergeordnet seien.

Im hebräische Originaltext steht jedoch *'ezer kenägdo*, vielleicht am besten übersetzt als „eine Helferin, die ihm entspricht, ihn ergänzt“. Als Anmerkung zu diesem Ausdruck steht im *Expository Dictionary of Bible Words (1985)*:

Mit Eva sorgte Gott für eine „passende Hilfe“ (1. Mose 2,20). Eva war deshalb passend und entsprach ihm, weil sie mit Adam die Ebenbildlichkeit Gottes gemeinsam hatte – das Bild, das es Menschen gestattet, auf jeder Persönlichkeitsebene (emotional, intellektuell und körperlich) miteinander in Beziehung zu treten. Nur ein weiteres Wesen, das genau wie Adam nach dem Bild Gottes gestaltet war, konnte zu ihm passen.

Das Wort für „Helfer“ lautet hier 'ezer. Das bedeutet „eine Hilfe“, „eine Unterstützung“, „eine Gehilfin“. Es drückt jedoch nicht Minderwertigkeit oder Unterordnung aus, sondern fast das Gegenteil: Die Wurzel dieses Wortes wird im Alten Testament benutzt, wenn von Gott als dem Helfer sowohl seines Volkes als auch einzelner Personen die Rede ist. Gott ist der Helfer des Menschen in allen möglichen Arten von Kummer und Sorgen (2. Mose 18,4; 5. Mose 33,7.26.29; Psalmen 20,3; 33,20; 70,6; 89,20; 115, 10-11; 121,1-2; 124,8; 146,5; Hosea 13,9). Wir schließen aus diesen Stellen ja auch nicht, dass Gott der Person, der er hilft, untergeordnet oder unterlegen ist (S. 433).

„So sollte es heißen“ *(1. Mose 2,23)*

Ein faszinierender Aspekt der Geschichte von der Schöpfung der Frau ist die Art, wie Gott Adam auf seine Gefährtin vorbereitete. Der Text erzählt, wie Gott jedes Tier und jeden Vogel zu Adam brachte, damit er alle benannte. Im Alten Testament waren Namen mehr als ein Etikett. Man begriff Namen als etwas, wodurch das Wesen des Benannten zum Ausdruck gebracht und beschrieben wurde. Adam muss folglich jedes Geschöpf eine Zeit lang beobachtet haben, um das Besondere, das Spezifische daran zu erkennen. Dann ordnete Adam dem besagten Geschöpf einen Namen zu, der dessen Wesen möglichst genau beschrieb.

Im Laufe dieses Prozesses, in dem er die Tiere genau und sorgfältig betrachtete und beobachtete, machte Adam eine bedeutungsvolle Entdeckung: So wunderbar all diese lebendigen Geschöpfe auch sein mochten, es war keines darunter, das vom Wesen und der Art zu ihm passte, sodass er sich mit ihm austauschen und in Beziehung treten konnte.

Erst als Adam das entdeckt hatte und anfing, die Einsamkeit seines isolierten Lebens wahrzunehmen, ließ Gott ihn in einen tiefen Schlaf fallen und begann mit seinen Vorbereitungen zur Erschaffung Evas.

„Fleisch von meinem Fleisch“
(1. Mose 2,23)

In 1. Mose 2,23 ist aufgezeichnet, was Adam sagte, als Gott Eva zu ihm brachte. Man spürt geradezu sein Staunen und seine Erregung. „Das ist endlich Fleisch von meinem Fleisch!“

Damit will Adam natürlich sagen: „Endlich ist da jemand mit der gleichen Identität wie ich – eine, mit der ich in Beziehung treten kann, weil sie all das auch ist, was ich bin, und weil ich alles auch bin, was sie ist. Endlich ist da noch eine *Person.*“

Und noch einmal haben wir hier die stärkste Art biblischer Bestätigung der grundlegenden Gleichwertigkeit von Mann und Frau. Was die grundlegende Identität angeht, tragen Frauen und Männer gleichermaßen das Merkmal der Gottesebenbildlichkeit, und deshalb können sie sich auch auf jeder Ebene der menschlichen Persönlichkeit aufeinander beziehen und miteinander in Verbindung treten.

Die Sicht vom „Anderssein“ der Frau oder ihrer Unterlegenheit und Unterordnung unter den Mann wird von der Schöpfungsgeschichte nicht bestätigt. Genau das Gegenteil ist der Fall: Die Schöpfungsgeschichte bestätigt in all ihren Einzelheiten Mann und Frau als völlig gleichwertig.

Der (Sünden-) Fall

Die Sicht vom „Anderssein“ der Frau oder gar einer Minderwertigkeit ist in der Schöpfungsgeschichte nicht zu finden. Es wird immer wieder behauptet, dass in der Geschichte vom Sündenfall sowohl der Aspekt des „grundsätzlichen Andersseins“ als auch der Aspekt der Unterlegenheit und Minderwertigkeit deutlich zum Ausdruck gebracht würden. Begründet wird diese Sichtweise mit der Theorie, dass Mann und Frau zwar gleich geschaffen worden seien, dass Gott aber nach dem Sündenfall den Frauen als Strafe für Evas Ungehorsam eine untergeordnete Stellung zugeordnet habe.

Es ist also ratsam, die Folgen von Adams und Evas Entscheidung, trotz des Verbotes von der verbotenen Frucht zu essen, etwas genauer zu betrachten.

Folgen des Sündenfalls. Die beiden flohen still und leise, verzweifelt. Sie konnten sich so lange nicht gegenseitig ansehen, bis sie mit Blättern von niedrig wachsenden Büschen ihre Blöße bedeckt hatten. Dann verkrochen sie sich im Gebüsch. Aber vor Gott konnten sie sich nicht verstecken. Sie hörten seine Stimme, als er sie rief, und sie verkrochen sich noch tiefer im Geäst. Wie sehr hatten sie diese Stimme einmal geliebt; jetzt versetzte sie dieselbe Stimme in Angst und Schrecken. Was würde er mit ihnen machen? Es war wirklich passiert, was die Schlange ihnen versprochen hatte: Ihnen waren die Augen geöffnet worden für Gut und Böse – und sie hatten entdeckt, dass jetzt sie böse waren.

Die Stimme kam näher: „Wo seid ihr?" Die Äste, hinter denen sie kauerten, teilten sich, und sie spürten seinen Blick auf sich. Immer noch zusammengekauert, antwortete Adam: „Ich habe deine Stimme im Garten gehört, und ich hatte Angst, weil ich nackt war, und so habe ich mich lieber versteckt."

Mit unendlicher Traurigkeit befragte Gott die beiden, hörte sich ihre Entschuldigungen an und erklärte ihnen die Folgen ihres Ungehorsams. Gott sprach die drei an dem Ungehorsam beteiligten Parteien jeweils gesondert an. Zu der Schlange und dem gefallenen Engel, der durch sie geredet hatte, sagte Gott:

Da sagte Gott, der Herr, zur Schlange: „Das ist deine Strafe: Verflucht sollst du sein – verstoßen von allen anderen Tieren! Du wirst auf dem Bauch kriechen und Staub schlucken, solange du lebst!

Von nun an werden du und die Frau Feinde sein, auch zwischen deinem und ihrem Nachwuchs soll Feindschaft herrschen. Er wird dir den Kopf zertreten, und du wirst ihn in die Ferse beißen!"
(1. Mose 3,14.15)

Dann wandte Gott sich zur Frau: „Du wirst viel Mühe haben in der Schwangerschaft. Unter Schmerzen wirst du deine Kinder zur Welt bringen. Du wirst dich nach deinem Mann sehnen, aber er wird dein Herr sein!"
(1. Mose 3,16)

Zu Adam sagte er: „Deiner Frau zuliebe hast du mein Verbot missachtet. Deshalb soll der Ackerboden verflucht sein! Dein ganzes Leben lang wirst du dich abmühen, um dich von seinem Ertrag zu ernähren.
Du bist auf ihn angewiesen, um etwas zu essen zu haben, aber er wird immer wieder mit Dornen und Disteln übersät sein.

Du wirst dir dein Brot mit Schweiß verdienen müssen, bis du stirbst. Dann wirst du zum Erdboden zurückkehren, von dem ich dich genommen habe. Denn du bist Staub von der Erde, und zu Staub musst du wieder werden!"
(1. Mose 3,17b-19)

Gott verflucht die Schlange
(1. Mose 3,14.15).
Nur Gottes Worte an die Schlange sind unmittelbar als Fluch zu identifizieren. In der biblischen Sprache ist ein Fluch (*'arar*) ein Akt des Belegens, des Bindens, und er ist immer eine Strafe. In diesem Fall wird die Schlange von physischen Konsequenzen heimgesucht. Sie muss für immer auf dem Bauch über die Erde kriechen.

Im rätselhaften Verhältnis der Schlange zum Menschen wird nach der Meinung mancher Kommentatoren das Verhältnis des Menschen zum Bösen, mit dem er sich eingelassen hat, anschaulich. Daher werden von manchen Auslegern die weiteren Folgen für die Schlange – die Feindschaft zwischen der Schlange und der Frau und zwischen deren Nachkommen (1. Mose 3,15a) – auch auf die Beziehung zwischen dem Menschen und dem Bösen, dem Satan, verstanden. Und so wird auch die folgende Aussage vielfach auf Jesus Christus, den Erlöser und den Sieger über das Böse und den Bösen, gedeutet: „Er wird dir den Kopf zertreten, und du wirst ihn in die Ferse beißen!": Eines Tages wird der Erlöser kommen. Er wird „die Schlange" (den Versucher, Satan, den Widersacher Gottes) zertreten und ihm seine Macht nehmen, auch wenn er im Laufe dieses Prozesses selbst verletzt wird. Satan wird besiegt werden, denn durch den Nachkommen, der Eva verheißen ist, handelt Gott, um seine gute und richtige Ordnung wiederherzustellen.

Gott erklärt die Auswirkungen des Sündenfalls für Frauen *(1. Mose 3,16)*
Wenn wir etwas genauer ansehen, was Gott zu Eva sagt, stellen wir als Erstes fest, dass sie nicht verflucht wird. Für sie buchstabiert Gott durch, welche Folgen ihr Ungehorsam für sie und alle ihre Töchter hat – zeigt ihr also die Auswirkungen.

„Du wirst viel Mühe haben in der Schwangerschaft. Unter Schmerzen wirst du deine Kinder zur Welt bringen. Du wirst dich nach deinem Mann sehnen, aber er wird dein Herr sein!"
(1. Mose 3,16)

Dieser Vers ist Kommentatoren lange Zeit ein Rätsel gewesen. Die Rabbinen neigten dazu, 1. Mose 3,16 im Zusammenhang mit Sexualität zu verstehen. Das Gebären von Kindern wird schmerzhaft sein. Die Worte „du wirst dich nach deinem Mann sehnen" oder, nach Luther, „dein Verlangen wird nach deinem Manne sein" (hebräisch *'teshuga:* Sehnsucht, Hunger, Konzentration auf eine bestimmte Absicht) ist im Allgemeinen verstanden worden als Hinweis auf den Geschlechtsakt (wie beispielsweise von Rashi und siehe auch Midrasch; V. Niddah 31b). Der Bedeutung des Textes am nächsten kommt jedoch N'Tziv, wenn er beobachtet, dass

BIBLISCHER HINTERGRUND

Enthält 1. Mose 3 den Gedanken an männliche Vorherrschaft?

Rabbi Nathan M. Sarna gibt in seinem Kommentar zum ersten Buch Mose vielen christlichen Kommentatoren Recht, wenn er schreibt: „Aus 2,18.23 geht ziemlich klar hervor, dass die ideale Gesellschaft, die bis dahin existierte, die absolute Gleichwertigkeit der Geschlechter bekräftigte. Der neue Status männlicher Vorherrschaft wird als *Verzerrung* des menschlichen Urzustandes betrachtet, die eine Folge davon war, dass der Wille Gottes verachtet wurde."

Entscheidend ist dabei eine bestimmte Frage: Beschreibt die Aussage „er wird dein Herr sein", den *Willen* Gottes für die Beziehung zwischen Mann und Frau oder beschreibt diese Aussage ganz klar die *Konsequenzen der Sünde* für partnerschaftliche Beziehungen? Ist Letzteres zutreffend – was durch die Unterscheidung zwischen dem „Fluch" über die Schlange und den „Auswirkungen" für die Menschen bekräftigt wird –, dann sind die vielen Ausdrucksformen männlicher Vorherrschaft und Dominanz in unserer eigenen und vielen anderen Gesellschaften ganz eindeutig Unrecht, das Frauen von Männern zugefügt wird.

Der Sündenfall hatte für Eva physische, psychische, soziale und geistliche Auswirkungen. Diese Auswirkungen reichen sogar noch über Evas persönliches Leben hinaus und betreffen alle Frauen.

„im ganz wörtlichen Sinne die Frau immer das Bestreben haben wird, in den Augen ihres Mannes gut dazustehen."

Physische Auswirkungen von Evas Sündenfall. Rein körperlich nehmen die Schmerzen bei der Geburt von Kindern zu. Schwangerschaft und Geburt werden somit mühsam und nicht nur unangenehm, sondern auch körperlich belastend.

Psychische Auswirkungen von Evas Sündenfall. Psychologisch betrachtet, konzentrieren sich die Wünsche und Sehnsüchte von Evas Töchtern jetzt auf die Männer statt auf Gott. Die Übersetzung „du wirst dich nach deinem Mann sehnen" bzw. „dein Verlangen soll nach deinem Manne sein" ist womöglich einseitig bzw. missverständlich. Der hebräische Begriff, der hier steht und mit „dein Mann" oder „Ehemann" übersetzt wird, lautet *'ish,* was einfach „Mensch" bedeutet. Weil Adam in diesem Abschnitt insgesamt nicht nur für sich als Einzelperson steht, sondern für die gesamte Menschheit, ist der Text wahrscheinlich besser zu verstehen als „dein Drang wird auf die Männer ausgerichtet sein". Das ist gar nicht unbedingt ein Hinweis auf sexuelles Verlangen, sondern eher eine Beschreibung der psychischen Umorientierung der Frauen, die jetzt nämlich nicht mehr nur Gott und ihrem Ehemann gefallen wollen, sondern den Männern allgemein. Die psychische Orientierung der Töchter Evas hat sich mit dem Sündenfall verschoben, sodass ihr *Drängen* und ihr *Verlangen* – so ist *'teshuga* wohl am besten zu verstehen – darin besteht, bei Männern gut anzukommen.

Die gesellschaftlichen Auswirkungen von Evas Sündenfall. Gesellschaftlich betrachtet, findet diese Umorientierung ihren Ausdruck darin, dass Kulturen die Vorherrschaft des Mannes über die Frau in den gesellschaftlichen Institutionen, in der Familie und sogar in den christlichen Gemeinden verfestigt haben.

Die geistlichen Auswirkungen von Evas Sündenfall. Die geistlichen Auswirkungen des Sündenfalls für Frauen ergeben sich aus dem, was Gott zu Eva sagte. Frauen, deren Verlangen sich verschiebt, weg von dem Wunsch, Gott zu gefallen, und hin zu einem Verlangen, den Männern zu gefallen, verlieren aus dem Blick, als wer sie geschaffen wurden. Sie verlieren ihre Identität aus dem Blick. Ähnlich ergeht es den Männern, die versuchen, Frauen zu dominieren: Sie reißen damit nicht nur eine Rolle an sich, die allein Gott zusteht, sondern sie werten Frauen außerdem ab und berauben die Gesellschaft der Gaben, die einzelne Frauen in der von Gott gedachten Freiheit zur Bereicherung der Allgemeinheit einbringen könnten.

Gott erläutert die Auswirkungen des Sündenfalls für die Männer *(1. Mose 3, 17-19).* Der Abschnitt geht weiter mit einer Erklärung an Adam über die Auswirkungen des Sündenfalls für alle Männer.

„Deiner Frau zuliebe hast du mein Verbot missachtet. Deshalb soll der Ackerboden verflucht sein! Dein ganzes Leben lang wirst du dich abmühen, um dich von seinem Ertrag zu ernähren.

Du bist auf ihn angewiesen, um etwas zu essen zu haben, aber er wird immer wieder mit Dornen und Disteln übersät sein.

Du wirst dir dein Brot mit Schweiß verdienen müssen, bis du stirbst. Dann wirst du zum Erdboden zurückkehren, von dem ich dich genommen habe. Denn du bist Staub von der Erde, und zu Staub musst du wieder werden!"

(1. Mose 3,17b-19)

Adam wird nicht verflucht – genauso wenig wie Eva –, sondern Gott klärt ihn über die Auswirkungen des Sündenfalls für alle Männer auf.

Physische Auswirkungen von Adams Sündenfall. Die erste körperliche Folge ist die Sterblichkeit des Menschen, die darin sichtbar wird, dass er wieder zu Staub, zu Erde wird. Der Tod als Prozess des Verfalls und Abbaus spiegelt sich auch in der Natur wider. Die Schönheit, die wir sehen, spiegelt die Vollkommenheit der ursprünglichen Schöpfung Gottes wider; Schmerz, Mühsal und Verfall dagegen, die überall die Schöpfung Gottes verderben, sind eine Folge des Sündenfalles von Adam.

Psychische Auswirkungen von Adams Sündenfall. Warum aber das wiederholte Hervorheben von Arbeit und Mühsal? Es soll dadurch zum Ausdruck gebracht werden, dass durch den Sündenfall Adams Verlangen nach Gott verloren ging und an dessen Stelle der Wunsch trat, aus eigener Kraft etwas zu schaffen und zu leisten – ganz ähnlich wie bei Eva, bei der das Verlangen nach Gott verdrängt wurde durch den Drang, Männern zu gefallen. Die psychische Folge des Sündenfalls besteht für die Männer darin, dass es zu einem Konkurrenzdenken kommt und sie ständig unter dem Druck stehen, andere zu übertrumpfen – wo immer sich eine Gelegenheit bietet. 1. Mose 3 beschreibt diesen Kampf in der Begrifflichkeit des Ackerbaus, und es wird darin auch die Vergeblichkeit dieses Kampfes und seiner Mühen dargestellt. Ein Mann kann sich abmühen wie er will, um etwas aufzubauen, seien es Königreiche oder Firmen oder Vermögen oder Macht, am Ende steht er doch immer vor dem Moment, in dem alles zu Staub zerfällt, bedeutungslos wird.

Gesellschaftliche Auswirkungen von Adams Sündenfall. Gesellschaftlich betrachtet, kommt der Drang, herauszuragen und sich hervorzutun, als Trieb zum Ausdruck, andere zu beherrschen und zu kontrollieren. Frauen, deren Verlangen es ist, den Männern zu gefallen, sind leicht anfällig für männliche Herrschaft. Welch eine Ironie: Eva nutzte ihren Einfluss, um Adam zum Ungehorsam zu verleiten, mit der Folge, dass sich der Einfluss umkehrte, und Evas Töchter seither von dem Verlangen nach Zustimmung und Bestätigung von Männern gesteuert werden.

Geistliche Auswirkungen von Adams Sündenfall. Auf geistlicher Ebene hat der Sündenfall bei den Männern die gleiche Veränderung zum Negativen bewirkt wie bei den Frauen: Die ursprünglich vorgesehene Art der Beziehungen zu Gott und dem Mitmenschen ist verdreht und verzerrt. Das Verlangen des Mannes hat sich verlagert von dem Wunsch, Gott zu gefallen, hin zu persönlichem Leistungsstreben und dem Drang zu beherrschen – was wiederum dazu führt, dass Männer psychisch und gesellschaftlich in der Falle sitzen. An die Stelle eines klaren Bildes der eigenen Identität und des Wissens um ihre Ziele ist für die Männer ein jämmerlicher menschlicher Ersatz getreten. Sie haben, genau wie die Frauen, ihre Identität verloren.

Indem der Sündenfall das Menschsein auf diese Art verfälscht und verzerrt, hat er verheerende Auswirkungen auf Einzelne, auf Frauen wie Männer, und in der Folge auch auf gesellschaftliche Einrichtungen und Werte.

Die Auswirkungen des Sündenfalls lassen sich in folgender Skizze zusammenfassen:

Gottes Worte an die Schlange und an das erste Menschenpaar helfen zu verstehen, welcher Art der Druck und die

Zwänge sind, die in zunehmendem Maße unsere Gesellschaft zerstören, bei Frauen und Mädchen verheerenden Schaden anrichten, und außerdem die Beziehung zwischen Frauen und Männern verzerren. Wenn wir diesen Druck einmal verstanden haben, bekommen viele biblische Aussagen eine ganz neue Bedeutung. Es wird klar, dass Gedanken, die wir unkritisch im Zusammenhang mit den „richtigen" Rollen von Männern und Frauen übernommen haben, und die bei einigen Christen sogar als biblisch gelten, nichts gemein haben mit dem Willen Gottes für ein Volk, das durch Christus erlöst und in allen Aspekten wiederhergestellt worden ist.

Die durch den Sündenfall entstandene Verzerrung von Gottes Ideal für Männer und Frauen dürfen von Christen nicht als Maßstab übernommen, sondern müssen entschieden abgelehnt werden. Die Aufgabe von Christen ist es vielmehr, den Weg zurück zu Gottes ursprünglichem Ideal zu finden.

Das kann geschehen, indem wir in der Bibel nachlesen und durch die darin beschriebenen Grundgedanken und durch den Umgang Gottes mit den Frauen eine klarere Sicht davon bekommen, welches Bild von der Rolle der Frau wir alle – Männer und Frauen – bejahen können und unterstützen sollen.

Alle Männer und Frauen sind nach dem Bilde Gottes geschaffen, und in Christus bekommen wir die Gleichheit und Partnerschaftlichkeit zurück, die Adam und Eva damals verloren.

AUSWIRKUNGEN DES SÜNDENFALLS

	Auf Frauen	Auf Männer
Körperlich	Schmerzen bei Geburt, beschwerliche Schwangerschaft.	Erde verflucht; jede Leistung erfordert Mühe und Kampf.
Psychisch	Drang, dem Mann zu gefallen, tritt an Stelle des Verlangens, Gott zu gefallen.	Der Drang nach Leistung und Vorherrschaft ersetzt das Verlangen, Gott zu gefallen.
Gesellschaftlich	Rolle der Frau wird verzerrt, ihre Chancen und Möglichkeiten sind eingeschränkt.	Männliche Vorherrschaft wird institutionalisiert; Frauen werden unterjocht.
Geistlich	Frauen ersetzen Orientierung am wahren Selbst und an Gott durch Orientierung am Mann und seiner Bestätigung.	Männer ersetzen Orientierung am wahren Selbst und an Gott durch Orientierung an Leistung und Macht/Vorherrschaft.

Die Frauen in den ersten Kapiteln des ersten Buches Mose

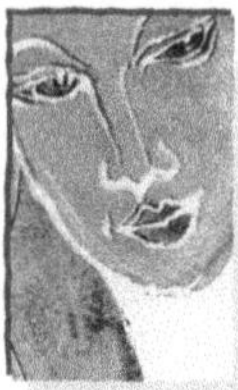

- Gott offenbart mehr über sich durch Eva
- Evas Beziehung zu Adam (1. Mose 3,6-11)
- Was Eva uns heute zu sagen hat
- Kains Frau: Die verletzte Unschuldige (1. Mose 4,16.17)
- Die rätselhaften „Töchter der Menschen" (1. Mose 6,4)

Die zentrale Frauengestalt am Anfang des ersten Buches Mose ist Eva, deren bedeutsame Rolle in der Bibel ja bereits im ersten Kapitel etwas gründlicher erörtert worden ist. Aber wie war Eva eigentlich als Person? Wie sahen ihre persönlichen Beziehungen zu Gott, zu ihrem Mann und zu ihren Kindern aus? Wie war sie? Und was können Frauen von heute von ihr lernen?

Im folgenden Kapitel sollen Eva und die anderen Frauen am Beginn des ersten Buches Mose aus weiblicher Perspektive betrachtet werden.

▸ Eva

Bibelstellen:
1. Mose 3,4; 2. Korinther 11,3;
1. Timotheus 2,13

Zeit: unbekannt
Name: „Mutter des Lebens"
Thema: Mutter aller Menschen außer Adam

Evas Beziehungen

Evas Beziehung zu Gott.
Eva hatte sowohl vor als auch nach dem Sündenfall eine Beziehung zu Gott, die sich schon allein daraus ergab, wie sie durch die Hand Gottes geschaffen worden war.

Die Grundlage von Evas Beziehung zu Gott *(1. Mose 1,27).*
Als Gott Mose die Schöpfung offenbarte, machte er deutlich, dass Eva ebenso nach dem Bild Gottes geschaffen worden war wie Adam. In 1. Mose 1,27 heißt es: „So schuf Gott den Menschen als sein Ebenbild, als Mann und Frau schuf er sie."

Im Laufe der Schöpfungsgeschichte erklärte Gott dann: „Es ist nicht gut, dass der Mensch allein lebt. Er soll eine Gefährtin bekommen, die zu ihm passt" (1. Mose 2,18). Bevor es jedoch zur Erschaffung Evas kam, brachte Gott die Tiere und Vögel zu Adam, damit er ihnen Namen gäbe. „Für sich selbst aber fand er niemanden, mit dem er leben konnte und der zu ihm passte“ (1. Mose 2,20). Offensichtlich wollte Gott, dass Adam selbst merkte und begriff, dass außer ihm niemand nach dem Ebenbild Gottes geschaffen war.

Erst nachdem Adam die anderen Geschöpfe benannt hatte und ihm dabei seine eigene Einzigartigkeit bewusst geworden war, „ließ Gott, der Herr einen tiefen Schlaf über ihn kommen, entnahm ihm eine Rippe und verschloss die Stelle wieder mit Fleisch“ (1. Mose 2,21). Gott schuf Eva aus Gewebeteilen Adams und machte damit Adam deutlich, dass Eva aus derselben Substanz, demselben „Material“ war wie er.

Aber während Adam aus Erde geformt worden war und Gott ihm den Lebensatem in die Nase geblasen hatte (1. Mose 2,7), erfahren wir über Eva, dass sie aus dem Mann gebildet wurde (1. Mose 2,22). Als Gott Eva dann zu Adam brachte, erkannte er sie sofort: „Endlich gibt es jemanden wie mich! Sie wurde aus einem Teil von mir gemacht – wir gehören zusammen!“ In der Luther-Übersetzung heißt es dann noch weiter: „Man wird sie Männin nennen, weil sie vom Manne genommen ist“ (1. Mose 2,23).

Die besondere Beziehung zwischen Eva und Gott. Rein geistlich betrachtet, waren Adam und Eva gleich. Sie waren beide nach dem Ebenbild Gottes geschaffen. In der gesamten Schöpfung war es jedoch einzig und allein Eva, die aus etwas geschaffen wurde, das Gott bereits zuvor aus Erde gestaltet und dann auch durch seinen Atem belebt hatte. Eva wurde aus lebendigem Gewebe gestaltet.

Vielleicht offenbart Gott durch diesen besonderen Schöpfungsakt, in dem er Eva erschafft, mehr über sich selbst. Geistlich gesehen und als Personen waren Adam und Eva gleich. Adam spiegelt einen Teil seines Schöpfers wider. Gemeinsam aber sind Adam und Eva eine noch umfassendere und vollständigere Darstellung des wunderbaren, herrlichen himmlischen Vaters.

Wer die Grundgedanken des Buches *Männer sind vom Mars, Frauen von der Venus* kennt, wird wahrscheinlich der Behauptung zustimmen, dass es zwischen Männern und Frauen Unterschiede gibt, die über das rein Biologische hinausgehen. Aus der Bibel wissen wir noch mehr, nämlich dass der Grund für die heiße Diskussion um dieses Thema in der Verzerrung der Beziehungen zwischen Männern und Frauen liegt, zu der es durch den Sündenfall kam (1. Mose 3,16).

Adam und Eva waren beide etwas ganz Besonderes für Gott, denn Gott hatte beide nach seinem Bild geschaffen und sie dadurch eigentlich erst zu Personen gemacht. Beide hatten die Fähigkeit, zu denken, zu planen, sich zu erinnern, Schönheit wertzuschätzen, Prioritäten zu setzen, falsch und richtig voneinander zu unterscheiden, Entscheidungen zu treffen und sie umzusetzen. Und diese einzigartige Gabe des Personseins ist die Grundlage der Fähigkeit jedes Menschen, Beziehungen mit anderen Menschen und mit Gott einzugehen und aufzubauen.

Ausdruck der Beziehung Evas zu Gott vor dem Sündenfall. Wir wissen, dass „am Abend, als ein frischer Wind aufkam . . . „Gott, der Herr, im Garten umherging“ (1. Mose 3,8). Wahrscheinlich können wir uns nur ansatzweise vorstellen, wie diese Gemeinschaft mit Gott aussah, wenn die drei nachmittags durchs Paradies gingen. Adam und Eva jedoch *kannten* diese Gemeinschaft. Es gibt zwar keine Aufzeichnungen über die Gespräche, die Gott mit Eva führte, so wie es Aufzeichnungen über Gespräche zwischen ihm und Adam gibt (1. Mose 2,16.17), aber wir können doch davon ausgehen, dass die beiden Gemeinschaft hatten und miteinander im Gespräch waren. Gott hatte Eva nach seinem Bild geschaffen; er liebte sie und hatte ihr die Fähigkeit gegeben zu lieben und sich mitzuteilen. Wie viel müssen dieser Frau und Mutter aller Frauen diese Zeiten inniger Vertrautheit bedeutet haben.

Der Bruch in Evas Beziehung zu Gott. Als die Schlange auf der Bildfläche erschien und Eva ansprach, legte sie ein Saatkorn des Zweifels in ihr Herz: „Unsinn! Ihr werdet nicht sterben", sagte die Schlange und widersprach damit dem, was Gott zu Adam gesagt hatte. „Aber Gott weiß: Wenn ihr davon esst, werden eure Augen geöffnet – ihr werdet sein wie Gott und wissen, was Gut und Böse ist" (1. Mose 3,4-5).

Die Frucht sprach vielleicht Evas Gespür für Schönheit an, und darüber hinaus versprach die Schlange auch noch, dass diese schöne Frucht ihr Weisheit verleihen würde. Damals wie heute verdreht der Teufel die Dinge so lange, bis das Falsche richtig erscheint. Da ist es kein Wunder, wenn Paulus schreibt: „Zur Zeit aber fürchte ich, dass mir dies nicht gelingt. Denn schon die Schlange konnte Eva im Paradies verführen. Ebenso könntet ihr von dem reinen und unverfälschten Glauben an Jesus Christus abgebracht werden" (2. Korinther 11,3).

Eva erlag der Versuchung, und als nach dem Sündenfall Gott in den Garten kam, um dort spazieren zu gehen, versuchten Adam und Eva nicht nur, sich vor ihm zu verstecken, sondern sie versteckten sich auch voreinander, weil sie sich wegen ihrer Nacktheit schämten (1. Mose 3,8-18). Die Sünde hatte eine Barriere zwischen Eva und Gott errichtet, wo vorher nichts zwischen ihnen gestanden hatte.

Gott bedeckte die beiden mit den Fellen von Tieren und vertrieb sie dann aus dem Garten. Eva erinnerte sich zwar noch an ihren Schöpfer, aber die Vertrautheit und Innigkeit der Beziehung, die sie einmal gehabt hatten, gab es nicht mehr.

Evas Status als Person und die Auswirkungen für ihre Beziehung zu Gott. Zweimal haben wir einige der Merkmale des Personseins aufgezählt, die das erste Menschenpaar mit Gott gemeinsam hatte. Im Folgenden soll es darum gehen, wie bestimmte entscheidende Fähigkeiten die Beziehung zwischen Eva und Gott beeinflussten.

- Eva hatte die Fähigkeit zu denken. Als die Schlange Eva in Versuchung führte, überlegte Eva sich, dass es ja eigentlich etwas Positives sei, wenn die Früchte des verbotenen Baumes klug machten. Dennoch ist jeder Ungehorsam gegenüber einem Gebot Gottes, selbst wenn er zu einem „guten" Zweck gedacht ist, immer noch Sünde. In den Sprüchen 3,5 heißt es deshalb: „Verlass dich nicht auf deine eigene Urteilskraft, sondern vertraue voll und ganz dem Herrn." Eva traf eine falsche Entscheidung, aber es wird auch deutlich, wie sie sich später darüber Gedanken machte. Diese Gedankengänge spiegeln sich sowohl im Namen Kains (1. Mose 4,1) als auch in dem Abels (1. Mose 4,25) wider.

- Eva hatte die Fähigkeit, sich zu erinnern und zu reflektieren. So erinnerte sie sich in 1. Mose 4,25 beispielsweise an Abel. Noch wichtiger ist jedoch, dass Eva sich an Gott erinnerte und über ihn nachdachte. „Gott hat mir einen anderen Sohn geschenkt!", sagte sie. „Er wird mir Abel ersetzen, den Kain erschlagen hat." Eva sah im Geschenk dieses neuen Sohnes das Handeln Gottes. Sie war zwar aus dem

Garten verbannt, aber sie hatte die Liebe, das Mitgefühl oder die Spaziergänge im Garten mit ihrem Schöpfer nicht vergessen. Und sie erinnerte sich an Gottes Worte an die Schlange: „Er wird dir den Kopf zertreten, und du wirst ihm in die Ferse beißen" (1. Mose 3,15c). Eva wusste nicht, dass Set nicht jener verheißene Sohn war, aber aus der Linie von Set sollte das vollkommene Opfer nicht nur für ihre, sondern die Sünden der ganzen Welt hervorgehen.

- Eva war in der Lage, richtig und falsch voneinander zu unterscheiden. Sie sagte zur Schlange: „Gott hat gesagt: ‚Esst nicht von seinen Früchten, ja – berührt sie nicht einmal, sonst müsst ihr sterben!'" (1. Mose 3,3). Diese Unterscheidungsfähigkeit reichte jedoch nicht aus, um sie vor Ungehorsam zu schützen.

- Eva traf Entscheidungen und handelte entsprechend. Eva war sich bewusst, dass sie verantwortlich war für das, wofür sie sich entschied. „Die Schlange hat mich dazu verführt!" Nach Luther: „Die Schlange betrog mich, sodass ich aß." (1. Mose 3,13).

Gott gab Adam und Eva Züge des Personseins, durch die sie sich von den Tieren unterschieden. Mit den zentralen Gaben des Urteilsvermögens und des freien Willens bekamen sie eine Furcht einflößende Verantwortung. Evas freier Wille wirkte sich nicht nur auf ihre Beziehung zu Gott aus.

Evas Beziehung zu Adam

Evas Beziehung zu Adam vor dem Sündenfall. Wie mag es wohl vor dem Sündenfall zwischen Adam und Eva gewesen sein? Wahrscheinlich wonnevoll, Ehe ohne Unstimmigkeiten und Konflikte. Adam musste keine Überstunden machen und kam nie zu spät nach Hause. Eva hatte keine Kopfschmerzen. Finanzielle, Verständigungs- und sexuelle Probleme gab es einfach nicht. Es gab keine Scheidungen, keine Anwälte, keine kaputten Familien, keine Schlüsselkinder, keine häusliche Gewalt, keinen Missbrauch von Kindern. Es gab keinen Krebs, keine Cellulitis, keine Krankenversicherungsbeiträge. Es standen keine Altlasten aus vergangenen Beziehungen zwischen den Partnern; es gab keine Hindernisse zwischen dem ersten Menschenpaar und Gott. Kein Stress! Schon allein der Versuch einer Vorstellung, wie diese Beziehung ausgesehen haben könnte, ist atemberaubend.

Und dann kam Satan, der Versucher, in Gestalt einer Schlange an. Er täuschte Eva. Sie aß von den verbotenen Früchten und wollte natürlich als gute Gefährtin Adam davon abgeben. Schade eigentlich, dass er nicht einfach Nein sagen konnte, sondern (zu) kurz überlegte und dann von der Frucht nahm – wissend, was er tat.

Evas Beziehung zu Adam nach dem Sündenfall *(1. Mose 3).*
Der Text aus dem 1. Buch Mose gibt unmittelbar Aufschluss darüber, welche Auswirkungen die Sünde für die Beziehung des ersten Menschenpaares hatte. Es war vorbei mit der Harmonie, und zwar in mehrfacher Hinsicht. Der erste Hinweis darauf ist in 1. Mose 3,7 zu finden: „Plötzlich gingen beiden die Augen auf, und ihnen wurde bewusst, dass sie nackt waren. Hastig flochten sie Feigenblätter zusam-

men und machten sich einen Lendenschurz."

Was einmal gut und ganz natürlich gewesen war, beschämte Adam und Eva jetzt.

Es ist nicht bekannt, ob diese Schamgefühle sich auf ihre Sexualität auswirkten. Tatsache ist, dass Adam und Eva nach der Vertreibung aus dem Paradies drei Söhne bekamen, die in der Bibel namentlich erwähnt werden, sowie mehrere weitere Söhne und Töchter (1. Mose 5,4b).

Es gab jedoch noch einen weiteren offensichtlichen Schnitt in Bezug auf die einst harmonische und liebevolle Beziehung. Als Gott Adam im Garten rief, sagte Adam, er habe sich versteckt, weil er nackt sei. „Wer hat dir gesagt, dass du nakkt bist?", erwiderte Gott darauf. „Hast du etwa von den verbotenen Früchten gegessen?" Adam reagierte, indem er Gott beschuldigte, er hätte ihm ja Eva schließlich zur Frau gegeben, und dann Eva, sie hätte ihm die Frucht ja angeboten: „Die Frau, die du mir gegeben hast, reichte mir eine Frucht – deswegen habe ich davon gegessen" (1. Mose 3, 12).

Jedes Mal, wenn jemand seinem Ehepartner für irgendetwas die Schuld gibt, kommt es unweigerlich zu Problemen in der Beziehung. Es lassen sich nur Mutmaßungen darüber anstellen, wie wohl ein späteres Gespräch zwischen Adam und Eva verlaufen sein mag:

Eva: „Nie hast du Zeit für mich und die Kinder" (siehe 1. Mose 3, 16).

Adam: „Wessen Schuld ist das denn? Ich würde bestimmt nicht tagaus, tagein schuften und schwitzen, wenn du dich nicht damals mit der Schlange eingelassen hättest!" (siehe 1. Mose 3,17).

Eva: „Erzähl du mir doch nichts von Schwitzen! Du hast nicht Monat für Monat Bauchkrämpfe. Du hast nicht 24 Stunden in den Wehen gelegen bei einer Geburt!" (siehe 1. Mose 3,16). „Und du stehst auch nicht morgens um zwei Uhr auf, um das Baby zu stillen."

Adam: „Wie gesagt – wessen Schuld ist das denn wohl?" (siehe 1. Mose 3,17).

Wenn irgendetwas davon Ihnen auch nur vage bekannt vorkommt, dann denken Sie daran, dass die Probleme zwischen Männern und Frauen ihren Ursprung im Garten Eden haben. Und diese Probleme sind es, die jedes Jahr mehr Ehen und Familien zerstören.

Evas Beziehung zu ihren Kindern

Es gibt keine aufgezeichneten Dialoge zwischen Eva und ihrem Nachwuchs. Aber nach dem Sündenfall entwickelte sich durch das erste Menschenpaar die erste gestörte Familie. Nur eine Generation nach dem Paradies erschlug Kain seinen Bruder Abel (1. Mose 4,8). Man kann davon ausgehen, dass Adam und Eva ihre Kinder liebten und versorgten, so gut sie konnten, und dass sie ihnen von Gott erzählten. Nach Gottes Aussage Kain gegenüber (im Zusammenhang mit dessen nicht akzeptiertem Brandopfer): „Wenn du Gutes im Sinn hast, kannst du doch jedem offen ins Gesicht sehen" ist anzunehmen, dass Adam und Eva Kain gelehrt hatten, genau wie Abel ein Tieropfer zu bringen statt ein Brandopfer in Form von Getreide. Aber genau wie Adam und Eva sich falsch entschieden hatten, entschied sich jetzt auch ihr Sohn Kain falsch.

Es entlastet Eltern vielleicht ein wenig, zu wissen, dass die Bibel hier den Eltern keine Schuld gibt an den falschen Entscheidungen ihrer Kinder. Schließlich war Gott selbst ein perfekter „Vater", und trotzdem gerieten Adam und Eva auf Abwege.

An ähnlichen Erfahrungen wird deutlich: Es ist Tatsache, dass seit dem Sündenfall alle zwischenmenschlichen Beziehungen zunächst einmal durch Schuld belastet oder geschädigt sind. Andererseits ist es Tatsache, dass seit Jesus Christus auch in Beziehungen im Kleinen und im Großen Neuanfang möglich ist – durch die Vergebung.

Eva: Eine Nahaufnahme

Es wird oft angenommen, dass Eva die schönste Frau aller Zeiten war – weil sie ja buchstäblich von der Hand und durch die Gedanken Gottes geschaffen wurde. Vermutlich war Eva bei ihrer Erschaffung auch körperlich ohne jeden Makel.

Von größerer Bedeutung ist jedoch, dass die ursprüngliche Beziehung zwischen Adam und Eva vollkommen gewesen sein muss. Es gab keinen Konkurrenzkampf zwischen den Geschlechtern, nicht das Gefühl, in irgendeiner Form Überlegenheit herstellen oder beweisen zu müssen, und keine Konflikte darüber, wessen Bedürfnisse Vorrang hatten.

Aber dann kam der Sündenfall, und die Einigkeit zwischen den beiden war ruiniert. Eva beschuldigte die Schlange. Adam beschuldigte Eva. Und so geriet ein Element des Konflikts in eine Beziehung, die bis dahin ohne Konflikte gewesen war. Dieses Element sollte von da an und für alle Zeiten die Bemühungen aller Menschen erschweren, eine innige Vertrautheit zu entwickeln und zu erhalten.

Es ist geradezu spürbar, wie viel Kummer Eva ihre falsche Entscheidung bereitete. Ihre Beziehung zu Adam geriet aus dem Lot, und ihr blieb nur noch die Erinnerung an die gute alte Zeit, als zwischen dem ersten Menschenpaar noch alles in Ordnung gewesen war. Sie erinnerte sich an die Zeit, als der Herr noch selbst zu ihnen gekommen und mit ihnen im Garten spazieren gegangen war. Es hatte eine Zeit gegeben, in der die Verbindung und Gemeinschaft zwischen ihr und Gott und ihrem Mann so eng gewesen war, dass sie sich vollkommen verstanden fühlte und ihrerseits Adam und Gott so nahe war wie sich selbst.

Stellen Sie sich einmal vor, Sie hätten auf den Köder des Versuchers angebissen. Stellen Sie sich vor, wie es wäre zu wissen, dass das Leben nie wieder sein würde wie früher, weil Sie eine falsche Entscheidung getroffen hätten. Stellen Sie sich vor, Sie wären diejenige, deren Sünde an alle Nachkommen weitergegeben würde. Was für eine Last von Schuld muss Eva mit sich herumgeschleppt haben!

Wir wissen aber, dass Eva nie die Hoffnung aufgab. Als sie ihren ersten Sohn zur Welt brachte, sagte Eva: „Ich habe einen Mann gewonnen mit Hilfe des Herrn" (1. Mose 4,1 Luther), ein Vers, von dem viele behaupten, er müsse gelesen werden als „Ich habe *den* Mann gewonnen mit Hilfe des Herrn." Ihr Herz und ihre Gedanken waren offenbar ganz nah bei Gott in diesem Augenblick, als sie ihren neugeborenen Sohn ansah.

Und so ist es auch nicht schwer nachzuvollziehen, wie Evas Hoffnungen zunichte gemacht wurden, als Kain seinen Bruder Abel brutal ermordete. Und auch ihre Trauer ist nachvollziehbar. Es erfordert nicht viel Fantasie, den Schmerz und die Verzweiflung einer Mutter nachzuempfinden, die ihren Sohn verliert – durch die Hand des anderen Sohnes. Und das alles letztlich ausgelöst durch ihre eigene Schuld

Zum letzten Mal wird sie kurz nach der Geburt ihres dritten Sohnes, Set, im 1. Buch Mose erwähnt, „Gott hat mir einen anderen Sohn geschenkt!", sagte sie. „Er wird mir Abel ersetzen, den Kain erschlagen hat." (1. Mose 4,25). Wie jede Mutter, die ein Kind verloren hat, vergaß sie Abel nie, und nicht einmal Kain vergaß sie. Und sie verlor nie die Hoffnung. In dem zitierten Vers wird deutlich, dass auch Gott in Evas Gedanken immer noch eine Rolle spielte – dass sie ihn immer noch als den sah, der ihr nah war, der sie liebte und ihr gnädig noch einen Sohn schenkte.

Impulse für heute

- Eva ist wahrscheinlich die Frauengestalt der Bibel, die die widersprüchlichsten Reaktionen auslöst – von einem empörten „Das ist die, die an unserem ganzen Elend schuld ist" bis hin zu einem mitleidsvollen „Das arme, unschuldige Opfer eines kalten, harten, unbarmherzigen Gottes".
- Als erste, von Gottes Hand selbst gestaltete Frau erlebte sie zum einen ein so wunderbares Leben in vollkommener Harmonie mit ihrem Schöpfer und ihrem Partner Adam, zum anderen aber auch das absolute Elend des Absturzes aus dieser Harmonie und Verbundenheit in den Abgrund menschlicher Trennung von Gott mit all seinen konkreten Auswirkungen und Merkmalen.
- Eva will nicht gehorchen, sich nicht vollkommen auf die Weisheit Gottes und seine guten Absichten mit ihr verlassen, sondern selbst auch ein kleines bisschen hinzutun – und genau das ist dann auch die Auswirkung ihres Ungehorsams, ihres nun nicht mehr unbefangenen Verhältnisses Gott gegenüber. Von nun an ist ihre Orientierung verschoben von Gott hin zum Mann, der seinerseits jedoch auch seine Orientierung verschiebt, und zwar ebenfalls weg von Gott hin zu Leistung und Status.
- Die Folge: Letztlich bleibt Eva einsam, ohne ein wirkliches, inneres Gegenüber, ohne die männliche Entsprechung, die Gott für sie vorgesehen hatte, aber auch ohne die ungetrübte Einheit mit ihrem Schöpfer.

  Ein furchtbarer Verlust, dessen Folgen Evas Leben bestimmen, besonders auch was ihre Kinder und deren Schicksal betrifft.
- Eva – die tragischste Frauengestalt der Bibel? Eva der Sündenbock? Eva als Urheberin aller „Frauenprobleme"?

  Eva ist die Warnung und das Beispiel schlechthin für das Schicksal einer Frau, die an ihrem Ziel vorbeilebt, nämlich der ungetrübten Gemeinschaft mit Gott (Sünde heißt nämlich wörtlich übersetzt nichts anderes als Zielverfehlung und hat erst in zweiter Linie mit Moral zu tun).
- Eva ist unser Spiegel: Wie sie verfehlen wir unser Ziel – in unserem Streben nach allem Möglichen, nur nicht nach inniger Gemeinschaft mit Gott.
- Wunderbar, diese Liebe des Schöpfers, der die Gemeinschaft wiederhergestellt hat, indem er seinen eigenen Sohn hingab, und dessen Liebe so unermesslich ist, dass er sogar ein „Nein" akzeptiert, wenn wir dieses Opfer für uns nicht annehmen wollen.

Kains Frau

Bibelstelle:
1. Mose 4,1-18

Ihre Rolle in der Bibel

Junge Christen werden von Spöttern oft gefragt: „Woher hatte Kain seine Frau?" Die Antwort steht in 1. Mose 5,3: „Adam war 130 Jahre alt, als er einen Sohn zeugte, der ihm in jeder Hinsicht ähnlich war. Er nannte ihn Set. Danach lebte er noch 800 Jahre; ihm wurden noch weitere Söhne und Töchter geboren." Kain heiratete also eine seiner Schwestern.

Das bereitet manchen Leuten Probleme, denn die Ehe zwischen Brüdern und Schwestern ist nach dem mosaischen Gesetz verboten (3. Mose 18,9). Das Gesetz war damals jedoch noch eine ganze Zeit entfernt. Diese Phase unmittelbar nach der Schöpfung war sicher in mancherlei Beziehung einzigartig.

Heute ist die Bedeutung des damals noch nicht aufgestellten Gesetzes bewusst: Die Heirat zwischen Geschwistern kann zu schwer wiegenden Problemen bei deren Nachkommen führen, weil die Mängel im genetischen Code der Familie potenziert werden. Dafür gibt es in der Geschichte zahlreiche Beispiele. In der Familie Cäsars gab es beispielsweise eine angeborene Neigung zur Epilepsie, die Habsburger hatten die Veranlagung zur Bluter-Krankheit.

Adams und Evas Kinder waren gewissermaßen Kopien vom „Original ohne jede Mängel", und diese Makellosigkeit der Schöpfung Gottes schützte die ersten Menschen vor den Schädigungen, die sich später bei Inzucht einstellten.

Und noch ein Punkt ist anzumerken: In Genesis 2,24 steht: „Darum verlässt ein Mann seine Eltern und verbindet sich so eng mit seiner Frau". Adams Söhne und Töchter heirateten zwar untereinander, aber das erste Menschenpaar hatte keine Kinder mit den eigenen Nachkommen.

Beziehungen von Kains Frau

Der Name von Kains Frau ist nicht bekannt. Sie ist die erste Frau, die in der Bibel nach Eva erwähnt wird. Sie wird allerdings dort nur in ihrer Rolle als Frau von Kain erwähnt, und genau diese Beziehung war es denn auch, von der ihr Leben geprägt war.

In 1. Mose 4 erfahren wir, dass Kain seinen Bruder Abel erschlug. Zur Strafe wurde Kain verbannt, das heißt aus seiner Familie genommen und weggeschickt, um „gejagt und gehetzt umherzuirren" (4,12).

„Meine Strafe ist zu hart – ich kann sie nicht ertragen!", erwiderte Kain. „Du verstößt mich aus meiner Heimat, und auch vor dir muss ich mich verstecken! Gejagt und gehetzt werde ich umherirren, und jeder, der mich sieht, kann mich ungestraft töten!" Dann verließ Kain die Nähe des Herrn und wohnte im Land Nod, östlich von Eden. Kains Frau wurde schwanger und bekam einen Sohn. (1. Mose 4, 13-14; 16)

Aus dem Text geht hervor, dass Kain bereits verheiratet war, als er seinen Bruder erschlug. Es war selbstverständlich, dass seine Frau mit ihm in die Verbannung ging.

An dem Tag, als Kain verbannt wurde, sah seine Frau ihre Eltern, Brüder, Schwestern, Nichten, Neffen und anderen Verwandten zum letzten Mal. Was für einen schrecklichen Preis musste diese Frau für die Sünde ihres Mannes bezahlen!

Es gibt zwar keine Aufzeichnungen von Gesprächen zwischen Kain und seiner Frau, aber man kann sich wohl gut vorstellen, dass diese Situation zu schwer wiegenden Problemen führte. Wenn Kain als Schuldiger schon klagte, dass die Strafe zu schwer zu ertragen sei, wie viel schlimmer muss es erst für seine Frau gewesen sein!

Es stellt sich natürlich die Frage, wie das die Gefühle dieser Frau ihrem Mann gegenüber wohl beeinträchtigt haben mag. Ihre Eltern würden nie ihre Kinder kennen lernen, ihre Mutter würde ihr nicht helfen können bei der Geburt der Kinder. Fand Kains Frau Kraft bei Gott? Wurde ihr Glaube gestärkt durch die Schwierigkeiten, wie es später beim Apostel Paulus der Fall war? Oder wurde sie bitter und hart? Es gibt nicht genügend Informationen, um auch nur Vermutungen zu wagen. Fest steht jedoch, dass die Verbannung sich erheblich und drastisch auf ihr Leben auswirkte.

Impulse für heute

Kains Frau ist das lebende Beispiel für das Schicksal der Frauen nach dem Sündenfall. Sie folgt ihrem Mann in die Verbannung und ist daher genau wie er getrieben und heimatlos, ohne dass es dafür einen konkreten Anlass gäbe.

Für sie gibt es keine Alternative zum Miterleiden des Schicksals ihres Mannes, wie auch sie unter den Auswirkungen des Sündenfalls lebt, das heißt, unter der Umorientierung weg von Gott und hin zum Mann.

Bitter, dass sie eigentlich keine Schuld trifft, dennoch aber die ganze Wucht der Konsequenzen.

In entsprechenden Situationen gibt es für uns nur eine Möglichkeit, sich wieder umzuorientieren und ein Zuhause zu finden, zur Ruhe zu kommen, die von der Schöpfung angelegten Möglichkeiten zu leben, und die besteht im Ja zu Jesus Christus und der Annahme seiner Vergebung – so ist ein Neuanfang möglich.

Die beiden Frauen Lamechs

Bibelstelle:
1. Mose 4,19-24

Lebensdaten: unbekannt
Namen: Ada und Zilla,
siehe S. 324 und 340
Thema: unbekannt

Ihre Rolle in der Bibel

Lamech war ein Nachkomme Kains. Er ist der erste in den Aufzeichnungen erwähnte Mann, der zwei Frauen hatte.

Die beiden Frauen sind von Bedeutung als Mütter von Söhnen, die den Beginn fortschreitender Zivilisation markieren. Von Adas Sohn Jabal „stammen alle ab, die mit Herden umherziehen und in Zelten wohnen" (1. Mose 4,20), und auf Jubal „gehen alle die zurück, die Zither und Flöte spielen" (1. Mose 4,21). Zillas Sohn Tubal-Kain war der Erste, der Bronze- und Eisenwerkzeuge herstellte und andere in der Herstellung solcher Werkzeuge unterwies.

Mit diesen drei Einzelpersonen entwickelte sich die vorsintflutliche Gesellschaft von einer Selbsterhaltungswirtschaft weiter zu einer Gesellschaft, in der Werkzeuge benutzt werden. Diese „neue" Gesellschaft ist in der Lage, das künstlerische Engagement Einzelner zu unterstützen.

Ihre Beziehungen

Es ist außer der Tatsache von Ehe und Mutterschaft nichts bekannt über die Beziehung der beiden Frauen zu ihrem Mann oder den Kindern.

Weitere Frauen am Anfang des ersten Buches Mose

Bibelstelle:
1. Mose 4,22;5

Zwar wird Naama, die Schwester des Tubal-Kain namentlich erwähnt, aber von den meisten Frauengestalten dieser Epoche sind die Namen nicht bekannt. Es heißt lediglich, dass Adam und Eva viele Töchter hatten (1. Mose 5,4), in weiteren Versen werden Töchter von Set erwähnt (1. Mose 5,7), Enosch (1. Mose 5,9), Mahalalel (1. Mose 5,16), Jered (1. Mose 5,18), Metuschelach (1. Mose 5,26) sowie ein weiterer Lamech, der wahrscheinlich eher von Set als von Kain abstammte (1. Mose 5, 28.30). Wenn das Verhältnis der Geburten von Jungen und Mädchen seit damals etwa gleich geblieben ist, kann man davon ausgehen, dass mindestens 49 Prozent der in dieser Epoche geborenen Kinder Mädchen waren.

Die „Töchter der Menschen"

Bibelstelle:
1. Mose 6,1-5

Ihre Rolle in der Bibel

Zu den „Töchtern der Menschen" aus 1. Mose 6,2 gibt es nur wenig Genaues zu sagen. Im Text im ersten Buch Mose heißt es:

Die Menschen wurden immer zahlreicher und breiteten sich auf der Erde aus. Da bemerkten die Engel, wie schön die Töchter der Menschen waren. Sie wählten die Schönsten aus und nahmen sie zu Frauen . . . Aus der Verbindung der Engel mit den Menschentöchtern gingen die Riesen hervor. Sie lebten damals – und auch später noch – auf der Erde und waren als die berühmten Helden bekannt.

Der Herr sah, dass die Menschen voller Bosheit waren. Jede Stunde jeden Tag ihres Lebens hatten sie nur eines im Sinn: Böses planen, Böses tun.

Es stellt sich die Frage, wer die „Töchter der Menschen" und vor allem, wer die „Göttersöhne" (so heißt es in der Luther-Übersetzung statt „Engel") waren. Das Wort, das mit „Riesen" übersetzt wird, lautet im Originaltext *nephalim*. Die genaue Bedeutung dieses Wortes ist unsicher, fest steht aber, dass der Begriff markante körperliche Unterschiede zu gewöhnlichen Menschen ausdrückt. Diese hier zitierte alte (mythologische) Erzählung (unklaren Ursprungs) hat nach Meinung vieler Ausleger das Ziel, die Herkunft dieser „Riesen" oder „Helden" zu erklären.

Der hebräische Ausdruck, der als „Göttersöhne" übersetzt wird (*ben Elohim*), ist außerdem in 5. Mose 14,1 und 32,5 zu finden und in Hosea 2,1.

Beziehungen der „Töchter der Menschen"

Wie auch immer die Erzählung gedeutet wird: Eine Aussage aus 1. Mose 6 scheint die beteiligten Frauen von persönlicher Verantwortung zu entbinden. In dem Text heißt es über die Göttersöhne: „Sie wählten die Schönsten aus und nahmen sie zu Frauen“ (1. Mose 6,2). Die Beziehungen, wie auch immer sie ausgesehen haben mögen, kamen also nicht auf Initiative der Frauen zu Stande. Beim Betrachten von Parallelen in der griechischen und römischen Mythologie finden sich auch dort Geschichten über die Verbindung der Götter mit Menschenfrauen, und man kann davon ausgehen, dass mit dem „nehmen“ oft Vergewaltigung gemeint war oder eine Verbindung, die durch Betrug oder Täuschung zustande kam. Die in 1. Mose 6 dargestellten Frauen waren Opfer und nicht Komplizinnen beim Verrat an ihrer Gattung, denn die Wesen, die sie „nahmen“, waren sehr viel mächtiger als Menschen.

Noahs Frau und ihre Schwiegertöchter

Bibelstelle:
1. Mose 6-9

In 1. Mose 6-9 wird die Geschichte von der großen Flut erzählt, durch die Gott eine durch und durch verdorbene und korrupte Gesellschaft richtete. Das Hauptaugenmerk liegt dabei auf Noah, dessen gottgefälliges Leben Gottes Zustimmung fand, und der mit Glauben der Aufforderung Gottes nachkam, eine große Arche zu bauen.

Die Rolle dieser Frauen in der Bibel

Als Gott entschied, dass er die gesamte Menschheit wegen der Verdorbenheit durch die Sünde vernichten würde, sonderte er Noah und seine Familie aus. Aus 1. Mose 6 entnehmen wir, dass Noah ein gerechter Mann war, der in ungerechten Zeiten lebte. In dem Text gibt es keine Aussagen über Gottes Sicht von Noahs Söhnen, dessen Frau oder dessen Schwiegertöchtern.

Die Arche war ein massives Schiff: 150 Meter lang, 25 Meter breit und 15 Meter hoch. Die Größe und Komplexität der Konstruktion lassen darauf schließen, dass Noah das Schiff nicht allein gebaut hat. Seine Söhne und der Rest der Familie müssen ihm dabei geholfen haben.

Interessant ist darüber hinaus, dass diese Frauen genau wie Eva für sich in Anspruch nehmen können, Urmütter, also Mütter aller nachfolgenden Menschen zu sein. Dennoch werden sie im Unterschied zu ihren Männern nicht namentlich erwähnt.

Die Beziehungen dieser Frauen

Es gibt darüber keine konkreten Informationen. Die Familie hielt jedoch viele Jahre lang zusammen und konzentrierte sich auf ihre Aufgabe, wodurch sie wahrscheinlich zum Gespött ihres gesamten Umfeldes wurde. Man kann nur vermuten, dass der Druck von außen sie eher zusammenschweißte, als sie weiter auseinander zu bringen.

Impulse für heute

- Wenn sich diese Frauen durch etwas auszeichnen, dann durch die Loyalität Gott und ihren Männern gegenüber. Auch angesichts von Hohn und Spott und der Ungewissheit ihrer Zukunft lassen sie sich auf Gottes Auftrag mit ein, indem sie tun, was Noah sagt.
- Manchmal ist es sinnvoller und produktiver, das Naheliegende zu tun, einer glaubwürdigen Person und Position zu folgen, als zuerst alle Eventualitäten auszuloten und im Stillstand zu verharren – der Frau und den Schwiegertöchtern Noahs jedenfalls bewahrte das das Leben.

So viele Namenlose

In den ersten Kapiteln des ersten Buches Mose kommen viele Frauen vor, die nicht namentlich erwähnt werden, dennoch aber wichtig waren für ihre Familien, ihre Freunde und auch in der Gestaltung der Geschichte. Um positiv Einfluss zu nehmen auf das Leben der Menschen in unserem Umfeld ist es nicht nötig, von Historikern erwähnt zu werden.

Und genauso wie all die nicht namentlich erwähnten Frauen der Geschichte können wir – unabhängig von äußerem Ansehen – Gottes Gesandte sein, durch deren Einsatz und Beziehungen er sich selbst verherrlicht.

Frauenleben zur Zeit der Erzväter

1. Mose 12-50

- **Untderdrückt oder gesegnet?**
- **Frauen in einer Männerwelt**
- **Gesetze des Altertums zum Thema Ehefrauen**
- **Reaktionen auf die Vergewaltigung Dinas (1. Mose 34)**
- **Frauen mit Einfluss**

Als erste Bedeutung des Begriffes „Patriarch" wird in Wörterbüchern fast immer „väterlicher Leiter einer Familie oder eines Stammes" genannt. Im biblischen Zusammenhang sind die Patriarchen Abraham, Isaak und Jakob männliche Familienoberhäupter der Familie, aus denen das hebräische Volk hervorging. Sie werden auch als Erzväter bezeichnet, deren Geschichte in 1. Mose 12-50 erzählt wird.

Im vorliegenden Kapitel soll es um die Erfahrungen von Frauen im Nahen Osten in der Zeit zwischen 2100 und 1800 vor Christus gehen, wobei die Zielsetzung unter anderem ist, die Sicht von der Rolle der Frau in der damals herrschenden Kultur, wie sie in der Geschichte der Erzväter dokumentiert ist, zu erfassen und nachzuvollziehen.

Frauen des Altertums im Nahen Osten

Frauen des Altertums im Nahen Osten wurden in eine Männerwelt hineingeboren. Während seiner Kindheit und der beginnenden Pubertät „gehörte" ein Mädchen dem Vater und stand völlig unter seiner Autorität. Wenn eine Frau heiratete, „gehörte" sie ihrem Mann. In beiden Fällen war die Frau „abhängig", der Vater oder Ehemann sowohl rechtlich als auch wirtschaftlich für die Frauen seiner Familie verantwortlich.

Vermutungen über Frauen als Töchter. Die Abhängigkeit, in der Frauen als Töchter lebten, wird deutlich in einer Reihe von Gesetzen, deren systematische Erfassung und Zusammenstellung von der Zeit vor Abraham bis etwa 500 Jahre nach ihm reicht. All diese Gesetze spiegeln kulturelle Sichtweisen wider, die während des Zeitalters der Erzväter üblich waren.

Die Gesetze von Eschunna, einem Stadtstaat auf dem Gebiet des heutigen Irak, veranschaulichen die Abhängigkeit der Frauen vom Vater, und sie zeigen darüber hinaus, welche Rechte ein Vater im Zusammenhang mit seiner Tochter hatte:

Wenn ein Mann Brautgeld für die Tochter eines Mannes bezahlt, sich dann aber ein anderer Mann sie mit Gewalt nimmt, ohne ihren Vater und ihre Mutter um Erlaubnis zu fragen, und sie ihrer Jungfräulichkeit be-

raubt, begeht er ein Schwerverbrechen und soll sterben. (26)

Wenn ein Mann die Tochter eines Mannes nimmt, ohne um die Erlaubnis ihres Vaters oder ihrer Mutter zu bitten, und keinen offiziellen Heiratsvertrag mit ihrem Vater oder ihrer Mutter schließt, ist sie, selbst wenn sie schon ein Jahr lang in seinem Haus lebt, nicht die Frau des Hauses. (27)

Wenn er jedoch einen offiziellen Ehevertrag mit ihrem Vater und ihrer Mutter abschließt und mit ihr schläft, so ist sie die Frau des Hauses. (28)

Vergewaltigung galt in Eschunna als Vergehen gegen den Vater, denn er war dabei insofern Geschädigter, als er um das Brautgeld für seine Tochter gebracht wurde. Zur Heirat gehörte immer die offizielle, gesetzliche Übergabe der Frau durch ihren Vater an den Mann. Ohne einen offiziellen Vertrag galt die Frau „selbst wenn sie schon ein Jahr lang in seinem Haus lebt", nicht als Frau des Hauses.

Der Kodex Hammurapi, ebenfalls eine Gesetzessammlung des Altertums, stellt eine Situation dar, in der ein Vater stirbt, ohne vorher schriftlich festgelegt zu haben, dass seine unverheiratete Tochter selbst über ihre Mitgift (ihren Anteil an seinem Besitz, der auf den Mann überging, wenn sie heiratete) verfügen darf. Für diesen konkreten Fall heißt es in dem Gesetzestext:

Nachdem der Vater gestorben ist, sollen ihre Brüder ihr Feld und ihren Obstgarten übernehmen, und sie sollen ihr Essen, Öl und Kleidung geben, entsprechend dem Wert ihres Anteils, und sollen so für ihr Wohl sorgen. Wenn ihre Brüder ihr kein Essen, Öl und Kleidung entsprechend des Wertes ihres Anteils gegeben und somit nicht für ihr Wohl gesorgt haben, darf sie ihr Feld und ihren Obstgarten einem Pächter ihrer Wahl überlassen, und ihr Pächter soll sie versorgen, denn sie soll lebenslangen Nießbrauch haben von dem Feld, dem Obstgartens oder was ihr Vater ihr auch vererbt haben mag. Es ist ihr jedoch nicht gestattet, ihr Erbe zu veräußern, weil das väterliche Erbe Eigentum ihrer Brüder ist.

Diese Maßnahme sollte die rechtlich hilflose Frau vor Ausbeutung durch ihre Brüder schützen. Das Gesetz sieht jedoch an keiner Stelle eine echte, unabhängige Eigentümerschaft eines solchen Besitzes von Frauen vor. Frauen waren abhängig, und das Eigentum am väterlichen Besitz ging ausschließlich auf die Söhne über. Das Äußerste, was Töchtern zugestanden wurde, war der Nießbrauch an ihrem Erbe.

Vermutungen über die Rolle von Ehefrauen. Eine ähnliche Vorsorgemaßnahme gibt es auch für eine Frau, deren Mann urkundlich festgelegt hat, dass seine Frau nach seinem Ableben freie Hand bei der Verteilung seines Eigentums haben soll:

Wenn ein Landeigner, nachdem er seiner Frau ein Feld, einen Obstgarten oder andere Güter geschenkt hat, eine versiegelte Urkunde über diese Schenkung hinterlässt, dürfen ihre Kinder nach dem Tode ihres Mannes keine Ansprüche geltend machen, weil ihre Mutter ihr Erbe demjenigen Sohn überlassen kann, den sie aussucht. Sie darf das Eigentum jedoch nicht an einen Außenstehenden veräußern. (151)

Auch hier wird deutlich, dass eine Frau im Grunde kein Recht auf Eigentum hatte. Nicht einmal das, was ihr von ihrem Mann hinterlassen wurde, war ihr Eigentum. Sie konnte es an den Sohn ihrer Wahl weitergeben, jedoch nicht an Außenstehende veräußern.

Der Kodex Hammurapi gibt ganz eindeutig den Rechten und Interessen der Männer Vorrang, ist aber gleichzeitig bemüht, Frauen vor Ausbeutung zu schützen. Nehmen wir als Beispiel den Fall eines Mannes, dessen Frau anfängt, Aktivitäten außerhalb des Hauses aufzunehmen und dadurch den Mann um ihre Arbeitskraft im Haushalt bringt:

Wenn die Frau eines Landbesitzers, die im Haus des Landbesitzer lebt, sich überlegt hat, zu gehen, um selbst einem Handel nachzugehen, dadurch ihr Haus vernachlässigt und ihren Mann demütigt, dann soll ihr das nachgewiesen werden; und wenn ihr Mann dann beschlossen hat, sich von ihr zu scheiden, dann kann er sich scheiden lassen, ohne dass er ihr eine Scheidungsabfindung geben muss. Wenn ihr Mann beschließt, sich nicht scheiden zu lassen, darf ihr Mann noch eine Frau heiraten, und die erste Frau muss im Haus ihres Mannes leben wie eine Magd. (141)

In diesem Gesetzeswerk sind die Interessen des Ehemanns eindeutig denen der Frau übergeordnet. Die Frau hatte zwar in gewissem Maße die Möglichkeit, ihr eigenes Leben zu gestalten, wenn sie aber dadurch ihre Rolle als Hausfrau vernachlässigte, hatte das schwerwiegende Folgen. Im Falle einer Scheidung musste der Brautpreis an den Vater der Frau zurückgegeben werden, damit sie einen Vermögenswert hatte, mithilfe dessen sie einen neuen Ehemann finden konnte. Eine Frau jedoch, die versuchte, sich ein eigenes, von ihrem Mann unabhängiges Leben aufzubauen, verwirkte dieses Recht und wurde dadurch schwer bestraft.

Noch bedeutsamer ist vielleicht, dass jedes dieser Gesetze sich an Männer richtete und Frauen wie Gegenstände betrachtete, die buchstäblich Besitz entweder ihrer Väter oder ihrer Ehemänner waren. Die Bestimmungen sind zwar nicht absichtlich abwertend, aber sie spiegeln die allgemeine damalige Sicht der Abhängigkeit der Frau wider und zementierten dieses Abhängigkeitsverhältnis von den Vätern oder von den Männern.

Das war die Welt, in der Frauen zur Zeit Abrahams, Isaaks und Jakobs lebten. Es war eine Welt, die auf der Grundlage von Voraussetzungen gestaltet wurde, die – so sonderbar und schockierend sie uns heute erscheinen mögen – den Männern und Frauen zur Zeit der Erzväter „richtig" und natürlich vorkamen.

Wenn wir die Geschichten über Frauen aus dem 1. Buch Mose lesen, ist es wichtig im Blick zu behalten, dass die jeweilige Frau sich selbst nicht als unterdrückt betrachtete, sondern vielmehr davon ausging, dass sie so lebte, wie es sich für Frauen eben gehörte.

Der Bericht über Dinas Vergewaltigung *(1. Mose 34).* Wie auch immer Männer und Frauen zur Zeit der Erzväter die Rolle der Frau sahen, kulturell bedingte Praktiken bedeuteten oft schwerwiegende Gewalt gegen Frauen. Was das konkret für betroffene Frauen bedeuten konnte, wird in zwei Geschichten deutlich, die ins 1. Buch Mose eingebettet sind. In der ersten Geschichte geht es um die Vergewaltigung von Dina.

Im Alten Testament sind die Namen der zwölf Söhne Jakobs aufgezeichnet, und zwar sowohl die seiner Frauen Rahel und Lea, als auch die durch ihre Mägde Bilha und Silpa geborenen. Diesen Aufzeichnungen zufolge hatte Jakob nur eine Tochter namens Dina, deren Mutter Lea war.

Zu dem Zwischenfall, in dessen Mittelpunkt Dina stand, kam es, als Jakob seine große Familie nach zwanzig Jahren Aufenthalt in Haran zurück nach Kanaan führte. Auf der Durchreise durch dünn besiedeltes Gebiet machte Dina sich auf den Weg, um andere junge Mädchen kennen zu lernen, mit denen sie reden konnte. Ein junger Mann aus einer der führenden Familien der nahe gelegenen Stadt vergewaltigte sie und nahm sie mit zu sich nach Hause. Der junge Mann namens Sichem verliebte sich in Dina und bat seinen Vater: „Sorg dafür, dass ich dieses Mädchen heiraten kann" (1. Mose 34,4). Der Vater machte sich auf den Weg zu Jakob, um mit ihm einen Ehevertrag auszuhandeln.

Dinas Brüder waren sehr zornig über die Vergewaltigung. „Sie fühlten sich in ihrer Familienehre gekränkt, denn eine solche Tat galt bei den Israeliten als Schande" (1. Mose 34,7). Als Sichem und sein Vater um Dinas Hand anhielten, führten Dinas Brüder die Verhandlungen. Sie verbargen ihre Wut und täuschten ihre Einwilligung zu dieser Ehe vor, allerdings unter der Bedingung, dass sich alle Männer aus der Stadt Sichem beschneiden ließen. Die Männer dort erklärten sich einverstanden, aber während sie noch durch den Eingriff geschwächt und handlungsunfähig waren, kamen die beiden leiblichen Brüder von Dina in die Stadt, töteten die Männer und holten ihre Schwester nach Hause zurück.

Dieser Bericht ist deshalb von Bedeutung, weil er Einblick gewährt in die wahre Situation von Frauen in jener Epoche. Wir erfahren nichts über Dinas Gefühle. War sie froh über ihre Rettung durch die Brüder? Oder hatte sie sich ebenfalls in Sichem verliebt? Was geschah mit Dina nach ihrer Befreiung? Wie wurde sie nach ihrer Entehrung von ihrem Vater, ihren Brüdern und anderen Familienmitgliedern behandelt? Aus dem Text erfahren wir darüber nichts. Ebenso wenig gibt es Hinweise darauf, dass Dinas Brüder sie nach ihren Wünschen oder ihrem Willen gefragt hätten. Im Mittelpunkt steht vielmehr die Reaktion der Brüder. Sie waren entehrt und fest entschlossen, Rache zu üben, um die Familienehre wiederherzustellen. Als Jakob die Befürchtung äußerte, sie hätten sich durch die Tat die anderen Völker Kanaans zu Feinden gemacht, entgegneten die Brüder darauf nur: „Konnten wir es zulassen, dass Sichem unsere Schwester wie eine Hure behandelt hat?" (1. Mose 34,31).

Frauen waren abhängig von der Familie, und ganz bestimmt fühlten die Männer in der Familie sich für sie verantwortlich. Der Bericht von der Vergewaltigung Dinas hinterlässt den sicheren Eindruck, dass es den Brüdern bei ihrem Rachefeldzug in erster Linie um die Wiederherstellung der eigenen Ehre ging, die durch Sichems Tat an der Schwester gekränkt worden war. Weil Dina in gewisser Weise das „Eigentum" ihres Vaters und ihrer Brüder war, entsprach die Vergewaltigung einer Beleidigung der Familie und verlangte nach Vergeltung. Was Dina selbst erlebt hatte und was sie fühlte, spielte für die Brüder und den Vater keine Rolle.

Tamars Täuschung *(1. Mose 38).* Eine zweite Geschichte im 1. Buch Mose, durch die sehr schön die wahre Situation der Frauen damals veranschaulicht wird, steht in 1. Mose 38. Juda, einer der Söhne Jakobs, heiratete und bekam drei Söhne, die er Er, Onan und Schela nannte. „Als der älteste Sohn erwachsen war, verheiratete Juda ihn mit einem Mädchen namens Tamar" (1. Mose 38,6). Er starb und hinterließ seine Frau Tamar kinderlos.

Nach Sitte der damaligen Zeit gab Juda nun Tamar seinem zweiten Sohn, Onan, zur Frau. Der erste Sohn aus dieser Verbindung würde als Ers Erbe gelten und auch Ers Erbteil vom väterlichen Besitz erhalten. Onan war jedoch nicht bereit, sein eigenes Erbteil zu beschneiden, indem er stellvertretend für seinen Bruder einen Sohn zeugte. Wenn er also mit Tamar schlief, „ließ er seinen Samen zu Boden fallen" (1. Mose 38,9). Das missfiel dem Herrn jedoch, und auch Onan starb. Daraufhin schickte Juda Tamar zu ihrer Familie zurück, versprach ihr aber, ihr den dritten Sohn zum Mann zu geben, sobald dieser im heiratsfähigen Alter sei. Als der dritte Sohn jedoch erwachsen geworden war, hielt Juda sein Versprechen nicht.

Tamar „zog ihre Witwenkleider aus" und bot sich an der Straße, auf der Juda unterwegs war, als Prostituierte an. Juda, der sie für eine Dirne hielt, schlief mit ihr und überließ ihr seinen Siegelring und seinen Stab als Pfand, bis er die vereinbarte Bezahlung in Form eines Lammes schicken konnte. Tamar kehrte mit dem Siegelring und dem Stab in Judas Lager zurück.

Als sich später herausstellte, dass Tamar schwanger war, verurteile Juda sie zum Tode, aber bevor die Strafe vollstreckt werden konnte, präsentierte Tamar Judas Siegelring und den Stab. Juda war nun gezwungen zuzugeben: „Tamar ist mir gegenüber im Recht. Ich hätte sie meinem Sohn Schela zur Frau geben müssen!" (1. Mose 38,26).

Die Geschichte macht sehr schön anschaulich, in welcher Position Frauen zur Zeit der Erzväter waren. Tamar war nach dem Tod ihres Mannes, dem Sohn Judas, völlig abhängig von ihrem Schwiegervater, der ja das Familienoberhaupt war. Sie wurde von Onan missbraucht und dann um ihr Recht auf eine Ehe mit Schela betrogen. Es wird aufgezeigt, dass Juda sexuelle Selbstbestimmung für sich beanspruchte und mit einer Prostituierten verkehrte, darüber hinaus aber auch noch über Tamars Sexualität verfügen wollte und ihr das Recht, das er für sich beanspruchte, vorenthielt. Als ihre Schwangerschaft offenbarte, dass sie außerhalb einer Ehe mit einem Mann geschlafen hatte, war Juda ohne weiteres bereit, sie hinrichten zu lassen.

Weil aber Juda eben doch ein Ehrenmann war, gestand er öffentlich seinen Fehler ein, ihr Schela nicht zum Mann gegeben zu haben. Dazu war er allerdings erst bereit, nachdem Tamar offen gelegt hatte, dass Juda selbst der Vater ihres Kindes war. Obwohl Juda danach nie wieder mit Tamar schlief, nahm er ihre beiden Söhne Perez und Serach als seine Kinder an, die aus diesem Grund auch in biblischen Abstammungslinien vorkommen (siehe 4. Mose 26,19-22).

Die Situation der Frauen im Zeitalter der Erzväter. Die alten Gesetze des Nahen Ostens und die dort herrschenden Sitten und Gebräuche lassen zwar die Sorge um das Wohl der Frauen erkennen, aber fest steht auch, dass damals sehr wohl mit zweierlei Maß gemessen wurde, was die Behandlung und Rechte der Geschlechter anging. Zur Zeit der Erzväter wurden Frauen nicht als gleichwertig betrachtet, und hatten deshalb auch nicht die gleichen Freiheiten und Rechte wie die Männer. Mit Frauen wurde verfahren, kaum jemals waren sie die aktiv Handelnden; sie waren wie Besitz, der zwar von den Männern wertgeschätzt wurde, galten aber nicht als eigenständige Persönlichkeiten.

Beim Betrachten der Lebenssituation von Frauen in dieser Epoche muss man im Blick behalten, dass der Bericht aus dem 1. Buch Mose eher deskriptiv (beschreibend) als präskriptiv (vorschreibend) ist. Deskriptive, also beschreibende Abschnitte stellen dar, ohne Urteile zu fällen oder Wertungen abzugeben. Präskriptive Abschnitte dagegen werten und beurteilen über die bloße Darstellung hinaus und stellen Überlegungen darüber an, wie es sein sollte. Beim Lesen der Geschichten von Sara, Rebekka, Rahel, Lea, Dina und den anderen Frauen im 1. Buch Mose, ja eigentlich der Frauengeschichten im Alten Testament allgemein, ist es wichtig, daran zu denken, dass diese Abschnitte deskriptiv sind. Die Geschichten zeigen etwas vom Leben der Frauen in der damaligen Epoche, aber sie besagen nicht, dass die patriarchalische Gesellschaft, in der diese Frauen lebten, in dieser Form dem Willen Gottes für das Zusammenleben der Menschen entsprach.

Die Lebensrealität der Frauen in diesen Geschichten ist eine Bestätigung dafür, dass die Folgen des Sündenfalls, die Gott Eva angekündigt hatte, wirklich eingetreten sind. Der Status von Frauen in dieser Zeit ist keineswegs nach dem Willen Gottes, sondern offenbart die Folgen der Sünde. Als Gott zu Eva sagte: „Aber er wird dein Herr sein" (1. Mose 3,16), meinte er damit nicht, dass nach seinem Willen so die Beziehung zwischen Männern und Frauen sein *sollte*, sondern er machte deutlich, welche Rolle eine von Sünde geprägte menschliche Gesellschaft den Frauen aufzwingen würde.

Die Stellung der Frau als vom Mann abhängig und ihm untergeordnet, die in 1. Mose 12-50 so lebendig und anschaulich beschrieben wird, erinnert ganz einfach daran, dass Gott nur zu gut die Sündhaftigkeit des menschlichen Herzens kennt und genau weiß, wie die Sünde nicht nur Einzelpersonen schadet, sondern auch den Kulturen, in denen wir leben.

Beziehungen der biblischen Frauengestalten

Die erzählenden Berichte im 1. Buch Mose spiegeln zwar das Frauenbild zur Zeit der Erzväter im Nahen Osten wider, dieselben Berichte erbringen jedoch auch den Beweis, dass Gesetz und Sitten der damaligen Zeit die Lebensrealität einzelner Frauen nicht vollständig wiedergeben können. Was sagen die Porträts der Frauen im 1. Buch Mose über ihre wirkliche Alltagsrealität zur Zeit der Erzväter aus?

Sara und Abraham. Drei Ereignisse vermitteln einen Einblick in Saras Beziehung zu Abraham.

Saras Bitte *(1. Mose 16,1-3)*. Nach zehn kinderlosen Jahren in Kanaan drängte Sara Abraham, mit der ägyptischen Sklavin Hagar ein Kind zu zeugen. Gemäß der damaligen Sitten und Gesetze hatte Hagar dabei die Funktion einer Art Leihmutter, und das Kind würde später als Saras und Abrahams leibliches Kind gelten. „Abraham war einverstanden" mit Saras Vorschlag. Aus dem Text geht eindeutig hervor, dass Sara Initiatorin des Planes war und Abraham irgendwann einwilligte.

Saras veränderte Beziehung zu Hagar *(1. Mose 16,4-6)*. Als Hagar schwanger wurde, behandelte sie Sara verächtlich, denn es war jetzt für jeden augenscheinlich, dass Abraham in der Lage war, Kinder zu zeugen, es also an Sara liegen musste, dass sie keine Kinder hatten. Diese veränderte Haltung der Sklavin machte Sara wütend, und sie gab Abraham die Schuld daran (1. Mose 16,5). Der jedoch erinnerte Sara einfach daran, dass sie ja nach den Sitten und Gesetzen der damaligen Zeit das Recht hatte, Hagar zu bestrafen. Und deshalb „behandelte Sara Hagar ...

schlecht“ – so schlecht, dass Hagar floh. Erst nach dem Eingreifen des Engels des Herrn kehrte Hagar ins Lager Abrahams zurück, wo sie dann ihren Sohn Ismael zur Welt brachte.

Sara verlangt Ismaels Vertreibung *(1. Mose 21,9-14).* Als Ismael zum Teenager herangewachsen war, bewirkte Gott auf übernatürliche Weise, dass Sara Abraham doch noch einen Sohn schenkte, Isaak. Zu Ismael hatte Sara nie eine Beziehung entwickeln können, obwohl er ja offiziell „ihr“ Sohn war. Als Isaak etwa drei Jahre alt war, beobachtete Sara, wie Ismael seinen jüngeren Halbbruder ärgerte. Wutentbrannt ging sie zu Abraham und forderte ihn auf, Ismael mitsamt seiner Mutter fortzujagen. Dazu war Abraham jedoch aus zwei Gründen nicht bereit: Erstens lag ihm etwas an seinem Sohn, und zweitens forderten Sitte und Gesetz der damaligen Zeit, dass ein Vater, der das Kind einer Sklavin als sein eigenes anerkannt hatte, seinen Besitz zu gleichen Teilen zwischen einem solchen Kind und den Kindern seiner Frau aufteilte. Erst als Gott Abraham anwies, auf Sara zu hören, ihm aber gleichzeitig versprach, sich um Ismael zu kümmern, schickte Abraham Hagar und Ismael fort.

Diese drei Vorfälle machen noch einmal deutlich, dass, was auch immer eine Kultur vorschreibt, der Umgang zwischen Ehepartnern immer auch Ausdruck ihrer Beziehung und ihrer Persönlichkeiten ist. Zwischen Abraham und Sara existierte ein starkes Liebesband, eine enge Bindung, und innerhalb dieser Beziehung hatte Sara die Freiheit, zu drängen, zu klagen, zu initiieren und sogar darauf zu bestehen, dass ihr Mann bestimmte Dinge tat. Rein rechtlich war sie als Frau völlig abhängig, aber in Bezug auf ihren Status und ihre Rolle im Alltagsleben war das weniger wichtig als ihre Persönlichkeit und die Art ihrer Beziehung zu ihrem Mann.

Rebekka und ihre Familie. Rebekka war die Tochter eines Verwandten von Abraham. Als es für Isaak Zeit war zu heiraten, schickte Abraham einen Knecht auf die lange Reise nach Haran, wo immer noch seine Familie lebte, um sich dort nach einer Braut für Isaak umzuschauen. Das Gebet des Knechtes um die Führung Gottes wurde erhört, und Rebekka wurde als Braut nach Gottes Wahl für Isaak angesehen. In 1. Mose 24 werden die Verhandlungen des Knechtes an Abrahams Stelle beschrieben, so wie die Reaktion von Rebekkas Brüdern, die an Stelle ihres verstorbenen Vaters für das Wohl der Schwester verantwortlich waren.

Laban und Butuel antworteten: „Das hat der Herr so geführt. Wie er will, so soll es geschehen! Wir geben dir Rebekka, sie soll den Sohn deines Herrn heiraten, wie der Herr es bestimmt hat.“ (1. Mose 24,50-51).

Wenn man nur bis hierher liest, ist lediglich festzustellen, dass sich in der Entscheidung das Gesetz und die Sitten widerspiegeln, denen zufolge Frauen Objekte waren, über die von Männern verfügt wurde. Aber die Geschichte ist hier noch nicht zu Ende. Der Bericht im 1. Buch Mose geht noch weiter:

„Am besten, sie entscheidet selbst, sagten die beiden. Sie riefen Rebekka herbei und fragten: „Bist du einverstanden, heute schon mit diesem Mann fortzuziehen?“ „Ja, das bin ich!“, antwortete sie. Da willigten sie ein und ließen Rebekka gehen. Der Knecht, seine Leute, Rebekka und ihr früheres Kindermädchen machten sich für die Reise fertig. (1. Mose 25,57-59).

Das Faszinierende an diesem erzählten Bericht ist die Tatsache, dass die Brüder zwar die Heiratsverhandlungen führten, dennoch aber ihre Schwester fragten, was sie wollte. Der Text legt die Vermutung nahe, dass Rebekka es auch hätte ablehnen können, mit dem Knecht zu ziehen, obwohl die Brüder bereit waren, sie an Abrahams Sohn zu verheiraten.

Noch einmal wird deutlich, dass die Art der Beziehungen innerhalb der Familien großen Einfluss darauf hatte, welche Erfahrungen die Frauen machten und wie sie ihren Status als Frauen erlebten. Das Gesetz und die Sitten gaben zwar dem Vater oder den Brüdern das Recht, ihre Töchter bzw. Schwestern zu verheiraten, aber in der Praxis war es auch durchaus möglich, dass die Wünsche der jeweiligen jungen Frau berücksichtigt wurden.

Jakob berät sich mit Rahel und Lea *(1. Mose 31).* Später ging auch Jakob, der Sohn von Isaak und Rebekka nach Haran, wo er sich in Labans Tochter Rahel verliebte. Nachdem er durch einen Betrug seines Onkels in eine ungewollte Ehe mit Lea hineinmanipuliert worden war, bekam er aber später auch noch Rahel zur Frau.

Jakob blieb etwa zwanzig Jahre lang in Haran, wo er für seinen Onkel arbeitete, außerdem aber auch zu eigenem Besitz kam. Als Laban und seine Söhne Jakob gegenüber immer feindseliger wurden, und sich die Situation dadurch zuspitzte, forderte Gott Jakob schließlich auf, nach Kanaan zurückzukehren, in das Land, das Gott den Nachkommen Abrahams verheißen hatte.

Gemäß dem Gesetz und den Sitten war Jakob das Familienoberhaupt und verantwortlich für die Zukunft der Familie. Nun könnte man vielleicht annehmen, dass Jakob seinen Frauen einfach sagte, sie sollten packen und dann mit ihnen zurück in die Heimat gezogen wäre. Aber auch hier überrascht uns wieder die Geschichte im 1. Buch Mose; denn Jakob schickte nach Rahel und Lea, berichtete den beiden von den Spannungen zwischen ihm und Laban und teilte ihnen mit, er habe eine Vision gehabt, in der Gott ihm aufgetragen habe, nach Kanaan zurückzukehren. Dann wartete Jakob die Reaktion seiner Frauen ab. Im 1.Buch Mose heißt es:

Rahel und Lea erwiderten: „Wir bekommen ja doch kein Erbe mehr von unserem Vater! Er hat das Familienrecht verletzt und uns wie Fremde behandelt! Denn alles Geld, das er damals für uns bekam, hat er für sich allein verbraucht; er hat uns also verkauft! Der ganze Reichtum, den Gott unserem Vater weggenommen hat, gehört rechtmäßig uns und unseren Kindern! Wir halten zu dir! Tu alles, was Gott dir gesagt hat!“ (1. Mose 31,14-16)

Wirklich bemerkenswert, dass Jakob sich mit seinen Frauen beriet, ihnen die Lage darlegte und dann ihre Reaktion abwartete. Die Frauen überdachten gewissenhaft und sorgfältig die Situation, stellten fest, dass sie und ihre Kinder im Haus ihres Vaters keine Zukunft hatten und ermutigten dann ihren Mann, den Weg zu gehen, den Gott ihm gezeigt hatte.

Der Entscheidungsprozess, den Jakob hier in Gang setzt, scheint eher in eine gleichberechtigte als eine patriarchalische Familienstruktur zu passen, gleichwohl lebten Jakob und seine Frauen, wie bereits festgestellt, in einer Epoche, in der Gesetz und Sitten die Familienstruktur nach streng hierarchischen Bedingungen festlegten, und in der darauf geachtet wurde, dass die Frauen abhängig blieben und eine untergeordnete Rolle spielten. Daraus lässt sich schließen, dass in Wirklichkeit im Alltag die Beziehung zwischen Mann und Frau (bzw. Frauen) wichtiger war als die kulturell bedingte Rollenfestlegung.

Wie das Leben der Frauen im Zeitalter der Erzväter wirklich war. Wenn wir davon ausgingen, dass das Gesetz und die Sitten ein völlig exaktes Bild von den Alltagserfahrungen der Frauen in einer beliebigen Kultur widerspiegelten, dann müssten wir zwangsläufig zu dem Schluss kommen, dass die Frauen zur Zeit der Erzväter wirklich unterdrückt waren. Es besteht kein Zweifel, dass in vielen Fällen, die Bedürfnisse von Frauen missachtet oder übergangen wurden, dass Frauen einfach ungerecht behandelt wurden. Besonders drastisch wird das deutlich in den Geschichten von der Vergewaltigung Dinas und der Täuschung Judas durch Tamar.

Es ist natürlich klar, dass die Gesetze und Sitten der damaligen Zeit und auch extreme Beispiele vom Umgang mit Frauen zu dieser Zeit noch kein exaktes Bild von der Stellung der Frau zu dieser Zeit vermitteln. Wenn man sich Ereignisse aus dem Leben der Ehefrauen der drei Erzväter – Sara, Rebekka sowie Rahel und Lea – anschaut, stößt man dabei auch auf Hinweise, durch die die etwas leblose Darstellung von Frauenleben dieser Zeit, wie sie in Gesetz und Sitte dieser Zeit widergespiegelt werden, etwas abgemildert werden. Wie bereits festgestellt, hatte eine Frau wie Sara erheblichen Einfluss auf die Entscheidungen ihres Mannes; hatten Frauen wie Rebekka mehr Möglichkeiten, Einfluss auf die Wahl des Ehemannes zu nehmen als es vom Gesetzt vorgesehen war; und fanden Ehemänner wie Jakob es wichtig, die Frauen in ihre Überlegungen einzubeziehen, wenn es um wichtige Entscheidungen für die Zukunft der Familie ging. All das unterstreicht die Beobachtung, dass sich die Qualität der Beziehungen im Leben von Frauen stärker auf ihre Lebensqualität auswirken als irgendetwas sonst. Wo gegenseitige Liebe und Fürsorge vorhanden waren, wurde das Leben, und zwar sowohl das der Frauen als auch das der Männer, bereichert und gestärkt.

Die Frauen zur Zeit der Erzväter

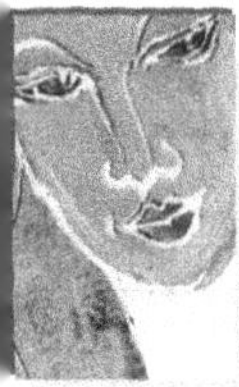

- **War Saras Idee Sünde? (1. Mose 16,1-3)**
- **Sara und Hagar: Die symbolische Bedeutung (1. Mose 21,8-14)**
- **Saras unerwünschter „Sohn“ (1. Mose 21,9)**
- **Sara als Vorbild für die heutige Zeit**
- **Hagars Beziehung zu Gott**
- **Die „Bestellbräute“ der Bibel (1. Mose 24,11-27)**
- **Die Torheit der Bevorzugung (1. Mose 27,1-17)**
- **Schwestern, Ehefrauen (1. Mose 29)**
- **Lea, die Ungeliebte (1. Mose 30)**
- **Tamar, die Selbstbewusste (1. Mose 38)**

Wie aus Kapitel 3 hervorgeht, müssen Frauen aus der Zeit der Erzväter auf dem Hintergrund ihrer Zeit und der geografischen Gegebenheiten verstanden werden. Dennoch waren auch die Frauen dieses Zeitalters Einzelpersönlichkeiten. Überzeugungen und Einstellungen ergaben sich zwar aus einem völligen Eintauchen in die eigene Kultur, aber jede einzelne Frau hatte auch ihre ganz eigenen Charakter- und Persönlichkeitszüge. Uns als Frauen von heute wird dadurch noch einmal vor Augen geführt, dass zwar das Umfeld eine Rolle spielt und Einfluss nimmt, es aber an unserer grundsätzlichen Persönlichkeitsstruktur nichts ändert. Sowohl die wunderbaren Gaben, die Gott den Menschen schenkt, als auch die Verzerrung dieser Gaben durch die Sünde sind bei den biblischen Frauengestalten der damaligen Zeit wie bei den Frauen von heute deutlich erkennbar.

▸ Sara

Bibelstellen:
1. Mose 11,29-31; 12,5-17; 16,1-8; 17,15-21; 18,5-15; 20,2-18; 21,1-12; 24,36.67; 25,10-12; 49,31; Jesaja 51,2; Römer 4,19; 9,9; Galater 4,21-31; Hebräer 11,11; 1. Petrus 3,6.

Geburtsdatum: Etwa 2 100 v. Chr.
Name: Sarai, würde von Gott abgeändert in Sara, siehe S. 337.
Thema: Sie wurde Mutter aller Völker und Könige, und Jesus Christus stammt von ihr ab.

Saras Rolle in der Bibel

Sara war die Frau und Gefährtin des Erzvaters Abraham. Als sie bereits über 90 Jahre alt war, brachte sie durch ein Wunder einen Sohn zur Welt – Isaak. Gottes Verheißungen, die er Abraham gegeben hatte, als er mit ihm den Bund schloss, wurden durch Isaak und seine Nachkommen weitergegeben. Deshalb wird Sara auch als Stammmutter des jüdischen Volkes verehrt, durch das Gott uns nicht nur die Bibel gegeben hat, sondern aus dem auch der Erlöser Jesus Christus hervorgegangen ist. Darüber hinaus war Sara nicht unbeteiligt an der Tatsache, dass Abraham auch noch zum Vater des arabischen Volkes wurde, und zwar durch ein Ereignis, von dem später noch die Rede sein soll.

Saras Lebensgeschichte *(1. Mose 11,26-12,14).* Saras Lebensgeschichte kann es mit den besten Geschichten der modernen Literatur aufnehmen:

Ein privilegierter Anfang *(1. Mose 11,29).* Sara wurde in der damals großartigen Stadt Ur im sumerischen Reich, dem heutigen Südirak, mit Abraham verheiratet. Obwohl um 2100 v. Chr. der Ruhm und der Glanz der Stadt Ur bereits zu verblassen begannen, war die Stadt immer noch Mittelpunkt einer blühenden und wohlhabenden Gesellschaft. Archäologen haben bei Ausgrabungen die Stadt Ur gefunden und dort Gegenstände aus Gold und Silber, sowie kostbare Edelsteine und Reste von Streitwagen, Musikinstrumenten, Waffen und sogar Brettspielen ausgegraben. Der Handel der Stadt erstreckte sich über ein großes Gebiet, mit Schiffen, die über den persischen Golf bis nach Indien fuhren. Es gilt als gesichert, dass Abraham, der zunächst Abram hieß, ein reicher Mann war. Er und Sara führten ein privilegiertes Leben in einer der reichsten Großstädte des Altertums.

Eine plötzliche aufrüttelnde Veränderung *(1. Mose 12,1).* Dann sprach Gott zu Abram und sagte, er solle seine Heimatstadt verlassen und in ein unbekanntes Land ziehen. Abram reagierte auf diese Anweisung Gottes, indem er seine Zelte, Herden, Hirten und Dienstmägde, die sich für ein Nomadenleben eigneten, nahm und sein bisheriges Leben hinter sich ließ.

Auch Sarai kehrte all dem Luxus und den Annehmlichkeiten den Rücken, die eine Stadt damals einem reichen Ehepaar zu bieten hatte, um gemeinsam mit ihrem Mann dem Ruf Gottes zu folgen. Sie ließ ihre Freunde, ihre Familie und alles, was ihr vertraut war, zurück, um mit Abram die Zukunft zu teilen, wie auch immer sie aussehen mochte. Bemerkenswert ist, dass Sarai wahrscheinlich schon um die sechzig Jahre alt war, als die Reise begann.

Und sie reisten wirklich weit; zunächst nach Norden, auf der alten Handelsstraße entlang, die parallel zum Euphrat nach Haran führte. Nach einem Aufenthalt dort zog Abram zusammen mit Sarai und seinem Neffen Lot weiter nach Süden bis sie Kanaan erreichten. Fast den gesamten Rest ihres Lebens zogen Abram und Sarai in dem dünn besiedelten Land umher.

Der unerfüllte Traum *(1. Mose 16,1-3).* Abram und Sarai waren bereits zehn Jahre in Kanaan, als Sarai die Hoffnung aufgab. Sie wusste, dass Gott Abram einen Sohn versprochen hatte, auf den die Verheißungen des Bundes einmal übergehen sollten (1. Mose 12,1-3), aber irgendwann war sie schließlich davon überzeugt, dass nicht sie dazu ausersehen war, diesen Sohn ihres Mannes zur Welt zu bringen.

Sarais Bitte war eigentlich gar nichts Ungewöhnliches. Die Frauen fast aller Kulturen damals betrachteten das Kinderbekommen sowohl als Pflicht als auch als Vorrecht, aber manche blieben auch kinderlos. Im Nahen Osten war man für diesen Fall jedoch auf eine Lösung gekommen. Es war die Pflicht einer Frau, ihrem Mann Söhne zu schenken. Wenn sie selbst dazu nicht in der Lage war, so konnte sie doch wenigstens für Ersatz sorgen.

Ein Ehevertrag aus dem 19. Jahrhundert v. Chr. bestätigt das:

Laqipum hat Hatala, Tochter des Enishru geheiratet . . . Wenn sie ihm nicht innerhalb von zwei Jahren Nachkommen geboren hat, wird sie selbst eine Sklavin erwerben und später, wenn diese ihr ein Kind von ihm geboren hat, darf sie sich ihrer durch Verkauf an wen auch immer wieder entledigen. Sollte Laqipum sich entschließen, sich von ihr zu scheiden, muss er fünf Minas Silber bezahlen; und sollte Hatala sich entscheiden, sich von ihm scheiden zu lassen, muss sie fünf Minas Silber bezahlen. Zeugen: Masa, Ashurishtikal, Talia, Shupianika.
(Aus: *The Ancient Near East,* Bd. 2 (1975), S. 72)

Gemäß der damaligen Sitten, war Abram demnach sehr geduldig gewesen mit Sara. Aber nachdem sie jetzt bereits Jahrzehnte verheiratet und zehn Jahre lang in Kanaan umhergewandert waren, sah Sarai den Zeitpunkt gekommen, endlich ihre Pflicht zu erfüllen, ihrem Mann Nachkommen zu schenken. Die Bibel schildert diesen Wendepunkt:

Abram und Sarai bekamen keine Kinder. Da schlug Sarai ihrem Mann vor: „Der Herr hat mir keine Kinder geschenkt. Aber nach den geltenden Gesetzen kannst du mir durch eine Sklavin Kinder schenken. Ich habe doch eine ägyptische Sklavin, die heißt Hagar. Ich überlasse sie dir, vielleicht wird mir durch sie ein Kind geboren!" Abram war einverstanden (1. Mose 16,1-2).

Die unerwarteten Folgen *(1. Mose 16, 4-10).* Diese Entscheidung sollte ebenso unmittelbare wie auch weit reichende Folgen haben. Als Hagar schwanger wurde, war sofort klar, dass Abram selbst im Alter von 85 Jahren noch zeugungsfähig war. So viel Respekt Hagar vor Sarai auch gehabt haben mochte, er verkehrte sich jetzt in Verachtung, und „sie sah auf ihre Herrin herab" (1. Mose 16,4). Inwiefern die Geburt des Kindes die Beziehung zwischen den beiden Frauen beeinträchtigte, soll im Folgenden noch näher beleuchtet werden.

Die langfristigen Auswirkungen jedenfalls waren sehr viel schwerwiegender als die unmittelbaren. Hagar trug für Abram ein Kind aus, und dieses Kind namens Ismael wurde der Urvater der arabischen Völker, die seit damals bis zum heutigen Tag den Nachkommen des Halbbruders Isaak, den Sarai später doch noch zur Welt brachte, feindlich gesonnen waren. Bis heute hält diese Feindschaft an, denn bis zum heutigen Tag tauchen immer wieder Schlagzeilen über den Konflikt zwischen den Palästinensern – Nachkommen Ismaels – und den Juden des modernen Staates Israel – Nachkommen des Halbbruders Isaak auf.

Das Wunder der späten Geburt *(1. Mose 17,1-22; 21,1-7).*
Ismael wuchs auf als Mitglied von Abrams Familie, und Abram liebte seinen Sohn. Im Laufe der Jahre stellte sich ein unbehaglicher Waffenstillstand zwischen Sarai und Hagar ein. Dreizehn Jahre nach Ismaels Geburt, Abram war inzwischen 99 Jahre alt und Sarai 90, sprach Gott zu Abram und überbrachte ihm eine absolut umwerfende Nachricht. Sarai sollte Abram einen Sohn schenken, und auf diesen Sohn – nicht den Sohn ihrer Sklavin – sollten die Verheißungen des Bundes übergehen, den Gott mit Abram geschlossen hatte. Gott sagte zu Abram über Sarai: „Ich werde sie reich beschenken, sie soll einen Sohn von dir empfangen. Mein Segen bedeutet noch mehr: Sie soll die Stamm-

mutter zahlreicher Völker werden, und Könige werden von ihr abstammen" (1. Mose 17,16).

Gleichzeitig mit diesem Versprechen änderte Gott Abrams Namen in Abraham um und Sarais Namen in Sara. Und obwohl Sara eigentlich schon längst kein Kind mehr hätte empfangen können, wurde sie schwanger. Ein Wunder war dieses Kind. Der Nachkomme von Abraham und seiner Frau Sara wuchs in ihrem Leib heran, und als sie neunzig war und Abraham hundert, wurde Isaak geboren.

Man kann Saras Erleichterung geradezu erspüren, ihr Entzücken und ihre Freude, als Isaak geboren wurde: „Gott lässt mich wieder lachen", erklärte Sara „jeder, der es erfährt, wird mit mir lachen! Denn kein Mensch konnte sich vorstellen, dass ich in meinem Alter noch Mutter werde! Abraham hat Jahrzehnte darauf warten müssen, aber jetzt habe ich ihm einen Sohn geboren" (1. Mose 21, 6-7).

Konflikt und Lösung *(1. Mose 21,8-13).* Zur nächsten kritischen Situation kam es für Sara bei dem Fest anlässlich Isaaks Entwöhnung. Damals wurden Kinder zwischen dem dritten und vierten Geburtstag abgestillt. Das heißt, dass Ismael zum Zeitpunkt des Festes etwa 16 bis 17 Jahre alt gewesen sein muss. Während des Festes beobachtete Sara, wie Ismael Isaak ärgerte. Sara wurde sehr zornig und forderte von Abraham: „Jag diese Sklavin und ihren Sohn fort". Ihre Ausdrucksweise an dieser Stelle ist ein Zeichen dafür, dass die beiden Frauen einander immer noch feindselig gegenüberstanden und dass Sara keine oder nur wenig Zuneigung für Ismael empfand. Abraham reagierte jedoch sehr ablehnend auf Saras Forderung, denn er liebte seinen Sohn, und Ismael zu enterben, wie Sara es verlangte, ging gegen das Gesetz und die Sitten. Der Kodex Hammurapi, der ein paar Jahrhunderte nach Abram kodifiziert wurde, fasst zusammen, was damals als rechtens und gerecht galt:

170: Wenn die Frau eines Herren ihm Kinder geboren hat, und eine weibliche Sklavin ihm ebenfalls Kinder geboren hat, und wenn der Vater zu seinen Lebzeiten jemals gesagt hat: „meine Kinder" zu den Kindern, die ihm die Sklavin geboren hat, und sie so zu den Kindern der ersten Frau zählt, nachdem der Vater gestorben ist, sollen die Kinder der ersten Frau und die Kinder der Sklavin die Güter des väterlichen Besitzes zu gleichen Teilen aufteilen, wobei der Erstgeborene der ersten Frau den besseren Anteil erhält (*The Ancient Near East,* Bd. 2, S. 157).

Diesmal jedenfalls widerstand Abraham dem Drängen Saras. Aber da schaltete Gott sich ein und wies Abraham ausdrücklich an, das zu tun, worum Sara ihn gebeten hatte. Aus guten und zwingenden Gründen müsse die Abstammungslinie, innerhalb derer die Verheißungen des Bundes weitervererbt würden, klar und eindeutig bleiben. Dennoch war Gott sensibler für Abrahams Liebe zu seinem Sohn Ismael als Sara es gewesen war. Gott versprach Abraham, dass er selbst sich um Ismael kümmern werde, und dass Ismael genau wie Isaak Vater eines großen Volkes werden würde.

Sara im Neuen Testament. Wenn wir ausschließlich das Alte Testament betrachten, ist klar, dass Sarai/Sara im Heilsplan Gottes eine bedeutungsvolle Rolle spielte. Sie war die treue Gefährtin von Abraham, dessen Glaube ihn dazu gebracht hatte, Ur zu verlassen und zu tun, was Gott ihm aufgetragen hatte. Sie wurde die Mutter von Isaak, dem Sohn Abrahams, durch den die Verheißungen des Bundes mit Gott an die nachfolgenden Generationen weitergegeben werden sollten.

Die Texte aus dem Alten Testament stellen diese Tatsachen fest und geben Einblick in Saras Persönlichkeit. Das Neue Testament dagegen hebt die Bedeutsamkeit einiger entscheidender Punkte in ihrem Leben hervor.

Hebräer 11,11 weist besonders auf Saras Glauben hin und bestätigt: „Auch Sara, Abrahams Frau, glaubte unerschütterlich an Gottes Zusage, dass sie noch ein Kind bekommen würde, obwohl sie dafür schon viel zu alt war. Wusste sie doch, dass Gott alle seine Zusagen einhält". Sara ist eine von nur zwei Frauen, die im Hebräerbrief als Vorbilder im Glauben erwähnt werden.

In 1. Petrus 3, 5-6 wird Sara als vorbildliche Ehefrau dargestellt, die Gott vertraute und sich ihrem Mann unterordnete.

Aber der wohl bedeutsamste Abschnitt, Galater 4, 22-31, hebt im Rückblick die symbolische Bedeutung von Sara und Hagar als Stellvertreter zweier verschiedener Ansätze hervor:

Dort heißt es, dass Abraham zwei Söhne hatte: einen von der Sklavin Hagar und einen von seiner Frau Sara, die als Freie geboren war. Der Sohn der Sklavin wurde geboren, weil Abraham endlich einen Sohn haben wollte, der Sohn der Freien dagegen, weil Gott ihn verheißen hatte.

Am Beispiel dieser beiden Frauen kann Gott uns zeigen, wie verschieden die beiden Bündnisse sind, die er mit dem Menschen geschlossen hat. Den einen Bund schloss Gott auf dem Berge Sinai mit dem Volk Israel, als er ihm durch Mose das Gesetz gab. Dieses Gesetz aber knechtet uns und bringt nur Sklaven hervor wie Hagar. Hagar ist übrigens der arabische Name für den Berg Sinai. Er entspricht dem Jerusalem unserer Zeit, den Juden, die am Gesetz festhalten, aber nie frei werden, weil sie nicht an Christus glauben wollen. Die andere Frau aber, von der wir abstammen, ist frei. Sie weist auf das neue Jerusalem im Himmel hin, auf den neuen Bund, den Gott mit uns durch Jesus Christus geschlossen hat. Davon spricht schon der Prophet Jesaja: „Sei fröhlich, du Unfruchtbare, auch wenn du nie ein Kind geboren hast. Juble und jauchze, du Kinderlose. Denn du, die du allein bist, wirst mehr Kinder haben als die Frau, die einen Mann hat." So steht ihr, liebe Brüder, nicht länger unter dem Gesetz, weil euch wie Isaak Gottes Verheißung gilt.

Allerdings verfolgte schon damals der Sohn der Sklavin – der geboren wurde, weil Menschen es so wollten – den Sohn der Freien, der geboren wurde, weil Gott es wollte. Genauso ist es auch noch heute. Aber was sagt die Heilige Schrift dazu? „Verstoße die Sklavin mit ihrem Sohn! Denn nicht er, sondern der Sohn der Freien soll dein Erbe sein!" Wir aber, meine lieben Brüder, sind nicht die Kinder der Sklavin. Wir sind die Kinder der Freien und nicht dem Gesetz verpflichtet, denn durch Jesus Christus sind wir davon befreit.

In folgender Tabelle ist besser zu erkennen, was Paulus sagen will, nämlich dass diese beiden Frauen für zwei gegensätzliche und unvereinbare Systeme stehen:

DIE SYMBOLISCHE BEDEUTUNG VON

Sara	Hagar
Gnade	Gesetz
Vertrauen auf Gottes Verheißung	Vertrauen auf eigene Bemühungen
Das himmlische Jerusalem:	Jerusalem, wie es heute ist:
Glaube an Christus	Jüdischer Glaube/verschiedene Religionen
Freiheit	Gebundenheit

Egal nach welchen Kriterien: Sara spielt in der Bibel eine wesentliche Rolle, und zwar sowohl historisch als auch symbolisch betrachtet. Sara war jedoch auch ein Mensch aus Fleisch und Blut, eine stolze und leidenschaftliche Frau, eine Frau mit Charakter und Überzeugungen. Im Folgenden soll etwas genauer betrachtet werden, wie Sara als Frau war, mit all ihren Stärken und Schwächen.

Saras Beziehungen

Saras Beziehung zu Gott. Eine deutliche Aussage über die Art der Beziehung zwischen Sara und Gott ist bereits die Tatsache, dass Gott nicht nur Abrams Namen in Abraham umänderte, sondern auch Sarai in Sara umbenannte. Mit beiden Namensänderungen war ein Segen verbunden, denn Gott sagte zu Abraham: „Ich werde sie reich beschenken, sie soll einen Sohn von dir empfangen. Mein Segen bedeutet noch mehr: Sie soll die Stammmutter zahlreicher Völker werden, und Könige werden von ihr abstammen" (1. Mose 17,16).

Sara war nicht nur Empfängerin der Gnade Gottes, sondern auch eine Frau, deren Glaube mit dem Abrahams vergleichbar war. In Hebräer 11,11 heißt es: „Auch Sara ... glaubte unerschütterlich an Gottes Zusage, dass sie noch ein Kind bekommen würde, obwohl sie dafür schon viel zu alt war. Wusste sie doch, dass Gott alle seine Zusagen einhält."

Der Herr hatte Saras Glauben 60 Jahre lang angesehen, während sie hoffnungsvoll darauf wartete, Abraham den versprochenen Erben zu schenken. Es stimmt, dass ihr Glaube ins Wanken geriet, aber erst nachdem sie sich selbst nicht mehr für fruchtbar hielt. Sie hatte immer noch keinen Zweifel daran, dass Gott Abraham zum Vater eines großen Volkes machen würde. Was für ein wunderbares Geschenk machte Gott ihr, nachdem sie so lange treu und im Glauben gewartet hatte.

Saras Beziehung zu Abraham. Sara und Abraham hatten denselben Vater, Terach, aber verschiedene Mütter. Abraham heiratete seine Halbschwester, als er noch in Ur lebte, und als die beiden Haran verließen, war Abraham 75 und Sara 65. Sie hatten schon zuvor Familie und Freunde zurückgelassen, aber als Abraham seiner Frau jetzt sagte, sie würden weiterziehen, ging sie wieder bereitwillig mit (1. Mose 12,4). Wie sah nun diese Beziehung aus, die Sara mit ihrem Mann verband?

Gemeinsame Anbetung *(1. Mose 12,7-8).* Es gibt zwar keine Aufzeichnungen über einen direkten, intensiven Kontakt zwischen Sara und Gott, aber aus dem Bericht im 1. Buch Mose geht sehr klar hervor, dass die Beziehung zwischen Sara und Abraham innig und vertraut war. Es lässt sich mit ziemlicher Sicherheit sagen, dass Abraham sich seiner Frau mitteilte und mit ihr darüber sprach, wie er Gott immer besser kennen lernte und sein Glaube an Gott sich stetig weiterentwickelte. Als Abraham und Sara in Kanaan ankamen, sprach der Herr wieder zu Abraham und sagte, er wolle dieses Land ihm und seinen Nachkommen geben. Dort baute Abraham einen Altar für Gott (1. Mose 12,7.8). Die Beziehung zwischen Abraham und Gott entwickelte sich, was nicht nur daran erkennbar ist, dass Gott zu Abraham sprach, sondern dass dieser ihm auch antwortete. Es ist anzunehmen, dass Sara und Abraham Gott auch gemeinsam anbeteten.

Hingebungsvolle Liebe *(1. Mose 12, 11-13).* Als in Kanaan eine Hungersnot ausbrach, zogen Abraham und Sara nach Ägypten. Dort schlich sich etwas Seltsames in ihre Beziehung ein. Abraham hatte Angst, dass die Ägypter ihn töten würden, um an seine Frau heranzukommen, weil sie so schön war (1. Mose 12,11). Man bedenke, dass Sara zu diesem Zeitpunkt bereits 65 Jahre alt war!

Abraham bat sie: „Sag doch einfach, du seist meine Schwester, dann werden sie mich bestimmt gut behandeln und leben lassen" (1. Mose 12,13). In manchen Kommentaren wird darüber spekuliert, dass Sara ihrem Mann gegenüber große Feindseligkeit empfunden haben muss, weil er sie im Grunde den Ägyptern als Konkubine überließ. Vielleicht stimmt das, aber Sara war auch eine Frau mit einem ganz eigenen Kopf. Sie war auch die Frau, die darauf bestanden hatte, dass Abraham mit Hagar schlief, damit er den von Gott verheißenen Sohn bekäme. Dieselbe Frau, die so heftig reagiert hatte, als Hagar sich ihr gegenüber respektlos benahm, und auch dieselbe Frau, die darauf bestanden hatte, dass Hagar und Ismael vertrieben wurden. Es ist gar nicht so einfach, sich die streitbare Sara als hilfloses, passives Opfer vorzustellen. Vielleicht ist es besser, davon auszugehen, dass Sara Abraham einfach innig liebte und aus Liebe zu ihm tat, was er verlangte.

Sara muss angenommen haben, dass es für die Angst ihres Mannes einen guten Grund gab. Er bat sie, sich als seine Schwester auszugeben, um seine eigene Haut zu retten. Und weil sie denselben Vater hatten, hatte das, was sie sagen sollte, sogar einen gewissen Wahrheitsgehalt.

Selbstloses Geben *(1. Mose 16,1-2).* An Sara wird oft Kritik geübt, weil sie Abraham Hagar quasi als Leihmutter für den Erben zur Verfügung stellte. Dabei gilt es jedoch zu bedenken, dass zwar nicht genau bekannt ist, wie viele Jahre Sara bereits mit Abraham verheiratet war, als sie Ur verließen, fest steht jedoch, dass damals Frauen üblicherweise im Alter zwischen 13 und 15 Jahren verheiratet wurden. Wahrscheinlich waren also Abraham und Sara bereits seit 35 Jahren verheiratet, als sie in Ur loszogen. Abraham war 86, als sein Sohn Ismael geboren wurde, Sara zehn Jahre jünger. Wenn sie mit 15 verheiratet worden war, hatte sie also bereits gute 60 Jahre gewartet, und nicht nur die vertraglich festgelegte Zeit von zwei Jahren, bevor sie Abraham die Sklavin gab, um seinen Erben zu zeugen!

Warum also dieses Eingreifen von Sara, nachdem sie doch schon so lange gewartet hatte? Es ist bekannt, dass die Haut bei Frauen schnell altert, wenn ihr Körper kein Östrogen mehr produziert. Bekannt ist außerdem, dass der ägyptische König

Sara für seinen Harem haben wollte, als sie bereits 65 war (1. Mose 20, 2-8). Die Tatsache, dass sie in diesem Alter noch eine umwerfende Schönheit gewesen sein muss, könnte also Indiz dafür sein, dass Sara noch sehr lange fruchtbar war und menstruierte. Möglicherweise wartete Sara im Glauben so lange geduldig auf das Kind, wie sie der Meinung war, noch Kinder bekommen zu können, und bediente sich erst, nachdem sie aufgehört hatte zu menstruieren, der Alternative, die in der damaligen Kultur akzeptiert war.

Manche Kommentatoren sind der Meinung, Sara hätte zu früh aufgegeben. In Wirklichkeit aber wartete Sara vertrauensvoll und vertraute länger auf Gottes Verheißung als es für die meisten von uns vorstellbar wäre. Als sie schließlich glaubte, in ihrem Alter keine Kinder mehr bekommen zu können, bot sie ihrem Mann Hagar an, um ihm so das Geschenk zukommen zu lassen, das sie selbst ihm nicht geben konnte.

Gemeinsames Grab *(1. Mose 23).* Saras Tod ist ein prägnanter Augenblick in den Aufzeichnungen der Bibel. Die Liebe, durch die Abraham und Sara in einer lebenslangen Ehe miteinander verbunden waren, ist legendär. Abraham trauerte über den Verlust seiner geliebten Frau, erwarb eine Höhle als letzte Ruhestätte und bestattete Sara dort. 48 Jahre später legten seine Söhne Abraham ebenfalls in dieser Höhle zu Grabe.

Saras Beziehung zu Hagar *(1. Mose 16, 21).* Es gibt keine Aufzeichnungen über die Art der Beziehung zwischen Sara und Hagar, bevor Sara ihre Sklavin Abraham anbot als „Leihmutter" für den verheißenen Erben. Es gibt allerdings recht genaue und kraftvolle Berichte über das, was danach geschah.

Nachdem Hagar schwanger geworden war *(1. Mose 16, 1-11).* Als Hagar feststellte, dass sie schwanger war, „sah sie auf ihre Herrin herab" (1. Mose 16,4). Hagar tat auch nichts, um ihre Einstellung zu verbergen, und Sara reagierte darauf sehr heftig (1. Mose 16,6). Hagar wiederum lief fort, als Sara Maßnahmen gegen ihre Arroganz ergriff, und kam erst wieder zurück, als der Engel des Herrn sie zurückschickte mit der Verheißung, dass ihr Sohn Vater zahlreicher Völker werden würde (1. Mose 16,18). Hagar gehorchte und ordnete sich Sara unter.

Danach kann man sich zwischen Sara und Hagar bestenfalls eine höfliche Beziehung vorstellen. Vielleicht wurde Sara der schwangeren Hagar gegenüber ein wenig nachsichtiger, aber es besteht kein Grund zu der Annahme, dass ihre Beziehung jemals wieder ganz heil wurde. Saras Bezeichnung für Hagar als „diese Sklavin" (1. Mose 21,10), deutet eher auf das Gegenteil hin.

Der endgültige Bruch *(1. Mose 21, 8-18).* Der endgültige Bruch erfolgte Jahre später, als Ismael, inzwischen bereits ein Teenager, seinen kleinen Bruder Isaak bei der Feier anlässlich seiner Entwöhnung ärgerte. Sara verlangte von Abraham, die Sklavin mitsamt ihrem Sohn fortzujagen.

Einerseits war das eine engstirnige und auch herzlose Bitte, andererseits gilt es auch zu bedenken, dass Gott diese Bitte bestätigte. Der entsprechende Bibeltext erklärt Saras Motive und beschreibt die Unterstützung, die sie dabei von Gott bekam:

„Jag diese Sklavin und ihren Sohn fort! Ich will nicht, dass mein Sohn Isaak mit ihm das Erbe teilen muss!"

Abraham war damit gar nicht einverstanden, denn schließlich war auch Ismael sein

Sohn. Aber Gott sagte zu ihm: „Sträube dich nicht dagegen, den Jungen und die Sklavin wegzuschicken! Tu alles, was Sara von dir fordert, denn nur die Nachkommen deines Sohnes Isaak werden das auserwählte Volk sein" (1. Mose 21,10-12).

Es wird hier sehr deutlich, dass es Gottes Absicht war, jeden Zweifel und jede Unklarheit über die Abstammungslinie, innerhalb derer der Segen des Bundes mit Abraham weitervererbt wurde, auszuschließen. Gott ehrte jedoch Abrahams Sohn Ismael, indem er ihn zum Stammvater der arabischen Völker machte. Die Verheißungen des Bundes wurden über die Linie von Sara, der Freien, weitergegeben und nicht durch die Linie der Sklavin Hagar.

Saras Beziehung zu Ismael *(1. Mose 21,10).* Die beiden letzten Verse zeigen (1. Mose 17,18; 21,11), dass Abraham seinen Sohn Ismael wirklich liebte. Es deutet jedoch nichts darauf hin, dass auch Sara Zuneigung für ihn empfand. Rechtlich gesehen war Ismael Saras Sohn, denn Hagar war nicht Abrahams Frau, sondern Saras Besitz. Als solcher war sie dazu eingesetzt worden, einen Erben für Abraham und Sara hervorzubringen. Sara hatte den in der damals vorherrschenden Kultur erlaubten Weg gewählt, Abraham einen Ersatz für sich selbst als Mutter eines Erben zu beschaffen. Das Kind, das dabei entstand, galt rechtlich als ihr leiblicher Sohn.

Etwa 16 oder 17 Jahre später forderte eine zornige Sara von Abraham, Ismael und seine Mutter fortzujagen, was denn auch geschah.

Obwohl Sara Ismael nie wirklich als Sohn anerkannte und akzeptierte, und obwohl sie es war, die veranlasste, dass er und seine Mutter fortgejagt wurden, kam Ismael 48 Jahre später zum Begräbnis seines Vaters Abraham (1. Mose 29, 9). Allem Anschein nach hatten sich also Abraham und Ismael nach Saras Tod versöhnt.

Saras Beziehung zu Isaak *(1. Mose 24, 67).* Obwohl Sara bei Isaaks Geburt bereits im fortgeschrittenen Alter war, konnte sie ihren Sohn noch selbst großziehen und ihn 37 Jahre seines Lebens begleiten, bevor sie starb. Heute ist es kaum vorstellbar, nach 70 Jahren Ehe noch ein Kind zu bekommen. Isaak war das verheißene Kind, lange ersehnt und ganz bestimmt zärtlich geliebt, wie das eben bei lang ersehnten Kindern der Fall ist. Hinweise für die Liebe und Innigkeit zwischen dieser Mutter und ihrem Sohn werden vielleicht am deutlichsten drei Jahre nach Saras Tod, als Isaak Rebekka zur Frau nahm. In der Bibel steht, dass Isaak sie ins Zelt seiner Mutter brachte, um dort die Ehe zu vollziehen „so wurde er über den Verlust seiner Mutter getröstet", heißt es dort. Die Tatsache, dass er seine Braut in das Zelt seiner Mutter brachte, ist vielleicht ein Hinweis darauf, dass zwischen ihm und Sara eine Bindung der Liebe und Zärtlichkeit bestanden hatte und dass Isaak ihren Tod auch noch nach drei Jahren als Verlust empfand.

Sara: Eine Nahaufnahme

Sara war bis ins Alter von weit über sechzig Jahren eine sehr schöne Frau. Es gab Lebensabschnitte, in denen Abraham buchstäblich um sein Leben fürchtete, nur weil er mit ihr zusammen unterwegs war. Sie muss sowohl von ihren Gesichtszügen als auch von der Figur her so umwerfend ausgesehen haben, dass Abraham nicht nur die besagte Angst hatte, sondern Sara wirklich in den Harem des Pharaos von Ägypten und des Königs Abimelech geriet.

Aber Saras Schönheit war eben doch keine Garantie für ein kummer- und sorgenfreies Leben. Sie verließ ihre Heimatstadt, wo sie alle Annehmlichkeiten gehabt hatte, um den Rest ihres Lebens als Nomadin umherzuziehen. Gott segnete Abraham und Sara zwar mit großem Reichtum, aber das, was Sara sich am sehnlichsten wünschte, blieb ihr versagt.

Schönheit, Reichtum, und die Liebe eines guten Mannes – all das brachte ihr keine Erfüllung, denn mehr als alles andere wünschte sie sich ein Kind. Sie sehnte sich danach, ihrem Mann den Erben schenken zu können, der ihm vom Herrn des Universums verheißen worden war. Und so wartete sie denn, Jahrzehnt um Jahrzehnt, bis über ein halbes Jahrhundert vergangen war. Und dann wartete sie noch einmal ein Vierteljahrhundert.

Wie sehr muss es Sara geschmerzt haben, als sie denken musste, dass nach all den unfruchtbaren Jahren des Wartens und Hoffens ihr alternder Körper keine Kinder mehr hervorbringen würde. Sie hatte Abraham den größten Teil ihres Lebens geliebt, aber als sie 75 war, nahm Sara an, dass Gott zwar Abraham versprochen hatte, er würde Vater vieler Völker werden, dass sie aber nicht die Mutter dieser Völker sein würde. Wie muss es sie geschmerzt haben, die junge Sklavin zu Abraham zu schicken, in dem Versuch, Gott bei der Umsetzung seiner Verheißungen nachzuhelfen.

Sara hatte das vertraute Leben in Ur aufgegeben und es gegen ein ungewisses Leben auf der Wanderschaft eingetauscht, und schließlich hatte sie auch noch dem Mann, den sie liebte, eine andere Frau in die Arme gelegt, sodass diese ihm geben konnte, wozu sie selbst nicht in der Lage gewesen war – einen Sohn. Es muss für sie ein echter Schlag gewesen sein, als Hagar so schnell schwanger wurde. Ihre Trauer und ihr Zorn wurden jedoch noch verstärkt durch Hagars Haltung ihr gegenüber.

Wenn wir einmal versuchen, uns in diesen seelischen Zustand Saras hineinzuversetzen, ist ihre Härte Hagar gegenüber vielleicht doch zu verstehen. Dieser Zustand des Zorns und der Trauer kann auch eine Erklärung dafür sein, warum Sara Ismael nicht als ihren eigenen Sohn anerkennen konnte. Jedes Mal, wenn Sara Ismael ansah, wurde sie sowohl an ihre Unfähigkeit erinnert, einen Erben zu gebären, als auch an die Verachtung ihrer Sklavin.

Isaak heißt übersetzt „Lachen". Abraham und Sara freuten sich so sehr, dass sie fast laut lachen mussten, als sie schließlich im Alter von hundert bzw. neunzig Jahren Eltern wurden. Gott ist so gut. Er gewährte Sara danach noch 37 weitere Jahre, in denen sie miterleben durfte, wie ihr Sohn zum Mann heranwuchs, und im Wunder des neuen Lebens schwelgen konnte, wie es Mütter eben tun. Am Beispiel von Sara werden sowohl die Prüfungen als auch der Lohn des Glaubens besonders deutlich.

Impulse für heute

Saras Leben veranschaulicht auf bunte und vielfältige Weise das facettenreiche Gefühlsleben einer Frau, und fast immer beziehen sich die Gefühle in irgendeiner Weise auf den Mann in ihrem Leben – wie deutlich werden hier die Auswirkungen von Evas Ungehorsam!

- Sara zieht mit Abram – und wegen ihm – in die Ferne, ins unbekannte Land. Sie vertraut sich ihm an. Sie vertraut auch auf Gott, kann ihm aber kaum glauben, als sie erfährt, dass sie in hohem Alter noch ein Kind haben wird; sie lacht ungläubig.
- Sie wagt es nicht, sich ganz auf die Zusage Gottes zu verlassen, meint „nachhel-

fen" zu müssen. So verhilft sie ihrem Mann über Hagar zu einem Sohn.

- Wie innerlich zerrissen sie dabei ist und wie sehr sie sich dabei selbst verletzt, wird daran deutlich, wie sie Hagar später behandelt bzw. auf sie reagiert – die Rivalin, die sie unaufgefordert selbst eingesetzt hat.
- Die unermessliche Freude dann über den leiblichen Sohn findet einen traurigen Höhepunkt darin, dass die Sklavin und ihr Sohn fortgejagt werden – kein Mitgefühl von Sara!
- Offensichtlich ist Sara eine ebenso zarte wie harte Frau, die ihr Selbstwertgefühl nicht in erster Linie von Gott bezieht, der sie und ihren Mann liebt, sondern aus dem Verwirklichen ihrer Vorstellungen und Ziele.
- Wie sehr Gott sie liebt und wertschätzt, ganz unabhängig von ihren Vorstellungen und Zielen, wird darin deutlich, dass er ihr den ersehnten Sohn schenkt, als sie nach menschlichem Ermessen schon längst keine Kinder mehr bekommen kann, und darin, dass er sein Versprechen einhält und ihre Ehe mit Abram segnet.

Hagar

Bibelstellen:
1. Mose 16,1-8.15.16; 21,9-17; 25,12; Galater 4,24.25

Zeit: Etwa 2075 v. Chr.
Name: siehe S. 329
Thema: Hagar war die Mutter der arabischen Völker.

Hagars Rolle in der Bibel

Was in der Lutherübersetzung der Bibel noch relativ freundlich als „Magd" übersetzt wird, bedeutet in Wirklichkeit nichts anderes, als dass Hagar eine Sklavin war. Sklaverei bedeutete in der damaligen Zeit nicht, dass eine Rasse sich eine andere unterworfen hatte, sondern dass Menschen andere Menschen besitzen konnten und damit der Sklave bzw. die Sklavin das Recht auf Entscheidungsfreiheit verlor.

Hagars Lebensgeschichte. Es ist nicht bekannt, wie Hagar in Abrahams Haushalt gelangte. Vielleicht wurde sie von armen Eltern bereits als Kind an Sklavenhändler verkauft und dann später von Abraham für seine Frau Sara erworben. Vielleicht wurde sie auch im Rahmen eines Raubzuges in Ägypten von Plünderern aus dem Norden verschleppt und später als Beute verkauft. Jedenfalls war sie Saras Sklavin und nicht Abrahams. Im Unterschied zu vielen anderen Frauen, die als Sklavinnen verkauft wurden, wurde sie nicht erworben, um einem Mann oder seinen Söhnen sexuell zur Verfügung zu stehen. Hagar war keine Konkubine, sondern sie war eine Haussklavin. Es ist durchaus möglich, dass Sara und sie zunächst eine ganz gute Beziehung hatten, das heißt so lange, bis die unfruchtbare Sara beschloss, Sitte und Gesetz gemäß Hagar Abraham als Ersatzfrau zu geben, um selbst dafür zu sorgen, dass Abraham einen Stammhalter bekam. An dieser Stelle kommt Hagar in der Bibel ins Spiel. An dieser Stelle beeinflusst diese ägyptische Sklavin den Lauf der Geschichte und setzt etwas ganz Neues in Gang.

Saras Entschluss *(1. Mose 16,1-6)*. Als Sara den Entschluss fasste, ihrem Mann Abraham durch Hagar ein Kind zu schenken, veränderte sich für die Sklavin alles. Natürlich hatte Hagar in dieser Angelegenheit gar keine Wahl, und wir wissen nicht, was sie bei der Entscheidung ihrer Herrin empfand. Bekannt ist jedoch, dass Hagar sehr schnell schwanger wurde. Mit der

Schwangerschaft veränderten sich ihre Haltung und ihr Verhalten Sara gegenüber, und sie „sah auf ihre Herrin herab", im Grunde eine ganz natürliche Reaktion. Hagar empfand Verachtung für ihre Herrin, denn die Kinderlosigkeit des Paares lag offenkundig nicht an Abaraham. Sara war „weniger Frau" als ihre Sklavin!

Als Hagar dann nicht einmal ihre Gefühle für sich behielt, sondern sie offen zur Schau stellte, wurde Sara zornig und beschwerte sich bei Abraham. Der aber erinnerte Sara lediglich an ihre festgeschriebenen Rechte als Herrin Hagars: „Sie ist dein Eigentum", erwiderte Abraham, „ich lasse dir freie Hand – mach mit ihr, was du willst" (1. Mose 16,6). Und Sara wollte, dass Hagar für ihre Respektlosigkeit bezahlte. Ja, Sara behandelte Hagar so grob, dass die Sklavin schließlich fortlief.

Hagars erste Begegnung mit Gott *(1. Mose 16,7-15).* Sara behandelte Hagar so schlecht, dass die Sklavin nach ein paar Wochen einfach fortlief. Sie ging in Richtung Süden und schleppte sich durch ein Wüstengebiet, heute als Negev bekannt, in Richtung Ägypten. Als sie verzweifelt an einem Brunnen saß, „fand der Engel des Herrn sie" dort.

Es wird über die Identität dieses Engels des Herrn zwar diskutiert, aber alles deutet darauf hin, dass es Gott selbst war, der Hagar erschien. Besonders bedeutsam ist dabei, dass hier in der Bibel zum ersten Mal Gott in dieser Gestalt bezeugt wird. Man stelle sich vor: Gott kam in Gestalt des Engels des Herrn nicht einmal zu Adam oder Noah oder Abraham oder sonst einem der großen Männer der ersten Kapitel im ersten Mosebuch, sondern zu einer Frau, einer ägyptischen Frau, und dazu noch einer Sklavin.

Der Engel des Herrn sagte zu Hagar, sie solle zu ihrer Herrin zurückkehren und ihr gehorchen, und er versprach: „Der Herr wird dir so viele Nachkommen schenken, dass man sie nicht zählen kann" (1. Mose 16,10). Und Hagar gehorchte, sich an diese Verheißung Gottes klammernd, so wie Abraham sich zuvor an eine Verheißung Gottes geklammert und gehorcht hatte. Hagar kehrte in Saras Zelt zurück, wo sie Abraham einen Sohn gebar, der den Namen Ismael bekam.

Hagars zweite Begegnung mit Gott *(1. Mose 2, 8-21).* Über die folgenden sechzehn Jahre im Leben von Hagar ist kaum etwas bekannt. Trotz Abrahams tiefer Zuneigung für seinen Sohn Ismael (siehe 1. Mose 17,18) hatte sich an Hagars Status als Saras Sklavin nichts geändert. Anscheinend verbesserte sich die Beziehung zwischen den beiden Frauen kaum. Selbst nachdem Sara später ihren eigenen Sohn Isaak zur Welt gebracht hatte, blieb die Beziehung offenbar angespannt. Nur einmal erwähnt Sara ihre Sklavin überhaupt und nennt sie bezeichnenderweise nicht einmal bei ihrem Namen, sondern spricht von ihr einfach nur als „diese Sklavin" (1. Mose 21,10).

Während der fröhlichen Feier anlässlich Isaaks Entwöhnung, als Isaak etwa drei oder vier Jahre alt war, ärgerte Ismael seinen Halbbruder. Das hebräische Wort, das hier verwendet wird, gibt keinen Aufschluss darüber, ob es sich dabei um gutmütige Neckerei oder um den bösartigen Ausdruck versteckter Eifersucht handelte. Überliefert ist jedoch, dass Sara zornig wurde und Abraham aufforderte, sowohl Hagar als auch Ismael augenblicklich fortzujagen.

Diesmal stimmte Abraham jedoch nicht zu. Im Bibeltext heißt es: „Abraham war damit gar nicht einverstanden, denn schließlich war auch Ismael sein Sohn" (Dieser Zwischenfall wird auch im Kommentar über Sara auf S. 42 besprochen). Dann griff Gott ein und bestätigte Abraham, dass Saras Forderung, Hagar und Ismael, fortzuschicken, auch sein Wille sei. Abraham gehorchte Gott und am „nächsten Morgen . . . früh" versorgte er Hagar und Ismael mit Nahrung und Wasser und schickte sie fort. Sie zogen so lange durch die Wüste, bis das Wasser verbraucht war. Völlig verzweifelt ließ Hagar irgendwann ihren erschöpften Sohn im Schatten eines niedrigen Strauchs zurück und schleppte sich ein Stück weiter, wo sie dann verzweifelt anfing zu weinen. Dort sprach der Engel des Herrn ein zweites Mal zu ihr. Er wiederholte noch einmal die Verheißung, dass Ismael Vater eines großen Volkes werden würde, und dann öffnete der Herr Hagar die Augen und „ließ sie einen Brunnen sehen" (1. Mose 21,19) – einen Brunnen, der wie Gott selbst die ganze Zeit da gewesen war.

Die letzte Erwähnung Hagars im Alten Testament erinnert uns an Gottes Treue gegenüber den Unterdrückten. Was Gott hier sagt, bezieht sich auf die Zukunft und nicht auf die Vergangenheit. „Gott kümmerte sich auch weiterhin um Ismael. Er wuchs heran und wurde ein guter Bogenschütze. Er lebte in der Wüste Paran, und seine Mutter gab ihm eine Ägypterin zur Frau" (1. Mose 21, 20.21).

Hagar im Neuen Testament *(Galater 4, 22-31).* Das Alte Testament gibt uns Einblick in die Persönlichkeit von Hagar. Im Neuen Testament, im Brief des Paulus an die Galater, hat die Gestalt der Hagar für Paulus auch symbolische Bedeutung. Im Rückblick betrachtet der Apostel die Entschlossenheit Saras, durch die Sklavin Hagar ein Kind zu bekommen, als menschliche Anstrengung, die im Widerspruch zu einem vertrauensvollen Glauben auf Gottes übernatürliches Eingreifen steht, der wiederum symbolisiert wird durch die Geburt Isaaks, lange nachdem Sara aufgehört hatte zu menstruieren. Im Vergleich des Paulus steht Hagar für die Sicht des Gesetzes, die im Judentum des ersten Jahrhunderts vorherrschte, während Sara für das Christentum steht, das auf dem völligen Vertrauen auf die Gnade Gottes begründet ist. Die Analogie ist aufschlussreich, aber es sei an dieser Stelle noch einmal ausdrücklich darauf hingewiesen, dass der Apostel durch den Vergleich kein Urteil über Hagar als Person abgibt. Um die Frau Hagar zu verstehen, muss man zum 1. Buch Mose zurückkehren, wo sie in ihrer Substanz gezeigt wird. Man kann den Schmerz nachspüren, den sie empfunden haben muss, und auch die Freude über den Sohn, den sie zwar stellvertretend für eine andere Frau zur Welt brachte, der ihr am Ende jedoch ganz allein gehörte.

Am wichtigsten ist es jedoch, sie als einen Menschen zu sehen, für den Gott sorgte. Hagar war der erste Mensch, dem Gott in seiner Gestalt als Engel des Herrn begegnete. Sie reagierte mit Gehorsam auf ihn und hielt nicht nur an der Erfüllung der Verheißungen fest, die Gott ihr gemacht hatte, sondern fand auch ihre Erfüllung in diesen Verheißungen.

Hagars Beziehungen

Hagars Beziehung zu Sara. Aus dem Bericht im 1. Buch Mose geht hervor, dass es zwischen Hagar und Sara scheinbar keine Feindseligkeiten gab, bevor Sara ihre Sklavin Abraham überließ. Hagar hatte als Sklavin keinen Einfluss darauf, wie sie eingesetzt wurde. Für uns heute mag das eine abstoßende Vorstellung sein, aber damals war Sklaverei etwas Normales, genauso wie die Aufgabe einer Sklavin, als Leihmutter für eine kinderlose Frau zu fungieren, als normal galt. Das Einzige, worüber Hagar selbst bestimmen konnte, war ihr Verhalten und Vorgehen unter den vorgegebenen Umständen. Hagar entschied sich, ganz offen ihre Verachtung der Herrin gegenüber zu zeigen, die wiederum daraus das Recht ableitete, Hagar schlecht zu behandeln. Schon bald zog Hagar es vor, lieber auf gut Glück in die Wüste hinauszuziehen, als zu bleiben und sich dermaßen schlecht behandeln zu lassen.

Etwa siebzehn Jahre später führte der Umstand, dass Ismael seinen kleinen Brüder ärgerte, dazu, dass Hagar endgültig aus Abrahams Haushalt vertrieben wurde. Für Sara war das Maß voll, und sie forderte Abraham auf, die Sklavin und ihren Sohn fortzujagen. Es ist nicht bekannt, ob Hagar in irgendeiner Weise daran mit schuld war. Als Gott viele Jahre zuvor Hagar schon einmal zurückgeschickt hatte zu ihrer Herrin, nachdem sie fortgelaufen war, hatte er ihr aufgetragen, sich ihrer Herrin zu unterstellen. Unter den Umständen erforderte diese Unterordnung von ihr wirklich eine grundlegende Veränderung in der Einstellung. Aber hatte sich Hagars Einstellung wirklich verändert? Hatte sie vielleicht ihre Feindseligkeit Sara und dem jüngeren Rivalen Isaak gegenüber an Ismael weitergegeben? Das ist zumindest eine denkbare Möglichkeit.

Auf jeden Fall hat bestimmt jeder, der schon einen Sohn im Teenageralter hatte, an dieser Stelle großes Mitgefühl mit Hagar. Sie hatte es sich nicht ausgesucht, Sklavin zu sein, genauso wenig wie sie es sich ausgesucht hatte, einem alten Mann seinen Sohn zu gebären. Sie war scheinbar gehorsam gewesen, als Gott ihr gesagt hatte, sie solle zu Sarah zurückgehen und sich ihrer Herrin unterordnen. Anschließend wurde sie zusammen mit ihrem Sohn buchstäblich in die Wüste geschickt, wo sie nichts als ihren Tod erwartete.

Hagars Beziehung zu Gott. Hagar war eine Ägypterin. Es ist nicht bekannt, ob sie mit heidnischen Göttern aufgewachsen war oder schon als Kind den Gott Abrahams kennen gelernt hatte. Bekannt ist jedoch, dass Gott ihr als Engel des Herr erschien und ihr ein Versprechen gab. Wir wissen, dass Gott für Hagar sorgte, denn der Herr „hat gehört, wie du gelitten hast" (1. Mose 16,11).

Genauso wichtig wie die Tatsache, dass Gott Hagar erschien, war ihre Reaktion darauf. Gott sagte zu Hagar: „Geh zu ihr zurück. Bleib ihre Sklavin . . . Der Herr wird dir so viele Nachkommen schenken, dass man sie nicht mehr zählen kann" (1. Mose 16, 9-10). Im Text heißt es dann weiter: „Darum gab sie dem Herrn, der mit ihr gesprochen hatte, den Namen: ‚der Gott, der mich anschaut'" (1. Mose 16, 13) und dass sie dem Wort Gottes gehorchte und zu ihrer Herrin zurückkehrte.

Hagars Reaktion auf Gott lässt darauf schließen, dass sie ihm glaubte. Sie war überzeugt, dass er seine Versprechen halten würde. In diesem Glauben kehrte sie zurück, und in den folgenden sechzehn oder siebzehn Jahren versuchte sie, das Beste aus ihrer Situation zu machen. All die Jahre hindurch war sie weiterhin Saras Sklavin und natürlich auch Ismaels Mutter.

Es gibt jedoch noch einen weiteren Aspekt in der Beziehung zwischen Hagar und Gott in dem Bericht darüber, wie er Hagar ein zweites Mal erscheint in 1. Mose 21,16-20. Hagar:

. . . setzte sich etwa hundert Meter davon entfernt auf die Erde. „Ich kann nicht mit ansehen, wie das Kind stirbt!", weinte sie.

Aber Gott hörte den Jungen schreien. Der Engel Gottes rief Hagar vom Himmel herab zu: „Warum weinst du, Hagar? Hab keine Angst – Gott hat das Schreien des Kindes dort unter dem Strauch gehört! Geh zu dem

Jungen, und heb ihn auf, denn aus seinen Nachkommen will ich ein großes Volk machen.“

Dann ließ Gott sie einen Brunnen sehen. Sie füllte ihren Ledersack mit Wasser und gab dem Jungen zu trinken. Gott kümmerte sich auch weiterhin um Ismael. Er wuchs heran und wurde ein guter Bogenschütze.

Hagar hatte Gott geglaubt und gehorcht, und als die Zeit gekommen war, rettete Gott sie und ihren Sohn, wie er es versprochen hatte. Der biblische Bericht erwähnt nicht, dass Hagar gebetet hätte oder dass es eine Entwicklung in der Beziehung zwischen ihr und Gott gab. Selbst als sie und Ismael in der Wüste mit dem Tod konfrontiert waren, hob sie kaum die Stimme und weinte. Es war der Junge, der zu Gott schrie, und dessen Stimme Gott hörte.

Hagars Beziehung zu Abraham. Hagar war Saras Sklavin und Sara bestimmte sie als „Leihmutter“ für Abrahams Sohn. Abraham schwängerte Hagar, und das ist auch schon alles, was wir über die Beziehung zwischen Hagar und Abraham erfahren.

Als Hagar Sara gegenüber unverschämt geworden war, sagte Abraham zu seiner Frau: „Sie ist dein Eigentum . . . ich lasse dir freie Hand – mach mit ihr, was du willst“ (1. Mose 16,6). Abraham betrachtete Hagar als Eigentum, das Sara und nicht ihm gehörte. Seine Reaktion lässt kein Mitgefühl, keine Zuneigung oder auch nur Sorge um das Wohl Hagars erkennen.

Als Sara von Abraham forderte, Hagar und Ismael wegzuschicken, „war Abraham damit gar nicht einverstanden, denn *schließlich war auch Ismael sein Sohn*“ (Hervorhebung der Autoren). Es ist offenkundig, dass Abraham nichts für Hagar empfand.

Hagars Beziehung zu Ismael. Hagar verachtete zwar ihre Herrin und hatte keine persönliche Beziehung zu Abraham, war aber scheinbar eine gute und liebevolle Mutter. Das wird daran erkennbar, wie sie versuchte, ihren Sohn in der Wüste vor der Sonne zu schützen, nachdem sie von Abraham fortgejagt worden waren, und an der Tatsache, dass sie es nicht ertragen konnte, ihn sterben zu sehen. Wie jede liebende Mutter wurde sie von Schmerz und Trauer gepackt, als sie erkannte, dass er dem Tode nahe war.

Hagar: Eine Nahaufnahme

Hagar war ein Opfer von Umständen, die außerhalb ihrer Kontrolle lagen. Sie war weit weg von ihrer Heimat und ihrer Familie. Sie hatte niemanden an ihrer Seite. Sie hatte keine Wahl, als sie benutzt wurde, um einem alten Mann einen Erben zu gebären. Sie hatte keinen Zufluchtsort vor ihrer groben und eifersüchtigen Herrin. Zwar trug auch Hagars Einstellung gewiss zu dieser harschen Behandlung bei, aber es stellt sich doch die Frage, ob Hagar wohl besser behandelt worden wäre, hätte sie diese Leihmutterschaft als Ehre betrachtet.

Trotz all der vielen Faktoren, durch die Hagar die Kontrolle über ihr eigenes Leben genommen wurde, reagierte sie mit Gehorsam und Glauben auf Gott.

Impulse für heute

Hagar – das Opfer, eine Frau ohne Selbstbestimmungsrecht, deren Würde wenig geachtet wird. Sie wird benutzt, entblößt und verjagt.

- Und wie viele Frauen auch in der heutigen Zeit leben wie sie. Körperlich und seelisch ausgebeutet, in fremden Ländern, ohne Kontakte, Beziehungen, ohne Rückhalt.

- Es ist leicht nachzuvollziehen, was für ein Triumph es für sie gewesen sein muss, einmal, wirklich nur dieses eine Mal, etwas Macht zu haben, und sie kann gar nicht anders, als dieses Gefühl auszukosten. Sie hat die Achillesferse ihrer Herrin getroffen, und ihre Herrin hat ihr die Ferse auch noch selbst offen hingehalten.
- Die Vergeltung ist nahezu unerträglich, und Hagar zeigt den Mut der Verzweiflung. Die schwangere Sklavin flieht in die Wüste – nach menschlichem Ermessen in den sicheren Tod.
- Diese Frau, die niemand wahrnimmt als Person, als einzigartige Persönlichkeit, wird zum ersten Mal gesehen, in ihrer Persönlichkeit wahrgenommen von Gott selbst, dem Schöpfer. Er sieht sie. Er achtet ihre Würde, spricht sie ihr neu zu, indem er sie ansieht und ihr das Versprechen gibt, für sie zu sorgen.
- Sie bekommt einen Sohn, und auf der Grundlage von Gottes Zusagen ihr gegenüber kann sie ihn auch unter den Augen ihrer Herrin (und Rivalin) großziehen. Sie glaubt der Zusage Gottes, einmal unzählige Nachkommen zu haben.
- Noch einmal kommt ein Punkt, an dem sie verzweifelt, aber wieder greift Gott ein und erneuert seine Verheißung, und wieder glaubt sie ihm.
- Hagar ist eine Frau, die nur eine einzige Chance hat, ihr Vertrauen ganz und um jeden Preis auf Gott zu setzen. Dass sie es tut, ist ihre Rettung.

Rebekka

Bibelstellen:
1. Mose 22,23; 24,15-67; 26, 6-11.34; 27,1-17.46; 28,5; 49,31.

Zeit: Etwa 1925 v. Chr.
Name: siehe S. 337
Thema: Rebekka war die Mutter zweier großer Völker, den Edomitern durch Esau und den Israeliten durch Jakob.

Rebekkas Rolle in der Bibel

Es ist faszinierend, wie Mütter manchmal das Leben ihrer Kinder prägen. Die Geschichte von Rebekkas Fern-Verlobung ist vielleicht eine der romantischsten der Bibel. Als Mutter traf Rebekka jedoch Entscheidungen, die mit der Trennung von ihrem Lieblingssohn endeten.

Rebekkas Lebensgeschichte. Rebekka war die Enkelin von Abrahams Bruder Nahor. Nahor hatte Abraham und ihren Vater Terach begleitet, als sie die sagenhafte Stadt Ur verließen und sich in Haran, einem Ort im Norden Mesopotamiens, an einer belebten Handelsroute niederließen. Nach dem Tod seines Vaters hatte Abraham seinen Bruder in Haran zurückgelassen und war weitergezogen in Richtung Kanaan, wohin Gott ihn geschickt hatte. Rebekka war im heiratsfähigen Alter, wahrscheinlich gerade ein Teenager, als einer von Abrahams Knechten nach Haran kam, um eine Braut für Abrahams Sohn Isaak zu suchen. Die Kurzfassung der weiteren Geschichte lautet: Sie zog mit dem Knecht zurück nach Kanaan, heiratete Isaak und schenkte ihm später zwei Söhne, die beide berühmt wurden. Rebekkas Lebensgeschichte enthält jedoch weit mehr als das.

Das Werben um Rebekka. Nach Saras Tod beschloss Abraham, eine Braut für seinen Sohn Isaak zu suchen. Zur damaligen Zeit lag es in der Verantwortung der Eltern, eine passende Braut für die Söhne zu finden, genauso wie es in der Verantwortung der Eltern einer jungen Frau lag, einen passenden Mann für die Tochter zu finden. Abraham lebte seit Jahrzehnten als Ausländer unter den Kanaanitern, die zu seiner Zeit das Gebiet des heutigen Palästina kontrollierten. Weil er nicht wollte, dass seine Familie sich in irgendeiner Weise mit den Einheimischen dort verband, schickte er einen Knecht nach Haran zurück, um dort innerhalb seiner eigenen Familie eine Braut für Isaak zu suchen.

Rebekka ist Gottes Wahl
(1. Mose 24,11-27).
Als der Knecht schließlich nach einer Reise von etwa 650 Kilometern in Haran ankam, betete er zum Gott Abrahams:

Ich stehe hier am Brunnen, und gleich kommen die Mädchen aus der Stadt, um Wasser zu holen. Ich werde eine von ihnen fragen, ob sie mir zu trinken gibt. Wenn sie dann antwortet: „Natürlich, trink nur; ich will auch deinen Kamelen Wasser geben!", dann bin ich überzeugt, dass sie es ist, die du für Isaak ausgesucht hast! So weiß ich, dass du den Wunsch meines Herrn erfüllt hast." (1. Mose 24,14)

Bevor noch der Knecht sein Gebet beendet hatte, erschien Rebekka an dem Brunnen, um Wasser zu schöpfen. Das ist das erste dokumentierte Gebet um Gottes Führung bei der Partnersuche. Es ist außerdem der Ausdruck einer bis heute oft gehegten Überzeugung, dass es eine Person gibt, die Gott ausgesucht hat als Ehepartner für einen bestimmten Menschen. Später fragten die Rabbinen: Was hat Gott getan, seit er die Schöpfung beendet hat? Und ihre Antwort lautete: Er hat diesen Mann für jene Frau ausgesucht und jene Frau für diesen Mann!

Welche Schlüsse auch immer sich aus diesem Ereignis ziehen lassen mögen, fest steht, dass Rebekka nicht nur in Bezug auf ihre Schönheit eine ungewöhnliche Frau war. Kamele konnten am Ende einer Reise 80 bis 120 Liter Wasser pro Tier trinken. Der Knecht hatte sich für eine mögliche Braut also wirklich eine schwierige Prüfung ausgedacht. Rebekkas fröhliches: „Ich will auch deinen Kamelen Wasser geben, bis sie sich satt getrunken haben" (1. Mose 24, 19) überzeugte den Knecht davon, dass Gott sein Gebet erhört hatte.

Als er erfuhr, dass Rebekka wirklich die Enkelin von Abrahams Bruder war, „warf sich der Knecht zu Boden und betete" (1. Mose 24, 26).

Die Verhandlungen *(1. Mose 24, 28-53).*
Weil Rebekkas Vater schon tot war, führten ihre Brüder die Verhandlungen mit Abrahams Knecht, und nachdem der Knecht der Familie die ganze Geschichte erzählt hatte, waren Rebekkas Brüder Laban und Betuel überzeugt: Bei dieser Heirat hatte Gott seine Hand im Spiel. Die Familie gab also ihre Zustimmung, und der Knecht überreichte Rebekka und ihrer Familie die Geschenke, die Abraham ihm mitgegeben hatte.

Rebekkas Reise *(1. Mose 24, 54-67).*
Der Knecht wollte so schnell wie möglich wieder den Heimweg antreten, aber Rebekkas Familie zögerte die Abreise hinaus. Das Mädchen dagegen war bereit zur Abreise. Als sie gefragt wurde, ob sie auch sofort mit dem Knecht zusammen aufbrechen würde, um Isaak zu heiraten, antwortete sie sofort: „Ja, das bin ich!"

Rebekkas Glaube und ihr Mut sind beeindruckend, denn die junge Frau muss gewusst haben, dass sie wahrscheinlich ihre Familie und ihre Heimat nie wieder sehen würde. Gleichzeitig kann man sich vielleicht auch gut vorstellen, wie aufregend eine solche Reise für so ein junges Mädchen gewesen sein mag, und ebenso nachvollziehbar ist, wie sie den Knecht während des langen Rückweges nach Kanaan drängte, ihr von Isaak zu erzählen.

Am Ende der Reise fand Rebekka, wonach sich viele Männer und Frauen sehnen. In der Bibel heißt es: „Er nahm sie zur Frau und gewann sie sehr lieb."

Rebekkas drei Enttäuschungen. So romantisch diese Zeit des Werbens auch sein mag, immer hält die Zukunft jedes Menschen auch Enttäuschungen bereit. In der Bibel werden drei Lebensbereiche von Rebekka erwähnt, die von Enttäuschung geprägt waren:

Jahre der Kinderlosigkeit *(1. Mose 25, 19-28).* Isaak war vierzig, als er die blutjunge Rebekka heiratete: Die Jahre vergingen, aber Rebekka bekam keine Kinder und machte sich darüber zunehmend Sorgen. Die meisten Frauen des Altertums betrachteten das Kinderbekommen als die Rolle, die ihrem Leben Erfüllung gab, und Rebekka war darin keine Ausnahme. In der Bibel heißt es dazu: „Isaak betete für sie zum Herrn" (1. Mose 25,21). Die Formulierung ist hier interessant, denn Isaak bat nicht um einen Sohn für sich selbst, sondern „er betete für sie". Manchen Frauen hätte die Liebe ihres Mannes sicher genügt, aber Rebekka reichte Isaaks Verehrung nicht aus. Sie wünschte sich sehnlichst Kinder und bekam keine.

Schließlich erhörte Gott Isaaks Gebet, und Rebekka wurde mit Zwillingen schwanger.

Verrat durch den Ehemann *(1. Mose 26, 1-11).* Als Isaaks Vater Abraham Fremden begegnet war, hatte er Sara gebeten, sich als seine Schwester auszugeben. Das war eine Halbwahrheit gewesen, denn Sara war nicht nur seine Schwester, sondern auch seine Frau.

In 1. Mose 26 wird erzählt, wie Isaak auf seiner Wanderschaft auch nach Gerar kam, eine Stadt der Philister, wo er sich genauso verhielt wie damals sein Vater. Als die Männer ihn dort nach seiner Frau fragten, bekam Isaak Angst und behauptete, sie wäre seine Schwester. Da Gott erst kurz zuvor zu Isaak gesprochen und ihm zugesagt hatte, bei ihm zu sein und ihn zu segnen, muss man diese Reaktion schon als mangelndes Vertrauen auslegen. Nach einer Weile wurde die Täuschung aufgedeckt, und der König von Gerar ordnete an, dass kein Mitglied seines Volkes Isaak und Rebekka etwas antun dürfe.

Bevorzugung *(1. Mose 25, 28; 27).* Rebekka war begeistert, als sie feststellte, dass sie endlich schwanger war. Ihre Kinder waren aber auch Ursache für viel Enttäuschung und Schmerz. Rebekka und Isaak hatten jeder ihr Lieblingskind: Isaak bevorzugte Esau und Rebekka Jakob. Als Isaak spürte, dass sein Ende nahe war, wollte er seinen Nachfolger als Familienoberhaupt segnen. Rebekka wusste, dass für Isaak nur Esau dafür in Frage kam. Die Unverfrorenheit, mit der Rebekka einen Plan ausheckte, um den Segen auf Jakob umzulenken, lässt vermuten, dass sie schon seit langem manipulierte, um ihrem Liebling Vorteile zu verschaffen. Rebekka war so entschlossen, für Jakob den Segen zu ergattern, dass sie ihn anwies, Isaak zu belügen. Sie zog Jakob die Kleider seines Bruders an, band ihm Ziegenfelle auf die Hände, damit sie sich behaart anfühlten, und drängte ihn, sich als Esau auszugeben. Jakob täuschte

Isaak und bekam den Segen, den Isaak eigentlich Esau zugedacht hatte. Diese Täuschung sollte allerdings tragische Folgen haben.

Als nämlich der Betrug aufflog, wurde Esau so zornig auf seinen Bruder, dass er beschloss, Jakob zu töten, sobald der Vater Isaak gestorben war. Rebekka erfuhr jedoch von Esaus Plan und überredete in ihrer Verzweiflung Isaak dazu, Jakob nach Haran zu schicken, um sich bei den Verwandten dort eine Frau zu suchen. Jakob floh nach Norden ... und Rebekka sollte ihren Lieblingssohn nie wieder sehen. Sicher hat sie ihn in ihren letzten Lebensjahren sehr vermisst. Dass sie ihren Lieblingssohn nicht um sich hatte in dieser Zeit, lag allein an dem Betrug, den sie geplant und durchgeführt hatte. Den Rest ihres Lebens verbrachte Rebekka bei Esau und seinen Frauen, über die es früher heißt, dass sie Rebekka und Isaak „großen Kummer" bereiteten (1. Mose 26,35).

Die Flucht erwies sich jedoch für ihren Sohn als Chance. Auf der langen Reise nach Norden redete Gott zu ihm. Im Laufe der folgenden zwanzig Jahre, die er bei der Verwandtschaft seiner Mutter verbrachte, entwickelte sich Jakob vom verhätschelten Muttersöhnchen zu einem starken, von Glauben erfüllten Mann.

Rebekkas Beziehungen

Rebekkas Beziehung zu ihren Brüdern. Rebekka muss eine gute Beziehung zu ihren Brüdern gehabt haben, denn als Abrahams Knecht um eine Braut für Isaak verhandelte, wollten die Brüder noch zehn Tage verstreichen lassen, bevor sie Rebekka ziehen ließen. Als der Knecht sich sofort wieder auf den Rückweg machen wollte, erwiderten die Brüder, dass sie dazu erst ihre Schwester nach ihrer Meinung fragen wollten. Eine solche Rücksichtnahme auf die Gefühle und Wünsche einer jungen Frau war in der damaligen Kultur nicht gerade üblich. Laban und Butuel waren die Gefühle ihrer jüngeren Schwester nicht egal, und sie respektierten sie. Dass sie einen ganz besonderen Platz im Herzen ihrer Brüder hatte, wird auch an dem Segen deutlich, den sie der Schwester mit auf den Weg gaben:

„Unsere Schwester, du sollst die Stamm-Mutter eines großen und mächtigen Volkes werden!

Mögen deine Nachkommen alle ihre Feinde besiegen" (1. Mose 24,60).

Rebekkas Beziehung zu Isaak. Als Rebekka klar wurde, dass sie gleich ihrem zukünftigen Mann gegenübertreten würde, „verhüllte sie ihr Gesicht mit dem Schleier" (1. Mose 24,65). „Isaak brachte Rebekka in das Zelt, in dem seine Mutter gelebt hatte. Er nahm sie zur Frau und gewann sie sehr lieb" (1. Mose 24,67).

Anzeichen für Isaaks Liebe. Interessanterweise hatte Rebekka mit ihrer Schwiegermutter Sara nicht nur ihre Schönheit gemeinsam, sondern auch das Problem der Unfruchtbarkeit. Rebekka und Isaak mussten zwanzig Jahre warten, bis Rebekka endlich schwanger wurde. Sie muss mit Isaak über ihren Kummer wegen der Unfruchtbarkeit gesprochen haben, denn als er dafür betete, dass sie doch schwanger werden möge, heißt es: „Isaak betete für sie zum Herrn" (1. Mose 25,21), und nicht nur um einen Sohn für sich. Es tut gut, diese Art liebevoller Fürsorge in einer Ehe zu erkennen, die schon zwanzig Jahre bestand, und in der der erste Rausch der Verliebtheit wahrscheinlich bereits vorbei war.

Die veränderte Beziehung nach der Geburt der Kinder. Die meisten Menschen stellen fest, dass sich die Dynamik innerhalb einer Familie jedes Mal ändert, wenn ein Kind geboren wird. Das traf ganz bestimmt auch bei Rebekka und Isaak zu. Rebekka brachte Zwillinge zur Welt, und die Ankunft der beiden Jungen, die sehr unterschiedliche Persönlichkeiten hatten, mit unterschiedlichem Antrieb und unterschiedlichen Vorlieben und Wünschen, scheint die Ehe von Isaak und Rebekka schon fast vom Tag der Geburt an beeinträchtigt zu haben.

Der Erstgeborene, Esau, war rot und behaart und ein Naturbursche, der die Jagd liebte (1. Mose 25,27). Im Gegensatz dazu wird Jakob als dünnhäutiger Mensch beschrieben, als „ruhiger Mann, der lieber bei den Zelten blieb“ (1. Mose 25,27). Offenbar suchten sich beide Elternteile jeweils ihren Liebling aus. „Isaak mochte Esau mehr als Jakob, weil er gern sein gebratenes Wild aß; Jakob war Rebekkas Lieblingssohn“ (1. Mose 25,28).

Unsichtbare Fronten verliefen jetzt innerhalb der Familie. Vor der Geburt der Zwillinge hatte Gott Rebekka mitgeteilt, dass der Ältere dem Jüngeren dienen würde (1. Mose 25,23). Wahrscheinlich hat sie mit Abraham über diese Ankündigung gesprochen, aber als dann Isaak spürte, dass er bald sterben würde, hatte er die feste Absicht, Esau als künftiges Familienoberhaupt zu segnen. Rebekka war nicht bereit, ihren Liebling hintenan stehen zu lassen, und fädelte deshalb den schlauen Plan ein, um Isaak zu täuschen und so den Segen für ihren Jakob zu erzwingen. Das Täuschungsmanöver und die Lügen lassen vermuten, dass die früher einmal sehr innige Beziehung zwischen den Ehepartnern nicht mehr vorhanden war.

Rebekkas Beziehung zu Esau *(1. Mose 25,28).* In 1. Mose 25, 28 wird diese Beziehung auf eine Kurzform gebracht: „Isaak mochte Esau mehr . . . Jakob war Rebekkas Lieblingssohn“. Ironischerweise hatte ja Abraham damals durch einen Knecht die Frau für seinen Sohn Isaak aussuchen lassen, doch Isaak unternahm für Esau keinerlei Bemühungen in dieser Richtung. Weil von seinem Vater keine Ehe arrangiert wurde, nahm Esau sich irgendwann zwei Hetiterinnen zur Frau. „Das bereitete Isaak und Rebekka großen Kummer“ (1. Mose 26,35).

Weil sie weder Esau noch eine seiner beiden Frauen liebte, machte sich Rebekka jetzt daran, durch Manipulation Isaaks Segen für ihren Liebling Jakob zu ergattern. Dabei verschwendete sie offenbar keinen Gedanken daran, wie sich Esau oder auch ihr Mann Isaak dabei fühlen würden. Rebekka wird in dieser Geschichte nicht als liebende Mutter dargestellt. Ihre Liebe war Jakob ausschließlich vorbehalten, und selbst ihr Mann musste im Laufe der Zeit im Herzen seiner Frau dem Sohn weichen.

Rebekkas Beziehung zu Jakob. Rebekkas Plan, Isaak zu täuschen, damit er ihren Lieblingssohn und nicht Esau segnete, gelang. Als ihr klar wurde, dass Esau so zornig auf Jakob war, dass er ihn nach dem Tod des Vaters umbringen wollte, war Rebekka gezwungen, etwas zu unternehmen. Die Geschichte steht in 1. Mose 27. Sie redete mit Isaak und klagte:

Dann ging sie zu Isaak. „Ich habe keine Freude mehr am Leben, weil Esau diese Hetiterinnen geheiratet hat!“, klagte sie. „Wenn ich auch noch mit ansehen muss, dass Jakob eine solche Frau heiratet, möchte ich lieber sterben!“

Da ließ Isaak seinen Sohn Jakob zu sich

kommen. Er segnete ihn und schärfte ihm ein: „Heirate niemals eine Einheimische, nimm dir keine Kanaaniterin zur Frau! Es ist besser, du gehst nach Mesopotamien zur Familie deines Großvaters Butuel und heiratest eine Tochter deines Onkels Laban" (1. Mose 27,46-28,2).

Diese Ermahnung und Anweisung, die eigentlich auch Esau hätte bekommen müssen, war jedoch nur ein Vorwand, um Jakob unauffällig aus der Nähe seines wütenden Bruders zu entfernen. Rebekka wies Jakob an, zu ihrem Bruder zu gehen, und fügte hinzu „bleib so lange dort, bis sich Esaus Zorn wieder gelegt hat" (1. Mose 27, 44-45). Durch dieses Vorgehen jedoch brachte sich Rebekka auch um die Möglichkeit, ihren Lieblingssohn jemals wieder zu sehen. Jakob blieb zwanzig Jahre lang fort, und als er schließlich zurückkam, war seine Mutter bereits gestorben.

Rebekka: Eine Nahaufnahme

Die Geschichte von Rebekka am Brunnen wird oft in Kinderbüchern erzählt. Ein hübsches junges Mädchen ging zu einem Brunnen, um dort Wasser zu holen, und wie es Gottes perfekter Zeitplan wollte, tauchte sie genau in dem Augenblick dort auf, als Abrahams Knecht sein Gebet um eine Frau für Isaak beendet hatte.

Rebekka wird als „sehr schön" beschrieben. Sie muss darüber hinaus auch ziemlich mutig gewesen sein, denn sie willigte sofort ein, als sie gefragt wurde, ob sie bereit sei, sich mit diesem fremden Mann auf die 650 Kilometer lange Reise zu ihrem Cousin zu machen.

Als Ehefrau kannte sie aus eigener Erfahrung den Kummer der Unfruchtbarkeit und die Freude erhörten Gebets, als sie schließlich schwanger wurde. Es gibt außerdem Hinweise dafür, dass sie schon zuvor mit Gott in Verbindung gestanden, sich ihm mitgeteilt und auch von Gott selbst Antworten bekommen hatte. In 1. Mose 25, 22.23 heißt es:

Als sie merkte, dass es Zwillinge waren, die sich im Mutterleib stießen, seufzte sie: „Jetzt bin ich endlich schwanger. Und warum bekämpfen sich nun meine Kinder?" Sie fragte den Herrn, und er antwortete: „Von den zwei Söhnen in deinem Leib werden einmal zwei verfeindete Völker abstammen. Eins wird mächtiger sein als das andere, der Ältere wird dem Jüngeren dienen."

Wie Frauen überall auf der Welt, war Rebekka mehr als *eine* Frau. In ihrer Jugend war sie eine Jungfrau, die sich züchtig verschleierte, als sie zum ersten Mal dem Mann begegnete, den sie heiraten würde. In ihren mittleren Jahren war sie eine geliebte Frau, für die Isaak sich im Gebet einsetzte. Aber als Mutter zog Rebekka eines ihrer Kinder vor. Die frühere innige und vertraute Beziehung mit Isaak ging verloren, und die Einheit der Familie zerbrach – mit zahlreichen tragischen Folgen.

Impulse für heute

- Rebekka begegnet dem Leser als offenes, mutiges, Mädchen mit vielen guten Eigenschaften, das ja sagt zu einer Ehe mit einem wohlhabenden, allerdings fremden Mann, der sehr weit entfernt lebt. Rebekka lässt sich ein auf die neue Situation und findet einen Mann, der sie liebt und sich für sie einsetzt. Zunächst kinderlos, wird ihr aber auch der Wunsch nach Kindern erfüllt, und sie bekommt Zwillinge.
- So weit, so gut – doch an dieser Stelle geschieht etwas mit ihr, etwas Zerstöreri-

sches. Rebekka beginnt zu manipulieren, eigene Interessen zu verfolgen, und das wird darin deutlich, dass sie einen Sohn dem anderen gegenüber bevorzugt.

- Eine verhängnisvolle Entwicklung beginnt. Ehemals intakte Beziehungen nehmen Schaden und zerbrechen, und am Ende bleiben bei alle Beteiligten nur maßlose Enttäuschung, Zorn, Rachsucht, große Einsamkeit.
- Rebekka hat am Ende alles verloren, was ihr lieb und wert war.
- Manipulation führt letztlich immer zur Zerstörung von Beziehungen und zerstört am Ende alle guten Eigenschaften, die in einem Menschen angelegt sind.
- Was ist eigentlich der Grund dafür, Manipulation als „Waffe" einzusetzen?

Rahel und Lea

Bibelstellen:
1. Mose 29-33; 35,16-19; 46,15-18; Rut 4,11; Jeremia 31,15; Matthäus 2,18.

Zeit: Etwa 1875 v. Chr.
Namen: „Mutterschaf" und „Steinbock"
Thema: Die beiden Frauen von Jakob und ihre Dienerinnen brachten die Männer zur Welt, die die zwölf Stämme Israels begründeten.

Rahels und Leas Rolle in der Bibel

Rahel und Lea waren Schwestern, ihr Leben war also eng miteinander verwoben. Sie waren Töchter von Laban und wurden beide an Jakob, den Sohn ihres Onkels Isaak verheiratet. Die eine der beiden war von ihm geliebt, die andere jedoch nur geduldet. Ironischerweise wurde am Ende nicht Jakobs geliebte Braut Rahel neben ihm zur letzten Ruhe gebettet im Grab seines Vaters, sondern Lea.

Ihre Lebensgeschichten *(1. Mose 29, 1-30).* Die beiden Schwestern wuchsen in der Familie eines Schafzüchters auf. Wie es manchmal so ist, war eine Tochter schön, die andere unattraktiv. In der Bibel heißt es, dass Leas Augen „glanzlos" waren *(rakkot)* (1. Mose 29,17), vielleicht besser übersetzt als „matt" oder „schwach". Es kommt zum Ausdruck, dass Rahel weit attraktiver war als ihre Schwester. Als Jakob zunächst Rahel auf dem Feld traf, während er für ihren Vater Schafe hütete, verliebte er sich Hals über Kopf in sie. Das Angebot Labans, Jakob einzustellen, endete damit, dass Jakob auf die Frage nach seinen Gehaltsvorstellungen ohne zu zögern anbot, sieben Jahre für Laban zu arbeiten für das Privileg, danach Rahel heiraten zu dürfen. Jakob hatte kein Geld, das er Laban als Brautpreis hätte anbieten können, wie es die Sitten der damaligen Zeit erforderten, also bot er stattdessen sich selbst und seine Arbeitskraft an.

Der Preis, den Jakob in dieser Weise anbot, war nicht zu verachten. Alte babylonische Verträge aus dem 19. bis 16. Jahrhundert v. Chr. und Verträge von Nuzi aus dem 16. bis 14. Jahrhundert klären die Pflichten der Schafhirten gegenüber den Eigentümern der Schafe und umgekehrt. Der Lohn, den Jakob im Laufe von sieben Jahren verdient hätte, wäre sehr viel höher gewesen als der Brautpreis, den Laban von möglichen Bewerbern um die Hand seiner Tochter hätte erwarten können.

Als jedoch die sieben Jahre vorüber waren, gab Laban Jakob nicht Rahel zur Frau, sondern ihre Schwester Lea. Erst am Morgen nach der Hochzeitsnacht bemerkte Jakob, dass die Frau, bei der er geschlafen hatte, nicht seine geliebte Rahel war. Also bot Laban ihm einen zweiten Handel an, mit dem er sich Rahel verdienen konnte: weitere sieben Jahre Dienst für Laban (1. Mose 29,26-30).

Schwesterliche Zusammenarbeit *(1. Mose 31,1-35).* Auch wenn innerhalb der Familie ein heftiger Konkurrenzkampf tobte, hielten die Schwestern zusammen und bildeten eine gemeinsame Front, sobald es Bedrohungen von außen gab. Jakob diente Laban vierzehn Jahre lang als Preis für seine beiden Frauen, und Gott vergrößerte in dieser Zeit die Herden Labans. In den folgenden sechs Jahren, in denen Jakob Labans Herden gegen Bezahlung versorgte, ließ Gott Jakobs Herden anwachsen, Labans dagegen wurden kleiner. Das weckte den Neid von Labans Söhnen, und sie beschwerten sich bei ihrem Vater darüber, dass Jakob etwas bekäme, das doch eigentlich ihnen zustünde.

Als Jakobs Vertrag mit Laban wieder verlängert werden sollte (in Mesopotamien dauerten solche Verträge jeweils von

Biblischer Hintergrund

Stichwort: Polygamie

Das alte babylonische Gesetz verbot es Männern, mehr als eine Frau zu haben, mit Ausnahme des Falles, dass die erste Frau kinderlos blieb. Vierhundert bis fünfhundert Jahre zuvor (2. Jahrtausend v. Chr.) hatten jedoch in Nuzi etwa 25 Prozent der Männer zwei oder mehr Frauen. Jakobs Erfahrung war also kein Einzelfall. Rahels und Leas Leben als Schwestern, die mit demselben Mann verheiratet waren, wurde jedoch dadurch noch komplizierter, dass sie darin wetteiferten, ihrem Mann Söhne zu schenken. In diesem Wettstreit gab jede von ihnen Jakob eine Sklavin („Magd") als Ersatz- oder wie man heute sagen würde „Leihmutter". Wie wir noch feststellen werden, führten die komplexen Beziehungen, die dadurch entstanden, zu großem Kummer bei den beteiligten Frauen, aber auch bei Jakob selbst.

Wie sah nun die Beziehung zwischen Jakob und seinen vier „Frauen" rein rechtlich aus? Nach altem babylonischen Recht war für den Fall, dass ein Mann zwei Frauen heiratete, die eine seine Erstfrau, während die andere einen untergeordneten Status hatte. Normalerweise war dieser Status im Ehevertrag festgeschrieben. Das ist bekannt, weil man eine Reihe solcher Eheverträge bei Ausgrabungen gefunden hat. Obwohl in der Bibel ein solcher Vertrag nicht erwähnt wird, geht aus dem 1. Buch Mose klar hervor, dass Jakob Rahel liebte und sie als seine Erstfrau betrachtete. Es heißt dort: „Er liebte sie mehr als Lea" (das heißt, er lehnte Leas Anspruch auf die Position der Erstfrau ab, obwohl er sie zuerst geheiratet hatte).

Dadurch, dass die beiden Ehefrauen Bilha und Silpa als Leihmütter einsetzten, wurden die beiden Sklavinnen zwar Konkubinen von Jakob, aber sie blieben auch weiterhin Sklavinnen von Rahel und Lea. Jakob erkannte zwar Bilhas und Silpas Kinder als seine rechtmäßigen Kinder an, aber auch das änderte nichts am Status ihrer Mütter.

einer Schafschur bis zur nächsten, siehe 1. Mose 31,19), sagte Gott Jakob, dass es jetzt an der Zeit sei, nach Kanaan zurückzukehren. Jakob hielt daraufhin einen Familienrat ab und besprach alles mit seinen beiden Frauen. Als Sklavinnen wurden weder Bilha noch Silpa gefragt, obwohl der Sitte nach ihre Söhne gleichberechtigt mit Leas und Rahels Söhnen später von ihm erben würden. Jakob erklärte, dass Gott ihm gezeigt habe, wie er seinen Anteil der Herden Labans vergrößern könne, und er erwähnte auch die zunehmende Feindseligkeit von Seiten Labans und seiner Söhne. Außerdem berichtete Jakob seinen Frauen auch von dem Erscheinen des Engels des Herrn, der ihn angewiesen hatte, nach Kanaan zurückzukehren. Da stimmten Rahel und Lea zu:

„Wir bekommen ja doch kein Erbe mehr von unserem Vater! Er hat das Familienrecht verletzt und uns wie Fremde behandelt . . . Der ganze Reichtum, den Gott unserem Vater weggenommen hat, gehört rechtmäßig uns und unseren Kindern! Wir halten zu dir! Tu alles, was Gott zu dir gesagt hat.“ (1. Mose 14.16)

Innerhalb der Familie waren die beiden vielleicht Konkurrentinnen, ging es aber um ihr eigenes Wohl und um das ihrer Kinder, taten sie sich zusammen.

Dass Jakob sich überhaupt die Mühe machte, die beiden zu befragen, um sich ihrer Unterstützung zu versichern, ist bedeutungsvoll. Der typische Ehemann der damaligen Zeit wird oft so drastisch als Herr des Hauses dargestellt und die Frauen als so untergeordnet, dass es als unnötig und demütigend für einen Mann galt, überhaupt etwas mit den Frauen zu besprechen. Vorfälle wie der hier in der Bibel beschriebene erinnern daran, dass die rein rechtliche Stellung nur selten eine genaue Wiedergabe der Art der damals real existierenden zwischenmenschlichen Beziehungen ist.

Rahels Diebstahl *(1. Mose 31,25-35).* Als Laban entdeckte, dass Jakob weg war, verfolgten er und seine Söhne ihn. Unterwegs warnte Gott Laban davor, etwas gegen Jakob zu unternehmen, aber Laban hatte einen triftigen Grund: Seine Götterfiguren waren verschwunden.

Dass diese Götterfiguren überhaupt erwähnt werden, ruft noch einmal in Erinnerung, dass alle Völker der damaligen Zeit Götzenanbeter waren. Sie glaubten an viele verschiedene Götter, und sie gestalteten Bilder aus Stein und Holz, die sie dann anbeteten. Nur Abraham hatte die Vision von einem einzigen Gott gehabt, und was für uns heute als selbstverständlich gilt, war damals ein Glaube, der nur innerhalb Abrahams Familie praktiziert wurde.

Es wäre allerdings falsch anzunehmen, dass Rahel, die ihrem Vater die Götterbilder gestohlen hatte, das aus Glaubensgründen getan hätte. Zur damaligen Zeit war der Besitz der Götterfiguren insofern wichtig, als man dann Anspruch auf den Familienbesitz hatte. Rahel war also zwar bereit, sich zusammen mit ihren Söhnen auf eine ungewisse Zukunft in Kanaan einzulassen, aber irgendwie wollte sie sich doch selbst absichern, obwohl sie zu Jakob und seinem Gott gehörte.

Rahel und Lea im Rest der Bibel. Die Namen der beiden treten vereint auf im Buch Ruth und in dem sprichwörtlichen Segen, der bis heute oft bei jüdischen Hochzeiten gesprochen wird: „Möge der Herr deine Frau so reich beschenken wie Rahel und Lea, von denen alle Israeliten abstammen“ (Ruth 4,11).

Beim Propheten Jeremia ist eine Vorhersage in Kapitel 31 aufgezeichnet, die Rahels Kummer Beachtung schenkt. Als ihr zweiter Sohn geboren wurde, war die Familie unterwegs in der Nähe des Ortes, der später einmal Bethlehem sein sollte. Rahel lag im Sterben, und sie rief ihren Sohn „Ben-oni, Sohn meines Kummers." Jeremia blickt voraus in eine Zeit, in der andere Menschen in der Nähe von Jerusalem untröstlich sein würden. Diese Vorhersage erfüllte sich im ersten Jahrhundert, als König Herodes die Tötung aller männlichen Kinder bis zu zwei Jahren anordnete in einem fieberhaften aber vergeblichen Versuch, das Kind Jesus zu töten (siehe Matthäus 2,18). Die letztgültige Hoffnung für Rahel und für die ganze Menschheit ist nicht in der Zukunft ihrer Kinder zu finden, sondern in der Erlösung, die wir durch einen Nachkommen Jakobs geschenkt bekamen, Jesus Christus. Dieser Nachkomme Jakobs kam zu uns durch den Stamm Juda, Leas Sohn.

Rahels Beziehungen

Rahels Beziehung zu Jakob. Als Rahel sich mit den Schafen auf den Weg zu dem Wasserloch machte, starrten dieselben Männer, die Jakob gefragt hatte, wo er Laban finden könne, hinter ihr her. Jakob ging sofort zu Rahel hin, gab sich als ihr Cousin zu erkennen, küsste sie und weinte. Nach seiner langen Reise und den Umständen, die diese Reise überhaupt nötig gemacht hatten, und außerdem nach einer Gottesvision, muss Jakob körperlich, seelisch und auch geistlich ziemlich erschöpft gewesen sein. Als er feststellte, dass Gott ihn direkt zu dieser reizenden Schafhirtin geführt hatte, wurde er von seinen Gefühlen übermannt.

Rahels und Jakobs große Liebe. Laban begrüßte seinen Neffen, und es dauerte nicht lange, bis Jakob, der ja ohne die nötigen Geldmittel zum Erwerb einer Frau losgeschickt worden war, mit seinem Onkel handelseinig wurde. Jakob liebte Rahel, über die es heißt: „Rahel aber war eine sehr schöne Frau" (1. Mose 29,17). Er bot Laban an, als Brautpreis für Rahel, sieben Jahre für ihn zu arbeiten. Jakobs Liebe zu Rahel lässt sich ermessen an dem Wert der sieben Arbeitsjahre, die den damals gängigen Brautpreis bei weitem überstiegen, und daran, dass „die sieben Jahre für ihn wie im Flug vergingen" (1. Mose 28,20).

Allem Anschein nach empfand Rahel ebenso für Jakob, aber dann verhielt Laban sich überaus unfair. Als die sieben Jahre vorbei waren, übergab Laban Jakob bei Dunkelheit eine verschleierte Lea als Braut. Laban und Rahels ältere Schwester Lea hatten ein falsches Spiel mit Jakob und Rahel gespielt.

Nachdem Rahel sieben Jahre lang darauf gewartet hatte, Jakob zu heiraten, muss es ihr das Herz gebrochen haben, als sie herausfand, dass ihr Vater dem geliebten Mann die Schwester zur Frau gegeben hatte. Dennoch bleiben viele Fragen im Zusammenhang mit diesem Vorfall offen. Wusste Rahel von dem Plan ihres Vaters? Wenn ja, warum hat sie dann Jakob nicht gewarnt? Wenn sie nichts darüber wusste, wo war sie dann, als Jakob Lea statt ihrer bekam? Und warum hätte Lea bei diesem Plan mitmachen sollen, wenn sie doch wusste, dass Jakob und Rahel sich liebten und sieben Jahre darauf gewartet hatten, endlich heiraten zu können?

Jakob war sehr unglücklich, als der folgende Tag den Schwesterntausch ans Licht brachte. Doch es war zu spät. Das Einzige, was ihm blieb, war, der nicht gewünschten Braut die Woche ungeteilter Aufmerksamkeit zukommen zu lassen, die ihr zustand, und dann ihre Schwester Rahel zu heiraten, sich dafür jedoch zu verpflichten, weitere sieben Jahre für ihren Vater zu arbeiten.

Die Rivalität zwischen den Schwestern vergiftete die Beziehung zwischen Jakob und Rahel. Jakob und Rahel liebten sich innig. Im Laufe der gemeinsamen Jahre brach es Rahel jedoch fast das Herz, mit ansehen zu müssen, wie ihre Schwester dem Mann Kinder gebar, sie selbst aber unfruchtbar blieb. Vielleicht hat Rahel sich mehr als nur einmal bei Jakob beklagt: „Verschaffe mir Kinder, sonst will ich nicht länger leben!"(1. Mose 30,2). Jakob reagierte darauf verärgert und erinnerte sie: „Bin ich denn Gott? Er hat dir Kinder versagt und dich unfruchtbar gemacht, nicht ich!" (1. Mose 30,2).

Zwar gab Rahel in ihrer Verzweiflung Jakob die Schuld an der Kinderlosigkeit, aber wir wissen, dass er sich ihr nicht entzog. Und während Gott Lea Kinder schenkte als Trost dafür, dass sie die ungeliebte Frau Jakobs war, blieb Rahel unfruchtbar. In dem Bibeltext ist nicht davon die Rede, dass Rahel um ein Kind betete, vielmehr klagte und bettelte sie bei Jakob. Vielleicht erwartete sie in ihrer Liebe zu Jakob, dass er ihr eine Erfüllung schenkte, die nur Gott allein geben kann. Schließlich gab die verzweifelte Rahel Jakob ihre Magd Bilha als Leihmutter, und Bilha gebar Jakob zwei Söhne. Im Gegensatz zu ihrer Großtante Sara gab Rahel diesen Söhnen selbst Namen und betrachtete sie als ihre eigenen Kinder. Den ersten Sohn nannte Rahel Dan, denn „Gott hat mir Recht gegeben! Er hat auf meine Bitte gehört *und mir einen Sohn geschenkt!*" (Hervorhebung der Autoren). Wenigstens einmal konzentriert sich Rahel hier auf Gott. Aber als ihre Magd ihr dann den zweiten Sohn zur Welt brachte, lag das Hauptaugenmerk bereits wieder ganz auf den Konkurrenzkampf mit ihrer Schwester. Rahel nannte diesen zweiten Sohn Naftali, denn „ich habe mit meiner Schwester einen Kampf ausgefochten, bei dem Gott mir geholfen hat – und ich habe gewonnen" (1. Mose 30,8).

Rahels Beziehung zu Gott. Über Rahels Beziehung zu Gott ist nicht viel bekannt. Jakob war von Gott bereits als der Mann ausgewählt worden, durch den der Bund mit Abraham fortgeführt werden sollte. Vielleicht ist es ein viel sagender Kommentar über Rahels mangelnde geistliche Sensibilität, dass der Stammbaum von Jesus über Lea und nicht Rahel läuft.

Nachdem Lea jedoch sechs Söhne und eine Tochter geboren hatte und dadurch auch endlich das Gefühl, ihr sei auf diese Weise Gerechtigkeit widerfahren, machte Gott Rahel fruchtbar. Sie gebar einen Sohn namens Josef und sagte: „Endlich hat Gott die Schande von mir genommen. Hoffentlich gibt mir der Herr noch einen Sohn dazu!" (1. Mose 30,22-24). Jetzt verschob sich das Hauptaugenmerk Rahels wieder auf Gott, ein Hinweis auf eine wirklich existierende Beziehung zu ihm.

Rahels Beziehung zu ihren Kindern. Die Aussage: „Noch einen Sohn dazu" ist ein Hinweis darauf, welche Stellung für Rahel die Kinder hatten, die ihr von Bilha geboren worden waren. Sie sagte nicht, dass Gott ihr einen Sohn geschenkt hätte, sondern „noch einen Sohn hinzugefügt". Es hat also den Anschein, dass sie Dan und Naftali wirklich wie leibliche Kinder angenommen hatte und liebte.

Als Jakob sich mit seinen Frauen darüber beriet, ob sie nach Kanaan zurückkehren sollten, stimmten Rahel und Lea beide zu, und kurz nachdem die kleine Schar das gelobte Land betreten hatte, bekam Rahel dann noch ein Kind. In einer der prägnantesten Stellen der Bibel stirbt Rahel, die geliebte Frau, die sich nach Kindern verzehrt und über die Fruchtbarkeit ihrer Schwester geärgert hatte, bei einer Geburt (1. Mose 35, 18.19). Die Ironie der Geschichte liegt darin, dass Rahel, die einst gesagt hatte, sie würde sterben, wenn sie keine Kinder bekäme, jetzt bei der Geburt eines Kindes starb.

Rahels Beziehung zu Lea. Es ist nur wenig darüber bekannt, wie die Beziehung zwischen den beiden Schwestern war, bevor sie Jakob heirateten. Bekannt ist, dass Lea älter war als Rahel und dass Rahel hübscher war als ihre Schwester – vielleicht eine Erklärung, weshalb Lea bereit war, mithilfe einer Täuschung Jakobs Frau zu werden, obwohl sie wusste, dass Jakob und Rahel sich liebten. Vielleicht war Lea eifersüchtig auf ihre jüngere Schwester, und vielleicht hatte sie sogar Angst davor, dass sie unverheiratet bleiben würde, wenn sie sich nicht auf den Plan ihres Vaters einließ. Tragisch ist, dass die Beziehung zwischen den beiden Schwestern nach der Heirat mit Jakob gekennzeichnet ist von Eifersucht, Rivalität und gegenseitigen Verletzungen.

Rahel: Eine Nahaufnahme

Wie schon ihre Großtante Sara und ihre Tante Rebekka war Rahel eine sehr schöne Frau. Als Schafhirtin war sie vermutlich in körperlich guter Verfassung durch die kilometerweiten täglichen Fußmärsche, und die viele andere körperliche Arbeit, die dieser Beruf mit sich brachte. Weil sie schön war und schwer arbeiten konnte, war sie wahrscheinlich in ihrem Umfeld sehr beliebt und gut angesehen. Als dann Jakob auf der Bildfläche erschien, liebte er sie.

Für Rahel muss es schwierig gewesen sein, als ihr klar wurde, dass der Mann, der sie liebte und sieben Jahre auf sie gewartet hatte, mit einer anderen Frau verheiratet worden war. Sie würde ihn also nie ganz für sich allein haben. Sie war zwar die geliebte Frau, aber sie würde Jakob immer mit der Schwester teilen müssen.

Vermutlich war es schwer für sie, mitansehen zu müssen, wie ihre Schwester ein Kind nach dem anderen bekam, und selbst unfruchtbar zu sein. Sie hatte ihrem Mann ihre Magd Bilha gegeben, und diese hatte ihr auch zwei Söhne geboren, die sie von Herzen liebte. Und dann endlich wurde sie mit Josef beschenkt. Wie muss sie sich von Herzen gefreut haben, als sie ihn in den Armen hielt.

Und dann wurde sie erneut schwanger! Und zusammen mit ihren Hoffnungen starb auch sie selbst bei der Geburt ihres zweiten Sohnes, und Lea wurde alleinige Frau des Mannes, den Rahel immer geliebt hatte. Kein Wunder, dass der Säugling „Schmerzenskind“ genannt wurde (er ist uns unter dem Namen Benjamin bekannt).

Impulse für heute

Rahel ist die Schöne und Geliebte, die Bevorzugte, die am Ende doch noch den geliebten Mann bekommt. Märchenhaft – wäre da nicht die Kinderlosigkeit, dieser Makel einer sonst augenscheinlich makellosen Frau.

- Rahels Wunsch bekommt eine Eigendynamik in ihrem Leben, die dazu führt, dass sie an nichts anderes mehr denken kann, völlig von dem Kinderwunsch und dem „Makel“ ihrer Kinderlosigkeit beherrscht.
- Die ohnehin belastete Beziehung zu ihrer Schwester ist von Konkurrenz vergif-

tet, und Rahel hat keinen Blick mehr für all das Gute, das in ihrem Leben vorhanden ist, für alles, was Gott ihr geschenkt hat.

- Nicht nur Schwestern leben häufig in einer solchen von Konkurrenz beherrschten Beziehung, sondern Frauen allgemein sehen sich viel zu häufig als Konkurrentinnen – worum eigentlich?

Leas Beziehungen

Leas Beziehung zu Jakob. Es wird bisweilen vermutet, dass Lea ein Opfer ihres Vaters war, dessen Hauptinteresse darin lag, sich für weitere sieben Jahre Jakobs Arbeitskraft zu sichern. Hatte Laban ihr womöglich gesagt, sie solle über die Hochzeitsnacht ihrer Schwester Stillschweigen bewahren, weil sie so reizlos wäre, dass kein anderer Mann sie je heiraten würde? Es ist schwer vorstellbar, dass Lea ihrem Vater einfach so gehorchte, ohne nicht wenigstens die Hoffnung zu haben, Jakob und seine Liebe für sich gewinnen zu können.

Lea muss in der Hochzeitsnacht Labans Komplizin gewesen sein. Sie hätte sich Jakob zu erkennen geben und ihn dazu bringen können, mit Laban zu reden, bevor die Ehe vollzogen wurde. Gibt es keine Möglichkeit, Lea von ihrer Verantwortung für die Situation freizusprechen? Lea wusste, dass Rahel Jakob liebte. War sie so eifersüchtig auf ihre kleine Schwester, dass sie die möglichen Folgen ihrer Entscheidung nicht durchdachte?

Lea hätte etwas unternehmen können, aber sie unterließ es. Es gibt keinerlei Hinweis, dass Jakob sie jemals geliebt hätte, aber es gibt einen faszinierenden kleinen Hinweis darauf, dass Jakob am Ende doch noch ihre Qualitäten erkannte. Es ist bekannt, dass Lea mit Abraham, Sara, Isaak, Rebekka – und Jakob zusammen bestattet wurde. Jakob hatte offenbar kein Interesse, Rahels sterbliche Überreste zum Familiengrab überführen zu lassen. Am Ende seines Lebens bat Jakob jedoch darum, seinen eigenen Körper nach Kanaan zurückzubringen und ihn dort nicht neben seiner geliebten Rahel, sondern neben der so lange ungeliebten Lea beizusetzen.

Leas Beziehung zu Gott. Leas Leben spiegelt das Unglück im Leben vieler Frauen seit Eva wider, das typisch ist für das Leben nach dem Sündenfall. Gott hatte Eva damals gesagt, dass eine der Folgen ihres Ungehorsams in der Verzerrung der Beziehung zwischen Mann und Frau bestehen würde. „Du wirst dich nach deinem Mann sehnen, aber er wird dein Herr sein!" (1. Mose 3,16). Lea suchte bei Jakob nach Liebe, Anerkennung und Annahme, und wurde dabei so lange ständig enttäuscht, bis sie ihr Leben wieder nach Gott ausrichtete.

Das ist nachzuvollziehen an den Namen, die sie ihren Söhnen gab. Als der erste Sohn geboren wurde, nannte sie ihn Ruben („Seht, ein Sohn"), denn Lea sagte zu sich: „Der Herr hat mein Elend gesehen; jetzt wird mein Mann mich lieben" (1. Mose 29,32). Aber das tat Jakob nicht.

Als der zweite Sohn geboren wurde, nannte sie ihn Simeon („Der Herr hat gehört"). Immer noch hoffend, nannte sie ihn so, denn „der Herr hat gehört, dass ich nicht geliebt werde" (1. Mose 29,33). Der hebräische Text setzt hier ein stärkeres Wort ein als „nicht geliebt", dort heißt es „gehasst". Obwohl also Lea ihrem Mann Kinder schenkte, fühlte sie sich nach wie vor von ihm abgelehnt.

Als der dritte Sohn geboren wurde, nannte sie ihn Levi („Zuwendung"), weil sie glaubte: „Jetzt wird Jakob sich mir endlich zuwenden, weil ich ihm drei Söhne geboren habe" (1. Mose 29,34), nur um auch diesmal wieder enttäuscht zu werden.

Mit der Geburt ihres vierten Sohnes begann Lea auf ihrer Suche nach Liebe nicht mehr nur auf ihren Mann zu schauen, sondern auf Gott. Ihren vierten Sohn nannte sie Juda („Lobpreis") und zwar mit der Begründung: „Ich will den Herrn preisen!"(1. Mose 29,35).

Es gibt klare Hinweise darauf, dass diese Veränderung in ihrer Einstellung von Dauer war. Nachdem Jakob durch Bilha zwei Söhne von Rahel bekommen hatte, bestand Lea, die sich immer noch im Konkurrenzkampf mit Rahel befand, darauf, dass er auch von ihr noch Söhne bekommen sollte, und zwar durch ihre Magd Silpa. Die beiden Söhne, die Lea dann nach den Kindern ihrer Magd Silpa zur Welt brachte, wurden Issaschar und Sebulon genannt, und Lea begründete das mit: „Gott hat mich belohnt" (1. Mose 30,18) und „Gott hat mich reich beschenkt" (1. Mose 30,20).

Schließlich schenkte Lea noch einer Tochter das Leben, die sie Dina („Gerechtigkeit") nannte, vielleicht weil sie das Gefühl hatte, dass all ihre Kinder ein Ausgleich für die fehlende Liebe ihres Mannes waren.

Lea: Eine Nahaufnahme

Lea bedeutet „Steinbock". Das ist nun nicht unbedingt eine anziehende Bezeichnung für ein junges Mädchen, besonders angesichts der Tatsache, dass zur Zeit des Alten Testamentes Namen immer auch eine Aussage über das Wesen des Benannten machten. Die einzige dokumentierte Beschreibung des Äußeren von Lea bezieht sich auf ihre Augen. Es heißt, dass ihre Augen „glanzlos" waren. Was das konkret bedeutet, bleibt unklar. Sicher ist jedoch, dass während Sara, Rebekka und ihre Schwester Rahel alle als schön beschrieben werden, Leas schwache Augen hervorgehoben werden und dass sie einen unglücklichen Namen trug.

Lea lernte es, mit ihrem wenig anziehenden Äußeren zu leben, gleichzeitig entwickelten sich aber ihr Charakter und auch ihre Beziehung zu Gott weiter. Sie lernte es, ihr Herz bei Gott auszuschütten. Lea wollte so gern von ihrem Mann geliebt werden, und sie wollte Kinder. Gott änderte zwar Jakobs Herz nicht, aber er liebte Lea. Er gab ihr sieben Kinder, und im Laufe der Zeit lehrte er sie, bei ihm und in ihm Trost zu suchen.

Zu guter Letzt spürte Lea Gottes Liebe, und sie fühlte sich auch gerechtfertigt. Ihre sieben leiblichen Kinder und die beiden von der Leihmutter waren um sie, und am Ende erfuhr sie die Liebe einer Familie, der es nichts ausmachte, dass sie die Schwester mit den glanzlosen Augen war.

Impulse für heute

- Lea gehört zu den „tragischen Gestalten" der Bibel, deren Leben völlig anders verläuft, als sie es sich sicher gewünscht hatte.
- Bei näherem Hinsehen wird jedoch deutlich, dass ihr Leben nicht nur von Tragik bestimmt war:
- Lea beharrt hartnäckig auf dem Wunsch nach erfülltem Leben und ist überaus aktiv und findig zur Erfüllung des Wunsches beizutragen. Sie tut Schritte!
- Lea resigniert an keiner Stelle, sondern hält sich an Gott und seinen Plan mit ihr. Diese Haltung segnet Gott.
- Auch wenn Lea damit leben muss, dass ihre Schwester und nicht sie Jakobs große

Liebe ist, erlebt sie den Segen Gottes ganz bewusst und kann dankbar sein für alles, was er ihr schenkt.

Bilha und Silpa

Bibelstellen:
1. Mose 29-30; 35,22-25

Zeit: Etwa 1875 v. Chr.
Namen: Bedeutung unsicher, siehe S. 326 und 338
Thema: Jede von ihnen brachte zwei Söhne zur Welt, die Urväter der Stämme Israels wurden.

Bilhas und Silpas Bedeutung in der Bibel

Die beiden Frauen waren Sklavinnen, die an Rahel bzw. Lea gebunden waren. Ihr Leben war zwar eng verwoben mit dem ihrer Herrinnen, und beide spielten eine entscheidende Rolle in der Gestaltung und Prägung des jüdischen Volkes, aber über die beiden als einzelne Persönlichkeiten ist kaum etwas bekannt, nicht einmal über die Bedeutung ihrer Namen weiß man viel.

Bilhas und Silpas Lebensgeschichte *(1. Mose 29, 30).* Bilha und Silpa waren schon Sklavinnen im Hause Labans, bevor Rahel oder Lea verheiratet waren (siehe 1. Mose 29,29). Das ist möglicherweise ein Hinweis darauf, dass die beiden älter waren als ihre Herrinnen. Reiche Stadtbewohner erwarben zwar oft Kinder als Spielgefährten für ihre Söhne und Töchter, aber Laban lebte auf dem Land und hatte eine Viehherde. Die Tatsache, dass sogar die schöne Rahel als Schafhirtin arbeiten musste, spricht deshalb eher dafür, dass Bilha und Silpa Arbeitssklavinnen waren.

Die beiden hatten wahrscheinlich Laban gehört, und er hatte sie seinen Töchtern zur Hochzeit geschenkt. Für die Sklavinnen hatte dieser Eigentümerwechsel vielleicht gar keine großartigen Veränderungen mit sich gebracht, denn sie waren auch danach immer noch Sklavinnen und mussten gehorchen, wem auch immer sie gehörten. Damals war es allerdings auch üblich, dass Sklavinnen, die im Besitz von Männern waren, diesen selbst oder auch Freunden oder Söhnen sexuell zur Verfügung stehen mussten. Es ist möglich, dass Bilha und Silpa davor sicherer waren, nachdem sie Frauen gehörten. Kein Mann durfte sie anrühren, ohne dass ihre Herrinnen es erlaubten.

Wenn es so war, dass sie sich sicherer fühlten, dann hatten sie nicht mit der heftigen Rivalität zwischen ihren Besitzerinnen gerechnet. Die beiden Schwestern waren mit demselben Mann verheiratet, und während Rahel mitansehen musste, wie ihre Schwester dem gemeinsamen Ehemann einen Sohn nach dem anderen schenkte, wurde sie immer frustrierter und eifersüchtiger. Einer Sitte folgend, die bereits an anderer Stelle erklärt wurde, gab Rahel ihrem Mann die Magd Bilha als eine Art Leihmutter.

Aus dem Bibeltext geht nicht hervor, wie Bilha sich dabei fühlte, ja nicht einmal, was Jakob empfand, wird erwähnt. Rahel befahl, und Bilha gehorchte. Der Sitte gemäß gehörten die Söhne, die eine Sklavin zur Welt brachte, ihrer Herrin, eine Tatsache, die in dem Bericht im 1. Mosebuch dadurch unterstrichen wird, dass Rahel den Jungen die Namen gab. Den einen nannte sie Dan, den anderen Naftali. Als Bilha zwei Söhne für Jakob geboren hatte, fühlte sich Lea genötigt, darauf irgendwie zu reagieren. Sie gab Jakob Silpa, und er zeugte zwei weitere Söhne. Lea beanspruchte sie als ihre eigenen Kinder und nannte die beiden Gad und Asser. Wer aus eigener Erfahrung weiß, wie es ist, wenn die Richtung des Lebens von anderen bestimmt wird, und wer gezwungen war, mit Situationen fertig zu werden, die auf Entscheidungen anderer beruhten, kann sich wahrscheinlich gut in Bilha und Silpa hineinversetzen. Sie hatten über keinen einzigen Aspekt ihres Lebens zu bestimmen. Sie lebten – und starben – als Sklavinnen. Aber zusammen brachten sie vier Söhne hervor, deren Schicksal es einmal sein sollte, Väter von einem Drittel der zwölf Stämme Israels zu sein und für immer und ewig vom Volk Gottes des Alten Bundes verehrt zu werden.

Bilhas und Silpas Beziehungen

Die beiden Sklavinnen wurden Jakob als Konkubinen gegeben, und jede gebar ihm zwei Söhne. Diese Frauen waren anscheinend im Unterschied zu Hagar in der Lage, sich in diese Rolle einzufinden, ohne dadurch Feindseligkeit gegen ihre Herrinnen zu entwickeln. Ja, die Beziehungen zwischen den Frauen und ihren Kindern scheint sogar freundschaftlich gewesen zu sein.

Es wird im Zusammenhang mit den Sklavinnen nur von einem einzigen problematischen Vorfall berichtet. Ruben, Jakob und Leas ältester Sohn, „schlief mit Bilha, der Nebenfrau seines Vaters, und Jakob erfuhr davon“ (1. Mose 35, 22). Später im 1. Buch Mose, als Jakob kurz vor seinem Tod seine Söhne segnete, sagte er über Ruben: „. . . du kannst dich nicht im Zaum halten – darum wirst du nicht der Erste bleiben. Mit einer meiner Frauen hast du geschlafen und mich dadurch beleidigt“ (1. Mose 49,4).

Dina

Bibelstellen:
1. Mose 30,21; 34; 46,15.

Zeit: Etwa 1850 v. Chr.
Name: „Rechtsstreit“ oder „Rechtsspruch“
Thema: (Mangelnder) Rückhalt

Dinas Rolle in der Bibel

Dina war die einzige Tochter Leas und wurde als jüngstes Kind nach ihren sechs Brüdern geboren. Vielleicht wurde sie von ihnen verwöhnt, wie das bei kleinen Schwestern oft der Fall ist. Als Dina vergewaltigt wurde, waren ihre Brüder wutentbrannt und forderten nicht nur die Gerechtigkeit, die in Dinas Namen zum Ausdruck kommt, sondern sie wollten Vergeltung.

Dinas Lebensgeschichte *(1. Mose 34; 46,15).* Dina war noch ein junges Mädchen, als Jakobs Familie nach Kanaan zurückkehrte. Sie hatte wahrscheinlich gerade das heiratsfähige Alter von damals 13 oder 14 Jahren erreicht. Als die Familie für eine Zeit lang in der Nähe der Stadt das Lager aufschlug, machte sich Dina auf die Suche nach Mädchen in ihrem Alter, mit denen sie plaudern konnte.

Die Rabbinen haben später angedeutet, dass Dina eigentlich auf der Suche nach einem sexuellen Abenteuer war und begründen diese Darstellung mit dem hebräischen Wort, das mit „ging aus“ (1. Mose 34,1 Luther) übersetzt wird. Aber diese Sichtweise sagt vermutlich mehr über die Einstellung dieser Rabbinen gegenüber Frauen aus, als über die Person Dinas. Es ist sehr viel wahrscheinlicher, dass Dina, wie junge Mädchen überall sonst, einfach Mädchen in ihrem Alter finden wollte, mit denen sie reden konnte.

In diesem Falle nun war es so, dass ein junger Mann das Mädchen auf dem Weg in die Stadt sah und sie vergewaltigte. Es ist heutzutage viel die Rede davon, dass Vergewaltigung bei uns fast epidemische Ausmaße angenommen hat. Andererseits gilt es aber auch zu bedenken, dass seit Menschengedenken Männer sich Frauen mit Gewalt genommen haben. Vergewaltigung war auch zu biblischen Zeiten eine allgegenwärtige Gefahr. Das Gesetz Gottes bestimmt ausdrücklich, dass Frauen wie Dina als schuldlos gelten müssen, wenn sie überfallen und vergewaltigt werden. In 5. Mose 22 wird festgelegt, dass wenn eine junge Frau in der freien Natur mit Gewalt zum Verkehr gezwungen wird, „soll nur er getötet werden. Der jungen Frau soll nichts geschehen, denn sie hat nichts getan, was den Tod verdient ... Wahrscheinlich hat sie geschrien, aber niemand hat es dort draußen gehört und ihr geholfen“ (1. Mose 22,25.27).

Dieses Gesetz, das Jahrhunderte nach der Vergewaltigung Dinas eingesetzt wurde, wäre wahrscheinlich nur ein geringer Trost für sie gewesen. Es ist aber auch eine Mahnung, nicht Dina – oder Frauen, die Opfer von männlicher Gewalt sind – verantwortlich zu machen für diese Tat.

In diesem ungewöhnlichen Fall nun verliebte sich Sichem, der Vergewaltiger, in Dina, nachdem er sie überfallen hatte. Er nahm sie mit zu sich nach Hause und drängte seinen Vater, mit Jakob über einen Ehevertrag zu verhandeln.

Für Dina waren die paar Tage unmittelbar nach dem Zwischenfall ausschlaggebend für ihr gesamtes Leben. Außer in diesem Kapitel wird Dina nur noch ein einziges weiteres Mal im Alten Testament erwähnt, und zwar als sie ihren Vater und ihre Brüder nach Ägypten begleitet – als immer noch unverheiratete Frau.

Die Reaktion der Familie *(1. Mose 34, 5-7).* Dinas Vergewaltigung löste sowohl Trauer als auch Wut bei den Brüdern aus. Vermutlich galt die Trauer Dina, der kleinen Schwester. Die Wut aber richtete sich gegen die Beleidigung und Entehrung der Familie. „Sie fühlten sich in ihrer Familienehre gekränkt, denn eine solche Tat galt bei den Israeliten als Schande.“

Was folgte, hatte allem Anschein nach eher mit dem Zorn der Familie zu tun als mit Dinas Trauer und Schmerz.

Die Rache der Brüder *(1. Mose 34, 8-31).* Als Jakob hörte, was seiner Tochter zugestoßen war, sagte er nichts, bis seine Söhne da waren. Inzwischen war auch Hamor, Sichems Vater, bereit, sich mit der Bitte um Dinas Hand an Jakob zu wenden. Er erklärte, dass Sichem Dina liebe und sie heiraten wolle, und dass er bereit sei, jeden Preis für dieses Vorrecht zu bezahlen. In dieser Hinsicht verhielten sich Hamor und Sichem, jedenfalls den damals geltenden moralischen Vorstellungen entsprechend, wie „Ehrenmänner“.

Nun hatte Hamor es jedoch mit Dinas Brüdern zu tun und nicht mit Jakob selbst. Die Brüder taten so, als stimmten sie zu, forderten jedoch, dass alle Männer in Sichem sich beschneiden lassen müssten, wenn sich die beiden Völker durch eine solche Ehe vermischen sollten. Nachdem die Eingriffe bei den Männer durchgeführt worden waren und die Männer noch geschwächt waren, gingen Simeon und Levi, zwei von Dinas Brüdern, kühn nach Sichem und töteten dort alle Männer. Sie holten Dina aus Sichems Haus und kehrten mit ihr und großer Beute in Jakobs Lager zurück.

Aus Furcht, dass die Nachbarvölker wegen der Gewalttat seiner Söhne seine gesamte Familie auslöschen würden, sammelte Jakob hastig seine Herden und zog schnell weiter mit seiner Familie.

Dinas Beziehungen

Dinas Beziehungen sind schwer zu beschreiben, weil darüber nicht viel berichtet wird. Aber dieses Schweigen an sich ist bereits bedeutsam. Als die Söhne von Lea mit Hamor, Sichems Vater, verhandelten, wurde die Schwester weder einbezogen noch überhaupt gefragt, ob sie auf die Art von Gerechtigkeit, die ihnen vorschwebte, überhaupt Wert legte. Dinas Brüder machen sich mehr Gedanken um ihre eigene Ehre und vielleicht auch um eine mögliche Beute beim Plündern als um die Gefühle ihrer Schwester.

Über zwanzig Jahre danach taucht Dinas Name auf der Liste derer auf, die nach Ägypten reisten, wo ihr Halbbruder Josef das zweithöchste Staatsamt bekleidete. In 1. Mose 46 werden alle 66 Menschen aufgezählt, die mit auf die Reise gegangen waren. Auch Dina ist darunter, immer noch unverheiratet und kinderlos. Es hat den Anschein, dass die junge Frau, deren Name mit „Gerechtigkeit" zu tun hat, nicht viel von ihrem irdischen Leben gehabt hat.

Impulse für heute

- Dinas schmerzliche Erfahrung einer Vergewaltigung wurde für sie zu einem endlosen Albtraum: Auch ihre Brüder hatten nicht sie als Person im Blick, nicht ihren Schmerz, sondern sie dachten ausschließlich an die eigene verletzte Ehre. Hätten sie, um ihrer Schwester zu helfen, nur halb so viel Einsatz gezeigt wie bei ihren ausgeklügelten Racheplänen, hätte Dina die Situation ganz anders verarbeiten können.
- Dina hat jegliche Kontrolle über ihr Leben verloren, andere kümmern sich, allerdings nicht um sie, sondern um Ehre und Rache.
- Angesichts von Krisen zeigt sich oft die Stärke oder Schwäche von Beziehungen, manchmal auch der Mangel an Rückhalt.
- Es gibt den einen, der rückhaltlos, bedingungslos und immer da ist und zu uns steht, auch in Krisen – Jesus Christus, der eine, der immer uns als ganze Person im Blick hat, mit allen Aspekten unserer Persönlichkeit. Er ist und bleibt da, auch wenn alle Menschen sich abwenden. Er ist die Perspektive auf Heilung, auch in scheinbar ausweglosen Situationen.

Tamar

Bibelstelle:
1. Mose 38

Zeit: Etwa 1850 v. Chr.
Name: „(Dattel-)Palme"
Thema: Sie wurde die Mutter von Perez, aus dessen Linie David und Jesus Christus abstammen.

Tamars Rolle in der Bibel

Tamars Lebensgeschichte *(1. Mose 38,1-11)*. Tamar war die junge Frau, die von Juda, einem der zwölf Söhne Jakobs, als Frau für seinen ältesten Sohn, Er, ausgesucht wurde. Als Er starb, ohne Kinder zu hinterlassen, gab Juda Tamar seinem zweiten Sohn, Onan, zur Frau, damit er einen Erben für Er zeugte.

Diese Praxis, auch als levitische Ehe bekannt, war vom Gesetz des Alten Testamentes gestattet, war aber im Nahen

Osten in der damaligen Zeit schon längst gängige Praxis. Um die Linie eines verheirateten Mannes zu erhalten, der kinderlos gestorben war, musste sein nächster Verwandter seine Witwe schwängern. Jeder Sohn, der aus einer solchen Verbindung hervorging, galt als Sohn des verstorbenen Mannes und erbte nicht nur dessen Besitz, sondern auch seinen Namen.

Onan war jedoch nicht bereit, diese Pflicht, die ihm von seinem Vater auferlegt wurde, zu erfüllen. Immer, wenn er mit Tamar schlief, praktizierte er *coitus interruptus* und ließ seinen Samen zu Boden fallen. Das missfiel Gott, und es dauerte gar nicht lange, da starb Onan ebenfalls.

Nach Onans Tod forderte Juda Tamar auf, nach Hause zurückzukehren und dort so lange als Witwe zu leben, bis Judas jüngster Sohn Schela erwachsen wäre. Als aber Schela erwachsen war und die Zusage von Juda nicht eingehalten wurde, nahm Tamar die Angelegenheit selbst in die Hand. Sie verkleidete sich als Prostituierte und wurde von ihrem Schwiegervater Juda geschwängert. Die Zwillinge, die sie danach zur Welt brachte, hießen Perez und Serach.

Warum steht diese Geschichte in der Bibel? Es scheint merkwürdig, dass die von Gott eingegebene Schrift diese Geschichte mitten in die Kapitel über die Abenteuer von Josef platziert. Warum wird die Geschichte gerade hier einbezogen, und warum wird sie überhaupt einbezogen?

Ein Grund dafür ist klar. Ein paar Kapitel weiter ist eine Liste all der Personen aufgezeichnet, die mit Jakob zusammen nach Ägypten zogen. Für das jüdische Volk war es wichtig, über Abstammungslinien zu verfügen, die exakt zurückverfolgt werden konnten, denn die Juden waren das auserwählte Volk Gottes. Die Reinheit und Eindeutigkeit dieser Linie war wichtig, und die Geburt von Perez und Serach in Judas Linie musste erklärt werden.

Vielleicht gibt es aber auch noch einen weiteren Grund, weshalb Tamars Geschichte in der Bibel zu finden ist. Im späten Judentum griff die Vorstellung um sich, dass die Erlösung zum größten Teil nicht vom Einzelnen selbst abhinge, sondern von den Verdiensten seiner Vorväter. Abraham und die Männer aus dem Zeitalter der Erzväter wurden für so „gut" erachtet, dass ihre Verdienste eingesetzt werden konnten, um die Sünden von Tausenden von Menschen auch noch der folgenden Generationen auszulöschen.

Es ist leicht nachvollziehbar, dass der Josef, wie er im 1. Buch Mose dargestellt wird, ebenfalls solche Verdienste errungen hat. Neben dem Bericht über das Leben von Josef wirkt die Geschichte von Tamar und Juda geschmacklos und fehl am Platze. Bei genauerem Hinschauen jedoch kann man eine wichtige Entdeckung machen. Der Messias Jesus stammte nicht aus der Linie von Josef, sondern aus der des Juda. Konkret stammt er von Perez, Tamars Sohn ab. Und Tamar selbst ist eine der vier Frauen, die von Matthäus in der Genealogie von Jesus namentlich erwähnt werden (Mt. 1,3).

Die Verdienste unserer Vorfahren können uns keine Hoffnung geben. Hoffnung ist nur in dem einen sündlosen Nachkommen von Sündern zu finden, der gekommen ist, um uns Vergebung zu bringen und die Macht der Sünde über uns zu brechen.

Tamars Beziehungen

Tamars Beziehung zu Juda. Rein rechtlich gesehen, gehörte Tamar zum Haushalt von Juda und unterstand seiner Autorität. Da Juda jedoch seinen Verpflichtungen

Tamar gegenüber nicht nachkam, nahm Tamar die Angelegenheit selbst in die Hand und wurde durch eine List von Juda schwanger.

Die Reaktion Judas beim Bekanntwerden seiner Vaterschaft ist bedeutungsvoll. Er tat das Richtige, indem er nicht nur sagte: „Tamar ist mir gegenüber im Recht" (1. Mose 28,26), sondern indem er auch ihre beiden Söhne als seine Kinder anerkannte.

In dieser Situation zeigten beide Hauptfiguren, Juda und Tamar, sowohl Stärken als auch Schwächen. Jeder handelte in der Situation so, wie er/sie es für „richtig" hielt – so falsch es letztlich auch gewesen war. Die Jahre jedoch, in denen Juda Tamars Bedürfnisse einfach übergangen hatte, sowie ihre verständlicherweise feindseligen Gefühle Juda gegenüber machten es unmöglich, dass sich zwischen ihnen eine Beziehung entwickelte.

Auch ohne Tamars Vorgehen gutzuheißen, kann man sie zu den außergewöhnlichen Frauen im Zeitalter der Erzväter zählen.

Impulse für heute

- Tamar gehört zu den biblischen Frauengestalten, die nicht tatenlos leiden und ihr Elend schweigend ertragen: Angesichts des Unrechts, das ihr widerfährt, wird sie aktiv, und zwar auf eine Weise, über die manch einer vielleicht sagen würde: „Typisch Frau." Sie setzt nämlich ihren Körper ein, um zu ihrem Recht zu kommen.
- Auch wenn Juda am Ende eingestehen muss, dass er ihr Unrecht getan hat, und auch wenn durch Tamars Verhalten die ganze doppelte Moral Judas aufgedeckt wird, bekommt Tamar doch nicht, wonach sie sich eigentlich sehnt, nämlich den Status einer Ehefrau und einen Mann.
- Wo ist die Grenze im Kampf um Recht und Unrecht, in der Durchsetzung dessen, was uns rechtmäßig zusteht? Was hilft, was schadet – mit Abstand betrachtet? Was ist gut und richtig in Gottes Augen?

Weniger bekannte Frauen aus dem 1. Buch Mose

Lots Frau und seine Töchter *(1. Mose 19).* Als Sodom zerstört wurde, retteten die Engel Gottes Lot und die drei Frauen in seiner Familie. Über die drei Frauen ist so gut wie nichts bekannt.

Lots Frau dreht sich um und blickt zurück *(1. Mose 19,26).* Die Engel hatten die Familienmitglieder davor gewarnt, sich umzudrehen, wenn Sodom und die Städte der Ebene zerstört werden würden, aber Lots Frau gehorchte nicht und „erstarrte sofort zu einer Salzsäule."

Die Rabbinen bauten ihre Theorie über das Gericht über Lots Frau auf der Bedeutung des Verbs auf, das als „zurückschauen" übersetzt wird. Sie interpretierten dieses „Zurückschauen" als Weigerung, nicht nur ihren irdischen Besitz loszulassen, der in Sodom geblieben war, sondern auch die Sünde, die in der Stadt herrschte. Sie erklären ihr Schicksal außerdem damit, dass ein großer Haufen mit Salz vermischtes Bitumen durch die Explosion in die Luft geschleudert wurde und Lots Frau unter sich begrub. Aber was auch ihre Motive gewesen sein mögen, und welches Ereignis auch immer mit dem Ausdruck „sie erstarrte sofort zu einer Salzsäule" gemeint war, ihr Ungehorsam gegenüber dem Befehl Gottes war der Grund für ihren Untergang.

Lots Töchter gaben die Hoffnung auf *(1. Mose 19,30-38).* Die beiden jungen Frauen waren mit Männern aus Sodom verlobt gewesen, die nicht bereit gewesen waren, zusammen mit Lots Familie zu fliehen. Nachdem die Städte in der Ebene zerstört waren, kamen Lots Töchter zu dem unbestätigten Schluss, dass es jetzt niemanden mehr gab, der sie heiraten konnte. Sie nahmen die Sache selbst in die Hand, indem sie ihren Vater betrunken machten und mit ihm schliefen, während er im Rausch war.

Offenbar wussten sie genau, dass ihr Verhalten nicht richtig war, denn sonst hätte es keinen Grund gegeben, den Vater mit Wein betrunken und gefügig zu machen. Trotzdem trug jedoch auch Lot einen Teil der Schuld, denn als er die Wahl hatte, in welchem Teil von Kanaan er sich ansiedeln und niederlassen wollte, hatte er sich für die fruchtbare Ebene um Sodom und Gomorra entschieden.

Aber was hatten sich die beiden Töchter wohl vorgestellt? Vielleicht hatte der Einfluss des Lebens in der sündigen Gesellschaft sie so sehr geprägt, dass sie ein perverses Vergnügen daran hatten, ihren eigenen Vater zu vergewaltigen. Das ist ein wirklich beängstigender Gedanke, besonders auch angesichts des moralischen Verfalls unserer Gesellschaft heute. Aber was auch immer das Motiv ihres Handelns gewesen sein mag – die Hoffnungslosigkeit, jemals einen Ehemann zu bekommen oder auch einfach moralische Perversion –, sie handelten, und beide wurden von ihrem Vater schwanger und brachten zwei Völker hervor, die später den Nachkommen Abrahams noch viele Probleme bereiten sollten. Diese beiden Völker waren die Moabiter und die Amoriter, von denen später in der Bibel noch die Rede sein wird. (1. Mose 19, 37.38).

Eltern kann diese Geschichte von den beiden Schwestern darin bestärken, ihren Kindern klare Werte zu vermitteln und die Kinder darin zu unterstützen, eine starke eigene Position zu den gerade herrschenden Auffassungen und Haltungen ihrer Umgebung zu finden.

Eine weitere Lektion aus dem Leben dieser beiden jungen Frauen hat mit dem Verlust der Hoffnung zu tun. Selbst wenn es scheinbar nur eine Wahl gibt, die aber bedeutet zu sündigen, müssen wir uns darauf nicht einlassen. Wie viel besser wäre es gewesen, wenn die Töchter mit ihrem Vater über ihre Ängste gesprochen und ihn um Rat gefragt hätten. Was für ein Fundus an Rat und Tat können uns da christliche Freunde und die Familie sein, wenn wir bereit sind loszulassen und Möglichkeiten finden müssen, die wir selbst nicht sehen können.

Potifars Frau. Potifars Frau spielte eine kleine aber verhängnisvolle Rolle in Josefs Leben. Nachdem Josef in die Sklaverei verkauft worden und inzwischen zum Aufseher im Hause des Potifar aufgestiegen war, versuchte Potifars Frau, ihn zu verführen. Als Josef nicht auf ihre Avancen einging, beschuldigte sie ihn, versucht zu haben, ihr Gewalt anzutun, und Josef wurde eingesperrt.

Obwohl Josef viele Jahre lang unter einer ungerechten Behandlung zu leiden hatte, formte ihn dennoch jede seiner Erfahrungen für die Rolle, die er nach dem Plan Gottes erfüllen sollte. Zunächst die Jahre als Verwalter im Hause Potifars, danach die Zeit in der Gefängnisverwaltung, während derer er ja selbst ein Gefangener war, lehrten ihn Fähigkeiten, die er später einsetzte, um sich um das Geschick des gesamten ägyptischen Volkes zu kümmern. Und die Position, die er durch seine Haftzeit erlangte, ermöglichte es ihm nicht nur, einen großen Teil der ägyptischen Bevölkerung zu retten, sondern auch seinen alten Vater und seine Brüder.

Später erzählte Josef seinen Brüdern: „Nicht ihr habt mich hierher geschickt, sondern Gott!" (1. Mose 45,8). Vielleicht gilt dasselbe auch für Potifars Frau und für all die Menschen, die uns übel wollen.

Auch wenn wir zu Unrecht leiden müssen: Wir können Gott trotzdem vertrauen, denn wir wissen ja, dass er bei uns ist. Wir können trotzdem erwarten, dass Gott jede einzelne unserer Erfahrungen nutzt, um uns auf etwas vorzubereiten, das noch vor uns liegt. Und wir können diejenigen nur bedauern, die uns Böses wollen und nicht wissen, dass Gott uns durch jede Erfahrung formt mit der Absicht, uns Gutes zu tun.

Die Rechte der Frau im Altertum/ das Gesetz des Mose

2. Buch Mose, Buch Josua

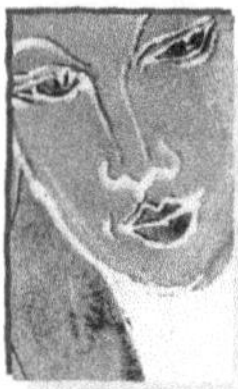

- **Mose und die Gesetzgeber**
- **Patriarchalisch, nicht auf Gleichheit bedacht**
- **Warum war das Gesetz Gottes patriarchalisch ausgerichtet?**
- **Für heute nicht normativ (verbindlich)**

Zweifellos waren in den Kulturen, aus denen das alte Israel hervorgegangen ist, die Frauen durch die Gesetze den Männer untergeordnet. Die Gesellschaften waren patriarchalisch organisiert, und sowohl die gesetzliche als auch die wirtschaftliche Stellung von Frauen spiegelten wider, was dem ersten Mann und der ersten Frau in 1. Mose 3,16 als Konsequenz des Sündenfalls vor Augen gemalt wurde: „Er (der Mann) wird dein (der Frau) Herr sein."

Diese Aussage ist lange Zeit sehr einseitig aufgefasst worden, nämlich nicht als Konsequenz des Sündenfalls, sondern als Strafe. Aber Gott hat Adam und Eva damit nicht gestraft, sondern ihnen die Folge ihrer Entscheidungen vor Augen gestellt (siehe Seite 12/13ff.). Erst seit wenigen Jahrzehnten setzen sich Wissenschaftler – feministische wie nichtfeministische – offen damit auseinander, dass das Gesetz des Alten Bundes oft falsch verstanden worden ist und dass auch in den Bestimmungen aus dem 2., 3. und 5. Buch Mose der Aspekt der Gleichwertigkeit von Mann und Frau durchaus deutlich erkennbar ist. So werden durch das Gesetz Vorkehrungen dafür getroffen, dass sowohl für die Nachkommen der ungeliebten als auch der geliebten Ehefrauen gesorgt wurde, so wie es auch Regelungen für die Versorgung abhängiger Familienangehöriger gab – Gesetze, die definitiv nicht hierarchisch sind, sondern für Gleichstellung eintreten.

Diese Argumentation wirft zwei wichtige Fragen auf. Erstens: War die Stellung von Frauen, wie sie sich im Gesetz des Alten Testamentes widerspiegelt, wesentlich anders als in anderen Gesetzeswerken der damaligen Zeit? Und zweitens: Von welchen Voraussetzungen und Annahmen gehen die Gesetze im Alten Testament aus, wenn es um Frauen geht, und worauf zielen sie ab?

Frauen in den Gesetzeswerken der damaligen Zeit

Es gibt nicht weniger als zehn verschiedene Gesetzeswerke aus biblischer Zeit, die man im Hinblick auf die Stellung der Frau untersuchen kann. Das sind:

Der Kodex von Ur-Nammu	Etwa 2200 v. Chr.
Das sumerische Gesetz	Etwa 2200 – 1900 v. Chr.
Die Gesetze von Eschunna	Etwa 1900 v. Chr.
Der Kodex von Lipit-Ischtar	Etwa 1800 v. Chr.
Der Kodex Hammurapi	Etwa 1700 v. Chr.
Edikt von Ammisaduqa	Etwa 1600 v. Chr.
Das mittelassyrische Gesetz	Etwa 1400 v. Chr.
Das mosaische Gesetz	Etwa 1400 v. Chr.
Das hititische Gesetz	Etwa 1300 v. Chr.
Nuzi-Texte	Etwa 1300 v. Chr.

Beim Vergleichen dieser Gesetzeswerke sind sowohl Ähnlichkeiten als auch Unterschiede zum biblischen Gesetz festzustellen, und in manchen Fällen sind die gesetzlichen Bestimmungen auch identisch. Zum Beispiel schützen die meisten Gesetzeswerke des Altertums die Erbrechte der Söhne von Nebenfrauen, wenn der Vater sie als seine leiblichen Söhne anerkannt hat. In manchen Fällen erscheint das mosaische Gesetz auch härter als andere Gesetze. Wenn beispielsweise hebräische Frauen als Sklavinnen an einen Hebräer verkauft wurden, mussten sie nach sechs Jahren freigelassen werden. Nach dem Kodex Hammurapi musste die Freilassung bereits nach drei Jahren erfolgen. Die Gesetze von Eschunna ergreifen offenbar für folgenden Fall sogar Partei für die Seite der Frau gegen den Mann:

Wenn ein Mann sich von seiner Frau scheiden lässt, nachdem er bereits Kinder von ihr hat und dann eine andere Frau nimmt, soll er aus dem Haus gejagt und von seinem Besitz vertrieben werden (Gesetz Nr. 59).

Im biblischen Gesetz gibt es dazu keine Ausführungen. Bei anderen Regelungen wirkt das mosaische Gesetz sensibler für die Rechte und Anliegen der Frauen als die zeitgenössischen Gesetzeswerke. Nach dem mosaischen Gesetz ist eine Frau, die auf freiem Feld vergewaltigt wird, als unschuldig zu betrachten. Im Unterschied dazu bestraft das mittelassyrische Gesetz A55 zunächst den Vergewaltiger, indem es verfügt, dass die jungfräuliche Tochter des Vergewaltigers vom Vater des Opfers vergewaltigt werden soll. Im folgenden Gesetz A56 wird das jedoch wieder eingeschränkt durch die Klausel: Es sei denn, der Vergewaltiger beschwört, dass die Frau zugestimmt hat.

Es ist nicht weiter überraschend, dass sich die Gesetzeswerke dieser Epoche in manchen Punkten ähneln. Schließlich ähnelten sich auch die Lebensbedingungen der Völker, und es mussten ganz ähnliche Rechtsfragen gelöst werden – beispielsweise Erbschaftsfragen oder Fragen im Zusammenhang mit Ehe und Scheidung. Es ging um persönliche Verletzungen, Vertragsbrüche und so weiter.

Das Argument, das biblische Gesetz hätte egalitäre – also auf Gleichheit bedachte – Grundsätze eingeführt, die in den anderen Gesetzeswerken nicht erkennbar seien, lässt sich also kaum aufrechterhalten. Das Problem beim Vergleichen der Positionen verschiedener Gesetzeswerke aus dieser Zeit zu einem bestimmten Thema (zum Beispiel zu argumentieren, dass das mosaische Gesetz sensibler ist für die Belange und Anliegen der Frauen) besteht darin, dass mit genau der gleichen Berechtigung argumentiert werden kann, das mosaische Gesetz sei weniger sensibel, indem man die Position zu anderen Themen vergleicht.

Was jedoch noch bedeutsamer ist: Vergleicht man Fall für Fall, kommt man zu einer klaren Schlussfolgerung: Wenn sich das mosaische Gesetz wirklich radikal von den anderen Gesetzeswerken unterscheiden würde, wären solche Vergleiche gar nicht möglich. Dass Bestimmungen im mosaischen Gesetz überhaupt mit ähnlichen Bestimmungen anderer Gesetzeswerke vergleichbar sind, beweist, dass die Grundeinstellungen zur Rolle der Frau im biblischen Gesetz und in den anderen Gesetzeswerken ähnlich oder gleich waren.

Annahmen, die dem alttestamentlichen Familienrecht zu Grunde liegen

Wie lässt sich dann aber feststellen, ob das Gesetz des Alten Testamentes eher ein egalitäres oder ein patriarchalisches Gesellschaftsbild vertritt? Am besten ist das möglich, indem man sich anschaut, auf welchen Grundannahmen die Bestimmungen des Gesetzes beruhen und dann die Gesetzeswerke Fall für Fall vergleicht. Geht man so vor, zeigt sich, dass es im mosaischen Gesetz nicht darum ging, gleichberechtigte Geschlechterbeziehungen zu fördern.

Die Sprache des alttestamentarischen Gesetzes geht von einer patriarchalischen Gesellschaft aus. Untersucht man die Sprache des Gesetzes im Alten Testament, stellt sich heraus, dass das mosaische Gesetz gleichberechtigte Verhältnisse zwischen Männern und Frauen nicht unbedingt vorantrieb, sondern von einer patriarchalischen, von Männern beherrschten Gesellschaft ausging. Das wird an den folgenden Punkten des mosaischen Gesetzes deutlich:

- Das Gesetz ist im Allgemeinen an Männer gerichtet. Es geht von der Grundannahme aus, dass der Mann der Handelnde ist.
- Gesetze, durch die die Rechte von Abhängigen geschützt werden, erkennen die Autorität des Vaters an, auch wenn diese Autorität durch diese Gesetze z.T. eingeschränkt wird (5. Mose 21,14).
- Der rechtliche Status einer Frau wird durch ihre Beziehung zum Mann bestimmt, das heißt entweder durch den Vater oder den Ehemann.
- Das wirtschaftliche Wohl einer Frau hängt von ihrer Zugehörigkeit zum Haushalt entweder ihres Vaters, ihres Mannes oder ihrer Söhne ab. Eine Witwe wird genau wie ein vaterloses Kind im Alten Testament als arm und machtlos und somit besonderer Fürsorge bedürftig wahrgenommen (2. Mose 22,22).
- Wenn ein Gesetz zu dem Zweck erlassen wurde, die Interessen einer Frau zu schützen, geschah das, indem es die Handlungsfreiheit eines Mannes einschränkte (5. Mose 22,19.29).
- Im Fall einer ersten Ehe ist die Frau immer Objekt und der Mann der Handelnde. Er „nimmt" sich eine Frau und holt sie in sein Haus (5. Mose 21,12).
- Es gibt einen signifikanten Unterschied in Bezug auf die Stellung und den Status von Söhnen und Töchtern, besonders im Erbrecht (5. Mose 25, 5-10).
- Eigentum, Kinder und der Familienname sind Besitz des Vaters und werden an die Söhne, nicht an die Töchter weitergegeben (5. Mose 25, 15-17).

- Das Scheidungsrecht geht von der Grundannahme aus, dass eine Scheidung immer vom Mann initiiert wird (5. Mose 24,1-4). Es gibt keine Vorkehrungen oder Bestimmungen für den Fall, dass eine Frau die Scheidung will.
- Wenn ein Mann eine junge Frau verleumdete oder ihr Gewalt antat, musste der Schaden ihrem Vater ersetzt werden, nicht der jungen Frau selbst (5. Mose 22, 19.29).
- Die Familie ist der Haushalt des Vaters (5. Mose 22,21). Im Falle einer Scheidung verlässt die Frau den Haushalt ihres Mannes (5. Mose 21, 14; 24, 2.3). Der Haushalt gehört nicht der Frau, sondern sie gehört dazu.

Diese Grundpositionen im mosaischen Gesetz machen überaus deutlich, dass das Gesetz des Alten Testamentes *nicht* auf Gleichheit ausgerichtet, also egalitär ist, sondern sowohl von der Ausrichtung als auch von den Grundannahmen her patriarchalisch.

Manche Bestimmungen des Gesetzes im Alten Testament sehen gleiche Rechte für Eheleute vor. Die Struktur des alttestamentarischen Gesetzes ist zwar patriarchalisch und geht von einer dominierenden Position der Männer in der Gesellschaft aus, aber dennoch gelten Frauen darin im Gegensatz zu anderen Gesetzen auch als Personen. Das wird am deutlichsten an zwei bestimmten Punkten:

Erstens wurden Frauen genau wie Männer bei Gesetzesübertretungen zur Rechenschaft gezogen. Mit Götzenanbetern oder Menschen, die sich mit okkulten Praktiken abgaben, wurde genau gleich verfahren, egal, ob es Männer oder Frauen waren (5. Mose 18,9-11).

Zweitens mussten Kinder sowohl ihren Vater als auch ihre Mutter ehren (2. Mose 20, 12). Wenn ein aufsässiger Sohn sich weigerte, sich der Autorität seiner Eltern unterzuordnen und ihnen zu gehorchen, konnten Mutter und Vater ihn gemeinsam vor Gericht bringen, wo Anklage gegen „unseren" Sohn erhoben wurde (5. Mose 21,18-21). Die Weigerung des rebellischen Sohnes, auf die Mutter zu hören, war für ihn genauso verhängnisvoll wie die Weigerung, dem Vater zu gehorchen.

Es gibt zwar nur ein paar wenige Hinweise auf solche Ansätze von Gleichberechtigung, was aber nicht zu dem Schluss führen sollte, dass im Patriarchat Frauen grundsätzlich nicht als Personen betrachtet wurden, oder dass es nicht auch gute und intakte Beziehungen und echte Zuneigung zwischen Vätern und Töchtern oder zwischen Eheleuten gab. Die patriarchalische Struktur des Alten Testamentes ordnete den Männern die Verantwortung für das Wohl der Familie zu, ohne dabei die Frauen zu Leibeigenen zu degradieren.

Das alttestamentarische Gesetz und die patriarchalische Orientierung. Wer das Alte Testament nur unter dem Aspekt chauvinistischer oder feministischer Standpunkte bewertet, geht am zentralen Interesse des mosaischen Gesetzes vorbei. Das nämlich galt der Stellung der Familie, nicht der Stellung oder dem Status eines bestimmten *Geschlechts,* weder des männlichen noch des weiblichen. Das mosaische Gesetz wurde nicht gemacht und eingesetzt, um Aussagen über die Beziehungen zwischen Männern und Frauen zu machen, sondern zu einem völlig anderen Zweck.

Gott hatte Abraham und seine Nachkommen für einen großartigen Auftrag auserwählt. Durch die Nachkommen Abrahams, Isaaks und Jakobs wollte er der Welt sein Wort geben und den Erlöser. Die Israeliten waren das auserwählte Volk

– nicht einfach nur um ihrer selbst willen auserwählt, sondern auserwählt auch als Werkzeug, durch das Gott – durch Christus – die Erlösung und Erneuerung aller Menschen bewirken wollte, die sich ihm zuwenden und ihm vertrauen.

Dieses übergeordnete Ziel Gottes setzte voraus, dass das jüdische Volk überlebte, und zwar nicht nur jahrhunderte-, sondern jahrtausendelang. Denn damit Gottes Zweck erfüllt werden konnte, musste die Integrität des jüdischen Volkes erhalten bleiben, obwohl es unmittelbar mit anderen Völkern zusammenlebte, deren Sprachen vielleicht vergleichbar waren, deren Religionen und Moral jedoch nicht dem Willen Gottes entsprachen. Das Volk Israel musste seine Identität und Integrität als Volk sogar erhalten, als es aus dem Heimatland herausgerissen und über ein heidnisches Reich verstreut wurde, wo es vielen ebenso verlockenden wie heimtückischen Einflüssen ausgesetzt war. Wenn das Volk Israel eindeutig (klar umrissen und erkennbar) bleiben wollte, dann mussten ein starkes Familiengefühl und eine starke nationale Identität hergestellt und erhalten werden.

Die Gesetze im Alten Testament, die sich auf Männer und Frauen beziehen, haben alle gleichermaßen und durchgängig die Funktion, die Familienidentität zu stärken und zu erhalten. Um dieses Anliegen – und nicht die Geschlechterthematik – dreht sich das biblische Familiengesetz.

Die entsprechenden Gesetze, die mit Erbschaft, Heirat, Scheidung und anderen Familienangelegenheiten zu tun haben, sind so verfasst, dass sie die Einheit und Verbundenheit mit vergangenen und künftigen Generationen stärken und so dazu beitragen, dass die ununterbrochene Abstammungslinie mit jeder Generation verlängert wird.

Frauen werden im mosaischen Gesetz auf Grund ihres Geschlechts nicht als untergeordnet betrachtet, genauso wenig wie Männer wegen ihres Geschlechts bevorzugt werden. Vielmehr bilden die Familiengesetze alle miteinander ein Netz, das stark genug ist, um das Bewusstsein eines ganzen Volkes – als Identität für das Gemeinwesen und als Identität für jeden Einzelnen – zu tragen. Von Anfang an wurde diese Identität vom Vater an den Sohn weitergegeben – von Abraham an Isaak, an Jakob, an die Söhne Israels und weiter an deren Söhne und Enkel.

Das Gesetz des Alten Testamentes spiegelt eine patriarchalisch und männlich beherrschte Gemeinschaft, aber das heißt nicht, dass Gott ein Geschlecht dem anderen vorzieht. Die patriarchalische Ordnung schien nach den Gebräuchen dieser Zeit offenbar nötig, um das nationale und individuelle Identitätsgefühl des Volkes Israel zu stärken.

Was bedeutet das nun für Menschen, deren Anliegen heute die Frauen und ihre Rollen in Familie und Gemeinde ist?

Erstens: Es kann in Bezug auf heutige Anliegen nicht mit dem Gesetz des Alten Bundes argumentiert werden. Die wirtschaftlichen, rechtlichen und sozialen Bestimmungen, wie sie in diesem Gesetz festgelegt sind, dienten dem Zweck, das Identitätsgefühl des Volkes Gottes zu stärken. Wenn das die Priorität war, waren die Frage nach den Rollen der Männer und Frauen und ihr Status im Gesetz diesem Zweck untergeordnet. Auf der Grundlage des Gesetzes ist es nicht so leicht möglich, Schlussfolgerungen über die Stellung und den Status des Geschlechtes zu ziehen, denn die konkreten Bestimmungen hatten eine völlig andere Zielsetzung.

Zurück zu 1. Mose 3,16. Könnte man jedoch nicht auch argumentieren, dass Gott genauso gut hätte beschließen können, dem Gesetz eine matriarchalische statt einer patriarchalischen Ausrichtung zu geben? Weshalb ist gerade diese Struktur entstanden? Diese Struktur ist eine der Auswirkungen des Sündenfalls, die Gott Eva in 1. Mose 3,16 dargelegt hatte. Er hatte nämlich zu Eva gesagt: „Du wirst dich nach deinem Mann sehnen, aber er wird dein Herr sein.“ Wie bereits festgestellt, handelte es sich bei dieser Aussage weder um einen Fluch, noch um eine Urteilsverkündung, sondern um die Darstellung der Folgen von Evas Ungehorsam (siehe S. 12/13ff.).

Durch den Sündenfall wurde das Wesen Adams und Evas verzerrt. Sie waren nicht mehr so, wie Gott sie geschaffen hatte, und jeder Bereich der menschlichen Persönlichkeit war durch den Sündenfall in Mitleidenschaft gezogen worden. Für Eva bedeutete der Sündenfall, dass sie und ihre Töchter männliche Bestätigung suchen und brauchen würden. In diesem verletzlichen Zustand würde sie von ihrem Mann beherrscht werden – und zwar nicht wegen einer grundsätzlichen Unterlegenheit, sondern weil die Sünde die Beziehung zwischen Mann und Frau, ebenso wie alles andere auch, geschädigt und verdorben hatte. Die Beziehung völliger Gleichwertigkeit, die Adam und Eva anfangs erlebt hatten, hatte sich verändert, und seit dem Sündenfall spiegeln die verschiedenen menschlichen Gesellschaften mit einer beherrschenden und allzu oft auch unterdrückerischen Herrschaft der Männer über die Frauen eben die Folgen dieses Sündenfalls wider.

Die patriarchalische Struktur der Gesetze des Alten Testamentes hat in dieser Realität ihren Ursprung – einer Realität, die auch von anderen Gesellschaften widergespiegelt wurde.

Deshalb lebten die Frauen zur Zeit des Exodus und der Einnahme des gelobten Landes in einer patriarchalischen Gesellschaft. Es gab zwar begabte Frauen, zu denen bestimmt beispielsweise Miriam gehörte, oder Frauen, die sehr selbstsicher waren wie Kalebs Tochter, aber sie lebten in einer Zeit, in der nach allgemeinem Verständnis der Gesellschaft und nach den Regeln dieser Gesellschaft Frauen weniger bedeutend schienen als Männer.

Die Frauen zur Zeit des Exodus und der Landnahme

- **Moses Mutter (2. Mose 2,1-4)**
- **Mirjam als Prophetin (2. Mose 15)**
- **Kosbi, die Wollüstige (4. Mose 25)**
- **Fünf Frauen, die das Gesetz Gottes veränderten**
- **War Rahab wirklich eine Prostituierte?**

Das 1. Buch Mose stellt eine ganze Reihe von Frauen mit profilierten Persönlichkeiten dar. Wenn man die Texte im 1. Buch Mose liest, bekommt man einen faszinierenden Einblick in ihre Hoffnungen und Enttäuschungen, ihre Freude und ihren Kummer. Der biblische Text ist aussagekräftig genug, um einen Eindruck vom Wesen dieser Frauen zu vermitteln.

Mit einer Ausnahme ist über die Frauen in den fünf Büchern Mose, in denen die Geschichte des Volkes Gottes während des Exodus und der Landeinnahme Kanaans erzählt wird, sehr viel weniger bekannt als über die Männer in diesem Zeitabschnitt, die öffentlich stärker in Erscheinung getreten sind. Das liegt daran, dass die Bibel vor allem die Heilsgeschichte Gottes mit den Menschen näher beleuchtet. Statt einzelne Charaktere immer so ausführlich darzustellen, wie das sowohl bei den Männern als auch bei Frauen im 1. Buch Mose der Fall ist, konzentrieren sich das 2. bis 5. Buch Mose und das Buch Josua auf Gottes Handeln am Volk Israel und nicht so sehr auf sein Wirken innerhalb einzelner Familien.

Mit Ausnahme von Mirjam erfährt man über die Frauen dieser Geschichtsepoche nicht so viel wie über Sara, Rebekka, Rahel und die anderen Frauen im Zeitalter der Erzväter. Es kommen dort jedoch Frauen vor, namentlich erwähnte wie namenlose, die eine wesentliche Rolle in der Umsetzung von Gottes Heilsplan im Alten Testament spielten.

Pua und Schifra

Bibelstelle:
2. Mose 1,15-21

Zeit: Etwa 1525 v. Chr.
Namen: „Glanz“ und „Schönheit“
Thema: Die beiden Hebammen vereitelten die Absicht des Pharaos, alle männlichen Säuglinge hebräischer Frauen sofort nach der Geburt zu töten.

Ihre Rolle in der Bibel

Die Hebräer waren schon seit einiger Zeit in der Sklaverei in Ägypten, als das 2. Buch Mose einsetzt, und unter dem Sklavenvolk gab es eine Bevölkerungsexplosion. Das Problematische daran war für den Pharao wahrscheinlich, dass diese Sklaven Semiten waren, und zwar vom selben Stamm wie diejenigen, die für Druck an den ägyptischen Grenzen sorgten. Der Pharao war besorgt darüber, dass im Falle eines Krieges die Hebräer möglicherweise einen Aufstand auch vom Landesinneren aus anzetteln könnten.

Die nahe liegende Lösung bestand darin, den Anteil der Sklaven an der Gesamtbevölkerung zu verringern. Deshalb befahl der Pharao den Hebammen, die für hebräische Frauen zuständig waren, dafür zu sorgen, dass männliche Neugeborene der hebräischen Frauen nicht überlebten.

Nun waren Pua und Schifra natürlich nicht die einzigen Hebammen in ganz Ägypten. Vermutlich hatten die beiden Frauen die Aufgabe, die Arbeit aller Hebammen zu beaufsichtigen, die offenbar für die Ägypterinnen genauso zuständig waren wie für die zahlreichen hebräischen Frauen (2. Mose 1,19). Die Namen der beiden Frauen sind zwar ägyptisch, aber sie waren Hebräerinnen. Es war damals nämlich durchaus üblich, wenn Hebräer, die in einer offiziellen Funktion tätig waren, ägyptische Namen bekamen, wie auch zum Beispiel Josef, der den Namen Zafenat-Paneach erhielt (1. Mose 41,45).

Die beiden hebräischen Frauen jedenfalls hatten mehr Respekt vor Gott als vor dem Pharao und wurden von Gott für ihren Beitrag zum Schutz seines Volkes belohnt, indem er ihnen große Familien schenkte – rund achtzig Jahre bevor Mose als Mittler Gottes auf den Plan trat, um das Volk Gottes zu befreien.

Ihre Beziehungen

Puas und Schifras Beziehung zum Pharao. Wie es wohl ganz praktisch war, als Sklavin vor den mächtigsten Mann der damaligen Welt gerufen zu werden? Pua und Schifra sollten es persönlich erfahren, denn im Rahmen einer Privataudienz bekamen sie vom Pharao den Auftrag, alle neugeborenen hebräischen Jungen bei der Geburt zu töten. Sich diesem Befehl zu widersetzen, stellte ihnen den sicheren Tod als Strafe in Aussicht. Dennoch fürchteten sie Gott mehr als den Pharao und wollten ihm treu bleiben.

Pua und Schifra waren nicht nur für ihre eigene Arbeit verantwortlich, sondern auch für alle anderen hebräischen Hebammen. Deshalb war es auch von so entscheidender Bedeutung, wie sie mit diesem furchtbaren Dilemma umgingen. Einerseits konnten sie nicht selbst töten oder den anderen Hebammen befehlen, die Babys zu töten, andererseits mussten

BIBLISCHER HINTERGRUND

Hebammen in Ägypten

Zur damaligen Zeit halfen in der Regel Hebammen und nicht Ärzte den Frauen bei der Geburt. Die ägyptischen Frauen entbanden sitzend auf einem Gebärhocker. In Hesekiel 16,4 werden einige der Pflichten der Hebammen konkret beschrieben: Sie durchtrennten die Nabelschnur, wuschen das Neugeborene mit Wasser, rieben es mit Salz ein und wickelten es in Windeln.

sie aber dem Pharao gehorchen. Die Lösung, auf die sie kamen, spricht dafür, dass sie mit großer Weisheit gesegnet waren.

Als der Pharao merkte, dass auch die hebräischen Jungen bei den Neugeborenen weiter am Leben blieben, zitierte er die Hebammen erneut zu sich und stellte sie zur Rede (2. Mose 1,18). Die Hebammen erklärten dem Herrscher, die hebräischen Frauen hätten so leichte Geburten, dass sie immer erst bei der betreffenden Frau einträfen, wenn das Kind schon da sei. Wahrscheinlich hatten Pua und Schifra die Anweisung des Pharao an die anderen Hebammen weitergeleitet, und diese hatten vermutlich beschlossen, ihr Kommen so lange herauszuzögern, dass sie bei der Geburt gar nicht anwesend waren und deshalb auch nicht die Kinder bei der Geburt töten konnten. Wie auch immer ihnen das stets gelang, fest stand: „Aus Ehrfurcht vor Gott hielten sich die Hebammen nicht an den königlichen Befehl, sondern ließen die ungeborenen Jungen am Leben" (2. Mose 1,17).

Offenbar glaubte der Pharao den Frauen, denn er verurteilte sie nicht wegen Ungehorsams zum Tode. Sattdessen ersann er einen neuen Plan, um die Kinder zu vernichten: „Werft alle neugeborenen Jungen der Hebräer in den Nil, nur die Mädchen lasst am Leben!" (2. Mose 1,22).

Puas und Schifras Beziehung zu Gott. Die beiden Hebammen fürchteten Gott und folgten dem Herrscher von Ägypten nicht uneingeschränkt. Sie wussten genau, dass sie letztlich nur Gott allein verantwortlich waren, und dass seine Autorität maßgebend war. Deshalb segnete Gott auch die Hebammen, und das Volk wurde immer größer.

Impulse für heute

- Es kann schwerwiegende Probleme nach sich ziehen, wenn direkte Anordnungen von Autoritäten im Raum stehen, der untergeordneten Person jedoch völlig klar ist, dass es nicht richtig wäre, den Befehl zu befolgen. Was ist zu tun? Es ist wichtig, die Ehrfurcht vor Gott und seinem Willen an die erste Stelle zu setzen, denn dadurch wird er geehrt und ist im Bewusstsein des betreffenden Menschen ganz gegenwärtig und real. In dieser Grundhaltung hat man die Freiheit, Gott und nicht menschlicher Autorität zu gehorchen – am besten mit so viel Weisheit wie Pua und Schifra.
- Diese beiden Frauen wissen sich Gott verantwortlich und verhalten sich entsprechend. Dabei gehen sie mutig und klug vor, indem sie sich eine Erklärung überlegen, weshalb die jüdischen Jungen am Leben bleiben.

Es steht für sie außer Frage, wem sie gehorchen müssen. Beeindruckend, mit welcher Sicherheit sie ihrer Überzeugung gemäß handeln. Ihr Vertrauen in Gott ist einmal mehr gerechtfertigt, denn Gott beschützt nicht nur die Säuglinge seines Volkes, sondern auch die beiden Frauen, die dem mächtigsten Herrscher den Gehorsam verweigern.

Jochebed

Bibelstellen:
2. Mose 2,1-10; 6,20; 4. Mose 26,59

Zeit: Etwa 1525 v. Chr.
Name: „Der Herr hat sich als herrlich erwiesen"
Thema: Die Mutter und Amme von Mose, die ihn lehrte, Gott zu lieben und seinem eigenen Volk gegenüber loyal zu sein.

Jochebeds Rolle in der Bibel

Jochebed wird namentlich nur in zwei Ahnentafeln erwähnt, und zwar an beiden Stellen als Mutter von Mose, Aaron und Mirjam. Ihr wichtigster Beitrag war mit Sicherheit die frühe Prägung ihres Sohnes Mose, einer beherrschenden Gestalt des Alten Testamentes.

Jochebed lebte als Hebräerin in Ägypten, gehörte somit also zum Sklavenvolk. Während ihrer Schwangerschaft mit Mose hatte der Pharao den Befehl erlassen, alle neugeborenen hebräischen Jungen im Nil zu ertränken, aber Jochebed behielt ihr Kind. Als sie es irgendwann nicht länger verbergen konnte, flocht sie ein schwimmendes Körbchen aus Papyrus, das sie am Ufer des Nils auf dem Wasser aussetzte, genau dort also, wo nach dem Willen des Pharao die kleinen Jungen eigentlich umgebracht werden sollten. Jochebed beauftragte ihre Tochter, das Baby zu beaufsichtigen, damit ihm nichts zustieß.

Die Tochter des Pharao fand Mose schließlich und adoptierte ihn. Ohne es zu wissen, vertraute die Prinzessin Mose dann der Fürsorge und Pflege seiner eigenen Mutter an, indem sie sie als Amme einstellte.

In Ägypten wie in den meisten Gesellschaften des Altertums war es üblich, dass die Frauen der Oberschicht Ammen für ihre Kinder einstellten. Es war also ein ganz normaler Vorgang, dass die Tochter des Pharao eine hebräische Amme einstellte.

In der damaligen Zeit wurden Kinder erst im Alter von drei bis vier Jahren abgestillt. Man kann also davon ausgehen, dass die ersten drei bis vier Lebensjahre, die Mose vorwiegend bei seiner Mutter und nicht bei der Prinzessin verbrachte (2. Mose 2,9-10), zu den wichtigsten seines Lebens gehörten. Jochebeds Einfluss während dieser Jahre war insofern von entscheidender Bedeutung, als Mose in dieser Zeit ein starkes Zugehörigkeitsgefühl zum Volk der Hebräer entwickelte und ihm grundlegende Kenntnisse über den Gott Abrahams, Isaaks und Jakobs vermittelt wurden.

Jochebeds Beziehungen

Die Beziehung zwischen Jochebed und ihrem Mann. Jochebed stammte aus der Familie Levis, des dritten Sohnes von Lea und Jakob. Sie heiratete den ältesten Sohn ihres Bruders Kohat, Amram. Das Paar hatte drei Kinder, Mirjam, Aaron und Mose, die sich alle zu herausragenden Persönlichkeiten entwickelten, durch die Gott – durch Höhen und Tiefen – Geschichte schrieb.

BIBLISCHER HINTERGRUND

Papyrusboote

Papyrusgras wuchs in sumpfigen Gegenden und wurde zum Bau sowohl von großen Booten als auch von kleinen „Körbchenbooten“ wie dem, in dem Mose überlebte, verwendet. Gebündelt und zusammengebunden trieben die Gräser auf dem Wasser und konnten schwere Lasten tragen und befördern.

Jochebeds Beziehung zu Gott. Wie die Hebammen Pua und Schifra war auch Jochebed eine gottesfürchtige Frau, die sich verzweifelt bemühte, ihr Kind zu schützen, ihn gleichzeitig im Vertrauen auf Gott losließ – und wiedergewann.

Jochebeds Beziehung zu Mirjam. Es ist nicht bekannt, ob Mirjam das älteste von Jochebeds Kindern war, es liegt jedoch nahe, weil ihr die besondere Verantwortung übertragen wurde, auf den kleinen Bruder in seinem Körbchen auf dem Fluss aufzupassen. Wissenschaftler gehen davon aus, dass Mirjam zu diesem Zeitpunkt wahrscheinlich etwa acht bis zehn Jahre alt war. Das mag zwar für heutige Verhältnisse nach Überforderung klingen, aber es gilt auch zu bedenken, dass die Mädchen damals bereits mit etwa dreizehn Jahren als heiratsfähig galten.

Wie alt Mirjam damals auch gewesen sein mag, sie gehorchte jedenfalls der Mutter und hielt sich ständig in der Nähe des Nilufers auf, um das Körbchen mit dem kleinen Bruder im Auge zu behalten. Aus dem Bibeltext geht nicht hervor, ob das Kind schon am ersten Tag entdeckt wurde oder ob bis dahin Tage oder gar Wochen vergingen, in denen Mirjam Wache halten musste. Auf jeden Fall ehrte Mirjam ihre Mutter, indem sie eine verantwortungsvolle Tochter und Schwester war. Jochebed muss großes Vertrauen in ihre Tochter gehabt haben, dass sie ihr eine so große Verantwortung übertrug.

Jochebeds Beziehung zu Mose. Jochebed sah, dass Mose ein schönes Kind war, und sie versteckte ihren Sohn drei Monate lang. Als ihr klar wurde, dass es zu schwierig wurde, ihn noch länger zu verbergen, kam sie auf die Idee, ihn in einem schwimmenden Körbchen auf dem Fluss zu verstecken (2. Mose 2,2.3). Wahrscheinlich wusste sie, dass die Tochter des Pharao und ihre Dienerinnen sich oft am Nilufer aufhielten, und vielleicht hatte sie auch darauf spekuliert, dass die Prinzessin den Wunsch haben würde, den Säugling zu beschützen und sich um ihn zu kümmern, wenn sie das süße Kind erst einmal gesehen hätte.

Trotzdem war das Ganze ein großes Risiko, das sie einging – und sicher war sie froh und dankbar, dass Mose gerettet wurde. Dank der Geistesgegenwart ihrer Tochter Mirjam konnte Jochebed den kleinen Mose sogar weiterhin stillen und versorgen und bekam auch noch Geld dafür (2. Mose 2,9). Sie war seine erste Bezugsperson und hatte in den ersten drei bis vier Lebensjahren von Mose den größten Einfluss auf ihn. Während dieser Zeit legte Jochebed in ihrem Sohn ein bleibendes Zugehörigkeitsgefühl zum Volk Gottes an. Dann brachte sie ihn zur Tochter des Pharao, und Mose wurde offiziell deren Sohn. „,Ich habe ihn aus dem Wasser geholt', sagte sie und darum nannte sie ihn Mose." (2. Mose 2,10).

Um sein Leben zu retten, musste Jochebed Mose quasi an eine Pflegemutter abgeben und innerlich loslassen. Er wurde später zum Mörder und Flüchtling, floh in die Wildnis, weg von allem, was ihm vertraut war, und lebte vierzig Jahre lang im Exil, bis der Zeitpunkt gekommen war, dass Gott ihn besonders gebrauchen wollte. Wahrscheinlich lebte Jochebed noch, als Mose in die Wildnis floh. Wenn das so war, hat sie sicher auf seine Rückkehr gewartet und für ihren Sohn gebetet, aber sie konnte schließlich nicht wissen, wie Gott ihn weiter führen würde. Mose war achtzig Jahre alt, als Gott aus dem brennenden Dornbusch mit ihm sprach. Höchstwahrscheinlich war Jochebed bereits gestorben, als Mose aus dem Exil zurückkam. Schließlich ließ Gott ihn sein Volk aus der

Gefangenschaft führen und weitere vierzig Jahre durch die Wüste ziehen, bevor er es schließlich unter Mose an die Grenze des gelobten Landes brachte.

Impulse für heute

- Welche Mutter würde die damaligen Lebensbedingungen und den Befehl des Pharao wohl nicht mit Grauen zur Kenntnis nehmen! Ständig die Angst im Nacken, dass das Kind gefunden wird, ständige Bedrohung, ständige Anspannung, und das nicht nur für die Mutter des Kleinen, sondern auch für seine große Schwester.

Jochebed ist die Mutter, die ihr Kind völlig loslassen und es an Gott abgeben muss, und die das auch tut.

- Gott sieht ihren Schmerz und gibt ihr das Kind für eine Zeit lang zurück, so lange, bis es nicht mehr auf die Muttermilch angewiesen ist.

Gott sieht die Mutter. Er tröstet, er umsorgt.

- Wenn wir uns ihm ganz ausliefern und ihm vertrauen, dann geschehen immer wieder Wunder, und er zeigt uns seine Macht und Liebe und Fürsorge.

Es waren nicht zuletzt der Glaube und das Vertrauen Jochebeds, die die Heilsgeschichte Gottes mit seinem Volk und letztlich mit allen Menschen vorangetrieben haben.

Die Tochter des Pharao

Bibelstellen:
2. Mose 2,1-10; Apostelgeschichte 7,21.22; Hebräer 11,24

Zeit: Etwa 1525 v. Chr.
Name: Unbekannt

Beitrag: Die Tatsache, dass sie Mose adoptierte, rettete ihm nicht nur das Leben, sondern brachte ihm Vorteile, z. B. in Erziehung und Ausbildung, als Vorbereitung auf die Rolle, die er später einmal übernehmen sollte (Apostelgeschichte 7,22).

Ihre Rolle in der Bibel

Die Tochter des Pharao entdeckte Mose, der in dem Papyruskörbchen am Nilufer versteckt war, und adoptierte ihn. Es ist viel über die Identität dieser Pharaonentochter spekuliert worden, gesicherte Erkenntnisse gibt es darüber jedoch nicht. Die einen nehmen an, dass es sich bei ihr um die feministische Königin Hatshepsut handelte, die Halbschwester des Thudmose III., die Ägypten allein regierte, andere wiederum sind der Meinung, es war eine der neunundfünfzig Töchter von Ramses II. In Hebräer 11,24 ist die interessante Aussage zu finden, dass Mose nicht mehr als „Sohn der Pharaonentochter" gelten wollte, als er älter wurde. Wieder andere halten den Ausdruck „Sohn der Pharaonentochter" für einen Titel. Weil die ägyptische Thronfolge nach der mütterlichen Linie erfolgte, kann die Verwendung dieses Ausdrucks auch ein Hinweis darauf sein, dass Mose tatsächlich für die Thronfolge vorgesehen war und der nächste König von Ägypten hätte werden können, dass er sich aber lieber mit den Israeliten identifizieren wollte.

Sicher ist auf jeden Fall, dass die Pharaonentochter, die sich von dem kleinen Jungen in dem Körbchen auf dem Nil anrühren ließ, eine wichtigere Rolle in Gottes Heilsplan für sein Volk spielte, als sie ahnen konnte.

Die Tochter des Pharao: Eine Nahaufnahme

Ihr Vater hatte die Vernichtung aller neugeborenen hebräischen Jungen angeordnet, aber als sie das Körbchen öffnete, in dem ein kleiner hebräischer Junge lag, weinte das Baby und rührte sie. Es heißt in dem Text: „Als sie den Korb öffnete, sah sie den weinenden Jungen darin liegen. Sie bekam Mitleid und sagte: ‚Das ist bestimmt eins von den hebräischen Kindern'" (2. Mose 2,6). Im Unterschied zum Herzen ihres Vaters war ihres nicht verhärtet. Sie war so von Mitleid für das Baby erfüllt, dass sie sich der Anordnung ihres Vaters widersetzte und das Kind rettete und zu sich nahm, obwohl sie sonst offenbar um ihre „Pflichten" als Pharaonentochter wusste.

Impulse für heute

- Wenn Gott etwas Bestimmtes bewirken will, setzt er immer wieder auch Menschen ein, die ihn nicht kennen oder nichts mit ihm zu tun haben wollen. Der Tochter des Pharao ist der Gott der Hebräer fremd, aber sie zeigt sehr sensible Züge. Sie sieht den Säugling, der Hilfe und Versorgung braucht, und handelt entsprechend, obwohl sie von dem Erlass ihres Vaters weiß und obwohl ihr klar ist, dass sie mit ihrem Vorgehen einen schwerwiegenden Ungehorsam begeht. Sie tut, was sie tun muss.
- Gott weiß, was er tut. Er hat Mose, seine Eltern und Geschwister und auch die Frau im Blick, die den Jungen adoptiert.

Gut zu wissen, dass bei ihm Liebe und Macht zusammenkommen.

▸ Mirjam

Bibelstellen:
2. Mose 1-10; 15,20.21;
4. Mose 12,1-15; 20,1;
5. Mose 24,9

Zeit: Etwa 1520–1420 v. Chr.
Name: Bedeutung unsicher, siehe S. 335
Thema: Mirjam spielte eine entscheidende Rolle als Schwester von Mose, indem sie ihren kleinen Bruder als Baby beschützte, und später dann als Prophetin und Partnerin von Mose, als er die Israeliten aus Ägypten herausführte.

Mirjams Rolle in der Bibel

Mirjam war die Schwester von Mose und Aaron, den beiden Männern, die eine so bedeutende Rolle in der Geschichte des Volkes Israels spielten, als Gott es aus der Sklaverei in Ägypten befreite. Mirjam selbst war bei drei Ereignissen von großer Bedeutung beteiligt, die im 2. und im 4. Buch Mose beschrieben werden.

Als Kind war sie zunächst die Beschützerin ihres Bruders Mose.

Als erwachsene Prophetin leitete sie die befreiten Sklaven im Lob Gottes, und später erwies sie sich als eifersüchtige Frau, als sie Moses besondere Beziehung zu Gott in Frage stellte.

Mirjam als schwesterliche Beschützerin *(2. Mose 2,1-10).* Nachdem die Mutter von Mose ihren neugeborenen Sohn in einem am Nilufer treibenden Korb versteckt hatte, bekam Mirjam als große Schwester den Auftrag, auf Mose aufzupassen. Als die ägyptische Prinzessin den kleinen Jungen dort entdeckte, erklärte sich Mirjam geistesgegenwärtig bereit, eine Amme für den Kleinen zu suchen und holte die eigene Mutter herbei. Nicht zuletzt durch ihre Zuverlässigkeit und Geistesgegenwart wurde sie zu einer Schlüsselfigur für die Zukunft von Mose.

Mirjam, die Prophetin *(2. Mose 15, 20.21).* Mirjam wird in dem Bericht über die Plagen, durch die der Pharao schließlich in die Knie gezwungen wurde, nicht genannt. Dort werden als Führer des Volkes Israel nur Mose und Aaron erwähnt (2. Mose 3–14). Mirjam kommt jedoch in Kapitel 15 noch einmal vor, nachdem Gott das Rote Meer für sein Volk geteilt und die gesamte ägyptische Armee vernichtet hatte, von der die Israeliten verfolgt worden waren. In 2. Mose 15,20-21 werden vier Aspekte von Mirjams Rolle in der befreiten Gemeinschaft gewürdigt:

Mirjam war eine Prophetin *(2. Mose 15,20).* Die Propheten im Alten Testament waren Sprecher Gottes. Sie überbrachten Botschaften, die nicht von ihnen selbst stammten, sondern die Autorität eines Wortes Gottes hatten. Mose war zwar der oberste Prophet der damaligen Zeit und auch der Prototyp der nachfolgenden Propheten, aber er war nicht der einzige Prophet im Lager des Volkes Israel. Genau wie Mose war auch Mirjam zur Prophetin begabt und berufen.

Mirjam war „Aarons Schwester“ *(2. Mose 15,20).* Mirjam war darüber hinaus auch die Schwester von Mose, wobei ihre Verbindung zu Mose, wie sie in 2. Mose 2 geschildert wird, sehr viel enger gewesen zu sein scheint als die zu Aaron. Warum wird sie dann nicht als Schwester „von Mose und Aaron“ bezeichnet und dargestellt? Wahrscheinlich möchte der Verfasser des biblischen Textes hier daran erinnern, dass in diesen ersten Büchern der Bibel Mose der Entscheidungsträger war. Gott hatte Mose berufen, sein Volk aus der Sklaverei herauszuführen, ihnen ein Gesetz zu geben und sie zu einem gehorsamen und folgsamen Volk zu machen. Man kann Mirjam natürlich auch mit Aaron in Verbindung bringen, weil beide bedeutende Führungspositionen innehatten, aber es ist auch wichtig, zu bedenken, wie wichtig zu dieser Zeit Mose war.

Mirjam leitete das Volk in der Anbetung und im Lobpreis *(2. Mose 15,20.21).* Der Sieg Gottes über die Ägypter am Roten Meer bewegte die Israeliten zur Anbetung und zum Lob Gottes. Es heißt dort: „Mirjam sang ihnen vor“ im Lob Gottes. Ihre Lieder und Tänze brachten die Freude und das Staunen der gesamten Gemeinschaft zum Ausdruck.

Dabei ist Mirjam nicht nur die Leiterin einer Gruppe singender Frauen. „Die Israeliten sangen“, also die gesamte Gemeinschaft, und der Text zeigt die Frauen als die Gruppe, die die Gemeinschaft im Lobpreis anführten, und Mirjam war die Lobpreisleiterin.

Mirjam stellte Moses Position in Frage *(4. Mose 12,1-16).* Nachdem sie den Sinai verlassen hatten, „machten Mirjam und Aaron Mose Vorwürfe“. Dieser Abschnitt gewährt uns verschiedene Einblicke:

Der Streit *(4. Mose 12,1-3).* Es war ganz eindeutig Mirjam, die Mose in seiner Position in Frage stellte und seine Stellung zum Thema machte. Ihr Name wird nämlich in dem Text als erster genannt. An Aarons Bereitschaft, am Sinai ein goldenes Kalb herzustellen (siehe 2. Mose 32), wird deutlich, dass Aaron eine schwächere Persönlichkeit war und sich leichter von anderen lenken ließ.

Alles begann mit der Kritik daran, dass Mose eine Äthiopierin (Kuschiterin) geheiratet hatte (4. Mose 12,1). Dies schien jedoch nicht das eigentliche Problem gewesen zu sein, sondern eher ein Versuch, sich Unterstützung zu sichern, indem man an die Vorurteile der anderen appellierte. Was Mirjam und Aaron zusetzte, war offenbar die Tatsache, dass Mose als der Führer anerkannt wurde. Man kann förmlich die Eifersucht spüren hinter den Worten: „Spricht der Herr etwa nur durch Mose? Hat er nicht auch durch uns geredet?" (4. Mose 12,3). Mirjam und Aaron waren wahrlich Führungspersonen, die von Gott gebraucht wurden. Was Mirjam störte, war die Tatsache, dass die anderen sie nicht für so wichtig hielten wie Mose.

Die Gaben, die die beiden hatten, die Privilegien, die sie als geistliche Leiter genossen, schienen ihnen nicht genug.

Der Entschluss *(4. Mose 12, 4-8)*. Die Haltung von Mirjam und Aaron sorgte für Spaltung, und wenn es dabei geblieben wäre, hätte das sicherlich die Autorität Moses untergraben. Aber Gott griff ein, rief die drei zu sich und machte seinen Willen klar. Gott hatte Mose als Führer auserwählt. Mirjam und Aaron hatten wichtige eigene Aufgaben, aber sie waren eben nicht von Gott auserwählt worden, das zu tun, wozu Mose ausersehen war.

Die Folgen *(4. Mose 12,9-16)*. Dass die beiden die Autorität von Mose in Frage stellten, machte Gott zornig, und nachdem die beiden getadelt worden waren, „war ihre (Mirjams) Haut weiß wie Schnee, denn sie war aussätzig geworden" (4. Mose 12,10). Die Bezeichnung Aussatz bezog sich damals auf jede ansteckende Hautkrankheit und war eine verheerende Strafe, denn der Erkrankte durfte nicht im Lager bleiben, konnte nicht an der Anbetung teilnehmen, geschweige denn sie leiten.

Mose betete für seine Schwester, und Gott nahm den Aussatz von ihr fort – allerdings erst nach sieben Tagen. Statt selbst zu (mehr) Ruhm und Ehre zu gelangen, indem sie Gottes Entscheidung, Mose zum Führer seines Volkes zu machen, in Frage stellte, erlebte Mirjam öffentliche Schmach und Isolation. Die Strafe war allerdings zeitlich begrenzt. Nach sieben Tagen heilte Gott sie völlig, und sie konnte Gott und ihrem Volk auch weiterhin dienen.

Mirjam: Eine Nahaufnahme

Wie bereits festgestellt, war Mirjam als Kind eine gehorsame Tochter, eine fürsorgliche große Schwester und später eine begabte und berufene Prophetin und Lobpreisleiterin. Allerdings war auch sie nicht frei von menschlichen Schwächen, und ihre schwache Stelle war der Stolz. Sie war eifersüchtig, dass Mose als Prophet über ihr stand, und sie steckte ihren Bruder Aaron mit ihrem negativen Denken an. Sie musste die Folgen für ihre Missachtung Gott und Mose gegenüber tragen, aber Gott war barmherzig und stellte sie wieder völlig her.

Impulse für heute

- Mirjams Rolle als Prophetin und Lobpreisleiterin zeigt, dass Gott im Gegensatz zu manchen Denominationen keine Probleme damit hat, Frauen in leitenden Positionen zu sehen. So konnte sie sich von ihm als begabt und beauftragt ansehen.
- Mirjam war es von Kindheit an gewohnt, Verantwortung zu übernehmen, und zwar in einem Maße, dass Menschenleben davon abhingen. Sie übernahm von

Anfang an Aufgaben und erfüllte gewissenhaft, was ihr aufgetragen war. So lernte sie, anderen zu dienen und wurde von Gott als Prophetin und Lobpreisleiterin berufen. An ihr sehen wir: Gott spricht durch Frauen wie durch Männer zu den Menschen.

- Wie man an Mirjam sieht, kann selbst (oder gerade?) in einem solchen scheinbar demütigen Status als Diener oder Dienerin der Gemeinde (denn nichts anderes ist ein verantwortlicher Mitarbeiter) der eigene Stolz zur Falle werden, der zu Hochmut, Herrschsucht und Unzufriedenheit führen kann – und das vergiftet leicht das gesamte Umfeld mit (siehe Aaron).
- Gott macht Mirjam bewusst, was sie tut, indem er sie von den anderen Menschen isoliert. Und es ist leicht zu begreifen, was er ihr damit sagen will.

Die Heilung, die sie erfährt, ist nicht nur die Heilung von einer äußerlich sichtbaren Krankheit, sondern auch von einer inneren Fehlhaltung.

- Wie gut, dass Gott treu ist, und uns – wenn wir das zulassen – von solchen Haltungen befreit, die letztlich nicht nur andere Menschen und die Gemeinschaft, sondern auch uns selbst zerstören.

▸ Zippora

Bibelstellen:
2. Mose 2,21.22; 4,25; 18,1-6;
4. Mose 12,1.

Zeit: Etwa 1450 v. Chr.
Name: „Kleiner Vogel"
Thema: Sie ließ ihre Söhne beschneiden, als Mose seinen Auftrag für den Herrn begann.

Zipporas Rolle in der Bibel

Als Mose aus Ägypten fliehen musste, ließ er sich auf einem verwilderten Teil des Sinai nieder. Die Gegend ernährte ein paar Schafhirten, und lange bevor Mose hinkam, waren dort einmal Halbedelsteine gefördert worden. Mose schloss sich dort der Famile von Jitro, einem Midianiter, an und heiratete später Zippora, eine von Jitros Töchtern.

Über Zippora als Person und über ihr Leben als Frau von Mose ist kaum etwas bekannt. Bekannt ist, dass das Paar zwei Söhne hatte und dass Mose sie mitnahm, als er sich nach dem Ruf Gottes nach Ägypten aufmachte (2. Mose 4,20). Anscheinend kehrten Zippora und ihre Söhne jedoch nach einem Zwischenfall um (2. Mose 4,24-26), denn nachdem die Israeliten aus Ägypten befreit waren, brachte Jitro nach dem biblischen Bericht Zippora und die beiden Söhne wieder zum Berg Sinai zu Mose zurück (2. Mose 18,1-6).

Es gibt die Annahme, dass Zippora starb und Mose wieder heiratete, weil im 4. Buch Mose davon die Rede ist, dass Mose eine „Äthiopierin" bzw. „Kuschiterin" heiratete. Wahrscheinlicher ist jedoch, dass sich diese Zuordnung auf Zippora bezieht. Kusch war zu dieser Zeit eine relativ ungenaue geographische Bezeichnung, aber sie bezog sich immer auf die Länder südlich von Ägypten, wo auch der Sinai lag.

Der einzige Abschnitt, in dem man einen Eindruck von Zippora als Person bekommt, ist etwas rätselhaft. Der Abschnitt beschreibt einen Vorfall, zu dem es kam, als Mose sich zusammen mit seiner Familie nach Ägypten aufmachte, um den Auftrag zu erfüllen, den er von Gott bekommen hatte.

Als Mose und seine Familie unterwegs in einer Herberge übernachteten, fiel der Herr über Mose her und wollte ihn töten. Da nahm Zippora rasch einen scharfen Stein, schnitt die Vorhaut am Glied ihres Sohnes ab und berührte damit Moses Füße. Dann sagte sie zu ihm: „Du bist mein Blutsbräutigam!" Da verschonte Gott Moses Leben. Zippora hatte Mose „Blutsbräutigam" genannt, weil sie ihren Sohn beschnitten hatte (2. Mose 4,24-26).

Diese Verse haben schon sowohl alten jüdischen Bibelauslegern als auch christlichen Gelehrten Rätsel aufgegeben. Einiges in dem Text scheint durchaus klar zu sein: Mose hatte es versäumt, seine Söhne zu beschneiden. Die Beschneidung war ein Ritus, den Gott eingesetzt hatte als Zeichen aller männlichen Mitglieder der Gemeinschaft des Bundes. Als Gott über Mose „herfiel" (vielleicht in Form einer plötzlichen Krankheit?), war sich Zippora offenbar darüber im Klaren, wie wichtig die Beschneidung war, und sie handelte rasch und holte Versäumtes nach, um die Katastrophe abzuwenden, indem sie ihren Sohn beschnitt.

Offen bleibt jedoch die Bedeutung des Begriffes „Blutsbräutigam", den Zippora mehrfach benutzt. Wichtig im Zusammenhang dieses Abschnitts ist jedoch, dass Zipporas schnelle Analyse der Situation und ihre Bereitschaft zu handeln die Bedrohung von Mose abwendete und er dadurch wieder seinem Auftrag nachkommen konnte.

Zipporas Beziehungen

Zipporas Beziehung zu Gott. Zippora hörte auf Gott, als ihr Mann Mose – aus unbekanntem Grund – etwas in Gottes Augen Wichtiges versäumt hatte. Gott war erzürnt darüber, dass Mose sich nicht um die Beschneidung seines Sohnes gekümmert hatte, die schließlich ein Zeichen der Ehrerbietung vor dem Bund war, den Gott mit Abraham geschlossen hatte. Dass Zippora sich gut genug auskannte, um hier einzugreifen, deutet darauf hin, dass Mose mit ihr über den Bund und die Sitte der Beschneidung gesprochen hatte.

Zipporas Beziehung zu Moses Geschwistern. Als Mirjam und Aaron Mose wegen seiner „äthiopischen Frau" angriffen und sich beklagten, dass Mose nicht der Einzige sei, durch den der Herr spräche, „war ihre (Mirjams) Haut weiß wie Schnee, denn sie war aussätzig geworden" (4. Mose 12,10). Nach diesem Einschreiten Gottes gab es keine ungerechtfertigte Kritik mehr an Zippora.

Impulse für heute

- Zippora ist nach dem, was aus der Bibel zu erfahren ist, wirklich eine Gehilfin ihres Mannes. Sie kümmert sich um ihn und die Familie, und sie handelt schnell und entschlossen, als ihr Mann in Gefahr ist.
- Zippora hat klare Prioritäten und verhält sich entsprechend, selbst wenn ihr Vorgehen vielleicht fremd und merkwürdig scheint.
- Auch heute ist hin und wieder unkonventionelles, für Außenstehende merkwürdiges Verhalten angesagt für Menschen, die zu Gott gehören. Anders zu sein als die Masse, hat immer mit zu den Herausforderungen der Leute gehört, die sich an Gott halten. Dass andere das nicht unkommentiert lassen und sich Vorurteile bilden, ist nicht weiter verwunderlich. Wichtig ist, dass wir uns absolut sicher sind, dass Jesus uns im Blick hat und auch in solchen unangenehmen, manchmal sogar bedrohlich erscheinenden Situationen für uns sorgt.

Begabte Künstlerinnen

Bibelstelle:
2. Mose 35, 22-29

Zeit: Etwa 1445 v. Chr.
Namen: Unbekannt
Thema: Diese Frauen nutzten ihr Talent und ihre Schätze, um das Heiligtum zu verschönern.

Ihre Rolle in der Bibel

Am Sinai gab Gott den Israeliten sein Gesetz. Außerdem gab er ihnen den Bauplan für ein transportables Heiligtum. Männer und Frauen trugen in kurzer Zeit das Holz, den Stoff, das Gold, das Silber und die Edelsteine zusammen, die erforderlich waren. Im Text heißt es weiter: „Alle Frauen, die dazu begabt waren, spannen Ziegenhaarfäden, Leinenfäden und Wolle . . ." (2. Mose 35,25). In der heutigen Zeit werden die „Geistesgaben" viel zu häufig auf den „geistlichen" Dienst im engeren Sinn eingeschränkt. Dabei kann jede Gabe oder Fähigkeit, die Gott schenkt, ihm gewidmet werden.

Schelomit

Bibelstelle:
3. Mose 24,11

Zeit: Etwa 1445 v. Chr.
Name: „Die Friedvolle"
Thema: Partnerwahl, Gotteslästerung

Schelomits Rolle in der Bibel

Kurz nachdem Gott dem Volk Israel sein Gesetz gegeben hatte, brach Streit im Lager aus. Im Eifer des Gefechts geschah es, dass der Sohn einer Israelitin namens Schelomit und eines Ägypters „den Namen des Herrn verfluchte und verhöhnte" (3. Mose 24,11) und dadurch das Gebot brach: „Du sollst meinen Namen nicht missbrauchen, denn ich bin der Herr, dein Gott! Ich lasse keinen ungestraft, der das tut!" (2. Mose 20,7).

Die Bedeutung dieses Gebots und des besagten Zwischenfalls wird häufig missverstanden. Der Begriff der hier als „missbrauchen" übersetzt ist, bedeutet im Hebräischen sinngemäß: „etwas, das leer und sinnlos ist". Häufig wird dieser Begriff im Zusammenhang mit Götzendienst verwendet. Mit dem „Verfluchen", von dem hier die Rede ist, ist nicht die Verwendung von Schimpfwörtern gemeint, sondern ein okkulter Fluch, also der Versuch, übernatürliche Kräfte anzurufen, um dem Gegner zu schaden. Der Sohn von Schelomit rief dabei den Namen Gottes in einem Fluch an, den er seinen Gegnern entgegenschleuderte, so wie es die Heiden mit den Namen ihrer Dämonen und Götter tun.

Diese schwere Übertretung des dritten Gebotes führte zur Hinrichtung von Schelomits Sohn und ist eine unvergessliche Mahnung an das Volk Israel, Gott immer als real und gegenwärtig zu ehren und zu achten.

Impulse für heute

- Schelomit hatte als Israelitin einen Ägypter und damit einen Heiden geheiratet. Eine solche Verbindung sorgte – damals wie heute – für viel Zündstoff und für Kummer und Schmerz:

Der gemeinsame Sohn wächst in einer Vermischung der Religionen auf, was ihm letztlich zum Verhängnis wird.

Schelomit muss mitansehen, wie der Sohn die Folgen seiner Gotteslästerung selbst tragen muss. Sie ist die leidende Mutter, deren Liebe zum Kind hier nichts mehr ausrichten kann und in tiefem Schmerz endet.

Kosbi

Bibelstellen:
4. Mose 25; 31,15.16

Zeit: Etwa 1410 v. Chr.
Name: „Die Üppige"
Thema: Ihr Versuch, die Israeliten zu bestechen, schlug fehl.

Kosbis Rolle in der Bibel

Als die Israeliten sich auf ihrem Weg nach Kanaan dem Land der Midianiter näherten, bekam der midianitische Herrscher Angst. Er rief Bileam zu sich, einen Mann, der den Ruf hatte, Einfluss auf übernatürliche Mächte zu haben, und forderte ihn auf, das Volk Israel zu verfluchen. Aber Gott griff ein, und jedes Mal, wenn Bileam versuchte, das Volk Gottes zu verfluchen, wurde er gezwungen, stattdessen einen Segen zu sprechen.

Immer noch bemüht, seinen Auftraggeber zufrieden zu stellen, machte Bileam den Vorschlag, die Midianiter sollten doch versuchen, Gott dazu zu bringen, sein Volk selbst zu verfluchen. Bileam überlegte sich, dass wenn junge midianitische Frauen in die Lager der Israeliten geschikkt würden, sie doch in der Lage sein müssten, zuerst die Israeliten zu verführen und sie dann dazu zu bringen, ihre Götzen anzubeten (siehe 4. Mose 31,15,16). Bileam überlegte, dass Gott sich dann gegen sein treuloses Volk wenden würde, und die Bedrohung Midians durch die Israeliten damit ein Ende hätte.

Der König von Midian setzte Bileams Plan sofort in die Tat um. Der Plan gelang und eine Reihe von Israeliten trieben Unzucht mit den Midianiterinnen. Danach forderten die jungen Frauen die Israeliten auf, ihren heidnischen Göttern Opfer zu bringen. Es heißt dazu in der Bibel: „Sie wurden von ihnen zu Opferfesten eingeladen, aßen dort das Fleisch der Opfertiere und beteten Baal-Peor an, den Gott der Moabiter" (4. Mose 25, 1.2). Kosbi wird in diesem Bibelkapitel als Tochter eines einflussreichen Midianiters vorgestellt, die genau in dem Augenblick mit einem Israeliten in seinem Zelt verschwand, als Mose den Israeliten Vorhaltungen machte. Es heißt dort: „Alle weinten und klagten. Da kam ein Israelit mit einer midianitischen Frau ins Lager. Vor aller Augen brachte er sie zu den Zelten seiner Sippe" (4. Mose 25,6).

Diese Strategie der Midianiter weckte Gottes Zorn, aber Bileam hatte nichts von Gottes Gnade, Gerechtigkeit oder auch von seiner Hingabe für das Volk des Bundes begriffen. Die Schuldigen wurden bestraft, und die Gemeinschaft wurde auf diese Weise geläutert. Dennoch hielt Gott unerschütterlich an seiner Verpflichtung fest, die er durch den Bundesschluss eingegangen war, nämlich sein Volk zu segnen. Eigentlich hatte der gegen das Volk gerichtete Plan ja zum Ziel gehabt, dass Gott seinen Zorn gegen sein Volk richten würde, aber am Ende waren es die Midianiter und Bileam, die ihr Land und ihr Leben verloren.

Kosbis Beziehungen

Kosbis Beziehungen zu Männern. Kosbi, eine der dreisten Midianiterinnen und

Fürstentochter, beteiligte sich bereitwillig an dem Versuch, den Gott des Volkes Israel dazu zu bringen, sein eigenes Volk zu vernichten. Ihre Beziehungen zu Männern scheinen allem Anschein nach Ähnlichkeit gehabt zu haben mit denen einer Frau, die in Sprüche 7 erwähnt wird:

Da kam sie ihm entgegen, herausgeputzt und zurechtgemacht wie eine Hure.
Sie war sich ihres Erfolgs sicher.
Leidenschaftlich und hemmungslos wie sie war, hielt sie es zu Hause nie lange aus . . .
Mit diesen Worten reizte und erregte sie den jungen Mann.
Er folgte ihr ins Haus wie ein Ochse, der zum Schlachten geführt wird . . .
Ohne es zu wissen, lief er in eine tödliche Falle.
(Sprüche 7, 10-11; 21-23)

Kosbi war – als Fürstentochter sicher aus eigenem Entschluss – dazu bereit, Bileam bei der Durchführung seines Planes helfen zu können, die Israeliten zu verführen und sie dann dazu zu bringen, heidnische Götter anzubeten. Die Heiden wussten ganz genau, dass Gott nicht tatenlos zusehen würde, wenn sein Volk sich an sexuellen Ausschweifungen beteiligte und fremde Götter anbetete. Sie hatten jedoch nicht damit gerechnet, dass die Männer, die Gott treu geblieben waren, entschieden handeln würden. Pinhas, der Enkel Aarons, „stand auf, verließ die versammelten Israeliten und holte eine Lanze. Er folgte dem Israeliten und Kosbi in den hinteren Teil des Zeltes, in dem sie verschwunden waren und stieß ihnen dort die Lanze durch den Unterleib. Da griff die Seuche nicht mehr weiter um sich, die unter den Israeliten ausgebrochen war" (4. Mose 25,7-8).

Impulse für heute

Kosbi war bereit, sich buchstäblich mit Leib und Seele für das Böse einzusetzen und verlor dabei alles: Leib und Seele und das Leben.

- Wenn man sich mit dem Bösen einlässt, um anderen zu schaden, ist man immer selbst das erste Opfer.
- Es ist unmöglich, durch Böses etwas Positives zu erreichen.

Die Töchter von Zelofhad

Bibelstellen:
4. Mose 27,1-11; 36,1-13;
Josua 17,3-5

Zeit: Etwa 1400 v. Chr.
Namen: Machla, Noa, Hogla, Milka, Tirza, siehe S. 330ff.
Thema: Diese Töchter eines Vaters, der keine Söhne hatte, bewirkten eine wichtige Klärung des Erbrechtes.

Ihre Rolle in der Bibel

Auf dem letzten Abschnitt der Reise nach Kanaan bestimmte Mose, wie das Land dort aufgeteilt werden sollte, nachdem die Israeliten es eingenommen hätten. Jede Familie sollte als Geschenk von Gott Land bekommen, das für immer ihr Eigentum bleiben würde.

Wie andere Gesellschaften auch, war die der Israeliten patriarchalisch organisiert. Das Land der Väter wurde also an die Söhne vererbt unter der Maßgabe, dass diese für ihre verwitweten Mütter und unverheirateten Schwestern zu sorgen hatten. Aber ein Mann namens Zelofhad, der bereits unter den Israeliten gewesen war, die aus der Gefangenschaft in Ägypten befreit worden waren und später unterwegs gestorben war, hinterließ fünf Töchter und keinen Sohn. Der Plan und Vorschlag Mose zur Landverteilung sah einen solchen Fall gar nicht vor, und so gingen die Töchter Zelofhads leer aus.

Statt sich jedoch einfach damit abzufinden und sich ruhig zu verhalten, brachten die Töchter Zelofhads ihre Beschwerde vor Mose und die Leiter der Gemeinde.

„Unser Vater ist in der Wüste gestorben. Er war nicht an dem Aufstand beteiligt, den Korach mit seinen Leuten gegen den Herrn angezettelt hat, und er war nicht schlechter als jeder andere. Nun hat unser Vater aber keine Söhne gehabt. Soll unsere Familie deshalb kein Land erhalten und der Name unseres Vaters in Vergessenheit geraten? Wir möchten auch Land bekommen, so wie die Männer aus unserer Sippe“
(4. Mose 27,3-4).

Mose hörte sich ihre Beschwerde an und brachte sie vor den Herrn. Gott antwortete: „Die Töchter Zelofhads haben Recht“ (4. Mose 27,7) und legte eine Reihe von Grundsätzen fest, durch die auch Fälle berücksichtigt werden konnten, in denen ein Mann starb, ohne einen männlichen Erben zu hinterlassen.

Dieser Zwischenfall ist wichtig, weil die Geschichte, die hier zuerst in 4. Mose 27 erzählt wird, in 4. Mose 36 noch einmal vorkommt. Aus Josua 17 geht später eindeutig hervor, dass die fünf Töchter ihr eigenes Land erbten.

Und die Geschichte ist nicht nur hinsichtlich des biblischen Erbrechtes von Bedeutung, sondern sie ist auch deshalb so wichtig, weil sie Einblick in die Beziehungen zwischen Frauen und Amtspersonen gewährt.

Anscheinend hatten die Frauen genau wie die Männer in dieser Epoche das Recht und die Freiheit, ihre Anliegen vor Mose zu bringen. Offenbar wurden die Anliegen der Frauen genau wie die der Männer anhand der vorliegenden Fakten verhandelt und nicht von vornherein abgewiesen. Mose ließ sich zwar von den Argumenten der Töchter überzeugen, aber er war nicht befugt, das Gesetz Gottes zu verändern, weil es von Gott selbst stammte und von ihm eingesetzt worden war. Die Entscheidung von Mose, Gott darüber zu befragen, war also angemessen.

Die Beziehungen der Töchter Zelofhads

Ihre Beziehung zu Mose. Die fünf Schwestern kamen mit einem berechtigten Anliegen vor Mose. Sie fragten, warum der Name ihres Vaters einfach aussterben solle, nur weil er keine Söhne gehabt habe. Die jungen Frauen baten darum, den Landanteil ihres Vaters deshalb ihnen zu übertragen.

Es gibt an dieser Geschichte ein paar bemerkenswerte Aspekte. Erstens stellten die jungen Frauen eine Ungerechtigkeit im Gesetz fest. Zweitens reagierten sie auf diese Feststellung richtig und angemessen. Sie brachten ihren Fall vor Mose und trugen ihn sachlich und respektvoll vor.

Bemerkenswert ist aber auch, dass sie überhaupt zu Mose vorgelassen wurden. Man sagte ihnen nicht, sie könnten nicht mit dem Führer des Volkes Israel sprechen, weil sie erstens Frauen wären und sich zweitens offenbar nicht dem Gesetz fügen wollten. Außerdem hörte Mose sich ihre Beschwerde offen an. Er wiederum wandte sich respektvoll an seinen eigenen Vorgesetzten, und der oberste aller Richter gab ein neues Gesetz für das gesamte Volk Israel bekannt.

Machla, Noa, Hogla, Milka und Tirza: Eine Nahaufnahme

Die Töchter Zelofads waren intelligente, entschlossene und selbstbewusste junge Frauen. Sie waren nicht militant, aber auch nicht unterwürfig. Sie sagten nicht: „Das ist eben eine Männerwelt“ und ließen den Kopf hängen, um fortan mutlos durchs Leben zu schleichen, weil sie ungerecht behandelt worden waren. Und sie inszenierten auch keine negative Klagekampagne, was durchaus im Einklang mit dem gängigen Verhalten des Volkes Israels gewesen wäre, das aus der Gefangenschaft befreit worden war. So hatten die Menschen nämlich auch reagiert, als sie sich an Manna leid gegessen hatten und Fleisch und andere Dinge mehr wollten. Man kann sagen, dass die Frauen ziemlich furchtlos waren und ihrem Namen und dem ihres Vaters alle Ehre machten.

Impulse für heute

- Die fünf jungen Frauen veranschaulichen, wie Frauen vor Gott dastehen, dass er sie ernst nimmt und sie ihren eigenen Wert erkennen lässt.
- Es stimmt nicht, dass man mehr geliebt und respektiert wird, wenn man sich stets kleiner macht, als man ist, und in einer falsch verstandenen Demutshaltung lebt. Ob ich mich von Gott angenommen weiß und wie ich mich selbst betrachte, hat Auswirkungen darauf, wie andere mich sehen und behandeln.
- Diese Frauen hatten ein realistisches Selbstbild, brauchten sich weder selbst auf- noch abzuwerten und gelangten dadurch zum Ziel, weil sie in dieser Haltung ernst genommen wurden.
- Gott möchte, dass wir wissen und auch spüren, dass wir wertvoll sind.

▸ Rahab

Bibelstellen:
Josua 2,1-24; 6,17-25
Matthäus 1,5; Hebräer 11,31;
Jakobus 2,25

Zeit: Etwa 1406 v. Chr
Name: Bedeutung unklar, siehe S. 336
Thema: Rahab vertraute dem Gott Israels und wurde beim Fall Jerichos befreit. Sie heiratete einen Israeliten und brachte einen Sohn zur Welt, der in die Abstammungslinie (den Stammbaum) von David und Jesus Christus gehörte.

Rahabs Rolle in der Bibel

Als die Israeliten unter Josua den Jordan überquerten und in das gelobte Land Kanaan kamen, war der Zugang zum Zentrum des Landes für sie durch die gut befestigte Stadt Jericho blockiert: Die massiven Befestigungsanlagen machten die Stadt uneinnehmbar. Das Volk Israel war auf eine lange Belagerung nicht vorbereitet, die den Kanaanitern im Übrigen auch Zeit gegeben hätte, sich zu verbünden und eine überwältigende Streitmacht gegen sie zu schicken. Josua sandte deshalb zwei Kundschafter aus, um die Stadt zu erkunden. Der König des Landes erfuhr davon, alle Stadttore wurden geschlossen, und es wurden Wachen ausgesandt, um alle Häuser zu durchsuchen und die Spione festzunehmen.

Die beiden Kundschafter fanden Zuflucht im Hause von Rahab, über die es im Text heißt, dass sie eine Prostituierte war. Im Alten Testament ist von zwei Arten von Prostitution die Rede: Zum einen gab es die rituelle Prostitution, bei der die sexuelle Vereinigung ein Teil der Anbetung heidnischer Fruchtbarkeitsgötter war. Die andere Form war „allgemeine" Prostitution ohne religiöse Bedeutung. Archäologische Entdeckungen haben ergeben, dass die kommerzielle Prostitution in Kneipen und Lokalen nicht unüblich war. Von daher gibt es Überlegungen, ob Rahab Prostituierte oder Kneipenwirtin war. Für die Geschichte ist das im Grunde unwesentlich: Ihre Überzeugung „Euer Gott ist der wahre Gott im Himmel und hier unten auf der Erde" und ihr Mut, seinen Leuten zu helfen, sind entscheidend, nicht ihr Ruf. Der übliche Hinweis, dass sie eine Hure gewesen sei, soll vielleicht betonen, dass Gott sein Heil vorbehaltlos allen Menschen anbietet und nicht nur denen, die in der Gesellschaft als „gute und anständige Menschen" gelten.

Rahabs Entscheidung *(Josua 2).* Als die Kundschafter auftauchten, musste Rahab eine Entscheidung treffen: Sie konnte die beiden wegschicken oder hereinlassen. Rahab entschied sich dafür, sie zu verstekken, aber erst, nachdem sie einen Handel mit ihnen geschlossen hatte. Rahabs Dialog mit den Kundschaftern zeigt sehr deutlich, dass die Menschen in Kanaan genau wussten, was Gott für sein Volk getan hatte, und dass sie schreckliche Angst hatten, als die Israeliten an ihrer Grenze auftauchten.

„Ich weiß, dass der Herr eurem Volk dieses Land geben wird. Wir haben große Angst. Jeder hier zittert vor euch. Wir haben gehört, dass der Herr euch einen Weg durch das Schilfmeer gebahnt hat, als ihr aus Ägypten gekommen seid. Wir wissen auch, was ihr mit den Amoritern und ihren Königen Sihon und Og auf der anderen Jordanseite gemacht habt: Ihr habt sie ausgelöscht. Als wir das hörten, waren wir vor Angst wie gelähmt. Jeder von uns hat den Mut verloren. Der Herr, euer Gott, ist der wahre Gott oben im Himmel und hier unten auf der Erde" (Josua 2,9-11).

Auffällig ist dabei, dass offenbar alle Kanaaniter diese Informationen über Gott hatten, Rahab jedoch die einzige unter den Kanaanitern war, die diesem Gott nicht widerstand, sondern sich ihm anvertraute. Und so fing sie an zu feilschen. Rahab wollte die Kundschafter beschützen. Falls aber die Israeliten Jericho einnehmen sollten, so die Forderung von Rahab, sollten die Israeliten versprechen, sie und ihre unmittelbare Familie zu verschonen. Die Kundschafter ließen sich auf diesen Handel ein, und Rahab verhalf ihnen zur Flucht.

Beim Fall von Jericho *(Josua 6).* Gott zeigte seine Macht, vor der sich die Kanaaniter so sehr gefürchtet hatten. Die Mauern von Jericho stürzten ein, aber Rahab und ihre Familie überlebten. Im Bibeltext heißt es: „Von den Einwohnern der Stadt ließ Josua niemanden am Leben außer der Prostituierten Rahab, der Familie ihres Vaters und ihren anderen Verwandten. Denn sie hatte die israelitischen Kundschafter versteckt, die Josua nach Jericho gesandt hatte. Noch heute leben in Israel Menschen, die von Rahabs Familie abstammen" (Josua 6,25).

Im Neuen Testament. Im Text von Josua erfährt man zwar nichts Weiteres über Rahab, aber ihr Name taucht auch im Neuen Testament drei Mal auf.

Die Abstammung von Jesus Christus *(Matth. 1,5).* In der Aufzählung der Vorfahren Jesu im Matthäusevangelium werden vier Frauen erwähnt. Eine ist Tamar, die ihren Schwiegervater Juda überlistete und sich von ihm schwängern ließ, die zweite ist Rahab, die – bevor sie ein Mitglied der alttestamentarischen Glaubensgemeinschaft wurde – eine Heidin war und wahrscheinlich Prostituierte, und die dritte ist Ruth, eine Moabiterin, also keine Angehörige des Volkes Israel, und die vierte ist Batseba, die zunächst von David vergewaltigt und später von ihm geheiratet wurde. Drastisch ausgedrückt wäre wohl kaum jemand zur Zeit Jesu besonders begeistert darüber gewesen, diese vier Frauen im eigenen Familienstammbaum zu haben. Und am wenigsten von den Vieren konnte man wahrscheinlich mit einer Heidin aus Kanaan imponieren, die dazu in dem Ruf stand, dem ältesten Gewerbe der Welt nachgegangen zu sein.

Wir tun gut daran, uns klar zu machen, dass in Gottes Augen Menschen nicht durch ihre Vergangenheit definiert und festgelegt sind, sondern dass es zählt, wie sie sich entscheiden, wenn ihnen klar wird, wer Gott ist. Es war nicht Rahabs Vergangenheit, sondern diese Wahl, die sie traf, durch die ein für alle Mal festgelegt wurde, wer sie war.

Glaubensheldin *(Hebräer 11,31).* In Hebräer 11 werden die Wunder aufgezählt, die der Glaube im Leben von Menschen bewirkt hat. Über Rahab heißt es in diesem Abschnitt: „Nur weil die Dirne Rahab Gott vertraute, und die Kundschafter Israels freundlich aufnahm, wurde sie nicht getötet wie alle anderen Bewohner Jerichos, die sich Gottes Willen widersetzt hatten."

Jakobus Definition eines lebendigen Glaubens *(Jakobus 2,25).* Jakobus 2 bereitet manchen Leuten Probleme, weil auf den ersten Blick die Verweise des Verfassers auf Abraham und auf Rahab eine Erlösung durch Werke zu lehren scheinen statt allein durch den Glauben. In dem Vers wird die Frage gestellt: „Ist sie nicht durch Werke gerecht geworden, als sie die Boten aufnahm und ließ sie auf einem andern Weg hinaus?" (nach Luther).

In Kapitel 2 stellt Jakobus „Glauben" und „Glauben" gegeneinander. Einmal verwenden wir das Wort „Glauben" im Sinne einer Zustimmung, dass bestimmte Dinge bzw. Aussagen wahr sind. Im Kontext dieser Aussage weist Jakobus darauf hin, dass nach dieser Definition sogar die Dämonen an Gott glauben. Sie wissen, dass es ihn gibt – und sie zittern vor ihm.

Der christliche Glaube ist jedoch mehr als verstandesmäßige Zustimmung oder auch intellektuelle Gewissheit. Von seinem Ursprung her bedeutet rettender Glaube eine vertrauensvolle Reaktion auf das, was man erfahren hat. Jakobus will hier sagen: Wenn Menschen behaupten, sie hätten einen rettenden Glauben, dann wird diese Behauptung unter Beweis gestellt durch die Reaktionen, die ein wahrer Glaube bewirkt. Lässt sich mit Gewissheit sagen, dass Rahab wirklich den Glauben hatte, der ihr im Hebräerbrief zugeschrieben wird? Ja, ohne Zweifel, denn es heißt: „Weil sie in Jericho die Kundschafter der Israeliten ... versteckte und ihnen auf einem sicheren Weg die Flucht ermöglichte." Nicht ihre Werke retteten sie. Ihre Werke demonstrierten nur und rechtfertigten dadurch die Behauptung, dass Rahab wirklich eine Frau war, die Glauben hatte.

Rahabs Beziehungen

Rahabs Beziehung zu Gott. Rahab hatte von Gott gehört. Im Unterschied zu anderen Leuten in Jericho traf sie die Entscheidung, ihn anzuerkennen und ihm zu vertrauen.

Rahabs Beziehung zu den Kundschaftern der Israeliten. Durch Rahabs Gespräch mit den beiden Kundschaftern wird deutlich, wie genau sich die heidnischen Völker, die im gelobten Land lebten, mit der Geschichte des Volkes Israels auskannten, und wie gut sie Bescheid wussten über die Wunder, die Gott für sein Volk getan hatte. Außerdem wird klar, dass man den Israeliten ihre Geschichte glaubte und dass die Einwohner der mächtigen Stadt Jericho in Angst und Schrecken versetzt wurden, als sie erfuhren, dass die Israeliten vor der Stadt ihr Lager aufgeschlagen hatten. Ausgerechnet diese Frau mit dem schlechten Ruf war die einzige Einwohnerin von Jericho, deren Herz nicht verhärtet war, sodass sie ihr Haus für die Kundschafter öffnete und auch für den Gott, dem sie dienten, dem sie wiederum zu dienen lernte.

Rahab – Eine Nahaufnahme

Oberflächlich betrachtet würde man die Hure Rahab vielleicht nicht unbedingt mit dem auserwählten Volk Gottes in Verbindung bringen. Bei genauerer Betrachtung der Geschichte erfährt man jedoch viel über ihren Charakter. Rahab hatte Mut – das wird deutlich an ihrer Bereitschaft, im Notfall Hochverrat zu begehen, um den Leuten Gottes zu helfen. Als ihr König sie aufforderte, die Kundschafter herauszugeben, die man in ihre Kneipe hatte gehen sehen, sagte sie: „Ja, diese Männer sind bei mir gewesen. Ich wusste aber nicht, wo sie herkamen. Sie brachen wieder auf, als es dunkel wurde und das Stadttor geschlossen werden sollte. Ich kann nicht sagen, wohin sie gegangen sind. Wenn ihr ihnen schnell nachlauft, holt ihr sie bestimmt ein“ (Josua 2,4.5).
Sie war außerdem eine Frau, die sehr eng mit ihrer Familie verbunden war. Als sie mit den Kundschaftern die Absprachen über ihre Rettung traf, bat sie nicht nur um Schutz für sich selbst, sondern auch für ihre Familie. Offenbar hatte sie Einfluss innerhalb ihrer Familie, denn als sie die Familienmitglieder aufforderte, sich bei ihr einzufinden, folgten alle dieser Aufforderung. Sie verließen sich auf ihre Einschätzung der Lage und vertrauten ihr ihr Leben an. Offenbar war Rahab intelligent und hatte einen wachen Verstand. Sie benutzte ihren Durchblick, um sich und ihre Familie zu schützen. Ihre Führungsqualitäten wurden auch daran deutlich, dass die Familie auf sie hörte.

Impulse für heute

- Rahab weiß um die Macht des Gottes des Volkes Israel. Es bereitet ihr keine Probleme, sich vorzustellen, dass er sie schützen kann.
- Es macht ihr aber genauso wenig Probleme, für ihre Dienste Forderungen zu stellen – die auch noch erfüllt werden. Ist das nicht unverschämt?
Gott lässt sich jedenfalls auf ihre Forderungen ein, so wie sie sich darauf einlässt, dass letztlich dieser Gott es ist, der die Macht hat.
- Rahab stellt sich jedenfalls auf die richtige Seite und rettet dadurch nicht nur ihr eigenes Leben, sondern auch das ihrer gesamten Familie.
- Auf der richtigen Seite zu stehen, rettet bis heute Leben.

Achsa – Kalebs Tochter

Bibelstelle:
Josua 15,13-19

Zeit: Etwa 1400 v. Chr.
Name: „Fußspange"
Thema: Unbekannt

Achsas Rolle in der Bibel

Achsa war eine Tochter von Kaleb, eines der Kundschafter, die vierzig Jahre zuvor die Israeliten dazu gedrängt hatten, Gott zu vertrauen und das Land Kanaan einzunehmen (4. Mose 13). Nur Kaleb und sein Gefährte Josua überlebten die achtunddreißig Jahre Wüstenwanderung. Kaleb, der auch im Alter noch genauso von Glauben erfüllt war wie vierzig Jahre zuvor als junger Mann, griff die kanaanitischen Befestigungsanlagen auf dem Gebiet an, das nach der Landeinnahme ihm gehören sollte. Weil er unbedingt Schwiegersöhne haben wollte, die genauso mutig und glaubensstark sein sollten wie er selbst, versprach er seine Tochter Achsa dem Mann, der Kirjat-Sefer erobern würde.

Otniel, ein Neffe von Kaleb, nahm diese Herausforderung an und bekam Achsa zur Frau. Zwar hatte Achsa kein verbrieftes Recht, selbst Land zu besitzen, aber ihr Einfluss auf ihren Mann und ihren Vater war von entscheidender Bedeutung für den Lebensunterhalt der Familie.

Achsas Beziehungen

Achsas Beziehung zu ihrem Vater. Für Kaleb muss seine Tochter Achsa etwas ganz Besonderes gewesen sein, denn er bot sie dem Mann zur Frau, der Kirjat-Sefer erobern würde. Und welcher Mann würde sich schon in eine Schlacht begeben für eine Frau, die in seinen Augen nicht etwas ganz Besonderes ist. Wenn zwei gute Männer aus zwei verschiedenen Generationen Achsa für so bemerkenswert hielten, dann war diese Einschätzung wahrscheinlich nicht falsch.

Auch Achsa muss sich ihrem Vater sehr nah und verbunden gefühlt haben. Ihre Beziehung zu ihm war so offen, dass sie ihren Mann auffordern mochte, den Vater um Land zu bitten. Nachdem er ihnen Land gegeben hatte, fühlte sie sich auch noch sicher genug, um ihm einen Besuch abzustatten und ihn zu bitten, ihnen bitte zusätzlich noch etwas Land mit Brunnen zu schenken. Wenn die Beziehung zwischen Vater und Tochter nicht von gegenseitigem Vertrauen bestimmt gewesen wäre, dann hätte sie wahrscheinlich nicht die Freiheit gehabt, solche Bitten zu äußern.

Achsa: Eine Nahaufnahme

Achsa war eine selbstbewusste junge Frau, die sehr konkrete Vorstellungen davon hatte, was sie wollte. Es ist wichtig, eines im Blick zu behalten, wenn man sich mit den Frauen des Alten Testamentes beschäftigt: Welche Stellung den Frauen von der Gesellschaft auch immer zugeordnet wurde, die Persönlichkeit der einzelnen Frau hatte einen unglaublichen Einfluss auf ihre Zukunft. Achsa war eindeutig in der Lage, ihren Mann zu überzeugen und dadurch auch wirkungsvoll und mit Erfolg an ihren Vater zu appellieren, ihr zu geben, was sie wollte.

Wie man ist und wie man sich im Rahmen der Umstände verhält, hat wahrscheinlich mehr Einfluss auf unsere Erfahrungen als die Grenzen, die uns eine Gesellschaft zu stecken versucht.

Impulse für heute

- Achsa kennt ihren Wert – wahrscheinlich, weil ihr Vater sie hat spüren lassen, wie wertvoll sie ihm ist –, und deshalb hat sie auch keine Scheu, zu sagen, was sie braucht. Es ist ihr weder peinlich, noch redet sie um den heißen Brei herum. Sie kann sagen: „Ich brauche Land und dann brauche ich auch noch Land mit einem Brunnen."

- Sie bekommt, was sie braucht. Gott wünscht sich, dass wir ihm sagen, was wir brauchen. Je mehr wir uns mit seinen Augen sehen können, je bewusster uns ist, wie kostbar wir für ihn sind, desto freimütiger – aber auch bescheidener und zufriedener – können wir ihn um das bitten, was wir brauchen.

Frauenleben im Alten Israel

Buch der Richter, Buch Ruth

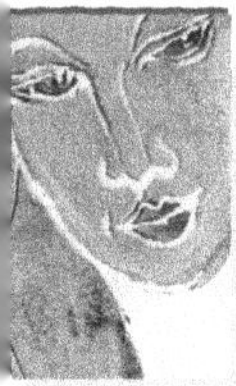

- **Die Hausherrinnen**
- **Die „tatkräftige Frau" (Sprüche 31)**
- **Arbeit, die zu Frauen passt (Sprüche 31)**
- **„Männerrollen" und „Frauenrollen" (Sprüche 31)**

Den größten Teil der Zeit, die das Alte Testament umfasst, lebten die Menschen ein bäuerliches Leben. Mit Sicherheit traf das auf die Zeit der Richter zu, die etwa von 1370 v. Chr. – nach dem Tode Josuas und den Ältesten, die mit ihm zusammen regiert hatten – bis etwa 1000 v. Chr. dauerte, als David das Nord- und das Südreich Israels vereinte. Auch nachdem diese Vereinigung stattgefunden hatte, veränderte sich der Alltag für die meisten Männer und Frauen nicht. Die Mehrheit der Menschen lebte in kleinen Siedlungen in der Nähe von Städten. Sie bauten selbst an, was sie zum Leben brauchten, und kümmerten sich um Haus und Hof. Einige wenige bauten häusliche Kleinbetriebe wie Töpfereien auf, oder sie gingen auf Fischfang und verkauften Stockfisch. Der folgende Abschnitt soll einen Eindruck vom Alltag der Frauen in dieser Gesellschaft vermitteln.

Politische und soziale Bedingungen zur Zeit der Richter

Das Leben zur Zeit der Richter war schwierig in Israel. Die Armeen der Hebräer hatten unter der Führung von Josua den organisierten Widerstand der Kanaaniter niedergeschlagen und das Land unter den zwölf Stämmen der Hebräer aufgeteilt. Es gab aber immer noch heidnische Festungen. Gott befahl den Stämmen, die übrig gebliebenen kanaanäischen Völker zu vertreiben, weil die Bevölkerung der Israeliten zunahm und mehr Land gebraucht wurde. In Richter 1 spiegelt sich in einem Vers (V. 19) die damals aktuelle Lage wider:

Der Herr half ihnen, das Bergland einzunehmen. Es gelang ihnen jedoch nicht, die Bewohner der Küstenebene zu vertreiben, denn diese besaßen eiserne Streitwagen.

Archäologische Funde bestätigen die Informationen dieses Verses. Im Zeitalter der Richter war der Lebensraum der Israeliten weitgehend auf das felsige Hochland beschränkt, während die Kanaaniter das fruchtbare Tiefland besetzt hielten. Damals gehörte das beste Land direkt am Mittelmeer dem erbittertsten Feind der Israeliten, den Philistern, die in diesem Kampf den unschätzbaren Vorteil hatten, dass sie wussten, wie Eisen verarbeitet werden kann. Dieses Wissen verschaffte ihnen sowohl wirtschaftliche als auch militärische Vorteile. Erst zur Zeit Davids bekamen die Israeliten Zugang zu den Möglichkeiten und Methoden der Eisenverarbeitung.

Diese Tatsache, dass die Israeliten nur das Hochland besiedelten und kein Eisen verarbeiten konnten, bestimmte auch weitgehend die wirtschaftlichen Verhältnisse zur Zeit der Richter. Das Volk Gottes war und blieb relativ arm.

Weiter reichende Folgen hatte es allerdings, dass immer noch Kanaaniter im Land lebten. Immer wieder fiel das Volk Gottes von seinem Herrn ab und betete Götzen an. Außerdem übernahmen die Israeliten immer wieder die unmoralischen Praktiken der Völker, die Gott ihnen zu vertreiben befohlen hatte. Und immer wieder reagierte Gott darauf, indem er zuließ, dass sein Volk von fremden Völkern unterdrückt wurde. Wenn das Leben dann unerträglich wurde, wandte das Volk Gottes sich ihm wieder zu und bat um Befreiung. Gott reagierte, indem er einen Richter einsetzte – einen militärischen, politischen und geistlichen Führer, der den Feind vertrieb und den Stamm oder die Gruppe in eine Zeit des Friedens führte. Aber nach einer Weile fiel dann das Volk wieder von Gott ab und trieb Götzendienst.

Solche Zyklen von vernichtenden Niederlagen und zeitlich begrenzten Wiederherstellungsphasen sorgten dafür, dass das Volk immer wieder Spaltungen erlebte und zusehends verarmte. Erst zur Zeit Davids und Salomos, als Israel eine Vormachtstellung im Nahen Osten innehatte, erlebten die Israeliten relativ großen Wohlstand.

Das Leben zur Zeit der Richter war schwer, für Männer wie für Frauen. Aber der Alltag war damals zur alttestamentarischen Zeit ganz allgemein sehr hart für die Menschen. In den meisten Familien mussten Männer und Frauen Seite an Seite eng zusammenarbeiten, wenn die Familie überleben sollte.

Er draussen und Sie drinnen

Im Allgemeinen ist damit die Aufgabenverteilung eines typischen israelitischen Haushaltes beschrieben: Der Mann war zuständig und verantwortlich für die Aufgaben außerhalb des Hauses, die Frau erledigte alle Aufgaben im Haus. Das bedeutete, dass die Frau das Essen zubereitete, die Kleidung für die gesamte Familie herstellte, sich um die kleinen Kinder kümmerte und den größeren Töchtern alle Haushaltstätigkeiten beibrachte. Der Mann arbeitete auf dem Feld, pflanzte und erntete, hielt die Steinabgrenzungen und Oliven- oder Traubenpressen in Stand und unterwies die Jungen in all diesen Tätigkeiten, um sie auf ihre spätere Rolle als Haushaltsvorstand und Ernährer der Familie vorzubereiten.

Das Haus. Das typische israelitische Haus war aus Stein- oder Lehmziegeln gebaut und hatte vier Räume. Von einem Raum, der die gesamte Rückseite des Hauses umfasste, gingen drei weitere offene Räume ab, die rechtwinklig dazu angeordnet waren. Innen waren die Wände mit Mörtel verputzt, der Boden war aus gestampftem Lehm. Die typischen Dächer lagen auf den etwa auf zwei Meter hohen Wänden und bestanden aus Holzbalken, die mit Ästen bedeckt und dann mit Lehm verschmiert wurden. Die Dächer waren flach und über eine Außentreppe zu erreichen, sodass das Dach zusätzlich Platz bot, wo die Familie im Sommer arbeiten oder schlafen konnte, und wo außerdem der Flachs zum Trocknen ausgelegt wurde. Die Durchgänge im Innern des Hauses waren niedrig. Es gab ein paar wenige Fenster, die ziemlich hoch in der Wand angebracht waren.

Einrichtungsgegenstände. In einem typischen israelitischen Haushalt gab es nur ein paar wenige Einrichtungsgegenstände: einige Kochutensilien, ein leicht erhöhtes Podest zum Schlafen, Fässer oder auch Gruben zur Lagerung von Nahrungsmitteln. Manchmal gab es auch eine Kohlepfanne zum Heizen. Gekocht wurde in der Regel außerhalb des Hauses, und zwar auf einem kleinen bienenkorbförmigen Herd. Die Frauen mahlten jeden Tag Getreide zum Brotbacken, das zu flachen Fladen verarbeitet und zum Backen an die Außenseite des Ofens geklebt wurde, oder aus dem Teig wurden kleine Brötchen geformt, die dann, nachdem das Feuer im Ofen heruntergebrannt und die erste Asche entfernt worden war, mit der Resthitze gegart wurden.

Mahlzeiten der Familie. Die Mahlzeiten waren sehr einfach. Vormittags aß man etwas Brot und Obst, am Abend gab es dann eine größere Mahlzeit. Die Abendmahlzeit wurde im Allgemeinen im Sitzen gemeinsam mit der gesamten Familie eingenommen. Das normale Geschirr stand dabei in der Mitte auf einer runden Ledermatte. Gegessen wurde mit den Händen, wobei Flüssiges wie Soßen mit Brotstückchen aufgetunkt wurde. Fleisch war im Alltag der Israeliten eine Seltenheit; Eiweiß gab es in der Regel in Form von Milch, Käse oder manchmal auch getrokknetem Fisch.

Innenzisternen. Etwa um die Zeit, als die Israeliten Kanaan einnahmen, wurde eine Möglichkeit entdeckt, Wasser in poröser Erde zu sammeln. Dazu wurden glockenförmige Löcher in den lockeren Fels gegraben und mit einer wasserdichten Mörtelschicht verputzt. In den Hügeln, wo die Siedlungen der Israeliten lagen, war Regen knapp, sodass diese Erfindung für das Überleben des Volkes von entscheidender Bedeutung war. Mit Hilfe eines komplizierten Leitungssystems wurde Regenwasser gesammelt und in Tanks innerhalb der Häuser geleitet. Die Leitungen wurden mit Auffangvorrichtungen versehen, um Unreinheiten aus dem Wasser herauszufiltern. Die meisten Haushaltszisternen dieser Zeit fassten etwa 7–15 Kubikmeter Wasser. Das reichte aus, um sechs bis zwölf Personen ein Jahr lang mit Trinkwasser zu versorgen. Weil Kinder als kostbares Geschenk galten, waren die Familien normalerweise sehr groß, und normalerweise waren die Häuser mit den üblichen vier Räumen immer überfüllt.

Herstellung von Kleidung. Eine der Hauptaufgaben der Frauen zur Zeit des Alten Testamentes bestand in der Herstellung der Kleidung für die Familie, meist aus Wolle. Die Frauen und Mädchen kämmten die Wolle und zogen daraus Fasern, die dann zu Fäden versponnen wurden. Auf Webstühlen wurden aus dem Garn dann Stoffe für Kleidung hergestellt. Oft webten die Frauen auf Bodenwebstühlen. Dazu wurden zwei Reihen von Pflöcken in einigem Abstand parallel in den Boden geschlagen. Die Kettfäden wurden an den Pflöcken befestigt, und dann schob man die grob gesponnenen Fäden als Schussfäden zwischen die Kettfäden. Es gab auch aufrecht stehende Webstühle. Dazu wurden zwei lange Pfosten in den Boden geschlagen und oben durch einen aufgelegten Querbalken miteinander verbunden. Von diesem Querbalken hingen durch Steine beschwerte Fäden, die die Kette bildeten, durch welche man dann die Schussfäden webte.

Leinenkleidung wurde aus Flachs hergestellt. Nach der Ernte trocknete und brach man die Pflanze, um so die verwertbaren Fasern herauszutrennen, die dann genau wie Wolle verwebt wurden.

Wenn man bedenkt, wie viel Arbeit die Herstellung von Kleidung machte, ist es nicht weiter verwunderlich, dass die meisten Israeliten den etwas schwereren wollenen Übermantel nachts auch als Decke benutzten.

Hilfe bei der Erntearbeit. Frauen und Mädchen waren zwar mit all den häuslichen Tätigkeiten gut beschäftigt, mussten aber zur Erntezeit darüber hinaus Seite an Seite mit ihren Männern auf den Feldern arbeiten. Die Männer schnitten das Getreide per Hand mit Sicheln, die Frauen folgten ihnen und banden die Halme zu Garben zusammen, die dann aufrecht zum Trocknen aufgestellt wurden. Wenn Trauben oder Oliven geerntet wurden, arbeiteten die Frauen ebenfalls mit den Männern zusammen. Die Erntezeit bedeutet harte körperliche Arbeit im Freien, aber sie war auch eine Abwechslung im normalen Alltagsablauf, und sie war eine Zeit der Feste und des Feierns.

Heute würde man einen solchen Lebensstil wohl wahrscheinlich als langweilig und monoton betrachten. Es war ein schweres Leben, ohne all die Anregungen und Reize, die es heutzutage gibt. Es war damals jedoch überhaupt keine Frage, dass die Frauen eine wichtige Rolle spielten. Frauen und Männer waren sichtbar aufeinander angewiesen. Es war selbstverständlich, dass beide einen Beitrag zum Familienerhalt leisteten, und die Arbeit beider wurde wertgeschätzt. Männer und Frauen nahmen die Herausforderungen des Lebens gemeinsam als Partner an.

Es gab damals bestimmt genau wie heute glückliche und auch unglückliche Ehen, aber es gab nur sehr wenige Ehen, in denen sich die Betroffenen ihrer Rolle nicht sicher waren oder in denen sie Zweifel daran hatten, dass das, was sie beitrugen, für den Partner und die ganze Familie wichtig war.

Das Lob der (Ehe-)Frauen

Zur Frage, ob bzw. wie Frauen des Alten Testamentes als Personen wertgeschätzt wurden, kann das Buch der Sprüche als Quelle herangezogen werden, speziell Kapitel 31. Die Beschreibung des Frauenalltags dort ist zwar erst nach der Zeit der Richter entstanden, aber sie gibt einzigartig genau und umfassend Einblick, wie die Frauen in der traditionellen Rolle in der Gesellschaft angesehen waren und welche Fähigkeiten sie brauchten, um erfolgreich zu sein. Die Beschreibung stellt zwar eine Hausfrau in einer überdurchschnittlich begüterten Familie dar, aber die Vorteile, die sie dadurch genoss, tragen eher zur Vervollständigung des Bildes vom Alltagsleben einer Frau zur alttestamentarischen Zeit bei, als dass sie es einschränken. Was offenbart nun Sprüche 31,10-30?

Eine tüchtige Frau – wer findet sie schon? Sie ist wertvoller als viele Juwelen! Ihr Mann kann sich auf sie verlassen, sie bewahrt und vergrößert seinen Besitz. Ihr Leben lang tut sie ihm Gutes, niemals fügt sie ihm Leid zu.

Sie besorgt sich Wolle und Flachs und verarbeitet es mit geschickten Händen. Von weit her schafft sie Nahrung herbei, wie ein Handelsschiff aus fernen Ländern.

Noch vor Tagesanbruch steht sie auf und bereitet das Essen; den Mägden sagt sie, was zu tun ist. Sie hält Ausschau nach einem ertragreichen Feld und kauft es; von dem Geld, das ihre Arbeit einbringt, pflanzt sie einen Weinberg.

Unermüdlich und voller Tatkraft ist sie bei der Arbeit; was getan werden muss, packt sie an. Sie merkt, dass ihr Fleiß Gewinn bringt; beim Licht der Lampe arbeitet sie bis spät in die Nacht.

Ihre Stoffe webt und spinnt sie selbst. Sie erbarmt sich über die Armen und gibt den Bedürftigen, was sie brauchen. Den kalten Winter fürchtet sie nicht, denn ihre ganze Familie hat Kleider aus guter und warmer Wolle. Sie fertigt schöne Decken an, und ihre Kleider macht sie aus feinem Leinen und purpurroter Seide.

Ihr Mann ist überall bekannt, und was er sagt, hat großes Gewicht im Rat der Stadt.

Sie näht Kleidung aus wertvollen Stoffen und verkauft sie, ihre selbst gemachten Gürtel bietet sie den Händlern an.

Sie ist eine würdevolle und angesehene Frau, zuversichtlich blickt sie in die Zukunft. Sie redet nicht gedankenlos, und ihre Anweisungen gibt sie freundlich. Sie kennt und überwacht alles, was in ihrem Haus vor sich geht – nur Faulheit kennt sie nicht!

Ihre Söhne reden voller Stolz von ihr, und ihr Mann lobt sie mit überschwänglichen Worten: „Es gibt wohl viele tüchtige Frauen, aber du übertriffst sie alle!"

Anmut kann täuschen, und Schönheit vergeht wie der Wind – doch wenn eine Frau Gott gehorcht, verdient sie Lob! Rühmt sie für ihre Arbeit und Mühe! In der ganzen Stadt soll sie für ihre Taten geehrt werden!

Nun in der Übersicht:
Die Frau, die nach Sprüche 31,10-30 hohes Ansehen genießt, und zwar mit Blick auf die einzelnen Themen, die vom Verfasser des Lobes für wichtig erachtet und angesprochen wurden.

Ihr Charakter *(Verse 10-12).* Sie ist tugendhaft, vertrauenswürdig und engagiert sich für das Wohl anderer. Sie tut Gutes.

Ihr Lebensstil *(Verse 13-19).* Sie übernimmt die traditionelle Frauenrolle im Haushalt, indem sie schwer arbeitet für die Versorgung ihrer Familie.

Ihre Werte *(Verse 20, 21).* Ihr sind die Bedürftigen ebenso ein Anliegen wie das Wohl der eigenen Familie.

Ihr Selbstwertgefühl *(V. 22).* Sie hält sich selbst für wert, wie ihre Familie den Lohn und den Luxus zu genießen, den ihre schwere Arbeit ermöglicht.

Die Auswirkung ihres Wesens und Verhaltens *(Vers 23).* Sie ist nicht nur als Frau ihres Mannes bekannt, sondern er genießt nicht zuletzt wegen ihres guten Rufes großes Ansehen.

Ihr Unternehmen *(Vers 24).* Sie sorgte mit der Überschussproduktion aus ihrem Haushalt für Einnahmen. Auch in Vers 16 wird sie als Unternehmerin gewürdigt.

Ihre Weisheit *(Verse 25-27).* Die Frau wird nicht nur wegen ihrer Arbeit wertgeschätzt, sondern auch wegen ihrer Weisheit. Sie ist sensibel für das, was in ihrem Haus geschieht, und gibt auf wertschätzende Weise Rat und Anweisungen.

Ihr Lohn *(Verse 28-30).* Ihr wichtigster Lohn sind die Liebe und das Lob ihrer Kinder und ihres Mannes, und das Wissen, dass das, was ihr wichtig ist, auch Gott gefällt.

Ein näherer Blick auf Sprüche 31,10-20. Das Wichtigste, was Sprüche 31 zum biblischen Frauenbild beizutragen hat, ist eine Analyse der Eigenschaften, die damals nötig waren, um in der Gesellschaft als Frau zu bestehen und anerkannt zu werden.

Nur allzu vertraut sind die Klischees, die heutzutage noch häufig bemüht werden, um „richtiges" männliches bzw. weibliches Verhalten zu definieren: Der Mann sei aggressiver und besser ausgerüstet, in einer von Konkurrenzkampf beherrschten Welt für den Lebensunterhalt zu sorgen, heißt es vielerorts immer noch. Frauen seien eher fürsorglich und daher besser für die Versorgung der Kinder geeignet. Männer sollten also außerhalb des Hauses arbeiten und Frauen im Hause. Man unterstellt, dass „der Mann" eher logisch-mathematisch denkt und deshalb Männer Ingenieure und Wissenschaftler werden sollten. „Die Frauen" dagegen seien sprachgewandter und deshalb besser als Lehrerinnen und Sozialarbeiterinnen geeignet. Männer sähen in erster Linie das Gesamtbild, hätten den Überblick, also sollten sie die Chefs sein. Frauen achteten eher auf Details und seien daher die besseren Sekretärinnen.

Zwar sieht man solche Klischees mehr und mehr kritisch, aber viele Menschen in unserer Gesellschaft gehen immer noch davon aus, dass es zwischen Männern und Frauen außer dem Geschlecht weitere grundlegende Unterschiede gäbe und deshalb die Männer für bestimmte Jobs besser geeignet seien und Frauen für andere. Die Ungleichheit in der Bezahlung von Frauen und Männern für ihre Arbeit spiegelt lediglich die hartnäckige Vorstellung wider, dass Männer in jedem beliebigen Job mehr einzubringen hätten, als Frauen es je könnten. Für stark traditionell geprägte Christen scheint diese Vorstellung gerechtfertigt, obwohl es dafür in der Bibel die unterstellten „eindeutigen" Belegtexte so „eindeutig" nicht gibt, ganz im Gegenteil. Es ist also wichtig, sich Sprüche 31 genau anzuschauen, um festzustellen, was dieses Kapitel zu einem biblischen Verständnis dieses Themas beiträgt.

Wenn man einmal die Beschreibung der Aufgaben betrachtet, die von der „tatkräftigen", in anderen Übersetzungen auch „tüchtigen" Frau erfüllt werden, lassen sich ein paar interessante Entdeckungen machen. Folgende Aussagen verdienen dazu besondere Beachtung:

- „Sie besorgt sich Wolle und Flachs" (Vers 13).
- „Sie verarbeitet es mit geschickten Händen" (Vers 13).
- „Von weit her schafft sie Nahrung herbei" (Vers 14).
- „Noch vor Tagesanbruch steht sie auf und bereitet das Essen; den Mägden sagt sie, was zu tun ist." In der Luther-Übersetzung: „Sie steht vor Tage auf und gibt Speise ihrem Haus, und dem Gesinde, was ihm zukommt."
- „Sie hält Ausschau nach einem ertragreichen Feld und kauft es" (Vers 16).
- „Von dem Geld, das ihre Arbeit einbringt, pflanzt sie einen Weinberg" (V. 16).
- „Sie merkt, dass ihr Fleiß Gewinn bringt" (V. 18).
- „Sie erbarmt sich über die Armen und gibt den Bedürftigen, was sie brauchen" (V. 20).
- „Ihre Familie hat Kleider aus guter und warmer Wolle" (V. 22).
- „Sie näht Kleidung aus wertvollen Stoffen und verkauft sie" (V. 24).
- „Ihre selbst gemachten Gürtel bietet sie den Händlern an" (V. 24).
- „Sie überwacht alles, was in ihrem Haus vor sich geht" (V. 27).

Was offenbart die genauere Untersuchung dieser Aussagen?

„Sie besorgt sich Wolle und Flachs" *(Vers 13).* Wolle und Flachs waren Rohstoffe für Kleidung. Die Frau kümmerte sich selbst um den Rohstoff und darum, dass sie gute Qualität bekam. Modern ausgedrückt, fungiert die Frau aus den Sprüchen 31 als ihre eigene Einkäuferin und versucht, die möglichst beste Ware zum möglichst besten Preis zu bekommen.

„Sie verarbeitet es mit geschickten Händen" *(Vers 13).* Für jeden Unternehmer ist es wichtig, alle Aspekte der Produktion zu kennen. Die tatkräftige Frau, die hier beschrieben wird, ist keine Managerin, die vom grünen Tisch aus lenkt: Sie kennt jeden Schritt in der Herstellung von Kleidung, und sie legt in jeder Produktionsphase selbst Hand an. Ihre eigenen Fertigkeiten ermöglichen es ihr, andere zu unterweisen, ihnen Aufgaben zuzuteilen und deren Arbeit zu beaufsichtigen.

„Noch vor Tagesanbruch steht sie auf und bereitet das Essen; den Mägden sagt sie, was zu tun ist" *(V. 15).* Die Achtung und Bewunderung gilt hier nicht der Tatsache, dass sie den Angestellten zu essen gibt, wie der erste Teil des Verses vielleicht vermuten lassen könnte, sondern die Aussage bezieht sich vielmehr auf den Umgang der Frau mit dem Personal und ihre Geschicklichkeit bei der Zuordnung von Aufgaben.

Es ist wohl klar, dass die in Sprüche 31 beschriebene Frau keine Durchschnittsfrau ihrer Zeit war, denn sie war sehr wohlhabend. Nur wenige Haushalte hatten Bedienstete. Aber von einer Frau, die in den Genuss eines solchen Privilegs kam, wurde erwartet, dass sie ihre Mägde auch einsetzte und beaufsichtigte. Das bedeutete, dass es in ihrer Verantwortung lag, „den Mägden zu sagen, was zu tun ist". Sie musste die jeweilige Arbeit, die an dem betreffenden Tag zu erledigen war, auf die entsprechenden zur Verfügung stehenden Arbeitskräfte verteilen und dann die Resultate kontrollieren.

„Von weit her schafft sie Nahrung herbei" *(V. 14).* Die meisten Israeliten lebten von Nahrungsmitteln, die sie entweder selbst anbauten oder die in ihrer unmittelbaren Nähe verfügbar waren. Die Frau aus Sprüche 31 hatte da mehr Möglichkeiten. Sie konnte Melonen, Obst, Nüsse und auch Gemüsesorten besorgen, die nur in anderen Teilen des Landes angebaut wurden. Zusätzlich zu all ihren anderen Aufgaben stellte die Frau mit großer Sorgfalt Speisepläne und Mahlzeiten zusammen und kümmerte sich so darum, dass ihre Familie und auch die Bediensteten eine möglichst vielfältige und abwechslungsreiche Ernährung hatten, die gesund und schmackhaft war.

„Sie hält Ausschau nach einem ertragreichen Feld und kauft es" *(V. 16).* Die Frauen in der patriarchalischen Gesellschaft der Bibel werden normalerweise als vom Mann völlig unterjocht dargestellt. Aus dem zitierten Vers geht jedoch hervor, dass Frauen mehr Möglichkeiten hatten, zu Wohlstand zu gelangen, als man annehmen würde, und dass sie darüber hinaus nach eigenem Ermessen Geld ausgeben konnten. Die tatkräftige Frau aus Sprüche 31 setzte ihre Ersparnisse klug ein. Sie „hält Ausschau nach einem Feld", um festzustellen, ob es sich dabei um eine gute Investition handelt oder nicht. Wenn sie sicher ist, dass dies der Fall ist, kauft sie es.

„Von dem Geld, das ihre Arbeit einbringt, pflanzt sie einen Weinberg"

(V. 16). Die Frau erwarb nicht nur Land, sondern sie nutzte dieses Land auch. In diesem Falle bestimmte die Frau, dass das Land sich für einen Weinberg eignete, also nahm sie die Überschüsse aus ihren anderen Unternehmungen und investierte sie in einen Weinberg. Eine gute Investition besteht aber aus mehr Faktoren als der Eignung eines Stückes Land für eine bestimmte Frucht. Gibt es für das angebaute Produkt einen Markt? Existiert dieser Markt vor Ort oder muss das Produkt erst dort hinbefördert werden? Einen Weinberg anzulegen, setzte einige Überlegungen voraus und erforderte eine erhebliche Investition. Das Land musste frei von Steinen sein und eingefriedet. Es musste eine Kelter gebaut werden. Man musste Fässer besorgen, um den Most zu lagern. Im Sommer mussten Jungen angeheuert werden, um von Türmen aus Vogelschwärme zu verjagen, und Weinbergbesitzer brauchten Erntearbeiter vor Ort. Wenn die Weinkrüge transportiert werden mussten, manchmal sogar über das Mittelmeer, mussten solche Transporte organisiert werden, und es mussten Verträge mit Vermittlern geschlossen werden, die den Wein dann am Zielort verkauften.

In Sprüche 31 lesen wir, dass die Frau genau wusste, was es bedeutete, in einen Weinberg zu investieren, dass sie die Marktfaktoren analysiert hatte und sich in der Lage fühlte, die nötigen Vorkehrungen zu treffen. Modern ausgedrückt, sah sich die Frau den Markt an, erstellte eine Marktanalyse, orientierte sich auf dem Personalmarkt und kam am Ende zu dem Schluss, dass es klug wäre, zu diversifizieren, indem sie zu ihren anderen Unternehmen noch einen Weinberg hinzufügte.

„Sie merkt, dass ihr Fleiß Gewinn bringt“ *(V. 18).* Aus dem Kapitel geht eindeutig hervor, welche ihre wichtigste Handelsware war. In Vers 24 heißt es, dass die Frau „Kleidung aus wertvollen Stoffen“ herstellte und „ihre selbst gemachten Gürtel den Händlern“ anbot. Ihre Mägde stellten also mehr Kleidung her, als vom Personal und den Familienmitgliedern benötigt wurde. Die Frau sorgte demnach dafür, dass die Überschussproduktion über Händler auf den Markt kam. Dabei achtete sie darauf, dass die zum Verkauf stehende Ware von bester Qualität war. Zusätzlich zu ihren anderen Aufgaben sorgte sie also selbst für eine Qualitätskontrolle.

„Sie erbarmt sich über die Armen, und gibt den Bedürftigen, was sie brauchen“ *(V. 20).* Die Frau aus Sprüche 31 hatte Vollmacht über bestimmte Gelder. Sie konnte darüber frei verfügen und so auch den Armen davon abgeben.

„Ihre ganze Familie hat Kleider aus guter und warmer Wolle“ *(V. 21).* Es wird hier extra erwähnt, dass die Kleidung, die von der Frau hergestellt wurde, von guter Qualität war. Solche Kleidung war teurer und auch begehrter als einfache Ware. Die Frau aus Sprüche 31 war eine erfolgreiche Ehe- und Geschäftsfrau. Ihre Unternehmungen zahlten sich aus, und sie war in der Lage, ihren gesamten Haushalt – nicht nur ihre Familie, sondern auch die Bediensteten – gut zu kleiden.

Diese Aussage wird bestätigt, indem es heißt „Ihre Kleider macht sie aus feinem Leinen und purpurroter Seide“. Leinen war teuer, und eine Purpurfärbung war die teuerste Färbung, die es überhaupt gab, denn sie wurde aus den zerstoßenen Schalen der Purpurschnecke gemacht. Die Frau aus Sprüche 31 war demnach ausgesprochen kompetent – und sehr erfolgreich.

Was bedeutet nun die Würdigung dieser erfolgreichen Frau in Sprüche 31? Es bedeutet, dass die Aufgaben der Frau seinerzeit zwar eher im häuslichen Bereich als außerhalb des Hauses lag, dass Frauen aber für diese Aufgaben genau die gleichen Fähigkeiten brauchten und einsetzten wie Männer für die entsprechenden Aufgaben außerhalb des Hauses und dass diese Gaben durchaus nicht gering geachtet werden sollten – ganz im Gegenteil.

Wenn man sich die biblische Beschreibung einer tatkräftigen Frau anschaut, ist der Gedanke abwegig, dass Frauen den Männern von Natur aus unterlegen wären oder dass die Gaben und Fähigkeiten von Frauen zur Zeit des Alten Testamentes unbemerkt oder ungenutzt blieben.

Bei Ruth beispielsweise wurde rasch offensichtlich, welche Fähigkeiten sie hatte, als sie zusammen mit ihrer Schwiegermutter nach Juda kam. In der Gemeinschaft galt Ruth schnell etwas als Frau mit besonderen Qualitäten. Um diese Sicht zum Ausdruck zu bringen, benutzte Boas, der Ruth später heiratete, ein Schlüsselwort aus Sprüche 31, um sie zu charakterisieren: „Jeder hier in Bethlehem weiß, dass du eine ehrbare junge Frau bist" (Ruth 3,11). Dieser Begriff stand nicht nur für eine moralische Eigenschaft, sondern wies auf eine Frau hin, die erwiesenermaßen viele Fähigkeiten hatte.

Frauen aus dem Buch der Richter

Erfolgreiche Frauen im Alten Testament brauchten ähnliche Gaben und Fähigkeiten, um die ihnen aufgetragenen Aufgaben zu erfüllen wie erfolgreiche Männer in der besagten Zeit. Die Tatsache, dass sich die Aufgaben der Frau auf das Haus beschränkten und die des Mannes auf die Felder, ändert nichts daran, dass es keinen wesentlichen Unterschied gab in Bezug auf die persönlichen Eigenschaften, die nötig waren, um die jeweilige von der Gesellschaft zugeordnete Rolle zu erfüllen. Heutige Klischees über die vermeintliche Frauen- bzw. Männerrolle lassen sich anhand von Daten und Fakten aus dem Alten Testament kaum stützen. Frauen waren von Natur aus nicht weniger für erfolgreiches Engagement für das Gesamtwohl ausgestattet als Männer.

Gleichzeitig ist es aber auch wichtig zu bedenken, dass das alte Israel eine patriarchalische Gesellschaft war. Das Priesteramt ging vom Vater auf den Sohn über, und Priesterinnen gab es nicht. Die Leviten, die im Heiligtum und später im Tempel dienten, waren ebenfalls ausschließlich Männer, obwohl es später in den Chören, die den Lobpreis leiteten, auch Frauen gab. Während dieser Epoche leiteten männliche Älteste die örtlichen Gemeinschaften. Die letztgültige Verantwortung für das Wohl der Familie lag bei den Männern, die selbst bei einigen Entscheidungen, welche normalerweise von ihren Frauen und Töchtern getroffen wurden, noch ein Vetorecht hatten. Es ist nicht weiter verwunderlich, dass Frauen in solchen Positionen nicht zu finden sind. In einer stark patriarchalisch ausgerichteten Gesellschaft ist nicht zu erwarten, dass Frauen, so begabt sie auch sein mögen, in sozialen Rollen akzeptiert sind, die nicht den gesellschaftlichen Erwartungen entsprechen.

Dadurch wird die Einsetzung Deboras als Richterin umso bemerkenswerter.

Die Richter des Volkes Israel waren die anerkannten Leiter der Stämme. Ein Richter war damals für alle Bereiche einer Regierung zuständig: Exekutive, Legislative und Judikative. Die Tatsache, dass die Bibel Debora ohne weiteres als Prophetin bezeichnet und darstellt, erklärt, warum das Volk sie als Richterin akzeptierte. Spätere Herrscher versammelten zwar Propheten um sich als Berater, aber im Besitz der Gabe der Prophetie zu sein, wurde an sich nie als Qualifikation für irgendein Regierungsamt oder irgendeine Position in Israels Kultus betrachtet. Üblich war es, dass religiöse Ämter vererbt wurden: Nur männliche Nachkommen Levis konnte im Heiligtum dienen; nur männliche Nachkommen Aarons konnten Priester werden.

Und dennoch wurde in einer unverkennbar patriarchalischen Gesellschaft, in der Männer alle wichtigen leitenden Positionen innehatten, Debora Richterin – von Gott begabt und beauftragt, unabhängig von ihrem Geschlecht.

Ohne das Beispiel von Debora könnte man möglicherweise zu dem Schluss gelangen, dass das Geschlecht an sich schon irgendwie disqualifizierend sein könnte, und dass Frauen zur Zeit des Alten Testamentes als minderwertig oder von Natur aus unterlegen betrachtet wurden. Deboras Richteramt widerspricht dem.

In einer ausgesprochen patriarchalisch geprägten Gesellschaft wird grundsätzlich erwartet, dass Männer die Führer sind. Die Gestalt der Debora macht deutlich, dass nicht das Wesen der Frau als solches verhinderte, dass mehr Frauen in Führungspositionen waren (und heute sind), sondern vielmehr tief in der Gesellschaft verwurzelte Erwartungen oder nicht hinterfragte traditionelle Vorstellungen.

Viel wichtiger für unser Verständnis von Frauen als Personen ist die Beschreibung der tatkräftigen Frau in Sprüche 31. Dieser Abschnitt zeigt, dass zur Zeit des Alten Testamentes Frauen, die in ihrer Rolle als Frau erfolgreich arbeiten wollten, die gleichen Fähigkeiten brauchten wie Männer, die erfolgreich arbeiten wollten. In dieser Hinsicht galten Frauen als den Männern gleich, und ihr Beitrag zum Wohl und zum Erhalt der Familie war genauso wichtig und notwendig wie der der Männer.

Die Frauen zur Zeit der Richter

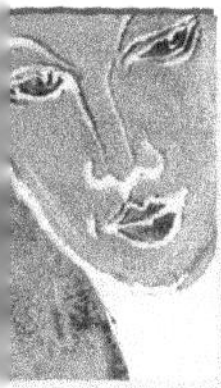

- **Richter und Prophet (Richter 4,5)**
- **Debora – ein Beispiel für Frauen in den Gemeinden von heute?**
- **Wurde Jeftas Tochter geopfert? (Richter 11,30-38)**
- **Schöne, hinterlistige Delila (Richter 16,1-20)**
- **Ruth, Licht in finsteren Tagen (Ruth 1-4)**
- **Feilschte Hanna mit Gott? (1. Samuel 1,11)**

Die Zeit der Richter dauerte von etwa 1350 v. Chr. bis 1050, bis zu dem Jahr also, in dem Saul zum König der Israeliten gesalbt wurde. Es war eine Zeit geistlichen und politischen Stillstandes. Die heidnischen Völker, denen die Israeliten erlaubt hatten, nach der Landeinnahme in Kanaan zu bleiben, setzten den Kindern Israels sehr zu. Was sich in dieser Phase der Geschichte ereignete, lässt sich im Buch der Richter, im Buch Ruth und in den ersten sieben Kapiteln des 1. Buches Samuel nachlesen, wo man den paar wenigen Einzelpersonen aus dieser Zeit der Richter begegnet, deren Geschichte in der Bibel erzählt wird und unter denen auch wichtige Frauen sind.

Debora

Bibelstelle:
Richter 4,5

Zeit: Etwa 1300 v. Chr.
Name: „Biene"
Thema: Sie führte das Volk Israel als Prophetin und Richterin.

Ihre Rolle in der Bibel

Im Zeitalter der Richter gab es verschiedene Zyklen, in denen das Volk sündigte und dann wieder bereit war, Gott zu dienen, und Phasen, in denen es Gott anflehte und gerettet wurde. Wenn die Israeliten sich von Gott abwendeten, um heidnische Götter anzubeten, ließ Gott zu, dass sie von fremden Mächten unterdrückt wurden, bis ihre Qual so heftig wurde, dass sie wieder zu Gott zurückkehrten und um Erlösung beteten. Wenn das Volk wieder zu ihm zurückfand, setzte der Herr einen Richter ein, der nicht nur die Unterdrücker überwand, sondern in der Regel auch weiterhin das Volk anführte und dafür sorgte, dass es Gott die Treue hielt. Zu diesen ungewöhnlichen, charismatischen Führern, die in einer Zeit großer Not auftraten, um das Volk geistlich und politisch anzuführen und zu leiten, gehörte auch Debora.

Zur Zeit Deboras wurden die nördlichen Stämme Israels vom König von Hazor unterdrückt. Hazor war zwar bereits ein Jahrhundert zuvor von Josua vernichtet worden (Josua 11,1-11), aber die Kanaaniter hatten die Stadt wieder aufgebaut und waren wieder die beherrschende Macht vor Ort. Sisera, der militärische Führer unter König Jabin von Hazor, befehligte 900 eiserne Streitwagen, und weil die Israeliten bis zur Zeit Davids keine Kenntnisse in der Eisenverarbeitung hatten, wurden sie von ihren erbittertsten Feinden, zu denen beispielsweise die Philister gehörten, beherrscht. Dennoch rief Debora die Israeliten zum Kampf auf, weil Gott ihr den Auftrag dazu gegeben hatte. Und sie war so geachtet, dass die zögerlichen Israeliten sich mit 10 000 Mann bereit erklärten zu kämpfen.

Das Hauptaugenmerk von Deboras Geschichte liegt auf der Entscheidungsschlacht in der Ebene am Fluss Kischon. Militärstrategen, die sich genauer mit den geografischen Gegebenheiten sowie den Hinweisen in Richter 5,4 befasst haben, denen zufolge es Wolken gab, aus denen Wasser strömte, haben eine mögliche Erklärung dafür gefunden, wie Gott dem relativ kleinen Heer der Israeliten zum Sieg über den übermächtigen Gegner verhalf: Um zum Schlachtfeld zu gelangen, mussten die Kanaaniter ihre Streitwagen zerlegen und sie dann in der Ebene wieder zusammenbauen. Der heftige Regen erschwerte dieses Zusammenbauen nicht nur, sondern der Boden war durch die Nässe so durchweicht, dass die schweren Wagen im Morast stecken blieben und nicht einsatzfähig waren.

Die Kanaaniter waren geschlagen, und ihr Feldherr wurde getötet, als er Zuflucht im Zelt eines Keniters suchte. Die Niederlage war so zerschmetternd, dass innerhalb von ein paar Jahren Hazor ebenfalls völlig vernichtet war und die nordisraelitischen Stämme vierzig Jahre lang in relativem Frieden lebten.

Deboras Beziehungen

Debora wird im Buch der Richter eingeführt mit den Worten: „Zu jener Zeit war die Prophetin Debora Israels Richterin. Sie war mit einem Mann namens Lappidot verheiratet“ (Richter 4,4). Die Tatsache, dass die Beziehung zu ihrem Mann für Debora sehr wichtig war, trägt dazu bei, diese starke, tatkräftige und ungewöhnliche Frau zu verstehen.

Deboras Beziehung zu Gott *(Richter 4,4)*. Debora wird als Prophetin eingeführt. Propheten waren zur Zeit des Alten Testamentes wichtige Personen, denn Gott erwählte und beauftragte diese Männer und Frauen, um seinem Volk seinen Willen mitzuteilen.

5. Mose 18 erinnert daran, dass alle Völker der alten Welt die Notwendigkeit nach übernatürlicher Führung empfanden, wenn sie durch die Umstände gezwungen waren, folgenschwere Entscheidungen zu treffen. Die Völker Kanaans wandten sich zu diesem Zweck an Medien und Spiritisten. Solche okkulten Praktiken wurden aber in 5. Mose als „dem Herrn zuwider“ definiert. Also versprach Gott, einzelne Menschen aus seinem eigenen Volk als Propheten einzusetzen, durch die er sprechen und für die notwendige Führung sorgen wollte. Gott berief Männer und Frauen zu seinen Sprechern.

Im Unterschied zu anderen Rollen in der Religion des Volkes Israel, handelte es sich hierbei nicht um eine Stellung im Kultus (der religiösen Praxis) – wie beispielsweise die der Priester und Leviten – und sie war nicht vererbbar. Gott berief seine Sprecher jeweils, und bestätigte sie vor den Augen des Volkes als Propheten und Prophetinnen.

Über Debora erfährt man als Erstes die Tatsache, dass sie eine ganz besondere Beziehung zu Gott hatte. Sie war von ihm berufen und beauftragt worden, in seinem Namen zu sprechen. Im ganzen Volk Israel war diese besondere Beziehung anerkannt.

In den Worten des Siegesliedes kommt zum Ausdruck, dass sie eine Prophetin war, die Gott liebte und die deshalb war „wie die Sonne, die aufgeht in ihrer Pracht“ (Richter 5,31).

Deboras Beziehung zu ihrem Mann *(Richter 4,4).* Es mag etwas seltsam erscheinen, dass Deboras Mann mit Namen erwähnt wird, in der Geschichte über den Sieg der Kanaaniter jedoch keine Rolle spielt. Angesichts der Tatsache, dass Israel ja eine patriarchalische Gesellschaft war, ist es nicht weiter verwunderlich, dass Debora vorgestellt wird mit den Worten: „Sie war mit einem Mann namens Lappidot verheiratet.“ Zur Vorstellung einer Frau zur Zeit des Alten Testamentes gehörte die Information, mit welchem Mann sie verheiratet war bzw. in welchem Haushalt sie lebte, also der Name des Vaters oder der des Mannes. Daneben wird durch diesen Zusatz deutlich, dass Deboras besondere Rolle in der Bibel nicht dem Zweck diente, die natürliche Ordnung der Gesellschaft des Alten Testamentes in Frage zu stellen. Debora war eine Prophetin und eine Führerin in Israel, aber sie war auch Ehefrau und Mitglied von Lappidots Haushalt. Im patriarchalischen Zeitalter gab es keinen grundsätzlichen Konflikt zwischen der Rolle als Ehefrau und als geistliche Leiterin.

Der biblische Text stellt Debora sehr positiv dar. Die späteren Rabbinen, deren negatives Frauenbild bereits im ersten Kapitel erwähnt wurde, waren verärgert über die Darstellung von Debora im Alten Testament. Sie entwickelten ein Wortspiel aus ihrem Namen, „Biene“, indem sie ihn in „Hornisse“ abänderten. Das war ein Versuch, sie lächerlich zu machen als eine Frau, die es übertrieb. Trotz der Hochachtung, die im Buch der Richter für Debora eindeutig erkennbar ist, gingen die Rabbinen einfach davon aus, dass sie eine arrogante Frau war, die eher übereifrig war oder zustach, als ihrem Volk Gutes zu tun.

Der Hinweis auf Lappidot kann durchaus deshalb in die Schrift aufgenommen worden sein, um deutlich zu machen, dass Debora als Frau vielleicht einen sozialen Drahtseilakt vollführte, ihr das aber auch gelang, ohne dass sie sich in irgendeiner Weise unangemessen verhielt. Sie führte das Leben einer gottesfürchtigen, einer besonderen Frau. Gleichzeitig war sie aber auch eine Frau, deren guter Ruf ihrem Mann in der Gemeinschaft großes Ansehen verschaffte.

Deboras Beziehung zu den Israeliten *(Richter 4,4).* Der Begriff „Recht sprechen“ umfasst mehr als einen juristischen Akt. Tatsächlich nämlich waren die Richter geistliche, politische und juristische und in den meisten Fällen auch militärische Führer. So lange sie lebten, hatten sie in dem Stamm, den sie leiteten, die Funktion der Regierung.

Debora passte und passte auch wieder nicht in das Raster, das bei den männlichen Richtern erkennbar ist. Sie passte insofern hinein, als die Menschen sie als die juristische und politische Autorität des Stammes anerkannten. In Richter 4,5 heißt es über sie: „Sie wohnte bei der nach ihr benannten Debora-Palme zwischen Rama und Bethel im Gebirge Ephraim. Dorthin kamen die Israeliten, um sich von ihr Recht sprechen zu lassen.“ Dazu gehörten auch Siedlungsauseinandersetzungen, die von den Beteiligten nicht vor Ort geregelt werden konnten. Das Richteramt umfasste also in etwa die gleichen Funktionen wie in der darauf folgenden Epoche die Position der Könige. Debora war ganz eindeutig die anerkannte Führerin der Stämme Israels, und es ist daher völlig angemessen, Debora als Führerin des Volkes Israel zu ihrer Zeit zu bezeichnen.

Debora unterschied sich allerdings von den übrigen Richtern. Sie war eine Prophetin. Keiner von den anderen Richtern, einmal abgesehen von Samuel, der ja Priester und Prophet war, wurden so bezeichnet. Man kann davon ausgehen, dass Debora zunächst als Prophetin anerkannt war und dass diese besondere Beziehung zu Gott ihrer Anerkennung als Richterin durch die Israeliten vorausging.

Debora delegierte freimütig einen Teil ihrer Aufgaben. Als sie ihre Leute aufforderte, gegen die Kanaaniter von Hazor zu kämpfen, rief sie zuvor im Namen des Herrn Barak zu sich, einen militärischen Leiter, dem sie Anweisungen von Gott weitergab, an die er sich halten sollte.

Der war dazu allerdings nur bereit, wenn Debora mit in die Schlacht zog. Debora willigte ein (Richter 4,1-9).

Deboras Beziehung zu Barak *(Richter 4,8.9).* Barak folgte der Berufung durch Debora und nahm den Auftrag als Kommandeur des Heeres an, wenn auch unter der genannten Bedingung. Baraks Reaktion macht deutlich, wie tief der Respekt und die Achtung vor Debora waren und wie viel Ehrfurcht man vor ihrer Beziehung zu Gott hatte. Barak betrachtete Debora als Symbol für die Gegenwart Gottes in seinem Volk.

Debora kannte offenbar die Fähigkeiten Baraks, und sie war bereit, sich selbst zurückzunehmen. Das Siegeslied in Richter 5 schließlich ist ein gemeinsames Siegeslied der „Oberbefehlshaberin" Debora (Richter 4,14) und ihres Mitstreiters Barak.

Debora: Eine Nahaufnahme

Deboras Zuversicht wurzelte in einer engen Beziehung zu Gott und in ihrer Gewissheit, dass Gott sie benutzen wollte, um sein Volk zu führen. Ganz bestimmt war Deboras Rolle untypisch für die patriarchalisch ausgerichtete Gesellschaft, in der sie lebte. Aber Debora machte auch keinen Rückzieher aus Sorge darüber, was wohl die anderen denken könnten. Sie hatte erlebt, dass Gott mit ihr sprach, und sie war bereit, sich in Bewegung zu setzen – einzig und allein, weil sie wusste, dass Gott sie außerdem dazu berufen hatte, für ihn zu reden.

Sie vereinte eine ungewöhnliche Kombination von Wesenszügen in sich, denn sie war selbstbewusst und entschlossen, aber auch bescheiden und bereit, Verantwortung zu übertragen. Sie war mutig genug, um aus dem Schatten herauszutreten, in dem die meisten Frauen ihrer Zeit lebten, und sie war als Verantwortungsträgerin fähig und bereit, Aufgaben und Verantwortung an begabte Mitarbeiter zu übergeben und diese damit einzubinden.

Wegen dieser Eigenschaften steht Debora als zeitloses Vorbild für geistliche Leiter beiderlei Geschlechts.

Impulse für heute

- Gott spricht zu Debora und sie hört ihn – und nicht nur das: Sie sagt öffentlich weiter, was er ihr weiterzusagen aufträgt. Das erforderte damals viel Mut und Gehorsam.
- Debora war eine Frau, eine verheiratete Frau mit einem Auftrag von Gott. Und offenbar reichte das aus, um ihr eine Stimme zu geben und Gehör zu verschaffen. Wem Gott einen Auftrag gibt, den rüstet er auch entsprechend aus. Daran hat sich bis heu-

te nichts geändert. Dabei spielt es keine Rolle, ob dieser Auftrag darin besteht, kleine Kinder zu versorgen und zu erziehen oder Staatsgeschäfte zu lenken. Gott gibt, was erforderlich ist, wenn er einen Auftrag erteilt.

- Es ist an uns, zu hören, offen zu sein für Gottes Stimme und zu wissen, wann wir gemeint sind und wann nicht. Darin kann Debora uns Vorbild sein.

Jael

Bibelstellen:
Richter 4; 5

Zeit: Etwa 1300 v. Chr.
Name: Steinbock
Beitrag: Jael tötete den Führer des kanaanitischen Heeres, das Israel unterdrückt hatte, und stellte so den Sieg Israels sicher.

Jaels Rolle in der Bibel

Jael war die Frau des Keniters Heber. Die Keniter waren ein halbnomadischer Stamm, dessen Name übersetzt „Metallschmied" bedeutet. Dieser Stamm wird schon in 1. Mose 15, 19 erwähnt, wo es heißt, dass die Keniter bereits zur Zeit Abrahams und während des Exodus der Israeliten aus Ägypten in Gegenden des Sinai lebten, wo es reiche Kupfervorkommen gab.

Zur damaligen Zeit war Heber locker verbündet mit den Kanaanitern von Hazor, die die Israeliten unterdrückten, obwohl seine Sippe mit der von Mose verwandt war. Als also nach der Niederlage am Fluss Kischon der flüchtende kanaanitische Heerführer Sisera in das Lager von Heber kam, fühlte er sich dort sicher. Er wurde von Hebers Frau Jael eingeladen, sich auszuruhen, und weil er um die Freundschaft zwischen Heber und seinem König wusste, bat Sisera Jael um etwas zu trinken. Außerdem trug er ihr auf zu sagen, er wäre nicht da, falls jemand nach ihm fragen sollte. Dann schlief er erschöpft ein.
In Deboras Siegeslied wird geschildert, was als Nächstes geschah:

Preist Jael, die Frau des Keniters Heber,
rühmt sie mehr als jede andere Frau!
Möge Gott sie reicher beschenken
als alle Frauen,
die in Zelten zu Hause sind.
Als Sisera um Wasser bat,
reichte sie Milch,
gab ihm Sahne im kostbaren Gefäß.
Doch dann fasste sie mit der Linken den Pflock
und mit der Rechten den wuchtigen Hammer.
Sie erschlug Sisera,
zertrümmerte seinen Schädel
und durchbohrte ihm die Schläfe.
(Richter 5,24-26)

Mit dem Tod des Befehlshabers des Heeres endete auch die Unterdrückung der Israeliten durch die Kanaaniter.

Jaels Beziehungen

Angesichts der freundschaftlichen Beziehung ihres Mannes zum König von Hazor ist Jaels Vorgehen ziemlich überraschend. Man hätte erwarten können, dass sie als Hebers Frau in seinem Sinne gehandelt und Sisera versteckt hätte, wie er gebeten hatte. Aber Jael tat genau das Gegenteil, und als Sisera eingeschlafen war, tötete sie ihn.

Es ist dafür eine Reihe von Gründen denkbar. Vielleicht stimmte Jael nicht mit den politischen Ansichten ihres Mannes überein und sympathisierte mit den Israeliten. Vielleicht sah sie in der Niederlage Siseras einen politischen Wendepunkt und beschloss, dass es für ihre Sippe das Beste sei, sich jetzt mit den Siegern zu verbünden. Aber welcher der Gründe auch zutraf, von Bedeutung ist hier, dass Jael bereit war zu handeln, ohne sich zuvor mit ihrem Mann zu beraten. Eigentlich waren solche schwerwiegenden Entscheidungen ganz klar Männersache. Weil aber eine Absprache unmöglich war, verließ sich Jael auf ihr eigenes Urteil und schritt zu einer Tat, die bestimmt die politischen Ansichten ihres Mannes auf den Kopf stellten, als sie sich mit ihrer Familie und dem gesamten Clan auf die Seite des Volkes Israel schlug.

Weshalb Jael so entschied, ist nicht zu klären, aber die Tatsache, dass sie genau so vorging, legt den Schluss nahe, dass Jael nicht einfach Eigentum ihres Mannes war, sondern sich aktiv an der Gestaltung und Planung der Zukunft der Familie und der gesamten Sippe beteiligte.

Jael: Eine Nahaufnahme

Die Gesetze und Sitten der Zeit des Alten Testamentes lassen darauf schließen, dass Frauen allgemein in Beziehungen festsaßen, in denen sie im Wesentlichen ohne Macht und absolut untergeordnet waren. Im biblischen Text (Richter 4 und 5) werden jedoch Frauen ausdrücklich positiv gewürdigt, die diesem Bild nicht entsprechen: Debora wurde Richterin des Volkes Israel, die andere Frau, Jael, wird als Persönlichkeit dargestellt, die selbständig und entschlossen handelte, ohne zuvor ihren Mann zu fragen, und zwar in Angelegenheiten mit weit reichenden Konsequenzen.

Was auch immer sich sonst noch über Jael sagen ließe, auf jeden Fall war sie eine starke und entschlossene Frau. Sie wog rasch ab, welche Folgen eine Niederlage der Kanaaniter haben würde und handelte entsprechend. Sie war vielleicht auch überzeugt, dass ihr Mann sie in dem, was sie getan hatte, letztlich bestätigen würde. Was auch immer man über gefeierte Frauengestalten der Bibel sagen kann, sie wurden wegen ihrer Stärke und Entschlossenheit und Klugheit gewürdigt.

Impulse für heute

- Auch wenn Jaels beherztes und mutiges Vorgehen manchem überraschend vorkommen mag, kommt darin Gottes Wille zum Ausdruck, der auch Debora zu Barak sagen ließ: „Denn der Herr wird einer Frau den Sieg über Sisera schenken" (4,9). Dass Jael durch ihr Handeln einen neuen Kurs für ihre Familie und die gesamte Sippe festlegte, zeigt, dass sie zumindest keine Angst hatte vor ihrem Mann, und dass sie die innere Freiheit besaß zu handeln, und sogar radikal zu handeln.
- Ihr entschlossenes Vorgehen macht auch Schluss mit dem Klischee von zarten Frauenseelen, die nicht in der Lage sind, wenn nötig, Robustheit zu zeigen.

▸ Jeftas Tochter

Bibelstellen:
Richter 10; 11

Zeit: Etwa 1250 v. Chr.
Name: Unbekannt
Thema: Jeftas Tochter veranschaulicht, wie eingeschränkt die Freiheit der Frauen zur Selbstbestimmung war.

Die Rolle von Jeftas Tochter in der Bibel

Jefta war der uneheliche Sohn eines Israeliten, der nach dem Tod seines Vaters von seiner Familie und dem Clan ausgestoßen wurde. Weil Jefta jedoch ein außergewöhnlicher Führer war, wurde er zurückgerufen, als die Ammoniter das Volk Israel angriffen, um es im Kampf anzuführen.

Kurz bevor er den Angriff gegen die feindlichen Streitkräfte einleitete, tat er ein Gelübde vor Gott:

„Wenn ich die Ammoniter mit deiner Hilfe besiege und heil zurückkehre, dann soll dir gehören, was mir bei meiner Ankunft als Erstes von daheim entgegenkommt. Ich will es dir opfern" (Richter 11,31).

Zu Jeftas Kummer kam bei seiner Heimkehr seine Tochter, sein einziges Kind, als Erstes auf ihn zugerannt! Völlig niedergeschmettert erzählte Jefta ihr von seinem Gelübde: „Ich habe vor dem Herrn ein Gelübde abgelegt – es gibt kein Zurück!" (Richter 11,35).

Aus diesem Dialog ist oft der Schluss gezogen worden, dass Jael seine Tochter tötete und als Opfer verbrannte. Das ist jedoch im Gesamtzusammenhang der Bibel unwahrscheinlich:

Das Alte Testament lehnt Menschenopfer eindeutig ab (3. Mose 18,21; 20,2.3; 5. Mose 12,31; 18,10). Es wird zwar manchmal argumentiert, dass Jefta sein Gelöbnis erfüllt haben muss, indem er seine Tochter tötete und verbrannte, aber das geht weder aus dem Text hervor noch wird es von den hebräischen Praktiken verlangt. Das Gesetz des Alten Testamentes führt in 2. Mose 28,8 einen Grundsatz ein, der in 1. Samuel 1,28 und Lukas 2,36.37 veranschaulicht wird. Dieser Grundsatz besagt, dass eine Person oder ein Gegenstand, der Gott geweiht ist, das Gelübde erfüllen kann durch den lebenslangen Dienst oder dadurch, dass ein Leben Gott geweiht wird.

Hinweise, dass genau das im Fall von Jeftas Tochter geschah, sind:

1. Die Kenntnisse der Geschichte und des Gesetzes des Alten Testamentes, die Jefta zuvor bewiesen hatte, wie beispielsweise in seinem Brief an die Ammoniter (10,15-27a).
2. Bei jeder Opferhandlung musste ein Priester anwesend sein, um die Opferhandlung vorzunehmen. Kein hebräischer Priester hätte ein Menschenopfer dargebracht.
3. Die Reaktion von Jeftas Tochter, die zu ihren Freundinnen hinausging und nicht über ihren bevorstehenden Tod klagte, sondern mit ihren Freundinnen darüber trauern wollte, „dass ich nie heiraten werde" (Richter 11,36.37).

Wie andere junge Frauen in Israel hatte sich Jeftas Tochter darauf gefreut zu heiraten und eine eigene Familie zu haben. Das war nun nicht mehr möglich.

Die junge Frau stellte aber keinen Augenblick das Recht des Vaters in Frage, ihr Leben dem Dienst Gottes zu weihen. Ihr war klar, dass ihr Vater sein Gelübde nicht brechen durfte, obwohl er selbst und auch sie verzweifelt waren über die Folgen dieses Gelübdes für ihr Leben.

Es ist kaum ein drastischeres biblisches Beispiel denkbar für das Recht des Vaters zur alttestamentarischen Zeit, über die Frauen in seinem Hause zu bestimmen. Durch die Tiefe und Heftigkeit der Gefühle, die Jefta und auch seine Tochter offenbaren, wird aber auch deutlich, dass in von liebevollen Beziehungen bestimmten Familien die einzelnen Mitglieder eher durch Liebe als durch Gesetzlichkeit motiviert waren. Sowohl Jefta als auch seine

Tochter waren sich offenbar des Schmerzes des jeweils anderen überaus bewusst, und beide waren bemüht, alles in ihrer Macht Stehende zu tun, um diesen Schmerz zu lindern.

Impulse für heute

- Die Einstellung von Jeftas Tochter und auch ihr Verhalten stehen für Verbindlichkeit in Beziehungen. Sie unterdrückt zwar nicht ihren Schmerz über die Auswirkungen, die Jeftas Gelübde auf ihr Leben hat, aber sie nimmt ein Gelübde, das Gott gegenüber abgegeben wurde, sehr ernst und sie akzeptiert darin die Autorität Gottes und die des Vaters.
- Jeftas Tochter nimmt sich selbst und auch ihre Gefühle ernst, aber sie hat auch die innere Stärke, sich unterzuordnen. Ein Gelübde, das Gott gegenüber gegeben wurde, hat für sie höchste Priorität.
- Ein krasser Gegensatz zum heute vorherrschenden Individualismus, wobei zu fragen bleibt, welche Lebensgrundhaltung konstruktiver ist.

▸ Simsons Mutter

Bibelstelle:
Richter 13

Zeit: Etwa 1100 v. Chr.?
Name: Keine Angaben
Thema: Sie befolgte sorgsam die Anweisungen Gottes in Bezug auf Simsons Geburt und ihre Ernährung.

Ihre Rolle in der Bibel

Simson war einer der letzten Richter Israels. Er war zwar mit außergewöhnlicher Körperkraft ausgestattet, zeigte dafür jedoch moralische und geistliche Schwächen. Seine Fehde mit den Philistern, von denen die Israeliten im 11. Jahrhundert v. Chr. beherrscht wurden, hatte ihre Wurzeln eher in persönlichen Animositäten als in seinem Engagement für die Befreiung seines Volkes. Zwar tötete Simson zu seinen Lebzeiten viele Philister, aber er schaffte es nie, für sein Volk die völlige Befreiung von den Unterdrückern zu erkämpfen.

Aus der Geschichte im Buch der Richter geht eindeutig hervor, dass für Simsons Fehler und Schwächen er ganz allein verantwortlich war und nicht seine Mutter oder sein Vater. Beide Eltern werden als gottesfürchtige, rechtschaffene Menschen dargestellt, die nach bestem Wissen und Gewissen Gott gehorchten und ihren Sohn erzogen.

Die Beziehungen von Simsons Mutter

Der Bibeltext gibt zwar wenig Aufschluss über die Beziehung zwischen Simsons Mutter und ihrem Sohn, aber es ist einiges über ihre Beziehung zu Gott und zu ihrem Mann zu erfahren.

Die Beziehung der Mutter zu Gott *(Richter 13,3.9).* Manoachs Frau wird beschrieben als als unfruchtbar geltende und lange Zeit kinderlose Frau. Es ist beeindruckend, dass viele der bedeutendsten Frauen der Bibel über lange Phasen unfruchtbar waren, dann aber doch noch Kinder bekamen. In fast allen Fällen hatten die Kinder, die dann geboren wurden, im Plan Gottes für sein Volk eine bedeutende Rolle. Vielleicht hatte es wichtige Auswirkungen auf das geistliche Leben der betreffenden Frauen, dass sie zunächst kinderlos blieben und den Kummer darüber zu durchleiden hatten. Im Fall von Rebekka und Hanna war es ganz bestimmt so, dass die Verzögerung einer Schwangerschaft die beiden ins Gebet und zu Gott hinzog.

Hier nun ist nicht davon die Rede, dass Manoachs Frau betete, sondern dass ein Engel des Herrn erschien, aber nicht Manoach, sondern seiner Frau. Er teilte ihr mit, dass sie ein Kind bekommen würde und gab ihr den Auftrag, sich an die Regeln zu halten, die denjenigen auferlegt wurden, die ein Nasiräisches Gelübde abgelegt hatten. Dieses Gelübde war freiwillig, wie in 4. Mose 6,1-21 beschrieben wird. Wer ein solches Gelübde ablegte, musste alles meiden, was mit Wein zu tun hatte, alles, was unrein machte, und er durfte sich nicht die Haare schneiden. Während der Schwangerschaft sollte Manoachs Frau diese Regeln befolgen und nach der Geburt dann ihr Sohn selbst.

Als Manoachs Frau ihrem Mann von der Begegnung berichtete, betete er und bat um zusätzliche Weisung. Der Engel des Herrn erschien ein zweites Mal – und wieder erschien er nicht Manoach, sondern seiner Frau. Sie eilte, um ihren Mann dazuzuholen, und der Engel unterwies sie beide.

Es ist hier von Bedeutung, dass der Engel des Herrn der Frau und nicht ihrem Mann erschien, denn schließlich war sie es, die die nasiräischen Regeln befolgen sollte: Der Engel informierte sie also direkt und nahm nicht den Umweg über ihren Mann.

Ihre Beziehung zu Manoach *(Richter 13,8.12.17-23).* Manoach hatte zwar keine Zweifel an dem Bericht seiner Frau über die Begegnung mit dem Engel, war aber dennoch unsicher. Er betete, dass der „Bote" noch einmal geschickt werden möge, um ihnen zu sagen, wie sie den angekündigten Sohn aufziehen sollten. Als der Engel des Herrn wirklich noch einmal kam, fügte er den Anweisungen der ersten Begegnung nichts hinzu.

Manoach wollte unbedingt mehr erfahren und drängte den Engel, doch zu bleiben, er werde auch Essen zubereiten, aber als das Essen aufgetragen wurde, „stieg der Engel des Herrn in der Flamme empor und verschwand" (V.20). Manoach und seine Frau warfen sich erschrocken zu Boden, denn ihnen wurde jetzt bewusst, dass der Besucher Gott selbst gewesen war. Von Bedeutung ist an dieser Stelle, wie die beiden reagierten. Manoach jammerte nämlich: „Wir müssen sterben", aber seine Frau erwiderte darauf nur sehr nüchtern und vernünftig: „Wenn der Herr uns töten wollte, hätte er bestimmt nicht unser Opfer angenommen . . . uns auch nicht dies alles sehen lassen und uns so etwas nicht angekündigt" (13,23).

Ihre Reaktion macht deutlich, weshalb vielleicht der Engel zuerst Manoachs Frau erschien, und warum Manoach um einen weiteren Besuch des Engels betete. Die Frau nämlich war die rationalere und stabilere Partei in dieser Ehe, während Manoach eher der unsichere und emotionale Partner war. Die Frau nahm sich die Anweisungen des Engels einfach zu Herzen, während Manoach sich Sorgen darüber machte, ob alles klar genug war und ob sie auch genug wussten, um das Kind großziehen zu können, wie es ihnen aufgetragen worden war. Als sich herausstellte, dass der Besucher Gott selbst gewesen war, packte Manoach die Angst, während seine Frau das Ereignis einfach als gegeben hinnahm und sofort sicher war, dass für sie und ihren Mann keine Gefahr bestand.

Sowohl Manoach als auch seine Frau waren gottesfürchtige Leute, die später versuchten, ihren ungestümen Sohn in gottesfürchtige Bahnen zu lenken. Bei diesem Paar scheinen die sonst gängigen Klischees von dem, was männlich und was weiblich ist, umgekehrt zu sein. Manoachs Reaktionen waren eher „weiblich", die seiner Frau eher „männlich".

Es ist hilfreich, daran zu denken, dass Klischees nur in den seltensten Fällen ein genaues Bild von der Wirklichkeit wiedergeben. Jeder Mensch ist wieder anders; jedes Paar muss mit seiner Beziehung so umgehen, dass die Persönlichkeit des Einzelnen dabei zum Zuge kommt.

Ihre Beziehung zu Simson *(Richter 14,3).* Aus dem Text geht hervor, dass Simsons Eltern ihm von einer Ehe mit einer Philisterin, die er begehrte, abrieten. Ganz offensichtlich waren Simsons Eltern sich darin einig, dass es besser für ihren Sohn wäre, eine Israelitin zu heiraten. Der Sohn ließ sich jedoch von seinen Eltern nicht abhalten. Als Erwachsener ließ sich Simson eher von seinen Leidenschaften leiten als von Weisheit oder vom Respekt vor seinen Eltern. Er setzte seinen Kopf durch. Im biblischen Text heißt es an dieser Stelle: „Doch Simson blieb hartnäckig: ‚Ich will sie und keine andere! Sie gefällt mir!'" (Richter 14,3). Als Simsons Vater war Manoach dafür verantwortlich, mit den Brauteltern die Verhandlungen um den Ehevertrag zu führen, und er gab schließlich dem Wunsch und dem Drängen seines Sohnes nach. Man kann nur vermuten, dass beide Eltern, die ihren Sohn ja liebten und sich an die Anweisungen des Herrn gehalten hatten, enttäuscht waren über Simsons Entscheidung.

Manoachs Frau: Eine Nahaufnahme

Manoachs Frau bleibt im Bericht namenlos, aber ihr Charakter wird vor dem Hintergrund des Charakters ihres Mannes umso deutlicher. Sie erkannte den „Boten Gottes" als Engel, der sie aufsuchte, aber statt sich von dem Besuch aus der Fassung bringen zu lassen, hörte sie sich dessen Anweisungen genau an und merkte sie sich. Ihr Mann war derjenige, der aufgeregt und unsicher war und sich Sorgen machte, dass seine Frau etwas Wichtiges übersehen haben könnte. Ein zweiter Besuch des Engels bestätigte jedoch nur, dass die Frau sich alles gut gemerkt hatte und dem nichts hinzuzufügen war. Als Manoach und seiner Frau klar wurde, dass der Besucher Gott selbst gewesen war, bekam Manoach Angst und brach zusammen. Seine Frau blieb jedoch ruhig und vernünftig und überlegte, dass Gott, wenn er die Absicht gehabt hätte, ihnen zu schaden, nicht ihr Opfer angenommen oder über die Zukunft geredet hätte. In jeder Hinsicht erwies sich Manoachs Frau als fest und klug, als wirklich vernünftige Person. In dieser Ehe war es die Frau, die für Stabilität und Sicherheit sorgte.

Impulse für heute

- Durch Manoachs Frau, Simsons Mutter, fällt ein weiteres Klischee über Männer und Frauen, das da heißt: Die Frau ist immer die Emotionalere, Ängstlichere, Schwächere, die beim Mann nach Stabilität sucht, und der Mann hat die Aufgabe und ist dafür auch ausgerüstet, diese Stabilität zu bieten, indem er rational, beherrscht und stabil ist.
- Manoachs Frau hat Selbstvertrauen. Sie weiß, was sie gehört hat, und sie weiß, dass sie das Gehörte umsetzen kann.
- Sie ist in der Lage, logische Schlussfolgerungen aus den Informationen des Engels zu ziehen, und als er fort ist, weiß sie, was zu tun ist, und ist dazu auch bereit. Keine weiteren Fragen.
- Eine eigenständige, selbstbewusste,

geistlich denkende und handelnde Frau wird hier vorgestellt.

Wunderbar, dass es diese Vorbilder in der Bibel gibt und dass sie dort so positiv gewürdigt werden.

Delila

Bibelstelle:
Richter 16

Zeit: Etwa 1075 v. Chr.?
Name: Bedeutung unklar, siehe S. 327
Thema: Durch eine List brachte sie Simson dazu, seinen Feinden das Geheimnis seiner Stärke zu offenbaren.

Delilas Rolle in der Bibel

Simson hatte sich als unversöhnlicher Feind der Philister erwiesen. Obwohl er keinen organisierten Widerstand seines Volkes gegen die Philister angeführt hatte, von denen das Volk Israel beherrscht und unterdrückt wurde, hatte Simson im Alleingang gegen Hunderte von Philistern gekämpft und sie getötet. Weil Gott ihm ungeheure Körperkräfte geschenkt hatte, war es bisher den Philistern nicht gelungen, ihn zu überwältigen und zu besiegen.

Moralisch war Simson allerdings schwach und wurde deshalb zum Opfer seiner Leidenschaft für Frauen. Als Simson eine Affäre mit einer Philisterin namens Delila anfing, sahen die Philister darin ihre Chance, endlich herauszubekommen, worin das Geheimnis von Simsons großer Kraft lag. Sie boten Delila ein Vermögen, falls sie es schaffte, das Geheimnis zu lüften und ihnen zu verraten. Da Delila dem Reiz des Reichtums erlag, erklärte sie sich einverstanden.

Zuerst lenkte Simson sie mit Lügen ab, indem er ihr beispielsweise erzählte, dass frische Sehnen oder neue Seile oder das Flechten seiner Haare ihn schwächen würde. Dreimal fesselte Delila ihn, während er schlief, und weckte ihn dann mit dem Warnruf: „Simson! Die Philister kommen!“ Aber jedes Mal konnte sich Simson problemlos von den Fesseln befreien und war kampfbereit.

Aber bei jeder neuen Lüge beklagte sich Delila und behauptete, Simson würde sich ihr anvertrauen, wenn er sie wirklich liebte. Schließlich gab er ihrem Genörgel nach und sagte ihr die Wahrheit, dass er nämlich deshalb so stark sei, weil ihm als Nasiräer sein geflochtenes Haar noch nie geschnitten worden sei. Als Simson das nächste Mal wieder tief schlief, ließ Delila einen Mann herein und schnitt Simsons Haarflechten ab. Simson verlor seine Kraft, wurde von den Philistern gefangen genommen und dann geblendet.

Delila: Eine Nahaufnahme

Der Bibeltext zeichnet ein sehr klares Bild von Delila. Sie war eine berechnende Frau, die sich der Wirkung ihrer erotischen Ausstrahlung sowohl bewusst als auch sicher war. Darüber hinaus war sie auch ohne weiteres bereit, sich durch Sex persönliche Vorteile zu verschaffen. Während sich Simson wirklich in sie verliebt hatte, spielte sie ihm ihre Zuneigung nur vor. Delila war nur zu gern bereit, sich von Simson sexuell benutzen zu lassen, denn sie wiederum benutzte ihn ebenfalls, um reich zu werden.

Warum Simson nicht merkte, was da vor sich ging, ist im Grunde nur schwer nachvollziehbar. Delilas wiederholte Versuche, ihn zu überreden, ihr das Geheimnis seiner Stärke zu verraten, scheinen so durchsichtig. Aber Simson war blind vor

Leidenschaft und deshalb leicht manipulierbar. Ihre vorgetäuschten Zweifel an seiner Liebe und ihr Appell, seine Liebe doch unter Beweis zu stellen, indem er ihr sein Geheimnis offenbare, ließen Simson schließlich nachgeben.

Delila war entschlossen, Sex einzusetzen, um ihre persönlichen Ziele zu erreichen. Dadurch verriet sie nicht nur ihren Liebhaber, sondern auch sich selbst. Sex ist ein Geschenk Gottes, von ihm dazu gedacht, eine tiefe Verbindung zwischen Ehepartnern möglich zu machen und die Verbindlichkeit zwischen den Partnern zu stärken. Wenn ein Mann oder eine Frau außerhalb dieses Zusammenhangs Sex hat, und ganz besonders, wenn dieser Sex auch noch berechnend ist, also damit etwas bezweckt werden soll, dann ist der oder die Betroffene genauso sehr Opfer wie der jeweilige Partner oder die Partnerin.

Impulse für heute

- Delila verkörpert einen bestimmten Charakterzug beziehungsweise eine Vorgehensweise: Eigene Ziele werden durch Manipulation statt durch klare und eindeutige Äußerungen zu erreichen versucht.

Nun wäre das in diesem Fall zwar kaum möglich gewesen, denn Delilas Motive waren ja alles andere als ehrenwert, aber auch bei geringfügigeren Anliegen entscheiden sich manche Menschen häufig für den indirekten, manipulativen Weg, um zu erreichen, was sie wollen.

- Manipulation und ehrliche Beziehung schließen sich jedoch aus. In einer ehrlichen Beziehung haben die Beteiligten immer auch den anderen und dessen Wohl im Blick. Greift man jedoch zur Manipulation, geht es nur noch darum, eigene Ziele zu erreichen, die eigene Person wird also zum Mittelpunkt.
- Oft scheint Manipulation einfacher als die offene und aufrichtige Auseinandersetzung – aber die Folgen von Manipulation sind immer destruktiv. Sie zersetzen Beziehungen und zerstören Vertrauen und Liebe, die Grundlagen jeder Beziehung. Und die Täter sind immer auch gleichzeitig Opfer. Dafür ist die Geschichte von Simson und Delila ein hervorragendes Beispiel.

Die Nebenfrau des Leviten

Bibelstelle:
Richter 19

Zeit: Etwa 1200 v. Chr.?
Name: Unbekannt
Thema: Ihr Schicksal deckt auf, wie tief eine Gesellschaft sinken kann, in der Frauen als Personen nicht wertgeschätzt werden.

Ihre Rolle in der Bibel

Die Geschichte von der Nebenfrau des Leviten steht in den letzten Kapiteln des Buches der Richter. Diese Kapitel zeigen ohne eine chronologische Ordnung in drei sehr anschaulichen Bildern, was mit einer Gesellschaft geschehen kann, die ihre geistlichen und moralischen Grundfesten verloren hat.

In Richter 18 wird die Geschichte eines Israeliten erzählt, der ein Götzenbild aufstellte und dann einen Leviten als Familienpriester engagierte. Die Geschichte deckt auf, wie beherrschend der Einfluss heidnischer Religionen in dieser Epoche geworden war und wie das Wissen von Gott und seinem Willen zunehmend ignoriert wurde.

In Richter 19 folgt dann eine schockierende Geschichte über den moralischen Verfall, der sich aus dieser Entwicklung ergab.

Die Nebenfrau des Leviten lief ihrem Mann davon und kehrte zurück ins Haus ihres Vaters. Der Levit machte sich auf den Weg, um sie zurückzuholen. Auf dem Rückweg weigerte sich der Levit, in einer Stadt Halt zu machen, die von Kanaanitern bewohnt war, und machte stattdessen Rast in Gibea, einer Stadt, in der Israeliten lebten.

Die Männer von Gibea rotteten sich jedoch zusammen, um gemeinsam den Leviten zu vergewaltigen. Als sie an die Tür des Hauses klopften, in dem der Levit und seine Nebenfrau für die Nacht untergekommen waren, schob der Mann seine Frau zur Tür hinaus nach draußen. Im Text heißt es: „Die Männer fielen über sie her und vergingen sich die ganze Nacht an ihr“ (Richter 19,25). Als der Levit am nächsten Morgen aufstand, um seine Reise fortzusetzen, fand er die Frau tot neben der Tür.

Der Levit nahm den Leichnam seiner Nebenfrau mit nach Hause, zerteilte ihn dort in zwölf Stücke und schickte jeweils eines davon an die zwölf Stämme Israels mit dem Aufruf, sich zu versammeln und die Vergewaltiger zu bestrafen.

Die Geschichte ist erschütternd und schockierend in ihrer Darstellung moralischer Verdorbenheit. Die Männer von Gibea unterschieden sich nicht von denen in Sodom und Gomorra, denn sie waren entschlossen, einen Fremden zu vergewaltigen. Der Levit war allerdings auch nicht besser, denn er überließ den Männern seine Nebenfrau zum Missbrauch. Sein himmelschreiender Egoismus, seine absolute Kaltblütigkeit und Gefühllosigkeit sind unfassbar.

Diese Geschichte ist unglaublich schockierend, aber sie gibt auch Auskunft über den allgemeinen Status von Frauen zur damaligen Zeit wie sonst kaum eine Geschichte. Am Beispiel von Debora wird deutlich, welch hohe Stellung für eine Frau selbst in der patriarchalischen Gesellschaft möglich war. Die Geschichte von der Nebenfrau des Leviten zeigt drastisch, in welche Tiefen eine Gesellschaft geraten kann, die nicht den Wert und die Würde jedes Menschen anerkennt.

Impulse für heute

- Hier wird ein Maß von Brutalität, Gefühlskälte, Gewalt und Egoismus dargestellt, das einem den Atem nimmt. Unfassbar, so denkt der Leser. Gut, dass es so etwas heute nicht mehr gibt.

Wirklich nicht? Ist die Situation anders – für kleine Mädchen, die in Ostasien zur Prostitution verschachert werden? Frauen aus den Ostblockländern, die unter Vortäuschung falscher Tatsachen nach Westeuropa gelockt und dort ebenfalls zur Arbeit im Rotlichtmilieu gezwungen werden?

Bei den Massenvergewaltigungen von Frauen während des Krieges, z. B. in Bosnien?

Die Brutalität ist nicht geringer geworden, und wahrscheinlich wird sie weiter zunehmen, wenn wir uns nicht klar machen, dass Gott uns als Menschen mit Wert und Würde geschaffen hat, als Menschen, die Beziehungen untereinander haben sollen, als Menschen, die vor allen Dingen eine Beziehung zu ihm brauchen.

Machen wir uns nichts vor – so viel anders als damals sind die Zustände hier und jetzt nicht.

- Wir brauchen Heilung. Wir brauchen Vergebung. Wir brauchen Jesus Christus.

Ruth und Noomi

Bibelstellen:
Das Buch Ruth; Matthäus 1,5

Zeit: Etwa 1100 v. Chr.
Name: Ruth – unklar, siehe S. 337
Name: Noomi – „Lieblichkeit, Wonne"
Thema: Die Moabiterin Ruth heiratete auf den Rat ihrer Schwiegermutter Noomi hin einen Israeliten. Der Sohn aus dieser Verbindung war der Großvater Davids und somit in der Abstammungslinie von Jesus.

Ruths und Noomis Rolle in der Bibel

Ruth war eine Moabiterin, die einen Israeliten geheiratet hatte. Nachdem die Familie ihres Mannes Juda während einer Hungersnot verlassen hatte und nach Moab gezogen war, waren dort alle Männer der Familie gestorben und hatten drei unversorgte Frauen hinterlassen: Noomi, die Schwiegermutter, sowie Ruth und Orpa, ihre Schwiegertöchter. Unversorgt waren die Frauen deshalb, weil damals nur Männer Eigentum haben konnten, und ohne Mann oder Vater im Haushalt gab es für Frauen keinen Unterhalt. Sie waren völlig mittellos.

Für Noomi schien es nur eine Möglichkeit zu geben, nämlich zurück nach Juda zu ihren Verwandten zu gehen und um Hilfe zu bitten. Ihre Schwiegertöchter drängte Noomi, in ihre Elternhäuser zurückzukehren, damit sie versorgt wären, bis sie wieder heirateten. Orpa befolgte Noomis Rat, Ruth jedoch bestand darauf, bei ihrer Schwiegermutter zu bleiben. Die Loyalität und Unterstützung, die sie Noomi bot, sollte sich auch als Wendepunkt für ihr eigenes Leben erweisen.

Ruths Beziehungen

Das Buch Ruth ist eine Fundgrube für Erkenntnisse darüber, wie intakte Beziehungen aussehen. Es erinnert daran, dass es selbst zu den finsteren Zeiten der Richter gottesfürchtige Männer und Frauen gab, die ein segensreiches und glückliches Leben führen konnten und das auch taten.

Noomis und Ruths Beziehung zu Gott *(Ruth 1,9-17).* Ruths Beziehung zu Gott fing so an, wie die meisten Beziehungen zu ihm anfangen. Ruth lernte jemanden gut kennen und schätzen, der Gott gut kannte, in diesem Falle Noomi.

Es fiel Noomi leicht, über Gott zu sprechen, weil er für sie so real war. Das wird deutlich an dem Segen, den sie über ihren beiden Schwiegertöchtern aussprach, nachdem Noomi beschlossen hatte, wieder nach Juda zurückzukehren. „Er gebe euch ein neues Zuhause an der Seite eines zweiten Mannes."(Ruth 1,9). Es ist eindeutig, dass Noomi ihre Schwiegertöchter liebte und dass sie Gott liebte. Durch diese Liebe wurde Noomi zur Brücke, über die Ruth zum Glauben kam.

Orpa ging also in ihr Elternhaus zurück, wie Noomi ihr geraten hatte, aber Ruth weigerte sich strikt. Sie liebte ihre Schwiegermutter wirklich sehr und wollte sie nicht im Stich lassen.

Aus dem biblischen Text geht deutlich hervor, dass Ruth klar war, dass diese Entscheidung auch eine Entscheidung für den Gott Noomis verlangte. Noomi versuchte zunächst noch weiter auf Ruth einzuwirken, doch nach Hause zurückzukehren, aber Ruth brachte unmissverständlich zum Ausdruck, dass sie auf jeden Fall bei ihrer Schwiegermutter bleiben würde.

„Wo du hingehst, da will auch ich hingehen.
Wo du bleibst, da bleibe ich auch.
Dein Volk ist mein Volk,
und dein Gott ist mein Gott.
Wo du stirbst,
da will auch ich sterben und begraben werden.
Nur der Tod kann mich von dir trennen.
Wenn ich dieses Versprechen nicht halte,
soll Gott mich hart bestrafen."
(Ruth 1,16.17)

Von Bedeutung ist die Reihenfolge, in der Ruth ihr Versprechen gab. Im Alten Testament bestand der Bund mit Gott ausschließlich zum Volk Israel. Ruth wusste das und gelobte deshalb: „Dein Volk ist mein Volk" in dem Wissen, dass sie sich selbst dem Gott Israels anvertraute, indem sie sich der Gemeinschaft der Israeliten anschloss.

Ruths Versprechen, bei Noomi zu bleiben, war gleichzeitig ihr Ja zu Gott. Ihr Entschluss stand unumstößlich fest. In dem Text heißt es: „Du bist zum Herrn, dem Gott Israels gekommen, um bei ihm Schutz und Zuflucht zu finden" (Ruth 2,12).

Ruths Beziehung zu Noomi. Das erste Kapitel im Buch Ruth stellt klar, dass Ruth ihre Schwiegermutter zutiefst und von Herzen liebte und wertschätzte. Diese Liebe fand ihren Ausdruck in ihrer Loyalität, die Vorrang hatte vor allen anderen Bindungen. Statt zurückzukehren in ihr Elternhaus und in ihrem Heimatland zu bleiben, entschied sich Ruth dafür, Noomi in eine ungewisse Zukunft in ein fremdes Land zu begleiten.

Es ist faszinierend, mitzuverfolgen, wie Ruths Verbindlichkeit ihrer Schwiegermutter gegenüber sich entwickelte. Für Ruth war Juda ein fremdes Land mit fremden Sitten und Gebräuchen, aber in Noomi hatte sie eine Mentorin, und sie war so klug, deren Rat auch zu befolgen.

Die beiden Frauen kamen zur Erntezeit in Juda an. Nach dem Gesetz des Alten Testamentes gab es eine Bestimmung, nach der arme Menschen, die kein Land besaßen, sich die Reste auf den Feldern der wohlhabenderen Landbesitzer sammeln durften. „Wenn ihr bei der Ernte eine Garbe auf dem Feld vergesst, geht nicht zurück, um sie zu holen. Lasst sie den Ausländern, Waisen und Witwen! Dann wird der Herr, euer Gott, euch bei all eurer Arbeit segnen" (5. Mose 24,19). Noomi schickte Ruth los, um Ähren aufzusammeln die von den Erntearbeitern übersehen oder fallen gelassen worden waren.

Das war schwere Arbeit, aber für die Armen war jedes Getreidekorn eine Kostbarkeit. Und über Ruth heißt es im Text: „Seit dem frühen Morgen ist sie bereits da, und hat sich noch kaum in den Schatten gesetzt", und sie sammelte noch bis in den Abend weiter, um genug für sich und Noomi zusammenzubekommen.

Später, als Ruths Bescheidenheit und Tugend ihr die Bewunderung von Noomis Verwandten eingebracht hatte, erklärte Noomi Ruth das Gesetz, dem zufolge ein naher Verwandter eines verstorbenen Mannes dessen Witwe heiraten konnte. Der erste Sohn dieses Paares bekam dann den Namen des verstorbenen Ehemanns und erbte auch dessen Besitz. Als Noomi hörte, dass es einen solchen Verwandten gab, der zudem Ruth bewunderte, drängte sie Ruth, den Mann auf sich aufmerksam zu machen und ihn zu bitten, diese Möglichkeit des Gesetzes zu nutzen.

Ruth ließ sich also von ihrer Schwiegermutter bei der Wahl eines möglichen neuen Ehemanns beraten. Ruth merkte, dass dieser Verwandte ein Mann mit guten Eigenschaften war, und sie befolgte den Rat ihrer Schwiegermutter. In jeder Hinsicht zeigte Ruth, dass sie loyal war, hart arbeiten konnte, vernünftig war und außerdem offen für Noomis Rat. Ruth hatte eindeutig große Achtung vor ihrer Schwiegermutter und außerdem liebte sie sie.

Ruths Beziehung zu Boas. Der Ruf einer Frau spielte damals wie heute eine große Rolle. Schon lange bevor Boas Ruth persönlich kennen lernte oder sie auch nur vom Sehen kannte, hatte er viel Gutes über sie gehört.

In dem kleinen Ort blieb nichts unbemerkt. Jeder dort wusste, dass Noomi aus Moab zurückgekehrt war und dass sie in Begleitung ihrer Schwiegertochter Ruth war. Man wusste von Ruths Entscheidung, sich Noomis Volk anzuschließen und ihrem Gott anzugehören, und man hatte sich bereits eine Meinung über Ruths Charakter gebildet. Als Boas ihr zum ersten Mal begegnete, konnte er deshalb sagen:

Man hat mir berichtet, dass du seit dem Tod deines Mannes deiner Schwiegermutter beigestanden hast. Deine Eltern und dein Land hast du verlassen und dich einem Volk angeschlossen, das du vorher nicht gekannt hast. (Ruth 2,11)

Um ihre guten Eigenschaften wissend, behandelte Boas sie bevorzugt. Er lud sie ein, zusammen mit seinen Erntearbeitern zu essen, erlaubte ihr, dort zu sammeln, wo die Schnitter gerade gemäht hatten, und er wies die jungen Männer an, sie nicht zu belästigen. Dass eine solche Ermahnung überhaupt nötig war, macht noch einmal deutlich, wie gefährlich das Leben für eine allein stehende Frau zur Zeit der Richter war. Boas sorgte sogar dafür, dass die Erntearbeiter absichtlich immer einmal wieder eine Hand voll Ähren für Ruth liegen ließen.

Als Noomi davon erfuhr und ihr klar wurde, dass Boas ja ein naher Verwandter von ihr war, spürte sie, dass Gott eine Tür für Ruth geöffnet hatte. Sie wies Ruth an, die gesamte Weizen- und Gerstenernte hindurch weiter auf Boas' Feldern zu sammeln. Als die paar Wochen der Erntezeit vorüber waren, nahm Noomi Ruth zur Seite und erklärte ihr ihre Sorge um Ruths künftige Sicherheit.

Als naher Verwandter kam Boas nicht nur als zukünftiger Mann für Ruth in Frage, sondern durch eine Ehe mit ihm konnte Ruth sogar das Land ihres verstorbenen Mannes zurückgewinnen. Also erklärte Noomi Ruth, wie sie mit Boas Kontakt aufnehmen sollte.

Während der Erntezeit schliefen die Arbeiter oft draußen auf dem Feld. Noomi sagte zu Ruth, sie solle nachts zu Boas' Schlafplatz gehen und sich zu seinen Füßen legen. Das wird manchmal als Verführungsversuch ausgelegt, aber die Haltung, die Ruth dabei einnahm, war symbolisch zu verstehen, nämlich als Bitte an Boas, sie als seine Frau unter seinen Schutz zu stellen. Boas verstand die Symbolik sofort und versprach, ihre Bitte zu erfüllen. Er sagte: „Du brauchst dir keine Sorgen zu machen, ich werde deine Bitte erfüllen. Jeder hier in Bethlehem weiß, dass du eine ehrbare junge Frau bist" (Ruth 3,11).

Bevor Boas Ruth heiraten konnte, brauchte er jedoch die Erlaubnis eines Mannes, der noch näher mit Noomi verwandt war als er. Nachdem Boas diesem erklärt hatte, dass er Ruth ebenfalls heiraten müsse, um die Felder von Ruths verstorbenem Mann auszulösen, lehnte dieser ab. Er habe bereits zwei erwachsene Söhne. Wenn er Ruth heiraten und mit ihr zusammen mehr als einen Sohn haben würde, müsse er sie aus dem Besitz versorgen, den er eigentlich für seine „Erstfamilie" reserviert hatte. Der Mann verzichtete somit auf seinen Anspruch, und Ruth und Boas konnten heiraten.

Aus der Ehe ging ein Sohn hervor, und dieser Sohn wurde später der Großvater von König David und damit ein Vorfahre von Jesus Christus.

Ruth: Eine Nahaufnahme

Ruth ist eine der faszinierendsten, positivsten Frauengestalten der Bibel. Sie war eine Frau mit erstaunlicher Liebesfähigkeit und von großer Loyalität. Ruth war zwar entschlussfreudig und bereit, sich aus Loyalität zu Noomi auf eine ungewisse Zukunft einzulassen, aber sie war absolut nicht eigensinnig. Sie war klug genug, Noomis Rat zu befolgen und bereit zu arbeiten, um sie beide zu ernähren. Ruth verschaffte sich schnell einen guten Ruf in ihrer neuen Heimat und gewann die Anerkennung derer, die sie kannten. Durch ihren guten Ruf und nicht ihre äußerliche Attraktivität gewann sie Boas' Bewunderung, die darin zum Ausdruck kam, dass er besonders großzügig war. Die Beziehung, die sich zwischen den beiden entwickelte, war stabil gegründet und beruhte auf gegenseitiger Wertschätzung der guten Eigenschaften des jeweils anderen.

Die Geschichte von Ruth ist zwar wahrhaftig eine Liebesgeschichte, aber sie hat so gut wie nichts gemein mit den romantischen Romanen, in denen Leidenschaft und Erotik dominierende Elemente sind. Ruths und Boas' Liebe entwickelte sich daraus, dass für sie beide gemeinsame Werte wichtiger waren als irgendwelche Äußerlichkeiten.

Noomi: Eine Nahaufnahme

Noomis Name, „Lieblichkeit" bzw. „Wonne" ist vielsagend. Sie kümmerte sich um ihre Schwiegertöchter und verdiente sich damit deren Liebe und Loyalität. Selbst Orpa, die beschloss, in Moab zu bleiben, weinte beim Abschied von Noomi. Bei Noomi spürt man eine besondere Art von Großzügigkeit. Obwohl sie allein war, appellierte sie an ihre Schwiegertöchter, doch an die eigene Zukunft zu denken, statt sich um das Wohlergehen ihrer Schwiegermutter zu kümmern. Wieder in Juda angekommen, fühlte sich Noomi verantwortlich für Ruth und beschloss, sich darum zu kümmern, dass Ruth ein neues Zuhause und eine neue Familie fand (Ruth 3,1).

Es ist aber auch eigentlich nicht weiter überraschend, dass Noomi einen so großen Einfluss auf Ruths Leben hatte. Menschen, die andere echt und selbstlos lieben, ziehen Menschen zu sich und dadurch auch zu Gott.

Impulse für heute

- Noomi und Ruth veranschaulichen eine zwischenmenschliche Beziehung, wie Gott sie sich vorstellt.

  Getragen ist die Beziehung von Liebe, Loyalität, Treue, Durchhaltevermögen, Mut, Risikobereitschaft und einem gemeinsamen Gott.
- Die beiden Frauen brauchen sich und stehen bedingungslos zueinander. Gemeinsam und auf den Willen Gottes hörend, gelangen sie zu Lebensbedingungen, die für beide positiv sind.
- Die beiden Frauen können die Entscheidung der jeweils anderen stehen lassen (auch Orpas Entscheidung, ins Elternhaus zurückzukehren), und sind beide

auch bereit, sich der jeweils anderen unterzuordnen.

- Boas ist beeindruckt von Ruths Persönlichkeit und tritt ebenfalls in Beziehung zu ihr.
- Wenn wir bereit sind, uns nach Gottes Vorstellungen zu richten, wie er sich den Umgang zwischen Menschen wünscht, dann hat das immer und unweigerlich positive Auswirkungen auf die Beteiligten.

Hanna

Bibelstellen:
1. Samuel 1.2

Zeit: Etwa 1125 v. Chr.
Name: „Gnade" oder „Anmut"
Thema: Hanna war die Mutter von Samuel, dem letzten Richter Israels.

Hannas Rolle in der Bibel

In der Zeit, in der Hanna lebte, wurden die Stämme Israels von ihren viel mächtigeren Nachbarn, den Philistern, unterdrückt. Und auch im persönlichen Leben Hannas gab es Bedrückendes: Sie war kinderlos, und sie sehnte sich danach, ihrem Mann einen Sohn zu schenken. Der Druck wurde noch dadurch verstärkt, dass seine andere Frau ihm bereits Kinder geboren hatte und deshalb gern über die kinderlose Hanna spottete.

Die Bibel nimmt Hannas Geschichte auf in einem Jahr, als die Familie zum Heiligtum nach Silo reiste, um dort anzubeten und zu opfern. Als es Nacht wurde, schlich Hanna sich zum Heiligtum, um dort verzweifelt und unter Tränen den Herrn um einen Sohn anzuflehen. Wenn er ihr Gebet erhören würde, so gelobte sie Gott, würde sie ihm den Sohn zum Dienst weihen.

Hannas Gebet wurde erhört. Sie brachte einen Sohn zur Welt, den sie Samuel nannte. Drei oder vier Jahre lang versorgte sie ihn selbst, bis er nicht mehr gestillt wurde, und löste dann ihr Versprechen ein, indem sie Samuel ins Heiligtum zum Hohepriester Eli brachte, damit er dort Gott diente. Dort stellte sich bald heraus, dass Hannas Sohn Samuel ein Prophet war; später wurde er Israels letzter Richter. Gegen Ende seines Leben salbte Samuel zuerst Saul und dann David zu Königen von Israel.

Hannas Beziehungen

Hannas Beziehung zu ihrem Mann *(1. Samuel 1,5.8.23).* Hannas Mann Elkana liebte seine Frau Hanna wirklich sehr, und er bevorzugte sie merklich seiner anderen Frau gegenüber, indem er ihr besonders gutes Essen und von allem viel mehr gab als der anderen. Dieses Verhalten von Elkana förderte gewiss die Rivalität zwischen beiden Frauen; es machte andererseits Hanna trotz ihres „Makels" der Kinderlosigkeit ihrer Beziehung zu Elkana sicher und ließ sie sich angenommen fühlte.

Hannas Problem war, dass die gute Ehe mit Elkana ihr nicht genügte. Sie wünschte sich verzweifelt einen Sohn. Elkana verstand wahrscheinlich gar nicht, wie tief greifend diese Gefühle seiner Frau waren, denn er fragte sie: „Hanna, warum weinst du? . . . Bist du so traurig, weil du keine Kinder hast? Bin ich dir denn nicht viel mehr wert als zehn Söhne?" (1. Sam 1,8). Er versuchte zwar, ihr beizustehen, verstand sie aber nicht und konnte ihre tiefe Verzweiflung nicht nachvollziehen.

Nach Samuels Geburt muss Hanna ihr Gelübde irgendwie erklärt haben. Zu diesem Zeitpunkt hätte Elkana dem Gesetz zufolge ihr Gelübde noch widerrufen können, wie in 4. Mose 30,7- 9 nachzulesen ist:

Wenn eine Frau sich vor ihrer Heirat durch ein Gelübde oder ein leichtfertiges Versprechen zu irgendetwas verpflichtet hat und ihr Mann dazu schweigt, muss sie ihr Wort halten. Erhebt er jedoch am selben Tag Einspruch, an dem er davon erfährt, ist sie nicht mehr an ihr Versprechen gebunden. Der Herr wird ihr vergeben, wenn sie in diesem Fall ihr Wort nicht hält.

Elkana liebte Hanna wirklich und ließ ihr Gelübde gelten (1. Sam. 1,23). Als Samuel nicht mehr gestillt wurde, löste Hanna ihr Versprechen Gott gegenüber ein und brachte den Jungen zum Priester Eli, wo er dann auch blieb.

Übrigens erlaubte Elkana Hanna nicht nur, ihr Gelübde zu erfüllen: Als es so weit war, ging er sogar selbst mit, um Samuel zum Heiligtum zu bringen, und nahm an dem Opferritus teil, mit dem Samuel dem Dienst für Gott geweiht wurde.

Elkana liebte und unterstützte Hanna, obwohl er ihre Gefühle nicht immer nachvollziehen konnte. Vielleicht war er nicht der einfühlsamste Mann, aber er gestand Hanna die Freiheit zu, ihrem Herzen zu folgen – auch wenn diese Freiheit ihn seinen Sohn kostete.

Hannas Beziehung zu Eli *(1. Sam. 1,12-17; 24-28).* Als Eli Hanna zum ersten Mal im Heiligtum sah, betete sie verzweifelt. Ihr Gebet war so leidenschaftlich, dass Eli sie zuerst für betrunken hielt und sie deshalb tadelte. Als Hanna erklärte, dass sie bete, segnete Eli sie.

Der Segen lautete: „Geh getröstet und in Frieden nach Hause! Der Herr Israels wird dir geben, worum du gebeten hast" (1. Sam 1,17). Dieser Segen beruhigte Hanna, und sie kehrte glücklich und erleichtert zu ihrer Familie zurück. Erleichtert war sie deshalb, weil der Segen des Priesters als prophetisch betrachtet wurde, und deshalb war Hanna gewiss, dass Gott ihr Gebet erhören würde, was auch geschah.

Als Samuel entwöhnt war, brachten Hanna und ihr Mann ihn in den Tempel zu Eli. Hanna erinnerte Eli daran, wie er ihr Gebet miterlebt hatte, und sie übergab dem Priester das Kind mit den Worten: „Ich gebe Samuel dem Herrn zurück. Sein ganzes Leben lang soll er Gott gehören" (1. Sam. 1,28). Eli übernahm die Verantwortung für das Kind, und Samuel wuchs in Silo auf, wo sich damals das Heiligtum befand.

Hannas Beziehung zu Gott *(1. Samuel 1,11; 2,1-10).* Hannas Beziehung zu Gott wird häufig missverstanden. Dieses Missverständnis wird aus ihrem Gelübde in 1. Samuel 1,11 abgeleitet, wo es heißt:

Allmächtiger Gott, du siehst doch mein Elend. Wenn du Erbarmen mit mir hast und mich nicht vergisst, sondern mir einen Sohn schenkst, will ich ihn dir zurückgeben. Sein ganzes Leben soll dann dir, Herr, gehören. Als Zeichen dafür werde ich ihm nie die Haare schneiden.

Hannas Gelübde aber ist kein Handel mit Gott, in dem sie in ihrem Inneren Gott ein quid pro quo anbot. Auch wenn die Form ihres Gelübdes dem eines Menschen ähnelt, der versucht zu feilschen: Wenn du X tust, tue ich Y. Aber Hanna handelte und feilschte nicht, sondern sie legte ein Gelübde ab. Vier Mal im Alten Testament wird ein Gelübde, das dem Herrn gegeben wird, gleichgesetzt mit einem freiwilligen Opfer (3. Mose 7,16; 22,21; 4. Mose 15,3; 5. Mose 12,17).

Hanna war verzweifelt. Und Gott war

ihr Ansprechpartner, den sie um ein Ende ihrer Verzweiflung und um ein Zeichen seines Erbarmens bat. In ihrem Inneren war sie aber gleichzeitig an einen Punkt gelangt, an dem sie bereit war, Gott das hinzugeben, was ihr am wichtigsten geworden war: Einen Sohn. Hannas Gebet war kein Feilschen mit Gott, sondern ein Akt des Loslassens und der Einwilligung. Indem sie Gott das hingab, was ihr am kostbarsten schien, fand Hanna inneren Frieden.

Als Samuel geboren wurde, war Hanna überglücklich und dankbar. Da mutet es – rein menschlich gesehen – vielleicht merkwürdig an, dass sie sich an dem Tag, als sie ihren Sohn nach Silo bringen wollte, um ihn Eli und dem Herrn zu übergeben, keine Trauer empfand.

An Hannas Gebet in 1. Samuel 2 lässt sich feststellen, dass Hanna ganz und gar nicht das Herz brach bei dem Gedanken Samuel abzugeben, sondern sie war voller Freude. Sie sagte: „Der Herr erfüllt mein Herz mit großer Freude“ (1. Sam 2,1), und im Verlauf des Lobgebetes preist und erhöht sie Gott und alle seine Werke. Indem sie ihren Herzenswunsch an Gott auslieferte, erlebte Hanna, wie ihr Herz erfüllt wurde und nicht leer blieb.

Gott die Herzenswünsche auszuliefern bewirkt, dass man Freude entdeckt; in Wirklichkeit kann nur Gott allein unsere tiefsten Bedürfnisse stillen.

Gott war Hanna auch weiterhin gnädig. Im Text wird berichtet, dass Hanna Samuel jedes Jahr im Heiligtum besuchte und „jedes Jahr nähte ihm seine Mutter ein neues Obergewand und brachte es mit, wenn sie mit ihrem Mann zum jährlichen Opfer nach Silo kam“ (1. Sam 2,19). Zweifellos vermisste Hanna Samuel, aber sie war beschäftigt und führte ein erfülltes Leben, denn „der Herr schenkte Hanna noch drei Söhne und zwei Töchter“ (2,21). Und Hanna wusste, dass der Sohn, den sie dem Herrn überlassen hatte, ganz groß werden würde, denn schon als Samuel noch ein Kind war, begann er prophetisch zu reden und „ganz Israel, von Dan im Norden bis Beerscheba im Süden, erkannte, dass der Herr ihn zum Propheten erwählt hatte“ (1. Sam. 3,20).

Hanna: Eine Nahaufnahme

Hanna war eine Frau, die sich lange Zeit nicht freuen konnte über all das Schöne und Positive in ihrem Leben. Sie war so fixiert auf den Wunsch nach einem Sohn, dass ihr nichts anderes mehr wichtig schien. Hannas Leben änderte sich jedoch, als sie in einem Gelübde das, was sie am meisten ersehnte, innerlich losließ und an Gott abgab.

Sie entdeckte die Wahrheit, die auch Jesus ein Jahrtausend später seine Jünger lehrte:

Jesus forderte seine Jünger auf, sich selbst zu verleugnen, ihr Kreuz auf sich zu nehmen und ihm nachzufolgen. Jesus fragte: „Was gewinnt ein Mensch, selbst wenn ihm die ganze Welt zufällt und er dabei das ewige Leben verliert?“ (Matthäus 16,26). Der griechische Satz im Neuen Testament gibt sehr schön eine hebräische grammatische Konstruktion um das Wort *nephesh*, „Seele“, wieder und bedeutet wörtlich: Was kann ein Mensch im Tausch gegen sein Selbst geben?

Die Jünger mussten eine Entscheidung fällen. Sie konnten bei ihrem alten Selbst und dessen Sehnsüchten und Wünschen bleiben, oder sie konnten alles an Jesus ausliefern, und indem sie Jesus nachfolgten, zu den Menschen werden, als die Gott sie gedacht hatte. Im Ausliefern, sich Überlassen, erlebten die Jünger keinen

Verlust, sondern Gewinn – genau wie Hanna bereits lange Zeit zuvor.

Indem sie den Sohn, den sie sich so sehnsüchtig wünschte, an Gott abgab, gewann Hanna eine neue Wertschätzung für Gott, ein tiefes Gefühl von Freude und ein wirklich befriedigendes Leben. Und sie hatte dadurch – freilich ohne das zu wissen – den Grundstein gelegt, dass Samuel einer der großen Glaubensmänner des Alten Testamentes wurde.

Impulse für heute

- Hanna ist eine Frau, die augenscheinlich alles hat und „doch eigentlich dankbar sein müsste", die sich aber trotzdem traut, vor Gott wegen der einen Sache zu klagen, die ihr so sehr fehlt.
- So sehr, wie Hanna sich nach einem Kind sehnte, sehnt Gott sich nach Gemeinschaft mit uns und danach, dass wir ihm wirklich unser Herz ausschütten. Wir brauchen dabei weder Angst vor Härte noch vor Spott zu haben.
- Es ist unser menschliches Denken, das uns daran hindert, so zu bitten wie Hanna.

„Ist das nicht undankbar?", fragen wir uns. „Hat er mir nicht schon so vieles geschenkt?"

„Ich bin bestimmt gierig und egoistisch, wenn ich ihn darum jetzt auch noch bitte."

Aber so ist Gott nicht. Es ist sein Wunsch und Wille, uns zu beschenken, und es ist ihm eine Freude und ein Zeichen dafür, dass wir eine Beziehung mit ihm wollen, wenn wir ihm unsere Herzenswünsche und auch unsere tiefsten Gefühle mitteilen.

Darin kann Hanna uns ein Vorbild sein.

Und wir können sehen und uns darüber freuen, wie reich Gott sie beschenkte, als sie ihren Wunsch wirklich an Gott abgegeben und ihn dann dort auch gelassen hatte. Das ist auch unsere Herausforderung – vielleicht die schwerste im Leben.

Frauenleben zur Zeit der Könige

1. Samuel bis Maleachi

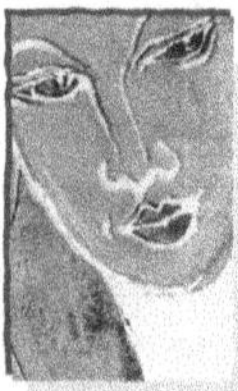

- **Faustpfand in der Machtpolitik**
- **Michal, verraten und missbraucht (2. Samuel 14,13-16)**
- **Eine Frau mit Macht (1. Könige 21,1-14)**

Die Einführung der Monarchie um das Jahr 1050 v. Chr. brachte so gut wie keine Veränderungen für das Leben der meisten Frauen im alten Israel. Es waren nach wie vor Tag für Tag dieselben Pflichten im Haushalt zu erledigen, und auch die Jahreszeiten mit den dazugehörenden Arbeiten im Haus und auf dem Feld blieben gleich: Die Ernte mit dem Ährenlesen auf dem Feld; die fröhlichen religiösen Feste, die Abwechslung und auch einmal Entlastung von all der Arbeit mit sich brachten.

Die Einführung der Monarchie hatte allerdings dramatische Auswirkungen für Frauen, die zur königlichen Familie gehörten. Mit einem König verheiratet zu sein oder in seine Familie hineingeboren zu werden, brachte zwar einige Privilegien mit sich, aber auch viele Pflichten und viele, viele Enttäuschungen. Im Wesentlichen und mit nur wenigen Ausnahmen waren die Frauen der Königsfamilien im Altertum eine Art Faustpfand. Sie wurden auf dem Schachbrett der Politik hin und her geschoben von Männern, denen es meistens sehr viel mehr um Macht ging als um das Wohlergehen und das Glück ihrer Frauen oder Töchter.

Diese neue politische Rolle für Frauen aus der Königsfamilie wird im Alten Testament besonders deutlich auch daran, dass die Könige Israels viele Frauen hatten Beispiel dafür waren so bekannte Gestalten wie David und Salomo. Es gab aber auch einige Frauen am Königshof, die sich in dem Machtspiel nicht von Männern benutzen ließen, sondern selbst politisch aktiv wurden und persönliche Macht anstrebten.

Königliche Ehefrauen

Im 5. Buch Mose gibt es einen Abschnitt mit Gesetzen, die nur für die Könige Israels galten:

Bald werdet ihr das Land in Besitz nehmen, das der Herr, euer Gott, euch geben will. Vielleicht werdet ihr dort eines Tages sagen. „Wir wollen einen König haben, wie alle anderen Völker ringsum!“ Dann ernennt aber nur den zum König, den der Herr, euer Gott erwählt. Er soll aus eurem Volk stammen. Ihr dürft keinen Ausländer einsetzen, sondern nur einen Israeliten. Wenn er König geworden ist, soll er kein großes Reiterheer aufbauen. Er darf auch niemanden von euch nach Ägypten schicken, um von dort noch mehr Pferde zu holen. Denn der Herr hat euch verboten, je wieder nach Ägypten zu gehen. Euer König soll auch nicht zu viele

Frauen haben, denn das würde ihn dazu verleiten, dem Herrn untreu zu werden. Er darf auch kein Gold und Silber anhäufen.

Wenn er den Thron seines Reiches besteigt, soll man ihm eine Abschrift von diesem Gesetz geben, das bei den Priestern aus dem Stamm Levi aufbewahrt wird. Er muss sie immer bei sich haben und täglich darin lesen, so lange er lebt. So wird er lernen, Ehrfurcht vor dem Herrn, seinem Gott, zu haben und alle Ordnungen dieses Gesetzes genau zu befolgen. Das wird ihn davor bewahren, sich für wichtiger zu halten als die anderen Menschen aus seinem Volk. Wenn er in keiner Hinsicht von diesem Gebot abweicht, werden er und seine Nachkommen lange Zeit in Israel Könige sein.

Während die anderen Könige in der Welt des Altertums absolute Herrscher waren, sollten die hebräischen Könige sich der Herrschaft Gottes unterstellen und sich seiner Allmacht und Souveränität bewusst bleiben. Der König des Volkes Israel sollte regieren als einer von vielen Hebräern und nicht als einer, der über den anderen stand. Die Gebote, an die sich auch der König halten musste, sollten bewirken, dass er demütig und bescheiden blieb und dass ihm bewusst war, dass trotz aller irdischen Macht, die er hatte, Gott über ihm stand. Es sollte keinen protzigen Reichtum geben, keine großen Heere von Streitwagen, und die Könige sollten auch nicht viele Ehefrauen haben, um möglichst viele Nachkommen zeugen zu können.

Diese von Gott festgesetzten Grenzen wurden jedoch von Anfang an überschritten. Obwohl Saul zwar nur eine Frau hatte, hielt er sich eine Konkubine namens Rizpa, und dabei war Saul noch gar kein richtiger hebräischer König. Es war David, der eigentlich die Monarchie in Israel begründete. Es war David, der die Stämme Israels zusammenbrachte, der eine zentrale Regierung und Verwaltung organisierte und einsetzte, und der Jerusalem sowohl als politische wie auch als religiöse Hauptstadt des aufstrebenden hebräischen Volkes etablierte. Es war David, der die umliegenden Völker besiegte und das Gebiet Israels um das Zehnfache vergrößerte. Und es war König David, der die Privilegien der Könige geltend machte, „und noch weitere Frauen und Nebenfrauen" heiratete, als seine Herrschaft gesichert war (2. Sam. 5,13).

Davids Sohn Salomo praktizierte die Vielehe später exzessiv. In 1. Könige 11,3 heißt es über ihn: „Er hatte 700 Frauen, die aus fürstlichen Häusern kamen, und 300 Nebenfrauen. Zwar steht in Vers 1 in demselben Kapitel außerdem: „Neben der Tochter des Pharaos heiratete König Salomo noch viele andere ausländische Frauen", der Grund dafür war jedoch nicht, dass Salomo damit nur die Aussage beweisen wollte, der zufolge Macht das beste Aphrodisiakum ist. Der wichtige Aspekt an dieser Information ist die Tatsache, dass seine 700 Frauen aus „fürstlichen Häusern" kamen.

In der Welt des Altertums war es üblich, dass Abkommen zwischen Nationen und Völkern bindender waren, wenn Ehen zwischen Angehörigen der beteiligten Königshäuser geschlossen wurden. Die meisten der ausländischen Frauen, wie die „Tochter des Pharao", die in 1. Kön. 11,1 erwähnt wird, kamen aufgrund von Klauseln in einem Vertrag zwischen den beteiligten Herrschern in Salomos Harem.

Diese Praxis, internationale Abkommen durch Ehen zu stabilisieren, war tief verwurzelt in den Kulturen des Altertums. Salomos Sohn Rehabeam, der später die Tochter Abischaloms heiratete, welche er angeblich liebte, hatte trotzdem „achtzehn Frauen und sechzig Nebenfrauen. Sie brachten achtundzwanzig Söhne und sechzig Töchter zur Welt“ (2. Chr. 11,21). Ahab, der von seiner Frau Isebel beherrscht wurde, hatte ebenfalls viele Frauen und Kinder (1. Kön. 20,5). Kaum vorstellbar, was es wohl bedeutete, eine von sechzig Töchtern irgendeines Königs im Altertum zu sein. Liebevolle Vater-Tochter Beziehungen waren da kaum wahrscheinlich oder auch gar nicht möglich. Fest stand nur, dass man eine Münze in der politischen Schatztruhe des Vaters war, mit der wahrscheinlich ein ausländischer Herrscher bezahlt werden würde als Gegenleistung für einen politischen Vorteil. Als Mitglied der königlichen Familie hatte ein junges Mädchen zwar materielle Vorteile, aber von frühester Kindheit an musste sie um ihre Pflichten wissen, und es musste ihr klar sein, dass sie eher als Wertgegenstand galt denn als Person mit eigenen Träumen und Zielen.

Eine junge Frau, die irgendwo auf einem Bauernhof auf dem Lande bei liebevollen Eltern lebte und die sich darauf freute, selbst irgendwann einmal Mann und Kinder zu haben, war insofern sicher glücklicher dran als die Prinzessin, die in großem Luxus am königlichen Hof aufwuchs.

Die Geschichte von David und Michal

Die Geschichte von David und Michal, einer jüngeren Tochter von Saul, veranschaulicht die Misere der Frauen aus der Königsfamilie. Obwohl Saul, der erste König Israels, noch nicht Herrscher einer etablierten Monarchie war, zeigt seine Beziehung zu Michal, dass er es gut verstand, Frauen zu politischen Zwecken einzusetzen. Traurig ist allerdings, dass David ihm darin in nichts nachstand.

Der Traum eines jungen Mädchens von der Liebe *(1. Sam. 18,20-28).* Als die Israeliten von dem riesigen Philisterkrieger Goliath in Angst und Schrecken versetzt wurden, versprach Saul, dass derjenige, der diesen Mann besiegen würde, reich werden würde, von allen Steuern befreit sei und obendrein seine Tochter zur Frau bekäme. Saul hielt jedoch nicht Wort, denn nachdem David Goliath getötet hatte, bot er David an, Mitglied in seinem Heer zu werden und machte ihm außerdem die vage Zusage, ihm irgendwann seine älteste Tochter Merab zur Frau zu geben, allerdings unter einer Voraussetzung: „Vorher musst du dich noch als Soldat bewähren. Du sollst im Auftrag des Herrn in den Krieg ziehen“ (1. Sam. 18,17). Zu der Zeit war Saul bereits sehr eifersüchtig auf Davids Erfolge und hoffte, dass die Aussicht auf die Zugehörigkeit zur königlichen Familie ihn vielleicht zu leichtsinniger Risikobereitschaft im Kampf verleiten würde.

Doch dann schien die Tochter des Königs viel zu wertvoll, um sie an einen Niemand wie David zu verschwenden, und als der Zeitpunkt gekommen war, dass Merab mit David verheiratet werden sollte, gab Saul sie einem Mann namens Adriel zur Frau. Die Gründe für diesen Schritt werden in der Bibel nicht erläutert.

Dann jedoch verliebte Sauls jüngere Tochter Michal sich in David. Tag und Nacht träumte sie von dem gut aussehenden jungen Offizier und sprach, wie es verliebte Mädchen auf der ganzen Welt tun, mit ihren Freundinnen über ihn. Saul, der von dieser Schwärmerei erfuhr, „war es gerade recht“ (1. Sam 18,20). Michal war überglücklich, als sie erfuhr, dass ihr Vater die Einwilligung zur Ehe mit dem Mann ihrer Träume gab.

Aber Sauls Motiv für diesen Schritt war keineswegs der Wunsch, seine Tochter glücklich zu sehen. Vielmehr betrachtete er ihre Liebe zu David als eine Waffe, die er in einem geheimen Plan einsetzen konnte. „Das ist meine letzte Gelegenheit, David noch einmal eine Falle zu stellen" (1. Sam. 18, 20), sagte er sich, um David als einen möglichen Rivalen loszuwerden. Wenn dabei Michal das Herz gebrochen würde – für Saul war das kein Thema.

Saul schickte einen Diener, der David die Bewunderung Sauls ausrichten sollte und ihm darüber hinaus den Wunsch des Königs vortrug, David in seiner Familie zu haben. David aber, der bescheiden und auch arm war, erhob Einspruch. Er besaß nichts, was er in eine solche Ehe hätte einbringen können, schon gar nicht etwas, das der Stellung und dem Wert einer Königstochter entsprochen hätte.

Und genau diese Reaktion hatte Saul einkalkuliert. Er teilte David mit, dass er als Brautpreis nichts anderes wolle, als dass David 100 Philister tötete – natürlich in der Hoffnung, dass David dabei im Kampf selbst umkommen würde. Als David jedoch bereits nach kurzer Zeit die geforderten Beweise brachte, gab der frustrierte König seine Zustimmung zur Hochzeit, und das Glück seiner Tochter ließ sich auch dadurch nicht dämpfen, dass er finster dreinblickte.

Michal stellt sich zu David *(1. Sam. 19,11-17).* Dass David in die königliche Familie einheiratete, änderte nichts daran, dass Saul rasend eifersüchtig auf den jungen begabten Soldaten war und ihn gleichzeitig fürchtete. Die Feindseligkeit des Königs wurde immer offensichtlicher, und schließlich, so heißt es im biblischen Text, „schleuderte Saul den Speer nach David, um ihn an die Wand zu spießen" (19,10). David eilte nach Hause, und nachdem er sich mit Michal beraten hatte, kamen die beiden überein, dass David fliehen müsse, wenn er mit dem Leben davonkommen wollte. Michal ließ David durch ein Fenster hinaus und half ihm an der Hausmauer hinunter, sodass David Saul entkam.

Michal, die ja zurückgeblieben war, tat alles, um David einen möglichst großen Vorsprung zu verschaffen. Als Boten von Saul kamen, um David aufzufordern, zum Palast zu kommen, erzählte sie ihnen, er sei krank. Sie legte eine Attrappe in Davids Bett und deckte diese so geschickt zu, dass die Täuschung erst auffiel, als die Boten den kranken David vor den König trugen und in Sauls Gegenwart die Decken zurückschlugen.

Saul machte Michal deshalb Vorwürfe, aber sie erklärte, David habe gedroht, sie zu töten. Was hätte denn sie, eine schwache Frau, da tun können? Gleichzeitig jubelte sie jedoch innerlich, weil der Mann, den sie liebte, entkommen war.

Aber diese Rettungsaktion hatte für Michal noch Folgen: Weil ihr Mann nun ein Gesetzloser war und dadurch mit dem Bann belegt, nahm Saul später sein Recht als König wahr, Michal wieder zu verheiraten, und zwar mit „Palti aus Gallim, einem Sohn Lajischs" (1. Samuel 25,44).

David fordert die Rückgabe Michals *(2. Sam. 3,13-16).* Es vergingen mindestens zehn Jahre, bis David und Michal sich wieder sahen. David blieb bis zum Tode Sauls auf der Flucht vor dem König. Danach wurde er selbst vom Stamm Juda als König anerkannt. Sauls militärischer Befehlshaber Abner setzte jedoch Sauls Sohn Isch-Boschet als Marionettenherrscher für die Stämme des Nordens ein. Siebeneinhalb Jahre lang herrschte David über den einen Stamm der Hebräer, dann kam es zu einem Zerwürfnis zwischen Isch-Boschet und Abner, und Abner bot den Stämmen des Nordens seine Unterstützung an, David zum König eines vereinten Volkes Israel zu machen.

Während der Verhandlungen über eine Wiedervereinigung stellte David eine einzige Forderung an Abner: „Du musst mir meine Frau Michal, die Tochter Sauls, mitbringen, sonst verhandle ich nicht mit dir" (2. Sam. 3,13).

Gleichzeitig schickte David Boten mit derselben Forderung an Isch-Boschet, der Davids Forderung sofort erfüllte.

Isch-Boschet ließ Michal von ihrem zweiten Mann Paltiel, einem Sohn Lajischs, wegholen. Der Mann konnte sich aber nicht von ihr trennen. Weinend lief er ihr nach bis Bahurim. Schließlich fuhr Abner ihn an: „Geh endlich zurück!" Da erst kehrte er um (2. Sam 3,15-16).

Es wäre zu schön gewesen, wenn David sich aus Liebe zu Michal so verhalten hätte, und sie hocherfreut gewesen wäre über das Wiedersehen. Aber David hatte in der Zwischenzeit mehrere andere Frauen geheiratet und Kinder mit ihnen. Und es gibt in dem gesamten Text keinerlei Hinweis darauf, dass einer der Hauptbeteiligten – David, Abner oder Isch-Boschet – Michal um ihre Meinung oder gar Einwilligung gefragt hätte. David forderte. Isch-Boschet befahl. Und Abner schickte aus ganz eigenen Gründen Michals weinenden Mann nach Hause zurück.

Was war dann aber der eigentliche Grund, weshalb David Michal zurückforderte und sie zu sich holen ließ? Er tat das nicht aus Liebe, sondern aus politischem Kalkül. David sollte schon bald zum König eines vereinten Israels ausgerufen werden, also der Stämme des Nordens wie der Stämme des Südens in Juda. Es war deshalb wichtig, dass es eine erkennbare Verbindung zu Saul gab, um zu rechtfertigen, dass jetzt David den Thron übernahm, von dem aus einmal Saul geherrscht hatte. Was machte sich da besser als Davids Ehe mit einem Mitglied der königlichen Familie? Damit diese Verbindung jedoch überhaupt noch erkennbar war, musste David sich wieder mit Michal zusammentun. David brauchte sie im Grunde nur an seiner Seite, wenn er zum König eines vereinigten Volkes Israel gekrönt würde.

Saul hatte Michal für seine Zwecke benutzt und dabei ihre Gefühle völlig außer Acht gelassen. Er hatte ihren Ehemann verfolgt, den sie seit ihrer Jugend liebte und sie dann mit einem anderen Mann verheiratet. Und jetzt riss ihr erster Mann sie von dem zweiten Mann wieder fort, nicht weil er hoffte, die alte Liebe wieder beleben zu können, sondern aus genau so egoistischen und politischen Motiven wie Jahre zuvor ihr Vater. Wieder wurde sie ausgenutzt und missbraucht.

Eine letzte Konfrontation *(2. Sam. 6,20-23).* Jahre später gibt es eine letzte Begegnung mit Michal in der Bibel. David hatte über alle seine ausländischen Feinde triumphiert und Jerusalem zur politischen Hauptstadt des Volkes gemacht. Es war ihm außerdem gerade gelungen, die Bundeslade in die Stadt zu bringen und Jerusalem dadurch auch zur religiösen Hauptstadt zu erklären.

David war überglücklich über seinen Sieg, immer noch ganz erfüllt von Freude und Dankbarkeit Gott gegenüber. Deshalb führte er die Prozession der Priester an, von denen die heilige Bundeslade durch die Straßen der Stadt getragen wurde. Zu diesem Anlass hatte David seine königlichen Gewänder abgelegt und er hatte vor dem Herrn getanzt wie ein gewöhnlicher Untertan, der seinen Gott anbetet. Michal hatte ihn von einem der Palastfenster aus beobachtet, und als sie ihn da so sah, empfand sie plötzlich nur noch

Bitterkeit und Verachtung. In der Bibel wird diese Szene im Palast so beschrieben:

Auch David ging nach Hause, um seine Familie zu sehen. Er war noch nicht im Palast, als ihm Michal schon entgegenkam. „Ach wie würdevoll ist heute der König vor seinem Volk aufgetreten!", spottete sie. „Bei deiner halb nackten Tanzerei hast du dich vor den Sklavinnen deiner Hofbeamten schamlos entblößt. So etwas tut sonst nur das Gesindel!" David erwiderte: „Ich habe dem Herrn zu Ehren getanzt. Er hat deinem Vater und seinen Nachkommen die Herrschaft genommen und sie mir anvertraut. Mich hat er zum König über sein Volk Israel eingesetzt, und ihm zu Ehren will ich auch künftig tanzen. Ja, ich wäre sogar bereit, mich noch tiefer zu erniedrigen als heute. Du magst mich verachten, aber die Sklavinnen, über die du eben so herablassend gesprochen hast, sie werden mich schätzen und ehren."

Michal aber bekam ihr Leben lang keine Kinder (2. Sam. 6, 20-23).

Was für eine Veränderung da in Michal stattgefunden hatte! Aus dem jungen Mädchen, das so verliebt gewesen war in seinen heldenhaften Ehemann, war eine verbitterte und verhärtete Frau geworden. Ihre Liebe zu David war einer tiefen Verachtung für ihn gewichen, die sie ihm auch deutlich zeigen wollte. David, dem vielleicht klar war, dass er mit verantwortlich war für ihre Veränderung, schlug zurück. Sie war nicht mehr die Prinzessin, die vom Status her weit über dem bescheidenen Offizier stand, den sie geheiratet hatte. Ihr Vater war tot, von Gott verworfen, und jetzt herrschte David. Es war David, der bestimmte, was würdevoll war und was nicht, und selbst die Dienerinnen, von denen Michal so verächtlich sprach, spürten in dem „unziemlichen" Lobpreis Davids seine Liebe zu Gott, und brachten ihm dafür große Achtung entgegen. Mit dieser Antwort wandte sich David für immer von Michal ab. Sie blieb in seinem Haus als eine Art Symbol, aber er rührte sie offenbar nie wieder an. Sie starb einsam und kinderlos.

Michal war wirklich eine tragische Figur und musste einen hohen Preis dafür zahlen, dass sie in die königliche Familie hineingeboren worden war. Als Frau aus einem Herrscherhaus hatte Michal ihre Identität als Person verloren und war stattdessen zu einem Pfand geworden, das von Männern beliebig eingesetzt wurde.

Isebel

Nicht alle Frauen aus den Königshäusern von Israel und Juda waren so hilflos und passiv wie offenbar Michal. Manche waren auch mit einer ungewöhnlich starken Persönlichkeit ausgestattet und in der Lage, Macht zu erlangen und auch zu behalten.

Eine dieser Frauen war Isebel, die Frau von König Ahab von Israel. Isebel war die Tochter von Etbaal von Sidon. Die Ehe zwischen den beiden Königshäusern war zweifellos arrangiert worden, aber Isebel machte rasch deutlich, dass sie keineswegs gewillt war, zum Kleingedrukkten in diesem Vertrag zu gehören. Sie brachte eine große Leidenschaft für die Religion ihres Heimatlandes mit in die Ehe und eine Willenskraft, die es ihr ermöglichte, ihren oft unentschlossenen Mann zu lenken.

Das Königspaar machte sich schnell daran, die Verehrung und Anbetung des Gottes Israels im Land durch die Baals Anbetung zu ersetzen. Sie importierten Propheten aus Isebels Heimat nach Israel und setzten alles daran, die Propheten Gottes zu vernichten. Erst das Eingreifen

Elias, und die Wunder, zu denen Gott ihn befähigte, sorgten schließlich dafür, dass die Bevölkerung sich wieder Gott zuwandte. Isebels Pläne wurden dadurch durchkreuzt.

An einem in der Bibel geschilderten Vorfall wird besonders deutlich, wie die Beziehung zwischen dem König und seiner Frau aussah und über wieviel Macht Isebel verfügte:

Ahab wollte unbedingt einen bestimmten Weinberg besitzen, der direkt neben dem Königspalast lag und einem Mann namens Nabot gehörte. Der König bat Nabot, ihm das Stück Land zu verkaufen und bot ihm dafür entweder ein besseres Stück Land oder Geld, aber Nabot lehnte ab. Als nämlich das Land Kanaan Jahrhunderte zuvor an die Angehörigen der zwölf Stämme verteilt worden war, war das Landstück, das jetzt Nabot gehörte, seinen Vorfahren zugeteilt worden. Nabot hatte dieses Stück Land von Gott selbst für sich und seine Familie bekommen, und er sollte es an seine Nachkommen weitervererben, deshalb weigerte er sich, dem König das Land zu geben „weil es ein Erbstück seiner Vorfahren war" (1. Kön 21,4).

Enttäuscht und in finsterer Stimmung kam Ahab nach Hause zurück und schmollte dort. Als Isebel ihn fragte, was los sei, erzählte ihr Ahab von Nabots Weigerung. 1. Könige 21 fährt fort:

Da antwortete Isebel: „Bist du der König von Israel oder nicht? Gut, dann steh jetzt auf, iss etwas und vergiss deinen Ärger! Du sollst deinen Weinberg haben! Ich nehme die Sache in die Hand." Sie schrieb im Namen des Königs einige Briefe, verschloss sie mit dem königlichen Siegel und verschickte sie an die Ältesten und die einflussreichsten Männer der Stadt Jesreel. In den Briefen stand:

„Ruft einen Tag der Buße aus und versammelt das ganze Volk! Weist Nabot einen Platz ganz vorne zu. Sorgt aber dafür, dass zwei bestochene Zeugen in seiner Nähe sitzen. Sie sollen ihn vor aller Augen anschuldigen und rufen: ‚Dieser Mann hat über Gott und den König gelästert!' Dann führt ihn aus der Stadt und steinigt ihn. Die Ältesten und die einflussreichen Männer von Jesreel führten alles aus, was die Königin in ihrem Brief angeordnet hatte . . .

Die Stadtobersten ließen Isebel ausrichten: „Nabot wurde gesteinigt. Er ist tot." Kaum hatte Isebel diese Nachricht erhalten, sagte sie zu Ahab: „Der Weinberg gehört dir! Nabot aus Jesreel, der ihn um nichts auf der Welt an dich verkaufen wollte, ist tot." Als Ahab das hörte, ging er sogleich hinaus, um den Weinberg in Besitz zu nehmen (1. Kön. 21,7-11; 14-16).

Aus dem Bericht geht hervor, dass Isebel vertraut mit königlichen Machtbefugnissen umging. Sie schrieb die Briefe in Ahabs Namen und versiegelte sie mit dem königlichen Siegel. Offenbar war klar, dass sie die Briefe verfasst hatte: Als die Ältesten und die einflussreichen Männer der Stadt den nur dürftig getarnten Mord ausgeführt hatten, machten sie nicht Ahab Meldung darüber, sondern Isebel. Sie war so gefürchtet, dass ihre bösen Anordnungen ohne Widerrede ausgeführt wurden.

Für Frauen war es nicht leicht, im Zeitalter der Könige in der königlichen Familie zu leben, aber das Beispiel Isebels zeigt, dass ausgeprägte Persönlichkeiten wie sie ganz ähnlich wie die Männer in ihrer Umgebung Macht erlangen konnten und dass sie sie ähnlich missbrauchen konnten. Isebel ging mit Männern so um, wie die oft mit Frauen: Sie behandelte sie wie Objekte und setzte sie ohne Rücksicht zu ihren Zwecken ein.

Das zeigt auf drastische Weise die Folgen

vom Entschluss Evas, dem Befehl Gottes im Garten Eden nicht zu gehorchen. Eva hatte sicher keine Vorstellung davon, wie dieser Schritt sich für sie selbst und alle ihre weiblichen Nachkommen auswirken würde. Gott sah die Konsequenzen schon und sprach sie aus: „Du wirst dich nach deinem Mann sehnen, aber er wird dein Herr sein!" (1. Mose 3,16). Und im Laufe der Geschichte wird das in Tragödie um Tragödie bestätigt, besonders in Erfahrungen von Frauen wie Michal und anderen Frauen aus der Zeit der Könige. Selten ist zu dieser Zeit allerdings eine Verzerrung männlicher wie weiblicher Wesenszüge drastischer porträtiert worden als bei Isebel, die in Auflehnung gegen ihren gesellschaftlich angeordneten Status selbst die Züge der Frauenunterdrücker annahm.

Die Frauen zur Zeit der Könige

- **Die schweigende Mehrheit (2. Samuel 18,7-8)**
- **Die eigentliche Tragödie (2. Samuel 6,16.20-23)**
- **Starke Frauen ziehen starke Männer an (1. Samuel 25)**
- **Sie war nicht wirklich eine Hexe (1. Samuel 28)**
- **Die am meisten missverstandene Frau der Bibel (2. Samuel 11)**
- **Ist diese Ehe zu retten? (2. Samuel 12)**
- **Tamar, die Frau als Opfer (2. Samuel 13,1-20)**
- **Besuch von einer Königin (1. Könige 10)**
- **Die Trauer einer Mutter (2. Samuel 21,10-14)**

Nicht alle Frauengestalten in diese biblischen Geschichtsbüchern waren Angehörige der königlichen Familie, und nicht mit allen wurde so rücksichtslos verfahren wie mit Michal. Tapfere Frauen tauchen dort ebenso auf wie Opfer, Heldinnen, Bösewichte, mächtige Königinnen und einfache Bauersfrauen vom Land. Jede dieser Gestalten ist eine genauere Betrachtung wert, denn jede hat eine Geschichte zu erzählen, die Erkenntnisse bietet – nicht nur für die Menschen ihrer Zeit und ihrer Umgebung, sondern auch für uns heute.

▸ Ahinoam, Sauls Frau

Bibelstelle:
1. Samuel 14,50

Zeit: Etwa 1025 v. Chr.
Name: siehe S. 324
Thema: Der nicht geltend gemachte Einfluss.

Ahinoams Rolle in der Bibel

Die Ahinoam, mit der Saul verheiratet war, wird in der Bibel im Alten Testament nur ein einziges Mal erwähnt: „Sauls Ehefrau hieß Ahinoam. Sie war eine Tochter des Ahimaaz". David heiratete später eine Frau gleichen Namens, von der auch kaum mehr zu erfahren ist, als dass sie Davids ersten Sohn Amnon zur Welt brachte. Davids Ahinoam wird in der Bibel allerdings sechs Mal erwähnt.

Vielleicht liegt der Unterschied darin, dass David für die Geschichte des Volkes Israel eine sehr viel wichtigere Rolle gespielt hat als Saul, aber diese einzelne kurze Erwähnung von Sauls Ahinoam scheint doch bedeutsam. Ihr Name wird nie mit den Namen von Sauls Söhnen oder Töchtern in Verbindung gebracht, obwohl sie als Sauls Frau diese Kinder geboren haben muss. Offenbar war Ahinoam eine so unscheinbare Person im königlichen Haushalt, dass kaum jemand Notiz von ihr nahm.

Dieser Eindruck wird verstärkt, wenn man noch einmal an die Erfahrungen von Sauls Tochter Michal denkt: Wo war Ahinoam, als Saul beschloss, Michals unschuldige Liebe zu benutzen, um David gefügig zu machen? Wo, als Saul Michals Ehe mit David für beendet erklärte und seine Tochter umgehend mit einem anderen Mann verheiratete? Vielleicht war Ahinoam inzwischen gestorben oder vielleicht gehörte sie zu den Menschen, die das Beste für ihre Kinder wollen und es auch wirklich gut meinen, die aber zu ängstlich und unentschlossen sind, sich wirklich für sie einzusetzen, wenn es nötig ist.

Es gibt viele Frauen, die so sehr den Wunsch haben, es ihrem Mann immer recht zu machen, dass sie dabei nach und nach ihre Identität völlig verlieren und gar nicht mehr wissen, wer sie sind. Und es gibt viele Frauen, die nach jahrelanger Ehe nur noch die Vorlieben und Abneigungen ihres Mannes kennen, aber selbst weder einen eigenen Geschmack noch eine eigene Meinung haben. Und viele Frauen werden so sehr zum Schatten ihres einstigen Selbst, dass sie nichts mehr zu geben haben, wenn ihre Kinder sie am dringendsten brauchen.

Es ist nicht bekannt, ob irgendeiner dieser Punkte auf Ahinoam zutraf, denn da sie selbst in dem Text nicht zu Wort kommt, lässt sich über mögliche Gründe ihres Verhaltens und ihrer Passivität nur spekulieren. Wenn Ahinoam jedoch noch am Leben war, als der Konflikt zwischen David, Saul und Michal auf dem Höhepunkt war, dann sind die Aussagen, die im biblischen Bericht über sie fehlen, beredte Aussagen über ihre Person.

Impulse für heute

- Ahinoam scheint die personifizierte Resignation zu sein. Sie hat aufgehört, sich einzusetzen, sich zu äußern, Standpunkte einzunehmen und zu vertreten.
- Indem sie sich selbst nicht mehr als Person mit Wert und Würde wahrnimmt, kann sie auch die Menschen in ihrem Umfeld, ja nicht einmal ihre Kinder, als Menschen mit Wert und Würde wahrnehmen.
- Wenn Menschen die Tatsache nicht mehr sehen können, dass Gott sie will, dass er persönlich Interesse an ihnen hat und ihnen Würde verleiht, dann verlieren sie das Gefühl für ihren eigenen Wert und ihre Würde oder entwickeln es gar nicht erst.
- So wie man sich selbst sieht, sieht man seine Mitmenschen. So wie man mit sich selbst umgeht, geht man mit den Menschen in seinem Umfeld um.
- Gott hat uns zuerst geliebt und uns diese Liebe in Jesus Christus veranschaulicht. Deshalb dürfen wir uns selbst ebenfalls lieben, und wir sollen das auch, damit wir die anderen Menschen lieben lernen und damit am Reich Gottes mitbauen.

Die Frauen von Israel

Bibelstelle:
1. Samuel 18,6-8

Es ist schon seltsam, dass Saul sich anscheinend gar nicht für die Gefühle seiner Töchter interessierte, und offenbar war es ihm auch egal, was sie von ihm hielten. Die Meinung völlig fremder Menschen dagegen interessierte ihn sehr. Nachdem David Goliath getötet hatte, wurde er zum Volkshelden. Und als David seine Truppen zu einem Sieg nach dem anderen führte, überstieg sein Ruhm den des Königs. „Frauen aus allen Städten“ zogen ihm entgegen, um ihn zu feiern, und sie sangen:

Saul hat tausend Mann erschlagen, David aber zehntausend. (1. Sam. 18,7)

Genau dieses Lied, mit dem Davids Triumph gefeiert wurde, erregte Sauls Zorn und seine Eifersucht und führte dazu, dass der König sich gegen seinen loyalen Unterstützer und Helfer David wandte.

Impulse für heute

- Es gilt, aufmerksam zu sein und nüchtern, wenn Menschenmassen jubeln oder schimpfen. Wenn Frauen einem Mann zujubeln und seinen Ruhm mit dem eines anderen Mannes vergleichen, dann ist womöglich bald verletzte Eitelkeit im Spiel.
- Warum jubeln diese Frauen David zu, und warum können sie es nicht bei dem Jubel für David belassen, sondern müssen dabei den Ruf König Sauls demontieren?
- Es kann nichts Gutes dabei herauskommen, wenn man das Gute eines Menschen darstellt, indem man ihn einem negativen bzw. schlechteren Hintergrund gegenüberstellt. Welche Motive wohl die Frauen für dieses Vergleichen hatten?

▸ Michal, Sauls Tochter

Bibelstellen:
1. Samuel 14,49; 18,17-28; 19,10-17; 25,44;
2. Samuel 3,13.14; 6,16-23;
1. Chronik 15,25-29

Zu beachten: 2. Chronik 21,8 bezieht sich auf Mirab und nicht auf Michal.

Zeit: Etwa 1025 v. Chr.
Name: „Wer ist wie Gott?"
Thema: Davids erste Frau, Tochter von König Saul, stellte sich in der Auseinandersetzung zwischen David und Saul auf Davids Seite und half, Davids Leben zu retten.

Michals Rolle in der Bibel

Da Michal sich schon als junges Mädchen in David verliebt hatte, kam ihr Vater Saul auf den Gedanken, diese Liebe auszunutzen, um David loszuwerden. Doch Sauls Plan misslang und das junge Paar heiratete. Später dann, als Saul seinen Hass auf David nicht mehr verbergen konnte, versuchte er ganz offen, den Rivalen zu töten. Michal half David bei der Flucht, blieb aber selbst im Palast zurück. Ihr Vater erklärte ihre Ehe mit dem zum Gesetzlosen gewordenen David für ungültig und verheiratete Michal mit einem anderen Mann.

Als Jahre später, lange nach Sauls Tod, David König eines vereinten Israels werden sollte, forderte er Michal zurück. Diese Forderung hatte jedoch politische und keine persönlichen Gründe: Eine Ehe mit Sauls Tochter untermauerte seinen Thronanspruch. Man holte Michal von ihrem zweiten Mann fort und brachte sie zu David zurück. Besonders deutlich wird Michals ganze Verbitterung in der letzten geschilderten Szene: Als David die Bundeslade nach Jerusalem zurückbrachte und singend und tanzend den Zug anführte, empfand sie nur noch Verachtung für ihn (1. Chr. 15,29), und mit dieser Verachtung konfrontierte sie ihn, als er nach dem Festzug in den Palast zurückkehrte. Darauf ließ David sie fallen und brach seine Beziehung zu ihr offenbar ab. Im Bibeltext heißt es: „Michal aber bekam ihr Leben lang keine Kinder" (Sam. 6,23).

Michals Beziehungen

Ein genauer Überblick ist in Kapitel 9, S.136ff. zu finden.

Michal: Eine Nahaufnahme

Wie viele andere biblische Frauengestalten war auch Michal ein Opfer. Das Tragische an ihrer Situation war der Umstand, dass die Männer, von denen sie benutzt und fallen gelassen wurde, genau die Männer waren, denen sie eigentlich am ehesten hätte vertrauen können müssen.

Der erste Mann, von dem Michal verraten wurde, war ihr Vater Saul. Statt das Glück seiner Tochter im Blick zu haben, benutzte er sie und ihre Liebe, um David loszuwerden. Welchen Schmerz der Tod Davids für seine Tochter bedeutet hätte, war ihm gleichgültig. Nachdem David durch den Einfluss Sauls als Gesetzloser leben musste, überging der König ein weiteres Mal den Willen und die Gefühle seiner Tochter, indem er sie mit einem anderen Mann verheiratete. Saul verweigerte ihr nicht nur als seiner Tochter jegliche Wertschätzung und Fürsorge, sondern benutzte sie als Unterpfand und Mittel zur Durchsetzung seiner eigenen Interessen.

Der zweite Verrat an Michal ging von David aus, dem Mann, den sie einmal sehr geliebt hatte. Obwohl Michal David gegenüber loyal gewesen war und viel für ihn riskiert hatte, gibt es keine Hinweise darauf, dass David nach der Trennung von seiner jungen Frau versucht hätte, um sie zu kämpfen. Stattdessen heiratete er während der Zeit, in der er vor Saul auf der Flucht war, mehrere andere Frauen. Erst nach Sauls Tod und nachdem die Verhandlungen darüber aufgenommen worden waren, David zum König zu machen, erinnerte er sich wieder an Michal und stellte die Forderung, sie von ihrem zweiten Mann, mit dem sie inzwischen mindestens seit zehn Jahren verheiratet war, wegzuholen und zu ihm zurückzubringen.

David missachtete, genau wie zuvor Saul, Michals Gefühle und Wünsche völlig. David fragte sie nicht nach ihrer Meinung oder ihren Wünschen – er befahl, sie zu ihm zurückzubringen. David, dessen Motiv eher politisches Kalkül war als Liebe, beweist hier, dass er Michal genauso

BIBLISCHER HINTERGRUND

Die Bundeslade

Die Bundeslade war ein kistenartiger Behälter, der im Allerheiligsten des Tempels oder des Heiligtums aufbewahrt werden sollte. Er war hohl und enthielt etwas von dem Manna, mit dem Gott die Israeliten während ihrer Jahre in der Wüste versorgt hatte, die Tafeln mit den Zehn Geboten und den Priesterstab von Aaron. Das Wichtigste an der Bundeslade war die Deckplatte, die als „Gnadenthron" bezeichnet wurde, auf der zwei goldene Cherubim einander gegenüberstanden. Einmal im Jahr besprengte der Hohepriester Israels den Gnadenthron mit dem Blut von Opfertieren, und Gott nahm dieses Opfer an als Sühne für alle Sünden seines Volkes.

Die Bundeslade war das heiligste Objekt der Israeliten, und die Tatsache, dass sie nach Jerusalem gebracht wurde, machte die Stadt zur religiösen und zur politischen Hauptstadt des alten Volkes Israel.

skrupellos für seine Interessen benutzte wie einst ihr Vater.

Erst vom Vater und dann vom Mann verraten und missbraucht zu werden als Mittel für ihre Zwecke und Interessen, muss bei Michal das Gefühl hervorgerufen haben, völlig ohnmächtig und ohne Kontrolle über das eigene Leben zu sein. Ihre Verbitterung, die sehr deutlich wurde, nachdem David die Bundeslade nach Jerusalem zurückgebracht hatte, ist daher überaus verständlich. Sie sah einen David, der einerseits für alle sichtbar Gott anbetete, sie andererseits aber missachtete und abwertete. Für sie war es kaum nachvollziehbar, dass ein Mensch, der einen anderen Menschen so behandelte, wie David sie behandelt hatte, Gott lieben konnte.

Die eigentliche Tragödie bestand jedoch darin, dass Michal durch all die Missachtung und Misshandlung seitens ihres Vaters und Davids anscheinend so verbittert wurde, dass sie nicht mehr offen sein konnte für Gott und ihn nicht mehr wertschätzen, geschweige denn lieben konnte.

So viele Makel David auch gehabt haben mag, er hatte immer ein Gespür für die Gegenwart Gottes. Als die Bundeslade nach Jerusalem gebracht wurde, war David überschäumend vor Freude. Michal dagegen konnte nach all den herben Enttäuschungen ihres Lebens weder die Gegenwart Gottes wahrnehmen noch die Liebe Gottes annehmen.

Jahrhunderte später formuliert der Verfasser des Hebräerbriefes, wie schmerzliche Lebenserfahrungen das Wissen um Gottes Nähe und Fürsorge schlicht verdrängen können, und er fordert alle Glaubenden auf: „Achtet darauf, dass keiner von euch an Gottes Gnade gleichgültig vorübergeht, damit sich das Böse nicht bei euch breit macht und Zank und Streit die ganze Gemeinde vergiften“. Luther übersetzt diese Stelle: „Und seht darauf, dass nicht jemand Gottes Gnade versäume, dass nicht etwa eine bittere Wurzel aufwachse und Unfrieden anrichte“ (Hebr 12,15) und hebt damit noch einmal den Aspekt der Verbitterung hervor, der bei Michal so deutlich wurde.

Das eigentlich Tragische ist, dass Michal nicht nur zum Opfer machthungriger Männer wurde, sondern dass sie in ihrem Schmerz den Blick für Gottes Liebe und Gnade verlor. Die Wurzel der Bitterkeit, die in ihr wuchs, beherrschte irgendwann ihr Leben.

Impulse für heute

- Aus heutiger Sicht ist das seelische Leid einer Michal kaum nachvollziehbar, auch wenn es bis heute bestimmt Frauen gibt, die in ihrer Persönlichkeit ähnlich missachtet werden und zu welchen Zwecken auch immer, seien es finanzielle oder Machtinteressen, missbraucht werden.
- Als Mädchen mit dem Gefühl aufzuwachsen, nichts wert zu sein, ohne emotionalen Rückhalt in der Familie zu leben, verhindert natürlich, dass sich ein gesundes Selbstwertgefühl entwickeln kann.
- Michal stellt sich dann zwar irgendwann gegen den Vater, und zwar aus Liebe zu einem anderen Mann, aber sie tut es eben auch aus Abhängigkeit von ihm – eine weitere Veranschaulichung der Folgen von Evas Ungehorsam, zu denen unter anderem gehört: „Ihr Verlangen wird nach ihrem Mann sein.“ Und als dieser geliebte Mann sie dann ebenfalls enttäuscht, ist sie so sehr in den Grundfesten ihrer Persönlichkeit erschüttert, dass ihr nur noch der Rückzug in sich selbst und die Verbitterung zu bleiben scheinen.
- Ihr Schmerz und ihre Enttäuschung verstellen ihr den Blick auf Gott, den Einzigen, von dem sie erwarten kann, dass er

ihre Bedürfnisse und ihre Sehnsucht nach Liebe, Nähe, Sicherheit und Fürsorge kennt und sie nicht enttäuscht, sondern ihr ihre Würde gibt.

- Stattdessen bindet sie sich in ihrer Verbitterung an den Mann, der ihr das alles angetan hat: David. Sie hängt durch ihre Vorwürfe und ihren Sarkasmus an ihm wie an einem Haken und kann keinen eigenen guten Weg mehr sehen. Die Folge: Die Beziehung zu David ist endgültig zerstört.
- Es gibt nur einen Weg aus einer solchen fatalen Einbahnstraße heraus: Das eigene Elend Gott vor die Füße zu werfen und den „Täter" loszulassen: zu vergeben. Verbitterung ist immer zerstörerisch, und die einzig wirksame Therapie dagegen ist, wenn auch oft die schwerste und schmerzhafteste, der Weg der Vergebung.

Abigajil

Bibelstellen:
1. Samuel 25,3-42; 27,3; 30,5
2. Samuel 2,2; 3,2; 1. Chronik 3,1

Zeit: Etwa 1000 v. Chr.
Name: „(Mein) Vater freut sich"
Thema: Abigajil verhinderte, dass David das Blut des Volkes Gottes vergoss und beeindruckte dadurch David so sehr, dass er sie später heiratete.

Abigajils Rolle in der Bibel

Abigajils Geschichte. Abigajil war mit einem Mann namens Nabal (das bedeutet „Dummkopf"), einem reichen Viehzüchter, verheiratet. Auf der Flucht vor Saul hatten David und seine Leute eine Zeit lang ihr Lager in der Nähe von Nabals Land aufgeschlagen, aber sie hatten nicht seine Herden geplündert, wie es hin und wieder vorkam, sondern sie hatten Nabals Hirten geholfen, die Schafherden zu bewachen.

Als die Zeit der Schafschur gekommen war, schickte David einige seiner Männer zu Nabal mit der Bitte um eine angemessene Entlohnung für ihren Einsatz. Obwohl Nabals Hirten bestätigten, dass Davids Leute für sie gearbeitet hatten, wies Nabal David ab. Als David das erfuhr, wurde er zornig und machte sich auf den Weg, um Nabal und sein gesamtes Haus zu vernichten.

Inzwischen hatten sich Nabals Hirten, schockiert über die Reaktion ihres Herrn und aus Angst vor einer möglichen Reaktion Davids, an Abigajil gewandt. Sie stellte sofort Nahrungsmittel zusammen, bereitete ein Essen und machte sich auf, um David aufzuhalten. In 1. Samuel 25,23-31 wird berichtet:

Als Abigajil David auf sich zukommen sah, stieg sie schnell von ihrem Esel und warf sich David zu Füßen. Sie verneigte sich, bis ihr Gesicht den Boden berührte. Dann begann sie: „ Ich allein bin schuld, mein Herr. Bitte lass deine Dienerin reden, und höre, was ich dir sagen will! Ärgere dich nicht über diesen boshaften Menschen! Er ist genau das, was sein Name bedeutet: Nabal, ein unverbesserlicher Dummkopf. Leider habe ich die Boten nicht gesehen, die du, mein Herr, zu uns geschickt hast. Doch so gewiss der Herr lebt und so gewiss du lebendig vor mir stehst: Der Herr selbst hat dich aufgehalten. Er will nicht zulassen, dass du dich rächst und so zum Mörder wirst. Nabal wird seine gerechte Strafe schon bekommen. Und wie ihm soll es auch deinen Feinden ergehen, und allen, die Böses gegen dich im Schilde führen. Sieh doch, ich habe dir Geschenke mitgebracht, mein Herr. Deine Leute sollen sie mitnehmen und unter sich aufteilen. Vergib uns, dass wir dich so schlecht behandelt haben. Gewiss wird der Herr deine königliche Familie nie aussterben lassen, denn du kämpfst gegen die Feinde Gottes. Er bewahre dich dein Leben lang vor großen Fehlern. Der Herr wird dich beschützen, wenn dich jemand verfolgt und umbringen will. Er wird dich behüten wie einen kostbaren Schatz. Das Leben deiner Feinde aber wird er wegschleudern wie einen Stein. Wenn der Herr alle seine Versprechen erfüllt und dich zum König von Israel macht, dann sollst du nichts bereuen müssen. Du wirst ein reines Gewissen haben, weil du dich nicht gerächt hast und nicht zum Mörder geworden bist. Und wenn der Herr es dir einmal gut gehen lässt, dann denke bitte auch an mich, deine ergebene Dienerin.“

Abigajils schnelles Handeln und ihre Worte zeugen sowohl von Intelligenz als auch von Weisheit. Es gelang ihr nämlich, David von seinem Plan abzubringen, und er war davon so beeindruckt, dass er sie heiratete, nachdem Nabal an einem Schlaganfall gestorben war.

Abigajils Strategie. Wenn man Abigajils Appell an David genauer betrachtet, wird deutlich, wie weise und strategisch klug sie vorging.

Abigajil nahm Davids Sicht ein. Abigajil war ebenfalls der Meinung, dass David von ihrem Mann schändlich behandelt worden war (V. 25): Obwohl ihr niemand von der Bitte des jungen Mannes erzählt hatte, betrachtete Abigajil die Tatsache, dass er so unfreundlich und unfair behandelt worden war, als Rechtsverletzung (V. 28). Indem sie anerkannte, dass David im Recht war, ging sie auf den Grund für Davids großen Zorn ein, nämlich dass er persönlich beleidigt worden war.

Abigajil kam Davids Bitte nach. Das Essen, das Abigajil mitgebracht hatte, war ein Zeichen der Wiedergutmachung und Versöhnung nach dem erlittenen Unrecht. Sie verließ sich also nicht nur auf Worte, um ihre Haltung zum Ausdruck zu bringen, sondern unterstrich sie durch Taten.

Abigajil hob das positive Bild hervor, das sie von David hatte. Abigajil gab sich große Mühe, David zu vermitteln, dass sie ein positives Bild von ihm hatte. Sie äußerte sich David gegenüber so über seine Person und seinen Charakter, dass dieses Bild und seine Racheplänen nicht zusammen passten. Sie erinnerte David: „Du kämpfst gegen die Feinde Gottes. Er bewahre dich dein Leben lang vor großen Fehlern“ (V. 28).

Abigajil appellierte an David, sich doch in die hineinzuversetzen, die er töten wollte. Sie erinnerte David daran, dass Saul ihn ebenfalls umbringen wolle, Gott ihn aber behüten werde „wie einen kostbaren Schatz“ (V. 29). Nabal habe zwar vielleicht den Tod verdient, weil er David beleidigt hatte, aber wenn David Männer aus dem Hause Nabals töten würde, wie er es gelobt hatte, würde er sich genauso verhalten, wie Saul ihm gegenüber.

Abigajil erinnerte David an seine eigenen Werte. David wusste selbst, dass unnötiges Blutvergießen falsch war. Und ein Mann, der mit eigener Hand Rache übte, übertrat Gottes Gebot gegen das Töten, d.h. gegen Mord (V. 26). Abigajil legte David nahe, ihr Auftauchen als Zeichen dafür zu betrachten, dass Gott ihn von einer solchen Sünde zurückhalten wolle.

Abigajil brachte zum Ausdruck, dass es unklug wäre, Nabal zu töten. Abigajil appellierte durch ihre Äußerungen an David, doch an die Zukunft zu denken, wenn der Herr ihn zum „König über Israel" (V. 30) machen würde. Sie bat ihn dringend, jetzt nichts zu tun, was er später bereuen würde. Wenn David wirklich ein vereinigtes Israel regieren sollte, dann wäre es jetzt in der Tat töricht gewesen, einen der Stämme Israels gegen sich aufzubringen, indem er ein Mitglied dieses Stammes ermordete.

Davids Reaktion. Abigajils Rede war zwar relativ kurz, aber es waren darin etliche indirekt vorgebrachte Argumente enthalten, und David merkte sofort, dass es kluge Argumente waren. Seine Antwort an Abigajil lautete deshalb auch: „Ich danke dem Herrn, dem Gott Israels, dass er dich gerade in diesem Augenblick zu mir geschickt hat" (V. 32).

Abigajil war wirklich eine Botin Gottes für David, sogar eine Ratgeberin. Weil David eine starke Persönlichkeit war, fühlte er sich nicht beleidigt durch die Worte einer klugen Frau. Er erkannte ihre Stärken und war dankbar dafür.

Als Abigajils Mann Nabal einige Tage nach dieser Begegnung an einem Schlaganfall starb (1. Sam 25,38), „schickte David einen Boten zu Abigajil" und ließ sie bitten, seine Frau zu werden (V. 39). Abigajil nahm den Antrag an und „wurde Davids Frau" (V. 42).

Abigajil: Eine Nahaufnahme

Alle Informationen, die es über Abigajil gibt, sind zusammengefasst in dem Abschnitt über ihre kurze Begegnung mit David. Dennoch ist sie eine der bemerkenswertesten Frauengestalten des Alten Testamentes. Abigajil war klug und entschlossen, gleichzeitig aber auch mitfühlend und sensibel. Sie hatte eindeutig große Fähigkeiten im zwischenmenschlichen Umgang und war dadurch nicht nur in der Lage, Davids Zorn zu besänftigen, sondern konnte ihm darüber hinaus auch noch helfen, die Folgen seines übereilten Entschlusses zu überdenken. Dadurch erreichte sie, dass er sowohl seine Selbstachtung als auch den Respekt der Männer behielt, die mit ihm zusammen waren. Abigajil schien intuitiv zu wissen, dass David eine vielschichtige Persönlichkeit war, und sie brachte ihren Appell an ihn so vor, dass er nicht nur Davids politischen Zielen entgegenkam, sondern auch seinen moralischen Grundsätzen. Abigajil sprach genau Davids beste Eigenschaften an. Sie half ihm, in seinem Handeln seinen Grundwerten treu zu bleiben.

Der kurze Blick, der in der Bibel auf Abigajil gewährt wird, zeigt eine starke, selbstständige Frau. Die Angehörigen von Nabals Haus, die sich sofort an sie wandten, nachdem ihr Herr sich so töricht verhalten hatte, wussten offenbar um diese Eigenschaften ihrer Herrin. Abigajil war ein Mensch, auf den sich alle in ihrem Umfeld verließen und auch verlassen konnten.

David war von der kurzen Begegnung mit Abigajil so beeindruckt, dass er sie unbedingt heiraten wollte, nachdem ein paar Tage später ihr Mann gestorben war. Er sah in ihr vermutlich eine Frau, die seine eigenen Stärken ergänzen und seine Schwächen ausgleichen konnte. Wie viele Männer, die über eine innere Sicherheit verfügen, fühlte auch er sich zu Abigajils offensichtlichen Stärken hingezogen. Nur schwache und unsichere Männer fürchten starke Frauen. Frauen, die über Stärken wie Abigajils verfügen, tun sich selbst keinen guten Dienst, wenn sie versuchen, diese Stärken zu verbergen aus Angst, damit Männer abzuschrecken.

Impulse für heute

Erstaunlich, wie geschickt und umsichtig, aber auch wie durchdacht und mit ganz einfachen Mitteln Abigajil ein Blutbad verhindert.

Es gibt mehrere Aspekte:

- Sie weiß, was David und seine Leute brauchen, nämlich Nahrung.
- Sie ist bereit, vor David auf die Knie zu gehen, also eine bittende, untergeordnete Haltung einzunehmen.
- Sie verfügt über Menschenkenntnis und setzt sie ein. Das wird in ihrer Argumentation sehr deutlich.

In dieser Reihenfolge sind fast alle Konflikte zu lösen. Sehen, was der andere unmittelbar braucht, sich zu ihm stellen, seine Gefühle dabei beachten und dann argumentieren.

Genau das ist oft unsere Herausforderung: den anderen zu sehen und vielleicht sogar vor ihm „auf die Knie zu gehen", wenn wir ihm Unrecht getan haben. Warum fällt uns das oft so schwer? Wir können es uns doch leisten, uns ist doch auch vergeben worden.

▸ Die Totenbeschwörerin von En-Dor

Bibelstelle:
1. Samuel 28,5-25

Ihre Rolle in der Bibel

Über die „Totenanbeterin von En-Dor" ist wenig bekannt. Sie war keine Hexe, wie es in manchen Übersetzungen heißt, sondern ein Medium, eine Frau, die mit dem Geist einer verstorbenen Person in Kontakt treten konnte. Es ist keineswegs sicher, dass die Frau Hebräerin war. Während der Landeinnahme Kanaans durch die Israeliten war En-Dor eine kanaanäische Festung, die von den Israeliten noch nicht hatte eingenommen werden können (Jos.17,11). Die Stadt lag jedoch auf von Israeliten kontrolliertem Gebiet, und deshalb hatte Saul sich aus Pflicht gegenüber der in 5. Mose 18 ausgesprochenen Verdammung aller okkulter Praktiken daran gemacht, alle Spiritisten und Medien auszurotten (1. Sam 28,9).

Als jedoch die Philister in Israel einfielen und jeder Versuch Sauls, bei Gott Rat zu finden, fehlschlug, befahl der verzweifelte und Gott ungehorsame König seinen Dienern, ihm ein Medium zu suchen. Als man in En-Dor fündig wurde, ging Saul verkleidet dort hin, um sich bei dem Geist, mit dem die Frau in Verbindung stand, Rat zu holen.

Die Frau zögerte zunächst, für den verkleideten Saul eine Séance durchzuführen, gab aber nach, nachdem man ihr Straffreiheit zugesagt hatte. Als dann Samuel erschien, „schrie sie laut auf" (V.12), ein Hinweis darauf, dass der Geist, der erschien, nicht der war, den sie kannte und angerufen hatte. Samuel selbst war es, der Saul ankündigte, er werde in der bevorstehenden Schlacht gegen die Philister sterben.

Der durch Hunger und den Schock angeschlagene Saul fiel daraufhin in Ohnmacht. Nachdem die Frau ihm zur Stärkung noch etwas zu essen gegeben hatte, verließen Saul und seine Diener ihr Haus.

Die Totenbeschwörerin von En-Dor: Eine Nahaufnahme

Die Frau in En-Dor hatte ihre Zukunft an bösen Mächten festgemacht. Trotz Sauls

Bemühungen, Leute wie sie auszumerzen, war die Totenbeschwörerin von En-Dor nicht in der Lage gewesen, sich von spiritistischen Bindungen zu lösen. Sie lebte deshalb zwar in ständiger Angst, überführt zu werden, konnte die Beziehung ins Jenseits, die sie aufgebaut hatte, jedoch nicht abbrechen, weil sie davon abhängig geworden war.

Gleichzeitig wird aber auch durch ihren Schock über das unerwartete Auftauchen Samuels deutlich, dass sie um den Unterschied zwischen guten und bösen geistlichen Erfahrungen wusste, egal ob sie diesen Unterschied erst nach Samuels Auftauchen erkannte oder bereits zuvor darüber Bescheid gewusst hatte.

Es lässt sich nur erahnen, wie ihr dieses Leben zugesetzt haben muss in dem Zwiespalt, um das Gute zu wissen, aber vom Bösen abhängig zu sein und in ständiger Angst vor dem Entdecktwerden zu leben.

Impulse für heute

- Das Okkulte ist heute bei uns ein eigener blühender Wirtschaftszweig. Kein Kleinanzeigenteil von Zeitungen oder Zeitschriften ohne Anzeigen, in denen „Lebensberatung" mithilfe aller möglichen okkulten Praktiken angeboten wird.

Wenn es keinen Hunger nach geistlichen Erfahrungen unter den Menschen

Biblischer Hintergrund

Medien und Spiritisten

Das Alte Testament lehrt die Realität von dämonischen Wesen, die darauf aus sind, Menschen zu beeinflussen und ihnen zu schaden. Diese Dämonen sind gefallene Engel, ehemalige Anhänger Satans in dem großen vorgeschichtlichen Aufstand Satans gegen Gott. Bei manchen so genannten okkulten Praktiken handelt es sich um simple Tricks, aber echte okkulte Praktiken bedienen sich des Übernatürlichen und sind Wege, mithilfe derer böse Mächte mit Menschen in Kontakt treten und ihnen schaden können. Aufgrund der Gefährlichkeit verdammt die Bibel jegliche okkulte Praxis, wozu heute die Horoskop-Gläubigkeit genauso gehört wie die Kontaktaufnahme mit Geistern durch Medien, und warnt eindringlich durch Androhung schwerster Konsequenzen. Nach dem Gesetz des Alten Testamentes musste jeder, der mit solchen Praktiken zu tun hatte, mit dem Tod rechnen. In 5. Mose 18,9-12 heißt es:

„Wenn ihr jetzt in das Land kommt, das der Herr, euer Gott, euch gibt, dann übernehmt von den Völkern dort keinen ihrer abscheulichen Bräuche! Niemand von euch darf seinen Sohn oder seine Tochter als Opfer verbrennen, niemand soll wahrsagen, zaubern, Geister beschwören oder Magie treiben. Keiner darf mit Beschwörungen Unheil abwenden, Totengeister befragen, die Zukunft vorhersagen oder mit Verstorbenen Verbindung suchen. Wer so etwas tut, ist dem Herrn zuwider. Gerade wegen dieser abscheulichen Bräuche vertreibt er die anderen Völker und gibt euch ihr Land."

gäbe, könnten diese Anbieter nicht leben. Die Verzweiflung, Einsamkeit, Ausweglosigkeit und Leere im Leben vieler Menschen lässt sie nach solchen Angeboten greifen als eine Art letzter Ausweg – ähnlich wie bei Saul. Und es gibt kaum Menschen, die die Gefahren solcher Wege erkennen oder gar davor warnen. Auf diese Weise verstricken sich tagtäglich Menschen in das Netz des Okkultismus und finden nicht wieder hinaus – und gehen geistlich elend zu Grunde.

• Was haben wir als Christen dazu anzubieten? Was können wir tun, um einladend und anziehend zu sein, dass Menschen in Not Jesus und den Glauben an ihn als echte Alternative entdecken?

Batseba

Bibelstellen:
2. Samuel 11,1-27; 12,1-24. 28-31;
1. Könige 1,21; 2,13-25

Zeit: Etwa 990 v. Chr.
Name: „Tochter der Fülle“
Thema: Batseba war die Mutter Salomos, der Nachfolger Davids als König des vereinten hebräischen Königreichs wurde.

Batsebas Rolle in der Bibel

Batseba als junge Frau. Als junge Frau wurde Batseba an Uria, einen Hititer verheiratet, der als Offizier in Davids Heer diente und zu den 37 größten Helden zählt, den „berühmten Soldaten“ Davids (2. Sam. 23,39). Zwar steht darüber nichts im biblischen Text, aber die Tatsache, dass Uria ein Haus in Jerusalem in unmittelbarer Nähe des Palastes hatte, könnte ein Hinweis darauf sein, dass er in Davids Palastwache diente, wenn er nicht im Krieg war.

Außer diesen wenigen Informationen ist über die frühen Jahre Batsebas kaum etwas zu erfahren. Bekannt ist jedoch, dass sie „sehr schön“ war. Es gibt im Hebräischen zwei Wörter, die normalerweise verwendet werden, um das Aussehen von Menschen zu beschreiben. Das eine, *yapeh*, bedeutet so viel wie „gut aussehend“. Das andere, *tob*, bedeutet auf eine Frau bezogen, „sinnliche Anziehungskraft“. Eine Frau mit dieser Eigenschaft ist so schön, dass sie bei Männern Verlangen weckt. Batseba war in diesem Sinn „sehr schön“, und das wurde ihr leider auch zum Verhängnis.

David verführt Batseba. Als David sich eines Nachmittags untätig auf dem Dach seines Palastes aufhielt, weil er nicht mit seinen Truppen in den Kampf gezogen war, sah er, wie Batseba im Hof ihres Hauses badete, und bekam Verlangen nach ihr. Er schickte Diener zu ihr, um sie zu holen, schlief mit ihr und schickte sie danach wieder nach Hause. Aber Batseba wurde schwanger. Also rief David ihren Mann Uria aus der Schlacht zurück in der Erwartung, dass er mit seiner Frau schlafen und das Kind dann für sein eigenes halten würde. Uria jedoch wollte nicht nach Hause zu seiner Frau gehen, weil er es für seine Pflicht hielt, genau die gleichen Entbehrungen und Härten auszuhalten wie seine Kriegskameraden, die noch im Feld waren. David geriet nun in Panik und ließ durch Uria selbst den Befehl an seinen Oberbefehlshaber überbringen, den Offizier so in der Schlacht einzusetzen, dass er Gefahr lief, dabei ums Leben zu kommen. Der General befolgte den Befehl, und Uria kam um. Als David von Urias Tod erfuhr, ließ er Batseba in den Palast holen und heiratete sie.

In vielen Kommentaren über diesen einschneidenden Vorfall wird Batseba als Verführerin dargestellt, und sie wird dafür verantwortlich gemacht, dass David sündigte. Der biblische Text beschreibt Batseba jedoch anders.

Batsebas Unschuld. Einige Einzelheiten in dem biblischen Bericht, in dem davon die Rede ist, wie David Batseba sah und sie sich einfach nahm, machen sehr deutlich, dass Batseba Opfer war und nicht Täterin.

- „Als der Frühling kam, begann wieder die Zeit, in der die Könige ihre Feldzüge unternahmen. Auch König David ließ seine Soldaten ausrücken" (2. Sam. 11,1). David hätte eigentlich bei seinen Truppen sein sollen, blieb aber stattdessen zu Hause in Jerusalem.
- „Eines Nachmittags, als David seine Mittagsruhe beendet hatte, ging er auf dem flachen Dach seines Palastes spazieren" (V. 2).
- „Da fiel sein Blick auf eine Frau, die im Hof eines Nachbarhauses ein Bad nahm" (V. 2). Batseba badete also im Innenhof ihres eigenen Hauses, wo sie eigentlich erwarten konnte, für sich und abgeschieden zu sein.
- „Sie war sehr schön" (V. 2). David hätte sich abwenden und Batsebas Privatsphäre respektieren können. Er tat jedoch das Gegenteil.
- „David wollte unbedingt wissen, wer sie war, und schickte einen Diener los, der es herausfinden sollte" (V. 3). David ergriff also die Initiative und erfuhr, dass sie Batseba hieß und die Frau des Hititers Uria war.
- „David sandte Boten zu ihr und ließ sie holen" (V. 4). Batseba war eine Frau, sie war allein, weil ihr Mann im Krieg war, und David war der König. Als Davids Diener kamen, um sie zu holen, konnte sie sich nicht weigern.
- „Und er schlief mit ihr" (V. 4). Auch hier ist es wieder David, der die Initiative ergreift. Er ist der Handelnde. Batseba hatte keine Entscheidungsmöglichkeit, und so war das, was dort stattfand, im Grunde nichts anderes als eine Vergewaltigung.

Aus dem Bibeltext geht demnach hervor, dass Batseba ein Opfer von Davids Lust war und nicht die Verführerin, zu der sie in manchen Darstellungen gemacht wird. Die Bibel stellt an dieser Stelle dar, wie viel Macht die Könige des Altertums hatten und wie ohnmächtig im Grunde die Frauen in ihrer Umgebung waren.

Batsebas Leben mit David. Angesichts der Art, wie die Ehe zwischen David und Batseba zu Stande kam, fällt es auf, dass die beiden zusammen vier Söhne bekamen, deren Namen in 1. Chronik 3,5 aufgezählt sind.

Außerdem ist es bemerkenswert, wie David in 2. Samuel 12,24 beschrieben wird, als er Batseba nach dem Tod des ersten gemeinsamen Kindes tröstete. Im Laufe der Monate zwischen dem Ehebruch und der Geburt des toten Kindes war eine Art Beziehung zwischen den beiden gewachsen, wodurch Batseba von David Trost annehmen konnte.

Noch beeindruckender ist allerdings die Geschichte, die in 1. Könige 2 und 3 erzählt wird. Dort ist von dem alternden, wankelmütigen König die Rede, der im Sterben lag. Die Schwäche seines Vaters spürend, proklamierte sich einer seiner Söhne, Adonija, selbst zum König. Der Prophet Nathan konnte Batseba davon überzeugen, an David zu appellieren, sein Versprechen einzulösen und den gemeinsamen Sohn Salomo als seinen Nachfolger zu bestimmen. Batseba führte David vor Augen, dass sowohl ihr Leben als auch das Salomos gefährdet sei, wenn er nichts unternähme. Die Tatsache, dass Batseba in

Gefahr war, machte David so betroffen, dass er sich noch einmal aufraffte, um Salomo öffentlich zum König zu proklamieren.

Aus einer Beziehung, die aus reiner körperlicher Lust Davids begonnen hatte, und in der die Frau das Opfer eines mächtigen Herrschers wurde, war allem Anschein nach eine liebevolle, fürsorgliche Ehe geworden.

Batsebas Beziehungen

Batsebas Beziehung zu David. Batsebas Beziehung zu David gehört zu den bedeutungsvollsten Mann/Frau-Beziehungen, die in der Bibel beschrieben werden.

Das Vergehen an Batseba *(2. Sam.11).* Die erste Begegnung zwischen Batseba und David war brutal und entwürdigend: Batseba wurde gesehen, begehrt und genommen – sie wurde geschändet und als Objekt, nicht als Person mit Wert und Würde behandelt. Davids ursprünglicher Plan, Uria nach Hause zurückzubeordern und so das Kind, dessen Vater er war, seinem Offizier unterzuschieben, zeigt im Grunde bereits, wie wenig David Batseba zunächst als Person wahrnahm. Einzig die Furcht vor der möglichem Aufdeckung und dem nachfolgenden Skandal veranlasste ihn, Batseba, das Objekt seiner Begierde zu heiraten.

Batseba erinnert David an seine Zusage *(1. Kön. 2).* Gegen Ende von Davids Leben waren sich David und Batseba nicht nur nah, sondern David liebte Batseba wirklich. Die beiden hatten vier gemeinsame Söhne, und David versprach, dass ihr Sohn Salomo sein Thronfolger sein sollte. Dem Propheten Nathan war klar, dass allein Davids Sorge um Batsebas Wohlergehen ihn dazu veranlassen konnte, zu handeln. Also bedrängte der Prophet Batseba, den König doch an sein Versprechen bezüglich Salomos zu erinnern, und er wies darauf hin, dass ohne Davids Eingreifen und Hilfe der Rivale möglicherweise sowohl sie als auch Salomo töten könnte.

Die Veränderung in der Beziehung. *(2. Sam 12; Ps. 32 und 51).* Es drängt sich die Frage auf, wodurch es zu dieser grundlegenden Veränderung zwischen David und Batseba kam, und zwar nicht nur, wodurch sich Davids Einstellung Batseba gegenüber veränderte, sondern auch wodurch Batseba fähig wurde, diesem Mann, der ihr so großes Leid zugefügt hatte, zu vergeben und eine stabile Ehe mit ihm aufzubauen.

2. Samuel 12 gibt Auskunft über den ersten Schritt zu dieser Veränderung, der erfolgte, als der Prophet Nathan David mit seinem Handeln konfrontierte: Nathan warf David vor, sich die Frau eines anderen Mannes genommen und Uria getötet zu haben. „Warum hast du getan, was ich (der Herr) verabscheue?" (2. Sam 12,9). Und David reagierte darauf mit dem Bekenntnis: „Ich habe gegen den Herrn gesündigt." Und während Nathan David erklärte, dass seine Sünde unweigerlich Folgen haben würde, verkündete Gott David: „Der Herr hat dir vergeben, du wirst nicht sterben" (2. Sam. 12,13).

Obwohl es in Psalm 32, 3-5 nicht konkret um Davids Sünde gegen Batseba geht, offenbart er doch den inneren Aufruhr, der in einem aufrichtigen Menschen durch Sünde ausgelöst wird. Es folgt eine Beschreibung der großen Erleichterung, die Sündenbekenntnis und Befreiung von der Schuld bewirken. David schreibt:

Erst wollte ich dir, Herr, meine Schuld verheimlichen.

Doch davon wurde ich so schwach und elend,
dass ich nur noch stöhnen konnte.
Tag und Nacht bedrückte mich dein Zorn,
meine Lebenskraft vertrocknete
wie Wasser in der Sommerhitze.
Da endlich gestand ich dir meine Sünde;
mein Unrecht wollte ich nicht länger verschweigen.
Ich sagte: „Ich will dem Herrn meine Vergehen bekennen!"
Und wirklich: Du hast mir meine ganze Schuld vergeben.

Durch dieses Schuldbekenntnis bekam David nicht nur inneren Frieden, sondern es stellte auch den Wendepunkt in seiner Beziehung zu Batseba dar. Er hatte sich ihr gegenüber so rücksichtslos verhalten, weil er sie als Objekt betrachtete, das man besitzen kann, und nicht als eigenständige Person mit Wert und Würde. Indem er seine Sünde eingestand, gab David auch zu, dass er von Anfang an schlecht zu Batseba gewesen war.

Mit dem Schuldbekenntnis vor Nathan begann für David zwar eine Veränderung in seiner Beziehung zu Batseba, aber es musste nun auch noch etwas geschehen, damit sich Batsebas Einstellung David gegenüber verändern konnte.

Die Bibel gibt über diesen konkreten Fall zwar keine Auskunft, aber die Erfahrungen anderer Frauen, die genau wie Batseba Opfer waren, haben bestimmte Gemeinsamkeiten. Normalerweise ist das beherrschende Gefühl bei vergewaltigten Frauen Scham. Obwohl die Opfer keine Schuld trifft, ist es typisch, dass sie sich schuldig fühlen, und ein Großteil des Zorns, den sie empfinden, richtet sich ebenso stark gegen sich selbst wie gegen den Täter. Opfer von gewalttätigen Ehepartnern empfinden oft ganz ähnlich. Viele Frauen haben das Gefühl, irgendwie selbst daran schuld zu sein, dass sie von ihrem Partner brutal behandelt werden. Die einzige Chance, dass solche von Gewalt geschädigten Beziehungen heil werden können, besteht darin, dass der Mann öffentlich die volle Verantwortung für sein Handeln übernimmt. Bekenntnis und Vergebung können dann zu einem Heilungsprozess der geschädigten Beziehung führen und zum Aufbau einer intakten und befriedigenden Ehebeziehung.

Erstaunlich ist, dass David genauso vorging. Der Überschrift von Psalm 51 ist zu entnehmen, dass David diesen Psalm schrieb und ihn dann dem musikalischen Leiter überließ, um ihn zum Lobpreis Gottes einzusetzen. Die Überschrift gibt Auskunft über den konkreten Anlass, zu dem der Psalm verfasst wurde: „Nachdem der Prophet Nathan ihn wegen seines Ehebruchs mit Batseba zurechtgewiesen hatte." In diesem Psalm übernimmt David die volle Verantwortung für sein Fehlverhalten, indem er auch vor anderen die Sünde bekennt, die er begangen hat.

Davids öffentliches Bekenntnis war ein erster und notwendiger Schritt, durch den Batseba die Freiheit bekam, sich selbst und auch ihm zu vergeben. Es wurde dadurch die Grundlage zum Aufbau einer von Liebe getragenen und dauerhaften Ehe gelegt. Der Bericht von Salomos Krönung und dem Umgang zwischen David und Batseba bei diesem Ereignis macht deutlich, dass die beiden eine solche Ehe aufgebaut hatten.

Batsebas Beziehung zu Gott. In der Bibel ist von einer solchen Beziehung nicht die Rede. Dass Batseba David letztlich vergab und bereit war, sich an ihn zu binden, könnte als Indiz dafür gewertet werden, dass sie eine persönliche Beziehung mit dem Gott aller Gnade und Großzügigkeit hatte.

Batsebas Beziehung zu Salomo *(1. Kön. 1.2).* Aus der Szene in 1. Könige 2 geht hervor, dass Batseba sich mit Erfolg für ihren Sohn Salomo eingesetzt hatte, denn David hatte fest zugesagt, Salomo als Thronfolger zu bestimmen. Im Laufe der Geschichte hat es immer wieder zahlreiche Frauen von Königen gegeben, die intrigierten, um den Thron für den eigenen Sohn zu sichern. Vermutlich machte das alte Israel dabei keinen Unterschied. Dass David Batseba versprochen hatte, Salomo zum Thronfolger zu bestimmen, ist ein Hinweis darauf, dass Batseba seine Lieblingsfrau war. Warum Salomo Batseba der liebste von ihren vier Söhnen war, wird nicht begründet, fest steht nur, dass das so war.

Zwei Umstände deuten darauf hin, dass Batseba großen Einfluss auf ihren Sohn Salomo hatte: Erstens gibt es eine nicht weiter belegte Überlieferung, der zufolge Salomo Sprüche Kapitel 31 zu Ehren seiner Mutter Batseba geschrieben haben soll. Der zweite Umstand ist die Tatsache, dass nach der Krönung Salomos zum König sein Rivale Adonija Batseba mit der Bitte aufsuchte, bei Salomo ein gutes Wort für ihn einzulegen, damit er die Erlaubnis bekäme, Abischag zu heiraten, die junge Frau, die David bis zu seinem Tod gepflegt hatte. Adonija ging also davon aus, dass die beste Chance für Salomos Einwilligung der Weg über seine Mutter war.

Batseba hatte demnach zu ihrem Sohn Salomo eine engere Beziehung als zu seinen Brüdern, und bei Hofe war bekannt, dass Salomo seiner Mutter keine Bitte abschlagen konnte.

Batseba: Eine Nahaufnahme

Batseba hatte im Laufe ihres Lebens zahlreiche Rollen auszufüllen. Sie war die Frau eines der wichtigsten Offiziere von König David. Sie war Opfer der ungezügelten Lust des Königs. Sie war eine Ehefrau, die die Großzügigkeit aufbrachte, ihrem Mann die schrecklichen Sünden zu vergeben, die er ihr gegenüber begangen hatte. Sie war eine Frau, die die Vergangenheit hinter sich lassen konnte und bereit war, eine stabile, starke Ehe auf einem denkbar instabilen Fundament aufzubauen. Am Ende gewann sie die Liebe, Achtung und Fürsorge ihres Mannes.

Batseba war als Mutter eine starke Fürsprecherin ihres Sohnes Salomo. Sie bekam Davids feste Zusage, Salomo zu seinem Nachfolger zu bestimmen, und sie brachte um Salomos willen großen Mut auf, als es den Anschein hatte, dass ein anderer die Königsherrschaft an sich reißen wollte.

Der Zusammenhang, in dem Batseba zum letzten Mal erwähnt wird, lässt offen, ob sie entweder in politischer Hinsicht naiv war oder aber besonders scharfsichtig. Nachdem Salomo als König eingesetzt war, trat sein älterer Bruder und Rivale Adonija mit der Bitte an Batseba heran, sich beim König dafür einzusetzen, dass er Abischag heiraten dürfe; das war die Frau, die König David bis zu seinem Tod gepflegt hatte. Als Batseba Salomo die Bitte vortrug, betrachtete er dieses Ansinnen sofort als Versuch Adonijas, seinen Anspruch auf den Thron zu untermauern. David hatte zwar keine sexuelle Verbindung mit Abischag gehabt, aber sie hatte sich intensiv um das körperliche Wohl des alternden Königs gekümmert und war im Grunde genommen eine Nebenfrau gewesen. Salomo reagierte auf Adonijas Bitte, indem er den Rivalen hinrichten ließ, und zwar nicht wegen seiner bisherigen Versuche, den Thron an sich zu reißen, sondern weil der König Adonijas Heiratspläne als Hinweis auf einen Umsturzversuch wertete.

Hatte Batseba ihrem Sohn, dem König Salomo, Adonijas Bitte so bereitwillig vorgetragen, weil sie im Hinblick auf politische Umstände einfach naiv war, oder war sie sich völlig darüber im Klaren, dass ihre Bitte für Salomo ein willkommener Anlass sein würde, den Rivalen endgültig zu beseitigen? Mit letzter Sicherheit lässt sich diese Frage gewiss nicht beantworten, aber Batsebas Stellung als Davids Lieblingsfrau legt doch die Vermutung nahe, dass sie um einige Zusammenhänge wusste.

Was auch immer man über Batseba sagen mag, auf jeden Fall war sie eine außerordentlich starke Persönlichkeit, und sie verfügte über eine innere Großzügigkeit, durch die eine stabile Beziehung zu David überhaupt erst möglich wurde. Batseba konnte ihm nicht nur vergeben, was er ihr angetan hatte, sondern sie war sogar in der Lage, seine positiven Eigenschaften zu erkennen und wertzuschätzen. Im Unterschied zu Michal, die in ihrer Situation bitter geworden war und die Gnade Gottes nicht mehr wahrnahm wegen des Missbrauchs, den sie durch ihren Vater und durch David erfahren hatte, nahm Batseba die Gnade Gottes trotz allen erlittenen Unrechts wahr. Und sie machte weiter, um die Liebe ihres Mannes David und die Dankbarkeit ihres Sohnes zu gewinnen.

Impulse für heute

- Batseba steht für Menschen, die sich einlassen können.
- Batseba erlebte damals genau wie viele Menschen heute Situationen, in denen sie ausgeliefert war, ohnmächtig, ohne Handlungsmöglichkeiten oder gar Handlungsspielräume. Sie erkannte an vielen Stellen deutlich, dass sie keine Wahl hatte.
- Was Batseba auszeichnet, ist ihre Bereitschaft, in die Situation hineinzugehen und sich darin zurechtzufinden, ohne äußeren und sogar ohne inneren Widerstand. Sie vergeudet keine Kraft mit sinnloser Gegenwehr. Sie ist nicht bereit, innerlich „auszusteigen“ und nur noch als seelenlose äußere Hülle ohne innere Beteiligung ihre Rolle zu spielen. Nein, sie lebt ihr Leben unter den gegebenen Umständen. Sie bejaht ihr Leben so, wie es ist, und wird deshalb nicht bitter.
- Das heißt keineswegs, dass sie sich permanent duckt, sondern dort, wo sie Handlungsspielraum und Einfluss hat, weiß sie beides durchaus einzusetzen.
- Ihre innere Haltung erweist sich als konstruktiv. Sie kann leben. Sie lebt sogar in Beziehungen, die sich entwickeln und stabilisieren.
- Sich einzulassen, auch auf das Schwere, ist der einzig gangbare Weg, und es ist allemal ein Weg, der Segen bringt, wenn wir sicher sein können, dass Gott auf unserer Seite ist.
- Leid ist für Batseba kein Grund, auf das Leben zu verzichten, sondern die Herausforderung, es zu überwinden und ein erfülltes Leben zu führen.

Tamar

Bibelstelle:
2. Samuel 13

Zeit: Etwa 975 v. Chr.
Name: „(Dattel-)Palme
Thema: Tamars Vergewaltigung durch den Halbbruder führte zu Mord und letztlich zum Aufstand gegen David.

Tamars Rolle in der Bibel

Tamar war eine von Davids Töchtern, Schwester Absaloms und Halbschwester

Amnons. In der Bibel wird sie als „schön" (2. Sam. 13,1) beschrieben und zwar so schön, dass ihr Halbbruder Amnon sich in sie verliebte. Ein Freund Amnons riet ihm, eine Krankheit vorzutäuschen und dann Tamar zu bitten, ihm etwas zu essen zu bringen, um ihr so nahe zu kommen. Amnon befolgte diesen Rat, und als Tamar nicht freiwillig auf seine Avancen einging, vergewaltigte er sie.

Weinend verließ Tamar seine Gemächer. Als ihr Bruder Absalom herausfand, was passiert war, riet er Tamar: „Sag niemandem etwas davon. ... Nimm die Sache nicht zu schwer" (2. Sam. 13,20). Im Text heißt es schlicht „Von da an wohnte Tamar einsam im Haus ihres Bruders Absalom" (2. Sam.13,20).

Mehr erfährt der Leser zwar nicht über Tamar, aber die Vergewaltigung hatte Folgen, die weit über das persönliche Leid der Frau hinausreichten. Absalom hasste Amnon für seine Tat, und er nahm es David zutiefst übel, dass er die Angelegenheit einfach auf sich beruhen ließ. Zwei Jahre danach sorgte Absalom durch ein Komplott dafür, dass sein Halbbruder ermordet wurde und floh eine Zeit lang ins Exil. Später kehrte er als Anführer eines Aufstandes gegen David zurück, der letztlich zu einem verheerenden Bürgerkrieg führte.

Tamars Beziehungen

Tamars Beziehung zu Amnon. Tamar war anscheinend noch völlig unwissend und sich Amnons Leidenschaft für sie gar nicht bewusst. Als er sie bat, ihr etwas zu essen zu bringen, bereitete sie die Mahlzeit persönlich zu und brachte sie ihm. Selbst als Amnon alle Anwesenden hinausschickte, schien Tamar das nicht verdächtig. Sie war schockiert, als Amnon sich ihr erklärte.

Die Vergewaltigung. Tamar versuchte noch, Amnon durch Worte von seinem Vorhaben abzubringen. Zuerst argumentierte sie: „Nein, Amnon, zwing mich nicht zu so etwas. Das ist in Israel doch verboten. Ein solches Verbrechen darfst du nicht begehen!" (2. Sam 13,12). Dann appellierte sie an ihn: „Denk doch, welche Schande das für mich wäre!" (V. 13).

Und schließlich machte Tamar Amnon Hoffnung: „Warum redest du nicht mit dem König? Bestimmt erlaubt er dir, mich zu heiraten (V. 13).

Amnon blieb jedoch ungerührt und war nicht bereit, sich mit einem „Später" zufrieden zu geben. Seine Leidenschaft wollte sofort gestillt sein. „Er stürzte sich auf sie und vergewaltigte sie" (V. 14).

Amnons Reaktion. An dieser Stelle nimmt die Geschichte eine seltsame Wendung. Im Bibeltext heißt es: „Aber dann schlug seine große Liebe in Hass um. Ja, er hasste Tamar nun mehr, als er sie vorher geliebt hatte. ‚Mach, dass du fortkommst!', schrie er sie an" (V. 15).

Wie kam es zu dieser Veränderung von Amnons Gefühlen für Tamar? Er hatte etwas getan, von dem er selbst wusste, dass es falsch war. Kein Mensch kann eigene innerste Überzeugungen übergehen, ohne dadurch anderen und sich selbst zu schaden. Die Leidenschaft, die Amnon für Tamar empfunden hatte, hatte sich in Hass verkehrt, denn durch sie wurde sein persönliches Versagen offenbar. Statt die Verantwortung für sein Handeln zu übernehmen, so wie David es im Zusammenhang mit Batseba getan hatte, schob Amnon alle Schuld auf Tamar. Seine eigenen Schuldgefühle verwandelten sich in Hass auf Tamar.

Und wieder erhob Tamar Einspruch, denn das Gesetz des Alten Bundes verlangte, dass ein Mann, der eine noch nicht versprochene Jungfrau vergewaltigt hatte, diese heiraten musste (5. Mose 22,28.29). „‚Nein', flehte sie, ‚tu das nicht! Wenn du mich jetzt wegjagst, ist das noch viel schlimmer als das, was du mir vorhin angetan hast'" (2. Sam 13,16).

Tamars Beziehung zu Absalom. Tamar war Absaloms Schwester, und er zeigte sich betroffen und in Sorge um sie, als sie ihr Gewand zerriss und sich Asche auf ihr Haupt streute – beides Symbole der damaligen Kultur für äußersten Kummer und Schmerz. Die Tatsache, dass Absalom sofort fragte, ob Amnon der Grund für ihren Kummer sei, ist ein Hinweis, dass Absalom bereits gespürt und geahnt haben muss, was sein Halbbruder für Tamar empfand.

Absaloms Rat – „Nimm die Sache nicht zu schwer" – zeugt allerdings davon, wie wenig er die verheerenden Auswirkungen einer Vergewaltigung für eine Frau nachvollziehen konnte. Natürlich kann eine Frau eine Vergewaltigung nicht einfach so abschütteln. Vergewaltigung ist ein Verbrechen, das verfolgt und verurteilt werden muss, damit das Opfer das Geschehen verarbeiten und nach der Verletzung das Gefühl für die eigene Würde zurückerlangen kann. Eine Vergewaltigung führt beim Opfer immer auch zu seelischen Verletzungen, die behandelt werden müssen.

Absalom dachte hier jedoch nicht in erster Linie an das Wohl seiner Schwester, sondern für ihn ging es vorrangig um die Frage, wie er an Amnon Rache üben sollte. Absalom konnte es nur nützen, wenn seine Schwester Stillschweigen bewahrte über die Angelegenheit; Tamar jedoch konnte diese Haltung nur schaden.

Zwei ganze Jahre später ließ Absalom dann Amnon umbringen und floh selbst außer Landes. Er hatte jetzt zwar Rache geübt, aber absolut nichts unternommen, um Tamar zu helfen. Im Text heißt es nur: „Von da an wohnte Tamar einsam im Haus ihres Bruders Absalom" (2. Sam 13,20).

Tamars Beziehung zu David. Eine weitere bedeutungsvolle Aussage im Bibeltext lautet: „Als König David davon erfuhr, wurde er sehr zornig" (V. 21). Es ist allerdings nicht die Rede davon, dass David gegen das geschehene Unrecht angegangen wäre.

Er bestrafte Amnon nicht. Er tadelte ihn nicht. Er sorgte auch nicht dafür, dass dem Gesetz Genüge getan wurde und Amnon Tamar heiraten musste. David unternahm einfach gar nichts. Vielleicht hatte das mit seiner eigenen Geschichte zu tun: Er war ja selbst mit Batseba ebenso verfahren wie jetzt Amnon mit Tamar. Möglicherweise hatte David das Gefühl, nicht über die moralische Autorität zu verfügen, die erforderlich gewesen wäre, um hier einzuschreiten. Aber auch wenn Davids Verhalten zu verstehen ist, entschuldbar ist es kaum. Als König und als Vater lag es in seiner Verantwortung, sich um das Verhalten seines Sohnes zu kümmern. Dass David sich hier entzog und nicht eingriff, hatte zur Folge, dass Tamar schweigend und einsam leiden musste, was darüber hinaus letztlich nicht nur zu dem Mord an Amnon, sondern auch zu dem Aufstand Absaloms gegen David führte.

Tamar: Eine Nahaufnahme

Nach Aussage des biblischen Textes war Tamar eine schöne, unschuldige junge Frau, deren Leben durch die brutale Vergewaltigung durch Amnon jäh zerbrochen wurde. Ihre Hoffnung, sich von dem Erlebten zu erholen, erfüllte sich nicht, weil Absalom und David nicht bereit waren, sich ehrlich und ernsthaft mit dem an ihr verübten Verbrechen auseinander zu setzen. Dabei hätte Tamar eine großartige Zukunft haben können. Durch ihre in der Bibel festgehaltenen Äußerungen ist ihr hoher moralischer Maßstab erkennbar, gleichzeitig wird sie als kluger sensibler Mensch gezeigt, vergleichbar mit Abigajil bei ihrer ersten Begegnung mit David. Im Unterschied zu David ließ sich Amnon jedoch nicht davon überzeugen, einzugreifen und den richtigen Kurs einzuschlagen.

Nach der Vergewaltigung ist über Tamar nicht mehr zu erfahren als die Tatsache, dass sie einsam und verlassen im Haus ihres Bruders zurückblieb – wahrscheinlich bis zu ihrem Tod.

Absalom benannte später seine eigene Tochter nach der Schwester. Eine dürftige Geste, die zudem sehr viel zu spät kam.

Impulse für heute

- Damals wie heute besteht beim Verbrechen der Vergewaltigung die Reaktion der mittelbar und unmittelbar Beteiligten oft darin, zu vertuschen, zu verharmlosen und zu beschwichtigen. Auf diese Weise wird das Opfer noch dadurch weiter gedemütigt, dass es fast wie ein Täter behandelt wird. Zu den ohnehin meist vorhandenen Schuldgefühlen und der Scham kommt auch noch die indirekte Mitverurteilung durch das Umfeld. Ein doppeltes Leid!
- Hat sich im Umgang mit Vergewaltigungsopfern wirklich so vieles geändert? Sind wir wirklich „aufgeklärter", hat sich das Rechtsempfinden an dieser Stelle wirklich verändert?
- Tamar bezahlt für das Verbrechen, das an ihr begangen wurde, und niemand macht sich die Mühe, ihr zu ihrem Recht zu verhelfen, weil andere Interessen vorrangig scheinen.
- Opfer von sexueller Gewalt brauchen die zuverlässige Bestätigung und Zusicherung, dass sie Opfer sind und nicht Täter. Sie brauchen Menschen, die zu ihnen in die innere und äußere Isolation kommen. Sie brauchen Menschen, die ihnen Wert und Würde bestätigen.

Die kluge Frau aus Tekoa

Bibelstelle:
2. Samuel 14,2-22

Nachdem Absalom Amnon hatte umbringen lassen, floh er außer Landes. Der Heerführer von Davids Armee, Joab, spürte, dass David seinen Sohn Absalom liebte und wollte ihn nach Hause zurückholen. Also holte er sich Hilfe bei der „klugen Frau" aus Tekoa, die eine Geschichte erzählte, welche als Gleichnis zu Absaloms Fall angewendet werden konnte.

Der Begriff „kluge Frau" kommt im Alten Testament drei Mal vor (2. Sam 14,2; 20,16; Sprüche 14,1). In 2. Samuel ist damit eine ältere Frau gemeint, die dafür bekannt ist, dass sie guten Rat gibt und dadurch Einfluss auf Menschen hat.

Impulse für heute

- Weisheit zeichnet sich oft auch dadurch aus, dass sie indirekt vermittelt wird und der Empfänger der Botschaft scheinbar selbst auf die Lösung für sein Problem kommt.
- Ein Kennzeichen von Weisheit ist es, dass sie die Würde und das Selbstwertgefühl des Gegenübers nicht antastet und nicht eigene Machtinteressen verfolgt.

Davids zehn Nebenfrauen

Bibelstelle:
2. Samuel 16,21-23

Als David während des Aufstandes von Absalom aus Jerusalem fliehen musste, ließ er seine Nebenfrauen zurück, damit sie sich um den Palast kümmerten. Als dann Absaloms Streitkräfte in Jerusalem einmarschierten, bekam Absalom den Rat, mit einigen von diesen Frauen öffentlich Sex zu haben. Eigens zu diesem Zweck wurde auf dem Dach von Davids Palast ein Zelt errichtet.

Es war ein symbolischer Akt, eine Demonstration der Tatsache, dass Absalom jetzt als König an die Stelle seines Vaters getreten war. Auch hier hatten die Frauen wieder Objektstatus und wurden gar nicht als Personen wahrgenommen. Außerdem handelte es sich bei diesem Vorgehen Absaloms um die Demonstration seiner festen Entschlossenheit, entweder Davids Position einzunehmen oder zu sterben, denn die Beleidigung Davids durch diese „Geste" Absaloms war so ungeheuerlich, dass eine Versöhnung zwischen den beiden nicht mehr infrage kam.

Die kluge Frau der Stadt

Bibelstelle:
2. Samuel 20,16-22

Nachdem Davids Truppen Absalom getötet hatten, übernahm ein Mann namens Scheba die Führung der Aufständischen. Davids Truppen unter Joab verfolgten Scheba, der innerhalb der Stadtmauern Schutz gesucht und sich versteckt hatte.

Als Joab schon fast entschlossen schien, die Stadtmauer niederzureißen, kam eine weise Frau auf ihn zu und sprach ihn an. Auf Joabs Angebot, die Stadt zu verschonen, wenn Scheba hingerichtet würde, sagte die kluge Frau: „Einverstanden, man wird dir seinen Kopf über die Mauer zuwerfen" (2. Sam. 20,21). Die kluge Frau überzeugte die Menschen von dieser Vorgehensweise, Scheba wurde getötet und die Stadt blieb verschont.

Die zwei Prostituierten

Bibelstelle:
1. Könige 3,16-27

Kurz nachdem Salomo König geworden war, wurden zwei Prostituierte vor ihn gebracht, die Streit hatten. Beide hatten einen Säugling, von denen der eine aber bei Nacht gestorben war. Beide Frauen behaupteten nun, das lebende Kind sei ihres, während das andere Kind der anderen gehöre.

Salomo verkündete als Urteil, dass das lebende Kind in der Mitte geteilt werden und jede der beiden Frauen eine Hälfte bekommen solle. Die eine nahm das Urteil an, die andere bat den König, das Kind lieber der Rivalin zu überlassen als es sterben zu lassen. Salomos Vorschlag hatte dem Zweck gedient, herauszufinden, welcher Frau wirklich an dem Kind lag. Aus den Reaktionen der Frauen ließ sich ablesen, welche der beiden wirklich eine Beziehung zu dem Kind hatte und es liebte, und so ordnete Salomo an, dass das Kind der wirklichen Mutter übergeben werde – der nämlich, die das Leben des Kindes verschonen wollte, auch um den Preis des Verzichtes. Dieser Zwischenfall trug dazu bei, dass Salomo den Ruf großer Weisheit erlangte.

Die Königin von Saba

Bibelstelle:
1. Könige 10,1-10; 2. Chronik 9,1-9

Das Königreich von Saba lag am Ende der arabischen Halbinsel, etwa 2 300 Kilometer südlich von Jerusalem, im Gebiet des heutigen Südjemen. Zur Zeit Salomos, dem 10. Jahrhundert v. Chr., bestanden intensive Handelsbeziehungen zwischen Saba und Israel. Es wird gemeinhin angenommen, dass der Besuch der Königin von Saba bei Salomo eher dem Zweck diente, neue Handelsabkommen zu schließen oder alte zu erneuern, als nur die Neugier der Königin auf Salomo zu befriedigen.

Über die Königin von Saba ist nicht viel bekannt. Außer in diesem kurzen Abschnitt wird sie nämlich nicht erwähnt, und die darin enthaltenen Informationen geben eher Auskunft über Salomo als über die Königin.

Die jüdischen Rabbinen deuteten die Worte: „Salomo erfüllte der Königin jede Bitte" (1. Kön. 10, 13) als Hinweis darauf, dass sie einen Sohn von Salomo hatte. Wahrscheinlicher bedeutete diese Aussage jedoch einfach, dass der Besuch zur Zufriedenheit aller Beteiligten verlief und die angestrebten Verträge zum Abschluss gebracht wurden.

Jerobeams Frau

Bibelstelle:
1. Könige 14,1-13

Nach dem Tod Salomos wurde das vereinte Königreich geteilt. Im Süden herrschte Rehabeam, ein Nachkomme Davids, über Juda von Jerusalem aus. Der erste Herrscher des Nordreiches war Jerobeam.

Nach der Teilung des Reiches hatte Jerobeam die Befürchtung, dass seine Untertanen sich irgendwann wieder mit ihren Glaubensbrüdern im Süden vereinen würden, weil sie nach dem Gesetz zu bestimmten Anlässen nach Jerusalem ziehen und dort opfern mussten. Um das zu verhindern, setzte Jerobeam eine neue – selbst konstruierte – „Religion" ein, die die im Alten Testament niedergelegten Praktiken teilweise nachahmte und teilweise aufhob oder verletzte. Diese Entscheidung Jerobeams leitete den Niedergang des Nordreichs ein. Keiner der nachfolgenden Könige machte diese neue Religionspolitik rückgängig.

Einige Zeit, nachdem Jerobeam die besagten Veränderungen eingeführt hatte, wurde sein Sohn Abija krank. Jerobeam schickte seine Frau zum Propheten Ahija, um bei ihm Hilfe zu suchen. Obwohl sie sich verkleidet hatte, erkannte der Prophet sie sofort und verkündete, dass Jerobeam dem Untergang geweiht sei und dass sein Geschlecht nicht nur ausgelöscht werden würde, sondern die Nachkommen nicht einmal begraben und betrauert werden würden. Außerdem sagte Ahija zu Jerobeams Frau:

„Geh nun wieder nach Hause. Doch sobald du deine Heimatstadt betrittst, wird dein Sohn sterben. Überall in Israel wird man um ihn trauern, und viele werden zu seiner Beerdigung kommen. Er wird als Einziger aus Jerobeams Familie in ein Grab gelegt, denn er war der Einzige in der Familie, an dem der Herr, der Gott Israels, noch etwas Gutes fand" (1. Kön. 14, 12.13).

Alles, was über Jerobeams Frau zu erfahren ist, hat mit diesem Zwischenfall zu tun. Ahijas Worte lassen ahnen, wie groß ihre Angst gewesen sein muss. Ihr Mann hatte ihr einen schwierigen Auftrag erteilt, und sie würde ihm über den Ausgang des Gespräches Rede und Antwort stehen müssen. Ihre Rückkehr bedeutete jedoch gleichzeitig auch den Tod des Sohnes, denn in dem Augenblick, in dem sie die Stadt wieder betreten würde, sollte der Sohn sterben. Trotz allem machte sie sich sofort wieder auf den Heimweg. Im Bibeltext heißt es weiter: „Gerade als sie zur Tür hereinkam, starb ihr Sohn" (1. Kön. 14,17).

Im Grunde hatte Jerobeams Frau keine Wahl. Vielleicht hätte sie irgendwann zu einem früheren Zeitpunkt eine Alternative gehabt, beispielsweise die von ihren Eltern arrangierte Ehe abzulehnen, aber damals hatte sie wohl noch gar nicht gewusst, was für ein Mensch Jerobeam war, und sie hatte natürlich auch keine Ahnung gehabt, was ihr die Zukunft bringen würde.

Weil Jerobeams Frau in dem König einen Mann geheiratet hatte, der Götzendienst nicht nur erlaubte, sondern sogar förderte, musste sie viel leiden.

Rizpa

Bibelstellen:
2. Samuel 3,7; 21,1-14

Zeit: Etwa 1025 v. Chr.
Name: „Glühkohle"
Thema: Das Gerücht, dass Abner mit Rizpa, Davids Nebenfrau, geschlafen hatte, führte zur Einheit Israels unter David.

Ihre Rolle in der Bibel

Rizpa war eine von König Sauls Nebenfrauen, mit der er zwei Söhne hatte. In ihrer Funktion als Nebenfrau hatte Rizpa zwar eine untergeordnete Stellung und kaum eine Möglichkeit, Einfluss zu nehmen, aber sie wurde dennoch zum Mittelpunkt zweier entscheidender Ereignisse.

Aufstieg und Niedergang von Königreichen *(2. Sam. 3,7).* Nach dem Tode Sauls hatte dessen Heerführer Abner Sauls Sohn Isch-Boschet zum König bestimmt, während der Stamm Juda David zum König gesalbt hatte. Es gelang Abner, die Stämme des Nordens für Isch-Boschet zu gewinnen, aber dann kam Isch-Boschet ein Gerücht zu Ohren, dem zufolge Abner mit Rizpa, der Nebenfrau seines Vaters, geschlafen haben sollte. Empört stellte Isch-Boschet Abner zur Rede und machte ihm heftige Vorwürfe, denn Abners Vorgehen konnte durchaus auch als Hinweis gewertet werden, dass Abner selbst Ambitionen auf den Thron hatte.

Abner war über diesen Verdacht zutiefst beleidigt. Nur ihm war es schließlich zu verdanken, dass die Stämme des Nordreiches Isch-Boschet gegenüber loyal geblieben waren. Weil er in seiner Ehre gekränkt war, verhandelte der zornige Heerführer mit David, und zwar mit dem Ziel, das Nordreich ebenfalls der Herrschaft König Davids zu unterstellen. Auf diese Weise führte ein Gerücht über Rizpa zum Ende der Dynastie Sauls und zur Übertragung der Königsherrschaft auf die Familie Davids, die für das Volk Israel und seine Heilsgeschichte so wichtig wurde.

Katalysator der Versöhnung *(2. Sam 21, 1-14).* Als während der Regierungszeit von David eine drei Jahre andauernde Hungersnot Israel furchtbar zusetzte, bat David Gott, ihm den Grund für die Hungersnot deutlich zu machen. Die Antwort lautete, dass die Hungersnot eine Strafe für Sauls Versuch sei, die Gibeoniter auszulöschen.

Die Gibeoniter hatten 400 Jahre zuvor

Josua durch eine List dazu gebracht, einen Friedensvertrag mit ihnen zu schließen (vgl. Jos. 9). Seither waren sie im Lande, und zwar unter dem Schutz des besagten alten Vertrages. Von ihrem Status her waren sie jedoch Sklaven der Israeliten. Saul hatte nun scheinbar beschlossen, die Gibeoniter vollständig zu vernichten, möglicherweise in der Absicht, Gott gnädig zu stimmen, indem er im Land alles Fremde beseitigte. Doch dieser Feldzug Sauls gegen die Gibeoniter bedeutete den Bruch eines alten Vertrages, der im Namen des Herrn geschlossen worden war, und Gott war darüber zornig.

Nun kam David auf die Gibeoniter mit der Frage zu, wie er für die Sünde Sauls Sühne leisten könne. Die Gibeoniter wollten keine Wiedergutmachungszahlungen, baten aber stattdessen um die Erlaubnis, sieben Nachkommen Sauls hinzurichten. David willigte ein und überließ ihnen fünf Söhne Merabs (einer Tochter Sauls) und die beiden Söhne von Rizpa, der Nebenfrau Sauls. Es ist durchaus möglich, dass man die Auslieferung dieser bestimmten Männer forderte, um sie hinzurichten, denn sie waren an Sauls Krieg gegen die Gibeoniter aktiv beteiligt gewesen. Auf jeden Fall wurden die sieben Männer zur Zeit der Ernte hingerichtet, und dem Wunsch nach Vergeltung der Gibeoniter war dadurch Genüge getan.

Damit war die Geschichte allerdings noch nicht zu Ende. Rizpa ließ sich nämlich nicht daran hindern, bei den Leichnamen ihrer beiden Söhne Wache zu halten. Sie breitete Sackleinen über sie als Symbol für ihre tiefe Trauer und setzte sich dann daneben, um die Leichen vor Vögeln und anderen Tieren zu schützen. Fünf Monate lang, von der Erntezeit bis zu den späten Regenfällen in diesem Gebiet, wachte Rizpa Tag und Nacht bei den sterblichen Überresten ihrer Söhne.

Als David davon erfuhr, rührte ihn ihr Verhalten zutiefst an. Er ging nach Jabesch-Gilead, wohin auch die Gebeine von Saul und Jonathan gebracht worden waren, nachdem sie von den Philistern zurückgeholt worden waren (1. Sam. 31,11-13), sammelte die Gebeine der sieben und begrub sie alle in dem Familiengrab in Kisch. So endete die Geschichte von Saul mit der würdigen Beisetzung seines Leichnams bei seinen Vorfahren, ein Akt, der auch Davids Versöhnung mit dem Mann symbolisiert, der ihn vergeblich verfolgt hatte, um zu verhindern, dass er den Thron Israels bestieg. Kurz darauf war die Hungersnot zu Ende.

Rizpa: Eine Nahaufnahme

Über Rizpas Leben ist kaum etwas bekannt. Aus dem Bibeltext geht nur hervor, dass sie mit Saul zusammenlebte und mit ihm zwei Söhne hatte. Später, so ist zu erfahren, war sie außerdem Gegenstand von Klatsch und Tratsch. An Abners Reaktion auf die Vorwürfe, er habe eine Affäre mit Rizpa gehabt, lässt sich ablesen, dass das nicht stimmte und Rizpa sich in dieser Hinsicht nichts hatte zuschulden kommen lassen.

Den einzigen Eindruck von Rizpa als Persönlichkeit bekommt der Leser in dem Bericht über die Hinrichtung ihrer beiden Söhne. Durch den Tod der beiden bekam sie nämlich den Status einer kinderlosen Witwe, für eine Frau im damaligen Israel das wirtschaftliche und gesellschaftliche Aus. Verwitwete kinderlose Frauen waren äußerst schutzlos und verwundbar. Statt jedoch still für sich zu trauern, bewachte Rizpa in aller Öffentlichkeit die sterblichen Überreste ihrer beiden Söhne. „Tagsüber verscheuchte sie die Raubvögel, und nachts hielt sie die wilden Tiere von den Leichen fern“ (2. Sam 21,10), und das monatelang. Die Hingabe, mit der sie sich dieser Aufgabe widmete, weckte König Davids Mitgefühl, denn Rizpa offenbarte dadurch ihre Mutterliebe und eine bewundernswerte Loyalität in Bezug auf das Andenken ihrer Söhne.

Rizpa hätte nichts tun können, um die beiden zu retten, aber sie war fest entschlossen, alles in ihrer Macht Stehende zu tun, um sie vor der äußersten Schande zu retten.

In dieser Hinsicht steht Rizpa für alle Mütter, die über den Verlust eines Kindes trauern; für jede Mutter, die entschlossen ist, für ein ehrendes Andenken ihres Kindes zu sorgen, was auch immer es getan haben mag. Durch ihre mutige Demonstration erreichte sie zumindest, dass ihre beiden Söhne ein angemessenes Begräbnis erhielten. Durch ihre Beharrlichkeit erlangte Rizpa Davids Hochachtung und darüber hinaus den Respekt all derer, die verstanden und verstehen, welch einen Preis sie dafür zu zahlen bereit war.

Impulse für heute

- Manchmal ist die Stimme der Ohnmacht lauter als das lauteste Säbelrasseln, und manchmal ist die beharrliche aber lautlose Geste lauter als jedes Protestgeschrei.
- Manchmal zeigt sich Mut ganz still, aber wirkungsvoll.
- Rizpa ist eine Frau mit Grundsätzen, eine Frau, die für ihre Überzeugungen steht, eine Frau, die alles einsetzt, weil es ihrer Meinung nach richtig ist.
- Es steckt eine Macht in der Ohnmacht, die letztlich zum Ziel führt.
- Mut zur Ohnmacht ist oft der einzige Weg zur Veränderung, und dieser Mut ist es letztlich, durch den Jesus Christus unser Leben gerettet und uns mit dem Vater versöhnt hat.

▸ Isebel

Bibelstellen:
1. Könige 16,31; 18,1-13; 19,1.2; 21,1-25; 2. Könige 9,1-37; Offenbarung 2,20
siehe auch S. 139

Zeit: Etwa 875 v. Chr.
Name: unklar, siehe S. 330
Thema: Als Frau von König Ahab machte Isebel sich daran, die Anbetung und Verehrung Gottes durch die Anbetung Baals zu verdrängen.

Isebels Rolle in der Bibel

Isebel war die Tochter des Königs von Sidon und deshalb Anhängerin des dort praktizierten Baal-Kultes. Durch Ahabs Ehe mit ihr wurde auch er zum Anhänger des Gottes Sidons, und gemeinsam mit Isebel setzte er sich dafür ein, den Baals-Kult auch in Israel zur vorherrschenden Religion zu machen, was ihm auch beinahe gelungen wäre.

Aus 1. Könige 18, 4 und 13 geht hervor, dass es Isebel war, die in dieser Angelegenheit die Initiative ergriff, denn es heißt in dem Text: „Als damals Königin Isebel alle Propheten des Herrn beseitigen wollte“. Das heißt nicht, dass sie persönlich die Propheten Gottes umbringen wollte, aber dass der Befehl dazu von ihr kam. Diese und andere Stellen im Alten Testament lassen darauf schließen, dass sie eine sehr willensstarke Person mit großem Durchsetzungsvermögen war. In vielerlei Hinsicht beherrschte Isebel ihren Mann und bestimmte den politischen Kurs im Königreich.

Gott reagierte auf die Drohung Isebels, indem er den Propheten Elia sandte. Elia richtete nicht nur die Herzen der Menschen wieder auf Gott aus, sondern er sagte auch den Tod Isebels als Strafe Gottes voraus.

Am Ende setzt Gott einen Armeeoffizier namens Jehu an Ahabs Stelle. Jehu erfüllte den Auftrag Gottes, indem er all die Menschen in Israel vernichtete, die Baal angebetet hatten, und Ahabs gesamte Familie auslöschte.

Isebels Beziehungen

Isebels Beziehung zu Gott. Isebel war eine entschiedene Gegnerin Gottes, die es sich nicht nur zum Ziel gesetzt hatte, alle Propheten Gottes zu vernichten, sondern alle Menschen in Israel auszumerzen, die Gott anbeteten. Auch Elia war dadurch in Lebensgefahr.

Bedeutsam ist, dass König Ahab die Herausforderung Elias zu einem Wettstreit zwischen 450 Propheten Baals „und 400 Propheten der Aschera, die von Königin Isebel versorgt werden" annahm, obwohl er mit dem Gott der Israeliten nichts zu tun haben wollte, ja ihn und alle, die ihm nachfolgten, sogar bekämpfte. Isebel dagegen gestattete ihren Propheten nicht, sich an diesem „Wettkampf" zu beteiligen. Möglicherweise hatte Isebels Feindschaft gegen Gott gar nicht so sehr mit Unglauben zu tun als vielmehr mit der Ablehnung der Werte und Maßstäbe, für die Gott stand.

Isebels Beziehung zu Ahab. Isebel manipulierte und beherrschte ihren Mann, den König, fast nach Belieben. Das ist besonders deshalb erstaunlich, weil er sowohl als Herrscher als auch als Feldherr außerordentlich tüchtig war. Zweimal besiegte er die Streitkräfte von Syriens König Benhadad II. Außerdem gehörte Ahab einem Bündnis von Königen an, die unter Shalmaneser III. im Jahre 853 v. Chr. die Assyrer bei Qauqar besiegten, und er brachte dabei mehr Streitwagen in den Kampf ein als alle anderen. Ahab hielt außerdem Frieden mit Juda und brachte durch Verhandlungen ein Bündnis mit König Jehoschafat zu Stande. Aus dem biblischen Text geht jedoch hervor, dass Ahab von seiner Frau Isebel beherrscht wurde.

Am deutlichsten wird das an der Geschichte über Nabots Weinberg, von der in Kapitel 9, S. 139ff., die Rede ist.

Isebels Beziehung zu Elia. Es war nur eine logische Folge, dass Isebels Feindschaft gegen Gott, auch die Feinschaft gegen Elia, den Propheten Gottes, bedeutete. Als in dem Wettstreit am Berg Karmel (1. Kön. 18) die Baals-Priester und 450 Propheten des heidnischen Gottes starben, schien Ahab bezwungen und verhielt sich ruhig. Isebel dagegen drohte, Elia umzubringen, als sie von dem Ausgang des Wettstreits hörte. Sie würde ihn töten, versprach sie. Und das war zu viel für Elia. Er brach zusammen und „rannte um sein Leben" (1. Kön 19,3).

Am Ende gab Gott Elia neuen Mut, und er war es denn auch, der verkündete: „Auch über Isebel hat der Herr sein Urteil gesprochen: An der äußeren Stadtmauer von Jesreel werden die Hunde sie fressen" (1. Kön. 21,23). Es ist ein Zeugnis für die Realität Gottes, dass am Ende Elias Worte und nicht Isebels Drohung wahr wurden.

Isebel im neuen Testament

Der einzige Verweis auf Isebel im Neuen Testament steht in Offenbarung 2,20:

„Du unternimmst nichts gegen diese Isebel, die sich als Prophetin ausgibt. Durch ihre Lehre verführt sie die Gläubigen zu einem zügellosen Leben und ermuntert sie, ohne Bedenken das Fleisch der Götzenopfer zu essen".

Wahrscheinlich wird der Name Isebels hier symbolisch verwendet. Aber die Gründe, weshalb ein real existierender Mensch, vielleicht eine real existierende Frau in der Gemeinde von Thyatira als „Isebel" identifiziert wird, ist doch bedeutsam:

- Eine Isebel „gibt sich als Prophetin aus" – das heißt, sie stellt sich als religiöse Führerin dar.
- Eine Isebel verführt durch falsche Lehre Menschen, die zu Gott gehören, zu einem „zügellosen Leben".
- Eine Isebel lehrt und verführt Menschen, die zu Gott gehören dazu, „Fleisch der Götzenopfer zu essen."

Der Text deutet an, dass ein Großteil der Macht, die Isebel über Ahab hatte, in ihrer Sexualität begründet lag. Offenbar setzte sie in ihrem Machtspiel auf ihre erotische Ausstrahlung. Als Jehu nach Jesreel kam, nachdem er Ahabs Nachfolger getötet hatte, heißt es: „Isebel, die von seinem Kommen wusste, schminkte sich die Augen, frisierte ihr Haar und lehnte sich aus dem Fenster" (2. Kön 9,30). Dieser letzte Versuch sich zu retten war jedoch vergebens, denn auf Befehl Jehus wurde Isebel aus eben diesem Fenster zu Tode gestürzt, und die Hunde fraßen ihren Leichnam, wie Elia es prophezeit hatte.

Isebel: Eine Nahaufnahme

Isebel war zweifellos eine starke Frau. Sie setzte auf ihre erotische Ausstrahlung und ihre Führungsstärke, um ihren Mann, König Ahab, zu beherrschen und den religionspolitischen Kurs des Landes zu bestimmen. Allem Anschein nach war nicht Ahab, sondern Isebel die dominierende Persönlichkeit im Königshaus. Isebel handelte ohne zu zögern so, als hätte sie die Befehlsgewalt und nicht König Ahab. Der prompte Gehorsam derer, denen sie Befehle erteilte, ist ein Zeichen dafür, dass sie wirklich Macht hatte. Es erwies sich jedoch als verhängnisvoll für Isebels Leben, dass sie es mit dem Bösen hielt und von Gott nichts wissen wollte. Sie setzte ihre Gaben und ihren Einfluss ein, um anderen zu schaden, statt Gutes zu tun. Trotz all ihrer Macht war Isebels Leben sinnlos und leer. Ihr Tod war die Konsequenz der falschen Richtung, die sie eingeschlagen hatte.

Impulse für heute

- Isebel war eine Frau mit Macht und Einfluss. Ihr – vorhergesagter – würdeloser Tod ist ein Zeichen dafür, dass Macht und Einfluss an sich noch nichts Positives bedeuten müssen.
- Jeder Mensch hat die Wahl. Was aus – an sich neutralen – menschlichen Gaben und Möglichkeiten wird, steht und fällt mit seinen Motiven.
- Isebel scheiterte schließlich an ihrem Ehrgeiz, eigene Ziele durch Manipulation zu erreichen. Sie hatte nicht mit dem gerechnet, der sein Ziel verfolgt und auch die Macht hat, es zu erreichen: dem Schöpfer und Gott der Welt.

Sie erlag der Sünde, an der nach wie vor unzählige Menschen zu Grunde gehen, der Selbstüberhebung.

Die Witwe von Zarpat

Bibelstellen:
1. Könige 17; Lukas 4,26-27

Die Witwe unbekannten Namens lebte in Zarpat, einer Stadt auf dem Gebiet von Sidon. Dorthin wurde Elia von Gott während der Dürreperiode geschickt, die er König Ahab vorausgesagt hatte. Während Ahab auf der Suche nach Elia Israel durchkämmte, hielt der Prophet sich in Zarpat auf, in der Heimat von Isebel also, der bösen Königin, die fest entschlossen war, aller Anbetung und Verehrung Gottes ein Ende zu machen.

Die Witwe, die in Elia einen Menschen erkannte, der an Gott glaubte (1. Kön 17,10-16), zeigte einen ungewöhnlichen, rasch wachsenden Glauben.

Ihre erste Prüfung im Glauben *(1. Kön 17,10-16).* Als Elia die Frau zum ersten Mal sah, sammelte sie Feuerholz. Der Prophet sprach sie an und bat sie um etwas Essen und Wasser. Die Begegnung wird in der Bibel folgendermaßen beschrieben:

Da blieb die Frau stehen und sagte: „Ich habe keinen Krümel Brot mehr, sondern nur noch eine Hand voll Mehl im Topf und ein paar Tropfen Öl im Krug. Das schwöre ich bei dem Herrn, deinem Gott. Gerade habe ich einige Holzscheite gesammelt. Ich will nun nach Hause gehen und die letzte Mahlzeit für mich und meinen Sohn zubereiten. Danach werden wir wohl verhungern."

Elia tröstete sie: „Hab keine Angst, so weit wird es nicht kommen! Geh nur und tu, was du dir vorgenommen hast! Aber back zuerst für mich einen kleinen Brotfladen, und bring ihn mir heraus! Nachher kannst du für dich und deinen Sohn etwas zubereiten. Denn der Herr, der Gott Israels verspricht dir: ‚Das Mehl in deinem Topf soll nicht ausgehen und das Öl in deinem Krug nicht weniger werden, bis ich, der Herr, es wieder regnen lasse.'"

Die Frau ging nach Hause und tat, was Elia ihr gesagt hatte, und tatsächlich hatten Elia, die Frau und ihr Sohn Tag für Tag genug zu essen (1. Kön. 17, 12-15).

Es erforderte von der Frau ein erhebliches Maß an Glauben, zuerst Elia zu essen zu geben in der Hoffnung, dass danach auch für ihren Sohn und sie selbst genug übrig sein würde.

Ihre zweite Glaubensprüfung *(1. Kön 17,17-24).* Einige Zeit danach wurde der Sohn der Frau krank und starb. Die Frau kam in ihrem Kummer zu Elia und sagte: „‚Ich weiß genau, du bist nur hierher gekommen, um Gott an alles Böse zu erinnern, was ich getan habe! Und zur Strafe ist mein Sohn jetzt tot!'" (17,18). Die Frau fürchtete, dass Gott auf sie aufmerksam geworden war, weil Elia in ihr Haus gekommen war, und dass Gott sich jetzt an ihre Sünden erinnerte und sie dafür bestrafte, indem er ihren Sohn tötete.

Elia brachte den Sohn in sein Zimmer und flehte Gott an, den Jungen wieder lebendig zu machen. Gott erhörte Elias Gebet, und „das Kind wurde lebendig" (V. 22). Als Elia den Jungen zur Mutter zurückbrachte, sagte die Frau zu Elia: „Jetzt bin ich sicher, dass du ein Bote Gottes bist. Alles, was du im Auftrag des Herrn sagst, ist wahr" (17,24).

Die Witwe im Neuen Testament *(Lukas 4,26.27).* Jesus bezog sich auf die Witwe von Zarpat, als er in der Synagoge seiner Heimatstadt predigte. Er sprach seine Nachbarn auf ihren mangelnden Glauben an und erinnerte sie daran, dass es zur Zeit Elias auch in Israel viele Witwen gegeben habe, Gott Elia aber zu einer Frau in Sidon geschickt habe, zu einer Heidin also. Diese Hervorhebung, dass Gott einer heidnischen Witwe besonders viel Mitgefühl gezeigt hatte, machte die Nachbarn Jesu zornig. Die Tatsache, dass der Witwe geholfen wurde, spiegelt jedoch ganz klar wider, dass Gott sich schon immer um die Schwachen und Verlorenen aller Völker gekümmert hat und sie ihm am Herzen liegen.

Die Witwe: Eine Nahaufnahme

Obwohl sie Witwe war und in Armut lebte, bewies die Frau Mut, und ihr Glaube nahm rasch zu. Sie wusste um den Gott Israels, und sie erkannte in Elia sofort jemanden, der zu diesem Gott gehörte. Ihre Bereitwilligkeit, Elia zu essen zu geben, als er in Gottes Namen ein Versprechen gab, zeigt, dass die Witwe Gott vertraute. Gleichzeitig war ihr Bild von diesem Gott noch verzerrt, denn als ihr Sohn krank wurde und starb, zog die Frau daraus den Schluss, dass Gott sie damit für Sünden aus der Vergangenheit bestrafen wolle. Dass durch Elia das Wunder Gottes geschah und der Sohn wieder lebendig wurde, bewirkte bei der Witwe zwei Dinge: Erstens stärkte es ihren Glauben an Gott, als Elia ihr Gottes Wort auslegte. Und zweitens lernte sie, dass Gott gnädig ist und gern denen vergibt, die ihm vertrauen.

Impulse für heute

- Gott schickt seinen Propheten zu einer Heidin. Und wie es ja manchmal so ist, rein moralisch und menschlich gesehen, können wir, die wir zu Gott gehören, von Menschen, auf die das nicht zutrifft, noch etwas lernen. Zum Beispiel Mitmenschlichkeit. Die Frau lässt sich auf die Bitte des Propheten ein und gibt zuerst ihm zu essen. Erst danach versorgt sie ihr Kind und sich selbst. Sie hat eine vertrauensvolle, mitfühlend menschliche Grundhaltung.
- Auch wenn die Frau ein verzerrtes Bild von Gott hat und ihn sich als streng und strafend vorstellt, bleibt doch die Tatsache, dass sie um ihre Schuld weiß und diese weder verdrängt noch auf andere abwälzt. Sie weiß, dass sie vor Gott nicht bestehen kann.

Gott sieht diese innere Haltung der Frau und segnet sie, indem er ihr alles gibt, was sie braucht, und indem er ihr seine Liebe dadurch offenbart, dass er ihr das Allerliebste zurückerstattet.

- Gott segnet es, wenn wir rückhaltlos vertrauen und geben, ohne uns Sicherheitsreserven zuzulegen und etwas zurückzuhalten. Was man teilt, kommt vielfach zurück.

Gott zeigt, dass es nicht darum geht, vom Namen her zu ihm zu gehören, sondern dass sich die Zugehörigkeit in einer inneren Vertrauenshaltung zeigen muss. Die Heidin war ihm wohl viel näher als so mancher fromme Jude.

Die Witwe eines Prophetenjüngers

Bibelstelle:
2. Könige 4,1-7

Als die Not leidende Witwe eines Prophetenjüngers Elisa um Hilfe bat, stellte der Prophet ihr Fragen über ihre Vorräte. Alles, was sie noch hatte, war ein Krug mit Olivenöl.

Elisa trug ihr auf, sich in der Nachbarschaft Krüge auszuleihen und dann aus ihrem Ölkrug Öl in die geliehenen Gefäße zu füllen. Sie füllte und füllte, aber der Ölkrug wurde nicht leer. Bald waren alle geliehenen Behälter voll, und erst da floss kein Öl mehr aus dem Krug. Dann trug Elisa der Frau auf, das Öl zu verkaufen, ihre Schulden zu bezahlen und von dem Geld, das dann übrig blieb, zu leben.

Es ist zwar kaum etwas bekannt über die Frau, aber man hat wirklich Hochachtung vor ihrem Glauben, in dem sie sich an das hält, was Elisa ihr aufträgt. Festzustellen ist auch, dass sie und ihre Familie wahrscheinlich noch mehr bekommen hätten, wenn sie sich noch mehr Gefäße ausgeliehen hätten.

Der Glaube öffnet die Tür für den Segen Gottes. Je größer der Glaube, desto größer scheint der Segen Gottes zu fließen.

Die angesehene Frau in Schunem

Bibelstelle:
2. Könige 4,8-37; 8,1-6

Die dritte namentlich nicht genannte Frau in den Büchern der Könige ist keine Witwe, aber eine kinderlose Ehefrau. Sie war ein geachtetes Mitglied der Gemeinschaft und wohlhabend. Weil der Prophet Elisa oft bei ihnen vorbeikam, bat die Frau ihren Mann, doch für Elisa ein Zimmer einzurichten, in das er sich zurückziehen oder in dem er auch übernachten könne, wenn er in der Gegend sei.

Als Elisa die Frau später fragte, was er für sie tun könne, wusste sie nichts zu sagen. Elisas Diener Gehasi jedoch war aufgefallen, dass die Frau kinderlos und ihr Mann schon alt war. Also sagte Elisa der Frau einen Sohn voraus. Das Kind wurde geboren, wie Elisa verheißen hatte, aber nach einiger Zeit starb es an einem Hitzschlag. Die Frau ließ sofort nach Elisa schicken, der auch kam und für das Kind betete, das daraufhin wieder lebendig wurde.

Später warnte Elisa die Frau und ihren Sohn vor der Hungersnot, die sieben Jahre dauern sollte, und gab ihnen den Rat, die Gegend zu verlassen. Die Frau zog ins Land der Philister und blieb während der gesamten Zeit der Hungersnot dort. Als es wieder genügend Nahrung gab, kehrte sie nach Israel zurück und versuchte, ihren Besitz dort wieder zurückzubekommen, den andere sich in der Zwischenzeit angeeignet hatten. Wegen dieses Anliegens ging sie zum König, der sich gerade vom ehemaligen Diener Elisas, Gehasi, Geschichten über die Wunder anhörte, die Elisa getan hatte. Als die Frau ankam, erkannte der Diener sie und auch ihren Sohn wieder. Der König war sehr beeindruckt von ihrer Geschichte und sorgte dafür, dass sie ihren Besitz zurückerhielt.

Die angesehene Frau in Schunem: Eine Nahaufnahme

In dieser Geschichte in 2. Könige gibt es drei Zitate, die Aufschluss geben über diese Frau:

Das erste Zitat *(2. Kön 4,13).* Als sie von Elisa gefragt wurde, was er für sie tun könne, antwortete sie: „Ach, es geht mir doch so gut. Ich habe so viele Verwandte hier in der Stadt." Damit brachte sie zum Ausdruck, dass sie zufrieden war, dass sie ihren Platz gefunden hatte und mit ihrer persönlichen Situation einverstanden und versöhnt war.

Das zweite Zitat *(2. Kön 4,16).* Als Elisa ankündigte, dass sie einen Sohn haben würde, sagte die Frau: „Ach, mein Herr, ... belüge mich nicht."

Diese Reaktion scheint zunächst merkwürdig, aber wenn man sie mit der ersten Äußerung in Verbindung bringt, wird sie verständlich und schlüssig. Es war nicht so, dass sie keinen Sohn wollte, aber sie hatte wohl beschlossen, sich mit dem, was sie hatte, zufrieden zu geben. Sie fürchtete, dass es ihr schlecht gehen würde, wenn sie wieder ihre Hoffnung auf etwas setzte, was sie nicht haben konnte. Für Menschen, die versuchen, seelischen Schmerz zu vermeiden, indem sie beschließen, keine Träume mehr zu haben, kann eine plötzlich aufflammende neue Hoffnung etwas sehr Erschreckendes oder gar Bedrohliches sein.

Das dritte Zitat *(2. Kön 4,28).* Nachdem ihr Sohn gestorben war, eilte die Frau zu Elisa, und das, was sie sagte, als sie ihn schließlich gefunden hatte, spiegelt ihren tiefen Kummer wider: „Habe ich dich, mein Herr, etwa um einen Sohn gebeten? Habe ich damals nicht sogar abgewehrt und gesagt, du sollst mir keine falschen Hoffnungen machen?" Die Frau aus Schunem hatte bis zu dem Augenblick, als Elisa kam und über einen möglichen Sohn sprach, ein Leben geführt, in dem sie sich jegliche Hoffnung auf ein Kind versagt hatte. Ihre neue Hoffnung hatte Frucht getragen und sie hatte einen Sohn geboren. Nun aber war dieser Sohn tot, und in ihrer finsteren Verzweiflung schien es ihr besser, doch wieder ein leeres und hoffnungsloses Leben zu führen wie vor der Geburt des Jungen, denn der Schmerz, den sie jetzt empfand, zerriss sie förmlich.

Aber die Geschichte der Frau ist an dieser Stelle noch nicht zu Ende. Elisas Gott erweckte den Jungen wieder zum Leben und legte ihn der Mutter in die Arme. Und die Frau erfuhr etwas Wichtiges über das Leben.

Es war die Erkenntnis, dass die Logik des Verzichtes falsch ist. Natürlich kann man argumentieren wie die Frau aus Schunem: „Wenn ich etwas gar nicht erst habe, kann ich es auch nicht verlieren und unter dem Verlust leiden". Aber ein Leben auf der Grundlage solcher Überzeugungen ist öde und leer. Gott lädt ein zu einem Leben der Hoffnung. Er will keine Resignation. Es stimmt zwar, dass ein Leben in Hoffnung auch unerwarteten Schmerz mit sich bringen kann und dass jeder Gewinn auch die Möglichkeit eines Verlustes birgt, aber der Gott, der uns behütet und bewacht, ist gnädig. Wenn man ihm das Leben öffnet, was auch immer die Zukunft bringen mag, dann darf man sicher sein, dass der Schmerz nicht das letzte Wort haben muss und dass man auch (wieder) Freude erleben kann.

Impulse für heute

- So zögerlich die Frau ist, als es darum geht, einen Gefallen von Elisa anzunehmen oder auch nur einen Wunsch zu äußern, so hartnäckig und konsequent fordert sie später Unterstützung von Elisa ein. Sie gibt gern, ohne Bedingungen zu stellen, was an ihrer Gastfreundschaft deutlich wird. Sie bejaht ihr Leben, so wie es ist, auch wenn ihr der Herzenswunsch nach einem Kind versagt bleibt.
- Als sie dann aber (ohne den Wunsch geäußert zu haben) doch das Kind bekommt, fordert sie hartnäckig ein, es auch behalten zu können, und sie spricht dabei genau die Person an, die ihr den Kummer überhaupt „eingebrockt" hat.
- Gott segnet die Beharrlichkeit der Frau. Er sieht ihre Entschlossenheit. Er segnet ihre Bescheidenheit und Großzügigkeit ebenso wie ihre Zielstrebigkeit. Er segnet

letztlich ihr Vertrauen in seine Macht und seinen Überblick.

Die Sklavin von Naamans Frau

Bibelstelle:
2. Könige 5,2.3

Das junge Mädchen gehört ebenfalls zu den namentlich nicht erwähnten, aber ganz besonderen Frauen der Bibel. Als Kind wurde sie bei einem Beutezug syrischer Soldaten auf israelischem Gebiet verschleppt und später diente sie als junges Mädchen der Frau Naamans, eines syrischen Offiziers, der an Lepra erkrankt war.

Eines Tages sagte das Mädchen: „Wenn mein Herr doch einmal zu dem Propheten gehen würde, der in Samaria lebt. Der könnte ihn von seiner Krankheit heilen" (2. Kön 5,3). Die Frau berichtete Naaman, was das Sklavenmädchen gesagt hatte, und Naaman machte sich auf den Weg nach Israel. Seine Heilung führte dazu, dass er an den Gott Israels glaubte und ihn anbetete. Und all das hatte damit begonnen, dass ein junges Mädchen Zeugnis von ihrem Glauben an Gott gegeben und Vertrauen in die Macht des Propheten Gottes gehabt hatte.

Impulse für heute

- Die Schlichtheit, in der das Mädchen sagt, was zu tun ist, damit der unheilbar kranke Herr gesund wird, ist anrührend. Nicht der Hauch eines Zweifels, dass Naaman gesund werden würde, wenn er zum Propheten Gottes ginge, ist in ihren Worten zu erkennen.
- „Wenn ihr nicht werdet wie die Kinder, kommt ihr nie in das Reich Gottes" (Mt 18,3).
- Ohne Begründung, ohne wissenschaftliche Beweise einfach glauben, dass Gott groß ist und Wunder tun kann und will – so können Kinder glauben. Wir dürfen und sollen uns an ihnen ein Beispiel nehmen.

Die Frau in Samarien

Bibelstelle:
2. Könige 6,25-33

Die Geschichte dieser ebenfalls nicht namentlich genannten Frau hat etwas Herzzerreißendes, und sie enthält eine Warnung für jeden.

Die Hauptstadt des Volkes Israels, Samaria, war von einem syrischen Heer eingekesselt. Es gab keine Nahrungsmittel mehr, und in den Gassen der Stadt herrschte Hunger. Zwei Frauen waren in ihrer Verzweiflung übereingekommen, ihre beiden kleinen Söhne zu töten und zu essen. Nachdem die beiden Frauen den Sohn der einen gegessen hatten, versteckte die zweite ihr Kind und weigerte sich, ihren Teil der Absprache einzuhalten.

Die erste Frau wandte sich deshalb nun an den König, der in blankem Entsetzen über die Lage seinen Zorn gegen Gott und Gottes Propheten Elisa richtete, obwohl er wusste, dass das Gericht Gottes über das Volk eine Folge all des Bösen war, das er, der König, und sein Volk getan hatten. Als der König bei Elisa ankam, bekam er von dem Propheten die verblüffende Auskunft, am nächsten Tag werde es in der Stadt ein so großes Angebot an Nahrungsmitteln geben, dass die Preise um mehr als die Hälfte fallen würden.

In jener Nacht stob das syrische Heer in Panik vor etwas Unbestimmtem davon, und zwar so abrupt, dass alle Vorräte zurückblieben. Auf diese Weise erfüllte sich Elisas unglaubliche Vorhersage.

Impulse für heute

- Die beiden Frauen taten das Furchtbare, weil sie es nicht mehr aushalten konnten, auf das Eingreifen Gottes zu warten, das doch so unmittelbar bevorstand.
- Gott handelt, auch wenn wir es nicht wahrnehmen. Wie viel von seinem Handeln erleben wir nicht, weil wir wenig Geduld und Vertrauen haben und meinen, selbst eingreifen zu müssen. Dabei sind seine Lösungen oft so einfach, dass wir sie nicht denken können.
- Seltsam und schade, dass all das, was Gott im Laufe der Jahrtausende an Wundern getan hat, so wenig Wirkung bei uns hinterlässt. Warum sind wir eigentlich immer noch so zögerlich, wenn es darum geht, ihm etwas zuzutrauen und ihm zu glauben?

Atalja

Bibelstellen:
2. Könige 8,26; 11,1-20

Zeit: 640 v. Chr.
Name: „Der Herr hat seine Größe gezeigt"
Thema: Sie war die einzige Frau, die Juda eigenständig regierte.

Ataljas Rolle in der Bibel

Atalja war eine Tochter von Ahab und Isebel, dem Herrscherpaar von Israel. Sie war mit Joram verheiratet und verhielt sich so, wie sie es von ihren Eltern kannte: Sie nahm Einfluss auf ihren Mann, dass er wie viele andere Könige Baal anbetete (2. Kön 8,18). Joram herrschte nur acht Jahre lang, aber während dieser Zeit ließ „diese gottlose Frau den Tempel des Herrn verfallen. Ihre Anhänger nahmen die Gaben, die für den Herrn bestimmt waren, für ihre Götzen" (2. Chronik 24,7). Als Joram starb, wurde sein Sohn Ahasja für kurze Zeit sein Nachfolger: Er starb bereits in seinem ersten Regierungsjahr als König. Als Atalja erfuhr, dass ihr Sohn nicht mehr lebte, ließ sie sofort alle infrage kommenden Thronfolger und königlichen Erben töten (2. Kön 11,1). Nachdem nun allem Anschein nach die Königsfamilie fast vollständig ausgelöscht war, übernahm Atalja selbst den Thron und herrschte sechs Jahre lang als Königin.

Einer der Söhne des Königs jedoch hatte überlebt, denn er war während der Regierungszeit Ataljas beim Hohepriester Gottes im Tempel versteckt worden. Als der Junge namens Joasch sieben Jahre alt war, organisierte der Hohepriester einen Putsch. Atalja wurde zur großen Genugtuung aller sofort hingerichtet. Im Bibeltext heißt es dazu:

„Dann stürmten alle in den Tempel Baals und rissen ihn nieder. Sie zertrümmerten die Altäre und Götzenfiguren und töteten Mattan, den Priester Baals, bei den Altären ... Die ganze Bevölkerung Judas freute sich mit. In Jerusalem selbst dagegen verhielt man sich ruhig, nachdem Atalja getötet worden war" (2. Kön 11,18-20).

Ataljas Beziehungen

Ataljas Beziehungen zu ihren Eltern. Atalja praktizierte ihren heidnischen Glauben genauso fanatisch wie ihre Mutter. Sie sorgte dafür, dass sich später auch ihr Mann und ihre Söhne vom Gott des Volkes Israel abwandten. Die Existenz eines Baal-Tempels in Jerusalem kann als Hinweis darauf gewertet werden, dass sie – genau wie zuvor Isebel – entschlossen war, die Verehrung des Gottes Israels völlig abzuschaffen und durch den Baals-Kult zu ersetzen. Atalja hatte sich zum Ziel gesetzt, ihrem Mann und auch dem Land Juda, von dem sie aufgenommen worden war, ihre eigenen Wertvorstellungen aufzuzwingen, gegebenenfalls auch mit Gewalt.

Ataljas Beziehung zu Joram und Ahasja. Aus dem Text geht eindeutig hervor, dass Atalja großen Einfluss hatte und Macht über ihren Mann und ihre Söhne besaß. Sie übernahmen bereitwillig ihren Glauben und standen ihr auch in ihrer Bösartigkeit in nichts nach.

Überraschend ist dabei, dass Joram in seinem Vater Joschafat eigentlich ein positives Vorbild hatte, denn Joschafat war ein gottesfürchtiger König. „Er folgte in allem dem Beispiel seines Vaters . . . und tat, was dem Herrn gefiel" (1. Kön 22,43). Joschafat machte jedoch einen verhängnisvollen Fehler, indem er Frieden schloss mit Ahab von Israel und seinen Sohn Joram mit Atalja verheiratete. Dadurch holte er sich einen zweifelhaften Menschen in seine Familie und stellte eine Verbindung zwischen seinem Sohn und einer Frau her, die Böses im Sinn hatte.

Dass Atalja sich so sehr an der üblen Grundhaltung ihrer Eltern orientierte, macht noch einmal deutlich, wie stark Eltern oft den späteren Kurs ihrer Kinder prägen. Dass Joram sich vom gottgefälligen Leben seines Vaters abwandte, zeigt andererseits, dass es keine Garantie dafür gibt, dass Kinder auf jeden Fall in die Fußstapfen ihrer Eltern treten. Die Geschichte kann als Appell an Eltern angesehen werden, dafür zu sorgen, dass ihre Kinder so wenig wie möglich den Einflüssen des Bösen ausgesetzt sind.

Ataljas Beziehung zu den Einwohnern von Juda. Die Menschen begrüßten Ataljas Tod und freuten sich darüber. Atalja war anscheinend eine unbeliebte, gewalttätige Herrscherin gewesen, entschlossen, ihre Ansichten einem Volk aufzuzwingen, auch wenn es ihre Standpunkte ablehnte. Die Ironie an dieser Situation besteht darin, dass die Abneigung der Menschen Atalja gegenüber möglicherweise viele von ihnen veranlasste, zu Gott umzukehren. Wäre Atalja nicht mit so großer Entschlossenheit angetreten, den Menschen ihre Überzeugungen aufzuzwingen, wäre vielleicht alles ganz anders gekommen.

Atalja: Eine Nahaufnahme

Atalja war offenbar ein völlig egozentrischer Mensch. Wie bereits ihre Mutter Isebel war auch sie eine starke Persönlichkeit und in der Lage, ihren Mann und auch ihre Söhne zu beherrschen. Doch Atalja reichte es nicht, die eigentliche Macht hinter der Krone zu sein. Als ihr Sohn getötet wurde, ergriff sie deshalb die Chance, selbst den Thron zu besteigen.

In der damaligen Zeit war es üblich, dass ein Herrscher anstelle eines noch nicht mündigen Thronfolgers regierte. Atalja hätte damals dieses Recht für sich in Anspruch nehmen und anstelle ihrer noch unmündigen Enkel regieren können, doch sie entschied sich dafür, alle infrage kommenden Thronfolger töten zu lassen, um absolut herrschen zu können. Dieses Vorgehen offenbart ihren rücksichtslosen Egoismus und ihre negative Grundhaltung, von der sie getrieben war. So spiegelte sich in Atalja das Wesen und der Charakter der Götter wider, die sie anbetete: Götter, die für ihre Brutalität und Blutrünstigkeit bekannt waren. So konnte ihr Verhalten kaum überraschen.

Impulse für heute

- Macht kann leicht süchtig machen, weil sie als Ersatz für das empfunden werden kann, wonach wir uns zutiefst sehnen.
- So wird Macht (die ja auch durchaus positiv als Verantwortung verstanden werden kann) leider oft nicht als Dienst wahrgenommen, sondern von Menschen angestrebt, die hungrig sind nach Liebe und Anerkennung, und diese nie bekommen haben und sich ihre fehlende Bestätigung durch Macht verschaffen wollen. Weil ein Mensch davon aber nicht „satt" wird (denn was sie eigentlich wollen, Liebe, haben sie ja immer noch nicht), brauchen sie immer mehr Macht. Sobald etwas an sich Positives als Ersatz fungiert, macht es süchtig – sei es Macht, Sex, Geld, Fernsehen, Computer oder was auch immer. Denn solange der eigentliche Hunger nicht erkannt und gestillt ist, kann uns Ersatz, in welcher Form auch immer, nicht wirklich befriedigen und wird uns nur noch tiefer herunterziehen.
- Schon Ataljas Mutter Isebel war an diesem Teufelskreis zu Grunde gegangen. Ihre Tochter lebt die gleichen Strukturen nach und nimmt ein ebenso tragisches Ende.
- Das auf den ersten Blick „schwache" Gegenteil von Macht ist die Ohnmacht. Wir versuchen oft, sie zu meiden, aber über die Ohnmacht finden wir einen guten Weg, innerlich satt zu werden: nämlich bei dem, der uns durch seinen Verzicht auf Macht gerettet hat, bei Jesus Christus. In der offenen Bestandsaufnahme vor ihm und dem Annehmen seiner Liebe werden wir satt und brauchen keinen Ersatz mehr. Wir dürfen wir selbst werden und dazu stehen, wer wir vor Gott sind.

▸ Joscheba

Bibelstellen:
2. Könige 11,2; 2. Chronik 22, 11

Zeit: Etwa 850 v. Chr.
Name: „Der Herr ist Fülle"
Thema: Sie rettete Joasch das Leben, als Atalja versuchte, alle möglichen Thronfolger des Thrones von Juda zu töten.

Joschebas Rolle in der Bibel

Als König Ahasja von Juda getötet wurde, beschloss seine Mutter Atalja, selbst den Thron zu besteigen. Sie ordnete die Hinrichtung aller infrage kommenden Thronfolger an – ihrer eigenen Enkel! Atalja bestieg zwar wirklich den Thron, aber einer von Ahasjas Söhnen, zu dieser Zeit noch ein Säugling, blieb am Leben.

Es war Ahasjas Schwester Joscheba, die ihm das Leben rettete. Joscheba, die mit dem Hohepriester Jojada verheiratet war, versteckte und beschützte das Kind im Tempel, bis es sieben Jahre alt war. Dann organisierte Jojada einen Putsch, ließ Atalja hinrichten und setzte den siebenjährigen Joasch auf den Thron von Juda.

Joschebas Beziehungen

Joschebas Beziehung zur königlichen Familie. In der Bibel heißt es: „Joscheba war eine Tochter König Jorams" (2. Chronik 22,11). Demnach war sie also die Schwester von Ahasja und die Tante des Kindes, dem sie das Leben rettete.

Joscheba gehörte zwar zur königlichen Familie, unterschied sich aber vom Wesen und Charakter her von Atalja und den beiden Königen. Joscheba hatte Mitleid mit dem Säugling Joasch und setzte ihr Leben aufs Spiel, indem sie ihn versteckte.

Joschebas Beziehung zu Jojada. Joscheba war mit dem Hohepriester Gottes Jojada verheiratet. Ihr Handeln macht deutlich, dass sie ebenfalls zum Gott des Volkes Israel gehörte, dem ihr Mann diente. Sowohl ihr als auch Jojada war es zu verdanken, dass Joasch sich schon früh auf Gott einließ, was auch in den religiösen Reformen zum Ausdruck kam, die er später als junger Herrscher durchführte (siehe 2. Chr. 24, 1-14).

Joscheba: Eine Nahaufnahme

Während Atalja uns durch ihr Verhalten und ihren Lebensweg daran erinnert, dass die Eltern schon einen gewaltigen Einfluss auf das Leben von Menschen haben, macht Joschebas Leben klar, dass jeder Mensch, sobald er erwachsen ist, die Verantwortung für sein Leben selbst übernehmen muss und dann auch eigene Entscheidungen zu treffen hat.

Joscheba gehörte als Schwester von König Ahasja zur königlichen Familie. Doch sie entschied sich für einen anderen Weg als die übrigen Familienmitglieder. Sie hatte den Hohepriester Gottes geheiratet, und indem sie dem Säugling Joasch das Leben rettete, begab sie sich in Opposition zu der machthungrigen Atalja. Ihr Mitgefühl für das Baby war dabei nicht ihr einziges Motiv, sondern auch die Tatsache, dass sie sich an Gottes Maßstäben orientierte und wusste, was Recht und Unrecht war.

Genau wie Atalja die schlimmsten Wesenszüge des Gottes annahm, den sie anbetete, spiegelte Joscheba die wunderbaren Eigenschaften unseres Gottes wider.

Impulse für heute

- Tun, was richtig ist, weil es richtig ist, ist eine so gute wie simple Grundregel.
- In Psalm 34,12-16 sind ein paar dieser einfachen Grundregeln dargelegt:

Ihr jungen Leute, hört mir zu!
Ich will euch zeigen,
wie ihr dem Herrn dienen könnt.
Wollt ihr das Leben genießen
und gute Tage erleben?
Dann passt auf, was ihr redet:
Lügt nicht und verleumdet niemanden!
Wendet euch ab von allem Bösen
und tut Gutes!
Setzt euch unermüdlich mit ganzer Kraft
für den Frieden ein!
Denn Gott sieht mit Freude
auf solche Menschen
und wird ihre Gebete erhören.

- Es geht darum, das Richtige zu tun: Offensiv das Gute zu tun und genauso offensiv das Schlechte zu meiden, am besten klar Abstand davon zu nehmen.
- Joscheba zeichnet sich dadurch aus, dass sie sich an diese Regel hält. Sie hält sich vom Bösen fern, was für sie insofern schwierig ist, als es sich bei diesem Bösen um ihre eigene Familie handelt, und sie tut das Gute, was auch nicht leicht für sie ist, weil sie sich dadurch in Lebensgefahr begibt.
- Manchmal erfordert gerade das Schlichte, das nahe Liegende den größten Mut.
- Wie gut, dass die Psalmworte auch diese Verheißung enthalten, dass Gott die Gebete von Menschen, die so leben, erhört.

Die Prophetin Hulda

Bibelstellen:
2. Könige 22,14–20; 2. Chronik 34,22–28

Zeit: Etwa 625 v. Chr.
Name: „Wiesel, Maulwurf"
Thema: Sie ist die Prophetin, die König Josia aufsuchen ließ, als das verloren gegangene Buch mit dem Gesetz Gottes gefunden wurde.

Huldas Rolle in der Bibel

Hulda lebte in einer entscheidenden Phase der Geschichte Judas. Ein halbes Jahrhundert lang war das Land von Königen regiert worden, die nicht zu Gott hielten und ihm untreu waren, und die meisten Menschen im Land beteten inzwischen heidnische Götter an. Als dann Josia König wurde, machte er sich sofort daran, das Volk zu Gott zurückzuführen.

Beim Wiederaufbau des Tempels wurde ein bis dahin verloren geglaubtes Buch des Gesetzes Gottes wieder gefunden, von dem man allgemein annahm, dass es das 5. Buch Mose sei. Als Josia dieses Buch las, war er schockiert und erschüttert, denn er hatte zuvor weder begriffen, wie schuldig sich sein Volk gemacht hatte, indem es sich von Gott abgewandt hatte, noch war ihm klar gewesen, welche Strafen das Wort Gottes für die Vergehen des Volkes vorgesehen hatte. Unverzüglich schickte der König Abgesandte, die herausfinden sollten, was Gott wollte, und was er tun würde.

Faszinierend ist, dass der König diese Abgesandten zu Hulda, einer Prophetin schickte. Hulda hatte sich also bereits zuvor einen Namen als Sprecherin Gottes gemacht, und das zu Lebzeiten des Propheten Habakuk, dessen prophetisches Buch zu den Schriften des Alten Testamentes gehört. Dennoch war Hulda die erste Wahl des Königs, als er den Willen Gottes in Erfahrung bringen wollte.

Es war eine kluge Wahl, denn Hulda hatte ein Wort Gottes für den jungen König: Gott würde Unglück über sein sündiges Volk bringen. Weil Josia aber ein offenes Herz hatte und reagierte, als er die Stimme Gottes hörte, kam es während der Regierungszeit Josias nicht zum Gericht.

Huldas Beziehungen

Jeder Vers, in dem Huldas Name erwähnt wird, bezieht sich auf sie als Prophetin und als Ehefrau von Schallum. Ähnlich wird auch Debora vorgestellt, auch sie war Prophetin und Ehefrau (Richter 4,4).

Impulse für heute

- Ganz selbstverständlich erfüllt Hulda ihre Aufgabe als Prophetin. Der König verlässt sich darauf, dass sie das Wort Gottes weitergibt, und genau das tut sie auch. Alles sehr natürlich, völlig unspektakulär.
- Hulda ist eine Frau. Sie ist gleichzeitig Ehefrau und Prophetin Gottes, und das offenbar ganz ohne Konflikte.
- Gott handelt durch eine Frau, und das nicht zum ersten Mal. Gott braucht Frauen wie Männer und setzt sie in seinem Plan gemäß ihren Gaben und ihrer Bereitschaft zur Hingabe ein. Daran hat sich bis heute nichts geändert.

Wasti

Bibelstelle:
Esther 1,10-22

Wasti war die Hauptfrau von König Ahasuerus (Xerxes), etwa 475 v. Chr. Ihr Name bedeutet „schöne Frau", und sie kommt in der Bibel vor, weil ihr „Aufstehen für die Rechte der Frau" – oder vielleicht auch nur ihre natürliche Hartnäckigkeit – dazu führte, dass sie sich dem Befehl des Königs widersetzte und sich nicht auf einem von ihm veranstalteten Bankett präsentierte. Die daraus folgende Scheidung König Xerxes' von Wasti führte dazu, dass nach einer neuen Königin für Persien gesucht wurde, die man in Esther fand. Durch diesen Umstand wiederum wurde das jüdische Volk vor der völligen Vernichtung bewahrt.

Einmal abgesehen von der großen Bedeutung dieses Abschnitts ist der Bericht im ersten Kapitel des Buches Esther faszinierend wegen seiner Erkenntnisse darüber, wie selbstbewusste Frauen manche Männer innerlich in Angst und Schrecken versetzen können:

Er (der König) beriet sich sofort mit dem Rat der Weisen. Es waren Sterndeuter und Rechtsgelehrte, die das Gesetz gut kannten und dem König bei allen Entscheidungen zur Seite standen.

„Was soll nach dem Gesetz mit Königin Wasti geschehen?", fragte Xerxes. „Sie hat sich meinem Befehl widersetzt, den ihr meine Eunuchen überbracht haben."

Menucham antwortete: „Königin Wasti ist nicht nur am König schuldig geworden, sondern auch an seinen Fürsten und am ganzen Volk in allen Provinzen des Reiches. Was sie getan hat, wird bei allen Frauen bekannt werden. Sie werden ihre Männer verachten und sagen: ‚König Xerxes hat Königin Wasti befohlen zu erscheinen; aber sie kam einfach nicht!' Noch heute werden die Frauen der Fürsten von Persien und Medien dies ihren Männern vorhalten, sobald sie erfahren, was die Königin getan hat. Das wird viel böses Blut geben! Wenn es dem König gefällt, möge er in einem Erlass verkünden, dass Königin Wasti nie mehr zu ihm kommen darf. Dieser Befehl muss Teil der Gesetze der Meder und Perser werden, damit er nicht mehr rückgängig gemacht werden kann. Der König soll eine andere Frau zur Königin erwählen, die sich dafür als würdig erweist. Wenn man diesen Erlass im ganzen Reich bekannt gibt, werden alle Frauen ihre Männer achten, in den einfachen wie in den vornehmen Familien" (Esther 1,13. 15-20).

Wie zu erwarten, gefiel dieser Rat dem König, und er handelte sofort, um Männer überall vor dem Einfluss durch ihre Frauen zu schützen.

Einen geradezu komischen Aspekt bekommt dieser Bericht dadurch, dass die Stellung des Mannes als Herr im Haus damals sowohl durch das Gesetz als auch durch die Sitten festgelegt war. Erstaunlich also, dass König und Fürsten eines so mächtigen Königreiches sich in ihrem eigenen Haus und ihrer eigenen Familie so unsicher fühlten.

Impulse für heute

- In vielen Beziehungen – auch in Ehebeziehungen, oder vielleicht gerade da – geht es oft genug auch um Macht. Wenn Wasti sich zu der damaligen Zeit so öffentlich widersetzte, dann war das eine Machtdemonstration bzw. Zeichen einer zerrütteten Ehebeziehung.
- Wenn dann Xerxes sie absetzte, um sich alsbald eine neue Königin zu suchen, ging es dabei ebenfalls um Macht. Die konkre-

te, persönliche Beziehung zu seiner Frau spielte – wenn überhaupt – nur eine untergeordnete Rolle.

- Wenn Menschen keine Beziehung zueinander haben oder in gestörten Beziehungen miteinander verbunden sind, dann rückt die Frage in den Vordergrund, wer mehr Macht hat. Und das wird auf allen möglichen „Nebenkampfschauplätzen" sichtbar und spürbar.
- Nur in von *Liebe* getragenen Beziehungen – und so hatte Gott sich nicht nur die Beziehung zwischen Mann und Frau, sondern zwischen Menschen allgemein ja gedacht – braucht es keinerlei Machtspiele: Man muss sich nicht behaupten, sondern einer kann sich dem anderen so zeigen, wie er ist, und dadurch kann gemeinsam ein großes Maß an Freiheit und Vertrauen aufgebaut werden.

Esther

Bibelstelle:
Das Buch Esther

Zeit: Etwa 475 v. Chr.
Name: „Stern"
Thema: Als Königin von Persien vereitelte sie eine Intrige, die alle Juden im persischen Reich vernichten sollte.

Esthers Rolle in der Bibel

Esther war die Nichte Mordechais, eines jüdischen Beamten am königlichen Hof. Mordechai machte sich Haman, einen höheren Offizier, zum Feind, worauf dieser Rache schwor. Er gab sich allerdings nicht damit zufrieden, einfach nur Mordechais Tod zu planen, sondern war entschlossen, das gesamte Volk, zu dem Mordechai gehörte, auszurotten.

Es gelang Haman, vom König die Erlaubnis für einen solchen Holocaust zu bekommen, und er begann, sich einen günstigen Zeitpunkt für die Durchführung seines Planes zu überlegen.

Inzwischen war Königin Wasti abgesetzt und Esther als neue Königin auserwählt worden.

Durch eine Reihe von Gott gewirkten Ereignissen erfuhr König Xerxes, dass Mordechai ihm einmal das Leben gerettet hatte. Als Königin Esther Haman als „Feind, der uns vernichten will"(Esther 7, 6) öffentlich bloßstellte, ordnete der König die Hinrichtung Hamans an, und zwar an dem Galgen, den Haman für Mordechai hatte errichten lassen.

Gemeinsam erließen Esther und Mordechai ein Dekret, durch das das jüdische Volk nicht nur gerettet, sondern außerdem von seinen bösartigsten Gegnern befreit wurde.

Esthers Beziehungen

Esthers Beziehung zu Gott. Einer der einzigartigen Aspekte am Buch Esther ist die Tatsache, dass Gott darin nicht erwähnt wird. Dennoch wird klar, dass Esther und ihr Onkel einen tiefen und beständigen Glauben an Gott hatten:

Esthers Glaube, wie er im Fasten zum Ausdruck kommt *(Esther 4,16).* Esther bat Mordechai: „Geh und rufe alle Juden zusammen" und fastet drei Tage und drei Nächte. Sie und ihre Dienerinnen wollten ebenfalls fasten. Im Alten Testament werden vier Gründe für das Fasten genannt. Das Fasten, das Esther wollte, wurde in Zeiten großer Sorge und Bedrängnis praktiziert und diente außerdem der Unterstreichung der Ernsthaftigkeit persönlicher und nationaler Anliegen des Volkes

Gott gegenüber. Diese Art des Fastens war immer mit Gebet verbunden.

Mordechai drängte Esther, im Vertrauen auf Gott zu handeln. Mordechai warnte Esther: „Wenn du jetzt nichts unternimmst, wird von anderswoher Hilfe für die Juden kommen" (Esther 4,14). Diese zuversichtliche Versicherung konnte nur von jemandem stammen, der sich des Bundes Gottes mit Abraham und seinen Nachkommen völlig bewusst war (1. Mose 12,1-3) und der absolutes Vertrauen zu Gott hatte. Mordechai erwartete von Esther eine ebenso starke Gewissheit und entsprechendes Verhalten.

Esthers Beziehung zu Mordechai. Mordechai war für Esther ein Ersatzvater, und Esther erwies ihm die Achtung, die der Schrift gemäß einem Vater von Seiten seines Kindes zustand. Esther fragte Mordechai um Rat und akzeptierte, was er ihr riet, sodass sie ihre Angst überwinden und die Initiative ergreifen konnte, indem sie sich an den König wandte.

Esther war dabei keineswegs unfähig, eigene Entscheidungen zu treffen. Vielmehr verließ sie sich in einer Krise auf einen weisen Vater, der im Laufe der Jahre seine Liebe zu ihr unter Beweis gestellt hatte, und dessen Meinung für sie zählte.

Esther ging im Glauben vorwärts *(4,16).* Esther beschloss zu tun, worum Mordechai gebeten hatte, und wandte sich an ihren Mann. Ihre Aussage: „Wenn ich umkomme, dann komme ich eben um", ist kein fatalistischer Ausspruch, sondern ein Zeichen dafür, dass sie sich ganz bewusst in Gottes Hände gab. Was auch geschehen mochte, Gott würde bei ihr sein, und er würde sie in seiner Gegenwart willkommen heißen. Ihr Glaube ähnelte dem von Abraham, der Gott sogar das Leben seines Sohnes Isaak anvertraut hatte. Ihre Entscheidung deutet voraus auf Jesu Ausspruch gegenüber seinen Jüngern: „Die größte Liebe beweist jemand, der sein Leben für die Freunde hingibt" (Joh. 15,13).

Esther ehrte Mordechai, indem sie sich seiner Führung anvertraute. Mordechai betrachtete den Aufruf an schöne Jungfrauen, sich dem Wettbewerb zu stellen, um Königin zu werden, als Chance für Esther. Sie tat, was Mordechai vorschlug und wurde letztlich Königin.

Esther ehrte Mordechai, indem sie seinen Rat befolgte. Esther gab weder bevor sie Königin wurde noch danach preis, dass sie Jüdin war. Zur damaligen Zeit gab es nämlich, genau wie in langen Phasen der Weltgeschichte, erhebliche antijüdische Vorurteile.

Esther ehrte Mordechai, indem sie mit ihm in Verbindung blieb. Auch als Esther schon Königin war, wurden durch Dienerinnen Nachrichten zwischen Esther und Mordechai hin und her befördert. Dadurch konnte Esther den König vor dem Komplott warnen, das Mordechai aufgedeckt hatte.

Als ihre Dienerinnen berichteten, dass Mordechai in Sack und Asche ging – damals ein Zeichen der Trauer – schickte Esther sofort jemanden, um den Grund herauszufinden. Die Nachrichten, die zwischen den beiden hin und her gingen, zeigen, dass sie sich sehr nahe standen und dass Esther ihren Onkel als Menschen und auch als Ratgeber zutiefst achtete.

Esthers Beziehung zu König Xerxes. Esthers Mann war ein absoluter Herrscher, es gibt allerdings auch Anlass zu der Vermutung, dass er Anflüge von Wahnsinn hatte. Er führte eine Reihe von Feldzügen gegen die Griechen, wobei er jedoch nur empfindliche Niederlagen erlitt. Einmal, als während eines solchen Feldzuges eine Pontonbrücke zerstört wurde, über die eigentlich sein Heer hinübergehen sollte, befahl er seinen Soldaten, ins Wasser zu steigen und die Wellen mit Peitschen zu schlagen.

Wie unberechenbar Xerxes' Entscheidungen waren, wird daran deutlich, wie er Wasti behandelte *(*1,10-17). Als die schöne Königin sich weigerte, sich vor den betrunkenen Gästen des Königs zu zeigen, ließ er sie schnell fortschaffen.

Die Brutalität von Xerxes wird deutlich daran, wie bereitwillig er dem Plan Hamans zur Ausrottung der Juden zustimmt *(3,8-11).* Er berief zwar seine Berater, als es darum ging, wie er mit Wasti verfahren sollte, holte sich dort aber keinen Rat, als es um den geplanten Holocaust ging.

Xerxes' Unberechenbarkeit kommt auch durch seine Unnahbarkeit zum Ausdruck (4,11). Leute aus dem Volk durften den König nicht aufsuchen oder zu ihm kommen, es sei denn, er ließ sie rufen. Jeder, der unaufgefordert vor ihn trat, wurde getötet – es sei denn, der König hob sein goldenes Zepter und deutete damit auf die betreffende Person. Selbst Esther dachte mit Schrecken daran, vor ihn zu treten, als sie einmal die dreißig Tage lang nicht beim König gewesen war.

Esther: Eine Nahaufnahme

Zunächst war Esther ein junges Mädchen im heiratsfähigen Alter, das im Haus von Mordechai lebte. Sie wurde zu den Schönheiten des Landes auserwählt, die als künftige neue Königin infrage kamen. Wichtig ist, dass Esther sehr schnell das Vertrauen und die Unterstützung von Hegai bekam, der während der einjährigen Vorbereitungszeit auf die Rolle als Königin für den königlichen Harem verantwortlich war, wo die Mädchen alle möglichen Schönheitsprozeduren über sich ergehen lassen mussten. Esthers Freundlichkeit und angenehmes Wesen entsprachen ihrer äußeren Schönheit.

Selbst als der König Esther als seine künftige Frau erwählte, blieb sie mit Mordechai in Verbindung und holte sich bei ihm Rat. Als Mordechai dann das Komplott gegen den König aufdeckte, gab Esther die Informationen an Xerxes weiter und nannte gleichzeitig die Quelle ihrer Informationen.

Esther bekam aber Angst, nachdem Mordechai ihr mitgeteilt hatte, welche Gefahr für das jüdische Volk von Haman ausging, und er drängte sie, sich mit dem König in Verbindung zu setzen und einzuschreiten. Der König hatte sie schon über einen Monat lang nicht mehr zu sich rufen lassen, und wenn sie ungebeten zu ihm ging, bestand durchaus die Möglichkeit, dass er zornig werden und sie hinrichten lassen würde. Nachdem sie eine Weile nachgedacht hatte, bat Esther Mordechai, alle Juden in der Hauptstadt zu versammeln und drei Tage lang zu fasten. Der Zweck dieser Maßnahme bestand darin, dass die Juden sich durch das Fasten besser auf das Gebet konzentrieren konnten. Auch Esther und ihre Dienerinnen fasteten. Erst als Esther sicher war, dass man Gott wirklich und ernsthaft um Hilfe gebeten hatte, wagte sie es, vor den König zu treten.

Am Ende gelang es Esther durch ihren Glauben, zum König zu gehen und ihm ihre Bitte vorzutragen. Und sie hatte Erfolg. Weil durch ihr Eingreifen das Volk gerettet wurde, wird alljährlich ihres Mutes gedacht, und zwar am jüdischen Purimfest.

Impulse für heute

- Esthers Mut, ihre Bereitschaft, etwas einzusetzen und gleichzeitig ihre Bereitschaft, sich unterzuordnen, bewirken letztlich die Rettung der Juden im Reich von Xerxes.
- Esther lässt sich von ihrem Onkel auch noch beraten, als sie bereits am Königshof lebt und in dem Sinne nicht mehr Mordechais Tochter ist. Sie hört auf Mordechais Rat, vergewissert sich aber, dass wirklich Einmütigkeit besteht, indem sie zum Fasten auffordert und dann vor Xerxes tritt, obwohl sie Angst hat und weiß, dass ihr Einsatz sie das Leben kosten kann.
- Esther handelt überlegt, vergewissert sich und kann dann mutig vorangehen.
- Sie achtet darauf, dass ihr Vorgehen eine Grundlage hat. Sie sorgt für ihren eigenen Schutz, indem sie Alleingänge vermeidet und sich Unterstützung holt bei erfahrenen Menschen und bei Gott selbst. Und sie ist nicht zu stolz, sich unterzuordnen und schützen zu lassen.

Hiobs Frau

Bibelstelle:
Hiob 2,9.10

Hiob und seine Frau lebten wahrscheinlich nicht zur Zeit der Könige, sondern in der Zeit der Erzväter, also etwa 2000 Jahre v. Chr., denn im gesamten Buch Hiob wird das mosaische Gesetz nicht erwähnt, und es gibt keinerlei Verweis auf das jüdische Volk.

Um die Geschichte von Hiob zu verstehen, ist es aber auch nicht nötig, sie in einen zeitlichen Rahmen einzuordnen, denn es geht darin vor allem um das zeitlose Thema der Reaktion von Menschen auf unverschuldete schwierige Lebensumstände.

Hiobs Frau hat in dieser Geschichte und dem biblischen Buch Hiob nur eine kleinere Rolle. Sie wird erwähnt, nachdem Hiob seinen Reichtum verloren hatte und seine Kinder. „Eitrige Geschwüre brachen an Hiobs Körper aus, von Kopf bis Fuß" heißt es dort (Hiob 2,7). Als Hiob so in einem Aschehaufen saß und Schmerzen hatte, sprach seine Frau:

„Na, immer noch fromm?", wollte seine Frau wissen. „Mach doch Schluss mit Gott und stirb!" Aber Hiob sagte nur: „Was du sagst, ist gottlos und dumm! Das Gute haben wir von Gott angenommen, sollten wir dann nicht auch das Unheil annehmen?" (Hiob 2,9-10).

Diese Verse sind leicht misszuverstehen. Hiob wirft seiner Frau nicht mangelnde Intelligenz vor. Das hebräische Wort, das hier verwendet wird, meint nicht geringen oder fehlenden Verstand. In der Luther-Übersetzung heißt es „du redest, wie die törichten Weiber reden". Hiobs Frau ist also in Hiobs Augen nicht dumm oder moralisch unzulänglich, sondern indem sie diesen Rat gibt, redet sie „wie die törichten Weiber", nämlich gedankenlos und unüberlegt.

In ihr wird uns eine Frau gezeigt, die an dem Leiden ihres Mannes fast zerbricht. Sie bekommt dieses Leid hautnah mit und kann es nicht mehr ertragen, sodass sie irgendwann ihre Qualen herausschreit und ihn drängt, doch einfach aufzugeben und zu sterben. Alles – sogar sein Tod – scheint ihr leichter, als sein Leiden tatenlos mit ansehen zu müssen.

Aber Hiob hört nicht auf seine Frau. Hiob meint, dass Gott das kennt, was er erlebt – das Leid genauso wie die Freude –, und dass er beides zulässt. Und darum will er, Hiob, beides annehmen.

Es fällt leicht, Hiob zu bewundern. Nicht schwerer sollte es eigentlich fallen, die Gefühle seiner Frau nachzuvollziehen. Oft scheint es einfacher, selbst zu leiden, als andere Menschen, besonders geliebte Menschen, leiden zu sehen. Und wahrscheinlich ist Liebe der Grund für diese Worte von Hiobs Frau. Auch wenn sie mit Hiobs Tod als Witwe völlig mittellos würde leben müssen, so hätte doch wenigstens Hiobs Leiden ein Ende.

Aber Hiob stirbt nicht. Am Ende erhält er seine Gesundheit und seinen Reichtum zurück, und mit seiner Frau erlebt er nach allem Schmerz die Freude einer neuen Familie.

Impulse für heute

- Wie menschlich: Hiobs Frau kann die Situation, in die sie gestellt ist, nicht gut aushalten und will sie beenden, indem sie sich des vermeintlichen Zentrums des Problems zu entledigen sucht. Wenn Hiobs Leiden mit seinem Tod ein Ende hat, so meint sie, dann wird alles wieder gut. Ein Trugschluss, wie Menschen auch heute immer wieder feststellen müssen; Probleme wollen durchlebt, „verarbeitet“ werden. Es ist nicht ratsam, sie zu „entsorgen“, sondern es ist wichtig, sie gewissermaßen anzuschauen und zu fragen, was sie ausdrücken und worüber sie Aufschluss geben. Am Ende kann sich oft, wie bei Hiob, herausstellen, dass ein Problem viel Segen nach sich zieht. Oft entsteht viel mehr Leid durch das Verdrängen von Leid als durch das Leid selbst.
- Zu wissen, dass Gott immer bei uns ist und unser Bestes will, macht das Gefühl der Ohnmacht und des Kontrollverlustes weniger bedrohlich.

Jesus und die Frauen

In den Evangelien von Matthäus, Markus, Lukas und Johannes

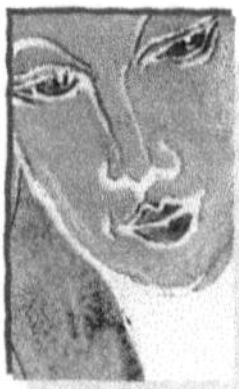

- **Er hat mich aufgerichtet!**
- **Zeigen, dass Frauen etwas zählen**
- **Eure Söhne, nicht eure Töchter**
- **Christus hat verwandelt, nicht infrage gestellt**
- **Wo Frauen ganz groß herauskommen**

Die Rabbinen zur Zeit Jesu hatten mit Frauen wenig im Sinn. Ihre Einstellung, die sich in den Aussprüchen und Bestimmungen der Schriftgelehrten der ersten beiden Jahrhunderte nach Christus widerspiegeln, kommen einem heute richtiggehend seltsam vor, so zum Beispiel der Ausspruch von Yose B. Yohanan von Jerusalem: „Sprich nicht viel mit den Frauen" (*mAbot* 1.5). In den rabbinischen Schriften gibt es zahlreiche Kommentare zu dieser Aussage. In der *Mischna*, einer Sammlung jüdischer Schriftauslegungen, heißt es beispielsweise: „Wenn dies für die Ehefrau eines Mannes galt, wie viel mehr doch dann für die Frauen anderer Männer". Im Talmud, dem jüdischen Gesetzeswerk, steht dagegen: „Es wurde gelehrt: ‚Sprich nicht über die Maßen viel mit einer Frau, weil das letztlich zum Ehebruch führen kann'" (*bNed.*201). Die Aussage galt ursprünglich nur den Rabbinen, aber Abot de Rabbi Nathan erweiterte den Rat auf alle Männer, indem er sagte: „Ein Mann soll in der Öffentlichkeit nicht mit einer Frau sprechen, selbst wenn es seine eigene Frau ist, und mit einer anderen erst recht nicht, weil das zu falschen Schlüssen führen könnte" (ARNA 2, S. 9). Und R. Eliezer b.R. Shimeon stellte fest: „Wir haben keine Stelle gefunden, an der Gott mit einer Frau gesprochen hätte, außer mit Sara" (*ySot.* 7.1, 21b).

Angesichts der Einstellung gegenüber Frauen, die hier deutlich wird, und vieler anderer Bestimmungen, die das Leben und die Beziehungen der Juden im ersten Jahrhundert n. Chr. regelten, sind die Evangelien wirklich erstaunliche Schriften. Die Verfasser der Evangelien stellen Frauen in einem völlig anderen Licht dar.

Wenn Jesus mit Frauen zu tun hatte, übertrat er dabei häufig ganz offen die Regeln und Bestimmungen, die von den Pharisäern festgesetzt und peinlich genau eingehalten wurden. Die Pharisäer waren damals die stärksten Befürworter dessen, was heute unter dem Begriff „rabbinisches Judentum" zusammengefasst ist.

Jesus wird in den Evangelien als derjenige dargestellt, der die Frauen aufwertete und ihnen den gleichen Status zuerkannte wie den Männern – etwas im Palästina des ersten Jahrhunderts ebenso Unbekanntes wie Unerhörtes. Im Lukasevangelium ist das eines der Hauptthemen, denn dort werden oft eine Männer- und eine Frauengestalt einander gegenübergestellt, wobei in der Wertung meist die Frau besser wegkommt als der Mann.

Viele Diskussionen über die Rolle der Frau im christlichen Glauben beziehen sich überwiegend auf einige Abschnitte in den Paulusbriefen. Um diese Passagen jedoch richtig auszulegen, muss zunächst klar sein, dass mit dem in den Evangelien dargestellten öffentlichen Wirken von Jesus ein aufrüttelnder Prozess der Befreiung und Veränderung in Gang kam.

Jüdische Frauen im Palästina des ersten Jahrhunderts

Die in den Evangelien dargestellten Frauen lebten in einer patriarchalisch ausgerichteten Welt. Außerdem spielte sich ihr Leben in einer Gesellschaft ab, die durch den Glauben strukturiert war, und dieser Glaube formte und prägte jeden Lebensbereich. Dennoch war die jüdische Gesellschaft im ersten Jahrhundert n. Chr. ganz und gar nicht einheitlich.

Eine bunt gemischte Bevölkerung. Manche Juden in Palästina lebten in einem städtischen Umfeld, andere führten auf dem Lande ein eher bäuerliches Leben. Manche Juden waren reich, die meisten jedoch eher arm. Manche gehörten einer religiösen Elite an, andere galten wegen angeblicher Glaubensverfehlungen als ausgestoßen und geächtet. Außerdem war das Volk der Juden auch noch in politische und religiöse Gruppierungen zerspalten, wobei diese Gruppierungen – die Pharisäer, die Sadduzäer, die Zeloten und die Essener – alle davon überzeugt waren, dass ihre Sicht von den Lehren des Gesetzes die einzig wahre und richtige sei. Diese Spaltungen innerhalb der jüdischen Gesellschaft hatten auch Auswirkungen auf die Rolle der Frau.

Geografische Unterschiede. Die Menschen in Jerusalem und Judäa etwa waren strenger in der Einhaltung der von den Rabbinen ausgelegten Gesetze als die Bevölkerung in Galiläa. Verständlicherweise zog es die meisten Rabbinen und Schriftgelehrten nach Jerusalem, in die heilige Stadt, und dementsprechend war dort ihr Einfluss auch am stärksten.

Reichtum und Zugehörigkeit zu religiösen Gruppen. Die Sadduzäer, die den Tempel und die Hohepriesterschaft kontrollierten, gehörten zu den Reichen in Jerusalem und waren besonders offen für die griechische Kultur und die griechischen Ideale. Sie gehörten zu den Unterstützern der römischen Regierung. Im Gegensatz dazu lebten die meisten Priester eher ein bäuerliches Leben und waren genauso arm wie die Mehrheit der Bevölkerung. Das Leben der sadduzäischen Frauen unterschied sich mit Sicherheit vom Leben der allermeisten anderen Frauen, und in den Evangelien wird nicht eine einzige Frauengestalt dargestellt, die definitiv dieser sozialen und politischen Gruppierung zuzuordnen ist.

Gelehrsamkeit und Zugehörigkeit zu religiösen Gruppen. In den meisten Gesellschaften wird der Status von Menschen an Reichtum und Macht festgemacht. Im Jerusalem zur Zeit Jesu fand in dieser Hinsicht jedoch ein Umbruch statt. Die Frömmigkeit der Pharisäer beeindruckte die allgemeine Bevölkerung sehr, und die Rabbiner und Schriftgelehrten, die den Pharisäern nahe standen, galten als „Autoritäten" in Sachen Religion und Glauben. Zu ihrem Unwillen mussten die Sadduzäer sogar die Bestimmungen der Pharisäer in Bezug auf die Tempelrituale übernehmen. Im Judentum war Status zunehmend mit Gelehrsamkeit und Gesetzeskenntnissen verknüpft, und nicht mehr so sehr mit Reichtum.

Nun waren die Bestimmungen der Pharisäer in allem, was mit Frauen zu tun hatte, ziemlich streng, was aber nicht unbedingt heißen musste, dass sie den Lebensstil aller jüdischen Familien bestimmten. Beispielsweise gehörte zu den Anordnungen der Rabbinen, dass Frauen ihre eigenen Räume haben und sich so viel wie möglich darin aufhalten sollten. Für die durchschnittliche, in Armut lebende sechsköpfige Familie war das gar nicht möglich. Man kann also mit großer Sicherheit davon ausgehen, dass die Frauen der Pharisäer und Schriftgelehrten, bei denen auf die Einhaltung der rabbinischen Verordnungen streng geachtet wurde, ganz anders lebten als die Mehrheit der Frauen zur damaligen Zeit.

Der „typische" Jude im ersten Jahrhundert. Die große Mehrheit der Bevölkerung von Judäa und Galiläa, egal ob sie in der Stadt lebte oder auf dem Land, war relativ arm. Die Männer waren Bauern und arbeiteten oft nebenher noch als Tagelöhner, um ihr Einkommen aufzubessern. Viele waren Fischer oder Handwerker oder betrieben kleine Läden. Ein großer Teil der Frauen musste aus wirtschaftlichen Gründen die Männer bei ihrer Arbeit unterstützen und beispielsweise die Produkte, die der Mann herstellte, auf dem Markt oder in einem Laden verkaufen. Diese ganz „normalen" Frauen kommen in den Evangelien am häufigsten vor. Lukas gibt in seinem Evangelium und auch in der Apostelgeschichte sehr genau Auskunft über die soziale Position der meisten Personen. So lässt sich die soziale Stellung der Frauen, die im Evangelium und der Apostelgeschichte erwähnt werden, und von denen die meisten auch in den anderen Evangelien vorkommen, meist gut erkennen.

Gesellschaftliche Stellung der Frauen aus dem Lukasevangelium

Herrschende Klasse
Herrscherfamilien
Herodias (Lukas 3,19)

Relativ angesehen
Aufgrund der wirtschaftlichen Situation
Johanna (Lukas 8,3)
Susanna (Lukas 8,3)
Jairus' Tochter (Lukas 8,41-42; 49-56)

Aufgrund der religiösen Stellung und Bedeutung des Mannes
Elisabeth (Lukas 1,5-7, 24-25)

Ländliche Armut
Maria, Mutter Jesu (Lukas 1,27-36; 2,4-51)
Maria, Mutter von Jakobus (Lukas 24,10)

Städtischer Hintergrund
Grundbesitzer
Maria und Martha (Lukas 10,38-42)

Handwerker
Petrus' Schwiegermutter (Lukas 4,38. 39)

Sklaven
Das Dienstmädchen, das Petrus als Anhänger Jesu erkennt (Lukas 22, 55-62)

Unrein und ohne Ansehen
Durch Krankheit
Petrus' Schwiegermutter (Lukas 4, 38. 39)
Die Frau mit den Blutungen (Lukas 8, 43-48)
Jairus' Tochter (Lukas 8,41. 42. 49-56)
Die verkrümmte Frau (Lukas 13,10-17)

Durch Besessenheit
Maria Magdalena (Lukas 8,2; 24,10)
Johanna (Lukas 8,3)
Susanna (Lukas 3,8)
Die verkrümmte Frau (Lukas 13, 10-17)

Als Prostituierte
Die Sünderin (Lukas 7,36-50)

Als Heidin
Die Witwe von Zarpat (in einer Geschichte) (Lukas 4, 26,27)

Witwen
Anna (Lukas 2,36-38)
Witwe, deren Sohn gestorben ist (Lukas 7,12-15)
Witwe von Zarpat (in einer Geschichte) (Lukas 7,36-50)
Hartnäckige Witwe (in einer Geschichte) (Lukas 18,1-18)
Arm, aber großzügig (Lukas 21,1-4)

Wenn man die soziale Stellung der Frauen auf diese Weise erkennen kann, lässt sich als Erstes feststellen, dass Jesus überwiegend mit Frauen zu tun hatte, die sich in Notsituationen befanden. Selbst die relativ angesehenen wie Johanna und Susanna, von denen Jesus auch materiell unterstützt wurde, waren von Dämonen geplagt, als Jesus ihnen begegnete.

Auch Maria und Martha waren zwar relativ wohlhabend, weil sie zur Schicht der Landbesitzer gehörten, aber sie waren unverheiratet und lebten im Hause ihres Bruders. Das war in einer Gesellschaft, in der Ehe und Familie eine entscheidende Rolle spielten, nicht unbedingt eine erstrebenswerte Position.

Wann immer im Lukasevangelium von einer Begegnung zwischen Jesus und Frauen berichtet wird, wertet Jesus diese Frauen auf und gesteht ihnen die wesentliche Bedeutung zu, die ihnen von der damaligen Gesellschaft verweigert wird.

An dieser Stelle setzt der befreiende Aspekt der Evangelien ein. Ohne die patriarchalische Struktur der Gesellschaft des ersten Jahrhunderts direkt infrage zu stellen, geht Jesus mit Frauen so um, dass der damals übliche Umgang und der Status der Frauen dadurch hinterfragt wird. Das Kommen und Wirken Jesu setzt eine Veränderung in der Einstellung zu Frauen in Gang, die sich bis in die Zeit der ersten Gemeinden fortsetzt. Das Handeln Jesu macht, besonders auf dem Hintergrund der rabbinischen Lehren, deutlich, *dass sein Kommen einen Erlösungsprozess in Gang bringt, durch den Frauen wieder in den Stand versetzt werden sollen, der ihnen ursprünglich bei der Schöpfung zugedacht war.*

Das wird noch deutlicher bei einem näheren Blick auf den Umgang Jesu mit einzelnen Frauen und an der Art, wie Lukas sein Evangelium aufbaut und seine Leser damit herausfordert, ihre Einstellung Frauen gegenüber zu überprüfen.

Jesu Umgang mit Frauen

Jedes der Evangelien gibt die Worte und Taten eines Mannes wieder, der als Jude im ersten Jahrhundert in Palästina lebte. Die Evangelien setzen alle gleichermaßen Kenntnisse über das Denken und Leben Jesu beim Leser voraus. Ohne solche Kenntnisse ist es eigentlich gar nicht möglich, die Bedeutung der Worte und Taten Jesu voll zu erfassen. Ganz besonders gilt das für die in den Evangelien geschilderten Begegnungen und den Umgang Jesu mit Frauen.

Im vorliegenden Abschnitt des Buches soll eine Reihe von Frauengestalten aus den Evangelien etwas genauer betrachtet werden, und es soll dargelegt werden, inwiefern Jesus anders mit Frauen umgeht als die Rabbinen.

Jesus und die Frau mit den Blutungen *(Mt. 9,20-22; Markus 5,25-34; Lukas 8, 41-49)*

Lukas erzählt die bekannte Geschichte:

Als das Boot anlegte, drängte sich ein Mann nach vorn, Jairus, der Vorsteher der jüdischen Gemeinde. Er warf sich vor Jesus nieder und bat ihn inständig, in sein Haus zu kommen; denn sein einziges Kind, ein zwölfjähriges Mädchen, lag im Sterben. Jesus ging mit ihm.

Unter den Leuten war eine Frau, die seit zwölf Jahren an starken Blutungen litt. Niemand hatte ihr helfen können, obwohl sie schon von vielen Ärzten behandelt worden war und dafür ihr ganzes Geld ausgegeben hatte. Als sie bis zu Jesus gekommen war, berührte sie von hinten seinen Mantel. In diesem Augenblick hörten die Blutungen auf.

„Wer hat mich angefasst?", fragte Jesus und blieb stehen. Aber alle zuckten mit den Schultern, und Petrus meinte: „Herr, bei diesem Gedränge ist es doch kein Wunder, dass dich jemand anstößt."

„Nein", erwiderte Jesus, „jemand hat mich absichtlich angefasst. Ich habe gespürt, wie heilende Kraft von mir ausgegangen ist!" Als die Frau erkannte, dass Jesus alles bemerkt hatte, fiel sie zitternd vor ihm auf die Knie. Vor allen Leuten erzählte sie, weshalb sie ihn berührt hatte und wie sie sofort geheilt worden war. „Meine Tochter", sagte Jesus zu ihr, „dein Glaube hat dir geholfen. Gehe in Frieden!"

Während er mit der Frau sprach, brachte jemand Jairus die Nachricht: „Deine Tochter ist gestorben. Der Meister braucht nicht mehr zu kommen" (Lukas 8, 41-49).

Der Rest der Geschichte ist bekannt. Jesus ging in das Haus von Jairus und weckte dessen Tochter vom Tod auf. Was jedoch auf dem Weg dorthin geschah, muss alle Augenzeugen verblüfft haben.

Der relative Wert von Frauen. Im rabbinischen Denken stand der Mann an erster Stelle, die Frau erst an zweiter. Die religiösen Führer betrachteten Frauen aus ihrer Männerperspektive als „anders", und ihre Formulierungen der religiösen Gesetze und Bestimmungen behandeln Frauen auch eher als Objekte denn als eigenständige Personen. Frauen wurden als geistig schwächer und als äußerst empfindlich dargestellt, Männer im Gegensatz dazu als mutig, stark und klug. Diese Einstellung kommt in Genesis Rabba 17,8 zum Ausdruck, wo die Unterschiede zwischen Männern und Frauen beschrieben werden. Einer dieser Unterschiede besteht darin, dass „der Mann Forderungen an die Frau stellt, die Frau aber keine Forderungen an den Mann."

Da ist es verblüffend und auch irritierend mitzuerleben, wie Jesus auf seinem Weg durch die Menge, und zwar auf das eindringliche Bitten eines einflussreichen Mannes hin unterwegs zu dessen todkrankem Kind, anhält, um auf den stillen Schrei einer Frau zu reagieren. Für Jesus ist diese Frau mindestens genauso wichtig wie der Mann, die Not beider gleich schlimm.

Die Gefahr der „Verunreinigung" durch Frauen. Es besteht kaum Zweifel daran, dass die Frau in der Geschichte von den Männern damals als *niddah* – unrein eingestuft wurde. Als „unrein" galten die Frauen während der Menstruation, und deshalb durften die Männer in dieser Zeit mit ihren Frauen nicht sexuell verkehren. Außerdem wurden auch Gegenstände, mit denen die Frauen in Berührung gekommen waren, als unrein betrachtet, also mussten jüdische Frauen in der Küche und im Haushalt besonders vorsichtig sein.

Die Rabbinen gingen noch weiter als das Gesetz des Alten Testamentes in der Lehre über die Unreinheit während der Menstruation. Sie rieten den Männern dringend, sich ein paar Tage vor bis ein paar Tage nach der Menstruation völlig von ihren Frauen abzusondern, um Unreinheit zu vermeiden. Als Belegtext für diese Bestimmung wurde die Aussage „Ihr sollt die Israeliten vor ihrer Unreinheit warnen" (3. Mose 15,31 – Einheitsübersetzung) benutzt. Rabbi Yoshaya warnte Männer sogar davor, dass sie sterben könnten, wenn sie sich in der Zeit, in der sich die Menstruation bei ihrer Frau ankündigte, nicht von dieser fern hielten. In einer späteren Geschichte, die in *bShub. 13a-b* aufgezeichnet ist, wird das veranschaulicht:

Es geschah aber, dass ein bestimmter Gelehrter, der viel in der Schrift und der Mischna studiert hatte, und der den Gelehrten große Dienste erwiesen hatte, trotzdem sehr früh starb . . . Ich sagte zu ihr: „Meine Tochter! Wie war er zu dir, wenn du deine Menstruation hattest?"

Sie sagte zu mir: „Um Gottes Willen. Er hat mich nicht angerührt."

„Und wie war er zu dir während deiner Tage der weißen Gewänder (vom Ende der Menstruation bis zu dem rituellen Reinigungsbad)?"

„Er hat mit mir gegessen, mit mir getrunken, bei mir geschlafen, wobei wir Körperkontakt hatten, und es kam ihm nicht in den Sinn, mit mir zu schlafen."

„Ich sagte zu ihr: Gesegnet sei der Allmächtige, dass er ihn getötet hat."

Schon allein eine Berührung nach dem Ende der Menstruation wurde in diesen Schriften als Erklärung für den frühen Tod und auch als *Rechtfertigung* dafür angesehen.

Manche Schriftgelehrten waren zwar bereit, Unterschiede zu machen zwischen Menstruationsblut und Blut von Krankheiten oder Verletzungen, aber nur langwierige und sorgfältige Untersuchungen der Einzelfälle konnten bewirken, dass jemand für rein erklärt wurde. In den meisten Fällen zog man es vor, eher bei dem Irrtum zu bleiben, um ganz sicher zu gehen. Der Horror, mit dem im rabbinischen Judentum Menstruationsblut betrachtet wurde, spiegelte und verstärkte das ohnehin schon bestehende Misstrauen Frauen gegenüber noch mehr.

Auf diesem Hintergrund ist es schon erstaunlich, wie unbekümmert Jesus auf die Berührung der Frau reagierte. Und noch erstaunlicher ist, dass durch die Berührung der Frau sich Jesus nicht nur nicht verunreinigt fühlte, sondern sogar *Kraft freigesetzt wurde, die von ihm zu ihr hinfloss!*

Jesus kümmerte sich um die ganz individuelle Not dieser Frau. Das Neue Testament greift die patriarchalischen Strukturen der Gesellschaft des ersten Jahrhunderts nie direkt an. Es wird darin auch nicht behauptet, dass die Unterschiede zwischen Männern und Frauen unerheblich seien. Das Neue Testament ruft allerdings zur Veränderung der Einstellung der Männer den Frauen gegenüber auf und versucht auf diese Weise Veränderungen im Umgang zwischen den Geschlechtern zu erreichen.

Jesus hielt ganz bestimmt nicht nur deshalb an und sprach mit der Frau, weil er gemerkt hatte, dass Kraft von ihm weggeflossen war. Er hielt inne, weil er wusste, dass die Frau, die zitternd vor ihm stand, ängstlich wegen ihrer eigenen Kühnheit, von Männern aufgestellte Gebote zu übertreten, es dringend nötig hatte, von Christus selbst als „meine Tochter" angesprochen zu werden, seine Zusage „gehe in Frieden" zu hören und sein ausdrückliches Lob für ihren Glauben.

Manche Leute betrachten diese Geschichte in den Evangelien als „anti-pharisäische Polemik." Die Einstellung, die Jesus bei dieser Begegnung an den Tag legte, weicht auffällig stark ab von der Einstellung zu Frauen, die in den rabbinischen Schriften zum Ausdruck kommt. Das Interesse und die Fürsorge Jesu für die Frau als Person verurteilen eindeutig die abwertende und abschätzige Art, mit der Frauen damals allgemein betrachtet wurden.

Jesus bei Maria und Martha zu Hause *(Lukas 10,38-42).* Lukas ist der einzige Evangelist, der die bemerkenswerte Geschichte über den Besuch Jesu bei Maria und Martha erzählt.

Jesus kam mit seinen Jüngern in ein Dorf, wo sie bei einer Frau aufgenommen wurden, die Martha hieß. Maria, ihre Schwester, setzte sich zu Jesus und hörte aufmerksam zu. Martha aber war unentwegt mit der Bewirtung ihrer Gäste beschäftigt.

Schließlich kam sie zu Jesus und fragte: „Herr, siehst du nicht, dass meine Schwester mir gar nicht hilft? Sie überlässt mir die ganze Arbeit. Kannst du ihr nicht sagen, dass auch sie etwas tun soll?" Doch Jesus antwortete ihr: „Martha, Martha, du machst dir viele Sorgen und mühst dich um Dinge, die im Grunde nicht so wichtig sind. Wichtig ist nur eins! Das hat Maria verstanden, und davon werde ich sie nicht abbringen" (Lukas 10,38-42).

Unverheiratete Frauen *(Johannes 11).* Über Maria und Martha ist gar nicht so viel geschrieben, obwohl sie im Johannesevangelium noch einmal vorkommen. Bekannt ist, dass sie relativ wohlhabend waren und Jesus und seine Jünger öfter beherbergten, wenn diese nach Jerusalem kamen. Es ist außerdem bekannt, dass die beiden Schwestern unverheiratet waren, denn sie lebten beide im Hause ihres Bruders Lazarus, auch wenn Lukas schreibt „wo sie bei einer Frau aufgenommen wurden, die Martha hieß." Das bedeutete, dass sie in ihrem ehemaligen Elternhaus lebten, denn nach dem jüdischen Erbrecht bekam immer der älteste Sohn Haus und Hof. Töchter konnten nicht erben. Wären Maria und Martha verheiratet gewesen, hätten sie im Hause ihrer Ehemänner gelebt und nicht bei ihrem Bruder.

In einer Gesellschaft, in der es sowohl für Männer als auch für Frauen sehr wichtig war, verheiratet zu sein, und in der Frauen normalerweise etwa mit dreizehn Jahren heirateten, galt der Status von Maria und Martha als unverheiratete Frauen als bemitleidenswert. Obwohl sie also relativ reich waren, muss man Maria und Martha als für damalige Verhältnisse benachteiligte Personen betrachten. Genau wie viele andere Frauen, von denen in den Evangelien die Rede ist, lebten sie beide unter dem Druck der Erwartungen anderer – und keine der beiden erfüllte diese Erwartungen.

Marthas Sicht von der eigenen Rolle *(Lukas 10,40).* Lukas stellt Martha als emsige Hausfrau dar, die unablässig in der Küche herumwuselte, um die Gäste angemessen zu bewirten. In der jüdischen Gesellschaft wurde eine klare Unterscheidung gemacht zwischen „Frauenarbeit" und „Männerarbeit", wobei die Küche ganz eindeutig zum Zuständigkeitsbereich der Frau gehörte. Martha stellte ihr Bild von sich selbst und ihrer Rolle nicht in Frage. Sie mag zwar nicht verheiratet gewesen sein, aber sie akzeptierte zweifellos die gesellschaftliche Definition dessen, was eine Frau ausmachte, und was sie zu tun und zu lassen hatte.

Martha akzeptierte nicht nur ihre von der Gesellschaft festgelegte Rolle; sie regte sich daneben auch noch darüber auf, dass ihre Schwester in dieser Beziehung anders dachte und handelte als sie selbst. Als Maria sich niederließ, um Jesus zu seinen Füßen sitzend zuzuhören, reichte es Martha, und sie wurde sehr ärgerlich.

Im Judentum des ersten Jahrhunderts wurden *Männer und nicht Frauen* von Rabbinen unterrichtet. Es kann durchaus sein, dass Marthas Verärgerung gar nicht so sehr darin bestand, dass Maria ihr nicht in der Küche half, sondern dass ihre Schwester sich ihrer Meinung nach unmöglich aufführte.

Schließlich ging Martha zu Jesus und bat ihn, Maria doch zu sagen, dass sie ihr helfen solle. Sie wünschte sich inständig, Jesus möge doch ihre Vorstellung von dem, was sich für Frauen gehört und was nicht, bestätigen.

Maria akzeptiert die bis dahin festgeschriebene Frauenrolle nicht *(Lukas 19, 39).* Es wird zurzeit darüber diskutiert, wie gut sich jüdische Frauen damals in der Schrift auskannten. Es gibt Hinweise darauf, dass die Rabbinen sich den Frauen fügten, wo es um Bestimmungen im Zusammenhang mit Haus und Küche ging. Außerdem deutet vieles darauf hin, dass es als ungehörig galt, wenn Frauen lernten.

Sifre Deuteronomium 46 merkt zu 5. Mose 11, 19 an: „Und du sollst sie deine Söhne lehren; deine Söhne und nicht deine Töchter." Rabbi Eleizer wird zitiert mit der Aussage: „Lieber sollen sie die Lehren der Tora verbrennen, als Frauen darin zu unterweisen" (ySot. 3.4,19a). Rabbi Eleazar behauptete darin außerdem: „Eine Frau hat keine Weisheit außer der, eine Spindel zu handhaben, denn es steht geschrieben: ‚Und alle Frauen, die weise waren, sponnen mit ihren Händen.'" Rabbi Eleazar war also absolut dagegen, dass Frauen die Tora studieren durften, und es steht fest, dass man von Frauen nicht, wie von den Männern, erwartete, dass sie sich intensiv mit dem Wort Gottes befassten.

Es war demnach ein mutiger Schritt von Maria, ihre Aufgaben im Haushalt hintenan zu stellen und sich stattdessen wie die Jünger zu Jesu Füßen zu setzen, um ihm zuzuhören. Sie nahm ein Recht für sich in Anspruch, das nach Ansicht des Judentums zur damaligen Zeit einzig den Männern vorbehalten war. Durch dieses Verhalten setzte sie sich sowohl über die Rollenvorgaben der Männer als auch über die der Frauen hinweg.

Jesus bestätigt Maria in ihrer Entscheidung *(Lukas 10,42).* Nachdem Jesus sich Marthas Beschwerde angehört hatte, tat er etwas, das kein Rabbi zur damaligen Zeit auch nur in Erwägung zu ziehen wagte. Er gab Maria Recht, indem er sagte: „Wichtig ist nur eins! Das hat Maria verstanden, und davon werde ich sie nicht abbringen."

Mit dieser Aussage wertete Jesus nicht die Aufgaben ab, die von Frauen in den Familien erfüllt werden, sondern er verschaffte den Frauen daneben Zugang zu einem Vorrecht, das ihnen lange Zeit verwehrt gewesen war. Frauen sind genau wie Männer von Gott dazu berufen, sein Wort in der Tiefe zu erkunden. Frauen sind genau wie Männer eingeladen, Jesus zuzuhören und geistlich zu wachsen und mündig zu werden.

Heute gibt es in manchen Gemeinden Diskussionen darüber, ob Frauen lehren dürfen. Trotz der Heftigkeit, mit der diese Diskussion heute geführt wird, enthält sie kaum so viel Zündstoff wie das Thema, das durch Marias mutiges Handeln aufgeworfen wurde. Sind Frauen in der Lage, mit dem Wort Gottes umzugehen und es zu beherrschen? Sind Frauen berufen, die Schriften zu studieren und Jünger Jesu zu sein? Die Tatsache, dass Jesus Maria in ihrem Eifer, von ihm zu lernen, bestätigte, öffnete den Frauen eine Tür, die lange verschlossen gewesen war.

Die Bestätigung, die Maria hier von Jesus bekam, sollte diejenigen, die den Frauen noch immer das Recht zu lehren vorenthalten, zu der Frage veranlassen, ob ihre Einstellung zu Frauen und zum Wort dem Frauenbild der Pharisäer entspricht oder aber der Sicht, die Jesus selbst von Frauen und ihrer Rolle in Familie und Nachfolge zeigt.

Jesus und die Frau am Brunnen *(Johannes 4,6-42).* Ein dritter Bericht über eine Begegnung zwischen Jesus und einer Frau veranschaulicht noch deutlicher den Wandel der Einstellung gegenüber Frauen, der durch Jesus in Gang gesetzt wurde. Weil der Dialog zwischen Jesus und der Frau im Johannesevangelium sehr lang ist, soll an dieser Stelle ein Blick auf die wichtigsten Verse genügen.

Jesus schockiert eine Frau aus Samarien, indem er mir ihr spricht *(Johannes 4,7-9).* Die betreffenden Verse unterstreichen noch einmal, wie ungewöhnlich das Vorgehen Jesu zu seiner Zeit war.

Da kam eine Samariterin aus der nahe gelegenen Stadt zum Brunnen, um Wasser zu holen. Jesus bat sie: „Gib mir etwas zu trinken!" Denn seine Jünger waren in die Stadt gegangen, um Lebensmittel einzukaufen.

Die Frau antwortete überrascht: „Du bist doch ein Jude! Wieso bittest du mich um Wasser, wo ich doch eine samaritische Frau bin?" (Johannes 4,7-9)

Samarien. Das Gebiet von Samarien lag zwischen Judäa und Galiläa am Westufer des Jordans und hatte einmal zum Nordreich Israels gehört. Als Israel 722 v. Chr. unterging, deportierten die Assyrer den größten Teil der jüdischen Bevölkerung und siedelten auf dem frei gewordenen Gebiet Menschen aus anderen Ländern an. Diese neuen Siedler übernahmen den Gott des Landes, Jahwe, behielten aber auch ihre alten Götter. Die Samariter des 1. Jahrhunderts waren Nachkommen dieser Siedler, die von sich behaupteten, einen Bund mit Jahwe zu haben. Die „reinen" Juden lehnten diesen Anspruch jedoch entschieden ab, und es bestand eine tiefe Feindschaft zwischen diesen beiden Nachbarvölkern. Viele Juden nahmen auf ihrem Weg nach Jesusalem lieber einen großen Umweg östlich um Samarien herum in Kauf, auf dem sie außerdem zweimal den Jordan überqueren mussten, als durch Samarien zu reisen.

Samaritische Frauen. Die Frau, die zum Brunnen kam, war schockiert darüber, dass Jesus sie überhaupt ansprach, denn sie kam nicht nur aus Samarien, sondern war zudem noch eine *Frau.*

Erstens war es ungewöhnlich für einen jüdischen Rabbinen, überhaupt eine Frau direkt anzusprechen. Am Anfang des Kapitels wurden ja bereits rabbinische Aussagen zitiert, denen zufolge die Männer angewiesen wurden, nicht mit Frauen zu reden.

Und zweitens war es für die Rabbinen bereits ein Problem, eine Frau auch nur anzusehen. Im *Testament von Juda* (17,1) beklagt Juda, dass er einer kanaanitischen Frau erlegen ist, und er warnt seine Söhne davor, *überhaupt eine Frau* anzusehen. Und in *Bber. 21 a* heißt es: „Unsere Rabbinen haben gelehrt: Wer einer Frau Geld bezahlt, indem er die Münzen in ihre

Hand zählt, selbst wenn er es in Bezug auf sein Torakenntnisse und seine guten Taten mit unserem Lehrer Mose aufnehmen kann, wird der Strafe des *Gehenna (= der Hölle)* nicht entgehen."

Ganz bestimmt hätte man das sehr persönliche Gespräch Jesu mit der Frau am Brunnen für schockierend, wenn nicht gar unanständig gehalten.

Es gibt aber noch einen weiteren Grund, weshalb diese Augenblicke allein mit der Samariterin die Pharisäer schockiert hätten. Wie bereits an anderer Stelle erwähnt, hielt man Frauen und Mädchen während ihrer Menstruation für *niddah* (unrein), und sie wurden in dieser Zeit von Männern gemieden aus Angst, durch den Kontakt ebenfalls unrein zu werden. Rabbinische Auslegungen über *niddah* ordnen samaritische Frauen vom Tag ihrer Geburt an als *niddah* ein (mNidd. 4:1; nNidd. 5:1)! Deshalb sollten zur Zeit Christi nach Meinung der Pharisäer Männer *auf jeden Fall jeglichen Kontakt mit Samariterinnen strikt meiden.*

Auf diesem Hintergrund wird verständlich, weshalb die Jünger Jesu so überrascht sind, wie in Johannes 4, 27 berichtet wird: „Seine Jünger, die gerade aus der Stadt zurückkamen, wunderten sich, dass er mit einer Frau redete. Aber keiner fragte ihn: ‚Was willst du von ihr? Warum sprichst du mit ihr?'"

Die Reaktion der Frau auf Jesus *(Johannes 4,28-30).* Johannes hat sowohl das langatmige Gespräch festgehalten, das Jesus mit der Frau führte, als auch ihre Reaktion:

Da ließ die Frau ihren Wasserkrug stehen, lief in die Stadt und berichtete aufgeregt allen Leuten: „Kommt mit! Ich habe einen Mann getroffen, der alles von mir weiß; dabei hat er mich noch nie gesehen! Ob er wohl der Messias ist?" Neugierig liefen die Leute aus der Stadt zu Jesus (Johannes 4,28-30).

Die Frau aus Samarien reagiert mit Glauben auf Jesu Angebot des ewigen Lebens, und dieser Glaube zeigt sich unter anderem darin, dass sie in die Stadt eilt, aus der sie kommt, um den Menschen dort von Jesus zu erzählen.

Der in der Geschichte angedeutete Vergleich mit Nikodemus *(Johannes 3).* Es ist kaum Zufall, dass Johannes die Geschichte von der Samariterin am Brunnen unmittelbar auf den Bericht von Nikodemus' Gespräch mit Jesus folgen lässt. Nikodemus war nicht nur ein Jude, sondern „einer der Männer des jüdischen Gerichtshofes"(Joh. 3,1). Diese Beschreibung weist ihn als Mitglied des Sanhedrin aus, der herrschenden Institution der Juden. Als Pharisäer lag ihm sehr daran, das Gesetz in allen Einzelheiten zu befolgen, genauso, wie es von den Rabbinen ausgelegt wurde. Die Beschreibung zeigt ihn jedenfalls als Person, die intensiv das Alte Testament studiert hatte und aller Wahrscheinlichkeit nach in der Lage war, das Gesetz Gottes auf jede beliebige und denkbare Alltagssituation anzuwenden.

Im Gegensatz dazu waren die Schriftkenntnisse und das Schriftverständnis der Samariterin äußerst beschränkt, und zwar sowohl aufgrund ihrer Herkunft als auch ihres Geschlechts. Außerdem galt sie durch das Etikett „niddah" als unrein, für alle Juden abstoßend.

Es war jedoch der Pharisäer, der nicht verstand, was Jesus vermitteln wollte, und der nicht darauf reagierte. Die Samariterin dagegen reagierte nicht nur, sondern eilte sofort los, um den anderen von Jesus zu erzählen. Nikodemus wurde zwar letztlich ein Jünger Jesu (siehe Joh. 9,39), aber die bereitwillige Reaktion der Samariterin und ihr freudiges Zeugnis von Jesus Christus sind ein weit positiveres Zeugnis für die Nachfolge. Verblüffenderweise ist es sehr stark die „unwissende" und „ausgestoßene" *Frau* und nicht allein der gelehrte und geachtete *Mann*, der deutlich macht, wie eine Reaktion im Glauben auf Jesus aussieht.

Bedeutungen von Frauengeschichten in den Evangelien. Die Geschichten aus den Evangelien sind oft so vertraut, dass man manchmal ihre Bedeutung gar nicht mehr erkennt. Die eben beschriebenen Begebenheiten sind jedoch neben vielen anderen, bei denen Jesus im Umgang mit Frauen dargestellt wird, wirklich revolutionär. Durch sie wird ganz direkt das Frauenbild des 1. Jahrhunderts n. Chr. hinterfragt, und sie bestätigen machtvoll, dass Jesus es entschieden ablehnte, wenn Frauen aufgrund religiöser Vorstellungen eingeschränkt oder abgewertet wurden.

Jesu Umgang mit Frauen bestätigt den Wert und die Würde von Frauen als Personen, macht Schluss mit Klischees und eröffnet neue erfüllende Rollen für gläubige Frauen. Wenn nicht heute genau wie damals zur Zeit Jesu gläubigen Frauen die von Gott zugedachten Aufgaben vorenthalten werden sollen, muss ganz klar die Befreiung der Frauen neu bedacht werden, die mit dem Kommen Jesu ihren Anfang nahm.

Frauen im Lukasevangelium

Es ist allgemein bekannt, dass das Lukasevangelium, das Jesus als vollkommenen Menschen zeigt, dem Engagement Jesu für die Armen und Unterdrückten besondere Aufmerksamkeit schenkt. So erwähnt Lukas beispielsweise häufig Witwen und stellt sie stets positiv dar (vgl. Lukas 2,36-38; 4,26; 7,11-17; 18,1-8; 20,47 und 21,1-4). Besondere Aufmerksamkeit schenkt er den Frauen, indem er immer wieder eine Männer- und eine Frauengestalt einander gegenüberstellt, und zwar auf eine Art, die die Frauen sichtlich würdigt. Die meisten Beschreibungen von Frauengestalten im Lukasevangelium sind nicht nur positiv, sondern verfolgen offenbar den Zweck, mit Klischees aufzuräumen und Frauen als Männern völlig gleichwertig zu zeigen in Bezug auf die Eigenschaften, auf die es im Reich Gottes ankommt.

Das wird besonders deutlich an einem kurzen Überblick über die Frauendarstellungen im Lukasevangelium und an der Art, wie Lukas Frauen- und Männergestalten einander gegenüberstellt. Jede Darstellung zeigt, dass bei Jesus die Frauen aufgewertet und aufgerichtet werden.

Die Darstellung von Frauen bei Lukas

Maria, die Mutter Jesu *(Lukas 1).* Der Erzengel Gabriel erscheint dem jungen Mädchen Maria, als es verlobt ist. Sie erfährt als Erste, dass Gott in die Geschichte der Menschheit eingreifen wird, und zwar in Gestalt des Messias, den sie zur Welt bringen soll. Und Maria ist auch die Erste, die erfährt, dass der Name des Messias Jesus sein soll. Maria reagiert auf die verblüffende Ankündigung mit einem wunderschönen und schlichten Glauben, der sowohl darin zum Ausdruck kommt, wie sie sich dem Willen Gottes fügt, als auch in ihrem Lobgesang (Lukas 1,46-55). Maria wird in jeder Hinsicht nicht nur als von Gott begünstigt dargestellt, sondern auch als Beispiel für diesen ganz einfachen, schlichten Glauben, der die Gnade Gottes annimmt und sich darüber freut, Gott dienen zu dürfen.

Elisabeth *(Lukas 1,40-45).* Elisabeth ist mit Johannes dem Täufer schwanger, als sie Besuch bekommt von Maria, die mit Jesus schwanger ist. Als Maria Elisabeths Haus betritt, wird sie „vom Geist erfüllt" und redet prophetisch.

Die Prophetin Hanna *(Lukas 2,37.38).* Hanna, die ihr Leben dem Dienst für Gott in seinem Tempel geweiht hat, ist die dritte Frau, die im Lukasevangelium erwähnt wird. In dem Bericht von Lukas ist sie eine Prophetin. Sie erkennt nicht nur das Kind in Marias Armen, sondern wird daraufhin öffentlich aktiv: „Allen, die auf die Befreiung Jerusalems warteten, erzählte sie von diesem Kind."

Hanna ist zwar die einzige der drei Frauen, die ausdrücklich als Prophetin ausgewiesen wird, aber durch das Wirken des Heiligen Geistes werden auch Maria und Elisabeth fähig, prophetisch zu reden. Ein großartiges Zeugnis dafür, dass in der kommenden Zeit „normale" Frauen außergewöhnliche Gaben haben werden!

Maria und Martha *(Lukas 10,38-42).* Die Darstellung von Maria und Martha, die ja bereits an anderer Stelle erläutert wurde, spielt eine wesentliche Rolle. Maria legt ihre traditionelle Rolle ab, um eine Rolle einzunehmen, die zur damaligen Zeit ausschließlich Männern zugeordnet wird, nämlich als Jünger zu Jesu Füßen zu sitzen und von ihm zu lernen. Ben Withering III schreibt dazu:

Aus Lukas 11,27-28 geht – einzigartig im Bericht des Lukas – hervor, dass der größte Segen eines Menschen in seiner Reaktion auf das Wort Gottes liegt. Damit wird auch jeder Versuch kritisiert, den höchsten Segen einer Frau in ihrer traditionellen, geschlechtsspezifischen Rolle zu sehen. Lukas 10,38-42, enthält – ebenfalls einzigartig – eine ähnliche Kritik an jedem Versuch zu behaupten, das Einnehmen der traditionellen Frauenrolle sei wichtiger als das Wort Jesu zu hören und zu befolgen. Das „eines aber ist Not" besteht für Männer wie für Frauen in einer Reaktion auf das Wort, „das gute Teil", und beide sollten nicht daran gehindert werden, daran teilzuhaben (Women in the Earliest Churches, 1988, S. 130).

Wieder weist Lukas' Darstellung von Frauen darauf hin, dass die Rechte, die den Frauen in einer von Männern beherrschten Gesellschaft vorenthalten wurden, wieder eingesetzt werden.

Zeuginnen der Auferstehung Jesu *(Lukas 24).* Wie bereits an anderer Stelle erwähnt, stellt das Neue Testament zwar nicht die patriarchalische Gesellschaftsform direkt in Frage, aber es verändert die Beziehungen zwischen Männern und Frauen innerhalb dieser Gesellschaftsform. Besonders deutlich wird das in Lukas 24. Die Apostel, die Jesus auserwählt hat, behalten zwar ihre Rollen bei, aber in diesem Kapitel bekommen die Frauen neue, partnerschaftlichere Rollen:

Ganz früh am Sonntagmorgen gingen die Frauen mit den Salben, die sie zubereitet hatten, zum Grab. Der Stein, mit dem man es verschlossen hatte, war zur Seite gerollt. Zögernd betraten sie die Grabhöhle. Sie war leer. Verwirrt überlegten sie, was sie jetzt tun sollten. Da traten zwei Männer in glänzend weißen Kleidern zu ihnen. Die Frauen erschraken und wagten nicht, die beiden anzusehen.

„Warum sucht ihr den Lebenden bei den Toten?", wurden sie von den Männern gefragt. „Er ist nicht hier; er ist auferstanden! Habt ihr vergessen, was er euch in Galiläa gesagt hat: ‚Der Menschensohn muss den Gottlosen ausgeliefert werden. Sie werden

ihn kreuzigen, aber am dritten Tag wird er von den Toten auferstehen'"

Da erinnerten sich die Frauen an diese Worte Jesu. So schnell sie konnten, liefen sie in die Stadt zurück, um den elf Jüngern und den anderen Freunden Jesu zu berichten, was sie erlebt hatten. Zu den Frauen gehörten Maria aus Magdala, Johanna und Maria, die Mutter von Jakobus. Aber den Jüngern erschien das alles so unwahrscheinlich, dass sie den Frauen nicht glaubten. Nur Petrus sprang auf und lief zum Grab. Als er hineinschaute, fand er außer den Leinentüchern nichts. Nachdenklich ging er in die Stadt zurück (Lukas 24,1-12).

Einige Punkte dieser Beschreibung sind für unser Thema von großer Bedeutung.

„Die Frauen . . . gingen zum Grab" *(Lukas 24,1).* Die Frauen kommen an jenem Morgen zum Grab, um den Leichnam Jesu mit Kräutern und Ölen zu salben. Im ersten Jahrhundert war das „Frauensache". Wichtig ist hier, dass Gott den Frauen beim Verrichten ihrer „Frauensache" die Tür zu einem einzigartigen und wunderbaren Vorrecht auftut.

„Habt ihr vergessen, was er euch in Galiläa gesagt hat?" *(Lukas 24,6).* Indem die Engel die Frauen an die Worte Jesu erinnern, machen sie noch einmal klar, dass die Frauen Jüngerinnen sind, von Jesus selbst unterrichtet – genau wie die Zwölf! Jesus hatte den Frauen dieselben Wahrheiten und Grundsätze vermittelt wie den Männern. Ihr Geschlecht und nicht einmal ihre Bereitschaft, „Frauenarbeit" zu tun, änderte etwas an ihrem Status als Jünger Jesu.

„Da erinnerten sich die Frauen an diese Worte Jesu" *(Lukas 24,8).* Bei den Worten der Engel erinnern sich die Frauen an das, was Jesus gelehrt hat. Sie verstehen also auf einen Schlag sowohl die Bedeutung des Kreuzes als auch das große Wunder der Auferstehung Jesu.

An dieser Stelle stellt Lukas die Erkenntnis der Frauen der Verwirrung der männlichen Jünger gegenüber. Als dieselbe Botschaft nämlich ihnen überbracht wird, „erschien den Jüngern das alles so unwahrscheinlich, dass sie den Frauen nicht glaubten" (Lukas 24,11). Die Frauen, die entschieden haben, Jesus nachzufolgen, haben eine bessere geistliche Wahrnehmung als die männlichen Jünger, die von Jesus selbst auserwählt worden waren.

„So schnell sie konnten, liefen sie in die Stadt zurück, um den elf Jüngern und den anderen Freunden Jesu zu berichten" *(Lukas 24,9).* Die Bedeutung dieses Verses ist heute gar nicht mehr in ihrem ganzen Ausmaß zu ermessen. Im Judentum des ersten Jahrhunderts war, auch wenn es manche Ausnahmen gab, die Zeugenaussage einer Frau gar nicht gültig. In *Sifre Deuteronomium* wird der allgemeine Grundsatz festgelegt, dass zwei Zeugen nötig sind, um vor Gericht eine Tatsache festzustellen.

„Kann auch eine Frau eine Zeugenaussage machen? Es ist festgelegt ‚zwei' (5. Mose 19,15), und weiter ‚zwei' (Männer) (ebenda 17). Weil im ersten Fall mit ‚zwei' Männer gemeint sind und nicht Frauen, trifft das auch für den zweiten Fall zu."

Am Ostermorgen sind es jedoch Frauen, die als Erste die Auferstehung Jesu bezeugen. Ja, der Bericht von Matthäus hebt die Tatsache sogar hervor, dass sie Gottes *auserwählte* Zeugen sind, denn der Engel sagte zu den Frauen: „Geht zu seinen Jüngern und sagt ihnen, dass Jesus von den Toten auferstanden ist" (Matthäus 28,7).

Was das bedeutet: In Lukas' Osterbericht, ebenso wie im Verlaufe seines Evangeliums, ist deutlich zu erkennen, dass der Status von Frauen eine drastische Veränderung erfährt. Frauen, die im Judentum des ersten Jahrhunderts oft einfach abgetan wurden, bekommen Zugang zur vollständigen Nachfolge. Es werden ihnen geistliche Erkenntnisse zugetraut, und sie werden beauftragt, den Aposteln zu bezeugen, dass Jesus auferstanden ist. Die Folgen des Sündenfalles, die in 1. Mose 3 so deutlich aufgezeigt werden, werden hier Stück um Stück aufgehoben. Frauen werden wieder in die Rolle zurückversetzt, die Eva im Garten Eden hatte, als ebenbürtige Partnerin des Mannes in einer neuen Schöpfung, die mit Jesus Christus in unsere Welt hereinbricht.

Wie Lukas Frauen und Männer einander gegenüberstellt

Die veränderte Stellung der Frauen im anbrechenden Reich Gottes zeigt sich auffällig in Szenarien, in denen Lukas Frauen und Männer einander gegenüberstellt, wenn man nur einige dieser Paarungen etwas genauer betrachtet.

Zacharias und Maria *(Lukas 1).* Diesen beiden gilt das Hauptaugenmerk im ersten Kapitel des Lukasevangeliums. Der betagte und angesehene Priester Zacharias tat Dienst im Tempel, als der Engel Gabriel ihm erschien und ankündigte, seine Frau werde einen Sohn zur Welt bringen. Wie vom Donner gerührt und völlig ungläubig brachte Zacharias nur heraus: „Wie ist so etwas möglich?" Dann wurde er vorübergehend von Gabriel mit Stummheit geschlagen, mit der Begründung „weil du mir nicht geglaubt hast" (Lukas 1,20).

Kurz darauf erschien Gabriel auch Maria, einem jungen Bauernmädchen aus Galiläa. Im Gegensatz zu Zacharias, der bezweifelte, „ob" das Versprechen sich erfüllen würde, glaubte Maria sofort und fragte lediglich, „wie" das alles geschehen solle. Mit einem wunderschönen und schlichten Glauben nimmt Maria das Geschenk Gottes an und freut sich in ihm. Der Gegensatz der Reaktionen ist deutlich erkennbar.

Im Vergleich dieser beiden biblischen Gestalten steht Maria als Vorbild dafür,

GEGENÜBERSTELLUNG

	Zacharias	Maria
Ort	der Tempel	Galiläa
Stellung (Merkmale)	Priester männlich reif / erfahren	gewöhnliche Frau weiblich jung
Reaktion	Unglaube Hinterfragen	Vertrauen / Glaube Lobpreis
Folge	wird stumm	wird gesegnet

wie im Reich Jesu Christi alle leben sollen. Zacharias wird als Vorbild verworfen, und das trotz seiner Nähe zu Gott und trotz des hohen gesellschaftlichen Status, den er durch Priesteramt und sein Alter hat. Im anbrechenden Reich Gottes ist es der schlichte Glaube Marias, der Segen bringt, während die – positive – allgemeine gesellschaftliche Wertung von Zacharias hier keine Rolle spielt.

Die Pharisäer und die Sünderin (Lukas 7,36-50). Jesus war im Haus eines Pharisäers namens Simon zum Essen eingeladen. Während des Essens „kam eine Dirne herein". Weiter heißt es: „Sie weinte so sehr, dass seine Füße von ihren Tränen nass wurden. Mit ihrem Haar trocknete sie die Füße, küsste sie und goss das Öl darüber" (Lukas 7,38).

Simon, dem bekannt war, dass sie eine Prostituierte war, zog daraus den Schluss, dass Jesus unmöglich ein Prophet sein konnte, denn ein Prophet hätte ja gewusst, was für eine Frau sie war. Und der Pharisäer nahm einfach an, dass kein Mann Gottes die Berührung einer solchen Person zulassen würde, weil sie ja unrein machen würde.

Aber Jesus hinterfragte Simons Vermutungen, indem er die Geschichte von zwei Schuldnern erzählte, denen ihre Schulden großzügig erlassen wurden. Dann stellte Jesus die Frage, welcher von beiden wohl mehr lieben würde: der, dem die kleine Schuld vergeben wurde oder der mit der großen Schuld. Als der Pharisäer darauf die richtige Antwort gab, wies Jesus ihn darauf hin, dass Simon als Gastgeber bei der Begrüßung Jesu nicht einmal die ganz normalen Höflichkeitsregeln eines Gastgebers befolgt hatte, während im Handeln der Frau außergewöhnliche Liebe zum Ausdruck kam.

Jesus zog aus ihrem liebenden Verhalten den Schluss, dass ihr viel vergeben worden war, und er sagte zu ihr: „Deine Sünden sind dir vergeben" (V. 48). Die Reaktion von Simon und seinen Pharisäerfreunden bestand in heftigem Zorn darüber, dass Jesus sich anmaßte, Sünden zu vergeben.

An diesem Zwischenfall werden einige Gegensätze deutlich.

Auch hier ist wieder eine auffällige Umkehrung der allgemeinen Wertmaßstäbe erkennbar. Der Pharisäer war bewundert und angesehen, und man hatte sogar Ehr-

GEGENÜBERSTELLUNG

	Simon	Die Frau
Status	Ein Pharisäer	Eine „Sünderin"
Eigenschaften	männlich reich angesehen	weiblich arm ausgestoßen
Reaktion auf Jesus	abweisend zweifelnd	liebend glaubend
Folgen	keine Vergebung	Vergebung

furcht vor seiner scheinbaren Frömmigkeit, während die Sünderin allgemein verachtet und abgelehnt war. Der Schlüssel zum Reich Gottes ist jedoch die innere Haltung und nicht der Status eines Menschen. Simons Haltung Jesus gegenüber war abweisend und ungläubig. Die Grundhaltung der Sünderin dagegen war von dem Wissen um ihre Not und Bedürftigkeit geprägt und von ihrem Vertrauen darauf, dass Jesus ihr wirklich vergeben wollte und konnte. Sie hatte Vergebung erfahren, und deshalb liebte sie Jesus von ganzem Herzen. Im Gegenzug nahm Jesus ihre Liebe an, lobte ihren Glauben und sagte ihr zu, dass ihr vergeben sei.

Bei dieser Gegenüberstellung wird deutlich, wie Jesus die allgemein üblichen Perspektiven und Wertmaßstäbe auf den Kopf stellte. Die Haltung des gesellschaftlich angesehenen Simon wurde von Jesus verworfen, und es wird sehr deutlich, dass die Sünderin, die durch die Vergebung Jesu verwandelt wurde, in Gottes Augen wertvoll und wichtig war.

Der Synagogenvorsteher und die verkrümmte Frau *(Lukas 13,10-17).* Ein dritter Vorfall im Lukasevangelium zeigt denselben Wechsel der Wertmaßstäbe und die Perspektive Gottes:

Jesus lehrte an einem Sabbat in der Synagoge. „An dem Gottesdienst nahm auch eine Frau teil, die seit achtzehn Jahren schwer behindert war und sich nicht mehr aufrichten konnte“ (Lukas 13,11).

Jesus legte der Frau die Hände auf, und sie war auf der Stelle geheilt und konnte sich aufrichten. Der Vorsteher der Synagoge war empört. Er betrachtete die Heilung als „Werk“ und kritisierte Jesus dafür, dass er am Sabbat arbeitete. Jesus antwortete ihm:

„Ihr Heuchler! Ihr bindet doch eure Ochsen und Esel auch am Sabbat los und führt sie zur Tränke. Und mir verbietet ihr, diese Frau am Sabbat aus der Knechtschaft des Satans zu befreien! Achtzehn Jahre war sie krank. Gehört sie nicht auch zu Gottes auserwähltem Volk?“ (Lukas 13,15.16).

GEGENÜBERSTELLUNG

	Der Synagogenvorsteher	Die verkrümmte Frau
Status	Geistlicher Leiter	Gemeindemitglied
Eigenschaften	männlich Autorität gesund	weiblich Opfer behindert
Jesus	tadelte ihn verurteilte ihn	heilte sie bestätigte sie
Ergebnis	war beschämt	wurde zum Grund großer Freude

Die Antwort von Jesus beschämte alle seine Gegner.

„Aber alle anderen freuten sich über die wunderbaren Taten Jesu" (Lukas 13,17).

Auch hier ist es wichtig, die implizierten Gegensätze zu erkennen.

Auch hier wird wieder ein Mann mit hohem Status einer Frau mit niedrigem Status gegenübergestellt. Der Mann war ein geachteter religiöser Führer, der sich selbst als Autorität in Bezug auf das Gesetz Gottes betrachtete. Sein Verhalten machte allerdings deutlich, dass ihm die Tiere auf seinem Bauernhof wichtiger waren als die verkrüppelte Frau in der Synagoge. Ganz anders Jesus: Er sah die Frau als „Angehörige von Gottes auserwähltem Volk" – ein wertvolles, geschätztes Mitglied der Gemeinschaft des Bundes mit Gott. Er handelte sofort, um sie von ihrer Last zu befreien und sie wieder völlig gesund und heil zu machen. Die Folge der wunderbaren Heilung bestand darin, dass der Synagogenvorsteher als Heuchler entlarvt und die geheilte Frau Grund zur Freude „aller anderen" wurde (V. 17).

Im Bericht dieser Begebenheit steckt gleichzeitig eine starke symbolische Botschaft: Christus ist gekommen, um die Frau von der Knechtschaft zu befreien, zu der es durch den Sündenfall gekommen ist. Die Wiederherstellung und Heilung der Frau ist ein Grund zur Freude – für alle.

Die arme Witwe und die reichen Männer *(Lukas 21,1-4).* Diese bekannte Geschichte stellt dem Reichen, der öffentlich dem Tempel große Geldbeträge spendet, eine arme Witwe gegenüber, die ein winziges Almosen gibt. Jesus lobte die Frau und verkündet: „Diese arme Witwe hat mehr geopfert als alle anderen".

Noch einmal erzählt Lukas von einer Frau und vermittelt damit etwas Wichtiges. Wieder handelte es sich um eine Frau aus der untersten Gesellschaftsschicht, und wieder wurde aus ihrem Handeln deutlich, dass das, was sie beizutragen hatte, von Jesus für alle sichtbar gewürdigt wurde. Wie Jesus die Spenden beurteilte, stellte das übliche Statusdenken einmal mehr auf den Kopf. Die großen Spenden reicher Männer wurden gering abgetan im Vergleich zu dem – äußerlich betrachtet – winzigen Almosen der Witwe, die mit ihrer Haltung in Gottes Augen „mehr als alle anderen" (V. 3) gegeben hatte.

GEGENÜBERSTELLUNG

	Reiche Männer	Die Witwe
Schauplatz	der Tempel	der Tempel
Status	hoch	niedrig
Merkmale der Spende	groß aus dem Überfluss ein Teil	klein aus der Armut alles, was sie hatte
Auswertung	unbedeutend	bedeutend

Die Bedeutung der männlich/weiblich-Gegenüberstellungen im Lukasevangelium. Marias Lobgesang in Lukas 1 vermittelt eine bedeutende Wahrheit: Indem er, der König des Himmels und der Erde, als hilfloser Säugling, in eine arme Familie hineingeboren, auf die Welt kam, stellte er alle unsere menschlichen und weltlichen Werte auf den Kopf. Das, was den Menschen wichtig schien, erwies sich als unbedeutend und nebensächlich, und das, was von der Welt als unbedeutend betrachtet wurde, bekam große Bedeutung und Wichtigkeit. Dieser Wechsel von „oben" und „unten" klingt in Marias Worten so:

Er stürzt Herrscher von ihrem Thron,
doch Unterdrückte richtet er auf.
(Lukas 1,52)

Wie Frauen aufgewertet werden. Lukas' durchgängig positive Darstellung von Frauen in seinem Evangelium und, wie sich noch herausstellen wird, auch in der Apostelgeschichte, zeigt, dass die Frauen zu den Personen gehörten, die von und durch Jesus aufgewertet wurden. Frauen, die seit dem Sündenfall (als eine der Folgen) oft eine niedrige Stellung in der menschlichen Gesellschaft hatten, selbst im Glauben des Volkes Israel, wurden durch Jesus Christus aufgerichtet, mit gleichem Recht und gleicher Würde angesehen und bekamen eine erstaunliche Wichtigkeit. Jesus zeigte durchgängig ein Interesse und eine Fürsorge Frauen gegenüber, die in auffälligem Gegensatz steht zu der Art, wie Frauen in der jüdischen Gesellschaft des ersten Jahrhunderts geschätzt und behandelt wurden.

Das Interesse an den Frauen und die Fürsorge für sie ist nicht der einzige außergewöhnliche Aspekt an ihrer Darstellung in den Evangelien. Es wird gezeigt, wie Jesus Frauen weit über die ihnen von der jüdischen Gesellschaft des ersten Jahrhunderts gesteckten engen Grenzen hinaus erhob und aufwertete: Frauen waren als Lernende und Jüngerinnen willkommen. Frauen wurden vom Heiligen Geist erfüllt und erhielten das Vorrecht, prophetisch zu reden. Indem Frauen die ersten Zeugen der Auferstehung von Jesus Christus wurden, wird mit Klischees gebrochen. Frauen, die von den jüdischen Führern als oberflächlich und töricht abgetan wurden, die man mied oder ausschloss, weil man in ihnen eine Bedrohung der Spiritualität der Männer sah, werden in den Evangelien als Vorbilder für Gottgefälligkeit und Glauben hingestellt.

Wenn Frauen Männern gegenübergestellt werden. Die durch Jesus veränderte Sicht und Stellung der Frau in der Glaubensgemeinschaft wird noch deutlicher, wo Lukas Frauen- und Männergestalten einander gegenüberstellt. In den meisten Fällen werden bei einer solchen Gegenüberstellung die Frauen sehr positiv gezeigt. Die Männer weisen einige gemeinsame Merkmale auf: Sie haben alle einen relativ hohen Status, einen Ruf als religiöse Führer – und oft übergehen sie die Interessen, Anliegen oder Bedürfnisse der Frauen, denen sie gegenübergestellt werden. Im Vergleich dazu haben die dargestellten Frauen einen niedrigen Status, werden kaum beachtet und haben tiefe Nöte, die die Männer aber nicht wichtig nehmen. Dennoch werden in diesen Gegenüberstellungen die Männer beschämt und die Frauen gelobt und aufgerichtet. So wird der Unglaube des Priester Zacharias entlarvt, während das Bauernmädchen Maria erhöht wird als eine Frau, die Gott völlig vertraut und dafür reich gesegnet wird. Der Pharisäer Simon richtet über Jesus und kommt zu dem Schluss, dass er kein Prophet sein könne. Die Sünderin, der Simon gegenübergestellt wird, erfährt Vergebung und lebt vor, wie liebender Dienst für Jesus aussieht. Dagegen verurteilt Jesus den Synagogenvorsteher als Heuchler. Die völlige Heilung der Frau, der er gegenübergestellt wird, ist Auslöser großer Freude bei allen.

Wer die Bibel als das wahre zuverlässige Wort Gottes betrachtet, kann diese Hinweise kaum als unwesentlich abtun. Die Evangelien markieren eine deutliche Veränderung in der Art, wie Christen Frauen betrachten und achten sollen. Jesus stellt in seiner Haltung, in seinem Reden und seinem Tun die alten, auf Rollen beschränkten Kategorien in Frage, in denen Männer bevorzugt und Frauen benachteiligt sind, und gibt den Impuls, das eigene Frauenbild zu überprüfen und zu hinterfragen – ein neuer Maßstab ist gesetzt.

Die Frauen in den Evangelien

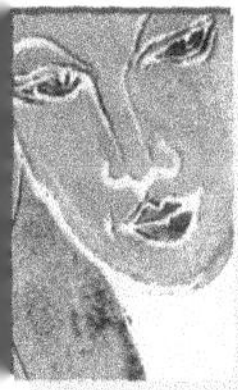

- **Maria, die Idealfrau (Lukas 1,26-56)**
- **Marias Beziehung zu Jesus (Johannes 2,1-5)**
- **Frauen, wie Gott sie gebrauchen kann (Lukas 1,57-79)**
- **Die Verstoßene am Brunnen (Johannes 4)**
- **Gebraucht und missbraucht (Johannes 8)**
- **Frauen, von denen Jesus gesalbt wurde (Matthäus 26,6-13)**
- **Maria Magdalena im Unterschied zu Petrus (Markus 16,1-9)**
- **Das Geheimnis von Jesu „Nein“ (Matthäus 15,21-28)**

Eine Durchsicht der Evangelien zeigt die traditionelle patriarchalische Gesellschaft des ersten Jahrhunderts nach Christus: Töchter werden in den Evangelien 24-mal erwähnt, Söhne dagegen 327-mal. Von Müttern ist 72-mal die Rede, von Vätern 293-mal. „Frau“ oder „Frauen“ kommt 78-mal vor, „Mann“ oder „Männer“ 295-mal. Es besteht kein Zweifel, dass Jesus seine Würdigung der Frau in eine Gesellschaft hineinträgt, die patriarchalisch ausgerichtet ist.

In Kapitel 11 des vorliegenden Buches wurde dokumentiert, dass Jesus die Einstellung der religiösen Führer seiner Zeit gegenüber Frauen ablehnte. Immer wieder kam in Begegnungen zwischen Jesus und einzelnen Frauen klar zum Ausdruck, dass Jesus durch sein Vorbild die Rechte der Frau wiederherstellte, die sie durch den Sündenfall verloren hatte. Selbst oder gerade in einer Gesellschaft, in der Männer unübersehbar dominierten, richtete Jesus, der Erlöser, Frauen auf und wertete sie in ihrer Rolle auf.

Ziel des vorliegenden Kapitels ist eine Begegnung mit einzelnen Frauengestalten zur Zeit Jesu. Die biblischen Geschichten sollen erkundet werden, um mehr über diese Frauen als Einzelpersonen zu erfahren, die Sicht Gottes und seine Perspektive für diese Frauen und damit möglicherweise auch etwas für das eigene Leben und die eigene Berufung.

Wer sind die Frauen in den Evangelien? In der Reihenfolge ihrer ersten Begegnung mit Jesus werden folgende Frauen im vorliegenden Kapitel vorgestellt:

- Maria von Nazareth
- Elisabeth
- Petrus' Schwiegermutter
- Die Samariterin
- Die Ehebrecherin
- Die Witwe von Nain
- Die Sünderin
- Maria Magdalena
- Die Frau mit den Blutungen
- Jairus' Frau und seine Tochter
- Die Ausländerin
- Maria und Martha aus Bethanien
- Die Witwe mit dem Almosen
- Die verkrümmte Frau in der Synagoge
- Die Frau mit dem Salböl im Haus des leprakranken Simon
- Salome, die Mutter von Jakobus und Johannes

Andere Frauen in den Evangelien:

- Die Braut zu Kana
- Herodias und ihre Tochter
- Die Frau, von der die Mutter Jesu glücklich gepriesen wurde
- Die Dienerin des Kaiphas
- Pilatus' Frau

Maria von Nazareth, die Mutter Jesu

Bibelstellen:
Matthäus 1; 2; 12,46-50; 13,55
Markus 3,31-35; Lukas 1; 2; 8,19.20;
Johannes 2,1-11; 7,5; 19,25-27;
Apostelgeschichte 1,14. Siehe auch S. 197

Zeit: 5 n. Chr.
Name: siehe S. 333
Thema: Maria brachte Jesus, den Erlöser, zur Welt.

Marias Rolle in der Bibel

Als Maria ein junges Mädchen war und bereits mit einem älteren Mann namens Josef verlobt, verkündete der Erzengel Gabriel ihr, dass sie von Gott dazu auserwählt sei, den verheißenen Messias zur Welt zu bringen. Maria reagierte darauf mit einem ganz schlichten, einfachen Glauben, indem sie dieses Privileg annahm und sich darauf einließ, obwohl dadurch bei Josef der Verdacht hätte entstehen können, dass sie ihm untreu gewesen sei.

Maria und Josef heirateten trotz der Schwangerschaft, aber sie hatten keine sexuelle Beziehung bis zur Geburt Jesu in Bethlehem. Im Zusammenhang mit der Geburt von Jesus gibt es viele ungewöhnliche Begebenheiten. Maria merkte sie sich alle und hütete sie wie Schätze tief in ihrem Inneren. Während der dreißig Jahre, in denen Jesus bei seiner Familie lebt, von Josef das Zimmermannshandwerk erlernte und das väterliche Geschäft weiterführte, boten Maria und Josef ihm ein Zuhause; ihm und mehreren Brüdern und Schwestern, die noch dazukamen. Maria hatte Vertrauen in ihren Sohn, als er mit seinem öffentlichen Wirken begann, aber der Rest der Familie war vermutlich eher irritiert und verunsichert. Ganz bestimmt war Maria verzweifelt, als Jesus gekreuzigt wurde; es muss ihr das Herz gebrochen haben, aus nächster Nähe sein Leiden am Kreuz auf Golgatha mit ansehen zu müssen. Aber Maria war auch begeistert – vielleicht mehr als jeder andere – über die Auferstehung Jesu. Das letzte Mal wird Maria in der Bibel zusammen mit anderen Gläubigen erwähnt: Nach Jesu Himmelfahrt beteten sie gemeinsam in Jerusalem und warteten auf das Kommen des Heiligen Geistes.

Maria wird fälschlich immer wieder als „Mutter Gottes" bezeichnet. Sie war wirklich die Mutter von Jesus, dem Sohn Gottes. Der dreieinige Gott existierte jedoch bereits von Ewigkeit her; Maria war von daher „nur" diejenige, die den Mensch gewordenen Jesus zur Welt brachte. Nichtsdestotrotz ist es aber angemessen, Maria als Person, besonders aber auch ihren Glauben zu ehren, den sie ihr ganzes Leben lang lebte. Maria war eine bemerkenswerte Frau; ihr Glaube und ihre Treue waren beispielhaft.

Marias Beziehungen

Marias Beziehung zu Gott *(Lukas 1,26-38; 46-55).* Marias Beziehung zu Gott wird anschaulich dargestellt in dem Bericht vom Erscheinen des Erzengels Gabriel, der Maria die Nachricht von ihrer

Erwählung überbringt, außerdem im Lobgesang der Maria.

Marias Demut *(1,26-30).* Das Erscheinen des Erzengels wühlte Maria auf, und zwar offenbar weniger das Erscheinen des mächtigen Engels als die Art der Begrüßung: „Maria fragte sich erschrocken, was diese seltsamen Worte zu bedeuten hatten" (V. 29). Diese „seltsamen Worte" lauteten: „Sei gegrüßt, Maria! Gott will dich beschenken. Er hat dich unter allen Frauen auserwählt" (V. 28).

Maria war einfach ein jüdisches junges Mädchen, wahrscheinlich etwa dreizehn Jahre alt, im heiratsfähigen Alter also, in dem junge Mädchen in Galiläa zu dieser Zeit verlobt wurden. Sie betete Gott an, ebenso wie ihre Familie und ihre Freunde in der kleinen Stadt Nazareth. Aber „beschenkt werden" von Gott und „unter allen Frauen auserwählt" sein? Bei solchen Worten hätte sie nie an sich selber gedacht. Genau wie Mose kann man Maria als „demütiger als alle anderen Menschen auf der Welt" (4. Mose 12,3) beschreiben. Um zu einer solchen Demut zu gelangen, hatte Mose achtzig Jahre gebraucht, während sie dem jungen jüdischen Mädchen wie angeboren zu sein schien. Später beschrieb sie sich selbst als „Magd des Herrn" (Lukas 1,38, Einheitsübersetzung). Maria betrachtete sich einfach als Menschen, der Gott lieb hatte, und dem das Vorrecht zuteil wurde, Gott dienen zu dürfen. Ihrem reinen, unverdorbenen Denken nach war sie dadurch aber noch lange nichts Besonderes, weil das doch jeder Mensch seinem Schöpfer schuldete.

Es ist also nicht weiter verwunderlich, dass Maria irritiert war über die Begrüßungsworte des Engels. Was würde der gewaltige Engel wohl mit seinen Worten meinen? Was hatte sie nur getan, dass Gott sie auserwählt hatte und beschenken wollte (V. 30)?

Marias Berufung *(Lukas 1,31-33).* Gabriel erklärte die Rolle, die Gott für Maria vorgesehen hat:

- Sie wird einen Sohn empfangen und zur Welt bringen.
- Sie wird ihren Sohn Jesus nennen („Retter").
- Ihr Sohn wird mächtig sein.
- Ihr Sohn wird „Gottes Sohn" sein.
- Er wird die Königsherrschaft Davids weiterführen.
- Er wird das Volk Israel für immer regieren.
- Das Reich ihres Sohnes wird nie zu Ende gehen.

Gott gewährte Maria, was sich wohl alle jüdischen Frauen dieser Zeit wünschten: die Mutter des verheißenen Messias zu sein.

Marias Frage *(1,34-37).* Die Tiefe von Marias Glauben lässt sich an der Frage ermessen, die sie stellte – und an den Fragen, die sie nicht stellte.

Die Frage, die Maria stellte, war ebenso natürlich wie verständlich. Wie sollte sie ein Kind bekommen, wo sie doch noch nie eine sexuelle Begegnung mit einem Mann gehabt hatte? Die Frage erwuchs aus Neugier und nicht aus Zweifel. Und der Engel antwortete ihr:

„Der Heilige Geist wird über dich kommen, und die Kraft Gottes wird sich an dir zeigen. Darum wird dieses Kind auch heilig sein und Sohn Gottes genannt werden" (Lukas 1,35).

Bedeutsam ist hier gar nicht so sehr das, was Maria fragte, sondern was sie nicht fragte. Fragen wie beispielsweise: „Aber was soll denn Josef denken?" oder „Was werden denn die Leute sagen, wenn sich herausstellt, dass ich schwanger bin?" oder „Aber was ist mit der Schande? Was wird mit mir geschehen?" Diese Fragen, die unter den gegebenen Umständen ganz natürlich und normal gewesen wären, kamen ihr gar nicht in den Sinn. Und wenn doch, dann tat sie sie offenbar schnell ab und akzeptierte stattdessen den Willen Gottes: „Ich will mich Gott ganz zur Verfügung stellen ... Alles soll so geschehen, wie du es mir gesagt hast" (1,38).

Drei Jahrzehnte später zeigte Marias Sohn Jesus im Garten Gethsemane die gleiche Einstellung, als er dort betete: „Nicht was ich will, sondern was du willst, soll geschehen" (Lukas 22,42). Marias schlichter Glaube und ihre Bereitschaft, den Willen Gottes zu tun, ohne an sich selbst zu denken, stehen für alle Zeiten als Zeugnis für ihr Vertrauen Gott gegenüber. Sie war ein Vorbild und Beispiel für alle Gläubigen, Männer wie Frauen.

Marias Lobgesang *(Lukas 1,46-55).* Lukas gibt einen Lobgesang wieder, der weitere Erkenntnisse über Marias Beziehung zu Gott vermittelt. Darin kommt ihre Freude zum Ausdruck über die Gelegenheit, den Namen Gottes zu verherrlichen, ihr Lob auf ihn und seine Eigenschaften und sein Handeln und Eingreifen um des Volkes Israels willen zu singen. Wichtig ist hier, dass ihr Hauptaugenmerk auf dem Bund lag, den Gott mit Abraham schloss als Fundament und Grundlage seiner Treue zu seinem Volk. Marias Glaube beruhte nicht auf Gefühlen, sondern auf dem Wissen um Gottes Ziele und auf dem Vertrauen in Gottes Treue. Maria vertraute Gott nicht nur, sondern sie kannte ihn auch gut.

Angesichts all dieser Umstände und Faktoren lässt sich Marias Beziehung zu Gott so charakterisieren: Maria kannte, liebte, vertraute und ehrte Gott.

Marias Beziehung zu Josef *(Matthäus 1, 18-25; 13,55).* Über die Beziehung zwischen Maria und Josef gibt es nur wenige Informationen. Von der damaligen Tradition her ist es wahrscheinlich, dass Josef älter war als Maria, und in Anbetracht der damaligen Heiratsgepflogenheiten im Judentum kann man davon wohl auch ausgehen. Häufig wurden junge Mädchen mit älteren Männern verlobt, die in der Lage waren, eine Familie zu versorgen.

Es ist außerdem bekannt, dass Josef vor Maria starb, wahrscheinlich sogar schon vor dem Beginn des öffentlichen Wirkens Jesu. In Matthäus 13,55 wird Jesus als „Sohn eines Zimmermanns" bezeichnet, während in Markus 6,3 steht, dass einige Nachbarn über Jesus sagten: „Er ist doch der Zimmermann, Marias Sohn". Als ältester Sohn hat er das Handwerk seines Vaters gelernt, und als Josef stirbt, wird Jesus dann an seiner Stelle „der Zimmermann".

Im Matthäusevangelium wird berichtet, dass Josef zunächst eine heimliche Scheidung in Erwägung zog, als er von Marias Schwangerschaft erfuhr, den Gedanken daran aber wieder verwarf. Obwohl Marias Verlobter davon ausgehen musste, dass Maria ihm untreu gewesen war, und er dadurch sicher verletzt war, hatte er keine Rachegedanken. Josef war auch ein gläubiger Mann. Als ein Engel ihm mitteilte, dass Maria ihm nicht untreu gewesen war, glaubte Josef das und heiratete Maria.

Er dachte nicht an seinen guten Ruf oder daran, dass die Gemeinschaft möglicherweise denken könnte, Maria und er hätten schon vor der Hochzeit miteinander geschlafen. Josef liebte Gott und vertraute ihm, und deshalb war er auch bereit, ihm zu gehorchen. In dieser entscheidenden Eigenschaft passten Maria und Josef trotz des Altersunterschiedes gut zusammen.

Aus ihrer Beziehung gingen noch zahlreiche weitere Kinder hervor. Matthäus erwähnt besonders die vier Brüder – Jakobus, Josef, Simon und Judas – sowie eine nicht genauer angegebene Anzahl von Schwestern (Matthäus 13,55; vgl. auch Johannes 7,3-5). Maria und Josef hatten eine gute, eine intakte Beziehung und boten dadurch Jesus und ihren anderen Kindern ein gutes Zuhause.

Marias Beziehung zu Jesus *(Lukas 2,33. 51; Johannes 2,2-5; Markus 3,31-35).* Trotz der frühen Hinweise und Anzeichen, dass Jesus wirklich etwas Besonderes war, vermitteln die Evangelien den Eindruck, dass Jesus als „normales" Kind aufwuchs, so normal, dass sogar Marias Blick für seine besondere Identität bisweilen getrübt war.

Frühe Hinweise auf die Einzigartigkeit Jesu *(Matthäus 1; Lukas 1-2).* Maria prägte sich von Anfang an die vielen Begebenheiten genau ein, die darauf hinwiesen, dass Jesus etwas ganz Besonderes war. Da ist der Besuch des Engels, die wundersame Empfängnis und die Nachricht des Engels für Josef, dass sie noch Jungfrau sei. Als Jesus geboren wurde, kamen Hirten mit ihrer Geschichte von Engeln, die am Himmel über Bethlehem das Ereignis bejubelten. In Lukas 2,19 heißt es: „Maria aber merkte sich jedes Wort und dachte immer wieder darüber nach."

Zwei Monate später gingen Maria und Josef in den Tempel zur rituellen Reinigung Marias, und um das Kind Jesus Gott zu weihen. Der betagte Simeon und die Prophetin Hanna erkannten in dem Kind den verheißenen Messias. Ganz bestimmt erinnerten Maria und Josef sich dabei an das, was der Engel zu ihnen gesagt hatte. In der Bibel heißt es aber dennoch: „Maria und Josef wunderten sich über seine Worte" (Lukas 2,33).

Einige Zeit später fanden die Weisen die kleine Familie, die sich zu dem Zeitpunkt noch immer in Bethlehem aufhielt, und brachten nicht nur Geschenke, sondern beteten Jesus als König an. Geführt von Engeln brachte Josef Maria und Jesus zunächst nach Ägypten und später dann zurück nach Nazareth. In diesen ersten Jahren gab es viele Anzeichen dafür, dass Jesus wirklich ein besonderes Kind war.

Marias Beziehung zu Jesus, dem Kind *(Lukas 2,41-51).* In den Apokryphen gibt es zwar Geschichten über Wunder, die Jesus angeblich bereits als Kind vollbrachte, aber die Bibel lässt fast die gesamte Kindheit Jesu im Verborgenen. Lukas gewährt nur einen kurzen Blick in diese Kindheit. Er berichtet in seinem Evangelium von einem Besuch in Jerusalem, als Jesus zwölf Jahre alt war. Dort versetzte der Junge die Gelehrten mit seiner Kenntnis der Schriften in Erstaunen, und er war so in die Gespräche mit den Schriftgelehrten vertieft, dass er die Karawane verpasste, mit der seine Familie sich wieder auf den Heimweg machte. Als seine Eltern ihn später fanden, tadelte Maria Jesus: „Kind . . . wie konntest du uns nur so etwas antun? Wir haben dich überall verzweifelt gesucht" (Lukas 2,48). Und Jesus antwortete: „Ihr hättet doch wissen müssen, dass ich dort sein muss, wo es um Gottes Sache geht" (Lukas 2,49). Während Jesus genau wusste, wer er war und welchen Auftrag er hatte, war sich Maria darüber offenbar nicht ganz im Klaren.

Lukas schließt seine Anmerkungen mit den Worten: „Dann kehrten sie gemeinsam nach Nazareth zurück, und Jesus war seinen Eltern gehorsam. Seine Mutter aber vergaß nichts von dem, was sie erlebt hatten" (Lukas 2,51). Jesus führte das Leben eines normalen heranwachsenden Jungen. Dass Jesus *so* ausgesprochen normal war, musste dazu führen, dass Maria ihn mit derselben Liebe und auch Strenge behandelte wie ihre anderen Söhne und Töchter auch.

Marias Beziehung zu Jesus verändert sich *(Johannes 2,1-5).* Die Taufe Jesu durch Johannes und das Bekanntwerden seiner Identität als Sohn Gottes leitete eine grundlegende Veränderung im Leben von Jesus ein. Bisher hatte er in Nazareth gelebt und war als Zimmermann Nachfolger seines Vaters in diesem Gewerbe. Irgendwann war Josef gestorben, und jetzt war Jesus – zusammen mit seinen Brüdern – verantwortlich für die Versorgung der verwitweten Mutter.

Auf dem Rückweg nach Galiläa, nach seiner Taufe, machten Jesus und einige seiner Freunde, die später seine Jünger wurden, Halt in Kana, um an einer Hochzeitsfeier teilzunehmen. Als der Wein zu Ende ging, wandte sich Maria an Jesus: „Es ist kein Wein mehr da!" (Johannes 2,3). Jesus reagierte darauf mit Worten, die Maria schockiert haben mussten, denn er sagte zu ihr: „Was kommst du mit solchen Dingen zu mir?" In der Einheitsübersetzung heißt es sogar: „Was willst du von mir, Frau?", und nach dem griechischen Original fügte Jesus noch hinzu: *ti emoi kai soi*, das heißt wörtlich: „Was zu mir und zu dir" – „Was ist meine Sache und was deine". Es handelt sich dabei um eine mehrdeutige Aussage, die aber eindeutig das Element der Abgrenzung enthält. Der Victor Bible Background Commentary, New Testament kommentiert:

Das erste Zeichen bzw. Wunder Jesu steht unmittelbar bevor; ein Zeichen, das seine Herrlichkeit offenbaren wird, sodass es von den Jüngern heißt: „Und seine Jünger glaubten an ihn" (2,11). Schon lange Zeit zuvor hatte Jesus darauf bestanden: „Ihr hättet doch wissen müssen, dass ich dort sein muss, wo es um Gottes Sache geht" (Lukas 2,49). Dennoch kehrte Jesus nach Nazareth zurück und lebte als Kind von Maria und Josef in deren Haus. Aber nun war er fast so weit, das zu tun, wozu ihn der Vater gesandt hatte, auch wenn die letzte Stunde dieses Dienstes noch in weiter Ferne lag. Sanft wies Jesus Marias Forderung ab: „Frau, was ist meine Sache und was deine?" – „Frau, mich kann keine irdische Beziehung mehr binden, denn endlich mache ich mich jetzt daran, die Arbeit meines Vaters zu tun".

Maria beugte sich jetzt ihrem Sohn und sagte zu den Bediensteten: „Was immer er euch aufträgt, das tut." Jesus war jetzt nur noch seinem Vater unterstellt, und deshalb ist die gesamte Menschheit Jesus Christus als dem Herrn unterstellt.

Maria versteht nicht *(Mt. 12,46-50; Markus 3,31-35; Lukas 8,19-21).* Die synoptischen Evangelien stellen alle fest, dass kurz nachdem die Gegner Jesu ihm vorwarfen, er sei entweder verrückt oder mit dem Teufel im Bunde, seine Mutter und seine Brüder dazukamen. Weil sie wegen der vielen Menschen vor dem Haus, in dem Jesus sich gerade aufhielt, nicht zu ihm vordringen konnten, ließen sie ihm ausrichten: „Deine Mutter und deine Geschwister warten draußen. Sie wollen mit dir reden!" (Markus 3,31-32). Das war ganz eindeutig eine Abordnung der Familie, die nicht mit der Absicht gekommen war, ihm zuzuhören, sondern um ein ernstes Wörtchen mit ihm zu reden. Der Zusammenhang ist hier wichtig, denn sie kamen genau in dem Augenblick, als die

Opposition gegen Jesus offen ausbrach. Wichtig ist außerdem, sich in Erinnerung zu rufen, dass lange Zeit danach „seine Brüder . . . nicht an ihn glaubten" (Johannes 7,5).

Warum kam die Familienabordnung? Sie waren gekommen, um diesem Sohn und Bruder, der ganze Landstriche in Aufruhr versetzte, einen guten Rat zu erteilen. Sie waren gekommen, um zu versuchen, Jesus zu beruhigen – an ihn zu appellieren, doch nicht so provozierend und kontrovers zu reden und zu handeln.

Die Reaktion von Jesus passte zu dieser Interpretation ihrer Motive und stellte einen wichtigen Punkt heraus: Jesus ging nicht hinaus zu seiner Familie, sondern er fragte: „Wer ist meine Mutter, und wer sind meine Brüder?" (Markus 3,33). Und dann, die Menschen um sich her anschauend, beantwortete er seine Frage selbst: „Das sind meine Mutter und meine Geschwister. Jeder, der Gottes Willen tut, ist für mich Bruder, Schwester und Mutter!" (Markus 3,34.35). Jeder Mensch kann eine enge Beziehung zu Jesus haben, aber diese Beziehung kann nur entstehen, indem er das Vertrauen in den Erlöser setzt, so wie Gott es will.

Maria hatte zwar ein gutes Gespür und war Gott gehorsam, aber sie zeigte sich auch hin und wieder irritiert über das Wirken von Jesus und konnte offenbar das, was er tat, nicht einschätzen. Marias Verwirrung hatte ihre Ursache nicht in mangelndem Glauben. Maria wartete wie viele andere einfach ab, wie Gottes Ziele sich in Jesus entfalteten.

Maria und die Jünger *(Johannes 19,25-27; Apostelgeschichte 1,14).* Dann wird Maria gezeigt, wie sie mit den Frauen und dem Jünger Johannes am Kreuz stand. Man kann ihren Schmerz in diesen schlimmen Stunden wohl kaum nachfühlen.

Was dort geschah, macht deutlich, wie Jesus sich um seine Mutter kümmerte und wie besorgt er um ihr Wohl war. Als er bereits am Kreuz hing, bemerkt er Maria und Johannes. Indem er seinen Blick auf Maria richtete, deutete Jesus mit einem Nicken auf Johannes und sagte: „Er soll jetzt dein Sohn sein" (Johannes 19,26). Und dann Johannes anschauend, nickte er in Richtung Maria mit den Worten: „Sie ist jetzt deine Mutter" (Johannes 19, 27). Johannes verstand diese Bitte Jesu, und so heißt es in dem Bibeltext weiter: „Da nahm der Jünger sie zu sich in sein Haus". Bei allem „Üblichen" der Familienbeziehungen hatte Maria offenbar einen besonderen Platz im Herzen Jesu.

Erst als die Auferstehung ein ganz neues Licht auf den Auftrag und sein grundsätzliches Wesen als Sohn Gottes warf, glaubte Maria ganz und gar an ihren Sohn als an den Messias. Bei ihrer letzten Erwähnung im Neuen Testament wird „Maria, die Mutter von Jesus" (Apostelgeschichte 1,14) mit seinen Brüdern dargestellt, wie sie sich samt ihren Söhnen mit den anderen Jüngern versammelte und zu dem einen betete, der ihr so vertraut gewesen war, den sie aber nie vollständig erkannt hatte.

Die Beziehung zwischen Maria und Jesus war dadurch kompliziert, dass Jesus zwar als Mensch auf dieser Welt lebte, aber gleichzeitig Sohn Gottes war. Jesus wuchs auf als ein Kind, das seinen Eltern gehorchte. Mit dreißig schlug er einen Kurs ein, den weder Maria noch seine Brüder verstehen oder auch nur nachvollziehen konnten, und erst nach seinem Tod und seiner Auferstehung verstand die Familie schließlich, dass der Sohn und Bruder, der mit ihnen zusammengelebt hatte, wahrhaftig der Mensch gewordene Gott gewesen war. Dann, und erst dann wurde alles deutlich und klar, und auch die irdische Familie Jesu betete ihn an.

Maria: Eine Nahaufnahme

Schon als junges Mädchen zeigte sich, dass Maria einen starken Glauben hatte. Ihre Reaktion auf Gott war unmittelbar und selbstlos, und ihr Lobpreis offenbarte eine angenehme Einfachheit. Wahrscheinlich zeigte keine andere biblische Gestalt so deutlich die Wahrheit der Beobachtung von Augustinus: „Liebe Gott und tue, was dir gefällt.“ Maria liebte Gott, und es gefiel ihr, seinen Willen zu tun.

Gleichzeitig lebte Maria ein Leben wie viele andere Frauen: Sie liebte ihren Mann und war ihrer wachsenden Familie eine liebevolle Mutter. Sie musste oft an die seltsamen Begebenheiten erinnert werden, die ihren ältesten Sohn Jesus als etwas Besonderes herausstellten. Dennoch war sie ihm genauso Mutter wie ihren anderen Kindern, und er ordnete sich ihrer elterlichen Autorität ebenso unter. Marias Tage waren ausgefüllt mit den typischen Aufgaben einer Hausfrau ihrer Zeit: Getreidemahlen, Kochen, Weben, Herstellen von Kleidung, Anleiten der Kinder, Gespräche mit dem Mann. In dieser Hinsicht unterschied sie sich nicht von den anderen Frauen aus ihrem Dorf. Sie war zweifellos bekannt als herzliche und freundliche Person, als gute Freundin und fürsorglicher Mensch. Selbst Jesus schien sich während dieser Jahre nicht von den Menschen in seinem Umfeld zu unterscheiden.

Als aber dann das öffentliche Wirken von Jesus begann, war Maria offenbar doch irritiert. Sie war genauso wie andere Leute erstaunt über das, was Jesus lehrte, und über die Heilungen, die er vollbrachte. Weil aber Bescheidenheit und Demut zu ihrem Wesen zu gehören schienen, kann man davon ausgehen, dass sie nicht damit prahlte, die Mutter des Mannes zu sein, von dem in ganz Israel gesprochen wurde. Am Ende, nachdem Jesus auferstanden war und seine Identität als Sohn Gottes klar war, nahm Maria ihren Platz ein bei denen, die an ihn glaubten. Sie fiel auf die Knie. An dieser wie an jeder anderen Stelle in der Bibel, in der Maria gezeigt wird, ist sie ein Vorbild im Glauben.

Impulse für heute

- Das Faszinierende an der Person der Maria ist schon erkennbar, als sie in der Bibel zum ersten Mal erwähnt wird. Sie hatte einen ebenso schlichten wie echten und rückhaltlosen Glauben. Es ist kaum fassbar, wie sie nach der Ankündigung der umwälzenden Veränderungen in ihrem Leben, die ja auch den entscheidenden Aspekt ihres guten Rufes als verlobte Frau betrafen, nicht nur „ja“ sagte, sondern auch noch „danke“.
- Für diese Reaktion kann es keine andere Erklärung geben als die, dass Maria sich ihrer Identität als Kind Gottes sehr sicher war, und dass ihr Bild von Gott durch und durch positiv war. Sie erwartete von ihm nichts anderes als das Positive.
- In dieser Grundhaltung konnte sie sich einlassen. Sie konnte Ja sagen zu allem, was auch immer kommen mochte, und was auch immer es für den Verlauf ihres Lebens an Auswirkungen haben mochte.
- In dieser Grundhaltung bereiteten ihr die „übernatürlichen“ Vorgänge wie ihre jungfräuliche Empfängnis oder auch das Erscheinen der Engel keinerlei Probleme. Sie tat, was Gott wollte, weil er Gott war, und sie fühlte sich dadurch nicht manipuliert oder unterdrückt, sondern geehrt. Sie wusste, dass Gott ein ebenso liebender wie mächtiger Gott ist, und weil sie das nicht nur mit dem Kopf, sondern zutiefst von Herzen wusste, konnte sie entsprechend denken, fühlen und handeln.
- Sie konnte es als Vorrecht betrachten,

den Messias zur Welt zu bringen und nicht als persönliche Katastrophe.

- Mehrfach wird erwähnt, dass sich Maria alles, was sie an Übernatürlichem aber auch an Schlüsselsituationen erlebt hat, gut merkte und in ihrem Herzen bewegte.

  Es ist, als ob sie sich einen geistlichen Vorrat anlegte, von dem sie später in all ihrem Kummer und Schmerz noch würde zehren müssen.
- Maria war eine Frau – und die leibliche Mutter von Jesus, Gottes Sohn, dem Erlöser der Menschen.
- Maria war eine Frau, die ein großes Vorrecht hatte, aber auch eine Frau, die unglaubliches Leid dafür ertragen musste.
- Sie war eine Frau, die in dem Zwiespalt leben musste, ein Kind zu haben, das zwar ihr leibliches Kind war, das aber von seinem Wesen und seiner Ausrichtung her von Anfang an zu seinem himmlischen Vater gehörte.
- Maria war eine Frau, die ihr Kind schon vor dessen Geburt loslassen musste.
- Maria vereinte in sich all die positiven Aspekte des Frau- und Mutterseins: Sie konnte sich hingeben und war dazu auch bereit. Sie konnte versorgen und lieben. Sie konnte verzichten und beschützen. All das konnte sie nur in diesem Ausmaß und in dieser Klarheit, weil sie zutiefst von den guten Absichten Gottes mit ihr und ihrem Leben überzeugt war.
- Aber Maria steht auch für alles mütterliche Leiden und Mitleiden: Sie steht für die Ohnmacht, mit der Mütter das Handeln ihrer flügge gewordenen Kinder mit ansehen müssen. Sie steht für die gigantische Aufgabe des Loslassens.
- Sie ist Vorbild, weil sie das Leben der Fülle lebte, mit Glück, Sorge, Angst, Freude ... und weil sie alles annahm – und auch annehmen konnte, denn sie war sich der Liebe und Fürsorge des himmlischen Vaters gewiss.

Elisabeth

Bibelstellen:
Lukas 1,5-7.36-45.57-61

Zeit: 5 v. Chr.
Name: „(Mein) Gott ist Fülle“
Thema: Sie bringt Johannes den Täufer zur Welt, dessen prophetisches Wirken das Erscheinen Jesu vorbereitet.

Elisabeths Rolle in der Bibel

Elisabeth war mit einem Priester namens Zacharias verheiratet. Sie wurde von Gott auserwählt, Johannes den Täufer zur Welt zu bringen, der von Jesus als größter der Propheten des Alten Testamentes bezeichnet wurde. Johannes erfüllte die Bedingungen, die erfüllt sein mussten, um als *der* Prophet erkannt zu werden, dessen Erscheinen dem Anbrechen des Reiches Gottes auf der Erde vorausgehen sollte (Maleachi 4,5.6).

Elisabeths Beziehungen

Elisabeths Beziehung zu Gott *(Lukas 1,5.6).* Lukas legt die Abstammung von Elisabeth offen. Wie ihr Mann Zacharias stammte auch Elisabeth aus einer Priesterfamilie. Lukas achtet darauf, nicht nur Zacharias' Charakter zu beschreiben, sondern auch Elisabeths: „Beide lebten so, wie es Gott gefiel. Sie hielten sich genau an seine Gebote und Ordnungen“ (Lukas 1,6). Diese Beschreibung besagt nicht, dass sie ohne Sünde waren, sondern dass sie Gott verpflichtet waren und ihm verbindlich nachfolgten.

Auch aus Lukas' späterer Beschreibung, wie Elisabeth mit dem Heiligen Geist erfüllt wurde, als ihre Verwandte Maria sie besuchte, wird das deutlich (Lukas 1,41). Elisabeth war offen für Gott und empfänglich für die Offenbarung, dass Maria die Mutter eines Kindes werden würde, das auch Elisabeth einmal als ihren Herrn anerkennen sollte.

Elisabeths Beziehung zu ihrem Mann *(Lukas 1, 13.57-61).* Das alte, kinderlose Ehepaar Elisabeth und Zacharias hatte eine innige, liebevolle Beziehung. Wenn Zacharias seine Frau nicht geschwängert haben würde, wäre ihre Kinderlosigkeit ein Grund zur Scheidung und Wiederheirat gewesen. Dennoch war das Paar all die langen Jahre zusammengeblieben.

Der Engel sagte zu Zacharias: „Gott hat dein Gebet erhört" (Lukas 1,13). Trotz des hohen Alters des Paares hatte Zacharias demnach also nicht aufgehört, um ein Kind zu beten, das so wichtig war für jede jüdische Frau dieser Zeit. Zacharias' beharrliches Gebet war nicht nur ein Zeichen für die Liebe zu seiner Frau, sondern auch für das Vertrauen beider Ehepartner auf Gott.

Ein letzter Hinweis für die Art der Beziehung zu Zacharias ist in den Versen 59-64 zu finden. Elisabeth verkündete, dass der Name ihres neugeborenen Sohnes Johannes sein sollte. Die Gäste, die zum Fest gekommen waren, reagierten erstaunt – ein Hinweis darauf, dass der Name unüblich war: Die meisten Kinder wurden nach Verwandten benannt. Dass Elisabeth sich in Bezug auf den Namen an die Anweisung des Engels hielt, ist ein weiterer Hinweis darauf, dass Zacharias und Elisabeth eine harmonische Beziehung hatten, denn Zacharias erhob dagegen keinerlei Einwände.

Elisabeths Beziehung zu Maria *(Lukas 1,36-45).* Maria und Elisabeth waren miteinander verwandt, wahrscheinlich Cousinen. Es war nichts Ungewöhnliches, dass die jüngere Maria die ältere Elisabeth zu Beginn ihrer Schwangerschaft besuchte und Wochen oder gar Monate bei ihr blieb. Wahrscheinlich war Elisabeth für Maria eine Art Mentorin.

Als Maria Elisabeth während der letzten sechs Monate von Elisabeths Schwangerschaft besuchte, erkannte Elisabeth, dass Maria die auserwählte Frau war, die den Messias zur Welt bringen sollte. Statt jedoch eifersüchtig zu reagieren wegen dieser scheinbaren Rollenumkehrung, freute sich Elisabeth über Marias Berufung. Eine solche Selbstlosigkeit ist Zeichen einer ganz besonderen Großzügigkeit und Freundschaft.

Elisabeth: Eine Nahaufnahme

Elisabeth wird als eine im Glauben gereifte Frau dargestellt, deren jahrelange Enttäuschung über ihre Kinderlosigkeit ihren Glauben eher vertieft als zerstört hatte. Elisabeth konnte trotz all der Jahre nicht erhörter Gebete den Weg an Gottes Seite weiter gehen, und sie konnte darüber hinaus auch eine intensive und innige Beziehung zu ihrem Mann aufrechterhalten. Ihre innere Reife wird außerdem erkennbar an ihrer Beziehung zu Maria, ihrer viel jüngeren Verwandten. Als Gott Elisabeth offenbarte, für welche Rolle Maria auserwählt worden ist, freute sich Elisabeth einfach mit ihr, und sie freute sich über das Vorrecht, von der Mutter dessen besucht zu werden, den sie einmal als ihren Herrn erkennen würde. Jedes Mal, wenn Elisabeth in der Bibel erwähnt wird, ist ihre innere Reife erkennbar.

Impulse für heute

- Elisabeth wird als Frau dargestellt, die ihr „Päckchen zu tragen" hatte, darüber aber weder verzweifelt noch verbittert war, sondern im Annehmen ihrer Situation zu großer innerer Ruhe gefunden hatte.
- Sie wird als Frau mit einer sehr guten Wahrnehmung dargestellt. Sie spürte, was geschah, und sie hörte, was der Heilige Geist ihr sagte.
- Das setzt voraus, dass sie Gott und ihrer eigenen Wahrnehmung vertraute, also mit sich selbst und ihrem Inneren in Kontakt war.
- Elisabeth kannte ihren Wert vor Gott und begriff sich als von ihm geliebt. Deshalb konnte sie ihre lange Kinderlosigkeit als von Gott zugelassen annehmen, auch wenn sie darunter zu leiden hatte. Sie wusste, dass ihr Wert nicht davon abhängig war, ob sie Kinder hatte oder nicht, und dass sie einfach so etwas wert war, auch ohne irgendeine „Leistung".
- Deshalb konnte sie sich auch neidlos mit Maria freuen, als sie vom Heiligen Geist erfuhr, dass diese den ersehnten Messias zur Welt bringen sollte.
- Elisabeth steht für die Frauen, die schwierige Situationen nicht fatalistisch hinnehmen, sondern daraus etwas Positives für die eigene Entwicklung gewinnen.
- An Elisabeth wird deutlich, dass ein Zusammenhang besteht zwischen Zugang zum eigenen Inneren und Zugang zu Gott und auch umgekehrt.

Wenn diese Verbindungen intakt sind, kann sich eine Gelassenheit einstellen, durch die auch schwere Erfahrungen positiv nutzbar werden.

- Aus diesem Zusammenhang ergibt sich außerdem, dass es Elisabeth relativ leicht fiel, sich in andere Menschen hineinzuversetzen, sich mitzufreuen. Sie zeigt – sicher unbewusst: So wie man sich selbst gegenüber handelt und denkt, denkt und handelt man auch anderen Menschen gegenüber.

▸ Die Schwiegermutter des Petrus

Bibelstellen:
Matthäus 8,14.15; Markus 1,30.31; Lukas 4,38.39

Jesus hält sich im Haus von Petrus in Kapernaum auf. An einem Sabbat bekam die Schwiegermutter von Petrus hohes Fieber. Als Petrus, Jesus und die, die sie begleiteten, zum Haus von Petrus zurückkehrten, stellte Jesus fest, dass die Frau krank war. In jedem Evangelium werden die Einzelheiten dieser Begebenheit etwas anders dargestellt, aber alle stimmen darin überein, dass Petrus' Schwiegermutter unmittelbar nach ihrer Heilung aufstand und Jesus und seine Jünger versorgte.

Diese Geschichte wird neben 1. Korinther 9,5 immer wieder als Beleg dafür angeführt, dass Petrus verheiratet gewesen sein musste. Sie gilt – neben Ruinen seines Hauses in Kapernaum – als Anhaltspunkt dafür, dass Petrus nicht nur ein einfacher Fischer war, sondern auch noch einen florierenden Fischhandel betrieb.

In den verschiedenen Evangelien werden beim Bericht der geschilderten Begebenheit unterschiedliche Schwerpunkte gesetzt. Bei allen wird aber gleichermaßen deutlich: Jesus heilte die Frau, und daraufhin diente sie ihm und seinen Anhängern.

Die Reaktion von Petrus' Schwiegermutter auf ihre Heilung durch Jesus gilt als vorbildhaft: Wenn Jesus in das Leben von Menschen kommt, sie reinigt und von Sünden heilt, dann ist es angemessen, ihm zu danken, ihn zu loben – und ihm zu dienen.

Die Samariterin am Brunnen

Bibelstelle:
Johannes 4,6-42
Siehe auch S. 192

Zeit: Etwa 30 n. Chr.
Name: unbekannt
Thema: Sie glaubte an Jesus als den Messias und erzählte den Menschen in ihrem Dorf von ihm.

Ihre Rolle in der Bibel

Die Frau, die Jesus am Jakobsbrunnen traf, war Samariterin. Wie bereits auf S. 192 angemerkt, war sie schon allein aufgrund dieser Tatsache in den Augen der Juden abgeschrieben; kein gläubiger Jude, egal ob Mann oder Frau, wollte etwas mit ihr zu tun haben. Es war daher kaum verwunderlich, dass die Frau staunte, als Jesus sie am Brunnen ansprach (vgl. Johannes 4,9).

In dem nachfolgenden Gespräch überzeugte die Tatsache, dass Jesus so viele Einzelheiten aus ihrem persönlichen Leben kannte, die Frau davon, dass Jesus ein Prophet sein musste. Als Jesus sich als der verheißene Messias zu erkennen gab, glaubte ihm die Frau. Sie eilte zurück in ihr Dorf und erzählte dort jedem von Jesus. Und die Leute kamen, um ihn mit eigenen Augen zu sehen. In der Bibel heißt es dazu: „Viele von den Leuten aus Sychar glaubten allein deshalb an Jesus, weil die Frau überall erzählt hatte: ‚Dieser Mann weiß alles, was ich getan habe'" (Johannes 4,39). Nachdem sie Jesus zugehört hatten, glaubten zahlreiche weitere Menschen an Jesus und sagten zu der Frau: „Jetzt glauben wir nicht nur deshalb an Jesus, weil du uns von ihm erzählt hast. Wir haben ihn jetzt selbst gehört und wissen: Er ist wirklich der Retter der Welt!" (Johannes 4,42).

Die Beziehungen der Samariterin am Brunnen

Ihre Beziehung zu ihren Männern *(Johannes 4,16-42).* Aus dem Gespräch zwischen Jesus und der Frau lässt sich schließen, dass die Frau ein anstößiges Leben führte. Jesus sagte zu ihr: „Fünf Männer hast du gehabt, und der, mit dem du jetzt zusammenlebst, ist nicht dein Mann" (Johannes 4,18). Die Frau hatte, genau wie viele Menschen heute, einen solchen Hunger nach Liebe und Beziehung, dass sie andere Menschen sehr schnell sehr nah – zu nah – an sich heranließ, auch in körperlicher Hinsicht, selbst wenn es dabei weder erprobte Beziehung und dauerhafte Nähe noch schützende Verbindlichkeit und öffentliches Bekenntnis zueinander gab.

Ihre Beziehung zu den Dorfbewohnern *(Johannes 4,5-7).* Aus dem Bibeltext ist zu erfahren, dass die Frau gegen Mittag an den Brunnen kam, um Wasser zu schöpfen, und dass sie zudem allein dorthin kam. Dieser Umstand sagt viel über die Beziehung der Frau zu den anderen Dorfbewohnern aus. Normalerweise gingen die Frauen aus dem Dorf frühmorgens gemeinsam zum Brunnen. Beim morgendlichen Weg zum Brunnen und zurück besuchte man sich auch gegenseitig in den Häusern. Allein die Tatsache, dass die Samariterin allein und erst so spät zum Brunnen kam, lässt darauf schließen, dass sie aus der Dorfgemeinschaft ausgeschlossen war.

Ihre Beziehung zu Jesus *(4,6-26).* Johannes hat das Gespräch sorgfältig dokumentiert und den Prozess aufgezeichnet, im Laufe dessen Jesus die Frau zum Glauben führte:

Jesus bat um etwas zu trinken *(Johannes 4,6.7).* Jesus war durstig, also war seine Bitte ganz natürlich. Gleichzeitig brachte er so ein Gespräch in Gang. Indem er – der Jude, der Mann – um Hilfe bat, verließ er die sonst übliche Gesprächsposition, die sie als samaritische Frau sicher oft genug erlebt hatte, nämlich von oben herab behandelt zu werden. Mit dieser Bitte sprachen die beiden gewissermaßen auf Augenhöhe miteinander.

Die Frau stellte eine Frage *(4,9.10).* In Anbetracht der Feindschaft zwischen Samaritern und Juden war die Frau sicher überrascht, dass Jesus mit ihr sprach und noch überraschter, dass er es überhaupt in Erwägung zog, aus einem Gefäß zu trinken, das ihm von einer Samariterin gereicht wurde.

Jesus lenkte ihre Aufmerksamkeit auf das, „was Gott geben will" *(Johannes 4,10).* Die eigentliche Antwort auf die Frage der Frau „Wieso . . .?" lag in der Identität dessen, der mit ihr sprach. Jesus war – und ist – der eine, der gekommen ist, um „lebendiges Wasser" zu bringen. „Lebendiges Wasser" bedeutete im Sprachgebrauch dieser Zeit fließendes Wasser, etwa Wasser aus einem Fluss. Für die rituellen Reinigungsbäder beispielsweise, durch die als unrein geltende Juden wieder rein werden konnten, durfte nur „lebendiges Wasser" verwendet werden. Mit diesem damals vertrauten Bild verdeutlichte Jesus das Geschenk Gottes, dass Menschen, die an ihn glauben, von aller Schuld befreit werden können.

Jesus erklärte sein Angebot *(Johannes 4,13.14).* Als die Frau irritiert reagierte (4,11.12), redete Jesus weiter mit ihr, und zwar wieder in Bildern: Der Mensch, dem Jesus lebendiges Wasser reichte, würde nie mehr Durst haben, und dieses lebendige Wasser „wird ihm zu einer Quelle, die bis ins ewige Leben hineinfließt". Das Wasser steht als Symbol für den Heiligen Geist, der all denen, die das Angebot Gottes annehmen, neues Leben und einen neuen Geist bringt.

Die Frau bat um „dieses Wasser" *(Johannes 4,15),* verstand aber noch nicht, was Jesus ihr sagen wollte. Sie nahm seinen Vergleich weiter wörtlich.

Jesus bat sie daraufhin: „Rufe deinen Mann" *(Johannes 4,16).* Ursprünglich bat Jesus die Frau um Wasser, weil er durstig war und etwas zu trinken brauchte. Aber dann kam er zu seinem Anliegen, der Frau bewusst zu machen, worin eigentlich *ihr* Bedürfnis bestand. Als sie sagte, sie habe keinen Mann, offenbarte Jesus, dass er längst um ihre Lage wusste, dass ihm ihr Status bekannt war und dass er ihre Bedürfnisse kannte. Damit war ihre Situation offen gelegt als die eines Menschen, dem Jesus anbieten kann, was er braucht: ewiges Leben, erfülltes Leben, ein inneres Zuhause.

Die Frau wechselte das Thema *(Johannes 4,19-24).* Als die Frau merkte, dass Jesus über ihr Leben Bescheid wusste, dass er kein gewöhnlicher Mensch war, wechselte sie das Thema, indem sie ihm eine theologische Frage stellte. Viele Leute verhalten sich so wie die Frau, wenn sie sich durchschaut fühlen. Sie nannte Jesus einen Propheten – und stellte ihm eine theologische Frage, die zu ihrer Zeit ein entscheidender Streitpunkt zwischen Juden und Samaritern war. Wenn Jesus ein ganz gewöhnlicher Rabbi gewesen wäre, hätte er sich vielleicht durch die Frage ablenken lassen und die Möglichkeit „genutzt", so wie manche Leute, die sich in der Bibel auskennen, und nur zu gern bereit sind, ihr Wissen zu demonstrieren.

Aber Jesus blieb beim Kern ihres Gespräches, indem er sagte: „Die Zeit ist gekommen, Gottes Geist zu haben und in der Wahrheit zu leben – und damit Gott anzubeten". Diese Aussage gilt nach wie vor: Gott sucht Menschen, die so mit ihm und für ihn leben, ihn so „anbeten", also Gott sein lassen. Jesus machte deutlich: Das Kernthema ist nicht die Theologie, sind nicht Lehrfragen, sondern die persönliche Beziehung zu Gott.

Die Frau zögerte noch immer *(Johannes 4, 25).* In der nächsten Bemerkung der Frau kann man den Versuch einer „Pseudo-Entscheidung" sehen. „Ja, ich weiß, dass einmal der Messias kommen wird. Der wird uns schon alles erklären." Das heißt so viel wie: „Ich glaube, ich warte doch lieber, bis der Messias kommt und alles erklärt!"

Jesus gab sich als Messias zu erkennen *(Johannes 4,26).* Jesus verkündete daraufhin: „Du sprichst mit ihm. Ich bin der Messias", und da glaubte die Frau. Jesus hatte sie Schritt für Schritt erkennen lassen: erst sich selbst und dann ihn, Jesus. Sie begriff sich als sündigen, bedürftigen Menschen, und sie erkannte in Jesus einen Propheten, einen, durch den Gott spricht. So kam sie nach und nach zu dem Punkt, an dem sie zu glauben begann.

Ihre neue Beziehung zu den Dorfbewohnern *(Johannes 4,39-42).* Im Inneren dieser Frau, die in Jesus den Messias erkannte und an ihn glaubte, war etwas geschehen. Sie, die lange Zeit beschämt und unsicher war, sich sogar von ihren Nachbarn fern gehalten hatte, eilte nun ins Dorf zurück, um dort allen von Jesus zu erzählen, der „alles weiß, was ich getan habe". Dort hörte man ihr zu, sah die Veränderung an ihr, und manche glaubten schon allein aufgrund ihres Zeugnisses. Die meisten Dorfbewohner gingen jedoch selbst hinaus zum Brunnen, um Jesus persönlich zu sehen und zu hören. Damals wie heute gilt: Wenn Jesus so sichtbar in ein Leben kommt, dann können durchaus durch die Veränderungen, die dadurch stattfinden, auch bis dahin verschlossene Menschen offen für Gott werden.

Die Samariterin am Jakobsbrunnen: Eine Nahaufnahme

Die Samariterin hatte lange Zeit ein zweifelhaftes Leben geführt, und sie hatte für ihre falschen Entscheidungen einen hohen Preis bezahlt. Die Samariter waren, genau wie die Juden, sehr moralische Leute. Es war ihr erklärtes Anliegen, Gott zu ehren und die Gesetze des Alten Bundes zu halten. In einer solchen Gemeinschaft war diese Frau lange Zeit von normalen Freundschaften ausgeschlossen; sie war einsam. Als sie Jesus traf und er ein Gespräch mit ihr anfing, war sie alles andere als offen. Vielleicht verstand sie ihn absichtlich falsch, denn als Jesus offenbarte, dass er ihre innersten Geheimnisse kannte, kam sie auf eine theologische Frage zu sprechen. Später äußerte sie dann, dass sie auf das Erscheinen des Messias warten und erst dann eine Entscheidung treffen wollte. Als Jesus sich dann selbst als Erlöser der Welt zu erkennen gab, bröckelte ihr Widerstand. Sie wusste, dass sie ein Mensch war, der Erlösung brauchte. Die erstaunliche Nachricht, dass Gott aktiv auf der Suche nach Menschen ist, die sich auf die Beziehung mit ihm einlassen und ihn anbeten, berührte sie zutiefst.

Als sie sich so von Gott ansprechen ließ, war der Beginn der Veränderung direkt sichtbar. Die Frau, die sich bisher durch ihr Leben selbst isolierte und ihre Mitmenschen mied, suchte genau diese jetzt auf. Sichtlich frei und befreit sprach sie von ihrer Vergangenheit und ihrer Schuld: „Ich habe einen Mann getroffen, der alles über mich weiß!" (V. 29). Gereinigt und verwandelt konnte sie nun auftreten, hatte Jesus im Blick und nicht mehr nur sich selbst. Die Samariterin wurde eine begeisterte Zeugin für Jesus Christus.

Impulse für heute

- Die Frau, die unter ihrer Lebenssituation litt, unter Isolation und emotionalem Mangel, begann zu verstehen, was sie brauchte und was sie tun konnte, um es zu bekommen, als sie hörte, was Jesus sagte. Ihre Sehnsucht nach echtem, erfüllten Leben ist deutlich spürbar.
- Was hinderte sie dann, sich ihm anzuvertrauen, einfach zu „springen", von dem Wasser und dem Brot des Lebens zu nehmen?
- Damals wie heute ist vielleicht das größte Hindernis, das Wagnis des Glaubens einzugehen, die Angst vor Kontrollverlust. Der Gedanke, nicht mehr alles selbst „im Griff" zu haben, versetzt viele Menschen, besonders Menschen, die von anderen verletzt worden sind, in Angst und Schrecken. Die Sehnsucht nach Leben steht gegen die Angst vor Verletzungen.
- Oft wird eine Entscheidung hinausgezögert, oder es werden immer neue Fristen gesetzt.
- Jesus wartet auf jeden einzelnen Menschen, er sehnt sich nach dem einzelnen Menschen – genauso wie ein Mensch ohne Gott sich bewusst oder unbewusst nach einem erfüllten Leben, nach einem Neuanfang, nach einem ewigen Zuhause sehnt, also im Grunde nach Gott.
- Die mutige Samariterin tat den entscheidenden Schritt, als sie merkte, dass Jesus sie nicht verurteilte, und sie konnte anfangen, neu zu leben.

Die Ehebrecherin

Bibelstelle:
Johannes 8,3-11

Ihre Rolle in der Bibel

Die Situation. Eines Tages brachten einige Schriftgelehrte und Pharisäer eine Frau zu Jesus, die beim Ehebruch ertappt worden war. Es heißt im Bibeltext: „Diese Frau wurde beim Ehebruch überrascht" (Johannes 8,4). Sie zitierten das Gesetz Mose, das für dieses Vergehen die Steinigung vorsah, und dann fragten sie Jesus: „Was meist du dazu?"

Es gibt einiges, was an dieser Szene auffällt:

- Die Frau war beim Ehebruch „überrascht" worden. Es stellt sich die Frage, wo der Mann war, der ebenfalls hätte gesteinigt werden müssen.
- Wo hält sich jemand auf, der ein Paar beim Ehebruch „überraschen" will? Woher wussten die Pharisäer, die ja für ihren Anspruch auf einen heiligen Lebenswandel bekannt waren, wohin sie gehen mussten, um jemanden der Prostitution zu überführen bzw. einen Ehebruch aufzudecken?
- Das Gesetz Mose forderte zwar für Ehebruch die Todesstrafe durch Steini-

gung, aber im ersten Jahrhundert wurde diese Strafe nicht verhängt. Die rabbinischen Gerichte vermieden es strikt, die Todesstrafe zu verhängen.

- Ein solcher Fall wurde gewöhnlich von einem Richtergremium verhandelt. Interessant, dass sich die Schriftgelehrten und Pharisäer an Jesus wenden, dessen Autorität sie gar nicht anerkennen.

Es spricht alles dafür, dass die Abordnung von Pharisäern gar kein Interesse daran hatte, Jesu Meinung zu hören. Es schien ihnen auch nichts auszumachen, gegebenenfalls die Todesstrafe an der Frau zu vollstrecken. Sie sahen offenbar vor allem die Gelegenheit, Jesus in Misskredit zu bringen: Würde er sich für eine Steinigung aussprechen, dann hätte er die allgemeinen Gepflogenheiten gegen sich und würde sich den Menschen entfremden. Würde er sich nicht für eine Steinigung aussprechen, müsste er sich vorwerfen lassen, die Autorität des Gesetztes zu leugnen.

Statt allerdings ihre Frage zu beantworten, sagte Jesus einfach: „Nun, dann steinigt sie! Aber den ersten Stein soll der werfen, der selbst noch nie gesündigt hat" (Johannes 8,7). Dann bückte sich Jesus und schrieb in den Sand. Und – die Ankläger verschwanden einer nach dem anderen, bis schließlich nur noch Jesus und die Ehebrecherin zurückblieben. Es war niemand mehr da, der sie verurteilte, und Jesus sagte: „Dann will ich dich auch nicht verurteilen" (Johannes 8,11).

Durch diese Reaktion auf die Herausforderung der Pharisäer umging Jesus nicht nur die gestellte Falle, auch der Status der Frau wurde damit radikal verändert. Bevor Jesus sprach, war die Frau für die Anwesenden lediglich ein „Fall", ein verfügbares Objekt, das gegen Jesus eingesetzt werden sollte. Aber Jesus war nicht bereit, auf dieser abstrakten Ebene mit der Frau umzugehen. Jesus behandelte sie und auch ihre Verkläger als Menschen. Indem er darauf bestand, dass derjenige den ersten Stein werfen sollte, der ohne Sünde sei, zwang Jesus jeden Einzelnen, das eigene Gewissen zu überprüfen und sich mit dem eigenen Menschsein auseinander zu setzen statt mit einer Rechtstheorie.

Dann erst sprach Jesus die Frau an. Er versicherte ihr, dass er sie nicht verurteilen würde, aber er ließ auch keinen Zweifel daran, dass er um ihre Schuld wusste. Er sagte ihr, sie könne gehen, und er gab ihr mit auf den Weg, nicht mehr zu sündigen. Jesus behandelte sie als Person, die für ihr eigenes Handeln verantwortlich war, als verantwortlichen Menschen mit der Möglichkeit, eigene Entscheidungen zu treffen – auch Entscheidungen, die den Kurs ihres früheren Lebens umkehrten.

Die Frau. Der Name der Frau wird nicht erwähnt, aber der Leser erfährt doch mehr über sie, als es ein erstes kurzes Durchlesen des Textes vermuten lässt. Man hört, dass sie beim Ehebruch „überrascht" wurde. Die Umstände deuten darauf hin, dass sie eine Prostituierte war und dass das auch allgemein bekannt war. Aus der Literatur des Altertums ist bekannt, dass es im ersten Jahrhundert in Jerusalem Prostituierte gab. So ist es für die Pharisäer bestimmt nicht schwierig gewesen, eine „Professionelle" zu finden und beim Ehebruch zu „überraschen", um sie danach vorführen zu können.

Die rabbinischen Schriften aus dem ersten Jahrhundert stellten leichtlebige Frauen als schamlos und unverschämt dar. Daneben ist bekannt, dass Frauen der Prostitution nachgingen, die ohne wirtschaftliche Unterstützung und in existenzieller Not waren. Von den „anständigen" Leuten und vielen religiösen Menschen wurden sie verachtet. So verfügten diese Frauen wohl kaum über ein positives Selbstbild. Sicher waren sie nicht „die Verführerinnen", als die sie in den rabbinischen Schriften dargestellt wurden. Sie waren genauso sehr selber Opfer, wie sie Opfer hinterließen.

Dass die beschriebene Frau im geistlichen Sinn ein sündiger Mensch war, daran besteht kein Zweifel. Aber sie war nicht der einzige sündige Mensch. Jesus macht mit seiner Frage die Ironie der Situation deutlich: Schuldige Männer haben eine schuldige Frau vor ihn gezerrt – ausgerechnet vor ihn. Vor den einen, der die Herzen aller kennt. Vor den einen, der nicht in die Welt gekommen ist, um Sünder zu verdammen, sondern um sündige (nämlich: von Gott entfernte) Menschen zu retten und ihnen einen neuen Anfang zu ermöglichen.

An dieser Situation wird deutlich, dass es für diese Frau damals und für jeden Menschen damals wie heute Hoffnung gibt. „Dann will ich dich auch nicht verurteilen", sagte Jesus. „Geh, aber sündige nicht noch einmal" (V. 11).

Jesus überging die Sünde der Frau nicht einfach; er gewährte ihr eine Art Vollstreckungsaufschub, eine zweite Chance. Er gab ihr die Freiheit zu gehen, und damit brachte er gleichzeitig zum Ausdruck, dass die Entscheidungen, die sie von nun an traf, ihre Zukunft bestimmen würden. Indem er der Frau sagte: „Sündige nicht noch einmal", erinnerte er sie daran, dass sie die Wahl hatte. Sie wusste sicher, was recht ist, und sie hatte bisher die falsche Wahl getroffen. Würde sie sich von nun an anders und besser entscheiden?

Das bleibt offen. Auf Jesu Frage: „Hat dich denn keiner verurteilt?" antwortete sie: „Nein, Herr". Lässt sich aus der Anrede schließen, dass sie Jesus als Herrn anerkannte und sich verpflichtete, ihm zu gehorchen, und wurde ihre Zukunft damit nicht klar und sicher? Die Antwort muss „nein" lauten, denn das griechische Wort, das als „Herr" übersetzt wird, drückt lediglich Respekt aus und ist kein Hinweis darauf, dass die Frau Jesus als ihren Gott und Herrn annahm.

In diesem Abschnitt wird eine Frau dargestellt, die von den Feinden Jesu benutzt wurde, der Jesus im Gegensatz dazu die Menschenwürde und ihren Wert bestätigte, deren Zukunft aber zu diesem Zeitpunkt offen war. Ob sie danach zu ihrem alten Leben zurückgekehrt ist oder die Verantwortung für sich selbst übernommen hat, wie Jesus es ihr angeboten hatte?

Impulse für heute

- Obwohl die Frau die ganze Zeit passiv blieb, während über sie verhandelt wurde, obwohl sie wie ein Streitobjekt im Raum stand, geschah etwas mit ihr. Sie, die ihre Würde als Mensch und Frau durch den Ehebruch (die Sünde) verloren hatte, zumindest in ihren eigenen Augen und in den Augen ihrer Ankläger, wurde von Jesus als Mensch mit Wert und Würde betrachtet und auch entsprechend behandelt.
- Jesus legte seinen Finger auf ihre Lebenswunde, ohne ihre Würde anzutasten, und sie wusste, dass sie erkannt war.
- „Kinder mit Wunden sind sicher bei dir" heißt es in einem Lied, und das zeigt diese Begegnung. Jesus beschönigte nichts, und gleichzeitig erschloss und erschließt er Sündern – eben auch den Pharisäern und Schriftgelehrten – eine neue Perspektive. Es liegt an jedem selbst, den eröffneten Weg weiterzuverfolgen.

Die Witwe von Nain

Bibelstelle:
Lukas 7,11-15

Von dieser Begebenheit wird ausschließlich im Lukasevangelium berichtet:

Nicht lange danach kam Jesus mit seinen Jüngern in die Stadt Nain. Es folgte ihm wieder eine große Menschenmenge. Als er sich dem Stadttor näherte, kam ihm ein Trauerzug entgegen. Der Verstorbene war der einzige Sohn einer Witwe. Viele Trauergäste aus der Stadt begleiteten die Frau. Als Jesus sie sah, war er von ihrem Leid tief bewegt. „Weine nicht!", tröstete er sie. Er ging zu der Bahre und legte seine Hand auf den Sarg. Die Träger blieben stehen. Jesus sagte zu dem toten Jungen: „Ich befehle dir: Steh auf!" Da setzte sich der Junge auf und begann zu sprechen. Die Mutter hatte ihr Kind durch Jesus wiederbekommen. Alle erschraken über das, was sie gesehen hatten. Dann aber begriffen sie, und sie lobten Gott und sagten: „Gott hat uns einen mächtigen Propheten geschickt. Er hilft seinem Volk!" (Lukas 7, 11-16)

Der Name der hier dargestellten Frau wird in dem Text nicht erwähnt, aber so viel ist über sie zu erfahren: Der tote Mann war ihr „einziger Sohn", und sie war „Witwe". Aus diesen beiden Informationen ist zu entnehmen, dass die Frau sich in einer verzweifelten Notlage befand. Ohne Mann und ohne Sohn hatte sie niemanden, der sie versorgte. Als Jesus den Trauerzug sah, hatte er Mitleid mit *ihr*, nicht zuerst mit dem toten Sohn. Jesus reagierte auf *ihre* Not.

Zwei Dinge fallen auf in dem Bericht:

Jesus wurde hier nicht um Hilfe gebeten, wie beispielsweise im Fall von Petrus' Schwiegermutter. Zum besagten Zeitpunkt schien sich niemand vorstellen zu können, dass Jesus sogar die Macht hatte, Tote aufzuwecken.

Das Zweite ist die Tatsache, dass Jesu *Motiv sein Mitgefühl* war. Das griechische Wort, das hier verwendet wird, heißt: *splanchnizomai.* Im *Expository Dictionary of Biblical Words* heißt es dazu (S. 180):

Ursprünglich bezeichnet das Wort die inneren Teile des Körpers und steht für den Sitz der Gefühle – besonders der Gefühle des Bedauerns, des Mitleids und der Liebe . . . Wenn eine Reaktion Jesu als durch Mitgefühl motiviert beschrieben wird, dann ist der Anlass oft der Wendepunkt im Leben eines Menschen.

Das Interesse und das Mitleid, das Jesus für sie empfand, stellte den Wendepunkt im Leben dieser Frau dar. Bevor Jesus sie wahrnahm und handelte, hatte sie nur eine trostlose und Angst einflößende Zukunft vor sich, aber indem Jesus ihren Sohn auferweckte, wurde ihre Zukunft verwandelt. Nicht nur der geliebte Sohn wurde ihr wiedergegeben; auch sie selbst hatte wieder eine Sicherheit. Ihr Sohn, traditionell Erbe des Besitzes ihres verstorbenen Mannes, konnte sie bis an ihr Lebensende versorgen.

Jesu Interesse und Mitgefühl erweist sich als Wendepunkt im Leben all derer, die ihm vertrauen und sich ihm deshalb anvertrauen.

Die Sünderin, die Jesus salbte

Bibelstelle:
Lukas 7,36-50
Siehe auch S. 198

Auch sie ist eine der nicht namentlich genannten Frauengestalten aus dem Neuen

Testament. Sie wird öfter mit einer anderen Frau verwechselt, die Jesus ebenfalls mit kostbarem Salböl gesalbt hat, aber tatsächlich wird die Hauptperson der hier geschilderten Szene an keiner Stelle des Berichts namentlich genannt. Die Frau, um die es hier geht, tat im Unterschied zu den anderen das, was sie für Jesus tat, schon ganz zu Anfang seines öffentlichen Wirkens, und zwar im Haus eines Pharisäers, der für sie nichts als Verachtung übrig hatte.

Die Rolle der Frau, die Jesus salbte, in der Bibel

Was über die Vergangenheit der Frau bekannt ist *(Lukas 7,37).* Im Text heißt es „eine Dirne kam herein". Die Pharisäer neigten zwar dazu, auf alle herabzublicken, die nicht ihresgleichen waren, aber die Tatsache, dass Lukas das Wort „Sünderin" (Luther) verwandte, sowie das Befremden der Pharisäer, als sie mit ansahen, wie die Frau Jesus berührte, sind deutliche Hinweise darauf, dass sie eine Prostituierte war. Weil die Pharisäer sich durch die Berührung von einer solchen Frau selbst als „unrein" betrachtet hätten, schlossen sie sofort, dass Jesus kein Prophet sein konnte, sonst „müsste er doch wissen, was das für eine Frau ist" (Lukas 7,39).

Was man über die Zukunft der Frau erfährt *(Lukas 7,39.50).* Die Reaktion sagt viel über die Zukunftsperspektive der Frau aus. Durch ihre Vergangenheit war sie in den Augen der anständigen Gesellschaft so festgelegt, dass es keine Hoffnung auf Erlösung, auf Veränderung und Neuanfang für sie gab. Sie trug das Etikett „Dirne". Was auch immer die Frau jetzt oder in Zukunft tat – für die Pharisäer und ihresgleichen gab es nichts, wodurch sie dieses Etikett loswerden konnte.

An diesem Punkt bat Jesus die Pharisäer, eine einfache Frage zu beantworten: Wenn ein Geldverleiher zwei Schuldnern die Schuld erlässt, und der eine hat zehn Mal so hohe Schulden wie der andere, welcher der beiden ist dann dem Verleiher wohl dankbarer? Die Antwort war offensichtlich, und Jesus machte in dieser Situation Grundlegendes klar: Der Pharisäer, der glaubte, nicht gesündigt zu haben, diente zwar Gott, aber er zeigte keine Liebe zu ihm. Die Frau, die genau wusste, wie tief sie gesunken war und wie wenig Würde ihr geblieben zu sein schien, die aber die vergebende Liebe Jesu gespürt und angenommen hatte, sie wurde innerlich ver-

BIBLISCHER HINTERGRUND

Frauen, die Jesus salbten

Die Tabelle auf der nächsten Seite hilft, zwischen drei Frauen zu unterscheiden, von denen Jesus gesalbt wurde. Die einzelnen Begebenheiten weisen zwar Ähnlichkeiten auf, es gibt jedoch auch einige Unterschiede, sodass sie doch auseinander zu halten sind.

Dass es drei Frauen gab, die Jesus salbten, ist ein Hinweis darauf, dass solche Salbungen zwar ungewöhnlich waren, aber auf dem kulturellen Hintergrund der damaligen Zeit auf nicht unübliche Weise Ehrerbietung und Achtung ausdrückten.

wandelt und liebte Gott jetzt hingebungsvoll und für alle anderen sichtbar.

Weil Jesus das erkannte, sagte er zu der Frau: „Deine Sünden sind dir vergeben" und fügte hinzu: „Dein Glaube hat dich gerettet! Geh in Frieden" (Lukas 7, 48.50). Durch diese Worte wurde die Frau verwandelt und damit auch ihre Perspektive für die Zukunft. Ihre Vergangenheit konnte sie nun nicht mehr in ihrem Bann halten, sie war frei für einen Neuanfang. Und ihr wurde der Friede Gottes gewährt – ein Friede, der sie für den Rest ihres Lebens auf der Erde und in alle Ewigkeit trug.

Impulse für heute

- Die Frau hatte Mut – den Mut eines Menschen, der nichts zu verlieren hat, und den Mut eines Menschen, der liebt.
- Jesus wendet sich Menschen zu, denen bewusst ist, dass sie nichts zu verlieren haben, weil sie bereit sind, die Kontrolle aus der Hand zu geben und sich ganz auf ihn einzulassen. Jesus wendet sich denen zu, die nichts mehr vorzuweisen haben, weil er ihnen dann alles geben kann, was sie wirklich brauchen.

GEGENÜBERSTELLUNG

	1. Frau Lukas 7,36-50	2. Frau Johannes 12,1-8	3. Frau Matthäus 26,6-13 Markus 14,3
Ort	Jerusalem	Bethanien	Bethanien
Ort der Handlung	Haus von Simon, dem Pharisäer	Haus des Lazarus	Haus des leprakranken Simon
Genaues Datum		6 Tage vor dem Passahfest	2 Tage vor dem Passahfest
Material	Alabastergefäß mit wohlriechendem Öl	kostbares Nardenöl	Alabastergefäß mit kostbarem Öl
Handlung	Weint Tränen auf Jesu Füße, küsst sie, salbt sie mit Öl	Salbt Füße, trocknet sie mit ihrem Haar ab	Salbt Jesu Kopf mit Öl
Reaktion vonseiten	der Pharisäer	des Judas/der Jünger	der Jünger
Konkrete Reaktion	„Wenn er wirklich ein Prophet wäre..."	Warum man das Geld nicht den Armen gäbe	Warum man das Geld nicht den Armen gäbe
Jesus	Lehrt Simon	„Lasst sie, die Armen habt ihr immer bei euch."	„Lasst sie, die Armen habt ihr immer bei euch."
Jesus sagt zu der Frau	„Deine Sünden sind dir vergeben."	„Für den Tag meines Begräbnisses."	„... hat meinen Leib für das Begräbnis gesalbt." „Überall ... wird man sich erinnern, was sie getan hat."

- Jesus liebt Menschen, die sich ihm ganz hingeben, weil er sich nach der Liebe von uns Menschen sehnt.
- Jesus sah das Herz dieser Frau, ihre Sehnsucht, und er heilte ihr Inneres, damit ihre Zukunft nicht von der Vergangenheit bestimmt wurde.
- Jesus ist für die Sünder gekommen, nicht für die Gerechten.
- Die Pharisäer – und immer wieder auch wir selbst – bringen uns um das Beste, nämlich diese erbarmende Liebe von Jesus, seine Macht, uns Zukunft und Hoffnung zu geben, indem wir uns auf Kosten anderer aufwerten, und so unsere eigene Erbärmlichkeit und Bedürftigkeit zu vertuschen suchen.
- Jesus kann warten – so lange, bis ein Mensch an dem Punkt ist, an dem er nichts mehr zu verlieren hat und bereit ist, vor seiner Liebe zu kapitulieren und sich ganz auf ihn einzulassen.

Maria Magdalena

Bibelstellen:
Matthäus 27,56.61; 28,1-11;
Markus 15,40.47; 16,1.9;
Lukas 8,2.3; 24,1-12
Johannes 19,25; 20,1.2.11-18

Zeit: 30 n. Chr.
Name: siehe S. 334
Thema: Sie war die Erste, die am Ostermorgen den auferstandenen Jesus Christus sah.

Maria Magdalenas Rolle in der Bibel

Maria Magdalena ist die am häufigsten erwähnte Frauengestalt in den Evangelien, mit Ausnahme von Maria, der Mutter Jesu. Sie ist bekannt als die Frau, die Jesus von der Besessenheit durch sieben Dämonen befreite (Lukas 8,2) und die danach zu seinen treusten und hingebungsvollsten Anhängern gehörte. Gemeinsam mit anderen Frauen, unter ihnen auch Johanna und Susanna, unterstützte Maria Magdalena Jesus und seine Jünger in ihrem Dienst auch finanziell (Lukas 8, 3). Das lässt darauf schließen, dass Maria Magdalena über eigene finanzielle Mittel verfügte.

Die Evangelisten schrieben Maria Magdalena bei der Kreuzigung außerdem einen Platz ganz in der Nähe des Kreuzes zu, und sie spielte eine herausragende Rolle im Bericht über die letzten Augenblicke im Leben Jesu. Maria war am Kreuz und auch bei der Grablegung Jesu dabei (Matthäus 27,56). Sie war es auch, die als Erste feststellte, dass der Stein vom Grab weggerollt worden war (Matthäus 28,1).

Maria und die anderen eilten zu Petrus, um ihm von der Auferstehung zu berichten, aber Petrus glaubte ihnen nicht (Lukas 24,10-12; Johannes 20,1-3). Dann kehrte Maria zum Grab zurück, wo sie als Erste den auferstandenen Jesus Christus sah und reden hörte (Markus 16,9).

Jedes Mal, wenn Maria Magdalena erwähnt wird, kommt deutlich zum Ausdruck, dass sie eine ganz besondere Beziehung zu Jesus hatte und eine besondere Rolle in der Geschichte des Evangeliums. Leider wird diese besondere Rolle häufig übersehen oder auch einfach übergangen.

In ihrem Buch *The Women Around Jesus (Die Frauen um Jesus)* macht die Autorin Christine M. Carpenter eine Reihe faszinierender Beobachtungen, indem sie Maria Magdalena und den Apostel Petrus (siehe Tabelle auf Seite 226 miteinander vergleicht.

Maria Magdalenas Beziehungen

Marias Beziehung zu den sieben Dämonen *(Lukas 8,2).* Im Neuen Testament ist zwar häufig von Besessenheit durch dämonische Mächte die Rede, es ist aber nicht zu erfahren, wie Dämonen Zugriff auf einen Menschen bekommen. Eindeutig geht aus der Bibel zwar hervor, dass Menschen, die sich mit okkulten Praktiken beschäftigen, besonders anfällig sind, aber es ist nicht klar, ob jemand selbst etwas dazu beitragen muss, damit Dämonen überhaupt Zugriff auf seine Persönlichkeit bekommen.

In Matthäus 12,43-45 und Lukas 11, 24-26 warnt Jesus vor „unreinen Geistern" und spricht davon, dass ein solcher Geist einen Mann verlassen hat und dann, als er zurückkehren will, „seine Wohnung sauber und geschmückt, aber leer vorfindet" (Matthäus 12,44). Dann „sucht er sich sieben andere Geister, die schlimmer sind als er selbst. Zusammen ergreifen sie Besitz von dem Menschen" (Matthäus 12,45). Die Schlüsselwörter sind hier „geschmückt, sauber, aber leer". Der besagte Mensch hatte zwar alles getan, um sein Leben in Ordnung zu bringen, war aber selbst „leer"; sein Inneres ist nicht von der Gegenwart Gottes erfüllt. Ohne die Gegenwart Gottes ist ein Mensch anfällig für andere Einflüsse.

Was auch immer zur dämonischen Besessenheit von Maria Magdalena geführt haben mochte, als sie Jesus zum ersten Mal begegnete, hatten böse Mächte sie fest im Griff. Aber auch die mächtigsten Geister sind völlig machtlos gegen den Sohn Gottes, und Jesus trieb hier diese Geister aus.

Marias Beziehung zu Jesus. Einmal durch Jesus befreit, war Maria kein innerlich leerer Mensch mehr; ihr ganzes Leben wurde neu ausgerichtet und erfüllt.

Maria folgte Jesus nach *(Lukas 8,1.2).* Lukas schreibt: „Bald darauf zog Jesus durch viele Städte und Dörfer. Überall predigte er und verkündete die frohe Botschaft vom Reich Gottes", und Lukas fügt dann noch hinzu: „Auf dieser Reise begleiteten ihn seine zwölf Jünger und einige Frauen". Im Text nennt Lukas konkret die Namen von Maria Magdalena, Johanna und Susanna und betont, dass noch „viele andere" Frauen dazugehören. Die Vorstellung von Frauen als Jüngern, die als Leiterinnen geschult wurden, ist dem Judentum dieser Zeit absolut fremd, und so brach Jesus in seinen Beziehungen zu Frauen an dieser Stelle mit den gesellschaftlich-religiösen Konventionen.

Maria unterstützte das Wirken Jesu *(Matth. 27,55.56; Lukas 8,2.3; Markus 15, 40.41).* Die zwölf Jünger von Jesus hatten ihre Berufe aufgegeben, um sich Jesus anzuschließen und mit ihm zusammenzuleben und -zuarbeiten. Von Lukas ist zu erfahren, dass das Geld für Nahrung und andere notwendige Dinge des täglichen Lebens hauptsächlich von Frauen kam. Aus früher jüdischer Literatur geht hervor, dass wohlhabende Frauen oft bekannte jüdische Rabbinen und ihre Schüler finanziell unterstützten, um es ihnen zu ermöglichen, ihre Schüler kostenlos zu unterrichten und ebenfalls für deren Kost und Logis aufkommen zu können.

Maria war offenbar vermögend. Sie war Jesus so verbunden, dass sie ihm nicht nur selbst nachfolgte, sondern auch noch die Jünger finanziell mit unterstützte.

Maria Magdalena stand während der Kreuzigung bei Jesus *(Matthäus 27,55.56; Markus 15,40.41; Lukas 23;27-31.48.49; Johannes 19,25).* In den Aufzählungen der Augenzeugen von Jesu Kreuzigung durch die Evangelisten wird als einziger Mann Johannes erwähnt. Es werden jedoch eine

Reihe von Frauen genannt, unter ihnen auch Maria, die Mutter von Jesus, und Maria Magdalena. Die Erlebnisse im Garten Gethsemane hatten die männlichen Jünger demoralisiert, und sie waren aus Gethsemane geflüchtet. Die namentliche Erwähnung von Frauen zeigt ihre starke Beziehung zueinander und ihre innere Kraft: Sie blieben bei Jesus, standen zu ihm und ließen ihn nicht allein sterben. Trotz des Schmerzes, den das mit sich brachte, trotz ihrer Zweifel und Ängste waren Maria Magdalena und die anderen bis zum Ende für den da, der immer für sie da war.

Maria Magdalena wurde als erste Zeugin der Geschichte für die Auferstehung Jesu eingesetzt *(Matthäus 28,1-10; Markus 16, 1-11; Lukas 24,1-18; Johannes 20,1-10).* Maria wurde speziell beauftragt. Zunächst wurde ihr und den anderen Frauen, die am Ostermorgen zum Grab kamen, von den Engeln gesagt: „Dann beeilt euch, geht zu seinen Jüngern und sagt ihnen, dass Jesus von den Toten auferstanden ist" (Matthäus 28,7). Das taten sie auch.

Und Maria Magdalena wird zum ersten Mal in Lukas' Aufzählung der Boten erwähnt, die zu den Aposteln eilten. Ihre Worte wurden von den Aposteln allerdings abgetan. Was sie schilderte, erschien den Männern „zu unwahrscheinlich" (Lukas 24,11). Maria Magdalena kehrte daraufhin zum Grab zurück. Sowohl Markus als auch Johannes nannten Maria Magdalena als erste Person, die den auferstandenen Jesus sah (Markus 16,9; Johannes 20,14f.). Maria war der erste Mensch, der die Auferstehung bezeugte. Es heißt: „Maria Magdalena lief nun zu den Jüngern und berichtete ihnen: ‚Ich habe den Herrn gesehen!' Und sie erzählte alles, was ihr Jesus gesagt hatte" (Johannes 20,18).

Dass die Jünger Maria Magdalena nicht glaubten, hat nicht mit ihrer Person zu tun: Zunächst glaubten die Jünger ihr nicht, weil die Nachricht in ihren Ohren zu unwahrscheinlich klang. Und später glaubte der Jünger Thomas, der auch „ungläubiger Thomas" genannt wird, den übrigen zehn Jüngern nicht, als sie berichteten, Jesus nach seiner Auferstehung gesehen zu haben. Die Botschaft ist – bis heute – eine scheinbar unglaubliche. Maria war unter den Ersten, die diese Gute Nachricht von Gott hörten, und sie war auch die Erste, die den auferstandenen Herrn sah und mit ihm sprach.

Maria Magdalenas Beziehung zu den anderen Jüngern. Maria Magdalena war keine Einzelgängerin. Mit einer Ausnahme wird sie immer in Gesellschaft anderer Jünger dargestellt.

Maria Magdalena und die anderen Frauen, die Jesus finanziell unterstützten *(Lukas 8,1-3).* Lukas nennt die Namen der Frauen, die Jesus auch finanziell unterstützten. Es ist schriftlich festgehalten, dass Maria Magdalena und andere Frauen mit Jesus unterwegs waren.

Maria Magdalena und die anderen Frauen bei der Kreuzigung *(Matthäus 27.55; Markus 15,40; Lukas 23, 48.49; Johannes 19,25).* Bei der Kreuzigung wird Maria Magdalenas Name zusammen mit denen anderer Frauen um Jesus erwähnt. Die Evangelien beschreiben diese kleine Gruppe von Frauen, wie sie zögerlich etwas abseits standen und das Geschehen beobachteten (Lukas 23,49), dann aber immer etwas näher heranrückten, bis sie „unter dem Kreuz" standen (Johannes 19,25). Wahrscheinlich versuchten sie, Maria, die Mutter von Jesus zu trösten, aber auch sie selbst litten, als sie mit ansahen, wie ihr Erlöser einen Tod starb, von dem sie annehmen mussten, dass er auch das Ende aller ihrer persönlichen Hoffnungen bedeutete.

Maria Magdalena am Grab *(Matthäus 27,61).* Matthäus berichtet: „Maria von Magdala und die andere Maria waren auch dabei. Sie blieben beim Grab sitzen." Auch Markus nennt konkret diese Stelle als ihren Standort am Grab, zusammen mit den anderen Frauen (Markus 16,1).

Maria Magdalena kehrte am Ostermorgen noch einmal zum Grab zurück *(Matthäus 28,1).* Maria Magdalena war nicht

Gegensätzliche Erfahrungen als Leiter: Petrus und Maria Magdalena

Petrus bekam einen neuen Namen, nachdem er Jesus begegnet war (Markus 3,16; Lukas 6,14; Johannes 1,42).	**Maria** behielt nach der Begegnung mit Jesus ihren Namen.
Petrus erlebte die Entrückung Jesu persönlich mit (Matthäus 17,1-4; Markus 9; 2-6; Lukas 9,35).	**Maria** sah die Kreuzigung Jesu mit eigenen Augen (Matthäus 27,56; Markus 15,40; Johannes 19,25).
Petrus hörte, wie eine Stimme vom Himmel, Gottes Stimme, Jesus als Gottes Sohn ausrief (Matthäus 17,5; Markus 9,7; Lukas 9,35).	**Maria** hörte mit eigenen Ohren, wie Jesus schrie, dass Gott, sein Vater, ihn verlassen habe (Matthäus 27,46; Markus 15,34).
Petrus fragte Jesus, ob er sieben Mal vergeben müsse (Matthäus 18,21).	**Maria** wurde durch Jesus von sieben Dämonen befreit (Lukas 8,2).
Petrus sagte zu Jesus, dass er alles hinter sich gelassen habe, um ihm nachzufolgen (Matthäus 19,27; Markus 10,28; Lukas 18,28).	**Maria** unterstützte Jesus finanziell, während sie mit ihm unterwegs war (Lukas 8,1-3).
Petrus schlief im Garten ein, nachdem Jesus ihn gebeten hatte, wach zu bleiben und mit ihm zu beten (Matthäus 26,37-46); Markus 14,33-42).	**Maria** stand im Garten und beobachtete alles, um Jesus weinend, auch ohne darum gebeten worden zu sein (Johannes 20,11-17; Markus 16,9).
Petrus verleugnete Jesus gegenüber Fremden (Matthäus 26,58-75; Markus 14, 54-72; Lukas 22,54-62; Johannes 18, 15-27).	**Maria** verkündete den Jüngern die Auferstehung Jesu (Lukas 23,10; Johannes 20,18).
Petrus floh vom Kreuz (Matthäus 26,56; Markus 14,27-29).	**Maria** blieb in der Nähe des Kreuzes (Matthäus 27,56; Markus 15,40; Johannes 19,25).
Petrus bekam eine Nachricht von Jesus (Markus 16,7).	**Maria** bekam eine Botschaft von Jesus (Lukas 24,10; Johannes 20,18).
Petrus ging vom leeren Grab weg, ohne zu verstehen (Johannes 20,6-10).	**Maria** blieb bei dem leeren Grab, dem letzten Ort, wo sie Jesus gesehen hatte, und dort begegnete sie ihm (Johannes 20,11-17; Markus 16,9).

allein, als sie am Ostermorgen zum Grab ging. Matthäus erwähnt außer ihr „die andere Maria" (von Markus als Mutter des Jakobus näher identifiziert), während Markus noch Salome zu der Gruppe erwähnt, und Lukas Johanna und „andere Frauen" aufzählt. Maria Magdalena war eindeutig die Anführerin der kleinen Gruppe von Jüngerinnen.

Maria Magdalena: Eine Nahaufnahme

Maria Magdalena war eine Frau, deren Leben durch Jesus völlig umgekrempelt worden war, der sie von sieben Dämonen befreit hatte. Aus Schilderungen im Neuen Testament über Besessenheit von Dämonen ist bekannt, dass Dämonen oft auch schmerzhafte körperliche Beschwerden verursachten. Das Ausmaß ihrer Dankbarkeit lässt sich auch daran ermessen, wie sie sich später auf das Leben mit Jesus einließ und wie hingebungsvoll und kompromisslos ihre Nachfolge war.

Maria Magdalena widmete sich ganz und gar Jesus Christus und seinem Anliegen. Sie schloss sich der Gruppe von Frauen an, die Jesus als Jüngerinnen begleiteten, und sie gab auch von ihrem Geld, um dazu beizutragen, dass Jesus weiter im ganzen Land lehren und predigen konnte. Sie wird zum ersten Mal bereits während des frühen Dienstes von Jesus in Galiläa erwähnt, und bei der Kreuzigung war sie immer noch an Jesu Seite. Während die meisten der Männer, die mit Jesus zusammen gewesen waren, sich nach seiner Verhaftung am Ölberg abgesetzt hatten, blieben Maria Magdalena und die anderen Frauen immer in Jesu Nähe und waren auch bei ihm, als er starb. Trotz der bekannten Drohung der Pharisäer, Jesu Anhänger aus der Synagoge auszuschließen und damit auch von jeglicher Hilfe, sollten sie in Not geraten, identifizierten sich Maria Magdalena und die anderen Frauen auch weiterhin offen mit Jesus, indem sie ganz nah beim Kreuz standen und sich später in der Nähe seines Grabes aufhielten. Als der heilige Tag vorüber war, kauften sie alles Nötige, um seinen Leichnam zu salben. So hoffnungslos Maria Magdalena sich auch fühlen mochte, sie blieb bis zum Ende treu.

Und ihr Glaube wurde belohnt. Maria gehörte zu den Ersten, die von Jesu Auferstehung erfuhren, und sie war *die Erste*, die den auferstandenen Herrn sah und mit ihm sprach. Es steht ein für alle Mal und bis in alle Ewigkeit fest, dass es keiner der vielen Männer um Jesus war, dem dieses Privileg vergönnt war, sondern Maria Magdalena, einer Frau. Es besteht wohl kaum ein Zweifel daran, dass Maria Magdalena zu den treuesten und geachtetsten Jüngern Jesu gehört hatte, auch wenn sie immer noch von vielen übersehen wird, die die Rolle von Petrus und Johannes sehr viel stärker hervorheben.

Impulse für heute

- Maria Magdalena steht für einen erlösten Menschen, der weiß, was Gebundenheit und Unfreiheit bedeuten, der dem Befreier gegenüber froh, dankbar und verbunden ist und sich dafür einsetzt, dass noch mehr Menschen eine solche Befreiung erleben.
- Maria Magdalena setzte alles ein – ihr Leben, ihr Vermögen, ihren Ruf als Frau – um dem nachzufolgen und in der Nähe dessen zu sein, der ihr echtes, befreites Leben geschenkt hatte.
- Keine Frage war es für sie, auch bei ihm zu bleiben, als es kritisch wurde, als der Weg schmerzlich wurde, als nichts mehr

so war wie vorher, als die Hoffnungen bei allen anderen zu zerbröseln begannen.

- Maria Magdalena ging den Weg zu Ende – den ganzen, langen, schmerzlichen, bitteren Weg. Sie konnte das, weil sie durch Jesus so viel Heil erfahren hatte. Sie konnte nicht anders, als ihm bis zum Ende zu folgen, ihm treu zu bleiben.
- Und Gott belohnte ihren unbeugsamen, konsequenten Glauben, dieses offenbar nicht zu erschütternde Vertrauen.
- Maria Magdalena war die Erste, die den auferstandenen Jesus Christus sah und mit ihm sprach.
- Sie wurde zur Kronzeugin für die Wahrheit dessen, was Jesus gelebt und gelehrt hat: Alles ist richtig. Alles fällt an seinen Platz. Alles hat sich gelohnt. Er lebt – bis heute – für jeden, der sich ganz und gar auf ihn einlässt.

Maria, die Mutter von Jakobus und Joses

Bibelstellen:
Matthäus 27,56.61; 28,1-11;
Markus 15,40.47; Lukas 24,10.

Maria war im ersten Jahrhundert ein gebräuchlicher Name – viele Frauen im Umfeld von Jesus hießen so. Die Maria, um die es im Folgenden geht, gehörte zu der von Maria Magdalena geleiteten Gruppe von Frauen, die Jesus nachfolgten und auch mit ihm unterwegs waren. Diese Frauen erlebten die Kreuzigung mit, sie hatten Kräuter und Öle vorbereitet, um den Leichnam Jesu zu salben, und am Grab erfuhren sie durch die Engel als Erste, dass Jesus Christus vom Tod auferstanden war.

Wahrscheinlich handelte es sich bei dieser Maria um die Frau, die in Johannes 19,25 als Frau von Kleopas bezeichnet wird.

Die Frau mit den Blutungen

Bibelstellen:
Matthäus 9,20-22; Markus 5,25-34;
Lukas 8,43-48
Siehe auch S. 188

Zeit: 30 n. Chr.
Name: unbekannt
Thema: Ihr Vertrauen in die Macht Jesu zu heilen wird belohnt.

Ihre Rolle in der Bibel

Die Begegnung mit dieser Frau, die jahrelang starke Blutungen hatte, ist zwar nur sehr kurz, trotzdem ist einiges über sie zu erfahren. Sie litt bereits zwölf Jahre unter starken Blutungen. Dadurch galt sie als unrein, was bedeutete, dass sie weder von ihrem Mann angerührt werden noch an den alljährlichen Glaubensfesttagen teilnehmen durfte, die im traditionellen Judentum dieser Zeit so wichtig waren. Sie durfte weder den Vorhof des Tempels betreten, noch zu Hause die Sabbatkerzen anzünden, noch am Passahmahl teilnehmen. Sie lebte wie ein Geist in ihrem eigenen Zuhause, zwar anwesend, aber doch nicht wirklich präsent.

Die Frau hatte schon alles versucht, um Hilfe zu finden. Markus formuliert das ziemlich direkt: „Sie hatte sich schon von vielen Ärzten behandeln lassen und dabei ihr ganzes Vermögen ausgegeben. Aber niemand konnte ihr helfen. Ihr Leiden war eher schlimmer geworden" (Markus 5,25). Immer wieder hatte es für diese Frau neue Hoffnungsschimmer gegeben, aber mit jeder neuen Enttäuschung war sie weiter in den Abgrund der Verzweiflung gerutscht.

Trotz der zwölf Jahre mit all den Enttäuschungen hatte sie ihr Vertrauen in Gott nicht verloren. Die Geschichten, die ihr über Jesus zu Ohren gekommen waren, hatten ihren Glauben sogar weiter entfacht, denn als sie davon hörte, dass Jesus in der Stadt war, machte sie sich auf den Weg, ihn zu finden, und zwar mit dem Gedanken: „Wenn ich wenigstens seine Kleider berühren kann, werde ich bestimmt gesund"(Markus 5,28).

Es ist nicht bekannt, weshalb die Frau nicht direkt auf Jesus zuging und ihn um Hilfe bat, sondern sich ihm unerkannt näherte, um ihn zu berühren. Vielleicht hatte sie das Gefühl, es nicht wert zu sein, den Wunder wirkenden Lehrer zu belästigen. Vielleicht schämte sie sich ihrer Unreinheit zu sehr. Aus welchem Grund auch immer sie Jesus nicht direkt ansprach, es war jedenfalls nicht mangelnder Glaube. Die Frau zeigte nämlich mehr Glauben als mancher andere – auch wenn es ein zurückgezogener, fast heimlicher Glaube war.

Also berührte sie Jesu Mantel: „Und tatsächlich: Sie merkte sofort, dass sie von ihrem Leiden befreit war. Die Blutung hörte auf" (Markus 5,29). Durch ihren diskreten, persönlichen Glauben wurde etwas in Bewegung gesetzt. Von diesem Augenblick an bekam sie alles zurück, was sie verloren hatte. Dieser eine Augenblick mit Jesus veränderte ihr Leben ein für alle Mal.

Die Geschichte ist an dieser Stelle aber noch nicht zu Ende. Jesus spürte, dass Heilungskraft von ihm ausgegangen war, und er blieb stehen. Er wandte sich an die Menge, die sich um ihn drängelte und fragte: „Wer hat mich angefasst?" (Markus 5,30). Ängstlich und unsicher fiel die Frau vor ihm nieder und erzählte ihm ihre Geschichte. Was für eine Erleichterung muss sie empfunden haben, als sie Jesus sagen hörte: „Meine Tochter, weil du so fest an mich geglaubt hast, bist du gesund geworden. Gehe in Frieden. Du bist geheilt" (Markus 5,34).

Vielleicht fragt man sich, weshalb Jesus stehen blieb, um die Frau ausfindig zu machen und mit ihr zu sprechen. Es kann sein, dass er sich um der Frau willen so verhielt. Gott hatte sie geheilt, und das war die Antwort auf ihren persönlichen, zurückgezogenen Glauben. Aber erst, als sie öffentlich über ihre Not und die Gnade Jesu sprach, bekam sie die ausdrückliche Bestätigung von Jesus: „Weil du so fest an mich geglaubt hast, bist du gesund geworden. Gehe in Frieden. Du bist geheilt" (Markus 5,34).

Möglicherweise hatte Jesus aber noch einen weiteren Grund für sein Vorgehen. Indem die Frau ihre Geschichte erzählte, gelangten die innere Heilung und der Glaube der Frau aus ihrer Privatsphäre heraus und wurden zu einem Zeugnis für die Macht Jesu. Indem die Frau Segen empfing, wurde sie zum Segen für alle.

Impulse für heute

- Eine hartnäckige Frau wird hier vorgestellt, eine, die wie viele andere früher und auch später zu Jesus kam und nichts mehr zu verlieren hatte. Sie war im Grunde durch ihre Krankheit aus der Gemeinschaft ausgeschlossen – ein Zustand, der für sie vielleicht noch schmerzlicher war als der Gedanke an den Tod.
- Hartnäckigkeit, Ausdauer und den Willen, gesund zu werden, hatte die Frau bereits bewiesen, indem sie etliche Ärzte konsultiert und dabei viel Geld vergeblich ausgegeben hatte.
- Die Frau konnte und wollte aber nicht

aufgeben. Sie war sicher, dass Jesus ihr helfen konnte, und um diese Hilfe auch zu bekommen, setzte sie wirklich alles ein.

- Sie begab sich in die Menschenmenge – aufgrund ihrer Unreinheit schon recht mutig – und sie berührte den Rabbi Jesus; das bedeutete den Bruch eines Tabus. Sie als unreine Frau berührte den Rabbi. Sie war überzeugt, dass das genügte, um gesund zu werden. Sie musste es einfach tun.
- Die Frau traute ihrer inneren Stimme. Sie folgte ihr, und die innere Gewissheit darüber, von wem Hilfe zu erwarten war, machte sie mutig, hartnäckig, ja fast kühn – und sie wurde auf der Stelle geheilt.
- Sie, die ihren Glauben in aller Zurückgezogenheit lebte, beantwortete jetzt freimütig, wenn auch zitternd und zagend, die Fragen von Jesus. Es war ihr egal, dass die Menschen vielleicht empört sein könnten über ihre Dreistigkeit. Es war ihr egal, dass sie ein Tabu verletzt hatte. Sie war geheilt, und alle sollten wissen, durch wen.
- Die Frau, die schon viel verloren hatte und dann alles einsetzte, um gesund zu werden, bekam von dem einen, der alle Macht hat, alles erstattet.

Die Frau und die Tochter des Jairus

Bibelstellen:
Matthäus 9,18.23-25; Markus 5,22.23.35-41; Lukas 8,41.42. 49-55

Es gibt kaum Informationen über die Frau von Jairus und ihre Tochter. Man weiß lediglich, dass die Frau und das Kind zur gehobenen Bevölkerungsschicht gehörten. Jairus' Stellung als wichtiger Vertreter der Synagoge ist ein Hinweis darauf, dass die Familie nicht nur reich, sondern auch angesehen war. Aber nichts von alledem half in der persönlichen Tragödie. Die Tochter wurde todkrank und starb. Der Mutter blieb nichts, als hilflos und mit gebrochenem Herzen das Sterben ihres Kindes mit anzusehen. Dann kam Jesus, auf die verzweifelte Bitte von Jairus hin, erweckte das zwölfjährige Mädchen wieder zum Leben und heilte damit gleichzeitig auch das gebrochene Herz der Mutter.

Die Geschichte erinnert noch einmal eindringlich daran, wie verletzlich und verwundbar das Leben von Menschen ist. Weder Reichtum noch gesellschaftliche Stellung können vor den Tragödien des Lebens bewahren, etwa dem Leiden geliebter Menschen tatenlos zuschauen zu müssen, ohne irgendetwas tun zu können. Es muss für die Mutter des Mädchens furchtbar gewesen sein, zu Hause zu sitzen und zu warten, völlig angewiesen auf den Versuch ihres Mannes, Jesus an das Krankenbett des Kindes zu bewegen, während jeder Atemzug der Tochter schwächer wurde, bis sie ganz zu atmen aufhörte und damit alle Hoffnung endgültig zunichte schien.

Aber Jairus hatte Jesus dazu bewegen können, in sein Haus zu kommen. Mit der Anwesenheit, der Gegenwart und der machtvollen Berührung Jesu strömte wieder Leben in den Körper des kleinen Mädchens.

Wenn es uns in Zeiten der Not geht wie Jairus' Tochter oder wie Jairus' hilfloser Frau, können wir uns genauso an Jesus wenden. Und wir können ihn selbst oder durch andere bitten, wir können ihm Umstände machen, ihn um Hilfe anflehen. Selbst wenn die eigenen Möglichkeiten erschöpft sind – Jesus ist da für uns und steht uns bei. Er gibt Kraft zum Weitergehen. Und manchmal zeigt er uns sogar neue Wege oder setzt Mittel ein, die unsere Vorstellungen übersteigen. So oder so – er reagiert auf Menschen, die ihm vertrauen und Hilfe von ihm erwarten.

Die Kanaanäerin

Bibelstellen:
Matthäus 15,21-28; Markus 7,24-30

Die Rolle der Kanaanäerin

Beim ersten Durchlesen mag die Geschichte beunruhigend klingen. Da war eine Frau in Not, und Jesus schien nicht bereit, ihr zu helfen. Es stimmt, dass sie eine Kanaanäerin war, eine Heidin also, die keine persönliche Beziehung zu Gott hatte. In Matthäus 15,21-28 heißt es:

Danach verließ Jesus diese Gegend und wanderte bis in die Gegend der Städte Tyrus und Sidon. Dort begegnete ihm eine nichtjüdische Frau, die ihn anflehte: „Herr, du Sohn Davids, hab Erbarmen mit mir! Meine Tochter wird von einem bösen Geist furchtbar gequält." Aber Jesus beachtete sie nicht. Seine Jünger drängten ihn: „Schick sie doch weg! Sie schreit sonst dauernd hinter uns her."

Da sagte er zu der Frau: „Ich habe den Auftrag, nur denen zu helfen, die zum Volk Israel gehören." Sie kam aber noch näher, warf sich vor ihm nieder und bettelte: „Herr, hilf mir!" Aber Jesus antwortete wieder: „Es ist nicht richtig, wenn man den Kindern das Brot wegnimmt und es den Hunden vorwirft." „Das stimmt", entgegnete die Frau, „aber die kleinen Hunde dürfen doch die Krümel fressen, die vom Tisch ihrer Herren herunterfallen." Jesus antwortete ihr: „Dein Glaube ist groß. Was du erwartest, soll geschehen." Im selben Augenblick wurde ihre Tochter gesund.

Zum Verständnis der Geschichte. Um heute diese Szene zu verstehen, sind einige Punkte klärungsbedürftig: Als die kanaanäische Frau Jesus zum ersten Mal ansprach, nannte sie ihn „Herr, du Sohn Davids", und sie appellierte damit an Jesus als den jüdischen Messias – „Sohn Davids" ist sein messianischer Titel. Jesus reagierte auf diese Anrede nicht, denn als Kanaanäerin standen der Frau die Rechte des Bundes gar nicht zu. Als die Jünger Jesus drängten, die Frau doch wegzuschicken, meinten sie damit, er sollte doch einfach schnell ihre Bitte erfüllen, damit sie nicht mehr störte. Die Antwort Jesu: „Ich habe den Auftrag, nur denen zu helfen, die zum Volk Israel gehören", galt demnach den Jüngern und nicht der Frau.

Aber die Frau, die die Antwort hörte, sah das Dilemma, in dem Jesus sich befand, und sagte daraufhin einfach: „Herr, hilf mir!" Darauf wiederum reagierte Jesus mit einem Vergleich: Mit dem Essen, das für die Kinder zubereitet werde, würden doch nicht die Haustiere gefüttert. Die Frau wusste darauf jedoch erneut eine Erwiderung, nämlich dass die Haustiere in der Regel die Krümel fressen dürften, die den Kindern beim Essen vom Tisch fielen. Wenn er ihre Tochter heilen würde, wollte sie damit sagen, würde damit die Kinder Israels, zu denen er ja als Messias gekommen ist, nicht um das bringen, das ihnen zustand. Wenn Jesus schließlich der Herr, der Sohn Gottes war, so ihr Gedanke, hatte er doch sicher mehr als genug für alle.

Die Antwort von Jesus krönt die Geschichte dann: „Dein Glaube ist groß. Was du erwartest, soll geschehen."

Die Beziehungen der Kanaanäerin

Ihre Beziehung zu Jesus. Die Frau hatte keine „berechtigten Ansprüche" an Jesus; weil sie nicht zum Volk Israel gehörte, mit dem Gott seinen Bund geschlossen hatte, war er nicht *ihr* Messias. In dem Augenblick, als sie den Grund dafür erahnte, dass Jesus nicht auf ihre Bitte einging, wechselte sie die Grundlage ihres Appells. Als Herr war Jesus der Souverän über die gesamte Schöpfung Gottes. Vielleicht hatte sie nicht das Recht, auf der Grundlage des Bundes an ihn zu appellieren, aber sie konnte als ein Mensch in Not an ihn appellieren, als Mensch, der anerkennt, dass Jesus als Sohn Gottes uneingeschränkt handeln und sich jeder menschlichen Not annehmen kann. Und genau das tat sie auch.

Impulse für heute

- Die Frau merkte, dass sie hier keine Ansprüche geltend machen konnte. Sie musste um Jesus und seine Rolle gewusst haben, denn sie argumentierte klug und geschickt. Und wie viele andere Frauen, die zu Jesus kamen, gibt es zwei Aspekte, die sie schließlich ans Ziel brachten:
  a) Sie hatte nichts zu verlieren.
  b) Sie war bereit, auf den „großen Schein" zu verzichten, sich hilfsbedürftig zu zeigen und vor dem Herrn auf die Knie zu gehen.
- Jesus erkannte, dass diese Frau wirklich ihre gesamte Hoffnung auf ihn setzte und nichts mehr in der Hinterhand behielt.
- Sie hörte nicht auf, ihm auf die Nerven zu gehen mit ihrer Argumentation. Sie verfügte über die Hartnäckigkeit der Verzweiflung.
- Manchmal muss offensichtlich der Leidensdruck sehr stark werden, bevor man wirklich alles von Jesus erwartet und auch alles ihm überlässt.

Maria und Martha

Bibelstellen:
Lukas 10,38-42; Johannes 11,1-45; 12,1-8
Siehe auch S. 190

Zeit: 30 n. Chr.
Name: siehe S. 333 und 334
Thema: Die beiden Schwestern waren Freundinnen Jesu.
Jesus belohnte ihr Vertrauen, indem er ihren Bruder Lazarus vom Tod auferweckte.

Marias und Marthas Rolle in der Bibel

Die beiden unverheirateten Schwestern lebten zusammen mit ihrem Bruder Lazarus in Bethanien, einer kleinen Stadt etwa drei Kilometer östlich von Jerusalem. Jesus und seine Jünger machten dort oft Station, wenn sie an religiösen Festen in Jerusalem teilnahmen. Die beiden Schwestern waren vom Wesen her sehr unterschiedlich, werden aber in der Regel zusammen erwähnt, wenn in der Bibel von ihnen die Rede ist.

Worin unterschieden sich nun die beiden? Martha hielt sich streng an die traditionelle Rollenverteilung. Sie sah ihren Platz in der Küche. Maria war da schon „befreiter", fühlte sich wohler in der Rolle einer Jüngerin, voller Eifer Jesus zu Füßen zu sitzen und so viel wie möglich von ihm zu lernen. Maria wurde damit als die bekannt, die die traditionelle Frauenrolle nicht einfach als selbstverständlich hinnahm.

Maria und Martha waren beide gläubige Frauen. Als ihr Bruder krank wurde, schickten die beiden sofort einen Boten zu Jesus – in der sicheren Gewissheit, dass Jesus ihm das Leben schenken konnte. Als Jesus vier Tage nach Lazarus' Tod und seiner Bestattung im Haus der Schwestern ankam, sahen sie das noch genauso – und konnten sich doch den Umfang der Macht Jesu nicht vorstellen. Sie waren sich sicher, dass Jesus der Herr über alles Leben war, und dass er ihren Bruder am jüngsten Tag wieder auferwecken würde. Aber der Tod ihres Bruders schien ihnen endgültig. Keine von beiden wagte sich auszumalen, dass Jesus seine Macht direkt zeigen und ihren Bruder wieder lebendig machen würde.

Marthas Beziehungen

Marthas Beziehung zu Maria *(Lukas 10,38-42).* Maria und Martha waren unverheiratete Schwestern und lebten bisher gemeinsam mit ihrem Bruder Lazarus in dem – möglicherweise vom Vater an Lazarus vererbten – Haus. Die beiden Frauen standen sich zwar nah, waren vom Wesen her aber recht unterschiedlich. Martha nahm ihre Pflichten als Hausfrau sehr ernst. Sie war stolz darauf, dass sie den Haushalt so gut versorgte und sich um alles kümmerte. Dass Maria in Hinsicht auf ihre Rolle als Frau viel freier dachte und handelte, ärgerte Martha wohl manchmal. Es ist anzunehmen, dass Martha die ältere der beiden Schwestern war, denn sie begrüßte Jesus als Erste bei einem seiner Besuche, über den berichtet wird. An dem besagten Tag wurde ihre Verärgerung über Maria zu einem regelrechtem Zornesausbruch. Während sie in der Küche stand und Essen machte, hatte sich Maria zu Jesu Füßen niedergelassen, um seinem Gespräch mit den Jüngern zuzuhören. Martha hetzte sich ab, um alles allein irgendwie zu schaffen. Schließlich platzte sie hinein in die Runde um Jesus und forderte von ihm, doch bitte Maria in die Küche zu schicken, um ihr zu helfen.

Diese Bitte erfüllte Jesus ihr nicht, sondern er antwortete ihr freundlich: „Maria hat das gute Teil gewählt" (Lukas 10,42). Nicht, dass er ihre Gastfreundschaft und ihr Essen nicht geschätzt und geachtet hätte, aber in diesem Moment wollte er offensichtlich die Prioritäten klarstellen: Nahrung für den Körper ist wichtig, aber Nahrung für Geist und Seele sind mindestens genauso wichtig. Es ist danach nichts dagegen einzuwenden, als Frau (oder als Mann) die Rolle einzunehmen, die von der Gesellschaft zugeordnet wird, aber es ist falsch, der Erfüllung dieser Rolle so viel Bedeutung beizumessen, dass keine Zeit und keine Kraft mehr bleiben, die Beziehung zu Gott weiterzuentwickeln und innerlich zu wachsen.

Marthas Beziehung zu Jesus *(Johannes 11).* Martha machte sich vielleicht zu viele Gedanken über ihre praktischen Aufgaben, aber an Glauben fehlte es ihr nicht. Johannes stellt fest: „Jesus hatte Martha und ihre Schwester Maria . . . lieb" (Johannes 11,5) – und dabei nennt er Marthas Namen nicht nur zuerst, sondern stellt sie ausdrücklich als Menschen dar, den er liebt.

Als Lazarus starb und Martha erfuhr, dass Jesus unterwegs zu ihrem Haus war, eilte sie ihm entgegen, während Maria zu Hause blieb. Martha brachte ihr großes Vertrauen zu Jesus zum Ausdruck mit den Worten: „Aber auch jetzt weiß ich, dass Gott dir alles geben kann, worum du ihn bittest" (11,22). Dabei dachte sie zwar nicht daran, dass Jesus vielleicht kurz darauf ihren Bruder wieder zum Leben erwecken würde, aber sie war ganz sicher, dass Jesus bekommen würde, worum auch immer er den himmlischen Vater bat.

In Johannes 11 lässt sich gut vergleichen, wie die beiden Schwestern reagierten, als Jesus schließlich ankam. In den Dialogen zeigt sich, dass der größte Teil des dokumentierten Gespräches zwischen Jesus und Martha, nicht zwischen Jesus und Maria stattfand. Außerdem wird deutlich, dass zwar beide Schwestern ihren Glauben zum Ausdruck brachten, Martha jedoch noch weiter ging als ihre Schwester: Sie glaubte, dass Jesus „auch jetzt noch" handeln könnte (11,22).

GEGENÜBERSTELLUNG

Martha

20 Als Martha hörte, dass Jesus auf dem Weg zu ihnen war, lief sie ihm entgegen.
21 Traurig sagte Martha zu Jesus: „Herr, wärst du hier gewesen, würde mein Bruder noch leben.
22 Aber auch jetzt weiß ich, dass Gott dir alles geben kann, worum du ihn bittest.
23 „dein Bruder wird wieder leben!", versicherte ihr Jesus.
24 „Ja, ich weiß", sagte Martha, „am letzten Tag, am Tag der Auferstehung."
25 Darauf erwiderte ihr Jesus: „Ich bin die Auferstehung und ich bin das Leben. Wer an mich glaubt, der wird leben, selbst wenn er stirbt . . . Glaubst du das?"
27 „Ja, Herr", antwortete ihm Martha, „ich glaube, dass du Christus bist, der Sohn Gottes, auf den wir so lange gewartet haben."
28 Jetzt lief Martha zu ihrer Schwester Maria. Ohne dass die übrigen Trauergäste es merkten, flüsterte sie ihr zu: „Jesus ist da und will dich sprechen."
39 „Hebt den Stein weg!", befahl Jesus. Aber Martha, die Schwester des Verstorbenen sagte: „Herr, der Geruch wird unerträglich sein. Er ist doch schon vier Tage tot!"
40 „Habe ich dir nicht gesagt", entgegnete ihr Jesus, „du würdest die Macht der Herrlichkeit Gottes sehen, wenn du nur glaubtest?"

Maria

20 Maria aber blieb zu Hause.
29 Maria stand sofort auf und lief ihm entgegen.
32 Sie fiel vor ihm nieder und rief: „Herr, wenn du da gewesen wärest, würde mein Bruder noch leben!"
33 Jesus sah, wie sie und die Trauergäste weinten. Da wurde er zornig, war aber zugleich tief bewegt.

Dann betete Jesus und rief Lazarus heraus. Und Lazarus kam heraus. Hände und Füße waren mit Grabtüchern umwickelt, und auch sein Gesicht war mit einem Tuch verhüllt.

Aber gleichzeitig war sich Martha dessen, was sie da versichert hatte, gar nicht völlig bewusst. Als Jesus befahl, den Stein von dem Eingang zu Lazarus' Grab wegzurollen, hatte sie nämlich Einwände; sie erinnerte Jesus daran, dass der Leichnam ihres Bruders schon angefangen hatte zu verwesen.

Die meisten Menschen tragen einige von Marthas Zügen. Wir haben Glauben – ja sogar großen Glauben. Wenn wir jedoch aufgerufen sind, diesen Glauben in scheinbar aussichtslosen Situationen auch einzusetzen, sehen wir eher die Hindernisse und Widerstände als Gottes uneingeschränkte Möglichkeiten zu handeln.

Martha und Maria hatten genügend Glauben, und Jesus hatte genügend Macht. Lazarus *wurde wirklich* wiederhergestellt, und das lag nicht an der Stärke des Glaubens der Beteiligten, sondern daran, *dass es Jesus ist*, an den wir glauben.

Marias Beziehungen

Marias Beziehung zu Martha *(Lukas 10,38-42).* Marias Einstellung zur traditionellen Frauenrolle und besonders ihre Sicht von „Frauenarbeit" unterschied sich erheblich von der ihrer Schwester. Das führte unweigerlich zu Reibungen zwischen den beiden – sicher auch vom Typ her unterschiedlichen – Frauen. Maria und ihre Schwester lebten sonst offensichtlich harmonisch zusammen im Haus ihres Bruders Lazarus, obwohl sich die (wohl jüngere) Maria dagegen wehrte, sich von Martha in ein bestimmtes Schema pressen zu lassen. Ganz bestimmt half Maria normalerweise bei der Hausarbeit, aber eben nicht, als Jesus zu Besuch kam. Da gab es für sie Wichtigeres zu tun.

Marias Beziehung zu Jesus *(Lukas 10,38-42; Johannes 11,1-45; Johannes 12,1-8).* Während in Johannes 11 Marthas Beziehung zu Jesus hervorgehoben ist, steht in Lukas 10 und Johannes 12 eher die Beziehung zwischen Jesus und Maria im Vordergrund.

Lukas berichtet, wie Jesus Maria dafür lobte, dass „sie das bessere Teil gewählt" hatte (Lukas 10,42/Luther), indem sie es sich zur obersten Priorität machte, ihm zuzuhören, statt sich um das Essen zu kümmern. In Johannes 12 wird deutlich, wie sehr Maria Jesus liebte und wie gut und sicher ihr Gespür in Bezug auf ihn war.

Der Anlass war ein Essen in ihrem Haus. Im Bibeltext heißt es: „Martha half beim Bedienen" (12,2), während Jesus und Lazarus und die anderen Gäste zusammen am Tisch saßen. Auf Martha war – wie immer – Verlass.

Bei dieser Gelegenheit nun nahm Maria Salböl im Wert eines gesamten Jahreseinkommens, salbte damit Jesu Füße und trocknete sie danach mit ihrem Haar. Als Judas sich darüber entrüstete, dass man das kostbare Öl hätte verkaufen können und mit dem Erlös den Armen helfen, wies Jesus ihn zurecht: „Lass sie doch! Maria hat damit nur die Salbung zu meinem Gedächtnis vorweggenommen. Arme, um die ihr euch kümmern könnt, wird es immer geben. Aber ich bin nicht mehr lange bei euch" (Johannes 12,7.8). Maria ahnte offenbar etwas vom bevorstehenden Leiden und Tod des Herrn, während die anderen ahnungslos zu sein schienen. Sie hatte ein einzigartiges geistliches Gespür. Das Geschenk von Maria zeigt eine Liebe und Wertschätzung für Jesus, die berührt und nachahmenswert ist. Für Maria gab es nichts, was sie zurückhalten wollte, nichts, was für Jesus hätte zu gut sein können.

Martha und Maria: Eine Nahaufnahme

Maria und Martha waren recht unterschiedliche Persönlichkeiten. Sie gehörten aber zur selben Familie und lebten harmonisch zusammen, auch wenn ihre Unterschiedlichkeit hin und wieder zu Ärger und Reibereien führte. Sie waren durch Familienbande fest verbunden und darüber hinaus durch den gemeinsamen Glauben und die Liebe zu Jesus. Martha gehörte zu den zuverlässigen Menschen, auf die man immer zählen kann und die alles Nötige tun. Sie wird vorgestellt, wie sie in der Küche arbeitete und Gäste bediente. Sie war eine Arbeiterin, bisweilen extrem aufgabenorientiert. Martha war eine wichtige Person in der Familie, und sie trug entscheidend zum Wohlergehen der Familie bei.

Es wäre ein Fehler, Marthas praktischen Ansatz mit mangelndem Glauben gleichzusetzen. Der Text vermeidet ein solches Missverständnis, indem ausdrücklich gesagt wird, dass Martha an Jesus glaubte und ihm auch vertraute, außerdem durch die ausdrückliche Bestätigung: „Jesus hatte Martha . . . lieb“ (11,5).

Maria war dagegen ein eher freier Geist. Ihre oberste Priorität bestand nicht darin, Essen zu kochen und Pflichten zu erfüllen, sondern Zeit mit Jesus zu verbringen. Maria war geistlich sensibel und hatte ein Gespür für die Stimmungen Jesu wie offenbar sonst keiner seiner Jünger. Maria brachte außerdem ihre Gefühle zum Ausdruck und konnte auch ohne Hemmungen weinen und freimütig lieben. Johannes bringt in seinem Bericht deutlich zum Ausdruck, dass Jesus Martha liebte und ihre Schwester liebte. Bei aller Unterschiedlichkeit eine von vielen Gemeinsamkeiten.

Maria und Martha – die beiden erinnern daran, dass jeder Mensch Jesus auf seine ganz eigene, individuelle Weise lieben und dienen kann, egal, wie er von der Persönlichkeit her geschaffen ist, und am Beispiel dieser zwei Frauen wird deutlich, dass Jesus jeden Menschen in seiner ganz eigenen Art liebt und wertschätzt.

Impulse für heute

- Martha und Maria, zwei Frauen, die von Jesus gleichermaßen geliebt waren. An keiner Stelle wird erkennbar, dass Jesus eine der beiden bevorzugte. Er liebte sie beide, in ihrer Unterschiedlichkeit, in ihrem ganz eigenen Temperament, in ihrer Individualität eben. Indem er beide gleich liebte, konnte er auch korrigieren, Hinweise geben, Orientierung bieten.
- Er sagte: „Maria hat das bessere Teil gewählt“ und wies damit darauf hin, dass es völlig sinnlos ist, sich Gottes Liebe und Anerkennung durch Aktivismus und Leistung verdienen zu wollen, weil seine Liebe und Anerkennung ohnehin schon immer da sind.
- Jede Form von Leistung, um anerkannt und beachtet zu werden, kann nur ablenken von dem, was Jesus uns durch seinen Tod und seine Auferstehung bereits gegeben hat – nämlich Leben, ewiges Leben bei ihm. Jede Mühe, sich ihm angenehm zu machen, ist vergeudete Kraft, die besser dazu eingesetzt wäre, Jesus im Blick zu haben, sein Opfer, und sich in diesem Ansehen und „Inhalieren“ seiner Liebe immer mehr in sein Bild zu verwandeln.

▸ Die arme Witwe

Bibelstelle:
Markus 12,42.43; Lukas 21,2.3
Siehe auch S. 200

Ihre Rolle in der Bibel

Noch einmal wird eine Frau vorgestellt, deren Name ungenannt bleibt. Sie war Witwe und gehörte somit zu den Ärmsten der Armen. Es wird deutlich, dass sie Gott liebte, denn obwohl sie fast nichts hatte, gab sie alles, was sie besaß, als Opfer. Faszinierend an ihr ist, dass sie die Einzige war, die Jesu Aufmerksamkeit auf sich zog, während Jesus und seine Jünger in der Nähe des Opferkastens saßen. Es strömten viele Menschen, darunter auch viele Reiche, an dieser Stelle vorbei und legten ihr Opfer in den Kasten. Die Reichen spendeten große Beträge – manche zweifellos in einer Weise, dass ihre Großzügigkeit Aufmerksamkeit erregte. Jesus stellte die Perspektiven infrage, indem er die winzige Gabe der Frau, die von Herzen kam, höher bewertete als die hohen Summen der Reichen: „Die Reichen haben nur etwas von ihrem Überfluss abgegeben, aber diese Frau opferte alles, was sie hatte“ (Markus 12,44).

Impulse für heute

- Die Frage des Motivs für unser Handeln wird hier in den Vordergrund gerückt. Diese Szene macht deutlich, was Gott wichtig ist.
- Es geht darum, Gott als den Empfänger des Opfers zu ehren. Solange ich nicht aus Liebe und um Gottes willen, sondern um der Ehre willen „gut“ bin, hilfsbereit, großzügig oder besonders engagiert und fleißig in der Gemeinde und in der Welt, so lange sollte ich besser überlegen, ob ich meine „guten Taten“ nicht lieber sein lasse, denn wenn dann nicht die erhoffte Anerkennung oder das Lob erfolgen, stellt sich sehr schnell Missmut ein oder die Forderung an andere, ebenso viel einzusetzen wie ich.
- Gott hat uns aus Gnade errettet. Es gibt nichts, was wir selbst dazutun könnten – oder müssten. Wir können freimütig und ohne Hintergedanken geben, denn wir brauchen niemanden mehr zu beeindrukken. Es geht nur noch darum, zu danken, im Blick zu behalten, was Jesus für uns getan hat.

▸ Die verkrümmte Frau

Bibelstelle:
Lukas 13,10-17
Siehe auch S. 199

Ihre Rolle in der Bibel

Von ihrer Geschichte wird nur in vier Versen berichtet, aber es erfordert wesentlich mehr Text, die Auswirkungen der geschilderten Begegnung zu beschreiben.

Am Sabbat lehrte Jesus in einer Synagoge. An dem Gottesdienst nahm auch eine Frau teil, die seit achtzehn Jahren schwer behindert war und sich nicht mehr aufrichten konnte. Als Jesus sie sah, rief er sie zu sich: „Frau, du sollst von deinen Leiden erlöst sein!“ Segnend legte er seine Hände auf sie. Da richtete sie sich auf und dankte Gott von ganzem Herzen (Lukas 13,10-13).

Was die Frau anging, so war ihr Bedürfnis gestillt. Jesus hatte ihrer Not ein Ende bereitet, und sie hatte Gott die Ehre gegeben. Aber der Vorsteher der Synagoge war entrüstet darüber, dass Jesus an einem Sabbat geheilt hatte, an dem Tag also, an dem eigentlich nicht gearbeitet werden durfte. Jesus war schockiert über die Härte dieses Mannes. Er bezeichnete ihn als Heuchler und sagte: „Und mir verbietet ihr, diese Frau am Sabbat aus der Knechtschaft Satans zu befreien! Achtzehn Jahre lang war sie krank. Gehört nicht auch sie zu Gottes auserwähltem Volk?“ (Lukas 13,16).

Diese Frage an den Synagogenvorsteher ist ein Aufruf an alle, menschliche Not im Blick zu behalten und das Hauptaugenmerk darauf zu legen. Die Leidende

- war eine Frau, ein von Gott mit Würde bedachter Mensch
- war eine Tochter Abrahams, also von Gott geliebt
- war ein Opfer Satans, der die Menschen hasst
- hatte 18 lange Jahre gelitten

Es war nur richtig, dass Jesus handelte, um sie von ihrem langen Leiden zu befreien. Die Reaktion seiner Gegner machte deutlich, wie gleichgültig ihnen im Grunde Menschen in Not waren. Auf jeden Fall war darin nichts von der Nächstenliebe erkennbar, die das Gesetz Gottes von ihnen forderte (3. Mose 19,18). Sie hatten ihr öffentliches Engagement bei der Einhaltung auch der kleinsten Regeln und Bestimmungen dazu genutzt, ihre geistliche Leere zu tarnen, und Jesu Handeln um der Frau willen (bzw. ihre eigene Reaktion darauf) hatte sie an dieser Stelle entlarvt. Die Menge konnte in diesem Moment die Auswirkungen toter Gesetzlichkeit sehen und direkt im Gegensatz dazu im Mitgefühl Jesu das Mitgefühl Gottes mit der leidenden Frau.

Impulse für heute

- Jesus sah das Leid der Frau und heilte sie aus Mitgefühl. Die Frau nahm die Heilung an und bedankte sich bei dem, der sie geheilt hat.
- Zynisch und menschenverachtend war da die Reaktion des Synagogenvorstehers und der anderen Pharisäer. Sie sahen nicht den Menschen in seiner ganz eigenen Situation, sondern erst einmal nur Regeln und Gesetze.
- Indem Jesus die Frau heilte, ohne dass sie auch nur darum bitten musste, macht er deutlich, wie unsinnig der Versuch ist, das Leben selbst unter Kontrolle bringen zu wollen. Gott ist und bleibt Herr über das Leben jedes Menschen.
- Wir tun gut daran und auch uns selbst etwas Gutes, wenn wir uns auf eine Beziehung zu ihm einlassen und offen für sein Handeln an uns werden.

Die Frau, die Jesus salbte im Haus von Simon

Bibelstellen:
Matthäus 26,1.2.6-13;
Markus 14,3-9

Wie aus der Tabelle auf S. 222 hervorgeht, wurde Jesus drei Mal von Frauen mit kostbaren, duftenden Ölen gesalbt. Jedes Mal handelte es sich dabei um einen Akt, durch den die jeweilige Frau ihrer Liebe zu Jesus Ausdruck verleihen wollte. Die Frau, um die es hier geht, wird zwar nicht namentlich genannt, aber ihr Handeln ist in Erinnerung geblieben.

Sie salbte Jesus nur zwei Tage vor seiner Kreuzigung, und sie goss Jesus das Salböl nicht über die Füße, sondern über den Kopf. Auch hier gab es wieder Einwände. Wäre es nicht besser gewesen, das kostbare Öl zu verkaufen, um mit dem Erlös die Armen zu unterstützen? In Matthäus 26, 10-13 heißt es dazu:

Als Jesus ihren Ärger bemerkte, sagte er: „Warum kränkt ihr die Frau durch eure Vorwürfe? Sie hat etwas Gutes für mich getan.

Arme werdet ihr immer bei euch haben, ich dagegen werde nicht mehr lange bei euch sein. Mit diesem Salböl hat sie meinen Leib für mein Begräbnis vorbereitet. Überall da, wo man in der Welt meine Heilsbotschaft verkünden wird, wird man auch von ihr sprechen und von dem, was sie an mir getan hat.“

Diese Worte Jesu lenken das Augenmerk auf das Handeln der Frau. Er sagte: „Mit diesem Salböl hat sie meinen Leib für mein Begräbnis vorbereitet.“ Es wird nicht klar, ob die Frau wirklich die ganze Bedeutung dessen begriff, was sie da tat, aber in Matthäus 26,1 wird berichtet, dass Jesus „seinen Jüngern“ gerade mitgeteilt hatte, dass er gekreuzigt werden würde. Weil ja unter seinen Jüngern auch Frauen waren, ist es gut möglich, dass sie sehr genau wusste, was ihr Tun bedeutete. Auf jeden Fall handelte es sich bei der Salbung um einen Akt der Liebe, der aber durchaus auch einen Hinweis darauf enthalten könnte, dass sie im Unterschied zu den männlichen Jüngern begriff, was Jesus bevorstand.

Diese Salbung – und auch die Salbungen Jesu durch andere Frauen – sollten nämlich die einzigen Salbungen sein, die Jesus bekommen würde. Bevor nämlich die Frauen, die seinen Leichnam salben wollten, zum Grab zurückkehren konnten, in dem Jesus beigesetzt worden war, war er bereits wieder auferstanden.

Da ist es kaum verwunderlich, dass man beim Erzählen von Jesu Tod und Auferstehung „auch von ihr sprechen wird und von dem, was sie … getan hat“ (Matthäus 26,13). Es waren diese Frauen – und wahrscheinlich Maria von Bethanien – die als Einzige ein Gespür für das Leiden hatten, das Jesus unmittelbar bevorstand, und die zeigten, dass sie seinen Schmerz teilten.

Salome

Bibelstellen:
Matthäus 20,20-23; 27,56
Markus 15,40; 16,1
Johannes 19,25

Zeit: Etwa 30 v. Chr.
Name: siehe S. 337
Thema: Sie war die Mutter der Jünger Jakobus und Johannes.

Salomes Rolle in der Bibel

Salome war die Frau von Zebedäus und die Mutter der Jünger Jakobus und Johannes. Sie folgte auch selbst Jesus nach, und einmal versuchte sie, Jesus dazu zu überreden, ihren Söhnen einen Sonderstatus zu verleihen.

Salomes Beziehungen

Salomes Beziehung zu Jesus. Sie wird zwar nicht häufig erwähnt, aber Salome kannte Jesus bereits seit dem Beginn seines öffentlichen Wirkens.

Salomes frühe Beziehung zu Jesus *(Matthäus 4,21; Markus 1,19-20; Lukas 5,10).* Nach seiner Taufe hatte Jesus sich eine Zeit lang in Kapernaum aufgehalten, der Heimatstadt von Petrus, Jakobus und Johannes. Jesus war eine vertraute Gestalt im Hause von Petrus und Zebedäus, und Salome wird den jungen Lehrer aus dem benachbarten Nazareth durch ihre beiden Söhne gekannt haben. Zweifellos war Jesus schon im Haus von Zebedäus gewesen und hatte dort mit seinen Freunden gegessen.

In Markus 15,41 wird Salome mit den Frauen zusammen aufgezählt, die in

Galiläa mit Jesus zogen und „für ihn sorgten".

Salomes Versuch, Jesus zu beeinflussen *(Matthäus 20,20-24).* Man kann davon ausgehen, dass Salome auch weiter bei Jesus blieb und ihn in seiner Arbeit und seinem Wirken unterstützte, aber das nächste Mal wird sie erst in Matthäus 20,20-23 erwähnt. Es war schon gegen Ende seines öffentlichen Wirkens, und das Passahfest, an dem Jesus gekreuzigt werden sollte, stand unmittelbar bevor.

Da kam die Frau des Zebedäus mit ihren Söhnen Jakobus und Johannes zu Jesus. Sie warf sich vor ihm nieder und wollte ihn um etwas bitten. „Was willst du denn?", fragte er. Sie antwortete: „Gib meinen beiden Söhnen in deinem Königreich die Ehrenplätze direkt neben dir!" (Matthäus 20,20-21)

Es ist hier von Bedeutung, dass Salome sich ohne weiteres traute, Jesus diese Frage zugunsten ihrer Söhne zu stellen. Sie war Jesus treu nachgefolgt, und sie wusste, dass er sie anhören würde. Mit seiner Antwort sprach Jesus jedoch die beiden Jünger an und nicht ihre Mutter. Sie hatte zwar die Frage gestellt, aber wohl auf Veranlassung ihrer Söhne hin.

Jesus lehnte Salomes Bitte ab, und als die anderen Jünger von der Bitte erfuhren, galt ihr Ärger den beiden Brüdern und nicht der Mutter. Wahrscheinlich kannten sie Salome gut, und ihnen war klar, dass sie nicht aus eigenem Antrieb versucht hätte, ihren Söhnen Vorteile zu verschaffen.

Salome blieb bis zum Ende bei Jesus *(Matthäus 27,56; Markus 15,40; 16,1).* In dem Bibeltext wird Salome zu den anderen Frauen gezählt, die Jesus bis zum Ende treu nachfolgten und in der Nähe des Kreuzes blieben. Sie war auch bei denen, die mit Kräutern zu Jesu Grab kamen, um seinen Leichnam zu salben, und die als Erste von der Auferstehung erfuhren.

So gehörte Salome zu den Jüngern, die Jesus von Anfang an nachgefolgt waren und bis zum Schluss bei ihm blieben.

Salomes Beziehung zu ihren Söhnen *(Matthäus 20,20-23).* Außer bei dieser einen Gelegenheit, bei der Salome für ihre Söhne ein gutes Wort einlegte, wird sie nicht gemeinsam mit Jesus dargestellt. Zunächst versteht man ihre Bitte vielleicht als typisch mütterlichen Einsatz, um Vorteile für die eigenen Kinder zu ergattern, aber dann wird im biblischen Bericht direkt die Reaktion von Jesus und seinen Jüngern beschrieben: Sie waren nicht ärgerlich auf die Mutter, sondern auf die beiden Söhne Salomes. Salome liebte ihre Söhne eben und tat, worum sie von ihnen gebeten wurde. Sie wäre bestimmt begeistert gewesen, wenn Jesus ihrer Bitte entsprochen hätte, aber ihre Identität hing nicht von der Stellung ihrer Söhne ab. Sie war zu sehr Anhängerin und Jüngerin Jesu, als dass sie von sich aus zu irgendwelchen Mitteln gegriffen hätte, um eine Bevorzugung ihrer Söhne zu erreichen.

Salome: Eine Nahaufnahme

Über die Person der Salome ist nicht viel zu erfahren. Sie war eine treue Anhängerin und Nachfolgerin Jesu. Sie kannte Jesus bereits vor Beginn seines öffentlichen Wirkens, und sie blieb während der folgenden Jahre stets in seiner Nähe.

Salome war keine Leiterin; die Leiterin der kleinen Gruppe von Frauen um Jesus war Maria Magdalena. Vielmehr war Salome eine treue Nachfolgerin, vielleicht ein wenig älter als die anderen Frauen, und sie genoss offenbar das Vertrauen der anderen Jünger – Frauen wie Männer. Dass man Vertrauen zu ihr hatte, wird an einer Stelle besonders deutlich: Im Bibeltext heißt es nämlich: „Die anderen Jünger waren entrüstet, als sie erfuhren, *was Jakobus und Johannes gefordert hatten" (Hervorhebung der Verfasser)* (Matthäus 20,24). Eine solche Bitte zugunsten ihrer Söhne entsprach so wenig ihrem Wesen, dass die Jünger dahinter sofort Jakobus und Johannes vermuteten. Als treuer Mensch ohne Hintergedanken wurde Salome von allen geschätzt.

Impulse für heute

- Salome wusste wohl nicht wirklich, was sie fragte, als sie nach exponierten Plätzen für ihre Söhne an Jesu Seite bat.
- Sichtbar zu sein, wo auch immer, bringt es auch stets mit sich, beobachtet und beurteilt zu werden.
- Es gilt die Kosten zu überschlagen, bevor man sich zeigt. Es nützt niemandem, einem selbst am allerwenigsten, wenn man sich in dieser Hinsicht *überfordert.*
- Für Jesus spielt es keine Rolle, an welchem Platz wir in seiner Nähe sind. Hauptsache ist, dass wir bei ihm sind und ihn an uns heranlassen.

Weitere Frauen im neuen Testament

Die Braut von Kana

Bibelstelle:
Johannes 2,1-11

Bei den jüdischen Hochzeitsfeierlichkeiten war die Braut gewissermaßen die Königin und der Bräutigam der König. Eine Hochzeit konnte mehrere Tage dauern, manchmal bis zu einer Woche. Sie galt als der Höhepunkt im Leben einer Frau.

Es ist deshalb nicht weiter verwunderlich, dass Maria als fürsorglicher und sensibler Mensch aufgeregt war, als ihr klar wurde, dass mitten im Hochzeitsfest der Wein ausgegangen war: Die Hochzeit dieser Braut würde dadurch vielleicht nicht als fröhliche, festliche Angelegenheit in Erinnerung bleiben, sondern als die Hochzeit, bei der die Gastgeber mit dem Wein gegeizt hatten.

Es geht aus dem Bibeltext nicht hervor, ob die Braut wusste, dass der Wein ausgegangen war. Wahrscheinlich nicht, denn das war Sache des Zeremonienmeisters. Klar ist, dass Jesus die Braut und den Bräutigam vor einer gesellschaftlichen Katastrophe bewahrte, indem er Wasser in Wein verwandelte.

Die Geschichte erinnert daran, dass Jesus häufig hinter den Kulissen wirkt, nicht nur damals, sondern auch heute noch. Erst wenn wir bei ihm in der Ewigkeit sind, wird vielleicht deutlich werden, wie oft er in unserem Leben durch sein Eingreifen kleinere oder größere Katastrophen abgewendet hat.

Herodias und ihre Tochter

Bibelstelle:
Matthäus 14,1-12; Markus 6,14-29

Herodias' Rolle in der Bibel

Herodias hatte Philippus, den Bruder von König Herodes Antipas, geheiratet. Johannes der Täufer predigte gegen diese Ehe, die nach den Gesetzen des Alten Testamentes illegitim war. Herodes ließ Johannes verhaften und einsperren, scheute sich aber, den bekannten und beliebten

Propheten hinrichten zu lassen, und er fürchtete auch Johannes selbst „weil er wusste, dass der ein frommer und heiliger Mann war" (Markus 6,20). Herodias war jedoch äußerst erbost darüber, dass Johannes sie öffentlich verurteilt hatte. „Darum hasste ihn Herodias. Sie wollte Johannes umbringen lassen"(Markus 6,19).

Die Gelegenheit dazu bot sich, als Herodias' Tochter bei einem von Herodes veranstalteten Festmahl tanzte, und der König der jungen Frau anbot, den Lohn für ihre Darbietung selbst zu bestimmen. Als sie ihre Mutter in dieser Angelegenheit um Rat fragte, schlug Herodias ihr vor, den Kopf von Johannes dem Täufer zu fordern.

Ganz offensichtlich war Herodias eine gierige und egozentrische Frau. Sie hatte Philippus verlassen, um den einflussreichen Herodes zu heiraten, obwohl sie wusste, dass das vom Gesetz Gottes her als Unrecht galt. Als Johannes sich öffentlich gegen diese Ehe aussprach, entwickelten sich aus ihrem Stolz Mordpläne. Sie zögerte keinen Augenblick, ihre eigene Tochter zu einem nur schlecht getarnten Mord an einem gottesfürchtigen Mann zu überreden. Innerlich völlig verhärtet, konnte Herodias an nichts anderes mehr denken als an Rache.

Und sie bekam diese Rache. In der biblischen Geschichte wird sie deshalb allerdings auch als das neutestamentliche Gegenstück von Isebel bezeichnet und dargestellt.

BIBLISCHER HINTERGRUND

Wein

Zur biblischen Zeit hatte fermentierter Wein zwischen 7 und 10 Prozent Alkohol. Die rabbinischen Schriften schreiben vor, den Wein mit drei bis fünf Teilen Wasser pro Teil Wein zu verdünnen. Das Getränk, das damals in Kana serviert wurde, war also ganz anders als der Wein, den wir heute kennen, der oft 10 bis 13,5 Prozent Alkohol enthält und unverdünnt getrunken wird.

Die Haltung des Alten Testamentes in Bezug auf Wein ist differenziert. Im Expository Dictionary of Bible Words heißt es:

Fermentierter Wein wurde bei Festessen getrunken, als Geschenk verwendet (1.Sam. 25,18; 2. Sam. 16,1) und spielte auch bei Opferhandlungen eine Rolle (2. Mose 29,40; 3. Mose 23,13; 4. Mose 15,7). Gleichzeitig fordert das Alte Testament zur Mäßigung auf und lehnt Trunkenheit sowie die Liebe zum Trinken ab (Spr. 20,1; 21,17; 23,20). Die beiden Seiten der Verwendung von Wein – Missbrauch und der richtige Gebrauch – werden im Buch Amos deutlich. Das Volk Gottes wurde verurteilt wegen Sünden, die mit Wein zu tun hatten (Amos 2,8; 12; 5,11; 6,6). Und in den späteren Kapiteln, die voller Verheißungen auf Wiederherstellung stecken, wird ihm versprochen: „Man tritt die Trauben noch in der Kelter, obwohl die Zeit der Aussaat schon wieder begonnen hat. Ja, es wird so viele Trauben geben, dass ihr Saft die Berge und Hügel herabfließt" (Amos 9,13) und „Sie pflanzen Weinberge und trinken Wein" (Amos 9,14) (S. 628).

Impulse für heute

- Es kann einem Menschen sehr nahe gehen, wenn er in aller Öffentlichkeit auf ein Wort, eine Tat, eine Entscheidung oder ein Verhalten aufmerksam gemacht wird, von dem er eigentlich selbst genau weiß, dass es nicht richtig ist. Eine zutiefst menschliche Reaktion auf eine solche Art der Bloßstellung besteht darin, die Wut, die eigentlich einem selbst und dem eigenen Fehlverhalten gilt, auf denjenigen zu übertragen, der diesen Fehler aufdeckt oder anspricht.
- Herodias schreckt vor wirklich gar nichts zurück, um Rache zu nehmen und ihr eigenes Problem auf diese Weise zu verdrängen. Ihr Zorn über die öffentliche Beschämung ist so ungeheuerlich, dass sie auch vor Mord nicht zurückschreckt.
- Wie reagiere ich eigentlich, wenn ich auf Fehlverhalten aufmerksam gemacht oder sonst irgendwie kritisiert werde?

Die Frau, die Jesu Mutter selig pries

Bibelstelle:
Lukas 11,27.28

Diese Frau, die nur an dieser einen Stelle erwähnt wird, wollte Jesus ein Kompliment machen, indem sie sagte: „Wie glücklich muss die Frau sein, die dich geboren und aufgezogen hat." Zur damaligen Zeit war es üblich, Menschen indirekt zu loben, indem man die Wertschätzung den Eltern gegenüber ausdrückte. Durch seine Reaktion auf dieses Kompliment wertete Jesus seine Mutter nicht ab, sondern erinnerte all diejenigen, die dabeistanden und es hörten, daran, dass Stolz auf die Kinder oder auf eine gesellschaftliche Anerkennung ein vergänglicher Wert ist: „Wirklich glücklich sind die Menschen, die Gottes Wort hören und danach leben" (Lukas 11,28).

Konkret bedeutet das auch: „Lobt mich nicht, sondern hört genau zu, was ich euch sage, und lebt entsprechend!"

Die Dienstmädchen des Kaiphas

Bibelstellen:
Matthäus 26,69-71; Markus 14,66-69
Lukas 22,56-60

Die Rolle von Kaiphas' Dienstmädchen in der Bibel

In der Nacht vor der Kreuzigung brachten die Soldaten Jesus in das Haus des Hohepriesters Kaiphas. Während Jesus im Haus verhört wurde, trieb Petrus sich im Hof des Hauses herum und versuchte, sich so unauffällig wie möglich zu verhalten. Aber eines der Dienstmädchen des Hohepriesters sprach Petrus trotzdem an: „Du warst doch auch bei Jesus, diesem Galiläer" (Matthäus 26,69). Petrus leugnete lautstark jegliche Verbindung mit Jesus, und das Mädchen ging fort. Später kam dasselbe Mädchen noch einmal zurück (Markus 14,69), oder ein anderes Dienstmädchen kam auf ihn zu (Matthäus 26,71) und sprach Petrus genauso direkt an. Die nächste Person, von der Petrus befragt wurde, war offenbar ein Mann (Johannes 18,26). Und jedes Mal schwor Petrus, dass er mit Jesus von Nazareth absolut nichts zu tun habe.

Normalerweise befasst man sich ja mit Petrus und seiner dreifachen Leugnung, aber an dieser Stelle soll es einmal um das bzw. die Dienstmädchen gehen. Sie waren Frauen mit einem besonders niedrigen

Status, denen keine Ansprüche zugestanden wurden. Trotzdem waren sie stolz darauf, im Haus des Hohepriesters angestellt zu sein. Dass sie Sklavinnen waren, war nicht so bedeutsam wie die Tatsache, dass sie *seine* Sklavinnen waren. Sie waren nicht nur stolz darauf, zum Haushalt des Hohepriesters zu gehören, sondern sie identifizierten sich auch mit ihm. Jesus war der Feind ihres Herrn, und deshalb war er auch ihr Feind. Obwohl sie Sklavinnen waren, fühlten sie sich doch mutig genug, einen Mann anzusprechen, von dem sie glaubten, er könnte ein Feind ihres Herrn sein.

Impulse für heute

- Die Art, wie sich die Dienstmädchen mit ihrem Herrn identifizieren, ist beeindruckend. Weil sie zu ihm gehören, trauen sie sich viel, obwohl sie einen sehr geringen Status haben.
- Was traue ich mich, weil ich zu Jesus gehöre?

Die Frau von Pontius Pilatus

Bibelstelle:
Matthäus 27,19

Die Frau von Pilatus könnte als letzte Fürsprecherin Jesu betrachtet werden, bevor er dann schließlich verurteilt wurde. Sie wird nur in einem einzigen Vers erwähnt: „Während Pilatus die Gerichtsverhandlung leitete, schickte ihm seine Frau eine Nachricht: ‚Unternimm nichts gegen diesen Mann. Er ist unschuldig! Ich habe seinetwegen in der letzten Nacht einen fürchterlichen Traum gehabt.'"

Obwohl zur damaligen Zeit Träume allgemein als Quelle göttlicher Offenbarungen betrachtet wurden, ignorierte Pilatus die Warnung seiner Frau. Unter dem Druck der jüdischen Führer verurteilte er Jesus zum Tode.

Frauenleben zur Zeit der Apostelgeschichte

- **Frauen in der nicht jüdischen Welt**
- **Marias Gemeinde (Apostelgeschichte 12,12)**
- **Die vier Töchter des Philippus mit der prophetischen Gabe (Apostelgeschichte 21,9)**

Die Evangelien verblüffen durch ihre für damalige Zeiten revolutionäre Wahrnehmung von Frauen: Jesus erwies den Frauen ein Maß an Achtung, das in starkem Kontrast stand zum Frauenbild der rabbinischen Schriften. Durch die Art, wie Lukas in seinem Evangelium Frauen darstellt, wird deutlich, dass sich der Status der Frau durch das Kommen Jesu radikal verändert hat.

Lukas hat außer seinem Evangelium auch die Apostelgeschichte verfasst, eine Fortsetzung seines Berichtes „von allem, was Jesus getan und gelehrt hat" (Apg. 1,1). Während er in seinem Evangelium das öffentliche Wirken Jesu dokumentiert, „und zwar von Anfang an bis zu seiner Rückkehr zu Gott" (Apg.1,2), berichtet er in der Apostelgeschichte vom weiteren Wirken Jesu in der Urgemeinde durch die Kraft des Heiligen Geistes und durch Menschen, die Jesus nachfolgten.

Das vorliegende Kapitel befasst sich mit der Frage, ob auch in der Apostelgeschichte Frauen in neuen Rollen und Beziehungen dargestellt werden. Trifft das zu, und die Darstellung der Frau in der Gemeinde Jesu unterscheidet sich von der in den Schriften des Judentums, kann das als weiteres Indiz dafür gewertet werden, dass Jesus auch in diese Welt gekommen ist, um die Ebenbürtigkeit von Mann und Frau wiederherzustellen, die durch den Sündenfall verloren gegangen war.

Die meisten Frauengestalten in der Apostelgeschichte werden positiv dargestellt. Arlandson (Women, Class, and Society in Early Christianity, 1997) schlägt vor, sie zu unterscheiden, und zwar zum einen als Personen, die empfänglich waren für das Reich Gottes und konkret und spürbar davon profitierten, und zum anderen als solche, die nicht empfänglich waren für das Reich Gottes und nicht davon profitierten oder begünstigt waren.

23 Einzelpersonen oder Gruppen von Frauen ordnet Arlandson als „begünstigt" ein; lediglich Saphira (5,1-11), Kandake (8,27), so genannte „fromme und angesehene Frauen aus Antiochia" (13,50); Frauen aus Philippi (16,13), Drusilla (24, 24) und Berenike (25,23) fallen in die Rubrik der „nicht empfänglichen".

Im vorliegenden Kapitel sollen die in der Apostelgeschichte dargestellten Frauen, für die das Evangelium positive Konsequenzen hatte, zunächst etwas genauer betrachtet werden. Danach geht es anhand einiger Beispiele darum, wie sich ihr Leben durch den Glauben verändert hatte.

Frauen, die in der Apostelgeschichte positv erwähnt werden

Maria *(1,14).* Maria, die Mutter Jesu und der „Brüder Jesu", wird in Zusammenhang mit Jüngern genannt, die in Jerusalem zusammenkamen, um dort gemeinsam zu beten, und zwar in der Zeit zwischen Christi Himmelfahrt und Pfingsten. Lukas stellt Maria nicht über die Maßen heraus, sondern legt einfach dar, dass unter denen, die an Jesus glaubten und ihn als Herrn und Erlöser angenommen hatten, auch Angehörige der irdischen Familie Jesu waren.

Betende Jünger *(1,14).* Im Text werden die elf Männer namentlich genannt, die Jesus als Apostel zur Leitung seiner Gemeinde ausgewählt hatte. Lukas erwähnt noch einmal ausdrücklich, dass zu den ersten Nachfolgern Jesu auch „einige Frauen" gehörten.

Zu Pfingsten *(2,4).* Dieselbe Gruppe von Anhängern Jesu war auch am Pfingsttag bei der Ausgießung des Heiligen Geistes versammelt. Im Bibeltext heißt es: „So wurden sie alle mit dem Heiligen Geist erfüllt, und sie redeten in fremden Sprachen." Weder in Hinblick auf das Erfülltwerden noch auf die Gabe selbst wurde ein Unterschied zwischen Männern und Frauen gemacht.

Jünger in Jerusalem *(5,14).* Im Text heißt es: „Immer mehr glaubten an Jesus, Männer wie Frauen." Und wieder wird hier Lukas' Angewohnheit deutlich, Frauen speziell zu erwähnen.

Die griechischsprachigen Witwen *(6,1-7).* Jerusalem war zur damaligen Zeit eine Weltstadt. Viele Juden, die dort lebten, kamen ursprünglich aus anderen Städten des römischen Reiches, und viele von ihnen sprachen überwiegend griechisch. Die vorherrschende Sprache der aus Judäa stammenden Menschen war Aramäisch, eine mit dem Hebräischen eng verwandte Sprache. Die aramäischsprachigen oder ortsansässigen Witwen werden im Bibeltext als hebräische Witwen bezeichnet. Weil damals in Jerusalem nur wenige Berufe oder Tätigkeiten für Frauen zugänglich waren, bestand für Witwen, die keine erwachsenen Söhne hatten, immer die Gefahr, völlig mittellos dazustehen. Die Stadt stellte zwar Nahrungsmittel für die jüdischen Witwen zur Verfügung, weigerte sich aber möglicherweise, auch diejenigen mit zu versorgen, die Christen geworden waren. Deshalb richtete die Urgemeinde eine eigene Versorgung für Bedürftige ein.

Die hebräischen Witwen *(6,1-7).* Manche Angehörigen der ersten Gemeinde hatten den Eindruck, dass die hebräischen Witwen bei der Versorgung bevorzugt würden. Die Apostel machten daher den Vorschlag, vertrauenswürdige Gemeindeglieder auszuwählen und sie mit der gerechten Verteilung der Hilfsmittel zu beauftragen. Bezeichnend war dabei, dass alle für diese Aufgabe ausgewählten Männer griechische Namen trugen.

Verfolgte Jünger *(8,3).* Bei der Vertreibung der meisten Christen aus Jerusalem wurden auch viele Gläubige aus ihren Häusern verschleppt und eingesperrt. Auch hier betont Lukas, dass es sich dabei um „Frauen wie Männer" handelte.

Samariter *(8,12).* Auch an dieser Stelle ist Lukas sehr um möglichst genaue Berichterstattung bemüht, denn er erwähnt ausdrücklich, dass „Männer und Frauen" unter den ersten bekehrten Samaritern waren.

Tabea *(9,36-42).* Petrus holte diese Frau, die zu den Jüngern gezählt wird, nach ihrem Tod zurück ins Leben. Aus ihrer Beschreibung durch Lukas wird hin und wieder geschlossen, dass sie das Amt einer Diakonin bekleidete.

Witwen *(9,39-41).* Tabea unterstützte die Witwen in Joppe, indem sie Kleidung für sie fertigte (siehe oben).

Maria *(12,12).* „Maria" war ein gebräuchlicher Name im ersten Jahrhundert. Die Maria, um die es hier geht, ist die Mutter von Johannes Markus. Lukas berichtet: „Dort hatten sich viele Christen aus der Gemeinde zusammengefunden, um zu beten". Gemeint ist das Haus von Maria, also ein Hinweis, dass Maria wahrscheinlich zu den wohlhabenden Kreisen Jerusalems zählte und dort über Einfluss verfügte, da sie ein so geräumiges Haus hatte.

Rhode *(12, 13-15).* Das Dienstmädchen, von dem hier die Rede ist, war eine Sklavin. Dass sie an die Tür ging, als Petrus klopfte, ist ein Hinweis darauf, dass sie im Haushalt arbeitete. Es ist durchaus denkbar, dass sie zusammen mit den anderen Gläubigen aus der Gemeinde gerade gebetet hatte. Wenn das so war, spricht es dafür, dass in der Urgemeinde das Geschlecht oder die gesellschaftliche Stellung eines Menschen kein Hindernis war, völlig in die Gemeinde integriert zu sein.

Die Mutter von Timotheus *(16,1).* Die Mutter von Timotheus wird einfach als eine der gläubigen Frauen erwähnt. In einem späteren Brief an Timotheus rechnete Paulus es Timotheus' Mutter Lois und deren Mutter Eunike hoch an, dass sie Timotheus schon als Kind zum Glauben geführt hatten.

Lydia *(16,14.15.40).* Lydia war die erste Person in Mazedonien, also die erste Europäerin, die zum Glauben an Jesus Christus kam. Sie war von Beruf Purpurhändlerin und unterstützte später Paulus und die Gemeinde von Philippi finanziell und indem sie ihr Haus zur Verfügung stellte. Beides deutet darauf hin, dass sie nicht nur wohlhabend war, sondern auch über Einfluss verfügte.

Die von einem Dämon besessene Sklavin *(16,16-24).* In Damaskus trieb Paulus bei einem Sklavenmädchen, das von seinen Eigentümern als Wahrsagerin ausgebeutet wurde, einen Dämon aus. Der Zorn ihrer Besitzer auf Paulus, weil er das Mädchen für sie „unbrauchbar" gemacht hatte, indem er es von dem Dämon befreite, macht noch einmal den Kontrast zwischen der Behandlung von Frauen in der heidnischen Welt und der Wertschätzung von Frauen in der christlichen Gemeinschaft deutlich.

Angesehene Thessalonicherinnen *(17,4).* Lukas erwähnt die „vornehmsten und angesehensten Frauen der Stadt". Das waren zweifellos einflussreiche Frauen, von denen einige ihr Ansehen sicher durch die Stellung ihrer Männer erlangt hatten. Viele von ihnen hatten jedoch auch Einfluss, weil sie ein eigenes Vermögen besaßen.

Angesehene griechische Frauen aus Beröa *(17,12).* Der Ausdruck „angesehene Frauen" aus Vers 12 hat die gleiche Bedeutung wie in Vers 4 des Kapitels.

Damaris *(17,34).* Lukas erwähnt diese Frau zusammen mit den Einwohnern Athens, vor denen Paulus predigte. Sie gehörte zu denen, die das Evangelium annahmen. Wenn man die Rolle der Frau in der damaligen griechischen Gesellschaft betrachtet, ist die Wahrscheinlichkeit groß, dass Damaris eine Hetäre war, eine Frau also, die eher für die Rolle der Gefährtin als für die der Ehefrau erzogen und

KULTURELLER HINTERGRUND

Frauen in der nicht jüdischen (heidnischen) Gesellschaft

Die Gesellschaft, in die die Gemeinde des ersten Jahrhunderts hereinbrach, war patriarchalisch strukturiert. Die Frauen mögen vielleicht im Haushalt und in Haushaltsdingen das Sagen gehabt haben, aber in der Gesellschaft insgesamt herrschten die Männer. Die meisten Männer damals hätten vermutlich dem Ausspruch Aristoteles' beigepflichtet: „Der Mann ist von Natur aus überlegen, die Frau unterlegen, der Mann ist Herrscher und die Frau Untertan" (Politik, 3.2.10).

Der Reichtum des römischen Reiches brachte den Frauen jedoch ein erstaunliches Maß an persönlicher Unabhängigkeit, und manche bekleideten sogar öffentliche Ämter. Allerdings gab es wahrscheinlich nur in Mazedonien Situationen wie Folgende:

„Die Frauen waren in allen Belangen das Gegenüber der Männer. Sie spielten eine wesentliche Rolle im Geschäftsleben und bekamen zu diesem Zwecke auch Vollmachten von ihren Männern; sie bauten Tempel, gründeten Städte, rekrutierten Söldner, befehligten Armeen, hielten Festungen und agierten gelegentlich sogar als Herrscherinnen oder Mitherrscherinnen ... (W.W. Tarn and G.T. Griffith, Hellenistic Civilization, 1952, S.74).

Auch in Kleinasien konnten Frauen öffentliche Ämter in Kultur und Politik bekleiden, die in anderen Teilen der Welt ausschließlich mit Männern besetzt waren.

In der römischen Oberschicht konnten Frauen genauso wie Männer die Scheidung einreichen. Die Ehen der römischen Oberschicht wurden jedoch immer noch aus politischen und wirtschaftlichen Gründen von den Eltern arrangiert, und Mädchen konnten sich nur dann weigern, eine von den Eltern ausgehandelte Ehe einzugehen, wenn sie nachweisen konnten, dass der künftige Mann moralisch fragwürdig war. Im Allgemeinen waren freigelassene Sklavinnen im römischen Reich in einer besseren Position als Frauen in den griechischen oder jüdischen Gemeinschaften. Ihnen standen eine Reihe von Berufen offen, und nach römischem Recht waren Frauen sogar erbberechtigt.

Trotz der Unterschiede, die es hier zwischen den einzelnen Gebieten des römischen Reiches gab, behielt die Gesellschaft insgesamt ihre patriarchalischen Strukturen bei. Die Unterschiede zeigen, dass eine patriarchalische Gesellschaft nicht zwangsläufig *unterdrückend sein muss*, auch wenn das häufig der Fall ist.

ausgebildet worden war. In Athen waren verheiratete Frauen immer noch in die Häuser verbannt.

Priszilla *(18,2.3.18.26).* Priszilla wird im Neuen Testament sechs Mal erwähnt, und zwar immer zusammen mit ihrem Mann Aquila. Vier Mal davon wird ihr Name allerdings vor dem ihres Mannes genannt, eine Besonderheit, die dafür spricht, dass sie in der Gemeinde wahrscheinlich mehr Einfluss hatte als ihr Mann.

Die Jüngerinnen in Tyrus *(21,5).* Auch hier erwähnt Lukas wieder, dass unter den Jüngern, die Paulus vor seiner letzten Reise nach Jerusalem verabschiedeten, auch Frauen waren.

Die Töchter des Philippus *(21,9).* Ihr Vater Philippus war einer der ersten Diakone. Er wird in Apostelgeschichte 6 erwähnt und in Apostelgeschichte 8 als derjenige dargestellt, der die Erweckung in Samarien einleitete. Außerdem gibt es einen Bericht darüber, wie er einen äthiopischen Regierungsbeamten zum Glauben führte. Lukas schreibt: „Die vier Töchter des Philippus waren unverheiratet gewesen und hatten von Gott prophetische Gaben bekommen“. In 1. Korinther 12,28 heißt es dazu: „Jedem hat Gott seinen ganz bestimmten Platz zugeteilt. Da sind zunächst die Apostel, dann die Propheten . . .“

Die Schwester des Paulus *(23,16).* Über Paulus' Schwester ist aus Lukas' kurzem Hinweis auf seinen Neffen in diesem Vers nichts zu erfahren. Ein paar Dinge fallen bei dieser kurzen Erwähnung jedoch auf: Lukas gibt sich ganz offensichtlich große Mühe, „die Frauen“ einzubeziehen, wo andere Autoren des 1. Jahrhunderts und die Rabbinen nicht im Entferntesten daran gedacht hätten, sie auch nur zu erwähnen. Wo „die Frauen“ eingeschlossen werden, ist ganz klar, dass sie zusammen mit den Männern aktiv teilhatten an wichtigen Begebenheiten. Indem Priszilla vor ihrem Mann genannt wird in Bereichen, in denen es die Konventionen umgekehrt gefordert hätten, deutet Lukas an, dass sie eine leitende Position in der Gemeinde hatte. Natürlich ist auch allein schon die Tatsache, dass in Lukas' Aufzeichnungen so viele Frauen erwähnt werden, von Bedeutung.

Wenn man jedoch die Frauengestalten in der Apostelgeschichte etwas genauer betrachtet, wird noch deutlicher, wie umwälzend die Veränderung des Status der Frauen war, die von Lukas in seinem Evangelium hervorgehoben werden.

Die Veränderung der Rolle der Frauen in der Apostelgeschichte

Einige Hinweise von Lukas auf Frauen in der Apostelgeschichte machen die Veränderung in der traditionellen Frauenrolle besonders deutlich. Er stellt bis dahin unübliche Betätigungsfelder von Frauen in der christlichen Gemeinschaft dar, und zwar solche, die ihnen auch tatsächlich offen standen. Konkret trifft das auf Tabea, Maria, die Mutter von Johannes Markus, Lydia, Priszilla und die Töchter des Philippus zu.

Tabea *(Apostelgeschichte 9,32-42).* In diesem Abschnitt wird von zwei Wundern des Petrus berichtet. Das erste ist die Heilung eines Christen namens Äneas (Verse 32-35), das zweite die Auferweckung einer Christin namens Tabea.

Wie bereits im Lukasevangelium beobachtet, stellt Lukas in seinen Berichten häufig einen Mann und eine Frau einander gegenüber, wobei die Frau in aller Regel positiver gezeigt wird. An dieser Stelle steht Lukas' kurze Erwähnung von Äneas im Kontrast zu dem Detail, das er über Tabea preisgibt. Im Unterschied zu Äneas bezeichnet er Tabea nämlich ausdrücklich als „Christin".

Tabeas wichtige Tätigkeit unter den Christen wird speziell erwähnt, dagegen erfährt der Leser absolut nichts über das Leben oder die Arbeit von Äneas.

Die schlimmen Folgen von Tabeas Tod für viele Christen in ihrer Gemeinde werden deutlich aufgezeigt. Über die Folgen von Äneas' Lähmung für sein Umfeld ist nichts zu erfahren.

Aus der Sicht von Lukas als Berichterstatter hat Äneas' Heilung Vorrang, und erst danach werden Tabea und ihre Rolle in der Gemeinde erwähnt, obwohl ja die Auferweckung eines Menschen vom Tod noch sehr viel spektakulärer ist als die Heilung eines Gelähmten.

Die sorgfältige und ausführliche Beschreibung von Tabea wird manchmal darauf zurückgeführt, dass sie Diakonin in der Gemeinde war und Lukas hier den Dienst einer Diakonin des ersten Jahrhunderts beschreiben will. Der Ausdruck „tat viel Gutes" (9,36) ist ein Hinweis darauf, dass es sich dabei um eine andauernde Tätigkeit und nicht um einen einmaligen Wohltätigkeitsakt handelte. Ob nun Tabea wirklich die Funktion einer Diakonin hatte oder nicht, fest steht, dass sie im Unterschied zu Äneas in allen Einzelheiten als vorbildliche Nachfolgerin Jesu beschrieben wird.

Maria, die Mutter von Johannes Markus *(Apostelgeschichte 12,12-17).* Als Herodes Antipas Petrus ins Gefängnis werfen ließ, versammelten sich Mitglieder der Gemeinde von Jerusalem in Marias Haus, um dort zu beten. Dadurch erfährt der Leser einige wichtige Einzelheiten über Maria. Es ist bekannt, dass sie wohlhabend war. Das typische Haus in Jerusalem war nämlich recht klein und hätte nicht genügend Platz gehabt für eine solche Zusammenkunft. Dass Marias Haussklavin Rhode erwähnt wird, unterstreicht noch die Wahrscheinlichkeit, dass Maria zur Oberschicht gehörte.

Zumindest in den ersten beiden Jahrhunderten des christlichen Zeitalters kamen die Christen in aller Regel in Privathäusern und nicht in Gemeindegebäuden oder Kirchen zusammen. Marias Haus diente einem Teil der christlichen Gemeinschaft von Jerusalem als Ort, wo der Gottesdienst gefeiert wurde. Nach seiner Entlassung aus dem Gefängnis ging Petrus sofort zu Marias Haus. Er wusste, wo die Gläubigen zusammenkamen und wo er willkommen sein würde.

„Jakobus und . . . die anderen" (die anderen Apostel?) waren bei dieser Gebetsversammlung nicht anwesend. Petrus beauftragte Maria, ihnen die Nachricht von seiner Freilassung zu übermitteln.

Und schließlich soll nicht unerwähnt bleiben, dass Maria großen Mut bewies, indem sie ihr Haus öffnete. Herodes Antipas hatte nämlich erst kurz zuvor den Apostel Jakobus hinrichten und Petrus ins Gefängnis werfen lassen, und es hatte eine Phase offizieller Verfolgung begonnen. Trotzdem war es für Maria keine Frage, ihr Haus auch weiterhin für Gottesdienste und Gebetsversammlungen zur Verfügung zu stellen.

Maria war also ein lebenswichtiges und vertrauenswürdiges Mitglied der frühen Gemeinde und Gastgeberin der Christen, die in ihrem Haus zusammenkamen, einer Gemeinschaft, zu der Frauen, Männer und sogar Sklaven gehörten.

Lydia *(Apostelgeschichte 16,13-15.40).* Sie war der erste Mensch in Europa, der durch

Paulus Christ wurde, nachdem dieser von Kleinasien nach Mazedonien übergesetzt hatte. Frauen hatten in Mazedonien sehr viel mehr Freiheiten als in anderen Teilen des römischen Reiches, und deshalb ist es auch keine so große Besonderheit, dass Paulus dort einer selbstständigen und erfolgreichen Geschäftsfrau begegnete. Es ist noch nicht einmal besonders überraschend, dass Lydia, von der es heißt, dass sie Jüdin war, die „mit Purpurstoffen handelte", von dem für seine Purpurfärberei berühmten Thyatira aus nach Philippi gezogen war.

Überraschend und ungewöhnlich ist allerdings, dass Paulus, der ja als Pharisäer erzogen worden war, sich darauf einließ, ausschließlich mit einer Gruppe von Frauen dort eine Gemeinde zu gründen, und das kam so: Als Paulus in Philippi an einem Sabbat keine Synagoge fand, um dort zu beten, ging er zu einem Platz am Flussufer, wo jüdische Frauen zum Gebet zusammenkamen. Diese Frauen, es kann sich dabei möglicherweise um Lydia und ihre Angestellten gehandelt haben, nahmen die Gute Nachricht an und bildeten somit den Kern der ersten christlichen Gemeinde in Europa, die lange zu Paulus' Lieblingsgemeinden gehörte. Nach jüdischem Glauben waren zehn *Männer* nötig, um Gottesdienst zu feiern. Der Unterschied zur Stellung der Frau im Christentum hätte also kaum drastischer demonstriert werden können als durch die Bereitschaft von Paulus, eine Gemeinde zu gründen, die nur aus Frauen bestand.

Lydia lud die Apostel dann ein, in ihrem Haus zu bleiben und von dort aus die Stadt zu evangelisieren.

Nachdem Paulus und Silas aus dem Gefängnis entlassen worden waren, gingen sie sofort zu Lydias Haus. Es heißt im Text: „Dort hatte sich die ganze Gemeinde versammelt". Lydia, eine Frau also, blieb demnach eine zentrale Figur in der Gemeinde von Philippi.

Priszilla *(Apostelgeschichte 18,2.3.18.26).* In Apostelgeschichte 18 stellt Lukas Priszilla und Aquila vor, ein Ehepaar, das zusammen mit anderen Juden kurz zuvor aus Rom vertrieben worden war und sich nun in Korinth niedergelassen hatte. Nach seiner Ankunft in Korinth wohnte Paulus bei den beiden, und später, als er nach Ephesus weiterzog, verlegten auch Aquila und Priszilla ihre Zeltmacherei dorthin. Als der Apostel auch von Ephesus aus wieder weiterzog, blieb das Ehepaar jedoch dort. In einer Anmerkung dazu sagt Kirchenvater Chrysostomos: „Er ließ sie aus gutem Grund in Ephesus zurück, nämlich, dass sie dort lehrten" (in Stevens, *Pre-Nicene Fathers*, Vol. XI, 1975, S. 346).

Lukas berichtet über einen besonderen Zwischenfall im Zusammenhang mit dem Ehepaar, aus dem ihre Lehrtätigkeit sehr deutlich hervorgeht:

In der Zwischenzeit war Apollos, ein Jude aus Alexandria, nach Ephesus gekommen. Er kannte sich in Gottes Wort gut aus und war ein gewandter Redner. Von der christlichen Lehre hatte er schon gehört, und er sprach voller Begeisterung von Jesus. Dennoch kannte er lediglich die Taufe des Johannes. Dieser Apollos begann unerschrocken in der Synagoge zu predigen. Unter seinen Zuhörern waren auch Priszilla und Aquila. Sie nahmen ihn als Gast in ihrem Hause auf, um ihm dort Gottes Weg zur Erlösung genauer zu erklären (Apostelgeschichte 18,24-26).

Man konnte Apollos verstehen, wenn man wusste, dass er „lediglich die Taufe des Johannes" kannte (18,25). Es gibt in Apostelgeschichte 19 eine Parallelgeschichte. Viele Juden hatten Berichte darüber gehört, dass Johannes nur predigte, und sie warteten deshalb weiter auf den Messias. Sie hatten noch nicht von Jesus gehört oder davon, dass er die Erfüllung von Johannes' Prophetien war.

Als nun dieses jüdische Ehepaar, das zwar immer noch der Synagoge angehörte, aber an Jesus glaubte, die Ausführungen von Apollos über diese Prophetien des Alten Testamentes und ihre Bedeutung hörte, „nahmen *sie* ihn als Gast in ihrem Haus auf". Apollos bekam *von den beiden* also Unterricht.

In der Apostelgeschichte werden die beiden dargestellt als Paar, das gemeinsam lehrte, und es geht aus dem Text eindeutig hervor, dass Apollos von beiden, sowohl von Aquila als auch von Priszilla, unterwiesen wurde. Dass Priszilla in diesem Vers zuerst erwähnt wird, genau wie an einigen weiteren Stellen, in denen das Paar in den Briefen erwähnt wird (Römer 16,3; 2. Timotheus 4,19) macht deutlich, dass Paulus sie als seine Mitarbeiterin bei der Verbreitung des Evangeliums betrachtete. Außerdem ist es ein Hinweis darauf, dass Priszillas geistliche Gaben und das, was sie geistlich einbrachte, dem Beitrag ihres Mannes – mindestens – ebenbürtig war.

Die Töchter des Philippus *(Apostelgeschichte 21,9).* Lukas erwähnt die Töchter des Philippus nur kurz: „Die vier Töchter des Philippus waren unverheiratet geblieben und hatten von Gott prophetische Gaben bekommen."

Der Hinweis auf Philippus, bei dem die Gruppe um Paulus in Cäsarea untergebracht war, passt zu Lukas' sorgfältiger Dokumentation von Paulus' Reise nach Jerusalem. Die Erwähnung von Philippus' Töchtern ist jedoch zum Verständnis nicht unbedingt nötig und ist etwas rätselhaft. Die beste Auflösung dieses Rätsels ist vielleicht Lukas' Anliegen, die veränderte Rolle der Frauen im Christentum zu unterstreichen. Lukas nutzte die Gelegenheit, am erlebten Beispiel dieser vier Frauen die tatsächliche Erfüllung einer alttestamentlichen Verheißung aufzuzeigen, die Petrus zu Pfingsten noch zitiert hatte.

„In den letzten Tagen, spricht Gott,
will ich alle Menschen mit meinem Geist erfüllen.
Eure Töchter und Söhne werden aus göttlicher Eingebung reden"
(Apostelgeschichte 2,17).

Diese Zeit des Geistes war nun wirklich angebrochen. Sowohl Töchter als auch Söhne weissagten.

Die entscheidende Frage muss hier lauten, welche Auswirkungen das auf die Rolle der Frauen in der neuen Gemeinschaft hatte, die sich durch den Geist um Jesus Christus herum gebildet hatte. Ben Witherington III (*Women in the Earliest Churches*, 1988, S. 151, 152) hat sich intensiv mit Propheten und Prophetie in den Schriften des Lukas befasst. Dabei macht er folgende Beobachtungen:

- Es ist Lukas ein Anliegen, ganz deutlich zu machen, dass seine wichtigsten, zumindest aber seine beispielhaftesten Gestalten Propheten sind:
  Johannes der Täufer (Lukas 1,76; 7,26; 20,6); Jesus (Lukas 4,18-24; 7,16.39; 9,19; 13,34; 22,64; 24,19); Petrus (Apostelgeschichte 1,20; 2,4-21; 5,3.9; 11,15-17); Paulus (Apostelgeschichte 13,1.9-11; 17,2.3); Elisabeth (Lukas 1,41-45); Maria oder Elisabeth (Lukas 1,46-53); Anna (Lukas 2,36-38); Agabus (Apostelgeschichte 11,27.28; 21, 10.11); Judas und Silas (Apostelgeschichte 15,32).
- Lukas grenzt anscheinend den griechi-

schen Begriff *prophetes* auf eine ausgesuchte Gruppe ein, und zwar auf einige der Leiter der Gemeinde (siehe Apostelgeschichte 15,32).

- Die Aufgabe der Propheten des Neuen Testamentes wird in erster Linie darin gesehen, zu erkennen und gegebenenfalls zu bestätigen, ob sich die vorhersagenden Prophetien des Alten Testamentes erfüllt haben. Ihre Funktion besteht also gar nicht so sehr darin, selbst neue vorhersagende Prophetie zu vermitteln, obwohl es auch für Letzteres Hinweise gibt (vgl. Apostelgeschichte 11,28; 27,10.23.24.31-34).
- Propheten werden als Menschen dargestellt, die die Gabe haben, den Charakter von Menschen zu erkennen (Lukas 7,39-50; Apostelgeschichte 6,3).

Was auch immer man über Propheten und Prophetinnen sagen mag, aus der Apostelgeschichte und den Briefen geht hervor, dass die Gabe der Prophetie für die Urgemeinde sehr wichtig war. Lukas stellt klar, dass unter diesen Propheten genauso Frauen wie Männer waren.

Schlussfolgerungen. Aus der Art, wie Lukas in der Apostelgeschichte Frauen darstellt, besonders anhand seiner Beschreibung von fünf einzelnen Frauengestalten, lassen sich wichtige Schlüsse ziehen.

- Frauen wie Maria (die Mutter von Johannes Markus) und Lydia spielten von Anfang an eine entscheidende Rolle bei der Verbreitung des Evangeliums. Sie boten Missionaren Unterkunft und stellten ihre Häuser für die Versammlungen der Christen zur Verfugung. Durch ihre materiellen Zuwendungen an die Gemeinden waren solche Frauen wichtige Mitglieder der Gemeinschaft der Gläubigen.
- Frauen wie Tabea dienten aktiv anderen Christen in der Gemeinschaft. Lukas bezeichnet Tabea zwar nicht ausdrücklich als Diakonin, aber die Art des Dienstes, den sie tat, weist sehr deutlich in diese Richtung. Dass Lukas sie so ausdrücklich als „Christin“ bezeichnet, deutet darauf hin, dass er sie als Beispiel setzt, an dem sich andere Gemeindeglieder orientieren sollen.
- Paulus' Erwähnung der Töchter des Philippus als Prophetinnen ist ein Hinweis darauf, dass Frauen auch an den wichtigen Geistesgaben – und möglicherweise auch Ämtern – in der Urgemeinde Anteil hatten. Hin und wieder wird darauf hingewiesen, dass Paulus' Erwähnung der *Ehelosigkeit* der Schwestern bedeutsam ist. Fest steht, dass sie nicht die traditionelle Frauenrolle als Ehefrauen und Mütter eingenommen hatten. Genau wie Paulus hatten sie sich vielleicht bewusst dafür entschieden, nicht zu heiraten, um ganz frei zu sein für den Dienst im Reich Gottes (vgl. 1. Korinther 7,34-35).
- Lukas zeigt Priszilla als Lehrerin. Darüber hinaus wird geschildert, wie sie Apollos unterrichtete, einen Mann mit einem tiefen Verständnis der Schriften des Alten Testamentes. Priszilla hatte die Voraussetzungen zum Lehren. Sie hatte die Gabe, nicht nur die einfachen Fakten und Grundlagen, sondern auch die tiefgründigen Wahrheiten und die umfassende Bedeutung des Evangeliums vermitteln.

Warum gibt Lukas sich so große Mühe, Frauen in Diensten und Positionen darzustellen, zu denen sie im Judentum keinen Zugang hatten? Man kann daraus im Grunde nur schließen, dass er unter der Leitung des Heiligen Geistes einige der Veränderungen beschreiben wollte, die das

Evangelium für die Rollen und die Bedeutung von Frauen brachte. In Christus sind Frauen nicht mehr Bürger zweiter Klasse, auch wenn sie damals immer noch in einer patriarchalischen Gesellschaft leben. Im Evangelium von Jesus Christus haben wir die Verheißung, dass alles, was durch den Sündenfall in Mitleidenschaft gezogen wurde, wiederhergestellt und geheilt wird. Dazu gehört die Erlösung von der Abwertung der Frau, die eindeutig eine Folge des Ungehorsams von Adam und Eva war.

Paulus über Frauen

Die Paulusbriefe

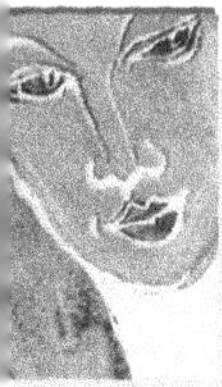

- **Beiläufige Äußerungen über Frauen**
- **Das „Macho"-Klischee wird widerlegt**
- **Frauen als Ehefrauen (Kolosser 3,18-20)**
- **Die Bedeutung des „Ordnet euch einander unter" (Epheser 5,21-23)**
- **Warum den Kopf bedecken? (1. Korinther 11,1-17)**
- **„Schweigen" in der Gemeinde? (1. Korinther 14,34-36)**
- **Dürfen Frauen lehren? (1. Timotheus 2,11.12)**
- **Der (eigentliche) theologische Streit (1. Timotheus 2,13-15)**

Eine der wichtigen Aussagen Jesu ist in Matthäus 12,36 nachzulesen. Er hatte gerade erklärt, dass aus dem Herzen eines guten Menschen auch gute Dinge kommen, denn „wovon das Herz voll ist, davon spricht der Mund. Ein guter Mensch bringt Gutes hervor, weil er Gutes in sich hat, und ein böser Mensch bringt Böses hervor, weil er Böses in sich hat" (Matthäus 12,34.35). Und dann warnte er, dass im Gericht die Menschen zur Verantwortung gezogen würden „für jedes unnütze Wort" (Matthäus 12,36). Was meinte Jesus nun mit „unnütz"?

In dem Moment, in dem man sich bewusst ist, dass andere Menschen dem zuhören, was man sagt, achtet man darauf, nur Dinge zu sagen, durch die man einen guten Eindruck macht. Die innersten, tief verwurzelten Grundeinstellungen eines Menschen offenbaren sich aber dann, wenn er nicht bewusst darauf achtet, was genau er sagt, zu wem er es sagt und in welchem Umfeld er es ausspricht. Richard Nixon hätte bestimmt verstanden, was damit gemeint ist. In seinen offiziellen Verlautbarungen als Präsident achtete er sorgfältig darauf, sich immer als Politiker und Staatsmann zu präsentieren. Aber in der Privatsphäre des „Oval Office" redete er spontan und ungeschützt, wie ein verstecktes Abhörsystem bewies. Dort offenbarten seine beiläufig geäußerten „unnützen" oder auch spontanen, beiläufigen Äußerungen, gemischt mit Gewöhnlichkeit und Verfolgungswahn, eine völlig andere Persönlichkeit als die öffentlich vorgeführte. Theoretisch hätte das Ganze aber auch viel positiv Aussagekräftiges zu Tage fördern können.

Dieses Prinzip der „unnützen Worte", das die selbstverständliche, unverstellte Grundhaltung eines Menschen zeigt, und die entsprechenden Äußerungen, die im Folgenden als „beiläufige Äußerungen" bezeichnet werden, lassen sich auch nutzen, um Paulus' Grundeinstellung gegenüber Frauen zu erkennen und zu verstehen. Das nämlich ist hilfreich für die Auslegung von Bibelabschnitten, in denen es konkret und ausdrücklich um die Rolle der Frau in Familie und Gemeinde geht.

Der Aspekt der „beiläufigen Äußerungen" soll im Folgenden bei einer weiteren

Durchsicht der Paulusbriefe Beachtung finden, und zwar auf der Suche nach Äußerungen von Paulus über Frauen in Zusammenhängen, in denen es gar nicht ausdrücklich und vorrangig um die Stellung und Rolle der Frau in Familie und Gemeinde geht. Was Paulus an solchen Stellen „ganz selbstverständlich" über Frauen sagt, kann Aufschluss geben über seine grundsätzliche Einstellung Frauen gegenüber. Wenn diese Grundeinstellung erkennbar und vom Leser verstanden wird, kann dadurch vermieden werden, dass eigene Vorurteile in die konkreten Abschnitte über die Stellung der Frau hineingelesen werden, um die es so viele heftige Diskussionen gibt.

Im vorliegenden Kapitel soll es zunächst um solche „beiläufigen Äußerungen" von Paulus über Frauen gehen. Danach werden einige Abschnitte etwas genauer untersucht, in denen der Apostel konkret über die Rolle der Frau in der christlichen Familie und in der christlichen Gemeinde lehrt.

Paulus' „beiläufige Äußerungen" über Frauen:

Ein kurzer Überblick über die Abschnitte mit solchen „beiläufigen Äußerungen" bringen einige Erkenntnisse. Paulus' beiläufige Äußerungen stellen nämlich eindeutig klar, dass der Apostel kein „Macho" war. Seine Einstellung Frauen gegenüber unterscheidet sich drastisch von der der Pharisäer, von denen Paulus ja erzogen und ausgebildet wurde.

Römer 16,1-27. Das letzte Kapitel seines Briefes an die Römer enthält Grüße von Paulus an Christen in Rom, die er kannte. Er hat hier nicht die Absicht, noch etwas zu lehren oder deutlich zu machen, und schon gar nicht etwas über die Rolle der Frau. Was also in diesem Kapitel über Frauen geäußert wird, fällt definitiv unter die Rubrik „beiläufige Äußerungen".

Wenn man sich zunächst einmal die Liste der Personen anschaut, die von Paulus gegrüßt werden, dann fällt auf, dass sechs der 24 Personen Frauen sind. Wenn man dann noch einmal die Ermahnung der Rabbinen bedenkt, denen zufolge man als Mann mit einer Frau nicht einmal sprechen sollte, dann sind die vielen Grüße an Frauen außerordentlich auffällig. Noch auffälliger wird die Sache, wenn man etwas genauer betrachtet, wie Paulus über vier der sechs genannten Frauen spricht.

Phöbe, eine Diakonin der Gemeinde in Kenchreä *(16,1).* Das griechische Wort *diakonia* ist, einmal abgesehen von der femininen Endung, genau das Wort, das in fast allen deutschen Übersetzungen als „Diakon" übersetzt wird und auf Männer bezogen ist. Eine ähnliche Wortwahl ist in 1. Timotheus 3,11 erkennbar. Das griechische *gyne* kann entweder als „Frau" oder als „Ehefrau" übersetzt werden. Die Logik dieses Abschnitts lässt nur den Schluss zu, dass Paulus hier weibliche Diakone meint und nicht die Frauen von Diakonen.

„Maria, die so viel Mühe auf sich genommen hat" *(Römer 16,6).* Paulus erkennt hier an, dass Maria einen wichtigen Beitrag zum Dienst von Paulus geleistet hat. Tryphäna (Römer 16,12) ist eine weitere Frau, die lobend erwähnt wird wegen ihres Einsatzes für den Herrn.

„Junia ... beide ... als Apostel hoch angesehen" *(Römer 16,7).* Dieser Hinweis ist besonders wichtig. Das Wort, das hier als „angesehen" *(episemos)* übersetzt ist, bedeutet in diesem Zusammenhang herausragend. Paulus sagt also, dass Junia gemeinsam mit (wahrscheinlich ihrem Mann) Andronikus herausragende *Apostel* sind.

Seit dem 13. Jahrhundert hat die wissenschaftliche Bibelauslegung aus der Junia übrigens einen Junias gemacht – ein Name, der so gar nicht belegt ist. Auch Luther hat die Stelle entsprechend übersetzt, und erst seit einiger Zeit setzt sich wieder die Vorstellung durch, dass auch Frauen zu den Aposteln zählten.

Im Neuen Testament wird das Wort „Apostel" mit mehreren Bedeutungen verwendet. Erstens werden als „Apostel" die Zwölf bezeichnet, die von Jesus persönlich als seine Jünger ausgewählt wurden. Das sind *die* Apostel. Die zweite Bedeutung des Begriffs wendet Paulus auch auf sich selbst an, und zwar in seiner Bedeutung als „Abgesandter". Es handelt sich also um eine Person, die von einer ganz bestimmten Gemeinde beauftragt wurde, das Evangelium zu verbreiten (vgl. 2. Korinther 8,23; Philipper 2,25). Außerdem wird das Wort mit der allgemeinen Bedeutung eines „Wandermissionars" verwendet (siehe Apostelgeschichte 14,4.14). In diesem Sinn wird der Begriff „Apostel" wohl auch in 1. Korinther 12,28 und Epheser 4,11 verwendet. Paulus bezieht sich dabei auf Gottes Gabe der Apostel in der Gemeinde und räumt dem Dienst des Apostels dabei den höchsten Rang ein.

Wie erstaunlich ist es dann, dass Paulus Junia, eine Frau, als „angesehene Botschafterin des Evangeliums" bezeichnet und dann noch hinzufügt, dass sie sich „schon vor mir zu Christus bekannt " hat (Römer 16,7).

Paulus hatte offensichtlich große Achtung vor ihr und ihrer Arbeit für die Gemeinde Jesu.

1. Korinther 7. In diesem Bibelabschnitt korrigiert der Apostel Verfälschungen seiner Lehre über die Ehe, die in Korinth kursierten. Manche der Christen dort behaupteten, Paulus sei gegen die Ehe und beendeten deshalb die sexuellen Beziehungen zu ihren Ehepartnern zugunsten einer rein „geistlichen" Beziehung. Manche hatten die Scheidung eingeleitet, andere waren völlig verunsichert, weil sie nicht mehr wussten, ob sie die Person, mit der sie verlobt waren, heiraten oder lieber die Verlobung lösen sollten.

Paulus' Reaktion auf dieses Thema, das den Korinthern so sehr zu schaffen machte und sie durcheinander brachte, gewährt weiteren Einblick in seine grundsätzliche Einstellung gegenüber Frauen.

Verfügung über den Körper des Ehepartners *(1. Korinther 7,4).* Paulus stellt klar, dass er nicht den Gedanken einer „geistlichen" Ehe verfolgte, und bestätigt, dass Sexualität zur Ehe gehört und wichtig ist (1. Korinther 7,1-5). In diesem Absatz macht Paulus eine verblüffende Aussage. Er argumentiert: „Nicht die Frau verfügt über ihren Leib, sondern der Mann. Ebenso verfügt nicht der Mann über seinen Leib, sondern die Frau." In der damaligen griechischen Gesellschaft, ebenso wie im Judentum, bestand eine der Rollen der Ehefrau darin, für ihren Mann sexuell verfügbar zu sein. Er hatte „Anspruch" auf sexuellen Umgang mit ihr – umgekehrt galt das allerdings nicht. Der Mann hatte außerdem Anspruch auf seine *eigene* Sexualität; deshalb also das „zweierlei Maß". Ein Mann konnte also auch außerhalb der Ehe Sex haben, oder im Judentum auch mehrere Frauen, während das bei einer Frau ausgeschlossen war.

Gegen diese Auffassung nimmt Paulus Stellung und lehrte: „Der Mann soll seine Pflicht gegenüber der Frau erfüllen und ebenso die Frau gegenüber dem Mann." Was die sexuelle Verfügbarkeit betrifft, sind die Partner in einer christlichen Ehe *wirklich gleichberechtigt.*

Die jüdischen Rabbinen empfanden es zwar als Pflicht des Mannes, mit seiner Frau sexuell zu verkehren, und sie regelten sogar die Mindesthäufigkeit des ehelichen Verkehrs, aber sie hätten nie auch nur im Traum daran gedacht, dass eine Frau das Recht haben könnte, über den Körper ihres Mannes zu verfügen. Dieser Gedanke wäre den Männern, deren gesamte Orientierung in Bezug auf die Familie von den patriarchalischen Strukturen bestimmt war, völlig abwegig erschienen. Paulus legt hier also eine Sicht von der Gleichwertigkeit der Frau an den Tag, die wirklich verblüffend ist.

Entsprechende Rechte und Pflichten von Männern und Frauen. In der Fortsetzung seiner Ausführungen in 1. Korinther 7 spiegelt der Ansatz von Paulus darüber hinaus eine radikale Gleichbehandlung von Männern und Frauen wider. Selbst die rabbinischen Schriften, in denen es um Frauen ging, waren normalerweise für Männer geschrieben, wobei über die Frauen wie über Objekte verhandelt wurde. Paulus dagegen richtete seine Ausführungen über Ehe und Scheidung an beide Partner gleichermaßen (vgl. Verse 5,7,8, 17,28,32,35). Für ihn hatten Männer und Frauen jeweils entsprechende Rechte und Pflichten (siehe Verse 2,3,4,10-16,28,33, 34). Indem er den Wunsch äußerte, dass doch besser alle unverheiratet bleiben sollten (Verse 7,8,37,38,40), hinterfragte Paulus das rabbinische Denken äußerst kritisch, demzufolge die Bedeutung der Frauen allein in ihrer Rolle als Ehefrauen und Mütter lagen.

Paulus war grundsätzlich kein Gegner der Ehe. Er macht ganz deutlich, dass die Frage, ob jemand heiratet, eine Angelegenheit der individuellen Berufung und Begabung ist. Er war jedoch auch davon überzeugt, dass unverheirateten Menschen mehr Freiräume zur Verfügung stehen, sich völlig in den Dienst für Gott zu stellen, und diese Überzeugung wendet er auf Männer und Frauen gleichermaßen an.

Paulus offenbart durch seinen Umgang mit dem Thema, dass ihm an der Gleichwertigkeit der Frau in der Ehe gelegen ist, außerdem wird seine Ablehnung einer Reihe tief verwurzelter Vorstellungen von der Rolle der Frau deutlich, die sowohl in der griechischen als auch in der jüdischen Kultur vorhanden waren. Paulus stellt sogar die Alternative dar, dass Frauen auch auf eine Ehe verzichten können, um sich ganz auf den Dienst im Reich Gottes konzentrieren zu können – eine unerhörte Vorstellung zu seiner Zeit.

1. Korinther 12. In dieser grundlegenden Abhandlung über die Geistesgaben stellt der Apostel Paulus klar: „Jedem aber wird die Offenbarung des Geistes geschenkt, damit sie anderen nützt" (1. Korinther 12,7). Geistesgaben sind

- jedem Gläubigen gegeben, egal ob Mann oder Frau
- eine Manifestation des Heiligen Geistes
- zum Nutzen der ganzen Gemeinde gedacht

Dieser entscheidende Abschnitt macht in Bezug auf die Gaben und deren Einsatz keinen Unterschied zwischen Männern und Frauen. Paulus wird sogar noch konkreter, indem er ausdrücklich sagt, die Gabe sei „geschenkt, damit sie anderen nützt". Damit steht er der Auffassung entgegen, dass die Gaben von *Männern* dem Nutzen der ganzen Gemeinde dienen sollen, die der Frauen aber lediglich dem Nutzen von Frauen und Kindern.

In einer in den USA veröffentlichten Untersuchung unter dem Titel *Women in the Church: Biblical Data Report (1997)* stellte der Lehrkörper des Dallas Theological Seminary Folgendes fest in Bezug auf die Beziehung von Frauen zum Heiligen Geist:

- Der Heilige Geist wurde zu Pfingsten auf Männer wie Frauen ausgegossen (Apostelgeschichte 2,1-4)
- Der Heilige Geist setzte Frauen als seine prophetische Stimme ein (die vier Töchter des Philippus waren Prophetinnen, Apostelgeschichte 28,8.9)
- Genau wie auf Männer trifft auch auf Frauen, die an Gott glauben, zu, dass der Heilige Geist in ihnen wohnt (Römer 8,9), und der Körper von Frauen ist ebenso wie der der Männer Tempel des Heiligen Geistes (1. Korinther 6,9-20)
- In Christus empfängt eine Frau – damals wie heute – die gleichen Geistesgaben, wie sie auch ein Mann haben kann, einschließlich des Hirtendienstes, der Lehre und der Evangelisation (1. Korinther 12,7-11,27-31; Römer 12,3-8; 1. Petrus 4,10.11)
- Paulus war klar, dass der Heilige Geist Frauen als Prophetinnen einsetzte (1. Korinther 11,5)

Die Gegenwart des Heiligen Geistes und die Gaben, die der Geist den einzelnen Christen gibt, sind wichtig für den Dienst. Paulus lehrt, dass Frauen und Männer in Bezug auf diese Gaben gleich sind. Daraus lässt sich der Schluss ziehen, dass Paulus' Einstellung zum geistlichen Dienst von Frauen definitiv positiv war.

Philipper 4,2.3. In seinem Brief an die Philipper fordert Paulus zwei Frauen namens Euodia und Syntyche eindringlich auf, „einmütig zu sein im Herrn", in anderen Übersetzungen heißt es dort sogar, „sich wieder zu vertragen" (Hoffnung für alle). Danach fordert Paulus einen „treuen Gefährten" auf: „Nimm dich ihrer an! Sie haben mit mir für das Evangelium gekämpft."

In diesem Abschnitt hat Paulus ebenfalls nicht die Absicht, etwas über Frauen zu lehren, sondern es handelt sich wieder um eine „beiläufige Aussage", durch die seine Einstellung zu Frauen deutlich wird. Wie sah also Paulus die beiden Frauen, die sich offenbar uneinig waren?

„Sie haben mit mir für das Evangelium gekämpft" *(Philipper 4,3)*. Das griechische Wort *synathleo*, das hier als „mit mir ... gekämpft" übersetzt wird, ist ein Ausdruck aus dem sportlichen Wettkampf, das noch besser mit „Seite an Seite mit mir gekämpft" übersetzt wäre. Dieser Ausdruck bringt keine untergeordnet helfende feminine Rolle zum Ausdruck, sondern zeigt die besagten beiden Frauen als Personen, die mit Paulus und seinen Leuten zusammen aktiv für die Verbreitung des Evangeliums in Philippi oder möglicherweise auch anderswo gearbeitet und gekämpft hatten.

„... und meinen anderen Mitarbeitern ..." *(Philipper 4,3)*. Das griechische Wort lautet hier *synergos*. Paulus verwendet es in seinen Briefen zwölf Mal, aber nie für Gläubige allgemein (vgl. 1. Korinther 3,9; 2. Korinther 1,24; 8,23; 1. Thessalonicher 3,2; Römer 16,3.9.21; Philipper 2,25; Philemon 24). *Synergos* enthält vielmehr die Bedeutung einer leitenden Funktion in der christlichen Gemeinschaft. Paulus definiert hier diese leitende Funktion in der Gemeinde zwar nicht konkret, die mit *synergos* ausgedrückt wird, aber er betrachtete diese beiden Frauen, die Seite an Seite mit für das Evangelium gekämpft hatten, als wichtige Mitglieder in der Gemeinde von Philippi.

Was bedeuten Paulus' „beiläufige Äußerungen" über Frauen? Man könnte zwar noch weitere Abschnitte mit solchen „beiläufigen Äußerungen" über Frauen genauer betrachten, aber aus den bisher untersuchten Stellen geht schon deutlich hervor, welche Grundeinstellung Paulus Frauen gegenüber hatte. Der Apostel wird manchmal vorschnell als „Macho" dargestellt, der von Frauen nichts anderes wollte, als dass sie den Mund halten und zu Hause bleiben. Der Blick auf die biblischen Fakten offenbart jedoch einen ganz anderen Menschen.

Paulus' Worte über einzelne Frauen oder auch an sie zeigen deutlich, dass er mit einigen Frauen durch sehr herzliche Beziehungen in gegenseitiger Wertschätzung verbunden war. Die Art, wie Paulus diese Frauen beschreibt, zeigt außerdem, dass er sie als Partnerinnen und Mitarbeiterinnen in seinem Dienst betrachtete, das Evangelium zu verbreiten, sowie als wichtige Leiterinnen in ihren eigenen Gemeinden. Indem er sich auf Phöbe als eine Diakonin („Dienerin der Gemeinde") bezieht und auf Junia als Apostel, hat man hier Indizien dafür an der Hand, dass Paulus es als völlig normal betrachtete, wenn Frauen in den ersten Gemeinden wichtige Dienste innehatten und Ämter bekleideten.

Was die Rolle der Frauen in der Familie angeht, ordnete Paulus ihnen gleiche Rechte (1. Korinther 7) und Pflichten zu wie den Männern. Eine solche Art der Gleichstellung war im Judentum, dem Glauben, aus dem das Christentum hervorging, undenkbar.

Diese biblischen Fakten sind von ganz besonderer Bedeutung, wenn man die Abschnitte auswerten will, in denen Paulus sich konkret mit Frauen und ihrer Rolle in der Familie und der Gemeinde befasst. Zu all diesen Bibelstellen gibt es heftig diskutierte Auslegungen. Die Fakten über Paulus' Grundeinstellung gegenüber Frauen, die im vorliegenden Abschnitt entwickelt wurden, stellen eines jedoch ganz klar: *Jede Auslegung dieser Stellen, in der eine negative oder unterdrückende, abwertende Sicht von Frauen das Ergebnis ist, ist aus diesem großen Zusammenhang gerissen und muss falsch sein.* Die – oft wenig beachteten, aber zu dieser Zeit eben unüblich positiven – „beiläufigen Äußerungen" zu Frauen in den Paulusbriefen offenbaren deutlich, dass Paulus Christinnen als Partnerinnen in Ehe und auch im Dienst in der Gemeinde wertschätzte und dankbar für sie war.

Paulus' Lehre über Frauen in der christlichen Familie

Die Briefe von Paulus waren überwiegend an nichtjüdische, also heidenchristliche Gemeinden gerichtet. Die Mitglieder dieser Gemeinden lebten in Städten im gesamten römischen Reich. Im Gegensatz dazu setzten die Evangelien eher einen jüdischen als einen heidnischen Hintergrund voraus. Beiden breiten Kulturströmungen war jedoch die partriarchalische Grundstruktur der Gesellschaft gemeinsam, verbunden mit einer entsprechenden Sicht von Familie und Gesellschaft.

Die Sicht von der Ehefrau in der heidnischen Welt. Griechische und römische Denker betrachteten die Familie im Großen und Ganzen wie die jüdischen Rabbinen. Das lässt sich anhand mehrerer Quellen belegen:

Frauen in der römischen Rechtstheorie. Die römische Rechtstheorie betrachtete Frauen als Untergebene entweder ihrer Väter oder ihrer Männer. Gajus' *Institutes* fasst diese Beziehung zusammen:

(48) Manche Personen sind *sui juris* (gesetzlich unabhängig); manche *alieni juris* (anderen unterstellt).
(49) Von denen wiederum, die jemandem unterstellt sind, sind manche in *potestas* (Macht) und manche in *manus* (Unterordnung) in Bezug auf einen Mann.
(104) Frauen können auf keinem Wege adoptieren, denn sie haben nicht einmal über ihre eigenen leiblichen Kinder die Verfügungsgewalt.
(108) Nun sollen die Personen in Betracht gezogen werden, die nicht in unserer *manus* sind, das heißt, uns nicht als Ehefrauen untertan. Das ist auch ein Recht, das speziell römische Bürger betrifft.
(115b) Aber während es üblich ist, dass sowohl Männer als auch Frauen unter *potestas* (Macht) gehalten werden, können nur Frauen in eheliche Unterordnung gelangen.

Genau wie im rabbinischen Judentum sind auch hier die Gesetze an die Männer gerichtet, und auch hier werden Frauen wie Objekte behandelt.

Wie „Unterordnung" von den Römern verstanden wurde, wird deutlich in Plutarchs Kritik an den Frauen, die fremde Religionen annahmen.

Eine verheiratete Frau sollte keine eigenen Freundschaften schließen, sondern sich über die Freunde freuen, die sie gemeinsam mit ihrem Mann hat. Die Götter sind die ersten und auch wichtigsten Freunde. Deshalb steht es der Frau wohl an, nur die Götter zu kennen und zu verehren, an die ihr Mann glaubt, und die Haustür fest zu verschließen für alle merkwürdigen fremden Rituale und fremde Arten von Aberglauben. Denn bei keinem Gott finden die heimlich von Frauen praktizierten Riten Gunst.

Frauen im Spiegel von Nachrufen auf Gedenksteinen. Die perfekte Ehefrau des ersten Jahrhunderts wurde oft in einem Nachruf gepriesen, der von ihrem Mann auf einem Gedenkstein verewigt wurde. Genau wie die römische Rechtstheorie können auch solche so genannten „Epitaphe" Einblick vermitteln in das Frauenbild des römischen Reiches zu der Zeit, als das Christentum in die bestehende Gesellschaftsordnung einbrach. Zwei typische Epitaphe veranschaulichen die Grundeinstellung:

Hier liegt Marcus' Amimone, die Beste und Schönste. Immer emsig bei ihrer Arbeit mit Garn, ergeben, bescheiden, sparsam, keusch und glücklich, dass sie zu Hause sein konnte.

Und:

Besucher, was ich sagen möchte, ist nicht viel, halte einen Augenblick inne und lies. Dieses Grab ist nicht schön, aber es ist das Grab einer schönen Frau. Ihre Eltern haben ihr den Namen Claudia gegeben. Sie hat ihren Mann von ganzem Herzen geliebt. Sie hat ihm zwei Kinder geschenkt, von denen sie eines über der Erde zurückgelassen hat und eines bereits begraben. Ihre Rede war angenehm, ihre Haltung anmutig. Sie blieb zu Hause und arbeitete dort mit Wolle. Das ist alles, was ich zu sagen habe. Nun darfst du weiterziehen.

Diese und andere Grabinschriften spiegeln die tiefe Zuneigung wider, die oft zwischen Ehepartnern bestand, gleichzeitig machen sie aber auch deutlich, wie Frauen von der Gesellschaft in ihrer untergeordneten Stellung gesehen wurden.

Frauen in der zeitgenössischen Satire des ersten Jahrhunderts. Natürlich spiegelte weder die rein rechtliche noch die in Epitaphen idealisierte Sicht der Frauen unbedingt die Realität wider. Selbst in einer stark patriarchalisch ausgerichteten Gesellschaft konnte die Frau der dominierende Part in einer Partnerschaft sein. Der Satiriker Juvenal machte sich häufig über solche Beziehungen lustig, wie auch in folgendem Abschnitt aus seinen *Satires*, 6:434-56:

„Kreuzigt den Sklaven!", sagt die Ehefrau.

„Aber welches todeswürdige Verbrechen hat er begangen?", fragt der Ehemann. „Wo sind die Zeugen? ... Hört ihn doch wenigstens an; keine Verzögerung ist doch zu lange, wenn das Leben eines Mannes auf dem Spiel steht!"

„Was, du Dummkopf, du nennst einen Sklaven einen Mann, wirklich? Er hat nichts Falsches getan, sagst du? Nun, das mag wohl sein; aber dies ist mein Wille und mein Befehl; mein Wille soll für die Tat stehen."

So herrscht sie über ihren Mann.

Juvenal mokiert sich hier aber nicht nur über die dominierende Ehefrau, sondern bringt darüber hinaus zum Ausdruck, dass seiner Meinung nach Männer, die über Urteilsvermögen und Gerechtigkeitssinn verfügen, über ihre Frauen herrschen und sie im Griff haben müssten, weil Frauen grausame und kapriziöse Wesen seien.

Die Frauen der Oberschicht im Rom des ersten Jahrhunderts stellten die traditionelle patriarchalische Struktur offensiv infrage. Die Schriften von Männern aus dieser Zeit vertreten dagegen aufs Heftigste die traditionelle patriarchalische Sichtweise.

Die Sicht von der Ehefrau in den christlichen Hausordnungen der Paulusbriefe. Paulus' Aussagen über die Beziehung zwischen Eheleuten ist in seinen Briefen eingebettet in mehrere Abschnitte, in denen eine Art Haus- und Familienordnung aufgestellt wird. Wenn man sich einmal anhand dieser Regelungen etwas genauer ansieht, welche Vorstellungen Paulus hatte, und diese Vorstellungen dann mit der Sichtweise der zeitgenössischen Literatur vergleicht, sowie mit den Aussagen aus Epitaphen und der rechtlichen Stellung der Frau, lassen sich daraus wichtige Erkenntnisse gewinnen.

Die Abschnitte mit diesen Richtlinien sind: Kolosser 3,18-4,1; Epheser 5,22-6,9; 1. Timotheus 2,8-15; 6,1.2; und Titus 2,1-10. Auch 1. Petrus 2,18-3,7 wird von vielen als ein solcher Kodex betrachtet.

Eine Untersuchung nur der ersten beiden „Hausordnungen" offenbart eine bestimmte Grundstruktur, die auch in anderen Schriften von Paulus erkennbar ist.

Patriarchalische Vorstellungen in Schriften über die Organisation des Haushaltes. Verfasser des Altertums ließen sich häufig über das Thema der Haushaltsorganisation aus und hoben in aller Regel die Autorität des *paterfamilias* hervor. Der Vater war der Herr des Hauses, der Haushaltsvorstand. Er war es, der die Pflichten der Frauen, Kinder und Sklaven festsetzte. Sowohl in heidnischen als auch in jüdischen Familien wurde die patriarchalische Ausrichtung als gegeben vorausgesetzt. Auch Paulus ging von einer solchen Grundstruktur aus. Die Ähnlichkeiten zwischen heidnischem und jüdischem Quellenmaterial darüber haben ihren Ursprung in der Tatsache, dass zum Haushalt eines Mannes von der Zeit des Aristoteles bis zur Zeit von Paulus und noch weit darüber hinaus Männer, Ehefrauen,

Kinder und Sklaven gehörten. Allerdings gibt es in seinen Hausordnungen wesentliche Neuerungen. Einzigartig am Neuen Testament ist, dass die Hausordnungen von Paulus *wechselseitige* Pflichten festsetzten.

Die patriarchalisch geprägten Vorstellungen von Paulus. Die Bibel geht von der patriarchalischen Struktur von Familie und Gesellschaft aus, die in dieser Form in allen Gesellschaften des ersten Jahrhundert herrschten. Auch Paulus stellte diese Vorstellungen nicht infrage. In all seinen Schriften hält er sich durchgängig an einen Grundsatz, den er in 1. Korinther 7,20 nennt: „Jeder soll in dem Stand bleiben, in dem ihn der Ruf Gottes getroffen hat."

Mit seinen Hausordnungen wollte Paulus lehren, dass es *Beziehungen zwischen Menschen von verschiedenem Status und in unterschiedlichen Lebenssituationen verändert*, wenn man Christus kennt. Die Ehemänner stehen immer noch dem Haushalt vor, aber Christus verändert die Beziehung zwischen dem Mann und seiner Frau. Ein Christ, der Sklave war, kann durchaus Sklave bleiben, aber Jesus verwandelt die Beziehung zwischen dem Herrn und dem Sklaven, auch wenn die Sklaverei dadurch noch nicht abgeschafft wird. Die Hausordnungen definieren die Beziehung zwischen christlichen Ehemännern und Ehefrauen neu, schaffen neue Freiheiten und neue Verantwortung füreinander durch die Bindung an Christus, genau wie zwischen christlichen Eltern und ihren Kindern, christlichen Herren und ihren Sklaven.

Auf diesem Hintergrund soll nun ein etwas genauerer Blick auf zwei von diesen Abschnitten über den Haushalt und die Familie von Christen geworfen werden.

Die Haustafel im Kolosserbrief *(3,18-4,1)*

Ihr Frauen, ordnet euch euren Männern unter, wie es sich im Herrn geziemt. Ihr Männer, liebt eure Frauen und seid nicht aufgebracht gegen sie! Ihr Kinder, gehorcht euren Eltern in allem; denn so ist es gut und recht im Herrn. Ihr Väter, schüchtert eure Kinder nicht ein, damit sie nicht mutlos werden. Ihr Sklaven, gehorcht euren irdischen Herren in allem! Arbeitet nicht nur, um euch bei den Menschen einzuschmeicheln und ihnen zu gefallen, sondern fürchtet den Herrn mit aufrichtigem Herzen! Tut eure Arbeit gern, als wäre sie für den Herrn und nicht für Menschen; ihr wisst, dass ihr vom Herrn euer Erbe als Lohn empfangen werdet. Dient Christus, dem Herrn! Wer Unrecht tut, wird dafür seine Strafe erhalten, ohne Ansehen der Person.

Ihr Herren, gebt den Sklaven, was recht und billig ist; ihr wisst, dass auch ihr im Himmel einen Herrn habt.

1. Die auf Gegenseitigkeit angelegte Struktur der Hausordnung. Das wirklich einmalige Element in diesen Hausordnungen des Neuen Testamentes besteht darin, dass die Beteiligten sich jeweils *gegenseitig verpflichtet* sind. Sowohl die heidnische als auch die jüdische Literatur handelt von den Pflichten der Haushaltsmitglieder dem Haushaltsvorstand gegenüber. Nur im Neuen Testament gibt es zu der Pflicht, die andere dem Haushaltsvorstand gegenüber haben, auch eine entsprechende Verpflichtung des Haushaltsvorstandes den anderen Haushaltsangehörigen gegenüber.

Folgendermaßen lassen sich diese gegenseitigen Verpflichtungen skizzieren:

Die patriarchalische Struktur der Familie blieb zwar erhalten, aber das Hauptaugenmerk legt Paulus darauf, wie innerhalb

GEGENÜBERSTELLUNG

Beziehung	Pflicht des Zweiten	Pflicht des Ersten
Ehemann/- frau	„unterordnen" (s. 1.-3.)	lieben, nicht kränken
Vater/Kind	den Eltern gehorchen	nicht zum Zorn reizen liebevoll sein
Vorgesetzter/Mitarbeiter	gehorchen, gut arbeiten	gerecht und anständig sein

dieser bestehenden Struktur Beziehungen verbessert und gepflegt werden können. Seine Äußerungen über Beziehungen wandten sich nicht gegen die Form des Patriarchats an sich, waren andererseits aber auch keine aktive Zustimmung und Unterstützung patriarchalischer Strukturen, weil er eine neue Sicht von Freiheit und gegenseitiger Verantwortung einführte. Sein oberstes Anliegen bestand in alldem darin, Christen, die gemeinsam in einem Haushalt leben, anzuleiten, verantwortlich miteinander und verantwortlich Gott gegenüber zu leben, und zwar Gott zur Ehre, egal welche Position dem Einzelnen von der Gesellschaft zugeordnet worden ist.

2. Stichwort „Unterordnung". Ein Blick auf die Übersicht zeigt, dass Kinder und Angestellte angehalten werden zu gehorchen, und die Frau dazu, sich „unterzuordnen". Das Wort im griechischen Urtext heißt *hypotassomai* und wird an dieser Stelle im Präsens, der Gegenwart also, und in einer grammatischen Form des „Medium" benutzt. Durch das Präsens wird eine andauernden Aktivität ausgedrückt und durch die grammatische Form wird die innere Beteiligung und die Freiwilligkeit des Handelnden betont. Es ist also von einer Haltung (der Wertschätzung, des Respekts, der Hinwendung zu ihrem Mann) der Ehefrau die Rede, nicht von einem Recht des Ehemannes, Unterordnung einfordern oder gar erzwingen zu können.

Was bedeutet nun das griechische Verb *hypotassomai* als solches, und wie wird es im Neuen Testament verwendet? Als Erstes ist in diesem Zusammenhang zu erwähnen, dass es in 1. Korinther 15,28 vorkommt, und zwar im Zusammenhang mit der Beziehung von Jesus zum Vater. „Unterordnung" hat daher keinesfalls die Bedeutung von Minderwertigkeit, denn im Kern sind Christus und der Vater ja gleich und gemeinsam Gott. In dem Nachschlagewerk The Expository Dictionary of Bible Words (1985) ist folgende hilfreiche Diskussion über das Prinzip der Unterordnung enthalten:

Die freiwillige Unterordnung des Glaubenden gilt auch für soziale Strukturen. Christen sollen sich „den bestehenden staatlichen Gewalten unterordnen" (Röm 13,1) und „staatlichen Ordnungen und Gesetzen sowie seinen Beamten" (1. Petrus 2,13). Das Neue Testament wendet das besonders auf die Sklaven an. Sie sollen sich unterordnen und gute Arbeit leisten, auch dann, wenn ihre Herren hart und lieblos sind (Titus 2,9; 1. Petrus 2,18).

Das erfordert eine freiwillige Unterordnung in die von der jeweiligen Kultur definierten Rollen. Es erfolgt also keine Beurteilung der Gerechtigkeit oder Gültigkeit bestimmter Institutionen, sondern der einzelne Christ wird lediglich dazu aufgerufen, in der Welt zu leben, so, wie sie ist, und in der eigenen Kultur das zu tun, was von einem guten Bürger oder einem guten Sklaven erwartet wird. Man könnte das als situative Unterordnung bezeichnen – den freiwilligen Entschluss des Gläubigen, das zu tun, was den Normen der Kultur, in der er lebt, entspricht. (Natürlich behandelt die Bibel hier nicht Ausnahmefälle, in denen eine bestimmte Kultur etwas als „richtig" betrachtet, das nach Gottes Maßstab eindeutig „falsch" ist.)

Ein weiterer Bereich, in dem Christen aufgerufen sind, sich freiwillig unterzuordnen, ist der Bereich der zwischenmenschlichen Beziehungen unter Christen. In ihren unterschiedlichen Funktionen im Leib Christi sollen Christen sich einander unterordnen. Es heißt in Epheser 5,21: „Einer ordne sich dem andern unter in der gemeinsamen Ehrfurcht vor Christus". Diese Bereitschaft, sich einander aus Liebe unterzuordnen und sich aufeinander einzulassen, sollte nicht nur aus der Richtung der Jüngeren den Älteren gegenüber gelten (1. Petrus 5,5), sondern auch denen gegenüber, die „sich in den Dienst der Heiligen gestellt" haben (1. Korinther 16,15.16). Das steht völlig in Einklang mit der neutestamentlichen Darstellung der gegenseitigen Fürsorge unter Christen und der Unterordnung eigener Interessen unter die der anderen (Römer 12,10; Philipper 2,3.4).

Eine der entscheidenden Fragen in unserer heutigen Zeit ist die der Unterordnung der Frau gegenüber ihrem Mann, zu der das Neue Testament auffordert. Im Lichte der Zeit, in der das Neue Testament entstand, kann das vielleicht in manchen Zusammenhängen als situationsbedingte Unterordnung verstanden werden, an anderen Stellen wiederum als persönlich motivierte Unterordnung. Wichtig ist jedoch in erster Linie, dass es bei Unterordnung, welcher Art sie auch immer sein mag, nie um die Wertigkeit einer oder mehrerer der beteiligten Personen geht. Unterordnung ist nicht eine Demonstration von Minderwertigkeit oder Unterlegenheit, sondern eine Demonstration der Tatsache, dass persönliche Bedeutung nicht von der gesellschaftlichen Stellung oder Rolle abhängt. Ein Christ ist in erster Linie Gott verantwortlich und erfüllt seine höchste Bestimmung, indem er sich in Bezug auf Unterordnung freiwillig an den Willen Gottes hält (S. 584-585).

3. Unterordnung ist ein Thema zwischen Ehepartnern, nicht zwischen Männern und Frauen allgemein. In der Hausordnung geht es darum, die Beziehungen innerhalb eines Haushaltes zu klären. Deshalb ist es nicht möglich, von hier auf andere Themen der Geschlechterrollen zu verallgemeinern, wie beispielsweise auf die Rolle von Frauen in der Gemeinde oder in der Gesellschaft allgemein.

Die Hausordnung in Epheser 5,21-6,9. Dieser Text ist Paulus' längste Ausführung über gegenseitige Verantwortung in Beziehungen innerhalb eines Haushaltes. An dieser Stelle soll ein Blick auf die Aussagen genügen, die der Apostel in Bezug auf Ehemänner und -frauen macht, wobei allerdings auch nicht außer Acht gelassen werden sollte, dass Paulus seine Lehren auch auf die Beziehungen zwischen Eltern und Kindern und Herrn und Sklaven erweiterte.

Einer ordne sich dem andern unter in der gemeinsamen Ehrfurcht vor Christus. Ihr Frauen, ordnet euch euren Männern unter wie dem Herrn (Christus); denn der Mann ist das Haupt der Frau, wie auch Christus das Haupt der Kirche ist; er hat sie gerettet, denn sie ist sein Leib. Wie aber die Kirche sich Christus unterordnet, sollen sich die Frauen in allem ihren Männern unterordnen. Ihr Männer, liebt eure Frauen, wie Christus die Kirche geliebt und sich für sie hingegeben hat, um sie im Wasser und durch das Wort rein und heilig zu machen. So will er die Kirche herrlich vor sich erscheinen lassen, ohne Flecken, Falten oder andere Fehler; heilig soll sie sein und makellos. Darum sind die Männer verpflichtet, ihre Frauen so zu lieben, wie ihren eigenen Leib. Wer seine Frau liebt, liebt sich selbst. Keiner hat je seinen eigenen Leib gehasst, sondern ernährt und pflegt ihn, wie auch Christus die Kirche. Denn wir sind Glieder seines Leibes. Darum wird der Mann Vater und Mutter verlassen und sich an seine Frau binden und die zwei werden ein Fleisch sein. Dies ist ein tiefes Geheimnis; ich beziehe es auf Christus und die Kirche. Was euch angeht, so liebe jeder von euch seine Frau wie sich selbst, die Frau aber ehre den Mann (Epheser 5,21-33).

Das ist bestimmt der wichtigste Abschnitt über die Beziehung zwischen Ehemann und Ehefrau im gesamten Neuen Testament. Es muss mit großer Sorgfalt festgestellt und definiert werden, was dieser Text aussagt und lehrt und was nicht. Folgende Elemente müssen dabei besonders beachtet werden:

1. In Epheser 5,21 wird das Thema eingeführt. Der griechische Urtext des Neuen Testamentes war nicht in Abschnitte oder Verse eingeteilt, sondern diese Unterteilungen wurden erst später vorgenommen. Das wird besonders deutlich in Epheser 5, wo Vers 21 eher zu Vers 22 gehört als zu Vers 20. Paulus leitet seine Aussage über die christliche Hausordnung ein, indem er daran erinnert, dass Christen sich *einander* unterordnen sollen. Dann arbeitet er heraus, wie gegenseitige Unterordnung im christlichen Haushalt mit Ehemann und -frau, sowie Kindern und Hauspersonal konkret aussieht.

2. „Ihr Frauen, ordnet euch euren Männern unter wie dem Herrn (Christus)" (5,22).

Zu diesem Lehrsatz gibt es einiges anzumerken:

- Ehefrauen, nicht Frauen allgemein sollen sich ihren Ehemännern und nicht den Männern allgemein unterordnen.
- Unterordnung ist hier *hypotassomai*, von der bereits die Rede war. Es wird also keine Wertigkeit ausgedrückt.
- Die Unterordnung der Frau dem Mann gegenüber entspricht ihrer Unterordnung gegenüber Jesus.

3. Der Ehemann wird als „Haupt" (kephale) der Frau bezeichnet, „wie auch Christus das Haupt der Kirche ist" (5,23). Nur in Zusammenhängen, in denen Christus als Haupt der Gemeinde bejaht wird, ist vom Mann als dem Haupt seiner Frau die Rede.

Das Hauptsein des Mannes geht zusammen mit der Unterordnung seiner Frau. Der Umgang zwischen diesen beiden schafft das Beziehungsklima, in dem die christliche Ehe sich entfalten kann. Der Begriff „Haupt" an sich definiert noch nicht, was der Ehemann als Haupt tut, um die Beziehung zu bereichern und zu fördern. Paulus entwickelt also eine Analogie zwischen dem Hauptsein Jesu und dem des Ehemanns.

Es gilt hier zu bedenken, dass Paulus

mithilfe eines Vergleiches lehrt. Es besteht immer die Gefahr, dass der Leser den Vergleich ausweitet, das heißt, mehr Entsprechungspunkte findet, als vom Verfasser ursprünglich beabsichtigt waren. Paulus ist deshalb so klug, klar zu markieren, welche Vergleiche der Leser ziehen soll:

- Ehemänner sollen so lieben, wie Christus liebt (5,25).
- Ehemänner sollen ihre Frauen lieben, wie Christus die Gemeinde liebt (5,29).
- Ehemänner sollen ihre Frauen wie ihren „eigenen Leib" betrachten, denn so betrachtet Christus auch die Christen als Teil seines Leibes (5,29.30).

In diesem Abschnitt veranschaulicht Paulus, wie die Liebe, die Wertschätzung und die Sicht Christi in der Praxis der Ehe zum Ausdruck gebracht werden können. Jesus hat sich selbst für seine Gemeinde hingegeben (5,25), und zwar um zu erreichen, dass die Gemeinde ihre Möglichkeiten voll ausschöpft (5,26.27). Jesus fördert, nährt und wertschätzt die Gemeinde auch weiterhin (5,29). Paulus wollte also, dass die Christen verstehen: Das Hauptsein ist im Sinne Christi zu verstehen, also im Sinne der Liebe, der Hingabe und des Zugewandtseins. Und sich *einander unterordnen* ist etwas völlig anderes als sich *dem anderen unterordnen* – keine Selbstverständlichkeit in einer Kultur, in der normalerweise der Mann zu Hause das alleinige Sagen hatte und das Wohl der Frau kein großes Thema war.

Paulus' Sicht von Frauen als Ehefrauen

Paulus war kein Reformer, sondern er setzt bei der persönlichen Veränderung des einzelnen Menschen an. Er stellte nicht die vorhandenen Institutionen infrage, sondern er hinterfragte den Menschen als Einzelperson. Paulus war davon überzeugt, dass jeder in jeder Situation verantwortlich Gott und Menschen gegenüber leben und Gott damit Ehre machen kann, und er ermutigt Christen, dazu jede sich bietende Gelegenheit zu nutzen.

Dieser Ansatz des Lebens als Christ kommt in dem allgemeinen Grundsatz zum Ausdruck: „Jeder soll in dem Stand bleiben, in dem ihn der Ruf Gottes getroffen hat" (1. Korinther 7,20).

Als Paulus die christliche Hausordnung verfasste, hielt er sich nicht lange bei der patriarchalischen Grundstruktur auf. Es spielte in diesem Moment keine Rolle, ob diese Struktur „gut" war oder „böse". Paulus rief die Gläubigen auf, das Leben als Christ zu leben, und zwar *innerhalb der Gesellschaft, wie sie gerade war,* und ohne darüber zu urteilen, ob Institutionen mangelhaft waren oder der Veränderung bedurften.

Paulus' oberstes Anliegen waren die Beziehungen zwischen den einzelnen Christen. Er ging zwar vom Patriarchat aus, lehnte aber dennoch die Vorstellung ab, dass die Rolle, die ein Mensch einnimmt, ihm den Wert und die Würde als Mensch geben oder nehmen kann. Ebenso verwarf er auch die Vorstellung, dass sich aus der Rolle eines Menschen das Recht ableiten lassen könnte, ihn zum Objekt zu degradieren, also sein Menschsein infrage zu stellen. In den christlichen Hausordnungen in seinen Briefen unterweist Paulus ganz einfach die Ehemänner, Ehefrauen, Väter und Kinder, Herren und Sklaven, wie sie als Christen miteinander umgehen sollen.

Das Verblüffende an diesen Verhaltensregeln für das Zusammenleben in einem Haushalt ist der Umstand, dass die Beziehungen und die damit verbundenen Verpflichtungen auf Gegenseitigkeit angelegt sind. Im damaligen heidnischen und jüdischen Denken war mit dem Grundgedanken des Patriarchats eine klare hierarchische Ordnung verbunden. Der Ehemann/Vater/Herr stand diesem Denken zufolge „über" der Frau, dem Kind oder den Sklaven. Der Mann hatte das Sagen, die anderen fügten sich seinen Wünschen und Bedürfnissen. Der Mann war wichtig; die anderen waren relativ unwichtig, es sei denn in der Tätigkeit oder der Rolle, in der sie seinem Wohlbefinden dienten bzw. es beeinträchtigten. Während die Frau, die Kinder und auch die Sklaven dem Haushaltsvorstand Gehorsam schuldig waren, hatte er ihnen gegenüber keine Verpflichtungen außer denen, die sein eigenes subjektives Gerechtigkeitsgefühl ihm auferlegte.

Paulus' Umgang mit dem Patriarchat ist deshalb insofern wirklich revolutionär, als es ein Element der Gleichheit einbringt, welches nicht mit der traditionellen hierarchischen Sichtweise des Patriarchats vereinbar ist. Der Ehemann/Vater/Herr ist zwar immer noch Herr des Hauses, aber es liegt genauso in seiner Verantwortung, den Angehörigen des Haushaltes zu dienen, wie es in ihrer Verantwortung liegt, ihm zu dienen! Die anderen Angehörigen des Haushaltes sind jetzt *an sich* schon wichtig, und der Ehemann/Vater/Herr hat Verpflichtungen der Frau, dem Kind und den Angestellten gegenüber, genauso wie sie ihm gegenüber bestimmte Verpflichtungen haben. Ohne die hierarchische Sichtweise seiner Kultur direkt infrage zu stellen, wandte Paulus das Evangelium so an, dass es die Beziehungen zwischen den einzelnen Familienmitgliedern veränderte und etwas ganz Neues, etwas nicht Hierarchisches schuf.

Schwierige Abschnitte in den Paulusbriefen

Einige Abschnitte aus den Paulusbriefen werden bis heute so ausgelegt, dass dadurch die aktive Beteiligung von Frauen an den verschiedenen Aufgaben und Diensten in den Gemeinden erheblich eingeschränkt wird. Im letzten Viertel des 20. Jahrhunderts sind genau diese Abschnitte zum Gegenstand heftiger Diskussionen geworden. Die einen lehren eine vom Geschlecht her bestimmte Hierarchie, nach der in der Gemeindeleitung nur Männer mitarbeiten können, aber dann gibt es auch diejenigen, die einen eher gleichberechtigten Ansatz verfolgen und darlegen, dass die Bibel für Männer und Frauen gleichermaßen Zugang zu den leitenden Funktionen und Positionen vorsieht. Eine Reihe von Veröffentlichungen verschiedener Christen, die alle entsprechende Auslegungsarbeit an den entsprechenden Bibeltexten leisten, argumentieren dabei jeweils für ihren Standpunkt. Wenn man sich Untersuchungen solcher Schlüsselabschnitte durch die Vertreter der verschiedenen Sichtweisen einmal etwas genauer ansieht, wird klar, dass jeder Abschnitt nicht nur eine, sondern gleich mehrere Schwierigkeiten in Bezug auf die Auslegung mit sich bringt. Christen, die gleichermaßen von der Eingebung der Schrift durch den Heiligen Geist und von der Autorität der Schrift überzeugt und ihr verpflichtet sind, können alle zu sorgfältig begründeten Ergebnissen in einer solchen Auslegung kommen, die sich aber oft drastisch voneinander unterscheiden.

Auffallend ist, dass die meisten dieser Ausführungen ihre Argumentation nur auf eine begrenzte Anzahl von Abschnitten aus den Briefen beschränken und das Neue Testament als Gesamtschrift dabei wenig im Blick haben. In den vorausgegangenen Kapiteln wurde ja bereits festgestellt, dass die Beziehungen, die Jesus zu Frauen hatte, für die Betreffenden klare Veränderung mit sich brachten, und zwar sowohl in Bezug auf ihre Stellung als auch in Bezug auf ihre Persönlichkeit. Jesus brach mit den streng hierarchischen und seit langem bestehenden Mustern des rabbinischen Judentums. Er gab häufig Frauen den Vorrang und ehrte sie als Jüngerinnen und Zeuginnen seiner Auferstehung. Es wurde bereits ausführlicher erörtert, wie Lukas die Veränderung der traditionellen Frauenrolle im Judentum durch das Evangelium beschreibt sowie die Aufhebung der Einschränkungen für Frauen durch die Gute Nachricht. Dabei stellt er häufig eine Frauen- und eine Männergestalt einander gegenüber, und zwar so, dass dabei die Frauen eine ganz neue Wertigkeit erhalten. Dasselbe Thema greift Lukas auch in der Apostelgeschichte auf, wo Frauen in Führungspositionen in der Gemeinde dargestellt werden, wie sie im Judentum völlig undenkbar gewesen wären. Zu Beginn des vorliegenden Kapitels wurden eher „beiläufige Äußerungen" von Paulus in seinen Briefen über die Rolle der Frauen etwas genauer untersucht. Der Apostel betrachtete einzelne Frauen als Mitarbeiterinnen bei seinem Auftrag, das Evangelium zu verbreiten und als wichtige Leiterinnen in den Gemeinden.

Wenn man diese Menge an Indizien aus dem Neuen Testament insgesamt betrachtet, werden wir an einen wichtigen Grundsatz erinnert: Die Bibel widerspricht sich nicht selbst. Die Auslegung jedes beliebigen Abschnitts muss also nicht nur mit dem unmittelbaren Textzusammenhang in Einklang stehen, sondern auch mit dem Wort Gottes insgesamt. Wo es zwei oder mehr mögliche Auslegungen eines Abschnitts über die Rolle von Frauen gibt, muss die Auslegung den Vorzug bekommen, durch die die Veränderung der Frauenrolle, wie sie in den Evangelien, in der Apostelgeschichte und auch in „beiläufigen Äußerungen" über Frauen in den Paulusbriefen immer wieder bezeugt wird, deutlich wird.

Wenn man diesen hermeneutischen Grundsatz im Kopf behält, kann man die am heißesten diskutierten Abschnitte in den Paulusbriefen mit Gewinn genauer betrachten, auch ohne zunächst jede konkurrierende Auslegung zu untersuchen, besonders 1. Korinther 11, 1. Korinther 14 und 1. Timotheus 2. In allen dreien geht es um Frauen in der Gemeindeversammlung.

Die Aufforderung, den Kopf zu bedecken *(1. Korinther 11,2-26).* Paulus forderte die Frauen von Korinth auf, den Kopf zu bedecken, wenn sie an Zusammenkünften der Gemeinde und an Gottesdiensten teilnahmen. Diese Lehre wird immer wieder so verstanden, dass damit auch eine allgemeine Unterordnung der Frauen unter die Männer in der Gemeinde ausgedrückt und eine Hierarchie auf der Grundlage des Geschlechts untermauert wird.

Ich lobe euch, dass ihr in allem an mich denkt und an den Überlieferungen festhaltet, wie ich sie euch übergeben habe. Ihr sollt aber wissen, dass Christus das Haupt des Mannes ist, der Mann das Haupt der Frau und Gott das Haupt Christi. Wenn ein Mann betet oder prophetisch redet und dabei sein Haupt bedeckt hat, entehrt er sein Haupt. Eine Frau aber entehrt ihr Haupt, wenn sie betet oder prophetisch redet und dabei ihr Haupt nicht verhüllt. Sie unterscheidet sich dann in keiner Weise von einer Geschorenen. Wenn eine Frau kein Kopftuch trägt, soll sie sich doch gleich die Haare abschneiden lassen. Ist es aber für eine Frau ei-

ne Schande, sich die Haare abschneiden oder sich kahl scheren zu lassen, dann soll sie sich auch verhüllen. Der Mann darf sein Haupt nicht verhüllen, weil er Abbild und Abglanz Gottes ist; die Frau aber ist der Abglanz des Mannes. Denn der Mann stammt nicht von der Frau, sondern die Frau vom Mann. Der Mann wurde auch nicht für die Frau geschaffen, sondern die Frau für den Mann. Deswegen soll die Frau mit Rücksicht auf die Engel das Zeichen ihrer Vollmacht auf dem Kopf tragen. Doch im Herrn gibt es weder die Frau ohne den Mann, noch den Mann ohne die Frau. Denn wie die Frau vom Mann stammt, so kommt der Mann durch die Frau zur Welt; alles aber stammt von Gott.

Urteilt selber! Gehört es sich, dass eine Frau unverhüllt zu Gott betet? Lehrt euch nicht schon die Natur, dass es für den Mann eine Schande, für die Frauen aber eine Ehre ist, lange Haare zu tragen? Denn der Frau ist das Haar als Hülle gegeben. Wenn aber einer meint, er müsse darüber streiten: Wir und auch die Gemeinden Gottes kennen einen solchen Brauch nicht (1. Korinther 11,2-16).

Allgemeine Beobachtungen. Paulus macht sich hier Gedanken darüber, was sich in Gemeindezusammenkünften „gehört" (V. 13). Er sagt den Korinthern, dass es sich für Frauen „gehört", den Kopf zu bedecken, wenn sie beten oder prophetisch reden. In der Diskussion geht es Paulus darum, dass in der Gemeinde die Geschlechtsunterschiede nicht verwischt werden, sondern erhalten und auch erkennbar bleiben sollen. Dabei steht nicht zur Debatte, ob die Frauen in Korinth beteten und prophetisch redeten, wenn die Gemeinde zum Gottesdienst zusammenkam, denn das war unstrittig der Fall.

In der Diskussion über diesen Abschnitt liegt das Hauptaugenmerk auf der Frage, *warum* die Unterscheidung der Geschlechter Paulus so wichtig ist. Liegt es daran, dass Männer übergeordnete Positionen in der Gemeinde einnehmen sollen und Frauen untergeordnete, wie so oft argumentiert wird? Oder gibt es eine andere vernünftige Erklärung für diese Anweisung von Paulus?

„Eine Frau . . ., wenn sie betet oder prophetisch redet" *(1. Korinther 11,5).* Fest steht, *dass* Frauen in der Gemeinde von Korinth beteten und prophetisch redeten. Paulus erklärt einige Kapitel später auch noch, weshalb das prophetische Reden eine wertvolle Geistesgabe ist (1. Korinther 14,1), und zählt die Propheten als zweite von denen auf, „denen Gott einen ganz bestimmten Platz zugeteilt" hat in der Gemeinde (12,28). Das Problem, das Paulus in Korinth mit dem Beten und dem prophetischen Reden hatte, bestand jedoch nicht darin, dass Frauen daran aktiv beteiligt waren, das setzte er selbstverständlich voraus, wie der Text zeigt. Problematisch schien ihm dabei gewesen zu sein, dass Frauen dabei ihren Kopf nicht bedeckten. Er sucht also allein Klärung in der Frage, *wie* sie beten und prophetisch reden sollten.

„Trägt . . . eine Frau keine Kopfbedeckung" *(1. Korinther 11,5).* Paulus hatte Einwände dagegen, dass sich Frauen mit unbedecktem Kopf am Gebet und prophetischen Reden beteiligten. Worin bestand diese Kopfbedeckung eigentlich? War es ein Schleier, oder wurde der Kopf mit einem Teil der Tunika bedeckt? Warum sollten Frauen überhaupt den Kopf bedecken, und was bedeutete es im ersten Jahrhundert, wenn Frauen keine Kopfbedeckung trugen? War es das Erkennungszeichen der Prostituierten, wie immer wieder behauptet wird?

Es sind zu dieser Anweisung von Paulus bereits etliche Theorien aufgestellt worden. Aus dem Bibelabschnitt geht jedenfalls eindeutig hervor, dass, aus welchem Grund auch immer, die Frauen im ersten Jahrhundert in Korinth im Unterschied zu den Männern eine Kopfbedeckung trugen. Das Tragen einer Kopfbedeckung war somit ein Unterscheidungsmerkmal zwischen Männern und Frauen. Fest steht außerdem, dass Paulus darauf bestand, dass die Frauen sich wie Frauen kleideten, wenn sie in der Gemeinde beteten oder prophetisch redeten.

„Ihr sollt aber wissen, dass Christus das Haupt des Mannes ist, der Mann das Haupt der Frau und Gott das Haupt Christi“ *(1. Korinther 11,3).* Paulus vertrat diese Lehre mit großem Nachdruck. Diejenigen, die eine stark hierarchische Sichtweise von der Beziehung zwischen den Geschlechtern vertreten, verstehen den Vers als Aussage über Autorität und Unterordnung. Sie lesen ihn so: „Jeder Mann steht unter der Autorität Christi, die Frau steht unter der Autorität des Mannes, und Christus steht unter der Autorität Gottes“ – davon ausgehend, dass „Haupt“ – nach dem allgemeinen physiologischen Verständnis der westlichen Welt – so viel wie „Chef“ bedeutet, weil das Gehirn den Körper steuert. Das hat Paulus jedoch nicht geschrieben. Zur Zeit des Paulus galt in Griechenland eine andere physiologische Auffassung: Man glaubte, das Herz sei der Sitz des Intellekts und der Kopf die Quelle des Lebens und der Lebensflüssigkeiten . . . Als Zeus Kinder gebar, gingen diese dementsprechend aus seinem Kopf hervor. Ein Vater wurde als Haupt seines Kindes bezeichnet. Dies bedeutete, dass er als Quelle für das Leben seines Kindes angesehen wurde (Faith Martin, Call me Blessed).

Mit *kephale* meint Paulus also „Quelle“ bzw. „Quelle des Lebens“.

Dafür spricht auch die Tatsache, dass an den Stellen der Bibel, an denen im hebräischen Text die Bedeutung „Herrschaft“ oder „Autorität“ gemeint ist, von den Übersetzern der Septuaginta das griechische Wort *archon* und nicht das Wort *kephale* verwendet wurde.

Und es gibt ein weiteres Problem bei der hierarchischen Auslegung. Der zweite Satz im griechischen Text lautet: *„de gynaikos ho aner kephale“. Gynaikos* kann entweder „Frau“ oder „Ehefrau“ bedeuten und *aner* sowohl „Mann“ als auch „Ehemann“. Dass Paulus an dieser Stelle den bestimmten Artikel *ho* benutzt, führt aber zu der Aussage: „Der Ehemann ist das Haupt seiner Frau“ und nicht „Der Mann ist das Haupt der Frau“ – ein Unterschied in der Bedeutung.

Paulus macht damit drei klare Aussagen über drei verschiedene Beziehungent:

- Christus ist *kephale* jedes Mannes.
- Der Ehemann ist *kephale* seiner Frau.
- Gott ist *kephale* von Christus.

Wie kommen wir der Bedeutung dieser Aussage nun weiter näher?

Im folgenden Kapitel (1. Korinther 12) verwendet Paulus wiederum den Begriff „Haupt“, und zwar für Jesus. Er beschreibt damit die Beziehung von Christus zu seiner Gemeinde als seinem Leib und benutzt dort die Begriffe „Haupt“ und „Leib“, um deutlich zu machen, dass zwischen Jesus und den Menschen, die zu ihm gehören, eine echte organische Beziehung besteht: Jesus ist das Haupt der Gemeinde. Er, das Haupt, *dient* der Gemeinde, dem Leib – und zwar durch seine Liebe, Fürsorge und Versorgung.

Wenn wir mit dieser Bedeutung nun 1. Korinther 11 lesen, dann merken wir, dass dieser Abschnitt der gesamten Sichtweise von Paulus entspricht: Jeder Mann, der zu Gott gehört, hat eine organische Beziehung zu Jesus – sodass jeder Mann durch sein Verhalten auch ein gutes oder schlechtes Licht auf Jesus wirft (vgl. 1. Korinther 11,7). Frauen haben eine organische Beziehung zu ihren Ehemännern, indem sie ein Fleisch mit ihnen sind; was sie also tun, macht auch ihrem Mann Ehre bzw. Schande. Jesus hatte eine organische Beziehung zu Gott, dem Vater, und alles, was er tat, machte Gott Ehre und verherrlichte ihn.

Warum sollten dann Frauen ihren Kopf bedecken, wenn sie in der Gemeinde beteten oder prophetisch redeten? Weil es sich zu dieser Zeit wohl „so gehörte". Und wenn Frauen sich benehmen, wie es sich gehört, wirft das ein gutes Licht auf ihren Mann. Benehmen sie sich dagegen nicht angemessen oder sogar unanständig, entehren sie damit nicht nur ihren Mann, sondern letztlich auch Gott.

„Der Mann wurde auch nicht für die Frau geschaffen, sondern die Frau für den Mann" *(1. Korinther 11,8.9).* Paulus fügt noch hinzu, dass der Mann nicht geschaffen wurde, um die Frau zu ergänzen, sondern dass die Frau geschaffen wurde, um den Mann zu ergänzen. In dieser Konstruktion stehen *gynaikos* und *aner* wieder allgemein als „Frau" und „Mann". Paulus zufolge hat Gott bei der Erschaffung des Menschen die Unterschiede zwischen den Geschlechtern bewusst so geschaffen, und folglich ist es nicht richtig, diese von Gott beabsichtigten Unterschiede zu verwischen. Männer und Frauen bleiben unterschiedlich, und Frauen ergänzen die Männer.

„Deshalb soll die Frau mit Rücksicht auf die Engel das Zeichen ihrer Vollmacht auf dem Kopf tragen" *(1. Korinther 11,10).* In der Luther Übersetzung heißt es an dieser Stelle: „Darum soll die Frau eine Macht (Macht bedeutet hier wohl ‚Schleier') auf dem Haupt haben um der Engel willen." Die Kopfbedeckung ist hier also symbolisch zu verstehen, denn in manchen Übersetzungen wird der griechischen Originalfassung noch hinzugefügt „ein Symbol der Autorität". Welche Autorität wird nun aber durch die Kopfbedeckung symbolisiert?

Wenn man diesen Abschnitt nach hierarchischer Sichtweise auslegen will, kann man argumentieren, dass die Kopfbedeckung das Symbol männlicher Autorität über die Frauen in der Gemeinde ist. Das meint der Text jedoch nicht, denn für Paulus wäre es ein Leichtes gewesen, es so zu formulieren, wenn er es gewollt hätte. Die Kopfbedeckung ist ein Symbol für die *eigene Autorität bzw. Vollmacht der Frau selbst, als Frau* zu beten und prophetisch zu reden!

Es ist verständlich, warum Frauen, die begeistert waren über ihre neue Freiheit, gleichberechtigt mit den Männern an christlichen Versammlungen teilzuhaben, diese Freiheit auch symbolisch zum Ausdruck bringen wollten. Vielleicht wollten die Christinnen von Korinth symbolisch ausdrücken, nämlich indem sie keine Kopfbedeckung mehr trugen, dass sie durch Jesus Freiheit erlangt hatten. Paulus hielt das jedoch für unangemessen. Gott hatte den Menschen als Mann und Frau geschaffen, und in der Bibel wie auch in allen menschlichen Gesellschaften wird dieser Unterschied bewahrt. In der Annahme, ihre Gleichwertigkeit als Frauen in der Gemeinde zum Ausdruck zu bringen, indem sie sich äußerlich wie Männer gaben, leugneten die Christinnen in Korinth eher die gute Nachricht von der geistlichen Gleichwertigkeit, als dass sie sie bejahten und bestätigten, könnte Paulus argumentiert haben.

Was Paulus als so großartig erachtet, ist die Tatsache, dass jetzt in Christus Frauen wirklich an der christlichen Gemeinschaft teilhaben können, und zwar *als Frauen!* Nur durch Kleidung und Verhalten, das ihr Frausein deutlich macht, können Frauen der Welt zeigen, dass ihr Geschlecht durch Jesus wirklich aufgewertet wurde, um ein Erbe anzutreten, das vor so langer Zeit durch Eva verwirkt worden war.

„Mit Rücksicht auf die Engel" *(1. Korinther 11,10).* Warum fügt Paulus noch diesen geheimnisvollen Satz hinzu? Es ist bekannt, dass die Engel, die ja unsterblich sind, vor den Menschen geschaffen wurden. Sie waren Zeugen der Schöpfung und des Sündenfalls. Sie waren am Auszug des Volkes Israel aus Ägypten beteiligt, waren Zeugen, wie das Volk Israel am Sinai das Gesetz bekam; und sie waren bei der Geburt, dem Tod und der Auferstehung Jesu dabei. Im Laufe der gesamten Geschichte sind Engel immer ehrfürchtige Zeugen des großen Schauspiels von Sünde und Erlösung gewesen, das sich auf der Weltbühne abgespielt hat.

Der Apostel Petrus schrieb von der lange prophezeiten Gnade, die nun durch die Gute Nachricht für Christen erfahrbar sei und kommentiert selbst: „Das alles zu sehen, ist sogar das Verlangen der Engel"(1. Petrus 1,12).

Petrus lässt hier das Bild staunender Engel erstehen, die bei den Versammlungen von Christen anwesend sind, die das Leben der Christen beobachten und ehrfürchtig jeden neuen Beweis der Gnade Gottes zur Kenntnis nehmen, die er den Menschen durch Jesus Christus erweist. Ebenfalls vor den Engeln passiert nun eines der Wunder, das in der Erlösung geschieht: In Christus bekommt die Menschheit all das zurückgeschenkt, was sie durch den Sündenfall Adams und Evas verloren hatte – und noch viel mehr. Als Zeugen vor den Engeln, dass Gott wirklich verändernde Kraft hat, sollen Frauen *als Frauen erkennbar* ihren geistlichen Dienst versehen, als begabte Mitarbeiterinnen und Partnerinnen der Männer in den vielen Dienstbereichen der Gemeinde Christi.

„Sollen die Frauen in der Versammlung schweigen" *(1. Korinther 14,34.35).* Auf den ersten Blick scheinen diese Verse definitiv den Vertretern der alten hierarchischen Sichtweisen Recht zu geben. Wenn man darüber jedoch auch nur einen Augenblick lang nachdenkt, wird die entsprechende Auslegung schnell fragwürdig:

Wie kann Paulus in Kapitel 11 davon sprechen, dass Frauen in der versammelten Gemeinde beten und prophetisch reden und drei Kapitel später darauf bestehen, dass die „Frauen schweigen"? Hat er vergessen, was er selbst geschrieben hat? Hat er seine Meinung geändert, oder wird durch 1. Korinther 14 der Abschnitt in 1. Korinther 11 ungültig? Wenn man daran festhält, dass das Wort Gottes vom Heiligen Geist eingegeben ist, dann muss man auch daran festhalten, dass sich die Bibel nicht selbst widersprechen kann. 1. Korinther 14,33-35 klingt zunächst ziemlich klar und eindeutig:

Wie es in allen Gemeinden der Heiligen üblich ist, sollen die Frauen in der Versammlung schweigen; es ist ihnen nicht gestattet, zu reden. Sie sollen sich unterordnen wie auch das Gesetz es fordert. Wenn sie etwas wissen wollen, dann sollen sie zu Hause ihre

Männer fragen, denn es gehört sich nicht für eine Frau, vor der Gemeinde zu reden.

Auslegungsprobleme bei 1. Korinther 14,33-35. Wenn man sich die beiden Verse etwas genauer anschaut, werden eine Reihe von Problemen für die Auslegung erkennbar. Carroll D. Osburn (Essay on Women in Earlies Christianity, I, 1993) beschreibt einige der Fragen, die sich dem Ausleger stellen:

Folgen die Verse 34-35 nach dem Vers 33, wie in den meisten Handschriften und modernen Ausgaben oder erst nach Vers 40, wie nur in einigen wenigen Manuskripten? Gehört Vers 34 „wie in allen Gemeinden" zu den Versen 34 -35, wie in den meisten modernen Ausgaben oder zu Vers 33, wie in allen alten Handschriften? Was bedeuten die Verse 34-35 in einem Zusammenhang von Zungenrede und prophetischem Reden? Worin besteht das konkrete Problem hinter den Versen 34-35? Bedeutet gynaikes (V. 34) „Frauen" oder „Ehefrauen"? Was ist mit „schweigen" gemeint? Und was bedeutet hier „reden"? Wem gegenüber sollen sich die Frauen unterordnen? Was heißt: „Wie auch das Gesetz es fordert"? In welcher Beziehung stehen die Verse 34-35, von denen manche glauben, sie seien nur an Männer gerichtet, zu Vers 36? Wie ist ein möglicher Widerspruch zu 11,2-16 zu verstehen, wo Paulus bejaht, dass Frauen beten und prophetisch reden? Stimmt die Botschaft von den Versen 33-35 mit der Gesamttheologie von Paulus überein? (S. 219)

Alle diese Fragen und noch viele mehr sind in zahlreichen Büchern und Artikeln ausführlich diskutiert worden. Jede akzeptable Auslegung muss dem Grundsatz der Einheitlichkeit der Schrift entsprechen. Die zitierten Verse müssen demnach so ausgelegt werden, dass sie in den unmittelbaren Textzusammenhang passen, aber darüber muss das eigene Verständnis mit der Gesamtaussage des Neuen Testamentes übereinstimmen.

Allgemeine Beobachtungen. Die zitierten Verse stehen in einem konkreten Zusammenhang. In den Kapiteln 11 bis 14 kommen mehrere Themen zur Sprache, und alle drehen sich um die Zusammenkünfte der Gemeinde.

So lehrt er, dass Frauen nicht auf symbolische Weise ihr Geschlecht verleugnen sollen, indem sie keine Kopfbedeckung tragen, wenn sie in der Gemeinde beten oder prophetisch reden (11,2-16). Er lehrt, dass Gläubige nicht die symbolische Bedeutung des Abendmahls leugnen sollen, indem sie das Sakrament wie eine ganz normale Mahlzeit behandeln (11,17-34). Weiter lehrt Paulus, dass die Gemeinde das Wirken des Geistes durch jeden Christen nicht leugnen soll, und dass sie die Gabe des Zungenredens nicht überbewerten soll (12,1-13). Paulus lehrt, dass die echte Prüfung eines geistlichen Lebens nicht darin besteht, welche Gaben von einem Christen praktiziert werden, sondern wie er die Liebe Christi anderen gegenüber zum Ausdruck bringt und praktisch erfahrbar werden lässt (13,1-13). Und schließlich lehrt Paulus, dass bei den Versammlungen der Christen das Hauptaugenmerk auf der Ermutigung und der Auferbauung der Gläubigen liegen soll (14,1-40).

Die zitierten Verse gehören zum fünften Thema, nämlich die Auferbauung bei Zusammenkünften der Gemeinde. Als Erstes stellt Paulus klar, dass Auferbauung des Einzelnen Priorität hat bei den allgemeinen Zusammenkünften, zu denen alle Zugang haben (14,26). Dann spricht er über Themen, die zu Spaltung führen können: das Zungenreden (14,27.28), Prophetie (14,29-33) und geschwätzige Frauen

(14,34.35). Paulus schließt mit einer Ermahnung an die Korinther, seine Unterweisung als vom Herrn anzunehmen und fordert die Gemeinde abschließend auf: „Doch soll alles in Anstand und Ordnung geschehen" (14,40).

Man kann die Uneinigkeit, mit der Paulus sich befasst, folgendermaßen skizzieren:

In diesem Zusammenhang von Uneinigkeit innerhalb der Gemeinde geht Paulus auf Störungen im Gottesdienst ein. So fordert er bestimmte Frauen in Korinth auf „zu schweigen" und nicht den Gottesdienst durch (Dazwischen-)Reden zu stören. Die Auslegung von 1. Korinther 14, 33-35 muss von seinem Kontext, von einem unmittelbaren Zusammenhang geprägt sein. Als Nächstes muss diese Auslegung darauf überprüft werden, ob sie übereinstimmt mit der Grundeinstellung des Neuen Testaments zur Rolle der Frau in der Gemeinde.

Paulus' Unterweisung bezieht sich an dieser Stelle offenbar auf eine ganz konkrete Situation. Deshalb ist es völlig unangemessen, diese situationsspezifische Anweisung so anzuwenden, als wäre sie auf ewig und für alle gültig. Weil Paulus einige Frauen aufforderte „zu schweigen", um nicht zu stören, rechtfertigt das noch längst nicht die Forderung, dass alle Frauen in allen Gemeinde für alle Zeiten schweigen sollen – zumal er vorher ausführlich über die Art der Beteiligung am Gottesdienst durch „Beten und im Auftrag Gottes sprechen" (1. Kor. 11,5) eingeht. Manche Bibelausleger verfahren aber so, dass sie hier vorschnell verallgemeinern. An dieser Stelle ist eine sorgfältige Analyse des Textes geboten, um festzustellen, um welche konkrete Gemeindesituation es sich handelte und inwiefern Paulus' Anweisung „zu schweigen" diese Situation verbessern sollte.

„Denn es gehört sich nicht für eine Frau, vor der Gemeinde zu reden" oder klarer: „andauernd das Wort zu führen" *(14,35).* Es gibt in diesem Vers zwei Hinweise auf eine Lösung für die oben aufgeworfenen Fragen. Der erste ist der Infinitiv Präsens („sprechen", „das Wort führen"). Das griechische Wort *sprechen* an sich enthält noch keinen Hinweis auf die Art des Redens, aber die Zeitform, nämlich der Infinitiv Präsens bedeutet ein *andauerndes Führen des Wortes.* Die Frauen, die hier gemeint sind, waren nicht gerade leise, ergriffen (wie aus den historischen Gegebenheiten zu schließen ist) während der Zusammenkünfte der Gemeinde ständig das Wort und störten dadurch.

Der zweite Hinweis ist die Aussage: „Wenn sie etwas nicht verstehen, können sie zu Hause ihren Mann fragen. Denn es gehört sich nicht, dass *gynaikin* (Frauen oder Ehefrauen) in der Gemeinde das Wort führen." Daraus geht hervor, dass sich das Wort, das in 14,35 als „Frauen" übersetzt wird, eigentlich „Ehefrauen" heißen müsste. Es ist viel natürlicher, dass Paulus in diesem Zusammenhang von verheirateten Frauen spricht, als von Frauen allgemein.

Diese beiden Hinweise lassen darauf schließen, dass das konkrete Problem in Korinth ein paar verheiratete Frauen betraf (und nicht alle Frauen), die Unruhe und Durcheinander verursachten, weil sie bei den Gemeindeversammlungen wiederholt und unangemessen redeten.

„... sollen die Frauen in der Versammlung schweigen" *(14,34).* Paulus' Lösung besteht darin, dass er die betreffenden verheirateten Frauen, die immer wieder störten, aufforderte zu schweigen. Es muss aber nochmals betont werden, dass dieser Vers nicht die Aufforderung ist, ein für alle Mal absolutes Schweigen zu bewahren,

STÖRUNGEN IN DEN GEMEINDEVERSAMMLUNGEN IN KORINTH – 1. KORINTHER 14

Verse	Das Problem	Die Lösung	Ergebnis
27-28	Zungenrede ohne Auslegung	Schweigen bis jemand anwesend ist, der auslegen kann	Die Gemeinde wird auferbaut
29-33	Propheten unterbrechen sich gegenseitig	Sich abwechseln, schweigen, wenn andere reden	Die Gemeinde wird auferbaut
34-35	Frauen, die stören, weil sie dazwischenreden	Frauen sollen schweigen und ihre Fragen zu Hause stellen	Die Gemeinde wird auferbaut (hier nicht ausdrücklich erwähnt)

sondern es ging um ein Schweigen in der konkreten Situation. Wie sah nun aber diese „konkrete Situation" aus?

Eine Möglichkeit ist, dass ein Zusammenhang besteht mit einer ähnlichen Aufforderung in 14,28, wo die Person, die in Zungen redet, aufgefordert wird, so lange zu schweigen, bis jemand mit der Gabe der Auslegung anwesend ist.

Weiter kann sich die Aussage auf das „können sie zu Hause ihren Mann fragen" beziehen. Einige Frauen stellten anscheinend so viele nebensächliche Fragen, dass an ordentliche und effektive Unterweisung nicht mehr zu denken war.

Eine dritte Möglichkeit, wie die Situation ausgesehen haben kann, in der Paulus diese Aufforderung aussprach, sieht eine Verbindung zwischen unangemessenem Reden und 14,29. Wenn ein Prophet sprach, mussten andere in der Gemeinde das prophetische Wort „prüfen". Das griechische Wort hat hier die Bedeutung von „unterscheiden", „auf Echtheit überprüfen" und somit zu beurteilen. Im ersten Jahrhundert gab es kein abgeschlossenes vollständiges Neues Testament, an dem man hätte überprüfen können, was jemand lehrte. Es war wichtig, dass es in jeder Gemeinde Gläubige gab, die die Geistesgabe der Unterscheidung hatten und beurteilen konnten, ob Botschaften von den Menschen, die für sich in Anspruch nahmen, prophetisch zu reden, wirklich echt waren. Es ist möglich, dass die Frauen in der Gemeinde von Korinth, die Paulus hier meint, diesen Prüfungsprozess ständig störten.

„Sie sollen sich unterordnen, wie auch das Gesetz es fordert" *(14,34).* Die grammatische Form („Medium") des griechischen Wortes *hypotassomai* betont die innere Beteiligung und Freiwilligkeit dessen, der „sich unterordnet". Der Ausdruck „wie auch das Gesetz es fordert" weist auf einen Grundsatz hin, von dem klar ist, dass er jegliches Verhalten von Christen prägen sollte. Einige Ausleger sind der Meinung, dass Paulus hier die besagten Ehefrauen aufruft, sich ihren Männern unterzuordnen. Andere dagegen sind der Auffassung, es handele sich hier um die Aufforderung, sich der Autorität der Gemeindeleitung zu unterstellen, deren Aufgabe es ja war, prophetische Worte zu prüfen. Am wahrscheinlichsten ist jedoch, dass Paulus an dieser Stelle an den umfassend gültigen Grundsatz der gegenseitigen Unterordnung denkt. Dieser Grundsatz wird in Epheser 5,21 formuliert („Ordnet euch *einander* unter, so ehrt ihr Christus"), sowie in Philipper 2,2.3 und 1. Korinther 16,16. Paulus appelliert hier an die korinthischen Ehefrauen, die durch ihre Unruhe störten, doch auch an die anderen Gottesdienstbesucher zu denken und freiwillig aufzuhören, ständig zu reden, damit kein Chaos entsteht und alle von der Versammlung profitieren können.

Die Anwendung der Ausführungen des Paulus. Paulus und die Korinther wussten genau, wie das Problem, um das es hier ging, konkret aussah. Sie wussten, welche Frauen störten und besser daran getan hätten zu schweigen, um der anderen Gottesdienstbesucher willen. Leider sind die genauen Umstände der Gottesdienste in Korinth im biblischen Text direkt nicht überliefert.

Das rechtfertigt allerdings nicht, dass Paulus' Worte aus 1. Korinther 14,34.35 aus dem Zusammenhang gerissen und dann als Befehl an alle Frauen ausgelegt werden „den Mund zu halten und zuzuhören". Eine solche Anwendung dieser Verse lässt den unmittelbaren Textzusammenhang völlig außer Acht. Außerdem wird damit auch Paulus' eigene Aussage in 1. Korinther 11 übergangen, wo davon die Rede ist, dass Frauen in der Gemeinde öffentlich beten und prophetisch reden. Daneben würden durch eine solche Anwendung des Verses etliche Hinweise in den Evanglien, der Apostelgeschichte und den übrigen Paulusbriefen ignoriert, dass durch Christus die Folgen der Ursünde Evas als aufgehoben gelten.

Man kann also mit Überzeugung sagen, dass zwar die konkrete Situation, in der Paulus einige verheiratete Frauen aufforderte zu schweigen, nicht mehr genau rekonstruiert werden kann, dass aber die Worte des Paulus aus dem Gesamtzusammenhang heraus nicht den Frauen allgemein gegolten haben können. Seine Worte können kein Hinderungsgrund für Frauen sein, aktiv und vernehmlich gemeinsam mit Männern an den Versammlungen der Gemeinde Christi teilzuhaben.

Das Verbot für Frauen zu lehren *(1. Timotheus 2,9-15).* Dieser Abschnitt ist zweifellos am schwierigsten auszulegen in Einklang mit einem positiven und aufwertenden Frauenbild, wie es im Neuen Testament durchgängig vertreten wird. Wenn man jedoch daran festhält, dass die Bibel das vom Geist eingegebene Wort Gottes ist, kommt eine Auslegung nicht infrage, nach der Frauen von jeglicher lehrenden Tätigkeit in der versammelten Gemeinde ausgeschlossen werden, und das auch noch ohne zwingende Begründung. Dieser Abschnitt muss also in Verbindung mit dem unmittelbaren Textzusammenhang sorgfältig untersucht werden.

Allgemeine Beobachtungen. Der 1. Brief an Timotheus ist einer von drei „Hirtenbriefen", die von Paulus zur Unterweisung der nachfolgenden Generation von Gemeindeleitern verfasst wurden. In 1. Timotheus 3,15 nennt Paulus den Zweck seines Briefes. Er will darin beschreiben „wie man sich im Hause Gottes in seiner Gemeinde zu verhalten hat". Er beschreibt darin nicht nur, wie Timotheus sich angemessen verhalten soll, sondern auch, wie sich gläubige Christen ganz allgemein zu verhalten haben.

Zur Entstehungszeit des Briefes hielt Timotheus sich in Ephesus auf. Er war dorthin entsandt worden, um in der Gemeinde bestehende Konflikte zu lösen und die Christen zu ermutigen und zu korrigieren. Ephesus war die Hauptstadt von Kleinasien, Standort des Diana-Tempels. Aus Lukas' Bericht über die missionarische Arbeit von Paulus dort geht hervor, dass viele Menschen in Ephesus Christen geworden waren und deshalb mit der Verehrung ihrer Götter oder anderen dort verbreiteten okkulten Praktiken Schluss gemacht hatten. In dem Brief von Paulus an die Epheser, der bereits einige Zeit vor der Entsendung von Timotheus dorthin abgeschickt worden war, wird hervorgehoben, dass Christus das Haupt der Gemeinde ist. Das übergreifende Thema ist das eines angemessenen Lebensstils für Christen. Aus 1. Timotheus geht eindeutig hervor, dass für viele Epheser Jesus nicht mehr der Mittelpunkt war und dass sie einen gottesfürchtigen Lebensstil, zu dem Paulus ihnen dringend geraten hatte, wieder aufgegeben hatten. Ja, falsche Lehren hatten in der Gemeinde von Ephesus großen Schaden angerichtet und allen möglichen Formen von Verdorbenheit Tür und Tor geöffnet. In 1. Timotheus bringt Paulus seine Sorge darüber zum Ausdruck, dass die gesunde, gute Lehre verlassen werden könnte zugunsten der Beschäftigung mit „Fabeleien und endlosen Geschlechterreihen, die nur Streitfragen mit sich bringen" (1,4). Diese Richtung wurde gefördert von bestimmten Leuten, über die Paulus sagt: „Sie wollen Gesetzeslehrer sein, verstehen aber nichts von dem, was sie sagen und worüber sie so sicher urteilen" (1,7). Diese falschen Informationen und Lehren hatten den Lebensstil der Christen in Ephesus verdorben (1,9-11).

Paulus ruft die Epheser auf, „in aller Frömmigkeit und Rechtschaffenheit ungestört und ruhig" zu leben (2,2). In Kapitel 2 legt er dann das Hauptaugenmerk auf drei Dinge, die der Korrektur bedurften, wenn die Epheser einen solchen gottgefälligen Lebensstil praktizieren wollten. Die Männer sollten sich wieder auf das Gebet konzentrieren und es ganz neu in den Blick bekommen (2,1-8), die Frauen sollten ihre Prioritäten neu setzen und sich darauf konzentrieren (2,9.10) und einige (bestimmte) Frauen sollten lieber lernen, statt zu lehren und zu tyrannisieren (2,11-15).

Dann nennt Paulus Richtlinien zur Auswahl der Gemeindeältesten (3,1-7), sowie der Diakone und Diakoninnen über (3,8-13). In Kapitel 4 kommt er noch einmal auf das Problem der falschen Lehren zurück. Er spricht dabei von manchen asketischen Praktiken als „Lehren von Dämonen" (4,1-5). Dem sollte Timotheus entgegentreten, und Paulus sagt ihm auch, wie das geschehen soll: „Dies trage den Brüdern vor, dann wirst du ein guter Diener Jesu Christi sein, erzogen in den Worten des Glaubens und der guten Lehre, der du gefolgt bist", und „gottlose Altweiberfabeln weise zurück" (4,6-7). Timotheus sollte also nicht nur „anordnen und lehren" (4,11), sondern darüber hinaus selbst als Vorbild für einen solchen gottgefälligen Lebensstil stehen, der sich aus der richtigen Lehre ergibt (4,12-16).

In Kapitel 5 stellt Paulus Richtlinien auf für den Fall, dass Frauen den Auftrag bekamen zu lehren. Das kam z. B. vor, wenn Witwen, deren Gottgefälligkeit und Ehrbarkeit bekannt war, mit der Unterweisung junger Ehefrauen beauftragt wurden (5,1-16). Weiter ermutigt Paulus zum Respekt vor den Gemeindeältesten (5,17-22) und schlägt dann noch eine Therapie für Timotheus' häufig auftretende Magenprobleme vor (5,23-25). Im letzten Kapitel seines Briefes erwähnt Paulus noch einmal

Personen, die „etwas anderes lehren" (6,3). Über diese Leute schreibt er: „Der ist verblendet; er versteht nichts, sondern ist krank vor lauter Auseinandersetzungen und Wortgefechten. Diese führen zu Neid, Streit, Verleumdungen, üblen Verdächtigungen und Gezänk". Das eigentliche Motiv solcher Leute seien dabei finanzielle Interessen (6,1-6).

Die Gemeinde von Ephesus stand unter erheblichem Einfluss von Irrlehren. Diejenigen, die diese falschen Lehren dort eingeführt hatten, waren Männer (siehe Hymenäus und Alexander in 1,20 und der Verweis auf den typischen falschen Lehrer als „der" in 6,4). In 2. Timotheus 3,6 entsteht allerdings der Eindruck, dass diese falschen Lehrer eine Strategie entwickelt hatten, „gewisse Frauen auf ihre Seite zu ziehen, die von Sünden beherrscht und von Begierden aller Art umgetrieben werden."

Offenbar fielen die Frauen, die in 1. Timotheus 2 beschrieben werden, nicht durch ihre innere Ausstrahlung, ihre Hilfsbereitschaft oder andere gute Taten auf, sondern vor allem durch ihr Interesse an Schönheits- und Modefragen (2,9.10), sowie durch ein heftiges Widerstreben, sich etwas sagen zu lassen.

Nur mit dieser Hintergrundinformation lässt sich stimmig auslegen, was Paulus in 1. Timotheus 2,11-15 schreibt. Nachdem er die Oberflächlichkeit der Frauen in Ephesus offen angesprochen hat, führt der Apostel weiter aus:

Eine Frau soll sich still in aller Unterordnung belehren lassen. Dass eine Frau lehrt, erlaube ich nicht, auch nicht, dass sie über ihren Mann herrscht; sie soll sich still verhalten. Denn zuerst wurde Adam erschaffen, danach Eva. Und nicht Adam wurde verführt, sondern die Frau ließ sich verführen und übertrat das Gebot. Sie wird aber dadurch gerettet werden, dass sie Kinder zur Welt bringt, wenn sie in Glaube, Liebe und Heiligkeit ein besonnenes Leben führt.

Das Verbot, das Paulus an dieser Stelle ausspricht, erscheint auf den ersten Blick absolut, aber bei genauerem Hinsehen zeigt sich ein differenzierteres Bild.

„Die Frau soll . . . sich belehren lassen" *(1. Timotheus 2,11).* Paulus' Anmerkungen beginnen mit der Aufforderung an die Frauen zu lernen. Wie bereits beim Erkunden des Frauenbildes in den Evangelien festgestellt, stieß die Vorstellung, dass Frauen überhaupt „lernen" sollten, im rabbinischen Judentum auf entschiedenen Widerstand, und auch in der römischen Welt war diese Sicht absolut unüblich. Im Gegensatz dazu betont Paulus ausdrücklich, dass die Frauen lernen sollten.

Man kann fragen, weshalb ihm das ein solches Anliegen war. Ein Grund dafür bestand sicher darin, dass sie nicht so leicht durch Irrlehrer verwirrt werden konnten, wenn sie Sicherheit auf der Grundlage einer guten Lehre hatten. Ein zweiter Grund wird in 1. Timotheus 1,3.5 genannt. Die Unterweisung in der richtigen Lehre „ist Liebe aus reinem Herzen, gutem Gewissen und ungeheucheltem Glauben" (1. Timotheus 1,5). Das verwandelnde Wirken Gottes im Leben des Christen setzt voraus, dass der Einzelne die Wahrheiten Gottes begriffen hat und weiter verinnerlicht. Man könnte sogar noch weiter folgern: Nur eine Frau, die selbst etwas gelernt hat, kann später auch unterweisen (siehe 1. Timotheus 5,3-10). Paulus selbst hat ja gesagt: „Sie können . . . zu einem guten, geordneten Leben anleiten" (Titus 2,3).

„Eine Frau soll sich still und in aller Unterordnung belehren lassen" *(1. Timo-*

theus 2,11, Luther). An dieser Stelle macht Paulus deutlich, *wie* die Frauen, die er anspricht, lernen sollen, nämlich:

- still
- in aller Unterordnung

Das Wort, das hier als „still" übersetzt ist, lautet im Original *hesychia.* Es bedeutet nicht, dass die Frauen absolut nichts sagen dürften, sondern es ist eine Art Appell, eine ruhige innere Haltung einzunehmen. Dasselbe griechische Wort kommt noch einmal im selben Kapitel vor, wo Paulus alle Christen dringend auffordert „in Ruhe und Frieden" zu leben (2,2). Dass Paulus hier die Frauen noch einmal gesondert auffordert, diese stille innere Haltung einzunehmen, deutet darauf hin, dass einige Frauen in Ephesus *damit* Schwierigkeiten hatten, und deshalb störten. Vielleicht dachte Paulus dabei speziell an die jüngeren Frauen, die er in 5,13 erwähnt, die „von Haus zu Haus gehen". Er sagt weiter über diese Frauen: „Außerdem werden sie faul und gewöhnen sich daran, von Haus zu Haus zu laufen. Aber nicht nur faul werden sie, sondern auch geschwätzig; sie mischen sich in alles ein und reden über Dinge, die sie nichts angehen."

Die Aussage „in aller Unterordnung" (2,11) bezieht sich ebenfalls auf eine Grundhaltung. Die falschen Lehren, von denen Paulus behauptet, es werde dabei nur herumdiskutiert, ohne dass es jemandem nütze, stattdessen aber Neid, Zank und böses Gerede entstünden (6,4.5), sind das genaue Gegenteil einer gelassenen, von gegenseitiger Unterordnung bestimmten Haltung, die Grundlage aller Beziehungen unter Christen sein sollte.

Es kann danach gar keinen anderen Schluss geben, als dass diese erste Ermahnung des Paulus nicht die Frauen aus der Gemeinde von Ephesus zum Schweigen bringen will, sondern eine ruhige, von gegenseitiger Unterordnung geprägte Haltung fördern soll, in der Gottes Wahrheit gelernt werden kann.

„Dass eine Frau lehrt, erlaube ich nicht, auch nicht, dass sie über ihren Mann herrscht; sie soll sich still verhalten" *(1. Timotheus 2,12).* Dieser Vers wird oft als angeblicher Belegtext dafür angeführt, dass Frauen in der Gemeinde eine zweitrangige, schweigende Position einnehmen sollen. Wenn Paulus das gesagt hätte, dann würde das mit den anderen Aussagen zum Thema Frauen in seiner Überzeugung und Lehre kollidieren. Denn es ist ja bereits deutlich geworden, dass Paulus Frauen als Mitarbeiterinnen bei der Verbreitung des Evangeliums ausdrücklich wollte und die verantwortliche Mitarbeit der Frauen in den Gemeinden befürwortete. Was kann Paulus also gemeint haben?

Erstens ist auch hier die Übersetzung mit „still verhalten" nicht gerade glücklich gewählt, denn auch hier steht, genau wie in 2,2 und 2,11, im griechischen Originaltext das Wort *hesychia,* womit eine konzentrierte, lernbereite Haltung, also eine innere Einstellung gemeint ist. Paulus wollte also nicht sagen, dass die Frauen immer und auf jeden Fall ihren Mund halten sollten, sondern dass sie aufhören sollten, die Lehre/Unterweisung zu erschweren. Sie sollten aufmerksam sein, um gut lernen zu können.

Zweitens besteht hier eine enge Verbindung zwischen „lehren" und „dem Mann Anweisungen zu geben". Das Wort für „lehren" ist *didaskein,* das im Griechischen gebräuchlichste Wort für Unterweisung. Das Wort, das hier übersetzt ist als „dem Mann Anweisungen geben" heißt im griechischen Original *authentein,* und kann entweder bedeuten „über jemanden Autorität haben" oder „beherrschen". Diese unterschiedlichen möglichen Bedeutungen von *authentein* lassen unterschiedliche Möglichkeiten zu, welche Verbindung zwischen „lehren" und „Autorität dem Mann gegenüber" hier bestehen. Es gibt mehrere theoretische Möglichkeiten, also mehrere Thesen:

- Zu jeder Art von Unterweisung gehört ein Maß an Autorität, das Frauen grundsätzlich nicht zusteht.
- Nur die Unterweisung in der Autorität des Amtes (wie bei den Gemeindeältesten) wird den Frauen verweigert.
- Im ersten Jahrhundert erschien jede Art der Unterweisung durch Frauen als anmaßend bzw. bevormundend oder gar herrisch.
- Die Frauen aus Ephesus, die nicht lehren sollten, waren ungebildet und hatten außerdem eine herrische, dominierende Haltung.

Es ist auch für uns heute wesentlich, welche der als theoretisch skizzierten Sichtweisen tatsächlich zutrifft:

Wenn alle Unterweisung durch Frauen die Ausübung einer Autorität beinhalten würde, die Frauen nicht zustünde, dann sollten sie auch heute in unseren Gemeinden nicht lehren oder predigen.

Wenn nur die Lehre und Predigt von Amts wegen hier gemeint ist, dann dürften Frauen damals wie heute zwar lehren und predigen, sollten aber keine Ältesten sein, die für die Gemeindeleitung und -verwaltung zuständig sind und verbindlich die Schrift auslegen sollen.

Und wenn es hier darum geht, welches Image weibliche Lehrer im ersten Jahrhundert hatten, dann würde die Einschränkung nur für Frauen gelten, die in der damaligen Kultur lehrten. Wenn das Problem, das Paulus anspricht, die herrische Art der Frauen in Ephesus war, dann ist die Einschränkung situationsspezifisch und nicht bindend für Frauen, die mit einer Grundhaltung unterrichten, wie sie von Paulus in 2. Timotheus 2,24.25 beschrieben wird.

Um zur Klärung die nicht zutreffenden Möglichkeiten auszuschließen, müssen sie einzeln etwas genauer betrachtet werden:

These 1: Zu jeder Art von Unterweisung gehört ein Maß an Autorität, das Frauen grundsätzlich nicht zusteht. Diese Bedeutung scheint hier nicht zuzutreffen, denn Lukas porträtiert Aquila und Priszilla, die Apollos zur Seite nahmen „und legten ihm den Weg Gottes noch genauer dar" (Apostelgeschichte 18,26). Das bedeutet, die beiden unterwiesen und lehrten ihn (wobei Priszilla wiederum zuerst genannt wird). In 1. Korinther 16, 19 erwähnt Paulus die beiden noch einmal, und es heißt dort: „Aquila und Priszilla und ihre Hausgemeinde . . .". Auch hier erschließt sich aus dem Zusammenhang, dass beide unter anderem als Lehrer tätig waren. Paulus nannte Frauen häufig seine Mitarbeiterinnen und sagt über Junia sogar, sie sei „als Botschafter des Evangeliums hoch angesehen".

Angesichts der konkreten Erwähnung, dass Frauen prophetisch redeten und angesichts der Lehren von Paulus über die Verteilung der Geistesgaben durch den Heiligen Geist an alle Angehörigen des Leibes Christi (1. Korinther 12,7), ist eine solche Auslegung dieses Abschnittes äußerst unwahrscheinlich. Tatsache ist, dass Frauen in der Urgemeinde sehr wohl lehrten.

These 2: Nur die verbindliche Unterweisung in der Autorität des Amtes (wie bei den Gemeindeältesten) wird den Frauen verweigert. Diese Auslegung geht von zwei Annahmen aus. Erstens: Nur Männer dienten als Älteste *(episkopoi, presbuteroi)*. Diese Annahme ließe sich stützen durch 1. Timotheus 3, wo Paulus die Voraussetzungen für das Amt nennt, die von Ältesten und Diakonen erfüllt werden müssen. Aus dem Abschnitt geht zwar hervor, dass es auch weibliche Diakone gab, dass die Ältesten scheinbar aber immer Männer waren. Zweitens geht diese Auslegung von der Annahme aus, dass man zwischen allgemeinem Lehren und einem „verbindlichen" Lehren durch die Vollmacht eines Amtes unterscheiden kann. Das schließen manche aus Hinweisen, die über die „maßgebende" Rolle der Ältesten gemacht werden (vgl. 1. Timotheus 5,7; 1. Petrus 5,2-5), eine solche Unterscheidung wird jedoch in der Bibel nirgendwo ausdrücklich vorgenommen.

These 3: Im ersten Jahrhundert erschien jegliche Unterweisung durch Frauen als anmaßend bzw. bevormundend oder gar herrisch. Diese Möglichkeit scheint zunächst etwas für sich zu haben. Wie Sigountos und Shank festgestellt haben („Public Roles for Women in the Pauline Church" in: *Journal of the Evangelical Theological Society* 26 (1983); S.289):

Das griechische Bild des Lehrers hielt „achtbare" (ehrbare) Frauen davon ab, diese Rolle einzunehmen. Die griechische Erziehung war auf einen Meister ausgerichtet, der eine tiefe, persönliche, ganzheitliche Beziehung zu seinen Schülern hatte ... Wegen der Autorität, die in der griechischen Vorstellung unabdingbar zu der Rolle des Lehrers gehörte, wären weibliche Lehrer inakzeptabel dominierend gewesen.

Diese Lösung scheint nahe liegend für alle, die eine rein kulturelle Erklärung für die Worte von Paulus suchen, aber sie weist schwerwiegende Mängel auf. In den wenigen Abschnitten, in denen Zusammenkünfte der Gemeinden beschrieben sind, werden Christen dargestellt, die ihre Geistesgaben einsetzen, um sich gegenseitig zu dienen (vgl. 1. Korinther 14,26; Kolosser 3,16; Hebräer 10, 24.25). Darin erkennt man, dass die Gabe der Lehre in der Gemeinde, so wie sie damals eingesetzt wurde, kaum gleichzusetzen ist mit der Vorstellung des Lehrens, die in der damaligen Kultur allgemein gängig war.

These 4: Die Frauen aus Ephesus, die nicht lehren sollten, waren ungebildet und hatten außerdem eine herrische Haltung. Die Situation in Ephesus, wie sie in 1. Timotheus dargestellt wird, passt zu diesem Verständnis des Verses – und zur Gesamtaussage des Paulus. Folgende Punkte, die Paulus im Umfeld erwähnt, sprechen dafür, dass es in dieser Gemeinde Frauen gab, die herrisch und dominierend waren:

- Paulus' Hervorhebung der Notwendigkeit, dass Frauen lernen
- seine häufigen Hinweise auf falsches Lehren, das sowohl das rechte Verständnis der Lehre als auch den Lebenswandel der Gemeinde negativ beeinflusst hatte
- sein Aufruf an die Frauen von Ephesus, ihre Prioritäten zu klären und sich mehr um einen gottgefälligen Lebensstil als um ihr Aussehen zu kümmern
- seine Beschreibung der falschen Lehrer als „stolz" und „hohl" und gekennzeichnet durch „Neid, Zank und böses Gerede" (1. Timotheus 6,4)

Während die erste und dritte These als Auslegungsmöglichkeiten des Verses eindeutig ausgeschlossen werden können, bleiben die zweite und die vierte Auslegung denkbare Möglichkeiten. Keine von beiden unterstützt das (leider oft laut propagierte) Verständnis, dass es reifen, gottesfürchtigen Frauen, die zudem über Wissen verfügen, nicht erlaubt sein sollte, in der Gemeinde zu lehren.

„Und nicht Adam wurde verführt, sondern die Frau ließ sich verführen und übertrat das Gebot“ *(1. Timotheus 2, 14).* Paulus' Hinweis „denn zuerst wurde Adam erschaffen, danach Eva“ wird von manchen Auslegern so gedeutet, dass Männer in der Gemeinde die Leitung haben, während Frauen ihnen folgen sollen. Entsprechend wird dann auch der Hinweis, dass Eva sich zuerst verführen ließ, als Argument dafür benutzt, dass Frauen anfälliger seien für Irrtümer und Verführung als Männer und deshalb nicht als Leiter oder Lehrer eingesetzt werden sollten.

Ein Problem bei dieser Sichtweise besteht allerdings darin, dass die Schöpfungsgeschichte in 1. Mose 2, auf die Paulus hier anspielt, ja gerade die *Gleichwertigkeit* von Adam und Eva hervorhebt, und zwar sowohl in Bezug auf die Ebenbildlichkeit als auch in Bezug auf die gemeinsame Aufgabe, nämlich die Schöpfung zu beherrschen und zu bewahren. Dass Adam nicht unmittelbar getäuscht wurde, als er von der verbotenen Frucht aß, entlastet ihn in keiner Weise. Welchen Grund Paulus auch immer gehabt haben mag, hier auf Adam und Eva zu verweisen, eine untergeordnete Rolle der Frau lässt sich daraus nicht ableiten, genauso wenig eine allgemeine Charakterschwäche des weiblichen Geschlechts, durch die sich rechtfertigen ließe, Frauen vom Lehren und Leiten auszuschließen.

Was wäre aber, wenn Paulus hier versuchen würde, einen Vergleich zwischen den Erfahrungen von Adam und Eva im Paradies und der Situation in Ephesus zu entwickeln, und es ihm an dieser Stelle gar nicht darum geht, den besagten Text aus dem Alten Testament auszulegen? Womöglich gibt es Vergleichspunkte zwischen dem, was im Garten Eden passiert ist, und den Vorkommnissen in Ephesus. Weil Eva getäuscht wurde, nahm sie die verbotene Frucht und gab sie Adam. *Die Täuschung Evas* setzte die Kette von Ereignissen in Gang, welche zur Katastrophe führten – und offenbar wurden auch in Ephesus Frauen getäuscht.

Was meint Paulus aber, wenn er sagt, dass Adam zuerst geschaffen wurde und erst danach Eva? Paulus erinnert die Epheser noch einmal daran, dass die Frau geschaffen wurde, um den Mann zu *ergänzen, zu vervollständigen.* Ohne Eva war Adam unvollständig. Also brauchen Männer Frauen als Partnerinnen, damit die Menschheit die in ihr angelegten Möglichkeiten voll ausschöpfen kann. Wenn die Frauen in Ephesus getäuscht werden, dann *kann das die gesamte Gemeinde in eine geistliche Katastrophe führen.*

Was muss also in Ephesus geschehen? Müssen die Frauen zum Schweigen gebracht und von den Ämtern in der Gemeinde ausgeschlossen werden? Natürlich nicht! Die Frauen müssen lernen! Die Frauen müssen eine bessere Grundlage bekommen in Bezug auf die Wahrheiten Gottes, damit sie Irrtümer und falsche Lehren erkennen können, wenn sie damit konfrontiert werden. Nur wenn das geschieht, kann wieder eine Ausgewogenheit hergestellt werden. Die Frauen in der Gemeinde von Ephesus werden ausgerüstet für eine ganzheitliche Partnerschaft mit den Männern, was dazu führt, dass die Gemeinde vollständig und heil wird. Zu diesem Zweck sollen die Frauen eine ruhige, gelassene Grundhaltung einnehmen, um gut lernen zu können – also eine Einstellung, die sich deutlich von der konkurrenzbetonten, besserwisserischen, herrischen Einstellung unterscheidet, die einige Frauen in Ephesus dem Brief des Paulus zufolge angenommen hatten.

„Sie wird aber dadurch gerettet werden, dass sie Kinder zur Welt bringt, wenn sie in Glauben, Liebe und Heiligkeit ein besonnenes Leben führt“ *(1. Timotheus 2,15).* Dieses abschließende Wort von Paulus irritiert Kommentatoren aller Epochen seit jeher. Möglicherweise wendet sich Paulus mit diesem Satz gegen die (gnostische) Irrlehre, Frauen müssten erst Männer werden, um gerettet zu werden, quasi als Erwiderung: „Nein, Frauen werden als Frauen (als diejenigen, die Kinder gebären) genauso wie Männer gerettet – durch Glauben, Liebe und Heiligkeit“.

Das wird auch dadurch unterstützt, dass im griechischen Original hier ein Plural steht: „Wenn *sie* in Glauben, Liebe und Heiligkeit ein besonderes Leben *führen*“. Sie, das müssen dann die Frau und der Mann sein, Adams Söhne und Evas Töchter, die durch Christus wieder zur Unschuld berufen sind, zu einem einfachen Leben des Glaubens, der Liebe und der Heiligung – und zwar gemeinsam.

In Ephesus bestand das Problem darin, dass die Frauen ungebildet und undiszipliniert waren und ihren Männern nicht gleichrangig zur Seite standen. Es ist faszinierend, dass Paulus dazu ermutigt, Frauen so auszurüsten und anzuleiten, dass sie Partnerinnen und Mitarbeiterinnen im Reich Gottes sein können, und dass das Leben des Glaubens, der Liebe und der Heiligung, zu dem Jesus aufruft und ermutigt, gemeinsam besser zu erreichen ist.

Schlussfolgerungen. Dieses Kapitel mit dem Überblick über die Paulusbriefe hat das Ziel, Paulus' Frauenbild und seine Überzeugungen von der Rolle der Frau in der Gemeinde darzustellen und zu klären. Dabei dienten als Grundlage drei Elemente aus den Briefen an die Gemeinden im 1. Jahrhundert.

Zunächst wurden eher beiläufig gemachte Aussagen von Paulus über Frauen betrachtet, aus denen eindeutig hervorgeht, dass der Apostel Frauen große Wertschätzung entgegenbrachte und sie als Mitarbeiterinnen und auch als Leiterinnen in der Gemeinde schätzte. Es gibt Hinweise darauf, dass zwei Frauen wichtige Ämter innehatten, nämlich Phöbe als Diakonin und Junia als Apostel.

Beim genaueren Blick auf zwei christliche Hausordnungen aus den Paulusbriefen wurde deutlich, dass Paulus zwar die patriarchalischen Strukturen der Gesellschaft des ersten Jahrhunderts nicht infrage stellte, jedoch eine radikale Veränderung der Beziehungen zwischen Eheleuten unterstützte. Die durch Paulus gelehrte Neuerung, nämlich gegenseitige Verpflichtungen, die sowohl vom Mann der Frau gegenüber als auch umgekehrt galten, waren der Beginn eines Prinzips der Gleichrangigkeit, das es in der heidnischen Welt so nicht gab.

Drittens wurden drei Bibelabschnitte genauer untersucht, in denen es um besondere Lehren über die Rolle der Frau geht. Vielfach wurden in diese Passagen hierarchische Strukturen hineingelesen, die den Fakten aus den Evangelien, der Apostelgeschichte und auch Paulus' eigenen beiläufigen Äußerungen über Frauen zu widersprechen scheinen. Bei einem genaueren Blick auf jeden dieser Abschnitte stellte sich jedoch heraus, dass jeder auch als Bestätigung der Sichtweise gelten kann, dass Frauen zusammen mit Männern aktiv an den Ämtern und Diensten in der Gemeinde beteiligt sein sollen. Statt die Beteiligung der Frauen einzuschränken, indem ihnen wichtige Rollen und Aufgaben vorenthalten werden, waren diese Abschnitte dazu gedacht, damals existierende konkrete Problemsituationen in Korinth und Ephesus zu korrigieren, durch die Frauen daran gehindert wurden, *wirkungsvoll* zu beten, prophetisch zu reden und zu lehren.

In der gesamten Diskussion wurde aber bisher auf eine verblüffende Zusicherung noch nicht eingegangen, die in Galater 3,26,27 nachzulesen ist. Paulus schrieb nämlich noch einmal Grundsätzliches zu unserem Thema an verschiedene Gemeinden in Galatien:

Ihr seid alle durch den Glauben Sohne Gottes in Christus Jesus. Denn ihr alle, die ihr auf Christus getauft seid, habt Christus (als Gewand) angelegt. Es gibt nicht mehr Juden und Griechen, nicht Sklaven und Freie, nicht Mann und Frau; denn ihr alle seid „einer" in Christus Jesus (Galater 3,26-28).

Alle Menschen, die an Jesus glauben, werden gleichermaßen in einen Rechtsstatus erhoben, der nach römischem Recht nur „Söhnen" zustand. Das bedeutet: In der Gemeinde sollen alle Barrieren fallen. Ob es ethnische sind (zwischen Juden und Griechen), oder soziale (zwischen Sklaven und Freien) oder geschlechtsbedingte (zwischen Männern und Frauen) – für den Leib Christi gelten solche Unterschiede nicht mehr als Barrieren. Alle Menschen sind gleich zu betrachten: als eins in Jesus Christus.

DIE AUSLEGUNGEN VON 1. TIMOTHEUS 2,13.14

Der Text	Hierarchisch	Egalitär
Sein Wesen	*Theologie*	*Analogie*
Zuerst wurde Adam geschaffen, danach Eva.	Der Mann ist über-, die Frau unterlegen.	Männer brauchen Frauen als Partnerinnen zur Ergänzung.
Nicht Adam wurde verführt, sondern die Frau ließ sich verführen und übertrat das Gebot.	Männer müssen in der Gemeinde Leiter sein, denn Männer sind nicht so anfällig für Verführung.	Die Tatsache, dass die Frauen in Ephesus nicht geschult und herrisch waren, ist ernst zu nehmen und bedarf der Korrektur.
Sie wird aber dadurch gerettet werden, dass sie Kinder zur Welt bringt ...	Das von Maria geborene Kind wird die Frauen retten (eine gezwungene, umstrittene Auslegung).	Durch Jesus werden die Folgen des Sündenfalls aufgehoben: Paulus verheißt, dass die Frauen das daran erkennen werden, dass sie die Gefahren der Geburten überleben.
... wenn sie in Glauben, Liebe und Heiligkeit ein besonnenes Leben führt.	(Keine Auslegung erweckt so sehr wie diese den Eindruck einer Erlösung durch Werke.)	Um die verheißene Aufhebung der Folgen des Sündenfalls vollständig zu erfahren, müssen Männer und Frauen ihr Leben als Christen partnerschaftlich führen.

Die Frauen in der Apostelgeschichte und in den Briefen

- **Saphira: Es ging nicht um Geld (Apostelgeschichte 5,1-11)**
- **Maria mit dem offenen Haus (Apostelgeschichte 12,11-18)**
- **Die Geschäftsfrau aus Philippi (Apostelgeschichte 16,6-15)**
- **Priszilla, Vorbild als Ehefrau und Geistliche (Apostelgeschichte 18,1-3.18.24-28)**
- **Mit Bestimmtheit eine Diakonin (Römer 16,1)**

Die Frauen in den neutestamentlichen Gemeinden lebten in einer neuen Epoche. Der Wechsel weg von den Einschränkungen, die den Frauen im Judentum und in der heidnischen Kultur auferlegt wurden, und hin zur Freiheit, die das Christentum verhieß, ging zwar langsam vonstatten, aber er war deutlich sichtbar und spürbar. Und diese Freiheit – die Freiheit, in der Ehe wirklich Partnerin zu sein und am Gemeindeleben teilzuhaben, auch Zugang zu den Diensten und Ämtern dort zu haben – wird am Leben mehrerer Frauen besonders deutlich, die zu Beginn des christlichen Zeitalters lebten.

Die weiblichen Jünger

Bibelstelle:
Apostelgeschichte 1,14

Die neue Freiheit wird symbolisiert in folgendem kurzem Vers, in dem nur eine Frau namentlich genannt wird. Es heißt dort:

Sie kamen im oberen Stockwerk des Hauses zusammen, wo sie sich auch sonst immer trafen, und beteten miteinander ... Zu ihnen gehörten auch einige Frauen, unter anderem Maria, die Mutter von Jesus, und seine Brüder (Apostelgeschichte 1,14).

Wichtig ist hier die einfache Aussage „einige Frauen".

Wenn Juden damals zum Studium der Schrift oder zum Gebet zusammenkamen, waren das reine Männerversammlungen. Es waren zehn Männer nötig, um im Judentum einen Gottesdienst abhalten zu können, und Frauen zählten dabei buchstäblich nicht. Aber hier ist von den Anhängern Jesu die Rede, die sich zum Gebet versammeln, und unter ihnen sind nicht nur Frauen, sondern in den Versen 14 und 15 werden sie den 120 „Jüngern" zugerechnet, die dort anwesend waren.

Der Leser von heute würde diese beiden Wörter „einige Frauen" vielleicht einfach überlesen, aber sie spiegeln eine radikale Veränderung wider in Bezug auf die Einstellung im ersten Jahrhundert. Gläubige Christen waren zum Gebet zusammengekommen, und der Text stellt ausdrücklich fest, dass Frauen wie Männer dabei waren.

Auch andere, eher indirekte Anzeichen deuten auf eine solche Veränderung in der Grundeinstellung hin. In dem Bericht der Evangelien über die Speisung der 4000 und der 5000 wird ausdrücklich darauf hingewiesen: „Und alle – es waren etwas 5000 Mann, Frauen und Kinder gar nicht mitgerechnet – lagerten ..." (Johannes 6,10). In Apostelgeschichte 1,14.15 bezieht sich die Zahl 120 jedoch nicht auf die Anzahl der Männer, sondern „an diesem Tag hatten sich *etwa 120 Menschen* dort versammelt" *(Hervorhebung d. Verf.).* Ähnlich ist es in dem Bericht von Lukas über Petrus' erste große Predigt über das Evangelium. Er schreibt: „Etwa *3000 Menschen* wurden an diesem Tag in die Gemeinde aufgenommen" (Apostelgeschichte 2,41; *Hervorhebung der Verf.*).

Warum heißt es dann in Apostelgeschichte 4,4, wo die Reaktionen auf Petrus' zweite Predigt geschildert werden: „Aber viele von den Zuhörern waren durch die Predigt der Apostel zum Glauben gekommen, sodass nun etwa 5000 Männer zur Gemeinde gehörten", warum werden hier im Gegensatz zu vorher nur die Männer erwähnt, gibt es dafür einen sachlichen Grund? Ja, den gibt es: Lukas schreibt nur von Männern, weil Petrus in einem Tempelhof predigte, zu dem Frauen (nach den außerhalb der christlichen Gemeinde damals üblichen Gepflogenheiten) keinen Zutritt hatten. Die Zuhörerschaft von Petrus bestand also *ausschließlich* aus Männern, während unter den Zuhörern bei seiner ersten Predigt sowohl Männer als auch Frauen waren.

Bei der ersten Erwähnung von Frauen in der Apostelgeschichte werden sie in einer Gebets- und Gottesdienstversammlung gemeinsam mit Männern dargestellt – ein Hinweis darauf, dass die Frauen, die an Jesus glaubten, in der christlichen Gemeinde bereits die neue Freiheit erlebten, die Jesus Frauen geben wollte.

Saphira

Bibelstelle:
Apostelgeschichte 5,1-11

Zeit: 35 v. Chr.
Name: „die Schöne"
Thema: Die Tatsache, dass sie sterben musste, weil sie den Heiligen Geist belog, führte bei Gläubigen wie Ungläubigen zu einer neuen Ehrfurcht.

Saphiras Rolle in der Bibel

Saphira und ihr Mann Ananias waren unter den ersten Menschen in Jerusalem, die Christen wurden. In diesen ersten aufregenden Tagen des Christentums gehörten sie zu der Gemeinschaft, die von Lukas in Apostelgeschichte 2,44-47 beschrieben wird.

Die Gläubigen lebten wie in einer großen Familie. Was sie besaßen, gehörte ihnen gemeinsam. Wer ein Grundstück oder anderen Besitz hatte, verkaufte ihn und half mit dem Geld denen, die in Not waren. Täglich kamen sie im Tempel zusammen und feierten in den Häusern das Abendmahl. In großer Freude und mit aufrichtigem Herzen trafen sie sich zu gemeinsamen Mahlzeiten. Sie lobten Gott und waren im ganzen Volk geachtet und anerkannt.

Wie die anderen in der kleinen Gemeinschaft, verkauften auch Ananias und Saphira ihren Besitz und brachten den Verkaufserlös zu Petrus. Die beiden hatten jedoch zuvor vereinbart, einen Teil des Erlöses für sich zu behalten, aber so zu tun, als gäben sie alles ab.

Als Ananias das Geld Petrus übergab, fragte Petrus ihn, wie viel Geld sie für das Stück Land bekommen hätten, und Ananias log den Apostel an. Er fiel daraufhin auf der Stelle tot um, und sein Leichnam wurde fortgebracht. Als Saphira später ebenfalls zum Apostel kam, und dieser ihr dieselbe Frage stellte wie ihrem Mann, log sie genauso und starb ebenfalls auf der Stelle. Im Text heißt es weiter: „Die ganze Gemeinde aber und alle, die davon hörten, erschraken zutiefst" (5,11).

Saphiras Beziehungen

Saphiras Beziehung zu Gott. Es besteht kein Grund, daran zu zweifeln, dass Saphira wirklich ein von Gott erlöster Mensch war. Sie und ihr Mann waren gläubige Christen; sie waren aktive Mitglieder einer lebendigen Gemeinde in Jerusalem, in der Lehre, Gebet, Gottesdienst und eine tiefe gegenseitig Fürsorge im Mittelpunkt standen. Rein äußerlich sah das geistliche Leben des Ehepaares gut aus.

Innerlich gab es offenbar jedoch bohrende Zweifel und eine gespaltene Loyalität. Das Paar wollte zwar gern den Ruf selbstloser Großzügigkeit haben, hatte andererseits aber nicht genügend Vertrauen zu Gott, ihm wirklich rückhaltlos alles zu überlassen. Irgendwie hingen sie an beidem – an Gott und am Geld.

Saphiras Beziehung zu Ananias. Beim traurigen Ausgang der Geschichte klingt es vielleicht ironisch, aber in gewisser Weise führte das Paar eine perfekte Ehe: Die beiden Eheleute waren sich darüber einig, wie sie vorgehen wollten (5,9). Ananias forderte nicht, und er befahl auch nicht. Sie besprachen, wie sie sich verhalten wollten und waren sich einig. Modern ausgedrückt, würde man wahrscheinlich von ehrlicher und offener Kommunikation sprechen. Außerdem ist zu beobachten, dass sie partnerschaftlich miteinander umgingen und jeder etwas zu der Entscheidung beigetragen hatte, zu der sie schließlich kamen: Sie waren Lebenspartner und trafen Entscheidungen gemeinsam. Sie waren tatsächlich „eins" in der Richtung, die sie einschlugen – und ebenso eins im Erfahren der Konsequenzen.

Saphiras Beziehung zu anderen Christen. Saphira wollte genau wie ihr Mann bei den anderen Christen gut angesehen sein. Als Barnabas ein Stück Land verkaufte und das Geld aus dem Erlös den Aposteln aushändigte, damit sie es zur Unterstützung der Armen einsetzten, spürten sie und ihr Mann wohl so etwas wie Neid. Sie wollten gern so wie Barnabas in dem Ruf stehen, besonders großzügig zu sein und als selbstlos gelten – obwohl sie *gar nicht* selbstlos waren. Die Anerkennung ihrer eigenen Leute war ihnen so wichtig, dass sie nicht einmal in Erwägung zogen, zu überlegen, was Gott wohl von ihrem Vorgehen halten würde. Das Wichtigste war für sie, wie sie vor den anderen dastanden.

Saphiras Beziehung zum Satan. Als Petrus Ananias auf den Betrug ansprach, fragte er: „Ananias . . . warum hat der Satan von dir Besitz ergriffen? Warum hast du den Heiligen Geist betrogen und einen Teil des Geldes unterschlagen?"(5,3). Diese Frage meint nicht, dass der Satan einen Fuß in der Tür zur Persönlichkeit des Ehepaares hatte; es wird damit zum Ausdruck gebracht, dass „die ganze Welt um uns herum vom Satan beherrscht ist" (1. Johannes 5,19). Ähnliche Leidenschaften, Motive und Wünsche, die den Satan dazu getrieben hatten, gegen Gott zu rebellieren, treiben auch die menschliche Zivilisation (*kosmos*, „Welt") zur Rebellion. Das Ehepaar übernahm eines der Motive der Welt, und dadurch bekam der Satan Zugang zu ihrem Herzen und konnte sie von innen steuern.

Ananias und Saphira hätten diesem weltlichen Denken widerstehen und damit dem Satan den Zutritt in ihr Innerstes verweigern können. Saphira bekam sogar noch eine zweite Chance, den Kurs zu wechseln, den sie eingeschlagen hatte, denn Petrus fragte sie noch einmal ganz ausdrücklich, wie hoch der Erlös aus dem Verkauf des Landes gewesen sei. Saphira blieb jedoch bei ihrer Lüge und stellte sich damit auf die Seite des Satans statt auf Gottes Seite – und so starb sie.

Saphiras Beziehung zu Petrus. Petrus war zur besagten Zeit unbestrittener Leiter der Gemeinde von Jerusalem. Er war derjenige, der als Erster das Evangelium gepredigt hatte. Petrus war an jedem wichtigen Ereignis beteiligt, von dem am Anfang der Apostelgeschichte berichtet wird. Er war derjenige, der die großen Geldbeträge in Empfang nahm, die später an die Armen verteilt werden sollten. Es ist durchaus möglich, dass Saphira und ihr Mann alles taten, um bei Petrus gut angesehen zu sein, und das traf bestimmt auch auf viele andere Christen aus der Gemeinde zu.

Aber Petrus' Leiterschaft war in seiner tiefen Beziehung zu Gott verankert, und das war so wohl weder Ananias noch Saphira klar. Als sie ihre Spende zu Petrus brachten, offenbarte der Geist Gottes den Betrug, den sie im Sinn hatten. Petrus fragte nach dem Erlös, und als die beiden logen – und zwar nicht ihn belogen, sondern den Heiligen Geist –, starben sie.

Saphira: Eine Nahaufnahme

Saphira war eine Frau, die mit viel Gutem gesegnet worden war. Sie war zum Glauben an Jesus Christus gekommen und damit auf ewig gerettet. Sie und ihr Mann führten eine harmonische Ehe, und sie gehörten beide zu einer einzigartigen Glaubensgemeinschaft, die gekennzeichnet war von herzlichen, fürsorglichen Beziehungen – und dennoch war Saphira nicht zufrieden.

Es genügte ihr und ihrem Mann nicht, einfach Mitglieder einer Gemeinschaft zu sein, in der man sich umeinander kümmerte, sondern sie wollten, dass die anderen sie für „ganz besonders" fromm hielten. Sie wollten nicht nur zwei von vielen sein. Diese Sorge um den äußeren Schein und der Hunger nach Anerkennung oder gar Bewunderung erwies sich als verhängnisvoll.

Ein weiterer Punkt, der sich im Zusammenhang mit Saphira feststellen lässt: Sie war im Innersten, in ihrem Herzen, nicht auf Gott ausgerichtet. Trotz der positiven Gemeinde, zu der sie gehörte, hatte sie nicht begriffen, wer Gott ist, und sie hatte sich ihm auch nicht völlig ausgeliefert. Wenn das der Fall gewesen wäre, wären sicher nicht nur ihre Motive lauter gewesen, sondern ihr wäre auch klar gewesen, dass Gott sich weder betrügen noch verspotten lässt.

Impulse für heute

- Saphira hatte, wie alle von Gott geliebten Menschen, eine Wahl. Sie hatte viele Möglichkeiten und konnte frei entscheiden.
- Saphira entschied sich – ohne Not – für die Lüge, und damit für das nicht Echte, das nicht Reale.
- Saphira will durch ihre Lüge etwas erreichen, was eigentlich nichts als Schein ist – etwas nicht Reales – nämlich die Anerkennung der Menschen, die nicht nur subjektiv, sondern auch vergänglich ist.

- Dafür übt sie Verrat am einzig Realen, Wahren, Unveränderlichen und Echten – der Liebe und Zustimmung Gottes.
- Warum fällt es uns so schwer zu erkennen, dass die Anerkennung durch Menschen nur Schein ist und die Anerkennung Gottes – das einzig Reale – in Jesus Christus sichtbar geworden ist?
- Warum zerstören wir uns ein ums andere Mal selbst in unserem Bemühen, etwas darzustellen, was wir nur bedingt oder meist gar nicht sind?
- Warum setzen wir nicht die Masken ab, die so schwer zu tragen sind, und leben in der Freiheit der Kinder Gottes, die uns zugesagt ist?

Tabea

Bibelstelle:
Apostelgeschichte 9,36-43

Zeit: 35 v. Chr.
Name: „Gazelle"
Thema: War geliebt wegen ihrer Fürsorge für die Armen und wurde von Petrus ins Leben zurückgerufen.

Tabeas Rolle in der Bibel

Tabea war außerordentlich beliebt in ihrer Gemeinde. Sie war keine berühmte Prophetin und sie predigte auch nicht, sondern sie war eine Frau, die gute Werke tat und für Menschen in Not einfach da war. Die Menschen liebten Tabea, weil sie sich um andere kümmerte und ihre Fürsorge durch praktische Taten zum Ausdruck brachte.

Als Tabea krank wurde, machten sich ihre Glaubensgeschwister Sorgen um sie und schickten nach Petrus, der sich gerade in Joppe aufhielt. Als er schließlich kam, konnte er nur noch Tabeas Tod feststellen. Selbst in ihrem tiefen Schmerz wollten die Freunde, dass Petrus erfuhr, was für ein wunderbarer Mensch Tabea gewesen war. In der Apostelgeschichte heißt es: „Weinend zeigten sie Petrus Kleider und Röcke, die Tabea ihnen genäht hatte" (Apostelgeschichte 9,39).

Petrus war dadurch gerührt, und er betete für Tabeas Wiederherstellung. Als er sich nach dem Gebet erhob, sprach er Tabea an, sie öffnete die Augen und setzte sich auf.

Das Wunder sprach sich rasch und weit herum, und viele, die davon hörten, kamen zum Glauben an Jesus Christus.

Tabeas Beziehungen

Tabeas Beziehung zu ihrem Mann. Tabea wird als Frau vorgestellt, die ihren Mann verloren hatte. Es wird nicht erwähnt, wie lange sie bereits verwitwet war, aber aus der Menge an Kleidung, die Tabea bereits für zahlreiche Menschen angefertigt hatte, lässt sich schließen, dass sein Tod wahrscheinlich schon einige Jahre zurücklag. Tabea hatte jedoch nicht aufgehört zu leben, weil ihr Mann gestorben war, sondern sie suchte Kontakt zu anderen Gläubigen und fand Sinn und Erfüllung darin, anderen zu helfen.

Tabeas Beziehungen zu anderen Christen. Es ist deutlich erkennbar, dass Tabea in intensiver Gemeinschaft mit den anderen Christen aus ihrer Gemeinde lebte. Obwohl sie selbst verwitwet war, hatte sie „Kleider und Röcke" nicht nur für andere Witwen in der Gemeinde genäht, sondern auch für weitere bedürftige Gemeindemitglieder.

Tabea ist die einzige namentlich genannte Frau, die in der Bibel ausdrücklich als „Jüngerin“ bezeichnet wird (Apostelgeschichte 9,36; Einheitsübersetzung). Von manchen wird daraus der Rückschluss gezogen, dass sie das Amt einer Diakonin bekleidete. Auf jeden Fall passte ihr Augenmerk auf praktische Hilfe für andere Christen zur Beschreibung des Amtes der Diakone in den Urgemeinden (vgl. Apostelgeschichte 6,1-8).

Zu diesem Amt gehörte jedoch mehr als das Verteilen von Kleidung. Diejenigen, denen Tabea diente, liebten sie ehrlich. Sie muss so fürsorglich gewesen sein, so interessiert am Leben derer, denen sie half, dass ihr Geben nie von oben herab geschah und damit nicht als erniedrigende Mildtätigkeit erlebt und verstanden wurde. Tabea hatte offenbar die Gabe, etwas von sich selbst zu geben, wenn sie für andere Kleidung anfertigte und weggab.

Tabea: Eine Nahaufnahme

Nach den kurzen Kommentaren über Tabea in der Apostelgeschichte scheint sie das gewesen zu sein, was man allgemein einen „guten Menschen“ nennt. Vielleicht trifft das Wort „Nachbarin“ oder „nachbarschaftlich“ ihre Rolle und Funktion am besten. Wie eine gute Nachbarin war Tabea immer für die anderen da. Die Menschen liebten sie nicht nur wegen ihrer guten Taten, sondern um ihrer Persönlichkeit willen, die sich darin ausdrückte.

Impulse für heute

- Tabea kümmerte sich, weil sie von ihrer Persönlichkeit her einfach so war, wie sie war. Sie hatte es nicht darauf abgesehen, sich dadurch einen guten Namen zu machen.
- Sie handelte nicht berechnend, sondern ihre guten Taten hatten wirklich die anderen im Blick und nicht das eigene Bedürfnis nach Anerkennung und Aufmerksamkeit – selbstlos könnte man ihre Einstellung vielleicht nennen.
- Weil Tabea so war, wie sie war, konnten sich die Menschen auch von ihr helfen lassen, denn Tabea tastete die Würde der Bedürftigen nicht an, sondern sie kleidete sie – gab ihnen also Würde.
- Nur in der Nähe zu Jesus und seiner Liebe ist es wohl möglich, diese Art der „Selbstlosigkeit“ zu erlangen.

Maria, die Mutter von Johannes Markus

Bibelstelle:
Apostelgeschichte 12,12

Zeit : 35 v. Chr.
Name: siehe S. 333/334
Thema: Sie stellte ihr Haus für das Gebet der Leiter der ersten Gemeinden zur Verfügung.

Marias Rolle in der Bibel

Marias Haus war ein Versammlungsort für eine der vielen kleineren Gruppen, aus denen die Gemeinde von Jerusalem bestand. Es ist bekannt, dass Maria wohlhabend war, denn ihr Haus muss relativ groß gewesen sein, um die „vielen“, die dort zusammen kamen, als Petrus im Gefängnis saß, aufzunehmen. Die Tatsache, dass Petrus sofort zu ihrem Haus ging, nachdem der Engel ihn aus dem Gefängnis befreit hatte, ist ein Hinweis darauf, dass sie eine enge Beziehung zu den Leitern der Gemeinde hatte und zu den verlässlichen Gemeindemitgliedern gehörte.

Maria wird in dem Text als „Mutter von

Johannes Markus" identifiziert, eines jungen Mannes, der für kurze Zeit zusammen mit Paulus und später mit Barnabas auf Missionsreisen unterwegs war. Er gehörte zu den Leitern der zweiten Generation christlicher Gemeinden.

Marias Beziehungen

Marias Beziehung zu den Gemeindeleitern. Maria war für die Apostel und anderen Leiter der Gemeinde von Jerusalem eine Vertrauensperson. Ihr Haus stand für Gebetsversammlungen und Gottesdienste zur Verfügung.

Marias Beziehung zu den anderen Christen. In der Urgemeinde kamen die Gläubigen nicht in Kirchen, sondern in den Häusern von Gemeindegliedern zusammen. Die meisten Häuser in Jerusalem waren klein und fassten nur kleine Gruppen von Gläubigen. In der Apostelgeschichte ist zu erfahren, dass in Marias Haus „viele" Christen zusammenkommen konnten (12,12). Eine relativ große Gruppe von Gläubigen, möglicherweise hundert und mehr, trafen sich dort regelmäßig zum Gebet und zum Gottesdienst. Viele Christen öffneten zu diesem Zweck ebenfalls großzügig ihre Häuser.

Marias Beziehung zu ihrem Sohn Johannes Markus. Johannes Markus gehört zu den interessantesten „Nebenfiguren" des Neuen Testamentes. Als Kind muss er schon an den Gottesdiensten in Marias Haus teilgenommen haben, und zweifellos lernte er dabei auch Petrus und andere Gemeindeleiter kennen.

Bereits als ganz junger Mann begleitete er den Apostel Paulus auf dessen erste Missionsreise (Apostelgeschichte 12,25). Die Reise war dann nicht das großartige Abenteuer, das Johannes Markus sich vielleicht erhofft hatte, und er verließ in Pamphylien die Gruppe von Missionaren und kehrte nach Jerusalem zurück (13,13). Als er später Paulus und Barnabas auf einer weiteren Missionsreise begleiten wollte, war Paulus nicht bereit, jemanden mitzunehmen, der ihn bereits einmal „im Stich gelassen" hatte (15,37). Barnabas erkannte jedoch Johannes Markus' Fähigkeiten. Paulus' und Barnabas' Auseinandersetzung über diese Frage wurde so hitzig, dass sich die beiden Gefährten trennten und Barnabas Markus mit auf eine Missionsreise nahm, von der in der Apostelgeschichte allerdings nicht weiter berichtet wird.

Die Ereignisse bestätigten dann, dass Barnabas' Einschätzung von Markus und dessen Fähigkeiten zutreffend gewesen war, denn selbst der Apostel Paulus bat später darum, man möge Markus zu ihm ins Gefängnis schicken, „denn er könnte mir hier viel helfen" (1. Timotheus 4,11). Es ist überliefert, dass Johannes Markus später zusammen mit Petrus reiste und dessen Erinnerungen und Lehren aufzeichnete.

Es lässt sich unschwer vorstellen, was für Empfindungen Maria ihrem Sohn gegenüber gehabt hatte. Als Kind und Jugendlicher muss er sehr vielversprechend gewesen sein, wie er aufmerksam die Gemeindeversammlungen verfolgte und es vielleicht sogar wagte, in Anwesenheit der Apostel laut zu beten. Es muss für Maria eine herbe Enttäuschung gewesen sein, als der junge Johannes Markus seine Missionarsgefährten im Stich ließ und nach Hause zurückkehrte. Paulus' Einschätzung von Johannes Markus als unbrauchbarem Begleiter, den er nicht noch einmal bei sich haben wollte, hat ihr bestimmt wehgetan.

Maria: Eine Nahaufnahme

Es gibt kaum genügend Informationen über Maria, um ein genaues Bild von ihrer Persönlichkeit zeichnen zu können. Bekannt ist, dass sie wohlhabend war und dennoch bereit, sich mit einer Bewegung zu verbinden, die von armen und „ungebildeten" Männern geleitet wurde. Maria beschloss, sich ganz und gar auf die Gemeinschaft der Christen einzulassen. Sie stellte ihr Haus für Gottesdienste und Gebetsversammlungen zur Verfügung. Sie ermutigte ihren Sohn, sich älteren Männern anzuschließen, um mit ihnen zusammen das Evangelium bekannt zu machen – genau genommen sind das schon ausreichende Informationen, um in Maria eine Frau zu erkennen, die sich ganz und gar auf Jesus und seine Sache eingelassen hatte.

Impulse für heute

- Maria ließ sich auf Jesus und seine Sache ein und nahm auch die damit verbundenen Risiken in Kauf.
- Sie teilte, was sie hatte, und nutzte ihre privilegierte Stellung, um die Gemeinde zu stützen. Es gab für sie keine Trennung von Glauben und „Privatleben".
- Maria war aber auch einfach Mutter – offenbar ohne das Leben ihres Sohnes kontrollieren zu wollen: Es ist z. B. an keiner Stelle eine Äußerung darüber zu finden, was sie von den „Eskapaden" ihres Sohnes hielt.
- Maria war eine Frau, die ihre Grenzen kannte.
- Maria war eine Frau, die alles einsetzte, was sie hatte.
- Kaum verwunderlich, dass sie wichtig war für die junge Gemeinde in Jerusalem und deren Leiter.
- Gemeinden brauchen kluge, umsichtige Frauen.

▸ Rhode

Bibelstelle:
Apostelgeschichte 12,13-16

Name: „Rose"

Alles, was über Rhode bekannt ist, wird in folgenden Versen aus der Apostelgeschichte erzählt:

Als Petrus an die Haustür klopfte, kam ein Mädchen, das Rhode hieß, und wollte nachsehen, wer da ist. Sie erkannte Petrus sofort an seiner Stimme, war aber vor Freude so überrascht, dass sie die Tür verschlossen ließ und ins Haus zurücklief. „Petrus steht draußen vor der Tür!", rief sie. „Das ist doch ganz unmöglich!", meinten die anderen ungläubig. „Du musst dich irren." Aber sie blieb bei ihrer Behauptung. Jetzt vermuteten einige: „Vielleicht ist es sein Engel!"

Petrus hörte nicht auf, an die Tür zu klopfen. Als sie ihm endlich öffneten und Petrus erkannten, gerieten sie vor Freude außer sich (Apostelgeschichte 12,13-16).

Obwohl Rhode nur ganz kurz erwähnt wird, weiß man einige wichtige Dinge über sie. Rhode war ein „Mädchen". Aus dem griechischen Wort, das hier verwendet wird, geht hervor, dass sie wahrscheinlich etwa zwölf Jahre alt war. Vermutlich war sie ein Sklavenmädchen, war aber intensiv in das Gemeindeleben der Christen in Jerusalem einbezogen: Als sie die Stimme von Petrus hörte „war sie vor Freude so überrascht" (V. 14), dass sie zurück ins Haus rannte, ohne die Tür zu öffnen. Sie war aufgeregt und begeistert und hatte es sehr eilig, die gute Nachricht den anderen im Haus weiterzusagen.

Rhode war außerdem ein hartnäckiges Mädchen. Sie ließ sich von den Zweifeln der anderen Leute im Haus nicht beirren.

„Sie blieb bei ihrer Behauptung“, heißt es da (V.15), dass Petrus vor der Tür stehe. Und während die Menschen im Inneren des Hauses noch darüber stritten, ob das möglich sei, klopfte Petrus weiter an die Tür. Schließlich gingen einige Leute hinaus, öffneten das Tor und waren sehr erstaunt, als sie Petrus dort leibhaftig vor sich sahen.

Rhode hatte Recht gehabt.

Impulse für heute

- Rhode gehörte dazu. Dass sie als Sklavin so genau Bescheid wusste über die Vorgänge in der Gemeinde, ist ein Beweis dafür. Es stimmt also: Jeder kann Christ werden, egal welche gesellschaftliche Stellung er hat.
- Rhode blieb bei ihrer Behauptung, dass ihre Wahrnehmung stimmte und Petrus dort vor der Tür stand, obwohl das scheinbar nicht sein konnte. Durch nichts ließ sie sich darin beirren.
- Es ist gut, der eigenen Wahrnehmung zu trauen und sie immer weiter zu schärfen, was auch für die geistliche Wahrnehmung gilt: Je mehr ich es einübe, meiner Wahrnehmung zu vertrauen, desto sicherer werde ich mit der Zeit und desto besser kann ich hören, was Gott mir durch den Heiligen Geist sagen will.
- Diese Fähigkeit ist offenbar unabhängig von bestimmten gesellschaftlich geachteten „Qualifikationen“ – das Beispiel dafür ist Rhode, eine ganz junge Sklavin.

Biblischer Hintergrund

Einlass ins Haus

Apostelgeschichte 12,13-16

In Jerusalem waren die Häuser sehr eng aneinander gebaut, und zwar immer Wand an Wand. Der Eingang lag direkt zur Straße hin und blieb stets geschlossen, damit die Sicherheit und auch die Privatsphäre der Bewohner gewährleistet waren. Das Tor zur Straße hatte weder ein Guckloch noch ein Fenster, und von der Person, die die Tür öffnete, wurde erwartet, den Gast draußen vor der Tür an der Stimme zu erkennen und nur Freunde und Bekannte einzulassen.

Die oben genannten Verse aus der Apostelgeschichte geben diese Situation genau wieder. Das Sklavenmädchen Rhode ging auf das Klopfen hin zur Tür, und war völlig verblüfft, die Stimme von Petrus zu hören.

Aber auch noch ein weiterer Aspekt dieser Beschreibung ist beachtenswert. Die im Haus versammelte Gemeinschaft nahm an, dass Rhode in Wirklichkeit die Stimme von Petrus' „Engel“ gehört hatte. Die Juden im ersten Jahrhundert glaubten nämlich, dass der Schutzengel, den jeder Mensch ihrer Meinung nach hatte, dem betreffenden Menschen sehr ähnlich sei. Wenn Rhode wirklich Petrus' Stimme gehört hatte, dann hatte vielleicht der Schutzengel und nicht Petrus selbst gesprochen, dachten sie.

Angesehene Frauen

Bibelstelle:
Apostelgeschichte 13,50

Apostelgeschichte 13 ist ein Wendepunkt. Von diesem Kapitel an verschiebt sich das Hauptaugenmerk weg von Jerusalem und Judäa hin zur griechischen Welt. Die Missionare reisten in ein Reich, in dem das römische Recht und die griechische Kultur Bedingungen geschaffen hatten, die sich sehr von denen in Judäa unterschieden. In der römischen Welt war es sehr viel üblicher, dass Frauen ein eigenes Vermögen hatten, über das sie auch selbst verfügen konnten, und Frauen der gesellschaftlichen Elite waren immer auch wohlhabend.

Apostelgeschichte 13,50 berichtet: „Den Juden aber gelang es, fromme, angesehene Frauen und einflussreiche Männer der Stadt (Antiochia/Pisidien) gegen Paulus und Barnabas aufzubringen" (13,50). Über Thessalonich dagegen heißt es: „Viele von ihnen begannen zu glauben; außer den Juden auch zahlreiche angesehene griechische Frauen und Männer."

Am Ende war es nicht die gesellschaftliche Stellung, die bestimmte, wie ein Mensch auf das Evangelium reagierte. Zur Gemeinde der Heidenchristen gehörten die Elite wie die Armen, Freie wie Sklaven und Frauen wie Männer.

BIBLISCHER HINTERGRUND

Angesehene Frauen

Menschen in der griechisch-römischen Welt waren nicht nur angesehen, wenn sie viel Besitz hatten, sondern besonders dann, wenn sie ihr Vermögen für das Gemeinwohl einsetzten. In einer Inschrift in Korinth aus dem Jahre 43 n. Chr. zur Erinnerung an eine angesehene Bürgerin der Stadt heißt es: „Eine hoch geschätzte Frau . . . die mit vollem Maß und Großzügigkeit viele Menschen aus der Stadt aus ihren eigenen Mitteln unterstützte, die Menschen bei sich zu Hause willkommen hieß und insbesondere unablässig für das Wohl unserer Bürger tätig war, indem sie jeden Gefallen, um den sie gebeten wurde, auch tat. Die Mehrheit der Bürger sind in der Versammlung zusammengekommen, um von ihren guten Taten Zeugnis zu geben. Aus Dankbarkeit sind unsere Bürger übereingekommen, Junia zu belobigen und ihre Großzügigkeit unserer Heimatstadt gegenüber sowie ihre Wohltaten öffentlich zu bezeugen, und sie inständig zu bitten, ihre Großzügigkeit gegenüber unserer Stadt noch zu steigern, in dem Wissen, dass auch die Menschen hier nicht aufhören werden, Gutes zu tun und ihr dankbar zu sein, und sie werden sich dafür einsetzen, dass sie die ihr gebührende Ehre erhält. Aus diesem Grund – möge das Glück uns hold sein – wurde beschlossen, sie für alles, was sie getan hat, zu belobigen." (David Gill. The Book of Acts in First-Century Setting, 116).

Lydia

Bibelstelle:
Apostelgeschichte 16,14.15.40.

Zeit: etwa 50 n. Chr.
Name: siehe S. 333
Thema: Sie war die erste Frau in Europa, die durch Paulus zum Glauben an Jesus Christus fand; die Gemeinde von Philippi kam in ihrem Haus zusammen.

Lydias Rolle in der Bibel

Lydias Rolle ist in folgenden vier Versen aus der Apostelgeschichte zusammengefasst:

Am Sabbat verließen wir die Stadt und kamen an das Flussufer, wo sich – wie wir annahmen – eine kleine jüdische Gemeinde zum Gebet versammelte. Wir setzten uns und sprachen mit den Frauen, die sich dort eingefunden hatten. Zu ihnen gehörte Lydia, die zum jüdischen Glauben übergetreten war. Sie stammte aus Thyatira und handelte mit Purpurstoffen. Der Herr selbst ließ sie erkennen, dass Paulus die Wahrheit verkündete. Sie begann zu glauben und ließ sich mit ihrer ganzen Familie taufen. Danach forderte sie uns auf: „Wenn ihr davon überzeugt seid, dass ich an den Herrn glaube, dann kommt und wohnt in meinem Haus." Sie gab nicht eher Ruhe, bis wir einwilligten . . .

Sie aber gingen (nachdem sie aus dem Gefängnis entlassen worden waren) zunächst in das Haus der Lydia. Dort hatte sich die ganze Gemeinde versammelt. Nachdem die Apostel sie ermutigt hatten, im Glauben festzubleiben, verabschiedeten sie sich und verließen die Stadt" (Apostelgeschichte 16,13-15.40).

Lydias Beziehungen

Trotz der Tatsache, dass Lydia nur in diesen vier Versen erwähnt wird, ist doch etliches über sie bekannt.

Lydia war eine erfolgreiche Geschäftsfrau. Die Bibel nennt zahlreiche Indizien für Lydias Erfolg:

Sie handelte mit einem Luxusgut *(Apostelgeschichte 16,14).* Purpur war im ersten Jahrhundert eine Farbe, die Schattierungen auf einer Skala von blau bis rot umfasste. Purpurgefärbte Kleidung war ein Zeichen von hohem Status und Reichtum. Purpur wurde aus der Schale einer bestimmten Schneckenart gewonnen, und weil es so schwierig zu gewinnen war, waren purpur gefärbte Kleidungsstücke sehr teuer. Als Purpurhändlerin konnte Lydia damit als sehr wohlhabend gelten.

Sie stand einem Haushalt vor *(Apostelgeschichte 16,15).* Das Wort *oikos* (Haushalt) umfasste sowohl die Familie als auch die Sklaven. Der Hinweis auf sie und „ihre ganze Familie" ohne Erwähnung eines Mannes deutet zum einen darauf hin, dass Lydia der Familie vorstand, und zum anderen, dass sie eine Reihe von Sklaven besaß. Gelehrte sind sich bis heute nicht einig, ob sie verwitwet war oder geschieden, ob sie verheiratet war und trotzdem ihr eigenes Geschäft betrieb und eigenen Besitz hatte, oder ob sie möglicherweise eine ehemalige Sklavin und nie verheiratet gewesen war. Auf jeden Fall stellt Lukas deutlich klar, dass es „ihre" Familie war.

Sie lud die Gruppe von Missionaren ein, in ihrem Haus zu bleiben (Apostelgeschichte 16,15). Lydias Haus war groß genug, um die gesamte Gruppe von Missionaren zu beherbergen. Weil Paulus meist mit sehr vielen Mitarbeitern unterwegs war, ist die Größe von Lydias Haus ein weiterer Hinweis auf ihren Wohlstand.

Später diente ihr Haus auch als Versammlungsort der Gemeinde von Philippi *(Apostelgeschichte 16,40).* Kurz bevor Paulus die Stadt wieder verließ, traf er sich mit den Gläubigen, die in Lydias Haus zusammengekommen waren. Es ist nicht bekannt, wie viele Menschen in Philippi sich bis dahin bekehrt hatten, aber man weiß, dass ihre Versammlungen in Lydias Haus stattfanden.

Lydia war eine geistliche Leiterin. Lydia hatte vielleicht kein Amt in der Gemeinde inne, aber sie war eine geistliche Persönlichkeit, an der sich andere orientierten.

Lydia traf sich mit anderen Frauen zum Gebet *(Apostelgeschichte 16,13).* Die Tatsache, dass die Stadt Philippi keine Synagoge hatte, bedeutete, dass nur wenige jüdische Familien dort lebten. Es gab jedoch Frauen in Philippi, die Gott anbeteten, und sie trafen sich am Sabbat am Fluss zum Gebet. Lydia ist von diesen Frauen die Einzige, die namentlich erwähnt wird, vielleicht, weil sie die Gruppe leitete.

Lydia wird als Frau beschrieben, die Gott anbetete *(Apostelgeschichte 16,14).* Obwohl Lydia wahrscheinlich nicht Jüdin von Geburt war, kannte sie den Gott des Alten Testamentes und betete ihn an. Das ist nichts Ungewöhnliches, denn viele Nichtjuden im ersten Jahrhundert fühlten sich zum Gott des Judentums hingezogen und zu dem hohen moralischen Maßstab des Alten Testamentes. Diese Leute wurden als Anhänger des Judentums anerkannt, die entschieden hatten, den letzten Schritt nicht zu tun, zum Judentum überzutreten, oder denen aus irgendwelchen Gründen der Übertritt nicht möglich war.

Paulus war davon überzeugt, dass Lydia „an den Herrn glaubte" *(Apostelgeschichte 16,15).* Der Apostel war davon überzeugt, dass Lydias Glaube an Jesus Christus echt und stark war. Er taufte sie nicht nur, sondern nahm auch ihre Gastfreundschaft in Anspruch.

Lydia: Eine Nahaufnahme

Lydia war eine Unternehmerin. Sie hatte das Wissen und verfügte über die Fertigkeiten, ein erfolgreiches, profitables Unternehmen zu führen. Sie besaß ein großes Haus und hatte darüber hinaus in ihrem Haus Sklaven, die für sie arbeiteten. Es ist klar, dass sie in ihrem Umfeld hoch angesehen war. Gut möglich ist auch, dass sie zu den „angesehenen" Frauen aus der zitierten Inschrift auf S. 296 gehörte.

Gleichzeitig war Lydia aber auch engagiert im Glauben. Sie war offen für das Evangelium und nahm Jesus Christus als ihren Herrn an. Dass sie sich ganz auf den neuen Glauben einließ, bewies sie sofort, indem sie öffentlich den Missionar und seine Mitarbeiter in ihr Haus einlud. Das gleiche mutige Engagement legte sie an den Tag, indem sie der Gemeinde ihr Haus zur Verfügung stellte und die Zusammenkünfte unter ihrem Dach stattfinden konnten, sogar noch, nachdem Paulus und Silas vor den Richter gezerrt, ausgepeitscht und ins Gefängnis geworfen worden waren.

Die Lydia, die man in der Apostelgeschichte kennen lernt, wird als starke und zupackende Frau dargestellt, die aber dennoch herzlich und offen war. Sie war eine Nachfolgerin Jesu und eine Leiterin von Menschen, die zu ihm gehörten.

Impulse für heute

- Wie gut, dass in der Bibel immer wieder Frauengestalten vorkommen, in deren Leben man sich auch heute noch ohne Probleme hineinversetzen kann.
- Lydia war eine unabhängige Frau, eine erfolgreiche Frau, eine Frau mit gutem Ruf und Vermögen.
- Lydia wusste gleichzeitig, dass Erfolg, Wohlstand, Sicherheit und Ansehen nicht alles ist, und sie ließ sich ein auf die Gute Nachricht vom Sohn Gottes, der ans Kreuz ging, um uns wieder Zugang zum himmlischen Vater zu verschaffen.
- Lydia wusste, was zu tun war – und sie tat es! Mit ganzer Hingabe und aller Konsequenz.
- Lydia steht für die Frauen, die wissen, dass auch ein gutes Leben keine letzte Erfüllung schenkt, solange Jesus fehlt.

Das besessene Sklavenmädchen in Philippi

Bibelstelle:
Apostelgeschichte 16,16-19

Die Rolle des Sklavenmädchens aus Philippi in der Bibel

Eigentlich werden nur drei Fakten über das Mädchen erwähnt. Erstens war sie eine Sklavin, zweitens war sie von einem Dämon besessen, und drittens wurde ihre vom Dämon verursachte hellseherische Fähigkeit von ihren Eigentümern ausgebeutet, die sich für die Dienste ihrer Sklavin bezahlen ließen.

Wie andere Sklaven im römischen Reich hatte das Mädchen nicht das Recht, selbst zu entscheiden, was gut für sie war. Rein rechtlich war sie gezwungen zu tun, was ihre Eigentümer bestimmten und für diese profitabel war. Im Unterschied zu den meisten anderen Sklaven war dieses Mädchen jedoch einem Dämon unterworfen, der sie, genau wie ihre Herren, für seine eigenen Zwecke benutzte. So schlimm sich das Mädchen in seiner Situation auch fühlen mochte, ihre Eigentümer waren begeistert von den „Nebenwirkungen" ihres Elends. Sie nahmen Geld von den Menschen, die bereit waren, sich gegen Bezahlung die Zukunft vorhersagen zu lassen oder sich bei schwierigen Entscheidungen helfen zu lassen.

Als Paulus und seine Mitarbeiter in die Stadt kamen, nahm der Dämon Besitz von der Fähigkeit des Mädchens, und sie konnte nicht anders, als der Gruppe zu folgen. Dabei schrie der Dämon durch sie: „Diese Männer sind Diener des höchsten Gottes und zeigen euch den Weg zum Heil" (Apostelgeschichte 16,17). Nach ein paar Tagen „konnte Paulus es nicht mehr ertragen" und befahl dem Dämon im Namen Jesu, das Mädchen zu verlassen. „Im selben Augenblick verließ der Dämon die Sklavin" (Apostelgeschichte 16,18).

Dieser Zwischenfall wirft zwei Fragen auf: Warum sollte ein Dämon so offensichtlich christliche Missionare unterstützen? Und warum konnte Paulus „es nicht mehr ertragen"? Der Grund ist, dass die Rufe des Dämons wahrscheinlich an den Nerven zerrten, und wohl vor allem: dass das Geschrei den Bemühungen der Missionare mehr schadete als nützte.

Zum einen brachte die „Hilfe" des Mädchens die Missionare mit dem Dämonischen in Verbindung. Die Botschaft des Evangeliums verhieß jedoch Erlösung, und zur Erlösung gehörte die Freisetzung der Macht Gottes, um die Macht der Dämonen zu brechen. Indem er die Missionare öffentlich unterstützte, unterhöhlte der Dämon ihre Botschaft gewissermaßen.

Daneben kann es aber auch noch andere Gründe für die „Hilfe" durch den Dämon gegeben haben. Indem er laut und anhaltend rief, störte er Paulus bei seinen Versuchen, zu den Menschen zu sprechen, und indem er in aller Öffentlichkeit so auftrat, zog er die Aufmerksamkeit von Paulus und dessen Botschaft ab. Die Folge war, dass in Philippi wahrscheinlich eher das merkwürdige Phänomen des allgemein bekannten Sklavenmädchens Gesprächsthema war als die gute Nachricht, die Paulus verkündete.

Es ist nicht klar, weshalb Paulus „mehrere Tage" wartete, bevor er den Dämon schließlich austrieb. Vielleicht sah er die Folgen voraus, die es haben würde, wenn er den Dämon ungebeten austrieb. Und Folgen hatte es ja tatsächlich: Nachdem der Dämon ausgetrieben worden war, hatte das Mädchen für seine Eigentümer keinen Wert mehr, und als sie merkten, „dass sie mit ihr nichts mehr verdienen konnten" (Apostelgeschichte 16,19), wurden sie wütend, packten Paulus und Silas und schleppten sie vor den Richter.

Und was geschah mit der Sklavin? Das bleibt offen. Von ihren Eigentümern wird sie jedenfalls gar nicht mehr beachtet, denn die konzentrierten sich nur noch darauf, Silas und Paulus zu fassen zu bekommen. Aber was auch immer bis dahin mit der Sklavin geschehen sein mochte, von der Begegnung mit den Christen an war sie befreit von einer Unterdrückung, die schlimmer war als alles, was ihr jemals von Menschen hätte zugefügt werden können. Jesus Christus hatte sie den finsteren Mächten für alle Zeiten entrissen.

Impulse für heute

- Die Sklavin steht für all die Personen, deren seelische Defekte und Schädigungen von anderen schamlos ausgenutzt werden.
- Zu dieser Gruppe gehören auch heute unglaublich viele Menschen, auch solche, die sich prostituieren oder unter Süchten leiden.
- Auch wenn es Betroffenen oft schwer fällt, es zu glauben oder sich auch nur vorzustellen: Jesus Christus ist stärker. Er hat die Macht, solche Bindungen zu brechen und wirklich völlig frei zu machen.

▸ Priszilla

Bibelstellen:
Apostelgeschichte 18,1-26; Römer 16,3; 1. Korinther 16,19; 2. Timotheus 4,19

Zeit: Etwa 50 v. Chr.
Name: siehe S. 336
Thema: Zusammen mit ihrem Mann Aquila untersützte sie Paulus in seiner Missionsarbeit und leitete eine Hausgemeinde in Ephesus.

Priszillas Rolle in der Bibel

Priszilla und ihr Mann waren Judenchristen, die Paulus in Korinth kennen gelernt hatten, wohin das Paar gezogen war, nachdem Kaiser Claudius alle Juden aus Rom vertrieben hatte. Paulus wohnte bei dem Ehepaar, das offenbar schon zum Glauben an Jesus Christus gekommen war, bevor es den Apostel kennen lernte. Als Paulus Korinth wieder verließ, nachdem er zwei bis drei Jahre dort tätig gewesen war, zogen Aquila und Priszilla mit ihm nach Ephesus. Dort waren sie Gastgeber einer Hausgemeinde (1. Korinther 16,19), wie vermutlich bereits zuvor in Rom und Korinth.

In Apostelgeschichte 18,24-28 erfährt man ein wenig über den Dienst des Ehepaares, und zwar anhand der Geschichte von Appollos, einem Juden aus Alexandria. Apollos hatte die Lehren Johannes des Täufers über das unmittelbar bevorstehende Kommen des Messias gehört, und er war herumgereist, um diese Nachricht bei jüdischen Gruppierungen und in den Städten des römischen Reiches zu verbreiten. Während Apollos' Vortrag in der Synagoge sagten Aquila und Priszilla noch nichts, aber dann „nahmen sie ihn als Gast in ihrem Hause auf, um ihm dort Gottes Weg zur Erlösung genauer zu erklären" (Apostelgeschichte 18,26). Dieser Dienst der stillen Unterweisung scheint eine der Gaben des Paares gewesen zu sein.

Priszillas Beziehungen

Priszillas Beziehung zu ihrem Mann. Als jüdische Ehefrau wurde von Priszilla eigentlich erwartet, dass sie ihrem Mann untertan war. Eigentlich hätte Aquila derjenige sein sollen, der das Gesetz Gottes studierte und bei den anderen Männern in der Synagoge saß. Von Priszilla erwartete man wahrscheinlich eher, dass sie sich mit den Speisegesetzen auskannte und wusste, wie man eine koschere Küche organisierte, aber in allen anderen Belangen erwartete man, dass sie sich ihrem Mann fügte. Bei der Erwähnung des Ehepaares, einmal angenommen, man hätte überhaupt beide zusammen erwähnt, wäre in der normalen Redeweise immer von „Aquila und seiner Frau" die Rede gewesen.

Aber hier im Neuen Testament wird Priszilla nicht nur beim Namen genannt, sondern häufig wird ihr Name sogar vor dem ihres Mannes genannt:

- Apostelgeschichte 18,2: „Aquila . . . mit seiner Frau Priszilla"
- Apostelgeschichte 18,18: „Priszilla und Aquila . . . "
- Apostelgeschichte 18,26: „Priszilla und Aquila"
- Römer 16,3: „Priska und Aquila"
- 1. Korinther 16,19: „Aquila und Priszilla"
- 2. Timotheus: „Priska und Aquila"

Ein Vergleich mit der Art, wie Lukas die Namen der Gruppe von Missionaren um Paulus und Barnabas nennt, ist hier sehr aufschlussreich. Als die Gruppe zur Reise aufbricht, spricht Lukas von Barnabas und Paulus (Apostelgeschichte 13,2). Gleich danach jedoch nennt Lukas zuerst Paulus und Barnabas erst an zweiter Stelle. Paulus war der anerkannte Leiter der Gruppe. Die Tatsache, dass die Reihenfolge der Namen von Aquila und Priszilla immer wieder getauscht wird, bedeutet, dass Priszilla gleichberechtigt als Partnerin ihres Mannes im Dienst stand. Sie beherrschte ihn nicht, wurde aber auch nicht von ihm beherrscht.

Die Art der Ehe von Aquila und Priszilla, wie sie hier dargestellt ist, bietet noch einmal neue Einsicht in die Veränderung des Status der Frau im Christentum. Ohne den Mann „abzuwerten", wertete der neue Glaube die Frauen auf und betrachtete sie sowohl im Dienst als auch im Leben als gleichwertige Partnerinnen der Männer.

Priszillas Beziehung zu Gott. Als Jüdin hatte Priszilla keine Zusage auf einen direkten Zugang zu Gott. Als Christin hatte sie durch Jesus Christus nicht nur unmittelbaren Zugang zu Gott, sondern darüber hinaus auch noch das Vorrecht, ihm zu dienen. Gastgeberin einer Hausgemeinde zu sein, Paulus in seiner Arbeit zu unterstützen sowie zu lehren und zu unterweisen, das alles waren Vorrechte, die Priszilla als Frau dadurch hatte, dass sie an Jesus glaubte. Die Innigkeit ihrer Beziehung zu Gott lässt sich daran ermessen, wie engagiert und hingebungsvoll sie und ihr Mann bei der Verbreitung des Evangeliums mithalfen. Sie zogen sogar mitsamt ihrer ganzen Zeltmacherwerkstatt mehrmals um, um Paulus bei seiner Arbeit unterstützen zu können.

Priszillas Beziehung zu Paulus. Priszilla und Aquila standen Paulus sehr nah; sie waren einander nicht nur durch ihr jüdisches Erbe verbunden, sondern auch durch den Glauben an Jesus Christus. Außerdem arbeiteten sie gemeinsam in ihrem Handwerk als Zeltmacher. Als Paulus zum ersten Mal nach Korinth kam, war er ebenfalls in diesem Beruf tätig, und zwar in der Werkstatt von Aquila und Priszilla. Die Freundschaft, die sich zwischen ihnen entwickelte, war intensiv und von Dauer. Priszilla und Aquila begleiteten Paulus sogar, als er von Korinth nach Ephesus weiterzog, und der Apostel schulte das Ehepaar nicht nur für den Dienst, sondern er hielt auch während seiner Missionsreisen Kontakt zu ihnen. Als sie zusammenlebten, setzte Paulus stets ihre Namen auf die Liste der Grüße, die er nach Korinth schickte. Wenn Paulus später Briefe an Gemeinden in Städten schrieb, wo das Paar gerade lebte, sorgte er immer dafür, dass auch Grüße an Priska und Aquila dabei waren. Priszilla gehörte gemeinsam mit ihrem Mann für Paulus zu den Leuten, „die mit mir für die Sache Jesu Christi arbeiten" (Römer 16,3).

Priszillas Beziehung zu anderen Christen. In seinem Brief an die Gemeinde von Korinth, den Paulus von Ephesus aus schrieb, schickte er ebenfalls Grüße. Es heißt dort: „Grüßt Priska und Aquila, die mit mir für die Sache Jesu arbeiten" (Römer 16,3). Priszilla und Aquila nahmen Mitchristen in ihrem Haus auf und stellten es auch für die Zusammenkünfte der Gemeinde zur Verfügung.

Die Begebenheit mit Apollos vermittelt jedoch am besten, wie sensibel das Ehepaar in Bezug auf seinen Dienst in der Gemeinde war. Sie hätten Apollos öffentlich korrigieren können, aber die beiden spürten genau, dass sein Glaube echt war und von Herzen kam. So nahmen sie ihn beiseite und luden ihn zu sich nach Hause ein, um ihm dort zu sagen, dass der, von dem Johannes gesprochen hatte, bereits da sei. Unter der Anleitung des Ehepaares kam Apollos zum Glauben an Jesus und das Evangelium, und es heißt über ihn: „In Achaja war Apollos mit seiner Begabung den Christen dann wirklich eine große Hilfe. Denn in öffentlich geführten Streitgesprächen widerlegte er die Einwände der Juden und wies anhand der heiligen Schrift nach, dass Jesus der verheißene Messias ist" (Apostelgeschichte 18,27.28).

Priszilla: Eine Nahaufnahme

Aus der Schöpfungsgeschichte im 1. Buch Mose ist zu erfahren, dass, als Gott die Frau schuf, er dem Mann eine „Hilfe machen (wollte), die ihm entspricht" (Einheitsübersetzung). Dieser Ausdruck hebt den Aspekt der Gegenseitigkeit hervor. Genau wie Adam hatte auch Eva Anteil an den einzigartigen Eigenschaften des Menschseins, die Gott den Menschen zuwies. Als eine Hilfe („Helferin"), die Adam entsprach, die zu ihm passte, verfügte Eva über die Möglichkeiten, ihm eine echte Partnerin in ihrem Leben auf der Erde zu sein.

Bei anderen Frauengestalten im Neuen Testament, von denen bereits die Rede war, wie beispielsweise Maria von Bethanien, ist ebenfalls sichtbar, wie sich durch den christlichen Glauben die traditionelle Frauenrolle veränderte. Bei Aquila und Priszilla wird die Veränderung der Ehe deutlich und die Wiederherstellung von Gottes ursprünglicher Absicht ist erkennbar, dass Ehepaare in allen Lebensbereichen Partner sein sollen.

In manchen Bibelabschnitten wird Priszilla vor ihrem Mann genannt, und es wird daraus auch immer wieder der Schluss gezogen, dass Priszilla durch ihre Gaben mehr Verantwortung trug. Es gibt Mutmaßungen, dass Paulus Priszilla vielleicht als Erste nennt, weil sie „das Sagen hatte" in ihrer Beziehung und nicht Aquila. Der Text selbst sorgt jedoch dafür, dass eine solche Auslegung unwahrscheinlich wird. Dass Priszilla an drei Stellen als Erste genannt wird und Aquila ebenfalls an drei Stellen, ist ein Hinweis darauf, dass die beiden wirklich *gleichwertige und gleichrangige* Partner waren. Priszilla war weder „Herrscherin" noch Anhängsel. Die beiden waren wirklich eins, und zwar in dem Sinne, wie es im Urtext gemeint ist: Diese beiden teilten wirklich alle Lebensbereiche des irdischen Lebens miteinander. Sie waren Partner in Leben und Dienst.

Impulse für heute

- Am Beispiel von Priszilla wird deutlich, dass es geht: Frauen können partnerschaftlich mit Männern (sogar mit ihren eigenen Männern) für das Reich Gottes zusammenarbeiten.
- Frauen können ohne Frage auch berufstätig sein – und trotzdem (Ehe-) Frauen und Christinnen mit Ausstrahlung sein.
- Jeder Versuch, Frauen in ein bestimmtes Raster zu pressen, kann nicht im Sinne von Jesus sein, denn er setzt Menschen ganz individuell dort ein, wo und wie er sie braucht.
- Priszilla war eine Frau, die als Person und auch in ihrer Arbeit ernst zu nehmen war, denn ihre Motivation stimmte: Sie hatte Jesus und das Reich Gottes im Blick.
- Vielleicht bewegen Frauen oft deshalb nicht mehr, weil sie sich selbst als zu gering einschätzen oder weil ihre Motivation nicht stimmt.
- Es geht bei all unserem Engagement nicht darum, etwas zu leisten, um bewundert zu werden und etwas zu gelten, sondern es geht ums Reich Gottes.

Die Töchter des Philippus

Bibelstelle:
Apostelgeschichte 21,9

Im Bibeltext heißt es schlicht und einfach: „Die vier Töchter des Philippus waren unverheiratet geblieben und hatten von Gott prophetische Gaben bekommen". Mehr weiß man nicht über sie.

Klar wird an dieser Stelle, dass das Zeitalter des Heiligen Geistes wirklich angebrochen war. In seiner ersten Predigt zitierte Petrus die Vorhersage des Propheten Joel: „Eure Söhne und Töchter werden aus göttlicher Eingebung reden" (Apostelgeschichte 2,17).

Interessant ist daneben vielleicht, dass diese jungen Frauen bereits zur zweiten Generation von Christen gehörten. Ihr Vater war ein gläubiger Mann, der ein wichtiges Amt bekleidete (Apostelgeschichte 6,1-6; 8,4-40). Jetzt, ein paar Jahre später, war zu sehen, dass die vier Töchter in die Fußstapfen ihres Vaters traten.

Drusilla

Bibelstelle:
Apostelgeschichte 24,24

Name: siehe S. 327

Drusilla wird in der Bibel nur an dieser einzigen Stelle erwähnt. Sie war die jüdische Frau von Felix, dem römischen Gouverneur von Judäa. Die übrige Geschichtsschreibung gibt noch ausführlichere Auskunft über sie.

Drusilla war eine Enkelin von Herodes dem Großen. Kurz bevor Herodes starb, ordnete er an, alle Kinder in Bethlehem und Umgebung zu töten, um das Kind loszuwerden, von dem es hieß, es werde König der Juden sein (Matthäus 2,16-18). Drusillas Vater, Herodes Antipas, hatte die Hinrichtung von Johannes dem Täufer angeordnet. Drusillas Familie wollte offensichtlich nichts von Gott wissen, obwohl sie Juden waren.

Drusilla war im Alter von fünfzehn Jahren mit König Azizus von Emesa vermählt worden, den sie jedoch später verließ, um Felix zu heiraten, allerdings ohne sich zuvor scheiden zu lassen. Während König Azizus gezwungen worden war, zum Judentum überzutreten, um Drusilla heiraten zu können, wurde von Felix ein solcher Schritt nicht verlangt. Felix selbst war ein ehemaliger Sklave, vom römischen Historiker Tacitus als brutaler Mann beschrieben, mit der Neigung, denen, über die er herrschte, ein Vermögen abzupressen.

Als Paulus in Cäsarea Felix vorgeführt wurde unter dem Vorwurf, in Jerusalem einen Aufstand angezettelt zu haben, war Drusilla etwa zwanzig Jahre alt. Statt den Fall abzuschließen, vertagte Felix die Entscheidung zunächst, denn „insgeheim hoffte er, von Paulus Bestechungsgelder zu bekommen“, damit er ihn freiließe (24,26).

Die Zeit, die Paulus gezwungenermaßen in Cäsarea bleiben musste, gab jedoch nicht nur Lukas die Möglichkeit, Augenzeugen für seinen Bericht vom Leben Jesu ausfindig zu machen, das im Evangelium des Lukas aufgezeichnet werden sollte, sondern verschaffte außerdem Paulus die Gelegenheit, vor Felix und Drusilla seinen Glauben zu bezeugen. Lukas berichtet, dass Paulus „von Gerechtigkeit, von der Enthaltsamkeit und dem künftigen Gericht Gottes sprach“ (Apostelgeschichte 24,25).

Was für eine Chance für die junge Drusilla, die ja bereits vielfach in Schuld verstrickt war. Drusilla blieb Paulus gegenüber jedoch feindselig und lehnte die vom Evangelium angebotene Vergebung ab. Drusilla hatte anscheinend damals die gleiche Einstellung wie so viele Leute heutzutage. Sie war schuldig genug, um nicht mit dem Thema der Gerechtigkeit konfrontiert werden zu wollen, und jung genug, um sich keine Gedanken über das kommende Gericht zu machen.

Was aus Felix wurde, ist nicht bekannt, der Geschichtsschreibung ist jedoch zu entnehmen, dass etwa zwanzig Jahre nach dieser Begegnung mit Paulus Drusilla sich in der Nähe von Pompeji aufhielt, als der Vesuv ausbrach. Sie konnte der großen Katastrophe nicht entrinnen, und nun war es auch zu spät, dem Gericht zu entkommen, vor dem Paulus sie zwei Jahrzehnte zuvor gewarnt hatte.

Impulse für heute

- Drusilla ist der tragische Beweis dafür, dass Gott uns wirklich einen freien Willen zugesteht. Seine Liebe ist so grenzenlos, dass er nicht zwingt.

▸ Berenike

Bibelstelle:
Apostelgeschichte 25,13, 23; 26,30

Name: „Siegbringerin"

Berenike war ebenfalls eine Frau aus einer königlichen Familie. Sie hatte viel Ähnlichkeit mit Drusilla, auch wenn die beiden Frauen sich nicht gerade zugetan waren.

Sie hatten ein gemeinsames Familienerbe, denn Drusilla war Berenikes Schwester, die Enkelin von Herodes dem Großen und Tochter von Herodes Antipas. Gemeinsam war ihnen außerdem der Ruf, ein unmoralisches Leben zu führen. Während Drusilla ihren Mann verlassen hatte, um den römischen Statthalter von Judäa zu heiraten, und das, ohne sich zuvor scheiden zu lassen, hieß es über Berenike, sie habe eine inzestuöse Beziehung zu ihrem Bruder Agrippa. Berenike hatte einen Mann namens Markus geheiratet und dann ihren Onkel Herodes, den König von Chalkis. Später war sie einige Jahre lang Gefährtin ihres Bruders und heiratete dann irgendwann Polemon, den König von Sizilien. Sie kehrte zwar wieder zu ihrem Bruder zurück, wurde dann aber zunächst die Geliebte Vespasians und dann seines Sohnes Titus, die später beide Kaiser des römischen Reiches waren.

Eine weitere Gemeinsamkeit der beiden Frauen bestand darin, dass sie von Gott das Geschenk bekamen, mit dem Evangelium in Kontakt zu kommen. Drusilla hörte es vom Apostel Paulus in der Zeit, als ihr Mann Felix Statthalter von Judäa war. Als Felix' Nachfolger Festus dann Statthalter wurde, besuchten ihn König Agrippa und seine Schwester Berenike. Agrippa nahm gern die Einladung an, sich von dem Gefangenen Paulus dessen Geschichte erzählen zu lassen. Paulus legte dem neuen römischen Statthalter, Agrippa, Berenike und ihrem gesamten Hofstaat das Evangelium dar.

Während der kurzen Zeit, in der Paulus redete, hatten alle Zuhörer die Möglichkeit, eine Entscheidung zu treffen, von der sowohl die Richtung ihres irdischen Lebens als auch ihr ewiges Schicksal abhing. Festus verließ das Treffen in der festen Überzeugung, Paulus müsse völlig verrückt sein. Agrippa ging, nachdem er noch die ironische Bemerkung gemacht hatte: „Es fehlt nicht viel, und du überredest mich noch, ein Christ zu werden!" Und Berenike ging und folgte weiter ihrem unmoralischen Lebenswandel, über den sogar die Heiden im römischen Reich den Kopf schüttelten.

Impulse für heute

- Jesus hatte unter seinen Anhängern auch ehemalige Prostituierte. Ein unmoralischer Lebenswandel war (und ist) demnach kein Grund, von ihm nicht angenommen zu werden.
- Jesus hat gerade solche Menschen innerlich geheilt und ihnen ihre Würde zurückgegeben, die durch einen unmoralischen Lebenswandel zutiefst beschämt und verletzt waren und in den Augen ihrer Zeitgenossen als würdelos galten.
- Oft ist es die Scham über den eigenen Lebenswandel, die verhindert, sich Jesus ganz und gar anzuvertrauen. ABER:
- Jesus berührt Wunden sanft und weckt den Wunsch nach Heilung. Er beschämt nie. Und er befreit von Schuld, wenn wir ihn darum bitten.
- Es ist tragisch mitanzusehen, wenn jemand eine solche Chance nicht ergreift.

Phöbe

Bibelstelle:
Römer 16,1.2
Siehe auch S. 256

Zeit: Etwa 55 n. Chr.
Name: „die Leuchtende"
Thema: Als eine der Leiterinnen Gemeinde von Kenchreä war sie dem Apostel Paulus eine wichtige Hilfe.

Phöbes Rolle in der Bibel

Es gibt zwar im gesamten Neuen Testament nur zwei Verse über Phöbe, aber trotzdem wird klar, dass sie eine wichtige Persönlichkeit in der frühen Gemeinde war. In den besagten Versen heißt es:

Unsere Schwester Phöbe, die im Dienst der Gemeinde von Kenchräa steht (und euch diesen Brief überbringen wird), dürft ihr vertrauen. Nehmt sie freundlich auf, wie es für Christen selbstverständlich ist. Ihr tut es ja für den Herrn. Steht ihr bei, wo immer sie eure Hilfe braucht. Sie selbst hat auch vielen geholfen, die in Not waren, nicht zuletzt mir (Römer 16,1.2).

Phöbes Beziehungen

Phöbes Beziehung zu Paulus. Aus den zitierten Versen ist zweierlei über Phöbes Beziehung zu Paulus zu erfahren:

Phöbe ist „Paulus' Schwester im Herrn" *(Römer 16,1).* Verfasser der Briefe des Neuen Testamentes sprechen andere Christen in der Regel als „Bruder" oder „Schwester" an. Alle Christen stehen in einer Beziehung zu Gott, in der er ihr Vater ist. Folglich sind die anderen Christen Geschwister, und zwar unabhängig von Alter, sozialem Status und Geschlecht. Paulus schreibt dazu in Galater 3,28: „Jetzt ist es nicht mehr wichtig, ob ihr Juden oder Griechen, Sklaven oder Freie, Männer oder Frauen seid: In Christus seid ihr alle eins" (Galater 3,28).

Phöbe hat Paulus schon „geholfen" *(Römer 16,2).* Das griechische Wort, das hier als „helfen" oder „Helfer" übersetzt wird, heißt *prostatis,* ein Wort, das im klassischen Griechisch für einen Trainer verwendet wird, der völlig in der Aufgabe aufgeht, seinem Sportler beizustehen und zu helfen, der um einen Preis kämpft. Hier wird damit zum Ausdruck gebracht, dass Phöbe ein Mensch war, der sich ganz und gar dafür einsetzte, Paulus beizustehen und alles in seiner Macht Stehende tat, um ihn bei seinem Auftrag zu unterstützen. Die Verwendung dieses Wortes ist ein Hinweis darauf, dass der Beitrag, den sie leistete, von großer Bedeutung war und keineswegs nur am Rande eine Rolle spielte.

Paulus zögert nicht, Phöbe den Römern gegenüber zu loben *(Römer 16,1.2).* Aus dem Text geht hervor, dass Phöbe im Auftrag der Gemeinde nach Rom reiste. Es wird angenommen, dass es Phöbe war, die Paulus' Brief an die Römer überbrachte. Der Apostel hatte jedenfalls volles Vertrauen zu Phöbe und ihrem Auftrag.

Phöbes Beziehung zur Gemeinde von Kenchreä. Kenchreä war eine Hafenstadt, etwa zwölf Kilometer von Korinth entfernt. Paulus hielt sich in Korinth auf, als er seinen Brief an die Gemeinde in Rom schrieb. Die beiden zitierten Verse sagen einiges über Phöbes Beziehung zu ihrer Heimatgemeinde aus:

Sie hatte in der Gemeinde ein Amt *(Römer 16,1).* Die Formulierung, dass sie „im Dienst der Gemeinde von Kenchreä" stand, bedeutet, dass sie dort „Diakonin" war. Diese Thema wird auch auf S. 256 behandelt.

Sie war von ihrer Gemeinde beauftragt, nach Rom zu reisen *(Römer 16,2).* Es war im ersten Jahrhundert üblich, christlichen Wanderpredigern oder -lehrern Empfehlungsschreiben mitzugeben. Paulus bat die Christen in Rom: „Steht ihr bei, wo immer sie eure Hilfe braucht". Das Empfehlungsschreiben von Paulus sollte dafür sorgen, dass Phöbe die volle Unterstützung der Christen in Rom bekam.

Phöbe: Eine Nahaufnahme

Viel weiß man nicht über Phöbe. Es ist weder bekannt, wie sie aussah, noch wie alt sie war. Auch über ihre soziale Herkunft ist nichts zu erfahren und ebenso wenig, ob sie verheiratet war, verwitwet oder schon immer allein stehend.

Bekannt ist jedoch, dass Phöbe eine hingebungsvolle Christin war, die das Vertrauen von Paulus und ihren Mitchristen in Kenchreä gewonnen hatte. Phöbe hatte nicht nur ein Amt in ihrer Gemeinde inne, sondern sie war von ihrer Gemeinde außerdem beauftragt, nach Rom zu gehen.

Vielleicht ist es gar nicht nötig zu wissen, wie Phöbe aussah oder wie ihr Privatleben war. Was für Paulus und für Phöbes Mitchristen wirklich zählte, waren Tiefe und Intensität ihrer Hingabe für Jesus Christus und ihre Bereitschaft, ihre Gaben einzusetzen, um ihm und denen, die zu ihm gehörten, zu dienen.

Impulse für heute

- Ganz unabhängig von ihrem Amt in der Gemeinde: Phöbe war eine Vertrauensperson für die Christen in Kenchreä.
- Man traute ihr die Reise nach Rom mit dem wichtigen Auftrag zu.
- Phöbe erfüllt ihre Aufgabe, sie geht nach Rom. Und sie hat ein Empfehlungsschreiben des Apostels Paulus bei sich.
- In zwei Versen eines Briefes wird deutlich, was Jesus den Frauen in seinem Reich alles zutraut. Wir brauchen weder Angst zu haben noch zu zaudern.

Euodia und Syntyche

Bibelstelle:
Philipper 4,2

Namen: siehe S. 328 und 339

Die beiden Frauen um die es hier geht, zwei Christinnen aus der Gemeinde von Philippi, hatten Probleme, miteinander auszukommen, aber ironischerweise werden sie in unserem Denken ein für alle Mal vereint bleiben, weil Paulus sie in seinem Brief an die Philipper gemeinsam erwähnt.

Was war nun der Grund für die Uneinigkeit zwischen den beiden? Worum ging es in ihrem Streit? Was hatte die Zwistigkeiten ausgelöst? Warum gingen die beiden Frauen das Problem nicht an, schafften es aus der Welt und versöhnten sich wieder? Sie waren doch beide gläubige Frauen, und sie waren beide bekannte Persönlichkeiten in der Gemeinde von Philippi. Irgendetwas hatte jedoch einen Keil zwischen sie getrieben und ihre Liebe und Einigkeit zerstört, welche das Kennzeichen des lebendigen Jesus Christus in seiner Gemeinde sein sollen (vgl. Johannes 13,34.35).

Die Frage, worum es bei dem Streit ging, der die beiden trennte, lässt sich nicht beantworten. Dass Paulus aber diesen Streit erwähnt, soll allen Christen als Warnung dienen. Als Christen sind wir zwar Heilige, aber genauso sind wir auch Sünder. Wir sind alle anfällig für die Leidenschaften, die uns zur Sünde anstacheln. Es bleibt uns nichts anderes, als Gott immer wieder um seine Gnade zu bitten, damit wir die Einigkeit im Geist behalten, die uns als Eigentum Jesu kennzeichnet.

Lois und Eunike

Bibelstelle:
2. Timotheus 1,5

Namen: siehe S. 332 und 338

Ihre Rolle in der Bibel

Ein einziger Vers erinnert an die beiden Frauen, aber für Christen stehen sie stellvertretend für alle gläubigen Mütter aller Zeiten und in aller Welt. Paulus schreibt:

Denn ich erinnere mich sehr gern daran, wie aufrichtig und überzeugend dein Glaube ist; genauso war es schon bei deiner Großmutter Lois und deiner Mutter Eunike. Ich weiß, dass dieser Glaube auch in dir lebt (2. Timotheus 1,5).

Lois und Eunike werden zurecht geehrt als Vorbilder in der Erziehung. Sie hatten einen echten Glauben, den sie dem jungen Timotheus vermittelten. Vermutlich haben sie ihm biblische Inhalte kindgerecht erzählt, mit ihm gebetet und auch für ihn, dass er doch Gott selbst kennen lernen und ihm dienen möge.

Timotheus wuchs zu einem Leiter der zweiten Generation christlicher Gemeinden heran.

Bevor es jedoch so weit war, haben Lois und Eunike wahrscheinlich auch sehr viel Kummer gehabt.

Die Bibel stellt eine ganze Reihe von Eltern dar, die ebenso gottesfürchtig waren wie Lois und Eunike:

- Jakob und Esau hatten dieselben Eltern, aber der eine von ihnen wusste die Verheißungen des Bundes Gottes zu schätzen, der andere nicht.
- Simsons Eltern waren wirklich hingebungsvoll in ihrer Aufgabe als Eltern, aber Simson ging trotzdem seinen ganz eigenen Weg, der sich als verhängnisvoll erweisen sollte.
- Hiskia war ein gottesfürchtiger König, aber trotzdem war sein Sohn Manasse ganz und gar böse, bis er sich gegen Ende seiner 55-jährigen Regierungszeit bekehrte.
- Maria, die Mutter von Johannes Markus, gehörte zu den Menschen, die Jesus schon ganz früh nachfolgten, und sie war eine Schlüsselfigur in der ersten Gemeinde von Jerusalem. Es muss ihr großen Kummer bereitet haben, als Johannes Markus das Missionsteam von Paulus im Stich ließ.

Natürlich gibt es auch Berichte von „perfekten" Kindern – wie beispielsweise Samuel, der schon sehr früh Gott kennen lernte –, die ihre Mütter anscheinend nie enttäuschten. Sehr viel üblicher allerdings ist es jedoch, dass Eltern auch hin und wieder Kummer haben, weil sie sich von ihren Söhnen oder Töchtern enttäuscht fühlen. Es ist nicht bekannt, wie der junge Timotheus war. Bekannt ist jedoch, dass Lois und Eunike einen „aufrichtigen" Glauben an Gott hatten, und diesen an Timotheus vermittelten.

Impulse für heute

- Es wird wohl kaum Eltern geben, die nicht auch scheitern an ihren Kindern und an sich selbst.
- Das Einzige, was Eltern tun können, ist echt, „authentisch" ihren Glauben zu leben und alles andere in Gottes Hände zu legen, aber schon allein diese Aufgabe ist so schwierig, dass sie ohne die Gnade Gottes wohl nicht zu bewältigen ist.

Die auserwählte Schwester

Bibelstelle:
2. Johannes 13

Bibelkommentatoren sind geteilter Meinung darüber, ob die „auserwählte Schwester", an die dieser Brief geschickt wurde, eine einzelne Person namens „Elekta" war oder eine Gemeinde und ihre Mitglieder (die Kinder der auserwählten Schwester).

Zu der Zeit, als Johannes den Brief schrieb, war die Gemeinde Verfolgungen ausgesetzt. Wahrscheinlich war sowohl Johannes' Bezeichnung seiner eigenen Person als „der Älteste" als auch seine Bezeichnung für die Empfänger eine Art Tarnung für den Fall, dass der Brief abgefangen werden würde.

Frauen in der Bildsprache der Bibel

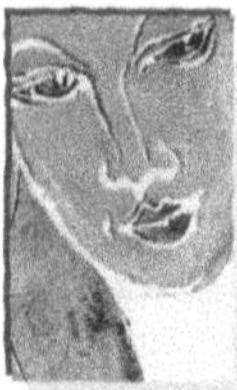

- **Die Liebe der Frauen übertreffen (2. Samuel 1,26)**
- **Frau in den Wehen bei der Geburt (Jesaja 42,14)**
- **Die trauernde Frau (Jeremia 9,17)**
- **Symbolisierte Bosheit (Sacharja 5,6-11)**
- **Die zehn Jungfrauen und ihre Lampen (Matthäus 25,1-13)**
- **Denkt an Lots Frau (Lukas 17,32)**
- **Das Geheimnis Babylons, der Mutter aller Huren (Offenbarung 17,5)**

In der Bibel kommen viele unterschiedliche Frauengestalten vor, von denen einige in der Heilsgeschichte eine entscheidende Rolle spielen. Es sind darin auch Aussagen über das Wesen der Frau zu finden sowie Aussagen über ihre Beziehungen zu Männern in der Gesellschaft allgemein, in Ehe und Familie und in der Gemeinschaft der Gläubigen.

Die Bibel bedient sich darüber hinaus einer Vielfalt literarischer Mittel, in denen Frauengestalten als Mittel der Darstellung eine Rolle spielen. Es gibt Gleichnisse, bei denen Frauen vorkommen, sowie Vergleiche oder auch Bilder (Metaphern). Manche Frauen dienen als Symbole, während Frauengestalten wie Sarah und Hagar sogar als Typus verstanden werden können. Frauengestalten werden oft zur Veranschaulichung eingesetzt, und Gleichnisse, in denen Frauen eine Rolle spielen, dienen häufig auch der Verdeutlichung bestimmter Grundaussagen. Das vorliegende Kapitel soll einen Überblick über Bibelabschnitte verschaffen, in denen durch Frauen und mittels biblischer Bildsprache ein Sachverhalt dargestellt werden soll.

Frauen in Bildsprache des Alten Testamentes

Bildsprache in den fünf Büchern Mose. Die fünf Bücher Mose enthalten erzählte Geschichte sowie das Gesetz. Es gibt darin kaum Bildsprache, in der Frauen eine Rolle spielen. Zwei Abschnitte gibt es dort jedoch, in denen das Volk Israel davor gewarnt wird, den Herrn und sein Gesetz zu verlassen:

3. Mose 26,26: „Eure Lebensmittelvorräte lasse ich zu Ende gehen. Zehn Frauen werden ihr Brot in nur einem Ofen backen." Zur damaligen Zeit backte jede Familie ihr Brot im eigenen bienenkorbförmigen Backofen. Das Bild von zehn Frauen, die in einem einzige Ofen Brot backen, veranschaulicht den Gedanken an das Ausmaß des Hungers, der herrschen muss, wenn zehn Familien mit dem Brot auskommen müssen, das normalerweise nur für eine Familie gedacht ist.

5. Mose 28,56: „Die weichlichste und verwöhnteste Frau, die noch nie versucht hat, ihren Fuß auf die Erde zu setzen vor lauter Verwöhnung und Verweichlichung, blickt missgünstig auf den Mann, mit dem sie schläft, auf ihren Sohn und ihre Tochter" (Einheitsübersetzung). Im weiteren Verlauf wird in diesem Abschnitt eine furchtbare Hungersnot beschrieben, und zwar wird der Hunger so schrecklich sein, dass selbst verwöhnte Frauen der Oberschicht nach der Geburt ihrer Kinder die Plazenta essen, um ihren Hunger zu stillen.

Bildsprache in den Geschichtsbüchern. Der Großteil des Inhaltes dieser Bücher besteht ebenfalls aus Erzählungen. In einigen Abschnitten gibt es jedoch Bilder, in denen Frauen eine Rolle spielen.

2. Samuel 1,26. Dieses Bild kommt in Davids Klage über den Tod von Saul und Jonathan vor:

Mein Bruder Jonathan,
wie schmerzt mich dein Verlust!
Du warst mir lieber
als der größte Schatz der Welt.
Niemals kann die Liebe einer Frau
ersetzen,
was deine Freundschaft mir bedeutet hat.
(2. Samuel 1,26)

Der zitierte Vers wird immer wieder dazu missbraucht, David und Jonathan eine homosexuelle Beziehung zu unterstellen. Aber davon ist nie die Rede; in der gesamten Geschichte der beiden zeigt sich eine klassische herzliche Männerfreundschaft: David erinnert sich an eine Freundschaft, die so innig war, dass jeder dem anderen gegenüber selbstlos loyal war. David betont, dass es in dieser Männerfreundschaft weder Leidenschaft noch Eigennutz gab.

Ruth 4,11-12. „Die Ältesten und alle Männer auf dem Versammlungsplatz bestätigten: ‚Ja, wir bezeugen es! Möge der Herr deine Frau so reich beschenken, wie Rahel und Lea, von denen alle Israeliten abstammen. Wir wünschen dir, dass du immer mehr Ansehen gewinnst und dein Name hier in Bethlehem berühmt wird! Der Herr möge dir und deiner Frau so viele Nachkommen schenken wie der Familie von Perez, dem Sohn Tamars und Judas.'"

In diesen Glückwünschen an Boas zu seiner bevorstehenden Hochzeit mit Ruth stehen die Frauen sowohl für Fruchtbarkeit als auch für Wichtigkeit. Rahel und Lea wurden als „Stammmütter" der Juden betrachtet, und Tamar war die „Mutter" von Boas' Abstammungslinie, aus der auch König David hervorging (vgl. Ruth 4,18-22).

2. Könige 14,9; 2. Chronik 25,18: „Joasch, der König von Israel, ließ ihm antworten: ‚Ein Dornstrauch auf dem Libanongebirge sagte einmal zu einer mächtigen Zeder: Gib meinem Sohn deine Tochter zur Frau! Doch die Tiere auf dem Libanon liefen über den Dornstrauch und zertrampelten ihn.'"

Amazja von Juda wollte Krieg gegen Israel führen. Joasch antwortete ihm mit einem Gleichnis, durch das die Überlegenheit der „Zeder auf dem Libanon" (Israel) gegenüber dem „Dornstrauch" (Juda) hervorgehoben wird. So wie der Dornstrauch größenwahnsinnig war, indem er durch die Ehe ein Bündnis mit der Zeder eingehen wollte, litt auch Juda an Größenwahn, indem es Israel herausforderte. Joasch sollte Recht behalten. Amazja bestand trotz allem auf dem Krieg, in dem Juda vernichtend von Israel geschlagen wurde.

Bildsprache in den poetischen Büchern. Hebräische Lyrik baut stark auf einer Bildsprache auf. Es gibt in den poetischen Büchern allerdings nur relativ wenige Bilder, in denen Frauen vorkommen.

Psalm 87,4; 89,11: „Rahab hast du durchbohrt und zertreten" (Ps.89,11 Einheitsübersetzung). In diesen beiden Versen ist Rahab der poetische Name für Ägypten und kein Verweis auf die biblische Gestalt dieses Namens.

Sprüche 30,15: „Der Blutegel hat zwei Töchter: Gib!-Gib!" (Einheitsübersetzung). „Töchter" steht hier als Metapher für bestimmte Merkmale oder Eigenschaften. Wie der Blutegel, so saugen diejenigen, die ständig nur fordern: „Gib!-Gib!", andere aus, ohne ihnen je etwas zurückzugeben.

Sprüche 31,14. „Sie gleicht den Schiffen des Kaufmanns: Aus der Ferne holt sie ihre Nahrung" (Einheitsübersetzung). In diesem Gedicht, in dem die tugendhafte, tüchtige Frau gelobt wird, benutzt der Dichter einen Vergleich, den er dann allerdings eingrenzt.

Das Land Israel verfügt über eine Vielfalt unterschiedlicher Klimazonen, durch die seit jeher der Anbau sehr vieler verschiedener Gemüsesorten und Früchte möglich ist: Getreide, Feigen, Oliven, Melonen und Orangen – die alle unterschiedliche Böden und verschieden viel Feuchtigkeit brauchen – können in Israel angebaut werden.

Viele Bauernfamilien dort nutzten zur Ernährung ihrer Familien nur das, was sie selbst auf ihrem eigenen Land produzierten. Deshalb war ihr Speiseplan oft nicht gerade abwechslungsreich und vielseitig. Die Frau aus Sprüche 31 bot ihrer Familie eine vielfältigere Ernährung, indem sie Nahrungsmittel „aus der Ferne" herbeiholte, das heißt, sie aus anderen Gebieten und somit anderen Klimazonen Israels herbeischaffte.

Prediger 7,26: „Immer wieder finde ich die Ansicht, stärker als der Tod sei die Frau. Sie ist ein Ring aus Belagerungstürmen, und ihr Herz ist ein Fangnetz, Fesseln sind ihre Arme" (Einheitsübersetzung). Auch hier bedient sich Salomo einer Metapher, um einen besonderen Frauentypus darzustellen. Weil es ähnliche Bilder in Salomos Beschreibung der unmoralischen Frau in Sprüche 7 gibt, lässt sich daraus schließen, dass er auch hier an Frauen denkt, die ihre Sexualität einsetzen, um Männer mit in Schuld zu verstricken.

Prediger 12,4: „Alle Töchter des Gesanges sich neigen" (Luther). Im Hebräischen wird der Begriff „Söhne des" oder „Töchter der" verwendet, um eine bestimmte Klasse, Gruppe oder Gattung zu umreißen. In diesem Abschnitt beschreibt Salomo, wie das fortschreitende Alter Menschen schwächt. Das zitierte Bild beschreibt den Verlust des Gehörs, sodass die „Töchter des Gesangs", also die Klänge der Musik oder Musik an sich, kaum noch gehört werden.

Bildsprache bei den Propheten. Am häufigsten kommen bei den Propheten Bilder vor, in denen Frauen eine Rolle spielen. Es gibt dort eine ganze Reihe davon:

Jesaja 4,1: „An jenem Tag klammern sich sieben Frauen an einen einzigen Mann und sagen: Wir wollen unser eigenes Brot essen und uns selber kleiden, nur lass uns deinen Namen tragen, nimm die Schande von uns." Diese Verse gehören eher zu Jesaja 3,16-26 als zu 4,2 und den folgenden Versen. Jesaja beschreibt die verheerenden Auswirkungen der kommenden Invasion durch die Feinde für die vornehmen Frauen von Jerusalem, zu der es aufgrund ihrer Sünden unweigerlich kommen würde. An jenem Tag würden nach Aussage des Propheten Männer so rar sein, dass Frauen sich verzweifelt um eine Heirat und Kinder bemühten. Statt vom Mann den üblichen Brautpreis zu verlangen, würden die Frauen anbieten, selbst das Geld für ihre eigene Kleidung und Nahrung aufzubringen, wenn der Mann sie nur in seinen Haushalt aufnähme.

Jesaja 13,7-8: „Da werden alle vor Angst wie gelähmt sein, jeden wird der Mut verlassen. Von Furcht und Schrecken sind sie geplagt, sie winden sich vor Schmerzen wie eine Frau in den Wehen."

Die Wehen bei der Geburt stehen als Symbol für Schmerzen und Qualen. Dieses aussagestarke Bild ist außerdem an den folgenden Stellen im Alten Testament zu finden:

Jesaja 13,8; Jeremia 50,43; Hosea 13,13; Psalm 48,7; Jeremia 48,41; 49,22; Micha 4,10; Jesaja 21,3; 42,14; 66,7; 66,8; Jeremia 4,31; 6,24; 13,21; 22,23; 30,6; 49,24; Micha 4,9; 5,3.

Der Vergleich wird häufig von den Propheten benutzt, um extremes Leiden in Verbindung mit dem Gericht Gottes darzustellen, besonders das Gericht über Israel und das Jüngste Gericht.

Jesaja 19,16: „An jenem Tag werden die Ägypter wie die Weiber sein: Sie erschrekken und zittern, wenn der Herr der Heere seine Faust gegen sie schwingt" (Einheitsübersetzung). Hier ist die Hilflosigkeit von Frauen zu Kriegszeiten gemeint. Sie haben keine Möglichkeit, sich selbst zu verteidigen, und müssen in Angst und Ungewissheit auf den Ausgang der Schlachten warten, in denen ihre Männer kämpfen.

Jesaja 21,3. Vgl. Anmerkung zu Jesaja 13,8.

Jesaja 42,14. Vgl. Anmerkung zu Jesaja 13,8.

Jesaja 49,15: „Kann eine Mutter ihren Säugling vergessen? Bringt sie es übers Herz, das Neugeborene seinem Schicksal zu überlassen? Und selbst wenn sie es vergessen würde – ich vergesse dich niemals!"

Genau wie bei uns heute stand auch damals Mutterliebe als Symbol für selbstlose Hingabe. Der Prophet weist darauf hin, dass sogar Mütter „ihren Säugling vergessen" können, Gott sein Volk aber niemals vergisst. Seine Treue und Liebe gehen weit über die einer Mutter hinaus, die doch als höchstes Symbol für menschliche Fürsorge und Hingabe stehen.

Jesaja 54,6: „Jerusalem, du bist wie eine verstoßene Frau, die tief enttäuscht ist, weil ihr Mann, der sie als junge Frau liebte, sie verlassen hat."

Jesaja benutzt das Gleichnis zur Darstellung der Versöhnung zwischen dem Volk Gottes und dem Herrn am Ende der Geschichte. Das Volk Israel wird dabei verglichen mit einer geschiedenen Frau, mit einer jungen Ehefrau, die „verlassen" (das heißt verstoßen) wurde, aufgrund ihrer eigenen Fehler. Aber der treue Gott des Volkes Israel wird sein Volk zurückholen in die innige und vertraute Beziehung, die vorhanden war, bevor ihre geistliche Untreue zur „Scheidung" führte.

Jesaja 66,7.8. Vgl. Anmerkung zu Jesaja 13,8.

Jeremia 3,1: „So spricht der Herr: ‚Wenn ein Mann sich von seiner Frau scheiden lässt und sie einen anderen heiratet, darf er sie dann später wieder zur Frau nehmen? Würde dadurch nicht das ganze Land entweiht? Du aber, Volk Israel, hast dich mit vielen Liebhabern eingelassen – und jetzt willst du zu mir zurückkommen?'"

Jeremia stellt einen Vergleich her zwischen einem Mann und seiner Frau auf der einen und Gott und dem Volk Israel auf der anderen Seite. Nach dem mosaischen Gesetz konnte eine Frau, die nach einer Scheidung einen anderen Mann geheiratet hatte, nicht wieder zu ihrem ersten Mann zurückkehren (5. Mose 24,4). Gott aber liebt das Volk Israel so sehr, dass er es sogar dann, wenn es ihm untreu gewesen ist, wieder aufnimmt.

Jeremia 3,20: „Doch wie eine Frau ihren Mann betrügt, so bist auch du mir untreu geworden." Dieser Vers nimmt noch einmal den Gedanken aus Jeremia 3,1 auf.

Jeremia 4,31. Vgl. Anmerkung zu Jesaja 13,8.

Jeremia 6,2: „Die Schöne und Verwöhnte, die Tochter Zion, ich mache sie dem Erdboden gleich" (Einheitsübersetzung). Dieses Gleichnis soll die Hilflosigkeit Jerusalems verdeutlichen, wenn am Ende der Weltgeschichte „von Norden Unheil droht" (6,1).

Jeremia 6,23. Vgl. Anmerkung zu Jesaja 13,8.

Jeremia 9,16: „Begreift doch endlich, wie schlimm es um euch steht! Holt die Klageweiber, ja, lasst die weisen Frauen kommen!"

Bei jüdischen Beerdigungen herrschte laute Klage und großes Wehgeschrei als Zeichen des Respektes vor dem Verstorbenen. Um dafür zu sorgen, dass ein Mensch, der gestorben war, auf diese Weise geehrt wurde, engagierten viele Familien, in denen es einen Todesfall gab, professionelle Klageweiber. Jüdische Beerdigungen fanden allerdings noch am selben Tag statt, an dem die betreffende Person gestorben war. Mit dem Aufruf „holt die Klageweiber" bringt der Prophet zum Ausdruck, dass die Katastrophe, die er vorausgesagt hatte, unmittelbar bevorstand.

Jeremia 9, 19: „Hört ihr Frauen, was der Herr euch sagt, achtet auf jedes Wort: ‚Bringt euren Töchtern die Totenklage bei, lernt miteinander dieses Trauerlied.'" Vergleichen Sie dazu den Kommentar zu Jeremia 9,16. Jeremia forderte Mütter eindringlich auf, ihre Töchter mit einer Fertigkeit vertraut zu machen, mit der sie für sich selbst sorgen konnten. Das Einzige, was Mütter tun konnten, um ihre Töchter auf die Zukunft vorzubereiten, die Gott für sie bereithielt, bestand darin, sie als Klageweiber auszubilden, weil es künftig sehr viel Grund zum Klagen geben würde.

Jeremia 13,21. Vgl. Anmerkung zu Jesaja 13,8.

Jeremia 22,23. Vgl. Anmerkung zu Jesaja 13,8.

Jeremia 30, 6. Vgl. Anmerkung zu Jesaja 13,8.

Jeremia 31,22: „Wie lange noch willst du dich sträuben, du abtrünnige Tochter? Denn etwas Neues erschafft der Herr im Land: Die Frau wird den Mann umgeben."

Der Ausdruck „den Mann umgeben" ist vielleicht nicht ganz zu verstehen. Vielleicht übersetzt man ihn besser wie in der Tanakh (einer jüdischen Übersetzung des Alten Testamentes), wo es heißt: „Eine Frau wirbt um den Mann." Normalerweise waren es nämlich die Männer, die beim Werben um eine Frau die Initiative ergriffen. Hier blickt Jeremia voraus auf den Tag, an dem sich das Volk Gottes wieder nach ihm sehnen und verzehren wird.

Jeremia 48,41. Vgl. Anmerkung zu Jesaja 13,8.

Jeremia 49,22.24. Vgl. Anmerkung zu Jesaja 13,8.

Jeremia 50, 43. Vgl. Anmerkung zu Jesaja 13,8.

Jeremia 51,30. Vgl. Anmerkung zu Jesaja 13,8.

Klagelieder 1,1: „Ach, wie einsam und verlassen liegt sie da, die Stadt Jerusalem, in der sich einst die Menschen drängten! Sie war berühmt bei allen Völkern, jetzt gleicht sie einer Witwe ohne Schutz. Sie, die über andere Länder herrschte, wird nun zum Sklavendienst gezwungen."

In diesem poetischen Vergleich stellt der Dichter die veränderten Lebensbedingungen von Jerusalem dar. Aus der einstmals großartigen Stadt ist eine Ruine geworden. Die Veränderung ihres Zustandes ist vergleichbar mit der Veränderung des Status einer verheirateten Frau, die zur Witwe wird, oder einer Fürstin, die zur Sklavin geworden ist.

Hesekiel 16,4-14 und 32: „Nach deiner Geburt wurde nicht einmal deine Nabelschnur abgeschnitten. Niemand hat dich gewaschen und mit Salz abgerieben, niemand dich gewickelt. Kein Mensch hatte Mitleid mit dir und erbarmte sich über dich. Noch am Tag deiner Geburt warf man dich aufs freie Feld, weil jeder nur Verachtung für dich übrig hatte.

Ich kam an dir vorüber und sah dich hilflos und blutverschmiert am Boden liegen. Da sagte ich zu dir: ‚Du sollst am Leben bleiben und heranwachsen wie eine Blume auf dem Feld!' Du blühtest auf und wurdest zu einer schönen Frau voller Anmut . . .

Ich, der Herr, schwor dir Treue und schloss mit dir einen Bund fürs Leben. So wurdest du meine Frau. Ich badete dich, wusch dir das Blut ab und salbte dich mit duftenden Ölen. Ich zog dir ein buntes, kostbares Kleid und Sandalen aus bestem Leder an. Du bekamst von mir ein Stirnband aus feinem Leinen und einen seidenen Umhang. . . . So wurdest du wunderschön und würdig, eine Königin zu sein . . .

Du Ehebrecherin! Andere Männer hast du deinem Ehemann vorgezogen!"

– Der Prophet setzt die Stadt Jerusalem mit einer geliebten, aber untreuen Ehefrau gleich. Götzenanbetung wurde oft als geistlicher Ehebruch dargestellt; die Parallele ist klar: Beides bedeutet den Bruch eines Bundes.

Hesekiel 16,46: „Deine ältere Schwester ist Samaria mit ihren Töchtern. Sie wohnt nördlich von dir; im Süden wohnt deine jüngere Schwester Sodom mit ihren Töchtern."

In einem längeren Abschnitt stellt Hesekiel Juda und das Volk dort als Schwestern Samarias dar – der Hauptstadt des gefallenen Nordreiches – und als Schwestern Sodoms. Die Bilder vermitteln eine klare und schlichte Botschaft: Die Menschen in Jerusalem und Juda haben den Lebensstil der beiden von Sünde beherrschten Städte übernommen. Durch den Propheten sagt Gott: „Deine Schwester Sodom und ihre Töchter (das heißt, die Bewohner der Städte) haben nicht so viel Schuld auf sich geladen wie du und deine Töchter" (16,48). Gott zerstörte die beiden sündigen Schwesterstädte, und Jerusalem stand dasselbe Schicksal bevor.

Hesekiel 23,1-49. Hesekiel kommt noch einmal auf das Bild der zwei Schwestern zurück, wobei er das Hauptaugenmerk diesmal auf die Geschichte „von zwei Frauen, Töchter derselben Mutter" legt (V. 2). In diesem Abschnitt sind die Schwestern die Königreiche Israel und Juda. Hesekiel gibt jedem von ihnen einen symbolischen Namen. Israel nennt er Ohola (ihr eigenes Heiligtum), ein Verweis auf das unechte religiöse System, das Jerobeam I. errichtet hatte, und das von all den nachfolgenden Königen Israels beibehalten wurde. Juda wird Oholiba genannt (mein Heiligtum ist in ihr), ein Hinweis darauf, dass der Tempel Gottes in Jerusalem, also in Juda lag. Beide Schwestern wandten sich der Hurerei zu und waren dem Herrn untreu. Jede von ihnen sollte das Gericht Gottes erfahren.

Hesekiel 24,18: „Noch am selben Abend starb meine Frau, und am nächsten Morgen verhielt ich mich so, wie der Herr es mir befohlen hatte."

Eine der Besonderheiten im Dienst Hesekiels bestand darin, dass er von Gott oft aufgefordert wurde, seine Prophetien bildhaft darzustellen. Als er beispielsweise die Belagerung Jerusalem vorhersagte, baute er ein Modell von der Stadt und baute Befestigungsmauern darum herum. Er fastete genau so viele Tage, wie die Belagerung der Stadt dauern sollte.

Dann warnte Gott Hesekiel, dass seine Frau – „was du am meisten liebst" – ganz plötzlich sterben würde. Hesekiel sollte jedoch kein Zeichen von Trauer zeigen und auch nicht die traditionelle Klage anstimmen oder anstimmen lassen, auch wenn er sie noch so sehr geliebt hatte. Diese Haltung sollte ein Zeichen dafür sein, dass bei der Zerstörung Jerusalems durch Gott die Überlebenden ebenfalls keine Zeit mehr haben würden, den Verlust geliebter Menschen zu betrauern.

Hesekiel 36, 17: „Sterblicher Mensch, als mein Volk noch in Israel lebte, hat ihre große Schuld das ganze Land unrein gemacht. Durch ihre Taten glichen sie in meinen Augen einer Frau, die durch ihre Blutung nicht rein ist".

Hier benutzt Gott selbst einen Vergleich, indem er das Verhalten des Volkes Israels, bevor es von den Assyrern verschleppt wurde, vergleicht mit „einer Frau, die durch ihre Blutung nicht rein ist." Weil Frauen zur Zeit des Hesekiel während der Menstruation als unrein galten, durften sie dann von ihrem Ehemann nicht angerührt werden. Das Bild drückt eine nach damaligem Verständnis zwangsläufige Distanz zwischen zwei – an sich sich nahen – Partnern aus: Genauso hatte die Sünde das Volk Israel unrein gemacht, und es konnte deshalb von Gott nicht angerührt werden. In Jesaja 59,2 heißt es dazu: „Eure Schuld – sie steht wie eine Mauer zwischen euch und eurem Gott! Eure Sünden verdecken ihn, darum hört er euch nicht."

Hosea 1,2: „Als der Herr zum ersten Mal zu Hosea sprach, befahl er ihm: ‚Such dir eine Hure und mache sie zu deiner Frau! Du sollst Kinder haben, die von einer Hure geboren wurden. Denn mein Volk ist wie eine Hure: Es ist mir untreu und läuft fremden Göttern nach." Vgl. dazu auch den Kommentar zu Hosea 3,1.

Hosea 3,1: „Der Herr sprach zu mir: ‚Obwohl deine Frau deine Liebe nicht erwidert hat, sondern ständig die Ehe bricht, sollst du sie wieder bei dir aufnehmen und sie lieb haben. Denn auch ich liebe die Israeliten, obwohl sie anderen Göttern nachlaufen und deren Opfermahlzeiten essen.'"

Gott forderte den Propheten Hosea auf, eine Frau namens Gomer zu heiraten. Entweder schon vor oder erst nach der Hochzeit zeigte sich dann Gomers wahrer Charakter; sie verließ Mann und Kinder, um sich viele Liebhaber zu nehmen. Hosea, dem dadurch das Herz brach, wurde berufen, in seiner Beziehung zu ihr die Beziehung Gottes zu seinem Volk Israels darzustellen. Hosea liebte seine Frau auch weiterhin und sorgte auch weiter für sie, trotz ihrer Untreue. Letztlich nahm er seine auf Abwege geratene Frau wieder auf.

Hosea und Gomer leben hier nicht nur ihre Geschichte, sondern spiegeln symbolhaft die Geschichte Gottes mit seinem Volk wider, die Untreue des Volkes Israel seinem Gott gegenüber; sie weisen aber auch bereits – weit – voraus, und zwar auf die endgültige Wiederherstellung der Beziehung zwischen Gott und dem Volk Israel am Ende der Weltgeschichte.

Hosea 13,13. Vgl. Anmerkung zu Jesaja 13,8 auf S. 313.

Micha 4,9. Vgl. Anmerkung zu Jesaja 13,8.

Micha 4,10. Vgl. Anmerkung zu Jesaja 13,8.

Micha 5,3. Vgl. Anmerkung zu Jesaja 13,8.

Nahum 3,13: „Die Krieger in deiner Mitte – Weiber sind sie" (Einheitsübersetzung).

Im Kontext von kriegerischen Kämpfen bzw. entsprechender Vokabeln symbolisiert der Begriff „Weiber" hier Schwäche. Der Prophet hebt Ninives Hilflosigkeit hervor, sich gegen die Eindringlinge zu wehren, die Gott schicken wird.

Sacharja 5,7.9: „Plötzlich hob sich der runde Bleideckel, und eine Frau kam zum Vorschein . . . als ich nach oben schaute, sah ich zwei Frauen mit Storchenflügeln; der Wind trug sie her. Sie ergriffen das Fass und flogen mit ihm davon."

Die Frauen in dieser Vision haben symbolische Bedeutung, und zwar sowohl die Frau in dem Fass, als auch die beiden Frauen mit Storchenflügeln. Außerdem ist das Fass ein *ephah*, das nur eine relativ kleine Getreidemenge fasst, sodass die Frau darin nicht von normaler Größe sein kann. Der Text erklärt die Bedeutung der Frau in dem Fass direkt: Sie symbolisiert „die Auflehnung gegen Gott" (Sacharja 5,8). In der Vision trugen die beiden Frauen das Fass, welches die „Auflehnung" enthielt, nach Schinar (Babylon).

Es stellt sich die Frage, warum hier eine Frau als Symbol für die Auflehnung gegen Gott steht. Mehrere Gründe kommen in Frage:

- „Auflehnung" ist ein feminines Nomen.
- Die Propheten betrachteten Götzendienst als „Auflehnung" und benutzten das Bild der Hurerei zur Veranschaulichung. Deshalb ist eine Frau hier kein unpassendes Symbol (vgl. auch Hosea 2,2; Jeremia 3,1).
- Die Frau in dem Korb ist keine lebendige Frau, sondern ein Götze; eine Figur der „Himmelskönigin" (Jeremia 44,17-19), deren Anbetung ihren Ursprung in Babylon hatte.

Was auch immer hier zutreffen mag, fest steht, dass Frauen an sich nicht für das Böse oder für Auflehnung gegen Gott stehen. Vielleicht sind deshalb – quasi zum Ausgleich – die Gestalten, die das Entfernen der Auflehnung aus dem Land symbolisieren, ebenfalls Frauengestalten.

Frauen in der Bildsprache des neuen Testamentes

Matthäus 13,33: „Man kann das Reich Gottes auch mit einem Sauerteig vergleichen, den eine Frau zum Brotbacken braucht. Sie nimmt eine große Menge Mehl und mischt ein wenig Sauerteig darunter, bis alles davon durchsäuert ist."

Dieser Vers kommt in einer Reihe von Gleichnissen über das Reich Gottes vor, wobei in jedem dieser Gleichnisse das Reich Gottes, das durch Jesus Christus anbricht, dem Reich gegenübergestellt wird, das die Juden erwarteten. Dieses Gleichnis zeigt das langsame Wachstum der Gemeinde im Gegensatz zum gewaltigen Ausdruck der Herrschaft Gottes im messianischen Reich, das die Juden erwarteten.

Matthäus 18,25: „Aber er konnte diese Schuld nicht bezahlen. Deshalb wollte der König ihn, seine Frau, seine Kinder und seinen gesamten Besitz verkaufen lassen, um wenigstens einen Teil seines Geldes zu bekommen." Diese Zeile aus der Geschichte Jesu über den unbarmherzigen Schuldner ist ein Verweis auf das Schuldengesetz, dem zufolge ein Gläubiger einen Mann und dessen gesamtes Eigentum – einschließlich dessen Familie – verkaufen durfte, um die ausstehenden Schulden einzutreiben. Das Gesetz des Alten Testamentes begrenzte jedoch die Fronzeit auf sieben Jahre. Danach mussten die Menschen, die ihre Schuld abarbeiteten, wieder freigelassen werden.

Matthäus 22,23-33: „Herr, Mose hat bestimmt: Wenn ein verheirateter Mann ohne Kinder stirbt, dann soll sein Bruder die Witwe heiraten und das Erste ihrer Kinder soll der Erbe des Verstorbenen sein."

Das ist der erste Satz aus einem hypothetischen Fall, den die Sadduzäer – die nicht an die Auferstehung glaubten – benutzten, um die Pharisäer zu verwirren. Die Pharisäer beharrten darauf, dass die Bibel die Auferstehung des Leibes lehrte. Der dargelegte hypothetische Fall ging von einer kinderlosen Witwe aus, die sieben Brüder ihres Mannes heiratete, nachdem dieser gestorben war, die jedoch von keinem dieser Brüder ein Kind bekam. Der Höhepunkt der Geschichte ist die Frage der Sadduzäer: „Wessen Frau wird sie nun nach der Auferstehung sein?" (Matthäus 22,28).

Die Pharisäer hatten auf diese Frage, die den Gedanken an die Auferstehung als absurd abtun sollte, keine Antwort. Jesus dagegen hatte eine: Die Einrichtung der Ehe ist für unser irdisches Leben gedacht. Im Himmel wird es die Ehe nicht mehr geben. Die Frage der Sadduzäer war daher irrelevant. Und, so fügte Jesus noch hinzu: Die Sadduzäer irrten sich, was die Auferstehung anging, weil sie weder die Schrift noch die Macht Gottes kannten.

Matthäus 24,41: „Zwei Frauen werden mit ihrer Hausarbeit beschäftigt sein; die eine wird angenommen, die andere bleibt zurück." Das Getreidemahlen, von dem im Originaltext die Rede ist, gehörte zu den täglichen Aufgaben der Frauen im 1. Jahrhundert. In diesem Abschnitt spricht Jesus bildhaft über das Ende der Zeit und seine Wiederkunft: Jesus wird unerwartet wiederkommen, während die Menschen ihrer ganz alltäglichen Arbeit nachgehen. Wenn Jesus wiederkommt, wird Gott zwischen den Geretteten und den nicht Geretteten unterscheiden.

Matthäus 25,1-7: „Wenn der Menschensohn seine Herrschaft antritt, wird es sein wie bei den zehn Mädchen, die bei einer Hochzeit als Brautjungfern mit ihren Lampen den Bräutigam abholen sollen."

In diesem etwas ausführlicheren Gleichnis benutzt Jesus die Gepflogenheiten der damaligen Zeit, um einen ihm wichtigen Sachverhalt zu verdeutlichen. Wenn ein Jude heiratete, ging er in Begleitung seiner besten Freunde spät abends zum Haus seiner Braut, alle mit Fackeln und Lampen ausgerüstet. In Begleitung der Freunde holte er die Braut dann in sein Haus. Die Freundinnen der Braut wurden ebenfalls mit Lampen und Fackeln ausgerüstet und begleiteten die Braut. Jesus stellte sein kommendes Reich als Hochzeitsfest dar, bei dem er (der Bräutigam) kommt, um die Menschen, die zu ihm gehören (die Braut), zu sich nach Hause zu holen.

In der Geschichte erzählt Jesus, wie zehn junge Frauen auf den Bräutigam warteten, aber nur fünf von ihnen auf eine längere Wartezeit eingerichtet waren, indem sie zusätzliches Olivenöl für ihre Lampen dabei hatten. Als der Bräutigam schließlich kam, waren nur die besagten fünf bereit und durften mit hineingehen, um mitzufeiern.

Jesus wird wiederkommen, aber niemand weiß, wann das sein wird. Wir sollen dafür sorgen, dass wir „bereit" sind, wenn er kommt.

Markus 12,18-27. Siehe Diskussion über Matthäus 22,23-33.

Lukas 4,25-26: „Denkt an Elia! Damals gab es genug Witwen in Israel, die Hilfe brauchten; denn es hatte dreieinhalb Jahre nicht geregnet, und alle Menschen im Land hungerten. Aber nicht zu ihnen wurde Elia geschickt, sondern zu einer heidnischen Witwe in Zarpath."

Jesus hatte in der Synagoge seiner Heimatstadt Nazareth gesprochen. Dabei zitierte er Jesaja 61 und ließ wissen, dass er selbst der dort angekündigte Messias sei. Die Leute konnten sich jedoch nicht vorstellen, dass er, den sie doch als Sohn des Zimmermannes Josef kannten, wirklich der Messias sein sollte.

Jesus reagierte darauf, indem er darauf hinwies, dass die Propheten Gottes zu ihrer Zeit und bei ihren Völkern nie viel galten und nur selten auf offene Ohren trafen. Dann verwies er auf die Witwe von Zarpath, eine Heidin, deren Leben Elia verschonte, und auf Naeman, den leprakranken heidnischen Syrer, der von Elisa geheilt wurde: von Gott gesegnete Heiden, nachdem sein eigenes Volk ihn ablehnte.

Die Zuhörer in der Synagoge wussten genau, was Jesus ihnen damit sagen wollte, und so schreibt Lukas (4,28.29): „Das war den Zuhörern zu viel. Wütend sprangen sie auf und schleppten Jesus bis zu dem Steilabhang des Berges, auf dem ihre Stadt gebaut war. Dort wollten sie ihn hinunterstoßen."

Lukas 13,21. Vgl. die Diskussion über Matthäus 13,33.

Lukas 14,20: „Ein Dritter entschuldigte sich: ‚Ich habe gerade geheiratet. Du wirst verstehen, dass ich nicht kommen kann'".

Christus hat sich dem jüdischen Volk selbst als der Messias geopfert, aber es nahm seine Einladung nicht an. In Lukas 14 ist dieser Vergleich von dem Mann zu finden, der Freunde zu einem Festessen einlud, dessen Einladung aber ausgeschlagen wurde. Der zitierte Vers gibt nur eine von verschiedenen Ausreden wieder. Was sollte der Gastgeber also tun, da die Eingeladenen die Einladung zum Fest nicht annehmen wollten? Jesus erzählt, dass der

Gastgeber hinausging, um all diejenigen einzuladen, die von der Gesellschaft als unwichtig oder nutzlos abgeschrieben waren. Weil danach immer noch Platz an der Festtafel war, ging der Gastgeber zu den Hecken und Zäunen und holte von dort noch mehr Gäste.

Was für ein Bild für das, was dann wirklich geschehen sollte! Das Volk Israel nahm Jesus nicht an, der Messias starb am Kreuz und wurde zum Erlöser. Durch seinen Tod wurde für alle, die ihn annehmen wollten, die Tür zur Erlösung geöffnet.

Lukas 15,8: „Zehn Silbermünzen hatte eine Frau gespart. Als ihr eines Tages eine fehlt, zündet sie sofort eine Lampe an, stellt das ganze Haus auf den Kopf und sucht in allen Ecken. Endlich hat sie sie gefunden."

Dieses Gleichnis ist eine von drei Geschichten, die Jesus erzählte, um deutlich zu machen, welche Haltung Gott Sündern, also von ihm entfernt lebenden Menschen, gegenüber einnimmt. In allen drei Geschichten ist der verlorene Gegenstand sehr wertvoll, und das Wiederfinden Anlass zu großer Freude.

Warum aber war eine einfache Silbermünze so wertvoll? Möglicherweise waren die zehn Münzen die Mitgift der Frau. Oft wurden die Münzen für die Mitgift auf ein Band gezogen und von der verheirateten Frau als Kette getragen – als sichtbares Zeichen dafür, dass sie etwas mit in die Ehe gebracht hatte. Die Münzen waren auch ein Symbol für Sicherheit. Wenn die Frau geschieden wurde, blieb die Mitgift nämlich bei ihr. Deshalb war die Münze sowohl als Symbol als auch von ihrem Wert her sehr wichtig. Das verstanden die Menschen, die Jesus zuhörten.

Lukas 17,26.27: „Am Tag seiner Wiederkunft (des Menschensohnes) werden die Menschen genau so leben wie zur Zeit Noahs. Diese dachten auch nur an Essen, Trinken und Heiraten. Das ging so lange gut, bis Noah in die Arche stieg. Dann

BIBLISCHER HINTERGRUND

Einladung von Gästen

Die Etikette im ersten Jahrhundert verlangte es, dass Gäste sehr zeitig eine erste Einladung zu einem Fest bekamen und dann nochmals kurzfristig informiert wurden, wenn alles bereit war. In Lukas 14,17 heißt es denn auch: „Als alles fertig war, schikkte er einen Boten zu den Eingeladenen: ‚Alles ist vorbereitet, kommt!'" Die Gäste hatten also rechtzeitig Bescheid gewusst, dass es ein Fest geben würde, und auch der Termin war ihnen bekannt. Sie hätten also eigentlich bereit sein können und hätten nicht irgendwelche Entschuldigungen vorbringen müssen.

Die Botschaften der Propheten des Alten Testamentes waren Gottes erste Einladung an sein Volk, in das Reich des Messias zu kommen. Jesu Kommen war die Ankündigung, dass „alles fertig" war (14,17). Statt aber die Einladung Jesu, des Boten Gottes, anzunehmen, brachte das Volk Israel nur eine Entschuldigung nach der anderen vor, weshalb es die Einladung ablehnte.

kam die Flut, und keiner von ihnen blieb am Leben."

Jesus stellt hier einen Vergleich an zwischen den Zuständen zur Zeit Noahs und denen kurz vor dem Tag, an dem er – zum Erstaunen der Weltöffentlichkeit – für jeden erkennbar wiederkommt. Alles wird seinen gewohnten Gang gehen und normal scheinen – bis Gott sichtbar eingreift.

Lukas 17,32: „Denkt daran, was mit Lots Frau geschah". Jesus veranschaulicht weiter, dass die Menschen überrascht sein werden, wenn er wiederkommt um einzugreifen. Als Gott zur Zeit Noahs handelte, waren die Menschen überrascht, ebenso wie eine spätere Generation zur Zeit Lots überrascht war.

Jesus weist darauf hin, dass die Menschen an dem Tag, an dem er endlich kommen und sich offenbaren wird, nicht zögern sollen, alles stehen und liegen zu lassen. „Denkt daran, was mit Lots Frau geschah", sagt er in diesem Zusammenhang. Der Vergleich ist klar: Lots Frau hatte gezögert, als sie aus Sodom fliehen sollte. Sie hatte zurückgeschaut und war zur Salzsäule erstarrt. Wenn der Tag kommt, von dem Jesus hier spricht, dann werden diejenigen, die zurückschauen oder in ihre Häuser zurückkehren, um materielle Güter zu retten, verloren sein.

Lukas 17,35. Vgl. die Diskussion von Matthäus 24,41.

Lukas 18,1-8: „In einer Stadt lebte ein Richter, der weder Gott noch Menschen fürchtete. Tag für Tag bestürmte ihn eine Witwe mit ihrer Not: ‚Verhilf mir doch endlich zu meinem Recht!'"

Hier wird im Gleichnis ein Richter dargestellt, der sich nicht um die Meinung Gottes kümmerte, und der auch kein Mitgefühl für die Witwe hatte, die betrogen worden war. Der Richter ignorierte ihre Bitten und Eingaben, aber sie blieb beharrlich, sodass der Richter schließlich aktiv wurde, nur um endlich seine Ruhe zu haben.

Dieses Gleichnis soll den *Gegensatz* zwischen dem ungerechten Richter, der kein Mitgefühl kannte, und Jesus, der sich um Witwen und Waisen kümmert, veranschaulichen. Weil Gott denen, die zu ihm gehören, gerne beistehen und helfen will, sollen wir in unserem Beten und Bitten zuversichtlich und so beharrlich sein wie die Witwe in dem Gleichnis.

Lukas 20,27-38. Vgl. die Diskussion von Matthäus 22,23-33.

1.Thessalonicher 2,7: „Obwohl wir als Apostel Jesu Christi von euch durchaus einen Beitrag zu unserem Unterhalt hätten verlangen können, bewegte uns nichts anders als unsere Liebe zu euch – eine Liebe, wie sie eine Mutter für ihre Kinder empfindet." Paulus vergleicht seine Beziehung zu den jungen Christen, die er in Thessalonich zum Glauben geführt hat, mit der Beziehung zwischen einer Mutter und ihrem Neugeborenen. Das gewählte Bild ist – äußerlich betrachtet – verwunderlich: Der Apostel war frühesten Beschreibungen nach ein kleiner gebückter Mann mit durchdringendem Blick unter schweren, buschigen Brauen und einer Nase, die fast das Kinn berührte. Dennoch war das Bild treffend, und ist es unwahrscheinlich, dass jemand in Thessalonich darüber lachte, denn die Christen dort wussten, mit welch zärtlicher Liebe Paulus sich um sie kümmerte.

Offenbarung 2,20: „Trotzdem habe ich etwas an dir auszusetzen: Du unternimmst nichts gegen diese Isebel, die sich als Prophetin ausgibt. Durch ihre Lehre verführt sie die Gläubigen zu einem zügellosen Leben und ermuntert sie, ohne Bedenken das Fleisch der Götzenopfer zu essen."

Dieser Vers ist in einem Brief von Christus an die sieben Gemeinden in Kleinasien zu finden. Der Name „Isebel" steht für eine reale, ansonsten aber namentlich nicht erwähnte Frau, die wie die Isebel aus dem Alten Testament Gläubige dazu verführte, sexuelle Übertretungen zu begehen und Götzen anzubeten.

Offenbarung 12. Hier werden zwei symbolische Figuren dargestellt: „Eine Frau, die mit der Sonne bekleidet war" (V. 1) und die kurz vor der Geburt eines Kindes stand, also in den Wehen lag, die andere Gestalt ist ein „großer, feuerroter Drachen", der die Frau und das Kind verschlingen will. Das Kind symbolisiert den Messias, die Frau steht für das Volk Israel, der Drache für den Satan. Das Kapitel verwendet Symbole, um künftige Ereignisse zu beschreiben, bei denen das Volk Israel und der Satan eine Rolle spielen.

Offenbarung 17. Dieses Kapitel der Offenbarung enthält eine weitere weibliche symbolische Figur. Hier ist es eine Frau, von der es heißt, sie „trug dunkel- und grellrote Kleider, dazu kostbaren goldenen Schmuck mit wertvollen Edelsteinen und Perlen. In ihrer Hand hielt sie einen Becher aus Gold, der bis an den Rand gefüllt war mit der Bosheit ihrer Verführung und Unzucht. Auf ihrer Stirn stand ein geheimnisvoller Name: *Das grosse Babylon, die Mutter aller Verführung und Abgötterei auf der Erde!*" (17,4.5).

Bibelausleger sind sich im Allgemeinen darin einig, dass die Frau als Symbol für Religion, besonders die großen Weltreligionen steht, die am Ende der Geschichte zunächst die Regierung des Antichristen unterstützen und später von ihm vernichtet werden.

Offenbarung 21,9: „Dann kam einer von den sieben Engeln, die in ihren Schalen die letzten sieben Katastrophen gebracht hatten, zu mir und sagte: ‚Komm, ich will dir die Braut zeigen, die Frau des Lammes'".

Johannes stellt dar, wie das himmlische Jerusalem auf die neue Erde, die Gott geschaffen hat, herabkommt, und sagt, die Stadt sei „festlich geschmückt wie eine Braut an ihrem Hochzeitstag" (Offb. 21,2). Die Stadt selbst wird jedoch nicht als Braut beschrieben und in Vers 9 ist sie nicht gemeint.

Die Braut des Lammes (V. 9) sind die Gläubigen, die wegen ihres Glaubens an ihn nicht in den See aus Feuer und Schwefel geworfen werden. Diese Gläubigen werden in einem neuen und vollkommenen Universum, das Gott am Ende der Zeit schaffen wird, bei ihm sein.

Was für eine wunderbare Aussicht! Gegen Ende dieses großartigen biblischen Buches schreibt Johannes noch einmal das Ziel all dessen, was Gott ihn hat schauen lassen: „Der Geist und die Braut sagen: ‚Komm!'" (Offenbarung 22,17).

Frauennamen in der Bibel und ihre Bedeutung

Mit Verweis auf die entsprechenden Bibelstellen und Passagen im Buch

Trotz des Titels sind in diesem Buch nicht wirklich *alle* Frauen berücksichtigt, die in der Bibel vorkommen. Das ist auch weder sinnvoll noch eigentlich möglich: Viele Namen tauchen auf, ohne dass wir über die Personen irgendetwas erfahren. Ja, bei einigen wissen wir nicht einmal, ob es Frauen sind oder Männer; es gab ja kein Standesamt, das darüber wachte, dass ein Name eindeutig einem Geschlecht zugeordnet war. Namen, die in der Bibel vorkommen, im Buch aber ausschließlich in dieser Auflistung erwähnt werden, sind mit einem * gekennzeichnet.

A

Abigajil – hebr.: „(Mein) Vater freut sich" oder „Vater der Freude"
In der Bibel kommen zwei Frauen namens Abigajil vor.

1. Abigajil hieß die kluge Frau des törichten Grundbesitzers Nabal, sie lebte etwa um das Jahr 1000 v. Chr.

Nachdem Nabal David beleidigt hatte, eilte Abigajil David entgegen, um ihn davon abzuhalten, sich an Nabal und seinem Haus zu rächen. Ihr Mut und ihre Klugheit beeindruckten David so sehr, dass er Abigajil heiratete, nachdem ihr Mann kurz nach ihrer Begegnung an einem Schlaganfall starb. Abigajils Geschichte wird in 1. Samuel 25 erzählt.

Nach 2. Samuel 3,3 hatte sie mit David einen Sohn namens Kileab. Vgl. S. 147.

2. Die andere Abigajil lebte etwa zur selben Zeit und war eine Schwester Davids. Sie wird in 2. Samuel 17,25 und 1. Chronik 2,16.17 erwähnt. Davids General Joab tötete ihren Sohn Amasa, einen Offizier in der Armee Davids.

***Abihajil** – hebr.: „(Mein) Vater ist Stärke", wohl bezogen auf Gott

1. Abihajil war eine nahe Verwandte von König David, die Tochter seines Bruders Eliab. Sie heiratete Davids Sohn Jerimot. Am bekanntesten ist sie vielleicht als Mutter von Mahalat, die Rehabeam heiratete, den Sohn und Nachfolger Salomos. Obwohl sie wahrscheinlich in der Zeit um 950 v. Chr. eine einflussreiche Frau war, wird sie nur in 2. Chronik 11,18 erwähnt.

2. Die einzige weitere Frau dieses Namens ist unter den Nachkommen Judas zu finden. Laut 1. Chronik 2,29 wurde sie verheiratet mit Abischur, aus der Abstammungslinie Jerachmeels. Ihre Lebensdaten sind nicht bekannt.

***Abija** – hebr.: „(Mein) Vater ist Jahwe"

Es gibt zwei biblische Frauengestalten dieses Namens sowie sechs Männer, von denen einer der zweite König von Juda war.

1. Eine Abija war die Frau von Hezron, einem Nachkommen Judas. Ihr Name kommt nur in 1. Chronik 2,24 vor, einer Aufzählung der Nachkommen Kalebs.

2. Die andere Abija war die Mutter von König Hiskia, einem der gottesfürchtigen

Könige Judas. Sie lebte um 750 v. Chr. und wird in 2. Chronik 29,1 sowie in 2. Könige 18,2 erwähnt, wo sie Abi genannt wird.

Abischag – hebr.: „(Mein) Vater hat groß gemacht" (?) oder „hat geschützt" (?)

Junge Frau aus Schunem, die den alten König David im Bett wärmen sollte (1. Kön 1,1-4)

Später wurde sie zum Faustpfand in einem Machtkampf zwischen Salomo und dessen Bruder Adonija. Adonijas Bitte, Abischag heiraten zu dürfen, wurde als Versuch gewertet, seinen Anspruch auf den Thron Israels zu stärken, und führte dazu, dass er wegen Hochverrats hingerichtet wurde. Vgl. S. 156.

***Abital** – hebr.: „(Mein) Vater ist Tau", wohl im Sinne von „Segen"

Eine von Davids Ehefrauen etwa um 1000 v. Chr. Über sie und auch über ihren Sohn Schefatja, den sie mit David hatte, ist nichts Genaues bekannt. Vgl. 2. Samuel 3,4 und 1. Chronik 3,3.

***Achlai** – unsicher, hebr.: „Edelstein" (?) oder „Ach dass doch!" (?)

Die einzige Frau dieses Namens wird in der Aufzählung der Nachkommen von Jerachmeel als Nachfahrin Judas genannt, und zwar in 1. Chronik 2,31. Da es für hebräische Ahnentafeln typisch war, dass Generationen übersprungen wurden, um nur die wichtigsten Einzelpersonen zu nennen, kann sie zeitlich nicht genau eingeordnet werden. Die Tatsache jedoch, dass Achlai und noch einige andere Frauen in dieser Ahnenreihe erwähnt werden, ist an sich schon von Bedeutung.

Achsa – hebr.: „Fußspange" (als Schmuckstück)

Ihre Geschichte wird in Josua 15,13-19 und Richter 1,12-15 erzählt. In einer Ahnenreihe in 1. Chronik 2,49 kommt sie ebenfalls vor. Während der Landnahme in Kanaan, also etwa 1390 v. Chr., wurde Achsa von ihrem Vater Kaleb dem Mann zur Frau versprochen, der die Stadt Kirjat-Sefer von den Kanaanitern erobern würde. Achsa drängte den Sieger mutig dazu, von ihrem Vater zusätzlich Land zu fordern, und sie selbst bat um weitere Brunnen auf ihrem Land. Ihr Mut und ihre Tatkraft zahlten sich aus, und sie bekam dadurch ein reiches Erbe für sich selbst und ihre künftigen Kinder. Siehe S. 101.

Ada – hebr.: „die Geschmückte" (?)

Die beiden Frauen dieses Namens, die in der Bibel vorkommen, hatten sehr unterschiedliche Rollen.

1. In prähistorischer Zeit war Ada eine der beiden Frauen von Lamech, dessen Geschichte in 1. Mose 4,19-23 erzählt wird. Ada wird dabei als Mutter von Jabal und Jubal genannt, deren Geburt den Übergang der menschlichen Zivilisation vom System der Selbstversorgung zu einer Wirtschaftsform markieren, in der auch die Künste der Musik und Metallverarbeitung gefördert wurden. Vgl. S. 26.

2. Die zweite Ada lebte um das Jahr 1950 v. Chr. Sie war Kanaaniterin und heiratete Isaaks ältesten Sohn. Isaak war gekränkt über Esaus Wahl, die u. a. deutlich machte, wie unsensibel Esau für geistliche Belange war. Ada wird kurz in 1. Mose 36 erwähnt.

***Ahinoam** – hebr.: „(Mein) Bruder ist Wonne" oder „Bruder der Anmut"

Zwei Frauen dieses Namens lebten etwa um 1000 v. Chr.

1. Laut 1. Samuel 14,50 hieß König Sauls Frau Ahinoam. Weil keine andere Ehefrau von Saul erwähnt wird, müsste Ahinoam demnach die Mutter von Jona-

than sein, der später Davids bester Freund wurde. Siehe S. 142.

2. Eine weitere Frau namens Ahinoam wurde mit David verheiratet, und zwar die Mutter seines erstgeborenen Sohnes Amnon. Sie taucht in jeder Ahnentafel von Davids Familie auf, sonst ist nichts weiter über sie bekannt. Vgl. 1. Samuel 25,43; 27,3; 30,5 und 2. Samuel 3,2.

***Aholiama** (siehe Oholibama)

Anna – griech. Form von hebr. > Hanna

Im Neuen Testament wird Anna als Prophetin genannt, die ihr Leben dem Dienst für Gott im Tempel geweiht hatte. Als Maria Jesus als Säugling in den Tempel brachte, um dort die nach einer Geburt üblichen Opfer zu bringen, erkannte Anna in dem Kind den verheißenen Messias. Die Begebenheit, über die bei Lukas 2,36-38 berichtet wird, fand wahrscheinlich etwa um das Jahr 4 v. Chr. statt (was sich dadurch erklärt, dass die Berechnungen, die unserer Zeitrechnung zu Grunde liegen, fehlerhaft waren). Vgl. S. 195.

***Appia** – lat.: zu „fruchtbar"

Paulus grüßte diese unbekannte Frau namentlich in seinem Brief an Philemon (V. 2), der etwa 60 n. Chr. verfasst wurde. Die Tatsache, dass Paulus in seinen Briefen so häufig Frauen erwähnte, zeigt seine Wertschätzung von Christinnen und dem Beitrag, den sie zur Verbreitung des Evangeliums leisteten.

***Asenat** – ägypt.: „der Neith geweiht" (Kriegsgöttin der Stadt Sais im Nildelta)

Dieser Name spiegelt die gängige Praxis des Altertums wider, die Namen von Göttern in Personennamen zu integrieren. Die Ägypterin dieses Namens, mit der Josef verheiratet war (1. Mose 41,45.50; 46,20) und die etwa um 1875 v. Chr. lebte, war die Mutter seiner beiden Söhne Manasse und Ephraim. Es ist nicht bekannt, ob Josef versuchte, ihr den Glauben an den lebendigen Gott nahe zu bringen. Beide Söhne gehören jedoch, zusammen mit Jakobs Söhnen, zu den Begründern der Stämme Israels.

Atalja – hebr.: „Der Herr hat seine Größe gezeigt" (indem er mir dieses Kind schenkte)

Es gibt in der gesamten Bibel nur eine einzige Frau dieses Namens. Sie war die Tochter Isebels, der Frau Ahabs. Isebel war fest entschlossen, die Anbetung Gottes im Nordreich Israel endgültig auszumerzen. Atalja, die mit Joram, dem König von Juda, verheiratet war, hatte eine ähnlich destruktive Haltung wie ihre Mutter: Als Ataljas Sohn Ahasja getötet wurde, ließ Atalja alle ihre Enkel umbringen und bestieg selbst den Thron von Juda. Sie regierte von 841 bis 835 v. Chr. Durch einen von einem jüdischen Hohepriester organisierten Putsch wurde sie gestürzt und dann hingerichtet. Die Geschichte ist nachzulesen in 2. Könige 11 und 2. Chronik 22-24. Vgl. auch S. 173.

***Atara** – hebr.: „Krone, Diadem"

Sie ist eine der unbekannten Frauen, die in der Ahnenreihe von Jerachmeel in 1. Chronik 2,26 aufgezählt sind. Weder sind ihre Lebensdaten bekannt, noch gibt es sonst irgendwelche Informationen zu ihrer Person.

B

***Basemat** – hebr.: „Wohlgeruch, Balsam" (unser Wort „Balsam" hat dieselbe Sprachwurzel)

In 1. Mose 26,34 wird Basemat als Tochter von Elon dem Hetiter und als

Frau von Esau genannt. Wahrscheinlich ist es dieselbe Person, die in 1. Mose 36,2 unter dem Namen Ada erwähnt wird.

1. Eine weitere Frau Esaus, die als Tochter Ismaels ausgewiesen wird, heißt ebenfalls Basemat. Sie kommt in 1. Mose 36,3.4.10 und 13 vor. In 1. Mose 28,6-9 trägt sie den Namen Mahalat. Sie lebte etwa um 1950-1925 v. Chr.

2. Etwa 1000 Jahre später (also um das Jahr 925 v. Chr.) nannte Salomo eine seiner Töchter Basemat. Sie wurde mit einem der Gouverneure der neuen Verwaltungsbezirke verheiratet, die von Salomo eingerichtet worden waren, um die alten Stammesloyalitäten zu brechen und eine nationale Identität zu schaffen. Diese Basemat wird nur in 1. Könige 4,15 erwähnt.

Batseba – hebr.: „Tochter der Fülle", entweder der Fülle Gottes oder aber „die Üppige"

Batseba war die Frau von Uria, mit der David schlief, während ihr Mann in der Schlacht war. Der Zwischenfall hatte schwerwiegende Folgen – für sie, für David und dessen Kinder.

Als David sich seiner Schuld stellte, entstand einer der großartigsten Psalmen mit einer wichtigen Aussage über die Dynamik zwischen Schuldbekenntnis und Vergebung. Dass David später die Verantwortung für sein schuldhaftes Verhalten übernahm, führte dazu, dass seine Beziehung zu Batseba heil werden konnte. Die beiden heirateten, und Batseba schenkte David vier weitere Söhne. Einer dieser Söhne, Salomo, wurde von Gott zum Nachfolger Davids auf dem Thron Israels bestimmt. Batsebas Geschichte steht in 2. Samuel 11,12 und 1. Könige 1-2. Siehe auch S. 152.

Berenike – mazedon.: „Siegbringerin"

Berenike, die um das Jahr 50 n. Chr. lebte, war berüchtigt. In Apostelgeschichte 25 wird berichtet, wie sie ihren Bruder König Agrippa, auf einer Reise nach Cäsarea begleitete, um dort den neuen römischen Gouverneur von Palästina kennen zu lernen. Sie hörte davon, dass der Apostel Paulus, dem der Prozess gemacht wurde, sein Plädoyer für das Evangelium halten wollte. Quellen aus dem ersten Jahrhundert zufolge hatte Berenike, die erst kurz zuvor mit ihrem Onkel Herodes verheiratet worden war, eine inzestuöse Beziehung zu ihrem Bruder Agrippa. Vgl. S. 305.

Bilha – unsicher, hebr.: „Sorglosigkeit" (?) oder „Bescheidenheit" (?)

Als Rahel Jakob heiratete, bekam sie von ihrem Vater Laban eine Sklavin namens Bilha geschenkt. Das war um das Jahr 1925 v. Chr. Als Rahel keine Kinder bekam, gab sie der damaligen Sitte folgend ihre Sklavin Bilha ihrem Mann als Nebenfrau, um durch sie Kinder zu bekommen. Die beiden Söhne Bilhas, Dan und Naftali, waren die Begründer zweier Stämme Israels. Auf Bilha wird in der Bibel Bezug genommen in 1. Mose 29,29; 30, 3-5.7; 35,22.25, 37,2 und 46,25. Siehe S. 68.

***Bitja** – hebr.: „Tochter Jahwes" (ein bemerkenswerter Name für eine Nichtjüdin)

In 1. Chronik 4,18 wird Bitja als Tochter eines Pharaos genannt, die mit Mered aus der Familie Juda verheiratet war. Daten sind nicht bekannt.

C

***Chloe** – griech.: „junges Grün", Beiname der griechischen Göttin Demeter

Eine Christin in Korinth etwa 55 n. Chr. Laut 1. Korinther 1,11 informierten

Angehörige ihres Hauses den Apostel Paulus über die Probleme, zu denen er in diesem Brief Stellung nimmt.

D

Damaris – griech.: „Gattin, Geliebte" (?) oder „Kalb" (?)

Eine Frau in Athen, die etwa 50 n. Chr. Christin wurde. Die Tatsache, dass Damaris unter den Zuhörern von den Predigten des Paulus war, deutet darauf hin, dass sie eine Hetäre war, eine gebildete Frau also, die eher als Gefährtin von Männern wertgeschätzt wurde denn als Ehefrau. Sie wird in Apostelgeschichte 17,34 erwähnt. Vgl. S. 248.

Debora – hebr.: „Biene", schon immer wegen ihres Fleißes gerühmt

1. Die erste biblische Frauengestalt dieses Namens war die Amme von Rebekka, der späteren Frau Isaaks (1. Mose 35,8). Sie lebte etwa um 2025 v. Chr.

2. Die berühmteste Debora war „Richterin". Diesen Titel bekamen Einzelpersonen, die in der Zeit vom Tode Josuas an bis zur Krönung des ersten Königs des Volkes Israel, Hunderte von Jahren später, ihrem Volk als politische, militärische und geistliche Führer dienten. Deboras Amtszeit als Richterin lässt sich nicht genau datieren, lag aber vermutlich sehr früh in der Zeit der Richter. Aus dem Bibeltext geht klar hervor, dass die führende Position Deboras von den Leuten ihrer Zeit akzeptiert wurde und dass ihre vielen Begabungen ihr eine Stellung verschafften, die oft Männern vorbehalten war. Diese außergewöhnliche Frauenkarriere, die in Richter 4 und 5 beschrieben wird, ist der Beweis dafür, dass das Geschlecht als solches in der Glaubensgemeinschaft des Alten Testamentes kein Hinderungsgrund war, eine leitende Stellung innezuhaben. Siehe S. 113.

Delila – hebr.: „herabfallende Locke" (?) oder „die Kleine" (?)

Die schöne Frau aus dem Volk der Philister eroberte Simsons Herz und setzte ihm so lange zu, bis er das Geheimnis seiner Kräfte verriet: Als Kind wurde er Gott geweiht, und niemals wurden seine Haare geschnitten. Delila schnitt ihm im Schlaf die Haare und überließ ihn seinen Feinden, die ihn blendeten und ins Gefängnis warfen. Das Ganze geschah vermutlich um das Jahr 1075 v. Chr. Die Geschichte wird in Richter 16 erzählt. Siehe S. 123.

Dina – hebr.: „ Rechtsstreit" oder „Rechtsspruch"; Gott schafft der bisher Kinderlosen (oder -armen) Recht gegenüber ihren Spöttern, indem er ihr ein Kind schenkt

Etwa um das Jahr 1900 v. Chr. wurde die Tochter Jakobs vergewaltigt, als sie sich vom Lager ihrer Familie aus auf die Suche nach gleichaltrigen Mädchen machte, mit denen sie plaudern konnte. Ihre Brüder nahmen Rache, indem sie nicht nur den Vergewaltiger umbrachten, sondern alle Männer seiner Heimatstadt. Dinas Geschichte wird in 1. Mose 34 erzählt. Siehe auch S. 69.

Dorkas – griech.: „Gazelle", Übersetzung des aram. Tabitha (s. zu Tabea)

Siehe S. 339.

Drusilla – lat., Bedeutung unbekannt, vielleicht: „vom Tau besprengt" (?) oder zu Drusus, einem römischen Beinamen (?)

Sie war die jüdische Frau des Felix, des römischen Gouverneurs von Judäa, durch den Paulus etwa um das Jahr 60 n. Chr. der Prozess gemacht wurde. Herodes Agrippa I. war ihr Vater; sie wird nur ein einziges Mal in Apostelgeschichte 24,24 erwähnt. Siehe S. 304.

E

***Efa** – unklar, viell. zu hebr. „efa" = „Dunkelheit" (?) oder „ajef" = „müde" (?), wahrscheinlicher jedoch midianit. Stammesname (vgl. Jes 60,6)

Kalebs Nebenfrau, deren Name in der Ahnenreihe von Juda in 1. Chronik 2,46 aufgezählt ist. Ihre Lebensdaten sind nicht bekannt. Sie war Mutter: Es werden die Namen ihrer Söhne genannt.

***Efrata** – hebr.: wohl zu „parah" = „fruchtbar sein"

Sie war die zweite Frau eines anderen Kaleb aus der Linie von Juda, die in 1. Chronik 2,19 genannt wird. Außerdem kommt der Name noch einmal in 1. Chronik 2,50 und 4,4 vor.

***Egla** – hebr.: „Kälbchen"

Eine von Davids Ehefrauen um das Jahr 1000 v. Chr. Weder sie selbst noch Jitream, ihr gemeinsamer Sohn mit David, spielt in der Bibel eine wesentliche Rolle. Sie wird nur in den Ahnentafeln in 2. Samuel 3,5 und 1. Chronik 3,3 aufgezählt.

Elisabeth – griech. Form von hebr. Elischewa: „(Mein) Gott ist Fülle"

Frau des Priesters Zacharias und Mutter von Johannes dem Täufer. Außerdem war sie eine nahe Verwandte von Maria, der Mutter Jesu. Wie viele andere wichtige Frauen der Bibel war Elisabeth lange Jahre kinderlos, bevor ihr ein Engel die Geburt eines Sohnes ankündigte; der sollte der Wegbereiter des verheißenen Messias sein. Die Worte, die Elisabeth an Maria richtete, als diese sie besuchte, etwa um das Jahr 5 v. Chr. nach heutiger Zeitrechnung, sind in Lukas 1 aufgeschrieben. Siehe S. 211.

***Elischeba** – hebr.: „(Mein) Gott ist Fülle" (bekennt die unbegrenzten Möglichkeiten des Schöpfergottes)

Frau von Aaron, dem Bruder des Mose, und Mutter von Nadab, Abihu, Eleasar und Itamar, und zwar in der spannenden Epoche des Exodus (Auszug des Volkes Israel aus Ägypten um 1400 v. Chr.). Sie wird nur in 2. Mose 6,23 erwähnt.

Esther – pers.: „Stern" oder = „Ischtar" (Name einer babyl. Göttin)

Die Heldin des gleichnamigen biblischen Buches. Esther wurde etwa im Jahre 475 v. Chr. Königin von Persien. Sie trug dazu bei, dass die jüdische Bevölkerung des persischen Reiches von der Vernichtung verschont blieb.

Laut Esther 2,7 war sie auch unter dem jüdischen Namen Hadassa bekannt, was „Myrte" bedeutet, vielleicht aber auch ein Titel mit der Bedeutung „Braut" war. Vgl. S. 179.

Eunike – griech.: „guter, glücklicher Sieg"

Mit einem Griechen verheiratete Jüdin, Mutter von Timotheus, einem Leiter der Urgemeinde der zweiten Generation. Ihr und ihrer Mutter Lois wird es in 2. Timotheus 1,5 zugeschrieben, dass Timotheus bereits als kleines Kind mit dem christlichen Glauben bekannt gemacht wurde, etwa um 30 n. Chr. Siehe S. 308.

Euodia – griech.: „Wohlgeruch"

Eine angesehene Frau aus der Gemeinde von Philippi, deren Konflikt mit einer anderen Christin etwa um das Jahr 60 n. Chr. dem Apostel Paulus Sorgen machte. Siehe Philipper 4,2 und S. 307.

Eva – hebr.: zu „leben", in 1. Mose 3,20 gedeutet als „Mutter des Lebens"

Die erste Frau. Gott gestaltete sie mit einem Stück Adams, um deutlich zu machen, dass die Frau die Gottesebenbildlichkeit mit dem Mann gemeinsam hat. Später wurde Eva dann von der Schlange getäuscht, und das Paar aß von der Frucht, die zu essen Gott verboten hatte. Als Adam sich ihrem Ungehorsam anschloss, verloren beide ihre Unschuld, und die Schuld schuf eine Distanz zwischen den Menschen und Gott, und zwischen den Menschen – sie verdarb die unbefangene und vertrauensvolle Beziehung. Eva wird in den ersten Kapiteln der Bibel dargestellt und in Abschnitten des Neuen Testaments drei Mal erwähnt. Siehe S. 18.

Evodia – s. Euodia

G

***Gomer** – viell. zu hebr.: „gamar" = „vollenden" (viell. die Kinderschar) oder aber Stammesname

Die Frau des Propheten Hosea, etwa 750 v. Chr., verließ ihren Mann und die Kinder und wurde Prostituierte. Die Hingabe des Propheten an seine Frau wurde zum Bild für die Treue Gottes zu dem Volk, mit dem er einen Bund geschlossen hatte, das ihm aber untreu war und sich mit fremden Götzen einließ. Siehe Hosea 1-3.

H

Hadassa – hebr.: „Myrte"

jüdischer Name der Königin Esther (Esther 2,7), s.o.

Hagar – Bedeutung unsicher, hebr. (?)

Die ägyptische Sklavin, die Sarah ihrem Mann gab, um Kinder zu bekommen, etwa um 2075 v. Chr. Hagar brachte Ismael zur Welt, den Stammvater der arabischen Völker. Die immer noch andauernde Feindschaft zwischen Juden und Palästinensern wird oft als Vermächtnis dieser Verbindung angesehen. Symbolisch gesehen stehen Hagar und Ismael für eigenes menschliches Bemühen im Gegensatz zum Vertrauen auf die Verheißungen Gottes, das durch den Sohn Abrahams und Sarahs symbolisiert wird. Gottes grenzenlose Liebe zu allen Menschen wird dann aber gerade dadurch offenbart, dass Hagar als Ägypterin die erste Person in der Bibel ist, zu der ein Engel des Herrn spricht. Siehe 1. Mose 16,1-16; 21,8-21; sowie S. 49ff.

***Haggit** – hebr.: „die Festliche, festlich Geschmückte" oder „die am Fest Geborene"

Eine von Davids Frauen, etwa um 1000 v. Chr. Laut 2. Samuel 3,4 und 1. Könige 1,5 war sie die Mutter von Adonija, der mit Salomo um die Nachfolge Davids konkurrierte.

***Hamutal** – unklar, viell. zu hebr.: „chomet" = „Eidechse" (?) oder „tal" = „tau" als zweites Element (?)

Sie war die Frau des gottesfürchtigen Königs Josia, um das Jahr 650 v. Chr. Sie war die Mutter von Joahas und Zedekia, die beide Könige von Juda wurden. Ihr Name wird in 2. Könige 23,31 und 24,18 sowie Jeremia 52,1 genannt.

Hanna – hebr.: „Gnade" oder „Anmut"

Etwa um 1125 v. Chr. betete die kinderlose Hanna verzweifelt um einen Sohn, den sie dem Herrn zu weihen versprach, falls er ihr Gebet erhörte. Gott erhörte Hanna, und sie brachte Samuel zur Welt, später der letzte Richter des Volkes Israel. Samuel salbte später Saul und danach auch David zum König Israels. Hannas Dankgebet, das in 1. Samuel 2 aufgezeichnet ist, gilt als eines der schönsten Gebete der Bibel. Siehe S. 130.

***Hazlelponi** – Bedeutung unsicher, hebr.: vielleicht „Beschatte mein Angesicht" als Bitte um Schutz (vgl. Psalm 121,5 oder 91,1)

Eine ansonsten unbekannte Frauengestalt, deren Name unter den Nachkommen Judas zu finden ist in 1. Chronik 4,3.

Herodias – griech.: „Heldenspross" oder „Heldin"

Tochter von Aristobulus, eines Sohnes Herodes' des Großen. Sie verließ ihren ersten Mann, Herodes Philippus, wegen seines Bruders Herodes Antipas. Johannes der Täufer verurteilte Herodes offen wegen dieser illegitimen Verbindung und zog damit den Hass der Herodias auf sich. Etwa um das Jahr 30 n. Chr. sorgte Herodias dafür, dass Johannes hingerichtet wurde. Die Geschichte wird in drei der vier Evangelien erzählt: Matthäus 14,3-6, Markus 6,14-29 und Lukas 3,19. Vgl. S. 241.

***Hodesch** – hebr.: „Neumond", wohl ein bei Neumond geborenes Mädchen

Sie kommt nur ein einziges Mal vor, und zwar in der Aufzählung der Nachkommen Benjamins in 1. Chronik 8,8.

Hogla – nach Parallelen aus verwandten Sprachen wohl: „Rebhuhn"

Eine der fünf Töchter Zelofhads, eines Nachkommen von Manasse. Nach der Einnahme Kanaans durch das Volk Israel etwa 1390 v. Chr. wandten sie und ihre Schwestern sich an Mose mit der Bitte um das Recht, den Grundbesitz ihres Vaters erben zu dürfen, da er keine Söhne gehabt hatte. Als ihre Bitte vor den Herrn gebracht wurde, bestätigte Gott ihr Recht auf das Erbe, und das Gesetz wurde entsprechend geändert. Die Geschichte wird in 4. Mose 27,1-11 erzählt und dann in 4. Mose 36 sowie bei Josua 17,3-6 wiederholt. Vgl. auch S. 95.

Hulda – hebr.: „Wiesel, Maulwurf"

Etwa 625 v. Chr. wurde die Prophetin Hulda zurate gezogen, als das verlorene Buch des Gesetzes während der Regierungszeit von König Josia wieder gefunden wurde. Jüdische Rabbinen des 2. Jahrhunderts n. Chr. ärgerten sich über die Rolle von Hulda, besonders weil es zu ihrer Zeit auch männliche Propheten gab, die Josia hätte um Rat fragen können. Siehe 2. Könige 22,14-20; 2. Chronik 34,22-28. Vgl. S. 177.

I

***Ischtar** – unklar

Die assyrische Göttin der Sexualität und Fruchtbarkeit. Sie wird z. B. 1. Kön 11,5 Astarte genannt, hebr. Aschtoret, wobei die Vokale O und E offenbar willkürlich eingesetzt wurden: Sie stammen von dem hebr. Wort „boschet" für „Schande". In Jeremia 7,18 und 44,17.18.19 sowie 25 wird sie unter der Bezeichnung „Himmelskönigin" erwähnt.

Isebel – hebr.: volksetymologisch: „unerträglich"; vielleicht: „unberührt" (?)

Siehe S. 165.

J

Jael – hebr.: „Steinbock"

Frau des Keniters Heber. Die Keniter waren dem Volk Israel wohlgesinnt. Jael tötete Sisera, den besiegten General der Kanaaniter von Hazor, in dem von Debora geführten Befreiungskrieg. Die Szene ist in Richter 4,17-22 aufgezeichnet. Siehe S. 117.

***Jecholja** – hebr. „Gott kann (mir ein Kind schenken)"

Sie lebte um 825 v. Chr. und war die Mutter von Usija (auch als Asarja bekannt), dem zehnten König von Juda. Siehe 2. Könige 15,2 und 2. Chronik 26,3.

***Jedida** – hebr.: „Geliebte"

Mutter des gottesfürchtigen Königs Josia, dem 16. Thronfolger nach König David auf dem Thron Judas. Sie lebte etwa um 650 v. Chr. und wird in 2. Könige 22,1 namentlich erwähnt.

***Jehudith** – hebr.: „Judäerin, Angehörige des Stammes Juda"

Eine Hetiterin, mit der Isaaks Sohn Esau um 1950 v. Chr. verheiratet war. Sie wird in 1. Mose 26,34 namentlich genannt. Wahrscheinlich identisch mit Aholibama, die in 1. Mose 36,14.18.25 erwähnt wird.

***Jemima** – vermutlich hebr.: „Taube"

Tochter Hiobs, die nach seiner Leidenszeit geboren wurde. Lebte wahrscheinlich im Zeitalter der Erzväter. Siehe Hiob 42,14.

***Jeriot** – unklar, vielleicht zu hebr. „Zelttücher" (?) oder „furchtsam" (?)

Als eine der Frauen Kalebs wird Jeriot in der Aufzählung der Nachkommen Judas aufgeführt in 1. Chronik 2,18. Ihre Lebensdaten sind nicht bekannt.

***Jeruscha** – hebr.: „in Besitz genommen"

Sie war die Frau von Usija und Mutter von Jotam, beide Könige von Juda. Sie wird in 2. Könige 15,33 und 2. Chronik 27,1 erwähnt.

***Jiska** – hebr.: „Gott hat (freundlich) angesehen", nämlich die jetzige Mutter

Tochter Harans, Schwester Lots und Milkas (1. Mose 11,29); sie lebte etwa 2075 v. Chr. und wird in Genesis 11,29 erwähnt. – Der Name diente wahrscheinlich als Vorbild für den heute beliebten Namen Jessica, den Shakespeare erfand.

Jochebed – hebr.: „Der Herr hat sich als herrlich erwiesen" (indem er mir dieses Kind schenkte).

Siehe S. 84.

***Johanna** – hebr.: „Der Herr hat sich erbarmt, ist gnädig" (und hat mir dieses Kind geschenkt); Frau des Chusa, eines Verwalters von Herodes, und Jüngerin Jesu (Lk 8,3, s. zu Susanna).

Joscheba – hebr.: „Der Herr ist Fülle"

Schwester von König Ahasja. Sie lebte etwa um 850 v. Chr. und versteckte den Thronfolger, der noch ein Säugling war, im Tempel, als Königin Atalja ihre Enkelsöhne ermorden ließ, um selbst den Thron zu besteigen. Nach sechs Jahren erklärte der Hohepriester Jojoda Joasch zum König, und die tyrannische Königin wurde hingerichtet. Jojodas mutiges Vorgehen wird in 2. Könige 11 sowie in 2. Chronik 22 geschildert. Siehe auch S. 175.

***Judith** – siehe Jehudith

***Julia** – lat.: „aus dem Geschlecht der Julier" (zu Julus, den Sohn des Änäas und der Krösa)

Paulus grüßte diese Frau, die etwa um das Jahr 55 n. Chr. in Rom lebte, in seinem Brief an die Gemeinde in Rom. Siehe Römer 16,15.

Junia – lat.: „der Juno geweiht" (zu „juvenis" = „jung")

In einigen Übersetzungen fälschlicherweise Junias. Eine Frau, die von Paulus in Römer 16,7 als „Landsmännin" bezeichnet wird und „hoch angesehen" als Botschafterin des Evangeliums. In einigen Übersetzungen wird sie als Apostel bezeichnet – und das um das Jahr 55 n. Chr.

Seit dem 13. Jh. hat die Bibelauslegung aus der Junia allerdings einen Junias gemacht – ein Name, der so gar nicht belegt ist. Auch Luther hat die Stelle entsprechend übersetzt, und erst in letzter Zeit setzt sich die Vorstellung durch, dass auch Frauen zu den Aposteln zählten. Siehe S. 256.

K

***Kandake** – wahrscheinlich kein Name, sondern ein Titel: „Königin"

Königin von Äthiopien um 35 n. Chr., in deren Dienst der Regierungsbeamte stand, den Philippus taufte, nachdem er ihm die Bedeutung von Jesaja 53 erklärt hatte. Die Geschichte dieses Regierungsbeamten wird in Apostelgeschichte 8 erzählt.

***Keren-Happuch** – hebr.: „Schminkdöschen" (eigentlich: „-horn"), wohl als Ausdruck der Freude über diese Tochter

Hiobs dritte Tochter, die nach seiner Leidenszeit geboren wurde. Lebte demnach zur Zeit der Erzväter. Siehe Hiob 42,14.

***Ketura** – hebr.: „in Räucherwerk gehüllt"; das Wort bezeichnet nicht nur das Räucheropfer im Tempel, sondern auch so etwas Ähnliches wie unsere Räucherstäbchen, zur Verbreitung von Wohlgeruch im Alltag (Spr 27,9 vgl. aber auch Ex 30,34-38)

Abrahams zweite Frau, die er nach dem Tod Sarahs etwa um 2025 v. Chr. heiratete. In 1. Chronik wird sie als Nebenfrau bezeichnet. Vgl. 1. Mose 25,1.4 und 1. Chronik 1,32.33.

***Kezia** – hebr.: „Zimtblüten" oder „-rinde"

Hiobs zweite Tochter, die nach seiner Leidenszeit geboren wurde. Lebte demnach zur Zeit der Erzväter. Siehe Hiob 42, 14.

***Klaudia** – lat. Geschlechtername zu dem Beinamen Claudus = „hinkend"

Eine Christin in Rom, an die in 2. Timotheus 4,21 Grüße übermittelt werden.

Kosbi – hebr.: „die Üppige", vielleicht auch „lügenhaft" (?)

Eine Midianiterin, die etwa um das Jahr 1400 v. Chr. gemeinsam mit anderen Midianiterinnen versuchte, Männer des Volkes Israel in sexuelle Beziehungen zu verwickeln, in denen auch Götzendienst eine Rolle spielte. Pinhas, ein Enkel Aarons, tötete Kosbi und ihren israelitischen Liebhaber. Diese Begebenheit wird in 4. Mose 25 geschildert. Siehe auch S. 94.

L

Lea – hebr., Bedeutung unklar, „Steinbock" (?) oder zu „ermüden" (?)

Lea war die ältere von zwei Schwestern, die Jakob etwa im Jahre 1950 v. Chr. heiratete. Obwohl Jakob ihre Schwester Rahel vorzog, schenkte sie ihm sechs Söhne und wurde somit Mutter der Hälfte des jüdischen Volkes. Siehe 1. Mose 29,30 und S. 60ff.

Lois – unklar, griech.: „wohlgefällig" (?)

Großmutter von Timotheus, die gemeinsam mit dessen Mutter dafür sorgte, dass Timotheus bereits als Kind lernte, Gott zu vertrauen. Siehe 2. Timotheus 1,5 und S. 308.

***Lo-Ruhama** – hebr.: „Nicht-Erbarmen" oder „ungeliebt"

Der Prophet Hosea gab etwa 725 v. Chr. einer seiner Töchter diesen symbolischen Namen. Der Name sollte deutlich machen, dass Gott nicht mehr bereit war, einem unbußfertigen und sturen Volk Israel weiterhin seine Sünden zu vergeben. Siehe Hosea 1,6-8; 2,23.

Lydia – griech.: „Frau aus Lydien" (vielleicht zu „lyein" = „lösen"?)

Eine wohlhabende Geschäftsfrau in Philippi, erste Person, die in Europa zum Glauben an Christus fand. Lydia war Gastgeberin der Gemeinde, die dort etwa im Jahre 50 n. Chr. entstand. Siehe Apostelgeschichte 16,14.15.40 und S. 297.

M

***Maacha** – unklar

Es werden im Alten Testament fünf Frauen dieses Namens genannt.

1. Die Nebenfrau eines Mannes namens Kaleb, dem Sohn Hazrons, der in der Aufzählung der Nachkommen Judas in 1. Chronik 2,48 vorkommt.

2. Die Frau von Makir, die in der Aufzählung der Nachkommen von Manasse genannt wird in 1. Chronik 7,15.16.

3. Die Frau von Jeiël, einem Vorfahren von König Saul, der etwa 1125 v. Chr. lebte. Sie wird in 1. Chronik 8,29 und 9,35 erwähnt.

4. Die Frau von König David, die mit ihm gemeinsam den Sohn Absalom hatte. Absalom führte später einen Aufstand gegen seinen Vater an und vertrieb David zeitweise aus Jerusalem. Sie wird erwähnt in 2. Samuel 3,3 sowie in 1. Chronik 3,2.

5. Die Lieblingsfrau von König Rehabeam war die Mutter von Abija, dem Nachfolger seines Vaters auf dem Thron von Juda. Später wurde Maacha als Königinmutter von ihrem Enkel Asa abgesetzt, weil sie eine Aschera-Statue aufgestellt hatte, an der die heidnische Göttin angebetet werden sollte. Wahrscheinlich war sie eine Enkelin von Absalom. Sie wird erwähnt in 1. Könige 15,2-13 und 2. Chronik 11,20-22 sowie 13,2.

Machla – unklar, zu hebr.: „Krankheit" (?), „Reigentanz" (?), „Klugheit" (?)

Eine Tochter Zelofhads, die gemeinsam mit ihren Schwestern etwa um 1400 v. Chr. eine wichtige Änderung im Erbrecht auf den Weg brachte. Siehe 4. Mose 26.33; 27,1-7 sowie S. 95.

Magdalena – hebr.: „aus Magdala", einem Ort am See Genezareth, zu „migdal" = „Turm, Festung"; Beiname von Maria (s. zu Maria 3.), einer Jüngerin Jesu (Lukas 8,2, s. zu Susanna).

Siehe S. 223ff.

***Mahalat** – s. u. > Machla

Es werden zwei Frauen dieses Namens im Alten Testament erwähnt:

1. Etwa 1925 v. Chr. lebte eine Tochter von Ismael, die später Esau heiratete. Siehe 1. Mose 28,9.

2. Eine weitere Mahalat gab es um 925 v. Chr. Sie war eine Tochter von Davids Sohn Jerimot und heiratete König Rehabeam. Siehe 2. Chronik 11.18.

Mara – hebr.: zu „bitter"

Dieser Name wurde von Ruths Schwiegermutter Noomi angenommen, nachdem ihr Mann und zwei Söhne in Moab gestorben waren, irgendwann in der Richterzeit. Siehe Ruth 1,20 und S. 126ff.

Maria – griech. Form von hebr. > Mirjam

Maria war ein gebräuchlicher Vorname im Palästina des 1. Jahrhunderts.

1. Maria, die Mutter Jesu. Maria war noch ein junges Mädchen, als der Engel Gabriel ihr erschien, um ihr zu verkünden, dass sie die von Gott auserwählte Mutter der Erlösers sein würde. Marias spontane und vertrauensvolle Reaktion darauf macht sie zu einem Vorbild für vertrauensvollen Glauben. Vgl. Matthäus 1,16-25; Lukas 1,26-56 und S. 204ff.

2. Maria, die Schwester von Martha und Lazarus. Sie widersetzte sich den Sitten, der „üblichen" Frauenrolle der damaligen Zeit, indem sie zu Jesu Füßen saß und ihm zuhörte und lernte, statt sich in die Küche zurückzuziehen. Jesus bestätigte sie in ihrer Haltung, indem er sagte, sie habe „das bessere Teil gewählt" (Einheitsübersetzung). Vgl. Lukas 10,39-42; Johannes 11 und S. 232.

3. Maria von Magdala, die ihren Beinamen nach der Stadt hatte, aus der sie kam. Sie wurde eine hingebungsvolle Anhängerin Jesu, nachdem er sie von einem Dämon befreit hatte. Sie war außerdem die erste Zeugin der Auferstehung Christi. Vgl. Lukas 8,2; Johannes 20,1-18 und S. 223.

4. Maria, die Mutter von Jakobus und Joses. Von den meisten Auslegern wird angenommen, dass die in Johannes 19,25 als Frau des Kleopas genannte Frau mit ihr identisch war. Auch die „andere Maria" aus Matthäus 27,61; 28,1 ist dieselbe Frau. Vgl. auch Markus 15,40.47 und S. 228.

5. Maria, die Mutter von Johannes Markus. Nach der Auferstehung Jesu versammelten sich seine Anhänger in Jerusalem im Haus dieser wohlhabenden Frau. Als Petrus auf wundersame Weise aus dem Gefängnis freikam, eilte er ebenfalls zu ihrem Haus, wo gerade eine Gebetsversammlung stattfand. Siehe Apostelgeschichte 12 und S. 292.

6. Eine sechste Maria wird im letzten Kapitel des Briefes von Paulus an die Römer erwähnt, der etwa aus dem Jahre 44 n. Chr. datiert. Vgl. Römer 16,6 und S. 256.

Martha – aram.: „Herrin"

Schwester von Lazarus und Maria. Die drei waren enge Freunde und Anhänger Jesu. Im Lukasevangelium steht Martha für die Frauen, die mit ihrer traditionellen gesellschaftlichen Rolle zufrieden sind. Im Johannesevangelium stehen Maria und Martha zusammen für einen alles überwindenden Glauben an die Macht Jesu. Siehe Lukas 10,38-42; Johannes 11,1-45 und S. 232ff.

***Mehetabel** – aram.: „Gott ist gut"

Sie wird in 1. Mose 36,39 namentlich erwähnt als Frau Hadars, des Herrschers von Edom, dessen Daten unbekannt sind.

***Merab** – hebr.: wahrscheinlich „Vermehrung", nämlich der Kinderzahl

Sie war die älteste Tochter Sauls, der die Ehe mit David versprochen worden war. Stattdessen verheiratete Saul sie jedoch mit Adriel von Mehola, mit dem sie dann fünf Söhne hatte, die alle von den Gibeonitern hingerichtet wurden, weil deren Bund mit Israel von Saul gebrochen worden war. Vgl. 1. Samuel 18, 17-19 und 2. Samuel 21,8.

***Meschullemet** – hebr.: „ersetzt", d.h. von Gott geschenkt als Ersatz für ein verlorenes Kind

Die Frau des bösartigen Königs Manasse von Juda und Mutter von König Amon, der auch nicht anders war. Sie lebte um 675 v. Chr. Vgl. 2. Könige 21,19.

Michal – hebr.: „Wer ist wie Gott?" (Antwort: Keiner!)

Die jüngere Tochter Sauls, Michal, verliebte sich in David und heiratete ihn. Als David die Gunst Sauls verlor, verheiratete

Saul sie mit Paltiel. Sowohl ihr Vater als auch David benutzten Michal als politisches Faustpfand. Sie kam wohl nie zum Glauben an Gott und starb kinderlos. Vgl. 1. Samuel 18,20 – 19,17; 2. Samuel 6,16-23 sowie S. 144ff.

Milka – unklar, vielleicht hebr.: „Königsfrau“ (?) oder aram.: „Beraterin“ (?)

1. Großmutter Rebekkas, die etwa um 2075 v. Chr. lebte. Sie wurde mit Abrahams Bruder Nahor verheiratet. Vgl. 1. Mose 11,29; 22,20-23.

2. Eine der Töchter Zelofhads, die etwa im Jahr 1390 das Recht erstritten, als Frauen das Land ihres Vaters zu erben. Vgl. 26,33; 27,1 und S. 95.

Mirjam – hebr.: Bedeutung unsicher, „die Beleibte“ (?), „bitter“ (oder: „Herrin“) und „Meer“ (?) oder zu ägypt. „Geliebte“ (?)

Die Schwester von Mose und Aaron, Mirjam, wird in 2. Mose 15,20 als Prophetin genannt. Als sie sich später mit ihrem Bruder zum Aufstand gegen Mose zusammentat, erkrankte sie eine Zeit lang an Lepra. Mirjam hatte großen Anteil daran, dass Mose als Kind überhaupt am Leben blieb. Sie erlebte aber auch die glorreichen Tage des Exodus um 1450 v. Chr. gemeinsam mit ihren Brüdern. Vgl. dazu besonders 2. Mose 15 und 4. Mose 12, sowie S. 88.

N

***Naama** – hebr.: „lieblich“, wohl bezogen auf das Kind, oder aber auf Gott

Zwei Frauengestalten aus dem Alten Testament trugen diesen Namen:

1. Lange vor der Sintflut wurde eine der Töchter Lamechs bereits Naama genannt. Vgl. 1. Mose 4,22.

2. Etwa 950 v. Chr. gab es eine weitere Naama. Sie war die Mutter von Rehabeam, der seinem Vater Salomo auf den Thron des damals bereits vereinigten hebräischen Königreiches nachfolgte. Siehe 1. Könige 14,21-31.

***Naara** – hebr.: „Mädchen“

Wird nur in 1. Chronik 4,5.6 als Frau von Aschhur erwähnt.

***Nehuschta** – hebr.: „die Eherne“ als Bezeichnung einer Eigenart

Wird in 2. Könige 24,8 als Mutter von Jojachin genannt, der 587-586 v. Chr. Juda regierte.

***Noadja** – hebr.: „Jahwe hat sich kundgetan“ d.h. als der wahre Gott gezeigt, indem er mir dieses Kind schenkte

Eine Prophetin, die sich um 450 v. Chr. gegen Nehemia stellte. Vgl. Nehemia 6,14.

Noa – Bedeutung unsicher, hebr.: „Beweglichkeit, elastischer Gang“ (?)

Eine der Töchter Zelofhads, die um das Jahr 1390 v. Chr. gemeinsam eine Veränderung des Erbrechtes erwirkten. Vgl. 4. Mose 27,1-11 und S. 95.

Noomi – hebr.: „Lieblichkeit, Wonne“ (Gottes?)

Schwiegermutter von Ruth. Nach dem Tod ihres Mannes und ihrer Söhne in Moab ging Noomi zusammen mit Ruth zurück nach Juda. Sie erlebte noch mit, wie Ruth heiratete und einen Sohn zur Welt brachte, der später der Großvater von König David sein sollte. Vgl. Buch Ruth und S. 126.

O

***Oholibama** – hebr.: „Mein Zelt ist auf der Höhe“, wohl bezogen auf Gottes Schutz

Den Namen gab es auch in der Version „Aholiama". Name der Hetiterin, mit der Esau, der Sohn Isaaks, etwa um 1850 v. Chr. verheiratet war. Siehe 1. Mose 26,34, wo sie auch bezeichnet wird als „Jehudit, die Tochter Beeris".

***Orpa** – hebr.: „Hartnäckigkeit" (?)
Moabiterin, Schwägerin der Ruth; sie blieb in Moab, während Ruth mit ihrer Schwiegermutter Noomi nach Bethlehem ging. Vgl. Ruth 1,4.14.

P

***Peninna** – hebr.: „Koralle"
Frau des Elkana, die seine andere Frau, Hanna, wegen ihrer scheinbaren Unfruchtbarkeit ärgerte; Hanna gebar dann Samuel. Lebte etwa um 1125 v. Chr. und wird in 1. Samuel 1,2-7 erwähnt.

***Persis** – griech.: „Zerstörung", oder aber zu „Perser"
Mitglied der Gemeinde von Rom im Jahre 55 n. Chr. Wurde bezeichnet als liebe Freundin, die „unermüdlich für den Herrn" arbeitet. Siehe Römer 16,12.

Phöbe – griech.: „die Leuchtende" (Name einer griech. Gottheit)
In Römer 16,1.2 nennt Paulus sie Dienerin (*diakonos* = Diakonin) der Gemeinde von Kenchräa, einer Stadt in der Nähe von Korinth. Es gibt Bibelausleger, die davon überzeugt sind, dass sie im Jahr 55 n. Chr. den Brief von Paulus an die Gemeinde von Rom überbrachte. Vgl. S. 306.

Priszilla – Verkleinerungsform des griech. Namens Priska: „alt, ehrwürdig"
Sie und ihr Mann Aquila leiteten eine Hausgemeinde in Korinth. Die beiden standen dem Apostel Paulus, mit dem sie auch das Handwerk der Zeltmacherei gemeinsam hatten, sehr nahe. Auffällig: Ihr Name wird – zu ihrer Zeit allgemein unüblich – häufig vor dem ihres Mannes genannt, ein Hinweis auf die „neue Wertschätzung" von Frauen seit Jesus. Siehe dazu speziell Apostelgeschichte 18 und S. 300.

Pua – hebr.: „Glanz", wohl Gottes strahlendes Angesicht (oder zu „stöhnen"? oder „Morgenröte"? oder „Mädchen"?)
Sie war die Oberaufseherin der Hebammen in Ägypten um das Jahr 1525 v. Chr. Gott segnete sie, als sie sich weigerte, den Befehl des Pharao auszuführen und alle neugeborenen hebräischen Jungen zu töten. Siehe 2. Mose 1,15-21 und S. 82.

R

Rahab – hebr.: zu „rachaw" = „breit, weit", vielleicht: „(Gott) hat breit gemacht, befreit", vgl. Psalm 31,9
Eine Kneipenwirtin in Jericho etwa 1400 v. Chr. Als die Israeliten Kanaan einnahmen, versteckte Rahab drei hebräische Spione. Ihr Glaube an die Realität Gottes veranlasste sie zu der Bitte, dass sie und ihre Familie verschont werden mögen, wenn Jericho eingenommen würde. Der Glaube dieser Heidin wurde reich belohnt, und sie wird in der Ahnenreihe Christi in Matthäus 1,5 aufgezählt. Siehe Josua 2, Hebräer 11,31; Jakobus 2,25 und S. 97ff.

Rahel – hebr.: „Mutterschaf"
Tochter Labans und Schwester von Lea. Sie war Jakobs große Liebe. Nachdem er durch einen Trick dazu gebracht worden war, Lea zu heiraten, heiratete er eine Woche später auch noch Rahel. Diese brachte später Jakobs Lieblingssöhne Josef und

Benjamin zu Welt. Sie lebte etwa um 1925 v. Chr. Ihre Geschichte wird in 1. Mose 29-35 erzählt. Siehe dazu auch S. 60ff.

Rebekka – hebr.: unklar, vielleicht zu „Strick“, also: „die Bestrickende“(?), oder „Verbindung“ (?); möglich auch: „Kuh“

Die Tochter von Abrahams Neffe verließ ihr Heimatland, um Abrahams Sohn Isaak zu heiraten. Sie war die Mutter von Esau und dem Erzvater Jakob, lebte um 1825 v. Chr. Siehe 1. Mose 22,23; 24-27 und S. 54ff.

***Rëuma** – unklar, vielleicht hebr.: „Wildkuh“ oder „Perlen“ (?)

Nebenfrau von Abrahams Bruder Nahor, etwa um 2075 v. Chr. Vgl. 1. Mose 22,24.

Rhode – griech.: „Rose“

Das Sklavenmädchen war Mitglied der Gemeinde von Jerusalem. Sie ging die Tür öffnen, als Petrus auf wunderbare Weise aus dem Gefängnis freigekommen und sofort zum Haus von Rhodes Herrin gegangen war, etwa um 45 n. Chr. Siehe Apg. 12 und S. 294.

Rizpa – hebr.: „Glühkohle“, wohl als Bild für leuchtende Augen (vielleicht Gottes)

Die Nebenfrau von Saul spielte eine unerwartete Rolle bei der Vereinigung der hebräischen Stämme zu einem Königreich unter David. Als Sauls Sohn seinen befehlshabenden General Abner beschuldigte, mit Rizpa geschlafen zu haben, lief Abner zu David über. Das war etwa um das Jahr 1010 v. Chr. Siehe 2. Samuel 21,8-14 und S. 163.

Ruth – hebr.: unklar, am wahrscheinlichsten „Erquickung“, möglicherweise auch „schöner Anblick“ (?) oder „Freundschaft“ (?)

Die Moabiterin, Frau von Machlon, begleitete ihre Schwiegermutter Noomi nach Juda, nachdem ihrer beider Männer gestorben waren. Ihre Treue zu Noomi und zum Herrn wird in dem biblischen Buch gewürdigt, das ihren Namen trägt. Vgl. S. 126ff.

S

Salome – hebr.: zu „Frieden“ oder „ersetzen“, d. h. Ersatz geben für ein gestorbenes Kind

Die beiden Frauengestalten aus dem Neuen Testament, die diesen Namen tragen, könnten kaum unterschiedlicher sein:

1. Salome, die Jesus nachfolgte, war wahrscheinlich die Frau von Zebedäus und die Mutter von Jakobus und Johannes (vgl. Matthäus 27,56). Sie war eine gläubige Anhängerin Jesu und gehörte zu den Zeuginnen der Auferstehung Jesu. Vgl. Markus 15,40.41; 16,1 sowie S. 239ff..

2. Die andere Salome ist die Tochter von Herodias und Herodes Philippus (und wird in der Bibel nicht namentlich erwähnt). Etwa um 30 n. Chr. bat sie auf Drängen ihrer Mutter um den Kopf Johannes des Täufers als Belohnung für einen Tanz, mit dem sie Herodes Antipas und seine Gäste unterhalten hatte. Vgl. Matthäus 14,3-11.

Saphira – aram.: „die Schöne“

Um 35 n. Chr. fasste sie zusammen mit ihrem Mann Ananias den Plan, die Apostel und den Heiligen Geist zu belügen. Die Lüge kam ans Licht, und Gott ließ beide sterben. Siehe Apostelgeschichte 5,1-10 und S. 288 ff.

Sara – hebr.: „Fürstin“

Frau von Abraham, etwa 2100 v. Chr. Sie wird bekannt wegen ihrer Treue zu Abraham und ihrer „Wege und Umwege" im Glauben an Gott. Die Geburt ihres Sohnes Isaak lange nach den Wechseljahren bleibt ein Zeugnis für die Macht Gottes. Sie wird in 1. Mose 17 und 21 berichtet. Vgl. S. 39ff.

***Sarai** – hebr.: „Fürstin"
Ursprünglicher Name Saras (1. Mose 11,29, 16,1-9 und 17,15)

***Scheera** – unklar, vielleicht hebr.: „blutsverwandt" (nur sinnvoll bei einem angenommen Kind aus der Verwandtschaft), möglich ist auch die Bedeutung „übrig bleiben"
Nachfahrin von Ephraim, der die Gründung dreier Städte zugeschrieben wird. Vgl. 1. Chronik 7,24.

Schelomit – hebr.: „die Friedvolle" oder s. Salome
Mutter des Gotteslästerers, der um 1475 v. Chr. gesteinigt wurde. Siehe 3. Mose 24,11. Eine Tochter von Serubbabel, die in der Ahnentafel der königlichen Familie vorkommt nach der Rückkehr der Juden aus dem Exil in ihre Heimat, etwa 500 v. Chr. Vgl. Esra 8,10 und S. 93.

Schifra – hebr.: „Schönheit" (oder: „Heiterkeit"?)
Eine der Hebammen, an denen Gott Gefallen hatte, weil sie sich dem Befehl des Pharaos widersetzten, alle neugeborenen hebräischen Jungen zu töten. Etwa 1525 v. Chr. Vgl. 2. Mose 1,15-21 und S. 82.

***Schimat** – hebr.: „Erhörung" (meiner Gebete um ein Kind)
Ammoniterin, Mutter von einem der Verschwörer, die König Joasch von Juda um das Jahr 825 töteten. Siehe 2. Könige 12,21.

***Schimrit** – hebr.: zu „schamar" = „behüten", als Wunsch für das Kind
Moabiterin, Mutter eines der Beamten, die beim Mord an König Joasch von Juda um das Jahr 825 halfen. Siehe 2. Chronik 24,26 (s. zu Schomer).

***Schomer** – hebr.: „Hüter", nämlich Gott für das Kind
Die Mutter von einem der Männer, die ein Komplott schmiedeten und etwa um 825 v. Chr. König Joasch von Juda ermordeten. Vgl. 2. Könige 12,21. In 2. Chronik 24,26 wird sie auch Schimrit genannt.

***Schua** – unklar, vielleicht hebr.: „Hilfe"
Eine Tochter Hebers, die in der Aufzählung der Nachkommen Aschurs in 1. Chronik 7,32 genannt wird.

***Serach** – hebr.: vermutlich zu „gedeihen lassen" (als Wunsch)
Tochter Assers, die in 1. Mose 46,17 und 4. Mose 26,46 erwähnt wird.

***Seresch** – unklar, pers.: „Gold" (?) oder zu hebr.: „sera" = „Wurzel" (?)
Frau von Haman, dem Feind des jüdischen Volkes um 425 v. Chr. Seresch machte den Vorschlag, einen Galgen zu bauen und den Juden Mordechai daran aufzuhängen. Am Ende starb Haman selbst an diesem Galgen. Vgl. Esther 5,10.14; 6,13.

Silpa – zu arab.: „salfun" = „Rangstufe, Ehrenrang" (?)
Sklavin von Lea etwa um 1925 v. Chr. Lea benutzte Silpa als Ersatz- bzw. Leihmutter im Konkurrenzkampf mit ihrer Schwester Rahel, ihrem Mann Jakob mehr Söhne zu schenken. Siehe 1. Mose 30 und S. 68.

***Susanna** – griech. für hebr. Schoschana: „Lilie, Anemone"

Jüngerin Jesu (Lk 8,3), die von Jesus geheilt worden war und die ihn jetzt mit anderen Frauen zusammen versorgte.

Syntyche – griech.: „günstige Fügung" oder „die Glückliche"

Christin aus der Gemeinde von Philippi. Paulus bemühte sich, ihren Konflikt mit Euodia beizulegen, etwa 60 n. Chr. Vgl. Philipper 4,2.3 und S. 307.

T

Tabea – Luthers eigenwillige Wiedergabe des Namens Tabitha, aram.: „Gazelle" (s. zu Zibja)

Tabea genoss die Zuneigung der Christen in Joppe, weil sie sich um die Witwen und andere bedürftige Gemeindeglieder kümmerte. Ihr Tod etwa im Jahre 40 n. Chr. führte zu einem solchen Ausmaß an Trauer, dass der Apostel Petrus für sie betete und sie daraufhin wieder ins Leben zurückkehrte. Von manchen wird Tabea als Vorläuferin der Diakoninnen des ersten Jahrhunderts betrachtet. Lukas berichtet in Apostelgeschichte 9,36-43 über sie. Vgl. auch S. 291.

Tabitha – „Gazelle" (s. zu Tabea und Zibja)

***Tachpenes** – ägypt.: „Haupt des Landes" (?)

Äthiopische Königin etwa um 925 v. Chr. Zeitgenossin von David und Salomo. Vgl. 1. Könige 11,18-20.

***Tafat** – unklar, hebr.: vielleicht zu „tippa" = „Tropfen" für ein kleines oder schwaches Kind (?)

Tochter Salomos, die mit einem seiner hohen Beamten verheiratet war, etwa um 950 v. Chr. Vgl. 1. Könige 4,11.

Tamar – hebr.: „(Dattel-)Palme"

Es gibt drei Frauen dieses Namens im Alten Testament:

1. Die erste Tamar war die Witwe eines Sohnes von Juda, dem Begründer eines der zwölf Stämme Israels. Sie lebte etwa um 1850 v. Chr. Als ihr Schwiegervater sie nicht seinen anderen Söhnen zur Frau gab, wie es der Brauch forderte, verkleidete sie sich als Prostituierte, verführte Juda und wurde von ihm schwanger. Vgl. 1. Mose 38 und S. 71ff.

2. Die zweite Tamar war eine Tochter Davids, die etwa um 975 v. Chr. lebte und von ihrem Halbbruder Amnon vergewaltigt wurde. Darauf hin tötete Tamars leiblicher Bruder Absalom Amnon und führte einen Aufstand gegen David an. Siehe 2. Samuel 13 und S. 157ff.

3. Etwa um das Jahr 950 benannte Absalom eine seiner Töchter nach seiner Schwester Tamar. Vgl. 2. Samuel 14,27.

***Timna** – unklar, wahrscheinlich „die Zurückhaltende"

1. Etwa 1950 v. Chr., Nebenfrau von Elifas, einem Sohn Esaus. Vgl. 1. Mose 36,12.

2. Etwa 1975 v. Chr., Schwester Lotans, eines Häuptlings der Horiter aus Esaus Stammbaum. Vgl. 1. Mose 36,22.

Tirza – hebr.: vielleicht „wohlgefällig"

Die jüngste der fünf Töchter Zelofhads, etwa 1400 v. Chr. Sie und ihre Schwestern baten Mose um die Erlaubnis, das Land ihres Vaters erben zu dürfen, und erreichten so eine Änderung des Erbrechtes des Volkes Israels. Vgl. 4. Mose 27,1-8 und S. 95ff.

***Tryphäna** – griech.: „verwöhnt, weichlich"

Christin, die von Paulus in seinem Brief an die Gemeinde von Rom gegrüßt wird, etwa 55 n. Chr. Vgl. Römer 16,12.

W

Wasti – pers., unklar

Königin von Persien etwa um 424 v. Chr. Als sie sich weigerte, bei einem Festessen des Königs zu erscheinen, ließ er sich von ihr scheiden und suchte eine neue Königin. Die Frau, die er schließlich erwählte, war Esther; sie rettete die Juden, die damals in Persien lebten, vor der Vernichtung. Siehe Buch Esther und S. 178.

Z

***Zeruja** – hebr.: wahrscheinlich „mit Mastix-Balsam parfümiert“

Schwester Davids, Mutter mehrerer Befehlshaber in Davids Armee. Siehe 1. Samuel 26,6; 1. Chronik 2,16.

***Zibja** – hebr.: „Gazelle“

Mutter von König Joasch (2. Kön 12,2); im NT lautet der Name dann Tabitha (s. dort)

Zilla – hebr.: unklar, vielleicht zu „zel“ = „Schatten“, also „unter (Gottes) Schutz“ (?)

Wird am Anfang des 1. Buches Mose als eine der Frauen Lamechs erwähnt. Vgl. 1. Mose 4,19-23 und S. 26.

Zippora – hebr.: „kleiner Vogel“

Etwa um das Jahr 1475 v. Chr., Frau von Mose. Die Midianiterin Zippora schenkte Mose zwei Söhne, Gerschom und Elieser. Vgl. 2. Mose 2,21.22; 18,1-6 und S. 91.

Themenregister

Das vorliegende Themenregister ordnet Informationen nach Themen und verweist den Leser auf Bibelstellen und Seiten des Buches, die von Bedeutung für das Verständnis des Themas sind. Es sind darin nicht alle Verse aufgelistet, in denen das betreffende Thema oder Schlagwort vorkommt, sondern ausschließlich die Schlüsselstellen und -verse bzw. die Passagen im Buch, an denen es umfassendere Ausführungen zum Thema gibt. Auf diese Weise wird vermieden, dass der Leser auch Verse oder Seiten aufschlägt, in denen das Thema zwar erwähnt wird, die aber keinen nennenswerten Beitrag zum besseren Verständnis leisten.

Themen und Unter-Themen werden in der linken Spalte aufgeführt. Die Schlüsselverse dazu in der Bibel sind in der mittleren Spalte unter „Bibelstellen“ aufgeführt, ganz rechts sind die Buchseiten genannt, auf denen das Thema behandelt wird.

Meistens werden mehrere der Schlüsselverse aus der Spalte „Bibelstellen“ auf den angegebenen Seiten des Buches besprochen. Oft werden dort in der Abhandlung des Themas und der entsprechenden Bibelstellen dann auch noch zusätzliche Verse genannt.

Ziel ist es, die entscheidenden Bibelstellen und Abschnitte im Blick zu behalten und sich auf diese konzentrieren zu können.

Bitte beachten Sie, dass die Angaben unter den Unter-Themen manchmal chronologisch geordnet sind, d.h. in der Reihenfolge, in der sie in den biblischen Büchern auftauchen, manchmal aber auch alphabetisch, je nachdem, welche Ordnung am hilfreichsten ist beim Auffinden und Verstehen der betreffenden Informationen.

Marie Chapian

Du bist eine Königstochter

Liebesbriefe von deinem Gott

192 Seiten,
Klappenbroschur
ISBN 978-3-7655-4326-5

Ruhige Momente finden, mit Gott, mit sich selbst ... und auftanken! Bei der ersten oder zweiten Tasse Morgen-Kaffee, vor dem Schlafengehen oder am Lieblingspausenplatz. „Du bist eine Königstochter!" ist ein Andachtsbuch wie eine Schatzkiste voller Liebesbriefe Gottes für Frauen. Sie erinnern daran, wer sie sind: eine geliebte Tochter Gottes, des Herrn über Himmel und Erde – eine Königstochter! Voller Wert und Würde. Kostbar in seinen Augen. Wunderbar gemacht. Geachtet und unendlich geliebt.

Ein schöneres Andachtsbuch kenne ich nicht – diese Liebesbriefe von Gott zaubern ein Lächeln in mein Herz ... und ich gehe „aufrecht" in den Tag. ... Bin ja eine Königstochter!

Leserstimme

BRUNNEN VERLAG GIESSEN
www.brunnen-verlag.de